KB265706

Karl Marx

J. Engels

맑스 엥겔스 저작 선집 제 I 권

칼 맑스 프리드리히 엥겔스

저작 선집

제 I 권

감수 김세균

번역 최인호 외

박종철출판사

우리의 영원한 벗 박종철 동지에게 이 책을 바칩니다.

발 간 사

우리는 그간의 맑스주의 원전 번역들이 나름의 성과에도 불구하고 전반적으로 간행의 비체계성, 번역의 졸속성으로 말미암아 독자들의 욕구를 충족시키지 못하였고, 그 결과 독자들이 원전에서 멀어지도록 만들어 원전 출간을 하나의 도도한 흐름으로 만드는 데 실패하고 한때의 '원전 출간 붐'을 만들어 내는 데 그쳤다고 판단하였다. 그리하여 우리는 이러한 문제점들을 개선하여 많은 사람들이 다시 원전을 더욱 열심히 연구하고 학습하도록 하기 위하여 『맑스 엥겔스 6권 저작 선집』을 첫 작품으로 내어 놓는다.

위에서 말한 간행의 비체계성이란, 각 출판사들이 전체적 계획 없이 특정 시기와 특정 주제의 저작을 제 나름의 계획으로 간행함에 따라 출간의 무정부성이 노정되었다는 것, 각 저작들이 특정 시기와 특정 주제에 편중되어 출간되었다는 것, 그리하여 아직도 많은 저작들이 소개되지 못한 채 남아 있도록 만들었다는 것을 의미한다. 이를 제대로 극복하는 것은 궁극적으로 '전집'의 출간이겠으나, 여러 가지 조건상 그 전단계로서 먼저 '선집'을 내어 놓는다. 그러나 우리는 이것이 순전히 '전단계'로 치부될 만한 수준과 규모는 아니며 독자적인 완결성과 규모를 가지고 있다고 본다. 소련, 구동독, 미국, 일본 등지에서 출판된 '선집'은 10여 종이 넘지만, 대부분 단행본이거나 3권을 넘지 않는 규모여서 아쉬운 점이 많을 뿐더러 그 편집의 권위를 신뢰할 만한 것은 몇 종 되지 않는다. 이

중 『Die Ausgewählte Werke von Marx und Engels in sechs Bänden』은 가장 최근의 연구 성과들을 담고 있을 뿐 아니라 맑스주의 철학, 맑스주의 정치 경제학, 과학적 사회주의/공산주의 사상이라는 맑스주의의 세 구성 부분을 전반적으로 포괄하고 있다. 그리고 이것을 담아 내고 있는 논문이면 소소한 것이라도 수록하는 성의를 보여 6권이라는 상당한 규모를 갖추고 있다. 또한 이 『선집』은 맑스, 엥겔스의 사상의 발전 과정을 시간적으로 일목 요연하게 추적하면서 그 성립과 전개를 풍부하게 이해할 수 있도록 해 주고, 그러면서도 사상 자체의 거대함에 빠져서 무작정 시간을 낭비하며 이리저리 헤매이지 않게 할 것이라는 기대를 갖게 하였다. 요컨대 이 『선집』 6권을 독파하면 맑스주의의 '기본'을 파악했다고 말할 수 있을 것이다.

다음으로 번역의 졸속성이란, 말 그대로 원문의 뜻을 제대로 전달하지 못하고 심지어 왜곡하기까지 하는 일체의 번역 방식과 수준을 의미한다. 이에 대해서는 많은 사람들의 비판이 있어 왔으므로, 더 이상의 말로써의 비판을 삼가고 다만 우리가 다음과 같은 노력을 기울임으로써 이를 실천적으로 극복하고자 했다는 것을 밝힌다.

우리의 목표는 다음과 같다. 전혀 무책임한 자의적 의역에 철저하게 분노하고 반대하는, 동시에 이에 대한 즉자적 반정립으로 나온 절반만 책임지는 자족적 직역을 지양한 말 그대로의 정역 正譯!

이 목표를 달성하기 위해서 우리는 특별히 많은 노력을 기울였으며 이 목표의 달성에 우리 활동의 사활이 걸려 있다고 생각하였다.

구체적으로 어떻게 하면 번역의 양 편향으로부터 자유로울 수 있을까에 대한 고민이 있었고, 그리하여 생각해 낸 것이 장인적 충실함에 의거한 번역 위에 '역자와 독자의 토론'이라는 장치를 대동하는 것이었다. 역자 자신이 제대로 번역하려고 마음먹은 한에서 역자는 통상, 독자를 고려하지 않은 직역, 한글을 파괴하는 직역, 그 번역서의 원어 해독 가능자만이 알아들을 수 있는 직역쪽으로 경도되기 쉽다고 본다.(물론 이 경도는 원서로 자신이 보면서 생생하게 획득한 내용을 그 감 그대로 전달하고자 하는 충정에서 나오는 것이겠지만 그로써 잃는 것이 있으며, 이러한 의지는 별도의 다른 형식으로 채워져야 한다고 본다.) 이러한 경도가 적절한 선에서 그리고 객관적 근거 위에서 제어되는 것은 일정한 소양을 갖춘 독자 집단과 원고 전반에 걸쳐서 치열한 토론을 하는 것에 의해서 가능해진다. 이 토론 과정 속에서 특별한 학적 의의가 없다고 판단되고 단순히 원어의 특수성에 기인한 것을 그대로 직역한 경우는 살아 있는 한국어로 다듬어지게 되고 한국어로 아무리 어색하다 하더라도 그 의미를 분명하게 살려야만 한다고 판단되는 것들은 반드시 그대로 번역하고 적절한 설명을 하기로 하였다. 따라서 우리는 구체적으로, ① 의역으로부터 완전히 자유로운 초역자의 충실한 초역, ② 이를 참고한 책임 번역자의 재번역, ③ 이 번역 원고에 대한 독자 집단의 검토(조언자로서의 독일어 능력 소유자 동참) 및 양쪽 사이의 토론을 통한 번역어 및 수식 관계의 획정이라는 작업 순서에 따르는 것을 원칙으로 하였다. 그렇지만 이러한 과정을 거쳤다 하더라도 초학자들로서의 많은 한계들이 번역에 반영될 것은 필지의 사실인바, 이것을 보완하고 혹시 있을 수 있는 오류를 교정하기 위하여 ④ 감수자의 치밀한 검토가 마지막 과정으로 마련되었다. 이상의 방법이 가장 이상적인 방법이라고 주장할 수는 없겠으나, 이 방법에 힘입어 우리의『맑스 엥겔스 6권 저작 선집』이 '현재까지 나온 번역서들 중에서 오역이 가장 적은 번역'이라는 칭찬을 받았으면 하고 기대하게 되었음을 솔직히 고백한다. 또한 덧붙여 말한다면, 중역으로부터 오는 모든 위험들로부터 자유롭기 위해서 우리는 모든 저작들을 그 원문으로부터(독어는 독어로부터, 프랑스 어는 프랑스 어로부터, 영어는 영어로부터) 번역하고, 그 책임자를 따로 두었으며, 초역과 재번역 과정에서 가능한 한 모든 대본들(독어, 영어, 프랑스 어, 일어, 기존의 한글본 모두)과 한 문장 한 문장 일일이 비교하면서 번역하였다.

　　다음으로 이상의 모든 과정들에서 다음의 것이 필요하다고 결론짓게 되었다. 첫째는 번역문에 대한 역자의 자세한 설명이다. 역자는 오직 역서로만 말해야 한다는 이야기도 가능하겠지만, 인도 유럽 어족에 속하는 언어를 알타이 어족에 속하는 한국어로 번역할 경우에 그 의미를 100% 담아 낼 수 있다고 보는 것 자체가 무리인바, 보충 설명이 필요한 문장에 대한 역자의 설명(이 문장과 이 단어를 이렇게 번역한 이유)을 최대한 독자에게 전달하는 것은 필요하다고 본다. 둘째는 역자에 의해 간간이 삽입되는 역주가 아닌, 저작 전체에 걸쳐 특별한 노력을 기울여 풍부한 주해를 다는 것이 필요하다는 것이었다. 20세기 말의 한국에서 사는 사람들이 19세기 유럽에서 쓰여진, 더구나 그때까지의 인류의 모든 역사와 문화들을 종횡무진으로 언급하고 비평하는 맑스, 엥겔스의 문장을 이해하는 것은 참으로 힘든 과정일 수밖에 없다. 이러한 애로를 극복하기 위해 각종의 역사적 사실, 인물, 경제 생활에 대한 설명에서부터, 문학 작품과 신화로부터의 인용 및 비유에 대한 설명, 그 논문 자체에 대한 외국의 여러 학자들의 연구 성과의 요약에 이르기까지 한국에서 구할 수 있는 모든 자료들을 활용하여 독자의 학습에 최대한의 편의를 제공하는 것이 필요하다고 인정되었다. 셋째는, 당연하게도 우리의 『선집』이 완전 무결한 것은 아닌바, 이에 대한 독자들의 지적을 실제로 수용하고 편집부가 나중에 발견한 오역을 독자들에게 신속히 알리는 것이 필요하다는 것이었다. 넷째는 가능하면 우리의 『선집』에 대한 한국 연구자들의 연구 성과를 담는 장이 있었으면 좋겠다는 것이었다. 이러한 요구들을 담아 내기 위해서 우리는 「선집 연구」(가제)라는 제목으로 별도의 기획을 마련하고 선집 독자들에게 공급하고자 한다.

아무쪼록 우리의 『맑스 엥겔스 저작 선집』이 여러분의 치열한 학습 의지를 배신하지 않게 되기를, 그리고 우리의 성의가 게으른 외면에 걸려 좌초하지 않게 되기를 기원하면서 발간의 말을 대신한다.

1991년 4월
감수자 김세균
편집부를 대신하여 최인호

목 차

부 록

일러두기

1. 대본

(1) 본 선집은 독일 사회주의 통일당 중앙 위원회 부속 맑스·레닌주의 연구소가 편집한 『칼 맑스·프리드리히 엥겔스 6권 저작 선집』(Karl Marx/ Friedrich Engels:Ausgewählte Werke in sechs Bänden, Institut für Marxismus-Leninismus beim ZK der SED, Dietz Verlag, Berlin, 1970 — 1972)의 한국어 완역본이다.

(2) 6권 저작 선집 중 맑스와 엥겔스가 독일어 이외의 언어로 쓴 저작 및 논문의 번역 과정에서 대본으로 삼은 것은 영어판 『전집』(Karl Marx/Frederick Engels:Collected Works, Progress Publishers, Moscow, 1975)과 막시밀리앙 루벨이 편집한 『저작집』(Karl Marx, Œuvres, édition par Maximilien Rubel, Gallimard, 1965)이다. 단, 편집은 독일어판을 따랐다.

(3) 번역에서 참고본으로 삼은 것은 『맑스 엥겔스 전집』(Karl Marx /Friedrich Engels:Gesamtausgabe, Berlin, 1975), 『맑스 엥겔스 저작집』(Marx/ Engels:Werke, Berlin, 1956), 『맑스 엥겔스 8권 선집』(マルクス＝エンゲルス8巻選集, 大月書店, 1974)이다.

2. 주

(1) 대본의 편집자 후주는 여기서도 후주로 처리하였다.

(2) 각주는 맑스, 엥겔스의 것과 역자의 것이 있다. 역자의 것은 주 끝에 '(역자)'라고 표시하였다. 그 이외의 것은 모두 맑스, 엥겔스의 것이다. 각주는 수록 저작 혹은 논문별로 1), 2), 3)…의 일련 번호를 매겼다.

3. 부호 사용

(1) 괄호

'( )'는 맑스와 엥겔스가 사용한 것이다.

한글에 붙인 '[ ]'는 역자가 보충을 위해 붙인 것이다.

원어에 붙인 '[ ]'는 독일어판 편집자가 붙인 것이다.

도판 목차

(2) 맞줄표

긴 맞줄표(——)는 맑스와 엥겔스가 사용한 것이다.

짧은 맞줄표(--)는 역자가 사용한 것이다.

(3) '『 』' '「 」'

'『 』'는 저작과 신문을 의미하고, '「 」'는 논문과 기사를 의미한다.

(4) 따옴표

큰 따옴표(" ")는 맑스와 엥겔스가 다른 저작으로부터 인용했다는 것이 확실한 경우에, 작은 따옴표(' ')는 일반적 강조나 풍자로 보이는 경우에 사용하였다.

4. 강조

대본의 이탤릭 체는 고딕으로, 명조 격자체는 명조 전각 띄어쓰기로, 이탤릭 격자체는 고딕 전각 띄어쓰기로, 이탤릭 볼드 체는 견출 명조로 처리하였다. 단, 강조된 원문이 한글에 병기될 때에는 원문을 따로 강조하지 않았다.

5. 기타

(1) 원문 병기

맑스와 엥겔스가 독일어 이외의 언어로 중간 중간에 쓴것이나 풍자, 대구, 특수한 어휘 등은 원문을 병기하였다. 한자를 밝힐 필요가 있는 것은 한자를 병기하였다.

(2) 외국어 표기

인명과 지명은 관례화되어 있는 경우를 제외하면 되도록 원어에 가깝게 표기하는 것을 원칙으로 하였다. 지명은 원문의 철자를 밝혔으되, 인명은 찾아보기 이외에는 따로 밝히지 않았다. 신문, 저작, 논문 등의 원문 철자도 찾아보기 이외에는 따로 밝히지 않았다.

(3) 저작 및 논문 끝에는 번역자의 이름을 기록하였다.

칼 맑스

헤겔 법철학의 비판을 위하여[1]

서 설

독일에 있어서 **종교의 비판**은 본질적으로 종결되었다. 그런데 종교의 비판이란 모든 비판의 전제이다.

오류의, 제단과 화덕 앞에서의 **천국적 기도**祈禱 himmlische oratio pro aris et focis 가 논박당한 후에 그 오류의 **세속적 실존**이 논박에 내맡겨져 있다. 어떤 초인을 찾던 천상의 환상적 현실 속에서 단지 그 자신의 **반영**만을 발견했던 인간은 그의 참된 현실을 찾고 또 찾아야만 할 곳에서 이제 더 이상 그 자신의 **가상**만을, 비인간만을 찾는 경향을 가지지 않게 될 것이다.

비종교적 비판의 **기저**基底 는 이것이다 : **인간이 종교를 만들지,** 종교가 인간을 만드는 것은 아니다. 게다가 종교는, 자기 자신을 아직 획득하지 못했거나 혹은 이미 자기 자신을 다시 상실해 버린 인간의 자기 의식이고 자기 감정이다. 그러나 **인간,** 그는 결코 세계 바깥에 웅크리고 있는 추상적인 존재가 아니다. 인간, 그는 **인간의** 세계이며 국가이며 세간世間 이다. 이 국가, 이 세간은 **전도된 세계**이므로 종교, 즉 **전도된 세계 의식**을 생산한다. 종교는 이 세계의 일반 이론이요, 이 세계의 백과 사전적 개요이며, 통속적 형태로 된 이 세계의 논리학이요, 이 세계의 유심론의 명예가 걸린 문제 Point-d'honneur 이며, 이 세계의 열광이요, 이 세계의 도덕적 재가載可 이며, 이 세계의 장엄한 보충이요, 이 세계의 일반적 위안 근거이자 정당화 근거이다. 종교는, **인간적 본질**이 아무런 진정한 현실성도 갖고 있지 못하기 때문에 그 인간적 본질의 **환상적 현실화**인 것이다. 따라서 종교에 대한 투쟁은 간접적으로, 그 정신적 **향료**가 종교인 저 세계에 대한 투쟁이다.

종교적 비참은 현실적 비참의 **표현**이자 현실적 비참에 대한 **항의**이다. 종교는 곤궁한 피조물의 한숨이며, 무정한 세계의 감정이고, 또 정신 없는 상태의 정신이다. 종교는 인민의 **아편**이다.

인민의 **환상적** 행복인 종교의 지양은 인민의 **현실적** 행복의 요구이다. 그들의 상태에 대한 환상을 포기하라는 요구는 그 환상을 필요로 하는 상태를 **포기하라는** 요구이다. 따라서 종교의 비판은 맹아적으로, 그 신성한 후광이 종교인 **통곡의 골짜기**에 대한 비판이다.

비판은 사슬에 붙어 있는 가상의 꽃들을 잡아뜯어 버렸는데, 이는 인간이 환상도 위안도 없는 사슬을 걸치기 위해서가 아니라 그 사슬을 벗어 던져 버리고 살아 있는 꽃을 꺾어 가지기 위해서이다. 종교의 비판은 인간을 미몽에서 깨워 일으키는데, 이는 인간이 각성된, 분별 있는 인간으로서 사고하고 행동하고 자신의 현실을 형성하도록 하기 위해서이고, 인간이 자기 자신을 중심으로 그리고 그의 현실적 태양을 중심으로 움직이도록 하기 위해서이다. 인간이 자기 자신을 중심으로 움직이지 않는 한, 종교는 단지 인간을 중심으로 움직이는 환상적 태양일 뿐이다.

그러므로 진리의 피안 彼岸 이 사라진 뒤에, **차안** 此岸 의 진리를 확립하는 것은 역사의 임무이다. 인간의 자기 소외의 **신성한** 형태가 폭로된 뒤에, 그 신성하지 않은 형태들 속의 자기 소외를 폭로하는 것은 무엇보다도 바로 역사에 봉사하는 **철학**의 임무이다. 이리하여 천상의 비판은 지상의 비판으로, **종교의 비판**은 법의 비판으로, 신학의 비판은 정치의 비판으로 전환된다.

이하의 **상론**[2]——이러한 작업에의 한 기여인데——은 다른 어떤 이유 때문이 아니라 그것이 독일에 닿아 있다는 이유 때문에, 무엇보다도 원본이 아니라 복사본, 즉 독일 국가 **철학** 및 법철학에 닿아 있다.

만약 사람들이 독일의 현 **상태** 그 자체에서 시작하려 한다면, 비록 유일하게 알맞은 방식으로, 즉 부정적으로 시작한다 하더라도 그 결과는 여전히 **시대 착오**에 머무를 것이다. 우리의 정치적 현재의 부정조차도 이미 현대 민족들의 역사적 헛간 속에서는 먼지투성이의 사실로서 발견된다. 내가 분바른 편발을 부정한다 해도, 나는 여전히 분바르지 않은 편발을 가지고 있는 것이다. 내가 1843년의 독일의 상태를 부정한다 해도, 프랑스적 시간 계산에 따르면 나는 1789년에도 있을까 말까 하고, 하물며 현재의 초점에는 더더욱 있지 않다.

정말이지, 독일의 역사는 역사상 어느 민족도 시범을 보인 적이 없고, 모방하지도 않을 하나의 움직임에 대해 우쭐해 하고 있다. 요컨대 우리는 현대 민족들의 혁명을 공유함이 없이 그 민족들의 복고를 공유하였다. 첫째 다른 민족들이 혁명을 감행하였기 때문에, 그리고 둘째 다른 민족들이 반혁명에 시달렸기 때문에, 즉 한 번은 우리의 영주들이 겁을 먹었기 때문에, 그리고 또 한 번은 우리의 영주들이 전혀 겁을 먹지 않았기 때문에 우리는 복고되었다. 우리들, 선두에 선 우리의 목자들은 항상 **자유의 장례식** 날에만 단 한 번 자유의 사회 속에 있었다.

오늘의 비열함을 어제의 비열함을 통해서 합법화하는 학파, 가죽 채찍이 오래된, 조상 전래의, 역사적 가죽 채찍이자마자 그 채찍에 대항하는 농노의 모든 절규를 반란이라고 공언하는 학파, 이스라엘의 신이 그의 종 모세에게 그랬듯이 역사가 그들에게만 **후천적으로** 가리켜 보이는 학파, [이들은] **역사 법학파**[3][이다]. 따라서 이 역사 법학파는 자신들이 독일 역사의 발명품이 아니었더라면 독일 역사를 발명했을 것이다. 샤일록, 그러나 종으로서의 샤일록인 이 역사 법학파는 인민의 가슴으로부터 도려낸 매파운드의 살코기를 위해서 자기들의 증서, 자기들의 역사적 증서, 자기들의 기독교적·게르만적 증서를 확신하고 있다.

이에 반해, 혈통으로 보면 독일내기들이고 반성 反省 으로 보면 자유 분방한 자들인 선량한 열광자들은 우리의 자유의 역사를 우리의 역사 저쪽, 튜튼 족의 원시림 속에서 찾는다. 그러나 우리의 자유의 역사가 단지 원시림 속에서 발견된다면, 그것은 무엇에 의해 멧돼지의 자유의 역사와 구별될 것인가? 게다가 주지하다시피 : 숲 속으로 외친 것은 외친 그대로 숲 밖으로 울려 나온다. 그렇다면, 튜튼 족의 원시림에 평화를!

독일의 상태들에 **전쟁을!** 물론이다! 그 상태들은 **역사의 수준** 이하에 있고 **모든 비판**[의 수준] 아래에 있지만 비판의 대상으로 남는데, 이는 인간성의 수준 이하에 있는 범죄자가 **사형 집행인**의 대상으로 남는 것과 마찬가지이다. 독일의 상태와의 투쟁에 있어서 비판은 두뇌의 열정이 아니라 열정의 두뇌이다. 비판은 해부용 칼이 아니라 하나의 무기이다. 비판의 대상은 비판의

4

적, 논박하고자 하는 것이 아니라 **절멸시키고자** 하는 **적**이다. 왜냐하면 저 상
태의 정신은 논박되어 있기 때문이다. 본래 독일의 상태는 결코 **사유할 만한**
객체들이 아니라, 경멸할 만한 또한 경멸받고 있는 **실존태**이다. 비판 자체는
이 대상과 자기 자신 사이의 화해를 필요로 하지 않는데, 왜냐하면 비판과
이 대상의 사이는 끝장나 있기 때문이다. 비판은 더 이상 **자기 목적**으로서 나
타나지 않고, **수단**으로서 나타날 뿐이다. 비판의 본질적 파토스는 분노이며
비판의 본질적 작업은 **탄핵**이다.

온갖 비참함의 존속에 의해 연명하고 있으며 **통치의 비참함** 이외에 그
어떤 것도 아닌 그러한 통치 체제의 틀에 끼워져 있는 모든 사회적 영역들
상호간의 숨막힐 듯한 압박에 대한, 실행 없는 일반적인 침체에 대한, 시인
되고도 오인되고도 있는 편협함 등에 대한 서술이 필요하다.

얼마나 볼 만한 풍경인가! 사소한 반감, 시커먼 양심, 조야한 범용성을
갖고서 서로 대립하고 있는 극히 잡다한 종족들, 그리고 다름아닌 서로 믿을
수 없으며 서로 의심이 가는 그들의 태도로 인하여——서로 다른 격식들을
갖고 있음에도 불구하고——모두가 아무 차이 없이 그들의 **영주들**에 의해 인
가된 실존으로서 취급받고 있는 극히 잡다한 종족들로의 사회의 끝없는 분
열. 그리고 이것조차, 즉 그들이 **지배받고, 통치되고, 소유되는** 것조차 하늘이
용인해 준 것이라고 그들은 시인하고 고백해야만 한다! 다른 한편으로 저 지
배자들 자신으로 말하면, 그 위대함은 그 숫자에 반비례한다!

이러한 내용을 다루는 비판은 **육박전** 속의 비판이며, 육박전에 있어서는
그 적이 고상한 적, 대등한 적, **흥미로운** 적인지 아닌지가 중요한 것이 아니
라 그 적을 **적중시키는** 것이 중요하다. 독일인에게 어느 한 순간도 자기 기만
과 단념을 허용하지 않는 것이 중요하다. 현실적 억압에다가 억압의 의식을
부가함으로써 현실적 억압을 더욱 억압적이게 만들어야 하며, 치욕을 공개
함으로써 그것을 더욱 치욕적이게 만들어야 한다. 독일 사회의 각 영역들을
독일 사회의 **치부** partie honteuse 로 묘사하여야 하며, 이 화석화된 상태에
그 고유의 멜로디를 노래하여 들려 줌으로써 그 화석화된 상태가 춤을 추도
록 강제해야 한다! 그 민족에게 **용기**를 북돋워 주기 위해서는 그 민족이 자
기 자신 앞에서 **경악하도록** 가르쳐야 한다. 그렇게 함으로써 독일 민족의 거
부할 수 없는 욕구는 충족되는바, 민족들의 욕구들은 그 자체로 그 충족의

궁극적 근거이다.

그리고 **현대** 민족들에게 있어서조차 독일의 현 **상태**의 고루한 내용에 대한 이 투쟁은 관심사가 아닐 수 없는데, 왜냐하면 독일의 현 **상태**는 **구체제** ancien régime의 솔직한 완성이며 **구체제는 현대 국가의 숨겨진 결점**이기 때문이다. 독일의 정치적 현대에 대한 투쟁은 현대 민족들의 과거에 대한 투쟁이며, 그리고 이 과거의 자취들 때문에 현대 민족들은 여전히 시달림을 받고 있다. 현대 민족들의 경우에는 자신의 **비극**을 체험했던 그 **구체제**가 독일적 망령으로서는 자신의 **희극**을 연출하는 것을 구경하는 것은 현대 민족들에게 교훈적이다. 구체제가 세계의 선재적 先在的 권력이고 이에 반해 자유가 개인적인 착상이었던 한, 한마디로 구체제 자체가 자신의 권능을 믿었고 또 믿어야만 했던 한, 구체제의 역사는 **비극적**이었다. 현존 세계 질서로서의 **구체제**가 막 생성하는 하나의 세계와 투쟁했던 한, 결코 개인적이 아닌 세계사적인 오류가 구체제측에 있었다. 따라서 구체제의 몰락은 비극적이었다.

이에 반해 하나의 시대 착오, 일반적으로 인정된 공리들에 대한 하나의 명백한 모순, 세계 전람회에 출품된 하찮은 **구체제**인 오늘날의 독일의 체제는 자기 자신을 신뢰한다고 여전히 착각하고 있으며 세상 사람들에게 이와 동일한 착각을 요구하고 있다. 만약 오늘날의 독일의 체제가 자신의 고유한 본질을 신뢰하고 있다면, 오늘날의 독일의 체제는 그 고유한 본질을 낯선 본질의 가상 아래 숨기려고 들고 자신의 도피처를 위선과 궤변 속에서 모색하게 될 것인가? 현대적 **구체제**는, 그 **현실적 주인공들**이 죽고 없는 세계 질서의 **희극 배우**에 지나지 않는다. 역사는 철저하고, 낡은 등장 인물을 무덤으로 보낼 때에 많은 국면들을 통과한다. 세계사적 등장 인물의 최후의 국면은 그것의 **희극**이다. 아이스킬로스의 묶여 있는 프로메테우스에서 이미 한 번 비극적으로 치명적 부상을 입은 바 있는 그리스의 신들은 루키아노스의 대화편에서 또 한 번 희극적으로 죽어야 했다. 왜 역사의 진행이란 이러한가? 인류로 하여금 자신의 과거와 **즐겁게** 이별하도록 하기 위해서이다. 우리는 이 즐거운 역사적 사명을 독일의 정치적 세력들에게 요구한다.

그런데 **현대의** 정치 · 사회적 현실 자체가 비판 아래 놓여지자마자, 따라서 비판이 진정으로 인간적인 문제들로 고양되자마자, 비판은 독일의 현 **상태** 외부에 존재하게 되거나 그렇지 않으면 자신의 대상을 자신의 대상 아래에서 붙잡게 되고 말 것이다. 일례를 들어보자! 산업의, 일반적으로 부의 세계의 정치적 세계에 대한 관계는 현대의 한 중심 문제이다. 어떠한 형식으로 이 문제는 독일인들을 몰두시키기 시작했는가? **보호 관세, 무역 금지제, 국민 경제**의 형식으로이다. 독일주의는 인간으로부터 물질로 옮아갔으며, 그리하여 어느 날 아침 우리의 면화 기사騎士 들과 철 영웅英雄 들은 자신들이 애국자로 변해 있는 것을 보았다. 따라서 독일에서 독점의 대내적 주권은 대**외적 주권**이 부여됨에 의해서 인정되기 시작한다. 따라서 프랑스와 영국에서는 끝나가기 시작하고 있는 것이 독일에서는 지금 시작되고 있다. 이 나라들이 그것에 대항해서 이론적으로 소동을 일으키고 있고 사람들이 속박을 견디어 내는 것처럼 가까스로 견디어 내고 있는 그 낡고 부패한 상태가 독일에서는 아름다운 미래의 떠오르는 아침 노을로서 환영받고 있는바, 이 미래는 좀처럼 **간교한**[4] 이론으로부터 인정사정없는 실천으로 넘어갈 엄두를 못 내고 있다. 프랑스와 영국에서는 문제가 **정치 경제 Politische Ökonomie** 혹은 **부에 대한 사회의 지배**라고 되어 있는 반면에, 독일에서는 **국민 경제 National-Ökonomie** 혹은 **국민에 대한 사적 소유의 지배**라고 되어 있다. 따라서 프랑스와 영국에서는 그 최후의 결과에까지 나아간 독점을 지양하는 것이 문제이다 ; 독일에서는 독점을 최후의 결과로까지 몰고 가는 것이 문제이다. 거기에서는 해결이 문제인데 여기에서는 겨우 충돌이 문제이다. 이는 현대적 문제들의 **독일적** 형태들에 대한 충분한 일례, 우리의 역사가 마치 서투른 신병처럼 진부한 역사들을 보습 교련補習敎鍊 받는 임무만을 지금까지 지니고 있었다는 것에 대한 일례이다.

따라서 만약 독일의 **전체적** 발전이 독일의 **정치적** 발전을 앞지르지 못한다면, 어느 한 독일인은 현대의 문제들에 기껏해야 어느 한 **러시아 인**이 그것에 관여할 수 있을 만큼밖에 관여할 수 없을 것이다. 그러나 일개 개인이 국가의 한계들에 의해 속박되어 있지 않을지라도, 한 개인의 해방에 의해 국가 전체가 해방되는 것은 더더구나 아니다. 그리스가 한 사람의 스키타이 인[5]을 자국의 철학자들 가운데 하나로 손꼽는다고 해서 스키타이 인들이 그리스 문화로 단 한 발짝이라도 전진했던 것은 아니다.

다행스럽게도 우리 독일인들은 스키타이 인들이 아니다.

고대 민족들이 그들의 전사前史 를 상상 속에서, **신화** 속에서 체험한 것처럼 우리 독일인들은 우리의 후사後史를 사유 속에서, **철학** 속에서 체험하였다. 우리는 현대의 역사적 동시대인들이지 않은 채, 그 **철학적** 동시대인들이다. 독일 철학은 독일 역사의 **이념적 연장**이다. 따라서 우리가 우리의 실질적 역사의 **미완성작들** oeuvres incomplètes 대신에 우리의 이념적 역사의 **유작** oeuvres posthumes, 즉 **철학**을 비판할 때, 우리의 비판은 현대가 다음과 같이 말하는 그 문제들 한가운데 서 있는 것이다 : 그것이 문제이다 That is the question.   선진 민족들의 경우에는 현대적 국가 상태와의 **실천적 반목**인 것이, 이 상태 자체가 부재한 독일에서는 무엇보다도 이 상태의 철학적 반영과의 **비판적 반목**이다.

　　독일의 **법철학 및 국가 철학**은 공식적인 현대적 현재와 **동급**으로 서 있는 유일한 **독일 역사**이다. 따라서 독일 민족은 이러한 자신의 몽사夢史도 자신의 현존 상태들에 덧붙여야 하며, 이러한 현존 상태들뿐만 아니라 동시에 그 상태의 추상적인 계속도 비판에 부쳐야 한다. 독일 민족의 미래는 자신의 실질적 국가 및 법의 상태들의 직접적 부정에도 **제한될 수 없**고, 자신의 이념적 국가 및 법의 상태들의 직접적 실행에도 **제한될 수 없**다. 왜냐하면 독일 민족은 자신의 이념적 상태들 속에 자신의 실질적 상태들의 직접적 부정을 가지고 있고, 결국 이웃 민족들에 대한 관조 속에서 자신의 이념적 상태들의 직접적 실행을 이미 거의 **재유실하였기** 때문이다. 따라서 당연히 **실천적인** 정치적 당파는 독일에서 **철학의 부정**을 요구한다. 이 당파의 부당함은 그 요구에 있는 것이 아니라 진정으로 실행하지도 않고 실행할 수도 없는 요구에 머물러 있는 데에 있다. 이 당파는 철학에 등을 돌리고 외면하며——철학에 대해 몇 마디 분노에 찬 상투어들을 중얼거림으로써 저 부정을 이룰 수 있다고 믿고 있다. 자신의 시야의 협소함으로 인해 이 당파는 또한 마찬가지로 철학을 **독일의 현실**의 영역 속에 넣어서 생각하지 못하고 있으며, 심지어 철학을 독일적 실천과 그 실천에 봉사하는 이론들 **아래**에 있는 것이라고 망상하고 있다. 당신들은 사람들이 **현실적 삶의 맹아**를 실마리로 잡을 것을 요구하고 있다. 그러나 당신들은 독일 민족의 현실적 삶의 맹아가 지금까지 단지 독일 민족의 두개골 속에서만 자라 왔다는 것을 잊고 있다. 한마디로 말해 : **당신들은 철학을 실현하지 않고서는 철학을 지양할 수 없다.**

　　철학으로부터 유래한 이론적인 정치적 당파는 단지 **정반대**의 요인들만을

8

지닌 채 동일한 부당함을 범하였다.

이 당파는 현재의 투쟁 속에서 단지 독일적 세계에 대한 철학의 비판적 투쟁만을 보았다. 이 당파는 지금까지의 철학 자체가 이 세계에 속하며, 비록 관념적일지라도 이 세계의 보충이라고 생각하지 못하고 있었다. 이 당파는 철학의 전제들에서 출발하여 자신에게 주어진 결론들에 안주하거나, 또는 다른 곳에서 가져온 요구들과 결론들 ——그것들의 정당함을 전제로 할 때——이 [그들이 생각하는 것과는] 반대로 단지 지금까지의 철학, 즉 철학으로서의 철학의 부정에 의해서만 얻어질 수 있음에도 불구하고 이 다른 곳에서 가져온 요구들과 결론들을 철학의 직접적 요구들과 결론들이라고 부르는 속에서, 자신의 적에 대해서는 비판적이면서 자신의 상태에 대해서는 무비판적인 태도를 취하고 있다. 이 당파에 대한 보다 상세한 서술은 보류한다. 이 당파의 근본 결함은 다음과 같이 요약될 수 있다 : 이 당파는 철학을 지양하지 않고서 철학을 실현할 수 있다고 믿었다.

헤겔에 의해서 가장 일관되고 풍부하며 궁극적인 파악을 얻은 독일의 국가 철학 및 법철학에 대한 비판은 현대 국가 및 그와 결부된 현실의 비판적 분석뿐만 아니라 독일의 정치적·법적 의식 —이 의식의 가장 고상하고 가장 보편적인, 학學으로까지 고양된 표현은 바로 사변적 법철학 자체이다—의 기존 양식 전체에 대한 단호한 부정, 이 양자이다. 오직 독일에서만 이 사변적 법철학, 현대 국가에 대한 이 추상적이고 과도한 사유 —— 이 사유의 현실은 피안 Jenseits 에 머물러 있으며, 또한 이 피안이라는 것은 라인 강 저편 jenseits 에만 놓여 있다—— 가 가능했었다 : 거꾸로 또한 현대 국가의 독일적 사유상 思惟像, 현실적 인간을 추상한 사유상은, 현대 국가 자체가 현실적 인간을 추상하고 또한 인간 전체를 오직 상상적인 방식으로만 만족시키기 때문에만, 그리고 바로 그런 한에 있어서만 가능했었다. 독일인들은 다른 민족들이 실행했던 것을 정치 속에서 사유했다. 독일은 다른 민족들의 이론적 양심이었다. 독일 민족의 사유의 추상과 오만은 항상 독일 민족의 현실의 일면성 및 낙후성과 보조를 맞추었다. 따라서 독일 국가 제도의 현 상태가 구체제의 완성, 즉 현대 국가의 살 속의 가시의 완성을 표현할 때, 독일 국가지 國家知 의 현 상태는 현대 국가의 미완성, 즉 그 살 자체의 손상을 표현한다.

독일의 정치적 의식의 기존 양식에 대한 단호한 반대자로서 사변적 법철학 비판은 자기 자신 속에서 헤매지 않고, 그 해결을 위해서는 오직 다음과 같은 하나의 수단만이 존재하는 과제들로 나아간다 : 실천.

다음이 문제이다 : 독일은 원리의 높이에 à la hauteur des principes 있는 실천에 도달할 수 있는가? 즉 독일은, 독일 민족을 현대 민족들의 공식적 수준에까지 올려 세울 뿐 아니라 이 민족들의 바로 다음의 미래가 될 인간적 높이에까지 올려 세울 혁명에 도달할 수 있는가?

비판의 무기는 물론 무기의 비판을 대신할 수 없다. 물질적 힘은 물질적 힘에 의해 전복되어야 한다. 그러나 이론 또한 대중을 사로잡자마자 물질적 힘으로 된다. 이론은 대인적 對人的 으로 ad hominem 증명되자마자 대중을 사로잡을 수 있으며, 그것이 근본적으로 되자마자 대인적으로 증명된다. 근본적이라 함은 사태를 뿌리에서 파악하는 것이다. 그런데 인간에게 있어서 뿌리는 인간 자신이다. 독일 이론의 근본주의에 대한 명백한 증거, 그러므로 독일 이론의 실천적 에네르기에 대한 명백한 증거는 그것이 종교의 결정적이고 확실한 지양에서 출발했다는 것에 있다. 종교의 비판은 인간은 인간에게 지고한 존재라는 가르침으로 끝난다. 그러므로 종교의 비판은 인간이 천대받고 예속되고 버림받으며 경멸받는 존재로 있는 모든 관계들을 전복시키라는 정언 명령으로 끝나는데, 이 관계는 견세 犬稅 가 구상되고 있을 때의 어떤 프랑스 인의 다음과 같은 외침에 의해서보다 더 잘 묘사될 수는 없다 : 불쌍한 개들아! 사람들이 너희를 인간처럼 취급하려고 하는구나!

역사적으로도 이론적 해방은 독일에 있어서 특별하게 실천적인 의의를 지니고 있다. 독일의 혁명적 과거는 요컨대 이론적이다. 즉 그것은 종교 개혁이다. 당시에는 승려의 머리 속에서 혁명이 시작되었던 것처럼 지금은 철학자의 머리 속에서 혁명이 시작된다.

확실히 루터는 헌신에서 나오는 예종을 확신에서 나오는 예종으로 대체한 결과, 헌신에서 나오는 예종을 극복하였다. 그는 신앙의 권위를 회복시킨 결과, 권위에의 신앙을 타파하였다. 그는 평신도들을 성직자들로 변화시킨 결과, 성직자들을 평신도들로 변화시켰다. 그는 종교성을 내적 인간으로 만든 결과, 인간을 외적 종교성으로부터 해방시켰다. 그는 심장을 사슬로 묶은 결과, 몸을 사슬로부터 해방시켰다.

그러나 프로테스탄티즘은 과제의 올바른 해결은 아니었지만 과제의 올바른 설정이기는 했다. 더 이상 평신도와 **그의 바깥의 성직자**의 투쟁이 문제가 아니었고, 평신도와 **그 자신의 내적 성직자, 그의 성직자적 본성**이 문제였다. 그리고 독일 평신도들의 성직자로의 프로테스탄트적 전화가 평신도 교황인 **영주들**을 그들의 승려 계급들인 특권층들 및 속물들과 더불어 해방시켰다면, 성직자적 독일인들의 인간으로의 철학적 전화는 그 **민족**을 해방시킬 것이다. 그러나 해방이 영주에 머물지 않듯이 재화의 **세속화**도, 특히 기만적인 프로이센이 실행에 옮겼던 바의 **교회 재산의 몰수**에 머물지 않을 것이다. 옛날에 독일 역사상 가장 급진적이었던 사건인 농민 전쟁은 신학에 부딪혀 좌초하였다. 신학 자체가 좌초된 오늘날 독일 역사상 가장 자유스럽지 못한 사실인 우리의 **현 상태**는 철학에 부딪혀 산산조각날 것이다. 종교 개혁 전날에 공식적 독일은 로마의 가장 무조건적인 노예였다. 독일 혁명 전날에 공식적 독일은 로마의 무조건적인 노예라기보다 프로이센과 오스트리아의, 시골 융커들과 속물들의 무조건적인 노예이다.

그런데 **근본적** 독일 혁명은 중대한 난관에 봉착한 듯이 보인다.

혁명들은 요컨대 어떤 **수동적** 요소들, 어떤 **물질적** 기초를 필요로 한다. 이론은 항상 어떤 민족의 욕구들의 현실화인 만큼 그 민족 속에서 현실화된다. 그런데 독일적 사상의 요구들과 독일적 현실의 대답들 사이의 엄청난 분열에 시민 사회의 국가와의, 그리고 시민 사회의 자기 자신과의 엄청난 분열이 조응하게 될 것인가? 이론적 욕구들이 직접적으로 실천적 욕구들이 될 것인가? 사상이 실현을 재촉하는 것으로는 부족하며 현실이 스스로 사상에로 쇄도하여야 한다.

그러나 독일은 현대 민족들과 동시에 정치적 해방의 중간 단계들에 올라가지 못하였다. 독일은 자신이 이론적으로 극복한 단계조차 실질적으로는 아직 도달하지 못하고 있다. 어떻게 독일은 한 번의 **목숨을 건 도약** salto mortale 으로 자기 고유의 한계뿐만 아니라 동시에 현대 민족들의 한계들, 독일이 현실 속에서 자신의 현실적 한계들의 해방이라고 느껴서 추구해야만 하는 바의 한계들도 뛰어넘을 수 있을까? 근본적 혁명은, 바로 그것의 전제들과 탄생지들을 결여하고 있는 것처럼 보이는 근본적 욕구들의 혁명 이외의 것일 수 없다.

그러나 독일이 현대 민족들의 발전의 현실적 투쟁들에서 활동적인 편에

가담하지 않은 채 다만 사유의 추상적 활동을 갖고서 현대 민족들의 발전에
동행했을 때에, 다른 한편 독일은 이 발전의 향유, 이 발전의 부분적 만족은
공유하지 못한 채 이 발전의 **고통들**을 공유한 것이다. 한편에서의 추상적 활
동에는 다른 한편에서의 추상적 고통이 조응한다. 따라서 독일은 언젠가 유
럽적 해방의 수준에 서 있게 되기 전에, 어느 날 아침 유럽적 몰락의 수준에   5
있는 자신을 보게 될 것이다. 사람들은 독일을 기독교라는 질병을 앓고 있는
물신 숭배자에 비유할 수 있게 될 것이다.

　　만약 사람들이 우선 **독일의 정부들**을 고찰한다면, 그 장점을 우리가 소
유하고 있지 못한 **현대 정치계의 문명적 결점들**을 우리가 충분히 향유하고 있
는 **구제도의 야만적 결점들**과 결합하도록, 그리하여 독일이 자신의 **현상태**를   10
초월하는 국가 건설에 조리 있게 안 되면 부조리하게라도 관여하지 않으면
안되게끔 시대 추세, 독일의 상태, 독일적 교양의 입장, 마지막으로 [독일]
고유의 다행스런 본능 등이 독일 정부들에게 강요하고 있음을 보게 된다. 예
를 들면 소위 입헌 독일처럼 그렇게 분별없이 입헌적 국가 제도의 실상들을
공유하지 않고 그것의 모든 허상들을 순진하게 공유하고 있는 나라가 세상   15
에 있을까? 혹은 검열의 고통을, 언론 자유를 전제하고 있는 프랑스의 구월
법[6]의 고통과 결합시키는 것은 필연적으로 하나의 독일 정부다운 착상이 아
니었던가! 사람들은 로마의 만신전 **萬神展** 안에서 모든 민족들의 **신들**을 보았
던 것처럼, 신성 로마적 독일 제국 안에서 모든 국가 형식들의 **죄악들**을 발
견하게 된다. 이와 같은 절충주의가 지금까지 전혀 예기치 못했던 정도에 도   20
달할 것이라는 사실에 대하여 특히 한 독일 국왕[7]의 **정치적·미적 대식 大食**
이 보증을 서고 있는데, 그는 봉건적이든 관료적이든, 절대적이든 입헌적이
든, 전제적이든 민주주의적이든 가리지 않고 왕권의 모든 역할들을, 인민의
인신에 의해서 안 되면 **몸소** ,인민을 위해서가 아니면 **자기 자신**을 위해서 수
행하려는 생각을 가지고 있다. **하나의 독자적 세계로 구성된 정치적 현대의 결점**   25
으로서의 독일은 정치적 현대의 일반적 한계들을 내던지지 않고서는 독일에
특유한 한계를 내던질 수 없을 것이다.

　　독일에 있어서는 **근본적 혁명, 보편적으로 인간적인** 해방이 유토피아적
꿈인 것이 아니라 오히려 부분적 혁명, **단지** 정치적일 **뿐인** 혁명, 집의 기둥
을 그대로 둔 혁명이 유토피아적 꿈이다. 하나의 부분적 혁명, 단지 정치적

일 뿐인 혁명은 어디에 근거하는가? **시민 사회의** 한 부분이 자신을 해방시키고 **보편적** 지배에 도달하는 것에, 어떤 특정 계급이 자신의 **특수한 상황**으로부터 사회의 보편적 해방을 도모하는 것에 근거한다. 이 계급은 사회 전체를 해방시키지만, 단 사회 전체가 이 계급의 입장 속에 있다는 전제, 따라서 예를 들면 화폐와 교양을 소유하거나 혹은 임의로 획득할 수 있다는 전제하에서만 해방시킨다.

시민 사회의 어떠한 계급도 열광이라는 계기, 그 속에서 어떤 계급이 사회 일반과 우애롭게 지내고 융합하여 사회 일반과 혼동되며 그 **보편적 대표자**로 느껴지고 인정되는 어떤 계기, 어떤 계급의 요구들과 권리들이 진실로 사회 자체의 권리들과 요구들로서 존재하게 되는 어떤 계기, 어떤 계급이 현실적으로 사회의 머리와 사회의 심장으로 존재하게 되는 어떤 계기를 자기 자신과 대중 속에서 유발시키지 않고서는 이러한 역할을 수행할 수 없다. 어떤 특수한 계급은 오직 사회의 보편적인 권리들이라는 이름으로만 보편적 지배를 자신에게 줄 것을 청구할 수 있다. 이러한 해방자적 지위를 공략攻略 하기 위해서는, 그리하여 자신의 영역의 이익을 위해 사회의 모든 영역들을 정치적으로 이용하기 위해서는 혁명적 에네르기와 정신적 자부심만으로는 부족하다. **어떤 민족의 혁명**과 시민 사회의 **어떤 특수한 계급의 해방**이 동시 발생하기 위해서는 **어떤 한** 신분이 사회 전체의 신분으로 여겨지기 위해서는 거꾸로 그 사회의 모든 결점이 다른 한 계급에 집중되어야만 하고, 어떤 특정 신분이 보편적 장해障害 의 신분, 보편적 제약의 화신이어야 하며, 한 특수한 사회적 영역이 세간世間 전체의 **악명 높은 침해**라고 여겨져서 이 영역으로부터의 해방이 보편적 자기 해방으로 나타나도록 되어야만 한다. **한 신분**이 **단연코** 해방의 신분이기 위해서는 거꾸로 다른 한 신분이 공공연한 압제의 신분이지 않으면 안 된다. 프랑스 귀족과 프랑스 승려 계급의 부정적·보편적 의의는 우선 인접하여 대립하는 **부르주아지**라는 계급의 긍정적·보편적 의의의 조건이 되었다.

그러나 독일에 있어서 사회의 부정적 대표자로 낙인찍힐 수 있는 수미 일관함, 예리함, 용기, 무자비함 등이 어떤 특수한 계급에게도 결여되어 있다. 마찬가지로 어떤 신분에게도 비록 일시적으로라도 민족혼과 동일시되는 바의 저 영혼의 폭, 물질적 힘이 정치적 힘이 되도록 고무하는 저 천재성,

다음과 같은 반항적 구호를 적에게 내던질 수 있는 저 혁명적 용맹성이 결
여되어 있다 : 나는 아무것도 아니다. 그러나 나는 모든 것이어야 한다. 개인들뿐
만 아니라 계급들의 독일적 도덕과 성실함의 본줄기를 이루는 것은 오히려
저 겸손한 이기주의인바, 이것은 자신의 편협함을 주장하며, 자기 자신에 대
해서 주장하도록 만드는 그러한 이기주의이다. 따라서 독일 사회의 다양한
영역들의 관계는 극적이지 않고 서사적이다. 개개 영역들이 자각하기 시작
하고 다른 영역들과 나란히 자신의 특수한 요구들을 내걸기 시작하는 것은
이 영역들이 압박을 받자마자가 아니라 시대 추세가 이들 영역의 관여 없이
도 이들 영역의 편에서 압박을 가할 수 있는 만만한 깔개를 창출하자마자이
다. 독일 중간 계급의 도덕적 자부심조차 다른 모든 계급들의 속물적 시시함의
일반적 대표라는 의식에 기인하고 있을 뿐이다. 그러므로 때에 맞지 않게
mal-à-propos 왕좌에 오르는 것은 독일 국왕들만이 아니다. 자신의 승리를
축하하기도 전에 패배를 겪으며 자신에 대립해 있는 한계를 극복하기도 전
에 자기 고유의 한계를 발전시키며 자신의 관대한 본성을 발휘할 수 있게
되기도 전에 편협한 본성을 주장하는 것은 시민 사회의 모든 영역들인바, 그
결과 위대한 역할의 기회조차 나타나기도 전에 항상 지나가 버리고, 각각의
계급들은 그들 위에 서 있는 계급과의 투쟁을 시작하자마자 그들 밑에 있는
계급과의 투쟁에 휘말리게 되는 것이다. 그러므로 영주는 왕과, 관료는 귀족
과, 부르주아는 이들 모두와 투쟁 속에 있는 반면에 프롤레타리아는 이미 부
르주아와의 투쟁을 시작하고 있다. 중간 계급은 자신의 입장으로부터 해방
의 사상을 파악할 엄두를 못 내고 있고, 그리고 이미 사회적 상태의 발전과
정치 이론의 진보는 이러한 입장 자체가 구태 의연한 것임을 혹은 적어도
문제투성이의 것임을 보여 주고 있다.

　　프랑스에서는 어떤 사람이 모든 것이기 위해서는 어떤 것인 걸로 족하
다. 독일에서는 어떤 사람은 모든 것을 포기하지 않으면 어떤 것일 수도 없
다. 프랑스에서는 부분적 해방이 보편적 해방의 근거이다. 독일에서는 보편
적 해방이 모든 부분적 해방의 필수 조건 conditio sine qua non 이다. 프랑스
에서는 단계적 해방의 현실성이, 독일에서는 단계적 해방의 불가능성이 온
전한 자유를 낳는 것임에 틀림이 없다. 프랑스에서는 국민의 각 계급들이 정
치적 이상주의자이며, 무엇보다도 자신을 특수한 계급으로가 아니라 사회적

욕구 일반의 대표자로 느끼고 있다. 그러므로 해방자의 역할은 극적인 운동 속에서 차례차례 프랑스 국민의 다양한 계급으로 옮아 가서, 마침내 사회적 자유를 더 이상 특정 전제, 즉 인간 바깥에 놓여 있으면서도 인간 사회에 의해 창조된 조건들 아래에서 실현하지 않고 오히려 인간 현존의 모든 조건들을 사회적 자유라는 전제하에서 조직하는 그러한 계급에 다다른다. 반면에, 정신적 삶이 비실천적인 만큼이나 실천적 삶이 몰정신적인 독일에서는 시민 사회의 어떠한 계급도, 그들이 자신의 **직접적** 처지에 의해서, **물질적** 필연성에 의해서, 자신의 **사슬 자체**에 의해서 강요받기 전에는 보편적 해방의 욕구와 능력을 가지지 못한다.

그러면 독일 해방의 적극적 positive 가능성은 어디에 있는가?

대답 : [그 가능성은] **뿌리깊은 굴레**에 얽매여 있는 한 계급, 결코 시민 사회의 계급이 아닌 시민 사회의 한 계급, 모든 신분들의 해체인 한 신분, 자신의 보편적 고통 때문에 보편적 성격을 지니고 있고 **특수한 부당함**이 아니라 **부당함 그 자체**가 그들에게 자행되기 때문에 어떤 **특수한 권리**도 요구하지 않는 한 영역, 더 이상 **역사적** 권원 權原 을 증거삼을 수 없고 단지 **인간적** 권원만을 증거삼을 수 있는 한 영역, 독일 국가 제도의 귀결들과 일면적으로 대립하고 있는 것이 아니라 그 전제들과 전면적으로 대립하고 있는 한 영역, 마지막으로 사회의 다른 모든 영역들로부터 자신을 해방시키고 그리하여 사회의 다른 모든 영역들을 해방시키지 않고는 해방될 수 없는 한 영역, 한 마디로 말하면 인간의 **완전한 상실**이고 따라서 **인간의 완전한 되찾음**에 의해서만 자기 자신을 찾을 수 있는 한 영역의 형성에 [있다]. 하나의 특수한 신분으로서의 사회의 이와 같은 해체는 [바로] **프롤레타리아트**이다.

프롤레타리아트는 들이닥친 **산업** 운동에 의해서 비로소 독일에서 생성하기 시작하고 있다. 왜냐하면 **자연 발생적으로 성립한** 빈민이 아니라 **인위적으로 생산된** 빈민이, 사회의 중압에 기계적으로 짓눌린 인간 대중이 아니라 사회의 **급격한 해체**로부터, 특히 중간 신분의 해체로부터 출현한 인간 대중이 ─비록 당연하게도 자연 발생적 빈민과 기독교적·게르만적 농노층도 점차적으로 프롤레타리아트의 대열 속에 들어온다 할지라도─[주로] 프롤레타리아트를 형성하기 때문이다.

프롤레타리아트가 기존의 세계 질서의 해체를 고지할 때, 그들은 단지 그들 자신의 현 존재의 비밀을 말해 버렸을 뿐인데, 왜냐하면 프롤레타리아트는 이 세계 질서의 **사실적** 해체이기 때문이다. 프롤레타리아트가 **사적 소유**의 부정을 요구할 때 프롤레타리아트는 사회가 **프롤레타리아트의** 원리로 고양시켰던 것, 프롤레타리아트의 조력 없이 이미 **프롤레타리아트** 속에 사회의 부정적 결과로서 체현되었던 것을 **사회의 원리**로 고양시킬 따름이다. 말 馬 을 **자신**의 말이라고 부르듯이 인민을 **자신**의 인민이라고 부를 때에 **독일 국왕**이 생성된 세계와 관련하여 가지고 있는 권리와 동일한 권리를 프롤레타리아는 생성하는 세계와 관련하여 가지고 있다. 그 국왕은 인민을 자신의 사적 소유라고 선언함에 의해서 단지 사적 소유자가 국왕이라는 것을 말하고 있을 뿐이다.

철학이 프롤레타리아트 속에서 그 **물질적 무기**를 발견하듯이, 프롤레타리아트는 철학 속에서 자신의 **정신적 무기**를 발견한다. 그리고 사상의 번개가 이 소박한 인민적 지반 속으로 깊숙이 내리꽂히자마자 독일인들의 인간으로의 해방은 성취될 것이다.

결론을 요약하자 :

유일하게 **실천적으로** 가능한 독일 해방은 인간을 인간의 최고의 존재라고 선언하는 **그러한** 이론의 관점 위에서의 해방이다 독일에 있어서 **중세로부터의** 해방은 동시에 중세의 **부분적** 극복으로부터의 해방으로서만 가능하다. 독일에서는 **모든** 종류의 노예 상태를 타파하지 않고서는 어떤 종류의 노예 상태도 타파할 수 없다. **근본적** 독일은 **근본에서부터** 혁명하지 않고서는 혁명할 수 없다. **독일인의** 해방은 인간의 해방이다. 이 해방의 **머리**는 **철학**이요, 그 심장은 **프롤레타리아트**이다. 프롤레타리아트의 지양 없이 철학은 자기를 실현할 수 없으며, 철학의 실현 없이 프롤레타리아트는 자신을 지양할 수 없다.

모든 내적 조건들이 충족된다면, **독일 부활의** 날은 갈리아 Gallia 의 수탉의 울음 소리에 의해 고지될 것이다.

1843년 10월 중순에서
12월 중순 사이에 씌어짐.
출전 : 『독불 연보』 (빠리), Lfg. 1/2,
1844년.

맑스 · 엥겔스 저작집,
제 1 권, 378-391면.

최인호   번역

칼 맑스

기사 「프로이센 왕과 사회 개혁. 한 프로이센 인이」
(『전진!』 제60호)에 대한 비판적 평주들

[발 췌][8]

5 　　　그러면 이제 **독일 노동자들**에 관한 그 '프로이센 인'의 신탁 神託 들에
대하여 살펴보기로 하자.

　　　"**독일의 가난한 사람들은**", 그는 이렇게 빈정거리고 있다, "**가난한 독일인들
보다 현명하지 않다.** 즉 그들은 그들의 가정, 그들의 공장, 그들의 거주 구역을
넘어서는 어떤 곳도 내다보지 않는다 : 문제 전체가, 모든 것을 꿰뚫는 정치적
10　영혼으로부터 아직까지도 버림받은 채로 있다."

　　　독일 노동자들의 상태를 프랑스 및 영국의 노동자들의 상태와 비교할
수 있기 위해서 그 '프로이센 인'은 영국 및 프랑스의 노동자 운동의 **최초의
형태**, 그 시작을 이제야 막 시작되고 있는 **독일**의 운동과 비교해야만 했다. 그는
이를 소홀히 하고 있다. 그렇기 때문에 그의 추론은 진부한 이야기에, 예컨
15　대 독일에서는 **공업**이 아직 영국에 있어서만큼 발달하지 않았다거나, 혹은
초창기의 운동은 성장기의 운동과는 다르게 보인다는 따위의 이야기에 이르
고 만다. 그는 독일의 노동자 운동의 **특질**에 관해 이야기하고자 했다. [그렇
지만] 그는 이러한 그의 주제에 관해서 한마디도 하지 않고 있다.
　　　이와는 반대로 그 '프로이센 인'이 올바른 관점에 섰다고 해 보자. [그
랬다면] 그는 프랑스와 영국의 노동자 봉기들 가운데 **단 하나도** 슐레지엔

Schlesien의 방직공 봉기[9]만큼 이론적이고 의식적인 성격을 가지고 있지 않았음을 발견하게 될 것이다.

우선 방직공의 노래[10]를, 투쟁의 이 대담한 구호를 상기해 보건대, 그 구호 속에서 가정, 공장, 거주 구역은 한 번도 언급되지 않고 있고, 오히려 프롤레타리아트는 그 구호 속에서 즉각 사적 소유 사회에 대한 자신들의 대립을 적절하고 예리하며 가차없고 폭력적인 방식으로 절규하고 있다. 슐레지엔의 봉기는 바로 프랑스와 영국의 노동자 봉기들이 끝남과 더불어, 프롤레타리아트의 본질에 대한 의식이 생김과 더불어 시작한다. 그 행동 자체가 이러한 출중한 성격을 지니고 있다. [그 행동에 의해서] 노동자들의 경쟁자들인 기계들뿐만 아니라 소유의 권원 權原 인 회계 장부들도 파손되었다. 또한 다른 모든 운동들은 우선, 눈에 보이는 적인 산업주들에만 대항했던 반면에, 이 운동은 동시에, 은폐되어 있는 적인 은행가들에게도 대항하고 있다. 끝으로 영국의 어떤 노동자 봉기도 이렇게 용감하고 신중하고 끈기 있게 수행된 적이 없었다.

독일 노동자들의 교양 상태 또는 교양 능력에 관해 일반적으로 이야기하자면, 나는 바이틀링의 천재적인 저술들을 떠올리게 되는데, 그 저술들은 그 상술 詳述 에 있어서는 프루동에 미치지 못한다 해도 이론적인 관점에서는 종종 프루동마저 능가한다. 과연 그 어디에서 부르주아지 ——그들의 철학자들과 율법학자들을 포함하여—— 가 부르주아지의 해방 ——정치적 해방—— 과 관련하여 바이틀링의 『조화와 자유의 보장』에 필적하는 저작을 내세울 수 있단 말인가? 독일의 정치적 문헌의 김빠진, 원기 없는 평범함을 독일 노동자들의 이 대단하고 찬란한 문필적 등단과 비교한다면 ; 프롤레타리아트의 이 거인만한 어린아이 구두를 독일 부르주아지의 닳아 빠진 정치적 구두의 난장이만함과 비교한다면, 독일의 신데렐라에게 우람한 체격의 운동 선수의 모습을 예언해 주지 않을 수 없다. 영국의 프롤레타리아트가 유럽 프롤레타리아트의 국민 경제학자이고 프랑스의 프롤레타리아트가 유럽 프롤레타리아트의 정치가이듯이, 독일의 프롤레타리아트는 유럽 프롤레타리아트의 이론가임을 인정해야만 한다. 독일이 정치적 혁명에 무능한 것과 같은 정도로 사회적 혁명에 대해서는 고전적 소명을 가지고 있음을 인정해야만 한다. 왜냐하면 독일의 부르주아지의 무력함이 독일의 정치적 무력함이듯이, 독일의 프롤레타리아트의 소질——독일의 이론은 차치하고서라도——은 독일의 **사회적** 소질이기 때문이다. 독일에서의 철학적 발전 및 정치적 발전의 불균형은 결코 **기형**畸形이 아니다. 그것은 하나의 필연적인 불균형이다. 철학적 민족은 사회주의 속에서 비로소 자신에게 어울리는 실천을, 따라서 **프롤레타리아트** 속에서 비로소 자신의 해방의 활동적인 요소를 발견할 수 있다.

하지만 나는 지금 그 '프로이센 인'에게 사회적 변혁에 대한 '독일 사회'의 관계를, 그리고 이 관계로부터 한편으로는 사회주의에 맞서는 독일 부르주아지의 허약한 반동을, 다른 한편으로는 사회주의에 대한 독일 프롤레타리아트의 뛰어난 소질을 설명해 줄 시간도 의욕도 없다. 이러한 현상의 이해를 위한 최초의 요소들을 그는 나의 헤겔 법철학의 비판을 위한 서설(『독불 연보』)''에서 찾게 될 것이다.

이처럼 **독일의 가난한 사람들**의 현명함은 **가난한 독일인들**의 현명함과 **반**비례한다. 그러나 모든 대상을 공공연한 문체 연습을 위해 사용하고 있는 그런 사람들은 이러한 **형식적** 활동으로 인해 전도된 내용에 빠져 들게 되는 한편, 전도된 내용은 그 나름대로 다시 그 형식에 야비함의 도장을 찍는다. 이렇게 해서, 슐레지엔의 노동자 소요와 같은 사태에 대해 반명제의 형식으로 대처하고 있는 그 '프로이센 인'의 시도는 자신을 진리에 대한 최대의 반명제로 이끌고 말았다. 슐레지엔의 노동자 봉기의 최초의 발발을 보았을 때, 사려 깊고 진리를 사랑하는 머리를 가진 사람의 유일한 과제는 이 사건의 **학교 선생** 행세를 하는 것이 아니라 오히려 그 사건의 **특유한** 성격을 연구하는 데에 있다. 그렇게 하기 위해서는 물론 어느 정도의 과학적 통찰과 인간애가 필요한 반면에, 사건을 다른 식으로 다루는 데에는 공허한 자기애에 젖어 있는 완비된 어법으로 완전히 충분하다.

왜 그 '프로이센 인'은 독일 노동자들을 그렇게 경멸적으로 평가하는 것일까? 그것은 그가 "문제 전체"——요컨대 노동자들의 궁핍 문제——가 "아직까지도", "모든 것을 꿰뚫는 **정치적 영혼**"에게 버림받은 채로 있다고 생각하기 때문이다. 그는 그 **정치적 영혼**에 대한 자신의 플라톤적 사랑을 다음과 같이 상술하고 있다 :

"인간이 **공동체**로부터, 인간의 **사상**이 사회적 원리들로부터 이렇듯 절망적으로 고립됨으로써 발발하는 모든 봉기들은 유혈적으로 무분별하게 진압될 것이다 ; 그러나 비로소 궁핍이 오성을 만들어 내고, 독일인들의 **정치적** 오성이 사회적 궁핍의 뿌리를 찾아내기만 하면, 독일에서도 이러한 사건들은 하나의 위대한 변혁의 징후들로 받아들여질 것이다."

'프로이센 인'이여, 먼저 우리에게 **문체상의** 지적을 허락해 주오. 그의 반명제는 불완전하다. 전반부에는 이렇게 말하고 있다 : 궁핍이 오성을 만들어 내면. 후반부에서는 이렇게 말하고 있다 : **정치적 오성이 사회적 궁핍의 뿌**리를 발견하면. 이 반명제의 전반부의 **단순한** 오성은 후반부에서 **정치적 오성**으로 되고, 마찬가지로 반명제의 전반부의 단순한 **궁핍**은 후반부에서 **사회적** 궁핍으로 되고 있다. 왜 문체의 대가께서 그 반명제의 두 부분을 그렇게 불공평하게 안배했을까? 나는 그가 이 문제에 관해 깊이 생각했다고는 믿지 않는다. 나는 그에게 그의 정확한 **본능을** 해석해 주고자 한다. 그 '프로이센 인'이 다음과 같이 썼다고 해 보자 : "**사회적** 궁핍이 **정치적** 오성을 만들어 낸다면, 그리고 **정치적 오성이 사회적 궁핍의** 뿌리를 발견한다면." 그랬다면 편견 없는 독자는 결코 그 반명제의 **무의미함을** 지나칠 수 없었을 것이다. [그랬다면] 누구나가 왜 그 익명의 저자는 가장 단순한 논리가 요구하는 대로, 사회적 오성을 사회적 궁핍에, 정치적 오성을 정치적 궁핍에 연결시키지 않았을까를 먼저 의문스러워 했을 것이다. 이제 본론으로 가 보자!

사회적 궁핍이 정치적 오성을 만들어 낸다는 것은 틀린 말이다. 오히려 반대로 **사회적 안녕이** 정치적 오성을 만들어 낸다. **정치적 오성은** 하나의 유심론자이며, 이것은 이미 가지고 있는 자에게, 이미 안락하고 유복하게 지내고 있는 자에게 주어진다. 우리의 '프로이센 인'이여, 그 점에 관해서는 프랑스 국민 경제학자, **미셸 슈발리에** 씨의 말을 들어 보시오 :

"1789년에 부르주아지가 궐기하였을 때에, 그들이 자유로워지기 위해 필요한데도 그들에게 결여되어 있었던 것은 그 나라의 정부에 참여하는 것뿐이었다. 그들에게 있어서 해방의 요체는 공무의 관리, 민사상·군사상·종교상의 고위 직분들을 이를 독점하고 있는 특권층의 손에서 빼앗는 데에 있었다. **부유해지고 계몽되고** 자족할 만하게 되기 위하여, 그리고 자기를 자기가 지배할 수 있기 위하여, 그들은 전제 정치 régime du bon plaisir 를 멀리하고 싶어 하였다."[1]

우리는 **정치적** 오성이 사회적 궁핍의 원천을 발견하는 데 있어 얼마나 무능한가를 그 '프로이센 인'에게 이미 증명해 주었다. 이와 같은 그의 견해에 대해서 한마디 더 해 두자. 한 민족의 **정치적** 오성이 좀 더 완성되고 보편적인 것이 될수록 **프롤레타리아트**는——적어도 운동의 초기에는——무분별하고 무익한, 유혈 진압을 야기하는 폭동에 더욱더 힘을 많이 쏟는다. 프롤레타리아트는 정치의 형식에서 사고하기 때문에, 모든 폐단의 원인이 **의지에** 있다고 보고, **폭력과 특정** 국가 형태의 **전복에** 그 모든 구제 수단이 있다고 본다. 실례 : **프랑스** 프롤레타리아트의 초기의 폭발들.[12] 리용 Lyon 의 노동자들은 자신들이 오로지 정치적 목적들만을 추구하고 있다고 믿었으며, 그들이 실제로는 사회주의의 병사들이었는데도 자신들이 공화국의 병사일 뿐이라고 믿었다. 이처럼 그들의 정치적 오성은 사회적 궁핍의 뿌리를 그들이 보지 못하도록 가렸으며, 그들의 현실적 목적에 대한 통찰을 변조하였다. 이처럼 그들의 **정치적 오성**은 그들의 **사회적 본능을** 기만한 것이다.

그런데 그 '프로이센 인'이 궁핍이 오성을 만들어 내기를 기대하고 있다면, 어째서 그는 "유혈 진압"과 "무분별한 진압"을 혼동하고 있을까? 궁핍이 일반적으로 하나의 수단이라고 한다면, 유혈의 궁핍까지도 오성을 만들어 내기 위한 **아주 긴급한** 수단이다. 그러므로 그 '프로이센 인'은 이렇게 말해야 했다 : 유혈 진압은 무분별함을 진압하고 오성에게 적당한 통풍을 시켜 줄 것이다.

그 '프로이센 인'은 "인간이 공동체로부터 절망적으로 고립되고, 인간의 사상이 사회적 원리들로부터 분리됨으로써" 발발하는 봉기들은 진압될 것이라고 예언하고 있다.

슐레지엔 봉기가 결코 그 사상이 사회적 원리들과 분리됨으로써 일어난 것이 아니라는 사실을 우리는 보여 주었다. 그러므로 문제가 되는 것은 단지 "인간이 공동체로부터 절망적으로 고립됨으로써"라는 부분이다. 여기서 공동체라는 말은 **정치적 공동체, 국가** 제도를 가리킨다고 볼 수 있다. 그것은 **비정치**

---

1) 미셸 슈발리에,『프랑스에서의 물질적 이해에 관하여』, 3면(맑스가 슈발리에의 글을 그대로 번역한 것은 아니다). (역자)

적인 독일의 옛 노래이다.

그러나 **모든** 봉기들은 예외 없이, 인간이 **공동체로부터 절망적으로 고립됨**으로써 발생하는 것이 아니겠는가? 각각의 모든 봉기는 필연적으로 고립을 전제하지 않는가? 1789년의 혁명은 프랑스 시민들이 공동체로부터 절망적으로 고립되지 않았다면 일어날 수 있었겠는가? 1789년 혁명은 바로 이 고립을 폐기하기 위한 것이었다.

그러나 그것으로부터 노동자가 **고립되어** 있는 바의 **공동체**는 **정치적** 공동체와는 전혀 다른 현실성과 규모를 가지고 있는 공동체이다. **노동자 자신의 노동**이 노동자를 이 공동체로부터 분리시키는데, 이 공동체란 **생활** 자체, 육체적 및 정신적 생활, 인간적 도덕, 인간적 활동, 인간적 향유, 즉 **인간적 본질**이다. **인간적 본질**은 인간들의 **진정한 공동체**이다. 이 본질로부터의 절망적인 고립이 정치적 공동체로부터의 고립보다 비교할 수 없을 정도로 더 전면적이고 더 견디기 어렵고 더 공포스럽고 더 모순에 가득 찬 것이듯이, 이 고립의 폐기와 이 고립에 맞서는 부분적 반항인 **봉기**조차도 정치적 공동체로부터의 고립의 지양이나 이에 대한 봉기보다 무한한바, 이는 **인간**이 **공민**보다 무한하고 **인간적 생활**이 **정치적 생활**보다 무한한 것과 마찬가지이다. 그렇기 때문에 **산업상의** 봉기는 그것이 아무리 **부분적인** 것이라 하더라도 그 안에 보편적인 영혼을 담고 있다 : 하지만 **정치적** 봉기는 그것이 아무리 보편적인 것이라 하더라도 그 **거창한** 형태 아래 **편협한** 정신을 감추고 있다.

그 '프로이센 인'은 다음과 같은 문구로 자신의 작문을 품위 있게 끝맺고 있다 :

"정치적 영혼이 없는(즉, 전체의 관점에서 조직화하는 통찰력이 없는) 사회적 혁명은 불가능하다."

이미 밝혔듯이, **사회적 혁명**이란 탈인간화된 삶에 대한 인간의 저항이기 때문에, 또 그것이 **개별적 현실적 개인의 관점**에서 출발하기 때문에, 개인이 그것으로부터의 분리에 저항하게 되는 그 **공동체**가 인간의 **진정한** 공동체, 인간적 본질이기 때문에, 그러한 이유들 때문에 **사회적 혁명**은 ——비록 한 공장 지역에서만 일어난다 하더라도——전체의 관점에 서 있다. 그에 반해 혁명의 정치적 영혼은 정치적 영향력이 없는 계급들이 국가 제도 또는 지배권으로부터의 고립을 폐기하려고 하는 경향 속에서 찾아볼 수 있다. 이 계급들의 관점이란 국가의 관점이며, 오직 현실적 생활로부터의 분리를 통해서만 존재하는, 그리고 보편적 이념과 인간의 개별적 실존 사이의 조직적 대립 없이는 생각할 수 없는 추상적 전체의 관점이다. 그렇기 때문에 또한 정치적 영혼의 혁명은 이 영혼의 분열된 협소한 본성에 어울리게도 사회를 희생시키면서 사회 속에 하나의 지배적 권역을 조직한다.

우리는 '정치적 영혼을 지닌 사회적 혁명'이 무엇인가를 그 '프로이센 인'에게 가르쳐 주려고 한다 ; 이와 동시에, 그 자신이 자신의 미사여구들 속에서 결코 그 고루한 정치적 관점을 극복하지 못한 비밀을 그에게 알려 줄 것이다.

정치적 영혼을 지닌 '사회적' 혁명이란, 그 '프로이센 인'이 '사회적' 혁명이라는 말을 정치적 혁명과 대립되는 '사회적' 혁명으로 이해하면서도 그 사회적 혁명에 사회적 영혼 대신 정치적 영혼을 부여할 적에 생긴 복잡한 넌센스이다. 아니면 '정치적 영혼을 지닌 사회적 혁명'이란 사람들이 보통 '정치적 혁명' 혹은 '그냥, 혁명'이라고 부르는 것을 바꿔 쓴 것 이외에 아무것도 아니다. 모든 혁명은 낡은 사회를 해체한다 ; 그런 한에 있어서 그 혁명은 사회적이다. 모든 혁명은 낡은 권력을 전복한다 ; 그런 한에 있어서 그 혁명은 정치적이다.

'프로이센 인'이여, 바꿔 쓰기와 넌센스 중에서 선택하시오! 그러나 이렇듯 정치적 영혼을 지닌 사회적 혁명이 바꿔 쓴 말 아니면 넌센스인 그만큼, 사회적 영혼을 지닌 정치적 혁명은 합리적이다. 일반적으로 혁명 ——기존 권력을 전복하고 낡은 관계들을 해체하는 것——은 하나의 정치적 행동이다. 그런데 혁명 없이 사회주의는 성취될 수 없다. 사회주의가 파괴와 해체를 필요로 하는 한에 있어서 사회주의는 이러한 정치적 행동을 필요로 한다. 그러나 사회주의의 조직적 활동이 시작되는 지점, 사회주의의 자기 목적, 영혼이 출현하는 지점에서 사회주의는 정치적 베일을 벗어 던진다.

신문의 한 난에 숨겨져 있는 오류들의 그물을 찢어발기기 위해서 이렇게 많은 상세한 이야기들이 필요했다. 모든 독자들이 그러한 문필적 협잡 행위를 요해할 만한 교양과 시간을 가질 수는 없다. 그러므로 익명의 그 '프로

이센 인'은 우선 당장은 정치적·사회적 관점의 집필 행위를 중단할 의무,
독일의 상태들에 대한 장광설을 그만둘 의무, 오히려 자기 자신의 상태에 관
한 양심적인 자기 변명에서 시작할 의무를 독자 대중에게 지고 있는 것이
아니겠는가?

1844년 7월 31일, 파리.

출전 :『전진!』제64호   맑스·엥겔스 저작집,
1844년 8월 10일자.   제1권, 404-409면.

                                                  김태호   번역

칼 맑스

1844년의 경제학 철학 초고

[발 췌][13]

제 I 노트

임 금

임금은 자본가와 노동자 사이의 적대적 투쟁을 통해 결정된다. 자본가 편에 승리의 필연성이 있다. 자본가는, 노동자가 자본가 없이 생존할 수 있는 것보다 더 오랫동안 노동자 없이 생존할 수 있다. 자본가들 사이의 결합은 습관적이고 효과적이다 ; 노동자들의 결합은 금지되어 있고 노동자 자신들에게 나쁜 결과를 가져다 준다. 이외에도 토지 소유자와 자본가는 산업적 이익을 그들의 수입에 추가할 수 있지만 노동자는 그들의 산업적 소득에다가 지대도 자본 이자도 추가할 수 없다. 그러므로 노동자들 사이의 경쟁은 매우 격심하다. 따라서 노동자에게 있어서만 자본·토지 소유·노동의 분리가 하나의 필연적이고 본질적이며 유해한 분리이다. 자본과 토지 소유는 이러한 추상 속에 머물러 있을 필요가 없으나 노동자의 노동은 꼭 그래야 할 필요가 있다.

따라서 노동자들에게 있어서 자본, 지대, 노동의 분리는 치명적이다.

임금에 대한 최저의 그리고 유일하게 불가피한 사정액 查定額 은 노동하는 동안의 노동자의 생계비이며, 노동자가 가족을 부양할 수 있고 노동자 종족이 멸종하지 않을 만큼의 액이다. 스미스에 따르면[14] 통상적 임금은 통상적 인간 존재에 부합하는, 즉 가축과 같은 생존에 부합하는 최저의 것이다.

다른 모든 상품과 마찬가지로, 인간에 대한 수요는 필연적으로 인간의 생산을 규정한다. 공급이 수요보다 훨씬 더 많으면, 노동자들의 일부는 구걸 상태로 전락하거나 아사 餓死 한다. 따라서 노동자의 생존은 다른 모든 상품의 생존 조건으로 환원된다. 노동자는 하나의 상품이 되었으며, 만약 노동자가 자기 자신을 처분할 수 있다면 그것은 그에게 행운이다. 그리고 노동자의 생명이 달려 있는 수요는 부자와 자본가들의 변덕에 달려 있다.

공급량이 수요를 초과하면, 가격을 구성하는 부분들인 이윤, 지대, 임금 중의 하나는 가격 이하로 지불되고, 이러한 지불들 중의 한 부분은 따라서 이런 식의 적용을 벗어나게 되며, 그리하여 시장 가격은 중심점으로서의 자연 가격을 향해 이끌려 간다. 그러나 1. 현저한 분업이 있는 곳에서 노동자가 그의 노동에 다른 진로를 터 주는 것은 극히 어렵고, 2. 자본가에 대한 그의 종속적 관계로 말미암아, 제일 먼저 손해가 그에게 닥쳐온다.

따라서 시장 가격이 자연 가격으로 이끌려갈 때 노동자는 가장 많이 그리고 무조건적으로 상실한다. 그리고 자신의 자본에 다른 진로를 터 줄 수 있는 자본가의 능력 바로 그것이, 특정 노동 부문에 제한되어 있는 노동자로 하여금 빵을 잃게 하거나 이러한 자본가의 모든 요구들에 굴복하도록 강요한다.

시장 가격의 우연적이고 갑작스러운 변동들은, 이윤과 봉급으로 분해되는 가격 부분보다 지대에 적은 타격을 주고, 또 임금보다 이윤에 적은 타격을 준다. 대개의 경우에, 상승하는 임금이 있으면 그대로 있는 임금이 있고, 하락하는 임금이 있다.

노동자는, 자본가의 이득과 함께 이득을 얻을 필요는 없으나, 손해는 반드시 자본가와 함께 본다. 그래서 자본가가 제조업상의 혹은 상업상의 비밀을 통해, 독점이나 혹은 그의 토지의 유리한 위치로 인해 시장 가격을 자연 가격보다 높게 유지한다 해도, 노동자는 이득을 볼 수 없다.

더욱이 : 노동 가격은 생활 수단의 가격보다 훨씬 더 불변적이다. 그것들은 종종 대립적 관계에 놓인다. 물가가 비싼 해에 임금은 수요의 감소 때문에 하락하고, 생활 수단의 앙등 때문에 상승한다. 그리하여 균형을 이룬다. 어떤 경우이든 일정량의 노동자들이 빵을 잃게 된다. 물가가 싼 해에 임금은 수요의 증가 때문에 상승하고, 생활 수단의 가격 때문에 감소한다. 그리하여 균형을 이룬다.

노동자의 또 다른 불리함:

다양한 종류의 노동에 대한 노동 가격들은 자본이 놓여 있는 다양한 부문들의 이득들보다 훨씬 더 다양하다. 노동에 있어서는 개인적 활동의 완전히 자연적

·정신적·사회적인 다양성이 나타나서 서로 다른 임금을 받는 반면에, 죽은 자본은 항상 똑같은 보폭으로 걸으며 **현실적인** 개인적 활동과 무관하다.

일반적으로 노동자와 자본가가 똑같이 고통받을 때에도 노동자는 자신의 생존에 있어서 고통받고, 자본가는 그의 죽은 마몬 Mammon 의 이득에 있어서 고통받는다는 사실을 명심해야 한다.

노동자는 자신의 육체적인 생활 수단을 위해서뿐만 아니라, 노동의 획득을 위해서도, 즉 자신의 활동을 현실화할 수 있는 가능성, 수단을 위해서도 투쟁해야 한다.

사회가 처할 수 있는 세 가지 주요 상태들을 가정해 보자. 그리고 그 속에서의 노동자의 처지를 고찰하자.

I. 사회의 부가 쇠퇴할 경우, 이때는 노동자가 가장 많이 고통받는데, 왜냐하면 : 노동자 계급은 번영하는 사회 상태에서 소유자들보다 더 많이 이익을 볼 수는 없음에도 불구하고, **사회가 몰락할 때는 노동자 계급보다 더 혹심하게 고통을 받는 계급은 없기** 때문이다.

2. 이제 부가 늘어가는 사회를 가정해 보자. 이 상태는 노동자에게 유리한 유일한 상태이다. 여기서는 자본가들 사이의 경쟁이 일어난다. 노동자들에 대한 수요는 그 공급을 초과한다 : 그러나 :

첫째 : 임금의 상승은 노동자들 사이의 **초과 노동**을 유발한다. 더 많은 돈을 벌려고 하면 할수록 노동자들은 더욱더 그들의 시간을 제물로 바쳐야 하며, 모든 자유를 완전히 상실한 채 탐욕에 예속되어 더욱더 노예 노동을 수행해야 한다. 동시에 이로 인해 그들의 수명은 단축된다. 이러한 수명의 단축은 노동자 계급 전체에게 있어서는 유리한 상황인데, 왜냐하면 그로 인해 항상 새로운 공급이 필요해지기 때문이다. 이 계급은 전멸하지 않기 위하여 자신들의 일부를 항상 제물로 바쳐야만 한다.

더욱이 : 어떤 때에 한 사회는 계속적으로 부유해지게 되는가? 한 나라의 자본들과 소득들이 증대함과 더불어. 그러나 이것은 오로지 다음과 같이 되는 것을 통해서만 가능하다.

α) 많은 노동이 퇴적되는 것을 통해서, 왜냐하면 자본은 축적된 노동이기 때문이다 ; 따라서 노동자들의 손에서 노동자들의 생산물들이 점점 더 많이 빠져나가는 것을 통해서, 노동자 자신의 노동이 점점 더 타인의 소유로서

그에게 대립하고 그의 생존과 활동의 수단이 점점 더 자본가의 손에 집적되는 것을 통해서.

β) 자본의 누적은 분업을 증가시키고, 분업은 노동자들의 수를 증가시킨다 ; 거꾸로 노동자의 숫자는, 분업이 자본들의 축적을 증가시키는 것과 마찬가지로 분업을 증가시킨다. 노동자는 한편으로는 이러한 분업으로 인해, 다른 한편으로는 자본들의 누적으로 인해 점점 더 완전히 노동에만, 그것도 매우 일면적이고 기계적인 특정한 노동에만 의존하게 된다. 따라서 노동자가 정신적으로나 육체적으로나 기계로 전락하고 하나의 인간에서 하나의 추상적 활동과 위장 渭腸 으로 변해 버리는 것과 같은 정도로, 노동자는 시장가격의, 자본들의 사용의, 부자들의 기분의 모든 변동들에 더욱더 의존하게 된다. 마찬가지로 오직 노동만 하는 인간 계급의 증가를 통해서 노동자의 경쟁이 증가하고, 따라서 그 가격이 떨어진다. 노동자들의 이러한 위치는 공장 제도에서 그 정점에 도달한다.

γ) 복지가 증대해 가는 사회에서는 가장 부유한 사람들만이 금리로 생활할 수 있다. 그 밖의 모든 사람들은 자기들의 자본을 갖고서 경영하든가 혹은 상업에 자본을 투자해야만 한다. 따라서 이 때문에 자본들 사이의 경쟁이 심해지고 자본들의 집중이 심해지며 대자본가들은 소자본가들을 멸망시키고 이전의 자본가들 중의 일부는 노동자 계급으로 전락하며 노동자 계급은 이러한 공급으로 인하여 부분적으로 또다시 임금의 하락을 겪게 되고 소수의 대자본가들에 대한 더 심한 의존 상태로 떨어진다 ; 자본가들의 수가 감소함으로써 노동자들과 관련한 자본가들의 경쟁은 거의 더 이상 존재하지 않게 되었다. 그리고 노동자들의 수가 증대함으로써 노동자들 사이의 경쟁은 더욱더 치열하고, 더욱더 부자연스럽고, 더욱더 강제적이게 되었다. 따라서 중 中 자본가들 중의 일부가 노동자 상태로 전락하는 것과 꼭 마찬가지로 노동자 상태에 있는 일부가 필연적으로 구걸 상태나 기아 상태로 떨어진다.

따라서 노동자에게 가장 유리한 사회 상태에 있어서조차, 노동자에게 필연적으로 나타나는 결과는 초과 노동과 조기 사망, 기계로의 전락, 노동자를 위협할 정도로 축적되는 자본의 노예, 새로운 경쟁, 노동자들 가운데 일부의 아사 혹은 구걸이다.

임금의 상승은 노동자 안에 자본가적 치부욕이 생기게 하지만, 그 치부

욕이란 것은 그의 정신과 육체를 제물로 바치는 것을 통해서만 충족될 수
있다. 임금의 상승은 자본의 누적을 전제하며, 그것을 수반한다 ; 따라서 노
동의 생산물은 점점 더 낯설게 노동자에게 대립한다. 이와 마찬가지로 분업
은 인간들의 경쟁뿐만 아니라 기계들의 경쟁 또한 수반함에 따라 노동자를
점점 더 일면적이고 점점 더 의존적으로 만든다. 노동자가 기계로 전락하였
기 때문에, 기계는 노동자에게 경쟁자로서 대항할 수 있다. 끝으로 자본의
누적이 산업의 양을, 따라서 노동자들을 증가시키는 것처럼 이러한 축적을
통해서 동일한 양의 산업이 **더 많은 양의 제품**을 산출하는데, 이 **더 많은 양의
제품**은 과잉 생산으로 귀결되고 노동자들의 대부분을 실직시키거나 그들의
임금을 가장 빈약한 최소치로 축소시키는 것으로 끝난다.

이것이 노동자에게 가장 유리한 사회 상태, 즉 **증대하고 진보하는** 부의
상태의 결과들이다.

그러나 결국 이처럼 증대하는 상태도 어차피 한 번은 그 최고점에 도달
하지 않을 수 없다. 이런 경우 노동자의 상태는 어떠한가?

3. "있을 수 있는 최후의 부의 단계에 도달한 나라에서는 임금과 자본 이
자 둘 다 매우 낮을 것이다. 직업을 얻기 위한 노동자들 사이의 경쟁이 매우
치열하여 봉급은 전과 동일한 수의 노동자를 유지하는 데 충분한 수준으로 줄
어들 것이다. 그리고 그 나라는 이미 인구가 꽉 차 있을 것이기 때문에, 이 수
는 더 이상 늘 수 없을 것이다."

플러스[과잉] das Plus[1]는 죽어야만 할지어다.

따라서 쇠퇴하는 사회 상태에서는 누진적인 노동자의 빈곤, 진보하는
상태에서는 복잡한 빈곤, 완성된 상태에서는 정체된 빈곤. 그런데 스미스에
따르자면 다수가 고통을 겪을 때 그 사회는 행복하지 않다. 그러나 가장 부
유한 사회 상태는 이러한 다수의 고통으로 귀결되기 때문에, 그리고 국민 경
제(일반적으로 사적 이해의 사회)는 이러한 가장 부유한 상태로 귀결되기 때
문에, 사회의 **불행**이 국민 경제학의 목적인 셈이다.

노동자와 자본가 사이의 관계와 관련하여 우리는, 임금의 상승은 노동

---

1) 저작집에는 +로 되어 있다. (역자)

시간의 감량에 의해 자본가에게 보상되고도 남음이 있을 것이라는 사실, 임금의 상승과 자본 이자의 상승은 상품 가격에 대하여 [각각] 단리적, 복리적으로 영향을 미친다는 사실을 또한 유의해야 한다.

이제 전적으로 국민 경제학자의 입장을 취하여 그에 의거하여 노동자의 이론적, 실천적 요구들을 비교해 보자.

국민 경제학자는 우리에게 노동의 **생산물 전체**는 근원적으로 그리고 그 개념상 노동자에게 속한다고 말한다. 그러나 그는 동시에 우리에게, 현실에서는 생산물의 가장 적은 부분, 절대적으로 필요한 부분만이 노동자에게 돌아간다고 말하고 있다 ; 노동자가 인간으로서가 아니라 노동자로서 생존하기 위하여, 인류가 아니라 노동자라는 노예 계급을 번식시키기 위하여 필요한 만큼만 노동자에게 돌아가는 것이다.

국민 경제학자는 우리에게 모든 것은 노동에 의해 구매되며 자본이란 축적된 노동에 다름아니라고 말하지만, 그와 동시에 모든 것을 구매할 수 있는 것과는 거리가 먼 노동자는 자기 자신과 인간성을 팔아야만 한다고 이야기하는 것이다.

게으른 토지 소유자의 지대가 대개 토지 생산물의 1/3에 달하고, 부지런한 자본가의 이윤은 심지어 금리의 두 배에 달하는 반면에, 노동자가 벌어들이는 잉여는 많아 보았댔자 그의 4명의 자녀들 가운데 2명은 굶어 죽지 않으면 안 되는 그런 정도인 것이다.

국민 경제학자에 따르면 노동은 인간이 자연 생산물의 가치를 증식시키는 유일한 것이요 인간의 활동적 소유물인 반면에, 바로 그 국민 경제학에 따르자면 토지 소유자와 자본가는 토지 소유자와 자본가로서 그저 특권을 부여받은 게으른 신 神 들이며, 도처에서 노동자 위에 군림하고 노동자에게 법률을 명한다.

국민 경제학자에 따르면 노동은 사물의 유일한 불변 가격인 반면에, 어떤 것도 노동 가격보다 더 우연적인 것, 더 심한 변동에 내맡겨져 있는 것은 없다.

분업은 노동의 생산력을 증가시키고, 사회를 부유하게 하고 더 낮게 개선하는 반면에, 노동자를 기계로 전락시킨다. 노동은 자본의 누적을 야기하고 그럼으로써 사회 복지의 증진을 야기하는 반면에, 노동자를 점점 더 자본

가에게 의존하도록 만들고 그를 보다 극심한 경쟁으로 데리고 가며 과잉 생
산이라는 몰이 사냥으로 내모는데, 이 과잉 생산이라는 몰이 사냥의 뒤를 따
라 나오는 것은 그에 상응하는 무기력 無氣力 이다.

　　국민 경제학자에 따르면 노동자의 이해는 사회의 이해와 결코 대립하지
않는 반면에, 사회는 항상적으로 그리고 필연적으로 노동자의 이해와 대립
한다.

　　국민 경제학자에 따르면 노동자의 이해는 결코 사회의 이해와 대립하지
않는데, 왜냐하면 I.임금의 상승은 위에서 설명한 여타의 결과들과 함께 노
동 시간의 감량을 통해서 보상되고도 남음이 있기 때문이다 ; 그리고 2.사회
와 관련해서는 총생산물 전체는 순생산물이고 사적 개인과 관련해서만 순생
산물은 의미를 가지기 때문이다.

　　그러나 오늘날의 조건하에서뿐만 아니라 노동의 목적이 일반적으로 부
의 단순한 증대인 한에 있어서, 노동 자체는 부끄러운 것이고 파멸적인 것이
라고 나는 말하겠는데, 이는 국민 경제학자가 그것을 알지 못한다 하더라도
그의 논지의 전개로부터 도출되는 것이다.

　　그 개념상으로는 지대와 자본 이득은 임금이 감수하는 **공제분이다**. 그러
나 현실에 있어서 임금은 토지와 자본이 노동자에게 돌아가도록 허용해 준
공제분이요, 노동의 생산물 가운데 노동자에게, 노동에게 제공된 양보분이
다.

　　쇠퇴하는 사회 상태에서는 노동자가 가장 심하게 고통받는다. 그가 받
는 압박의 특별한 가혹성은 노동자로서의 그의 위치에 기인하지만, 압박 일
반은 사회 상황에 기인한다.

　　그러나 진보하는 사회 상태에서 노동자의 몰락과 곤궁화는 그의 노동
의, 그리고 그에 의해 생산된 부의 산물이다. 따라서 빈곤이란 오늘날의 노
동 자체의 **본질**에서 유래하는 것이다.

　　이상 理想 이긴 하지만 그에 가깝게 실현되고 있으며, 적어도 국민 경제
학 내지 부르주아 사회의 목적인 가장 부유한 사회 상태라는 이상이란 노동
자에게 있어서는 **정체된 빈곤이다**.

　　국민 경제학이 **프롤레타리아**, 즉 자본과 지대 없이 순수하게 노동으로,
그것도 일면적이고 추상적인 노동으로 살아가는 자를 단지 **노동자**로 간주한

다는 것은 자명하다. 따라서 국민 경제학은, 노동자는 모든 말馬 과 꼭 마찬 가지로 그가 노동을 할 수 있으려면 그만큼 벌어야 한다라는 언명을 할 수 있는 것이다. 국민 경제학은, 노동하지 않을 때의 노동자는 인간으로 간주하지 않으며, 그런 식의 간주는 형사 법정, 의사들, 종교, 통계표; 정치, 거지 단속 경찰에 맡겨 버린다.

이제 우리는 국민 경제학의 수준을 넘어서서, 국민 경제학의 언어로써 주어진 지금까지의 전개에 기초하여 두 개의 문제들에 답해 보기로 하자.

1. 대부분의 인류를 이렇게 추상적 노동으로 환원시키는 것은 인류의 발전에 있어서 어떤 의미를 지니는가?

2. **임금을 상승**시키고 그것을 통해서 노동자 계급의 상태를 개선시키려고 하거나 혹은 임금의 **평등**을 사회 혁명의 목적으로 간주하는 (프루동처럼) 자질구레한 en détail 개혁가들은 어떤 오류를 범하고 있는가?

국민 경제학에서 **노동**은 오직 **취득 행위**의 형태로만 여겨진다.

"특수한 소질이나 보다 긴 예비 교육을 전제하는 직업들은 대체로 더 많은 소득을 올리게 되어 있다 ; 반면에 이 사람도 저 사람도 신속하고 용이하게 훈련될 수 있는 기계적이고 단조로운 활동에 대한 임금은 증대되는 경쟁으로 인하여 떨어졌으며, 필연적으로 떨어질 수밖에 없었다고 주장할 수 있다. 그리고 바로 **이러한 종류**의 노동이 오늘날의 노동 조직의 상태에서 여전히 단연코 가장 많은 수를 점하고 있는 것이다. 따라서 첫번째 범주의 노동자가 오늘날 50 여 년 전보다 7배를 더 많이 벌고, 두번째 범주의 노동자는 전과 똑같이 번다면, 양자는 **평균적으로** 말할 것도 없이 4배를 버는 것이 된다. 그러나 어떤 나라에서 첫번째 노동 범주가 1,000 명에 지나지 않고 두번째 노동 범주는 백만 명의 인간이 점하고 있다면, 999,000 명은 50 년 전보다 낫다고 할 수 없을 것이며, 그리고 동시에 생활 필수품의 가격이 상승했다면 그들은 50 년 전보다 더 **나빠진** 것이다. 그리고 이러한 피상적인 **평균 계산**을 갖고서 사람들은 가장 많은 수의 주민 계급에 대해서 잘못 생각하고 있는 것이다. 더군다나 **임금의** 크기는 **노동자 소득**의 평가를 위한 한 계기에 불과한데, 왜냐하면 그것은 노동자 소득의 측정을 위해서는 노동자 소득의 보장된 **지속성**이 여전히 중요하게 고려되기 때문인바, 그러나 이 지속성이란 것은 이른바 자유 경쟁이라는, 끊임없이 반복되는 변동과 정체를 수반하고 있는 무정부 상태하에서는 그것에 대해 어떠한 말도 할 수 없는 그러한 것이다. 끝으로 과거의 통상적 노동 **시간과**

오늘날의 통상적 노동 시간에 대해 살펴보아야 한다. 그래서 영국의 면직 공장 노동자에게 있어서 대략 25년 전부터, 즉 바로 노동을 절감시키는 기계가 도입된 이래로 통상적 노동 시간은 기업가의 영리욕으로 인하여 하루 12_16시간으로 연장됐으며, 한 나라와 한 산업 부문에서의 [노동 시간의] 증가는 부자에 의한 빈자의 무조건적 착취라는 권리가 도처에서 여전히 인정되고 있을 때에는, 많든 적든 또 다른 곳에서 관철되지 않을 수 없다." 슐쯔 :『생산의 운동』, 65면.

"그러나 **모든** 사회 계급들의 평균 소득이 증대하였다는 것이 거짓인 것만큼이나 진실이라고 할지라도, 소득의 차이와 소득의 **비례적** 격차는 더 커졌고, 이로 인해 부와 빈곤의 대립은 더욱더 첨예하게 나타나는 것이다. 왜냐하면 바로 총생산이 증가하고 그와 똑같은 정도로 욕구·욕망·요구들도 나타나고 증대하는 까닭에, **절대적** 빈곤은 줄어드는 반면 **상대적** 빈곤은 늘어날 수 있기 때문이다. 사모에드 족은 고래 기름과 썩은 물고기를 먹고 살아도 가난하지 않은데, 그것은 왜냐하면 그들의 폐쇄된 사회 속에서는 모든 사람들이 동일한 욕구를 가지고 있기 때문이다. 그러나 약 10년 동안 사회에 비례하여 국가의 총생산이 3분의 1 정도 증대한 그러한 **선진 국가**에서 10년 전이나 10년 후나 똑같은 소득을 벌어 들이는 노동자는 똑같이 잘 살고 있는 것이 아니라 3분의 1 정도 궁핍하게 된 것이다." 같은 책, 65, 66면.

그러나 국민 경제학은 노동자를 노동 동물로만, 최소의 생존 욕구로 환원되는 가축으로만 알고 있다.

"정신적으로 더 자유롭게 자신을 가꾸기 위해서 인민은 더 이상 신체적 욕구의 노예 상태에 있어서는, 더 이상 육체의 노예이어서는 안 된다. 인민에게는 무엇보다도 그들이 정신적으로 창조할 수 있고 정신적으로 향유할 수 있기 위한 **시간**이 있어야 한다. 노동 조직에 있어서의 진보는 이러한 시간을 얻고 있다. 오늘날 새로운 동력과 더 나아진 기계 공학으로 말미암아 면직 공장에서 일하는 한 명의 노동자가 이전의 노동자 100명, 아니 250_350명의 작업을 수행하는 일이 드물지 않다. 모든 생산 부문들에서 유사한 결과들이 나타나는데, 왜냐하면 외적인 자연력이 점점 더 많이 인간 노동과 관계하지 않을 수 없게 되었기 때문이다. 일정량의 물질적 욕구를 충족시키기 위하여 과거에 요구되었던 시간과 인력의 소모가 이후에 반으로 줄어들게 된다면, 감각적 쾌락을 조금도 손실하지 않고도 동시에 정신적 향유와 창조를 위한 여가가 더욱 더 확대될 것이다 …… 그러나 우리가 늙은 크로노스 자신의 가장 고유한 영역에서 빼앗아 온 노획물의 분배도, 여전히 맹목적이고 불공평한 우연의 주사위 놀이가 결정하고 있다. 프랑스 사람들은 오늘날의 생산의 견지에서 사회의 모든 물질적 관심을 충족시키기 위해서는 전 노동 가능 인구당 일일 평균 5 시간의 노동 시간이면 충분할 것이라고 계산하고 있다 …… 기계 공학의 개선을 통한 시간 절감에도 불구하고 공장에서의 노예 노동 시간은 수많은 주민에게 있어서 커지기만 하였다." 67, 68면, 같은 책.

"복잡한 손노동으로부터의 이행은 손노동이 단순 조작들로 해체되는 것을 전제한다. 그런데 처음에는, 동일 형태로 반복하는 조작들의 **한 부분**만이 기계에 귀속되고 다른 한 부분은 인간에게 남을 것이다. 사물의 본성상 그리고 일치된 경험에 따르자면 그런 식으로 계속되는 단순한 형태의 활동들은 정신에게나 육체에게나 똑같이 해롭다 ; 그리하여 기계 공학의 수많은 사람의 손들로의 단순한 분업과의 이와 같은 **결합**으로 말미암아, 후자[분업]가 주는 모든 폐해들이 출현하지 않을 수 없다. 폐해들은 무엇보다도 공장 노동자들의 보다 높은 사망률로 나타난다 …… 인간이 얼마만큼 기계를 **통해서** 노동하는가 혹은 얼마만큼 기계**로서** 노동하는가와 관련된 이러한 큰 차이를 사람들은 고려하지 않았다." 같은 책, 69면.

"그러나 인민 생활의 미래에는 기계 속에서 작동하는, 생각 없는 자연력들이 우리의 노예와 농노로 될 것이다." 같은 책, 74면.

"영국 방적업에는 단지 158,818명의 남자와 196,818명의 여자가 종사하고 있다. 랭카스터 Lancaster 백작령의 면직 공장에서는 남성 노동자 100명당 여성 노동자 103명이 있고, 스코틀랜드에서는 심지어 209명에 달하는 여성 노동자가 있다. 영국 리즈 Leeds 의 아마 공장에서는 남자 노동자 100명당 147명을 헤아리는 여성 노동자가 있다 ; 드루덴 Druden 과 스코틀랜드 동해안의 아마 공장에서는 심지어 280명에 달한다. 영국의 견직 공장들에는 많은 여성 노동자들이 있다 ; 더 큰 노동력을 요구하는 면직 공장들에서는 남자들이 더 많다. 1833년 현재 북아메리카의 면직 공장들에서도 18,593명의 남자들과 나란히 38,927명이 되는 여자들이 작업에 임하고 있다. 요컨대 노동 조직에 있어서의 변화를 통해서 여성에게 보다 더 넓은 취업 영역이 주어진다 ……

부녀자들은 경제적으로 더욱 자립적인 위치를 얻는다 …… 남성과 여성은 그들의 사회적 관계들에서 서로 더욱더 근접하게 된다.” 71, 72면, 같은 책.

“수증기와 물로 움직이는 영국의 방적 공장들에는 1835년 현재 다음과 같이 일하고 있었다 : 8-12세의 아동 20,558 명 ; 12-13세의 아동 35,867 명 그리고 마지막으로 13-18세의 아동 108,208 명 …… 기계학의 더 한층의 진보는 모든 단순한 형태의 작업을 점점 더 인간의 수중으로부터 앗아가기 때문에, 폐해의 점차적 제거에 영향을 미치고 있다. 그러나 이러한 급속한 진보 자체의 길 위에는 바로, 자본가들이 기계의 보조 수단 **대용으로** 하층 계급들의 힘들을 사용하고 이용하기 위해서 그 힘들을 유년에 이르기까지 가장 손쉽고도 가장 저렴하게 전유하는 것이 가능하게 되는 사정이 놓여 있다.” 70, 71면, **슐쯔** :『생산의 운동』.

“브루엄경이 노동자들에게 외치는 소리 : ‘자본가가 되어라!’ 수백만 명의 사람들이 그들의 신체를 파괴하고 그들을 윤리적 정신적으로 불구로 만드는 긴장된 노동을 통해서만 빠듯한 살림을 꾸려갈 수 있다는 것 ; 더욱이 **그러한** 노동을 발견한 불행을 하나의 행운으로 여겨야만 한다는 것, 그것은 악惡이다.” 60면, 같은 책.

“따라서 살기 위해서 무산자들은 직접 혹은 간접적으로 유산자들을 위한 **봉사에**, 즉 그들에 대한 예속에 자신을 내맡기지 않을 수 없다.” 뻬꾀르 :『사회 경제학의 신이론 등등』, 409면.

고용인 ——급료 : 노동자 ——임금 : 피고용자 ——급료 혹은 봉급. 같은 책, 409, 410면.

“자신의 노동을 빌려 주다”, “이자를 받고 자신의 노동을 임대하다”, “다른 사람 대신 노동하다.”

“노동의 재료를 빌려 주다”, “이자를 받고 노동의 재료를 임대하다”, “자기 대신에 다른 사람이 노동하게 하다.” 같은 책. [411면].

“이러한 경제 제도는 인간으로 하여금 그와 같은 비천한 생업에 임하도록, 그와 같은 절망적이고 혹심한 타락에 빠지도록 저주하므로, 이와 비교해볼 때 야만 상태는 마치 고대광실처럼 보인다." 같은 책, 417, 418면.

"온갖 형태의, 무산자들의 매춘." 421면 이하를 보라. 넝마주이.

Ch. **루동**은 그의 저작 『인구 문제 등의 해결』(빠리, 1842)에서 영국 매춘부의 수가 6-7만이라고 제시하고 있다 ; 정절이 의심스러운 여자들의 숫자도 그 정도는 될 것이라고 한다. 228면.

"길거리 위의 이 불행한 사람들이 패덕의 길에 발을 들여놓은 이후에 누리는 평균 수명은 대략 6년 아니면 7년 정도이다. 창녀들의 수가 6만 명에서 7만 명으로 유지되어야 한다면, 세 왕국에서 해마다 적어도 8천에서 9천 명의 여성들이 이 더러운 직업에 투신해야 하는데, 이것은 대략 날마다 24명의 새로운 재물이, 매시간마다 평균 한 명의 제물이 생기는 셈이다 ; 만일 이러한 비율이 전 지구상을 지배한다면, 150만 명의 이러한 불행한 사람들이 항상 존재할 것이 틀림없다." 같은 책, 229면.

"최하 빈민층은 그들의 빈곤과 더불어 증대하며, 고생할 권리를 얻기 위하여 수많은 사람들이 궁핍의 극한에서 북적거린다 …… 1821년에 아일랜드의 인구는 6,801,827명을 헤아렸다. 1831년에는 7,764,010명으로 늘었다 ; 이것은 10년 동안에 14%가 늘어난 셈이다. 최대의 복지가 이루어지고 있는 지방인 레인스터 Leinster 에서는 인구가 단지 약 8%만 늘어났지만, 가장 가난한 지방인 코노트 Connaught 에서는 21%의 인구 증가를 기록했다. (『아일랜드에 관한 영국의 공개 조사로부터의 발췌』, 빈, 1840.)" 뷔레 : 『빈곤 등등에 대하여』 제 I 권, 36, 37면.

국민 경제학은 노동을 추상적으로, 하나의 사물로서 간주한다 : 노동은 하나의 상품이다 travail le est une marchandise : 가격이 비싸면 상품이 많이 요구된다 ; 가격이 싸면 상품이 많이 공급된다 : "상품으로서의 노동의 가격은 점점 더 떨어지지 않을 수 없다" 같은 책. 43면 : 부분적으로는 자본가와 노동자 사이의 경쟁이, 부분적으로는 노동자들 사이의 경쟁이 이렇게 되도록 강제한다 ;

"…… 노동의 판매자들인 노동자 인구는 생산물의 가장 적은 몫으로 만족하도록 강요당한다 …… 상품으로서의 노동에 관한 이론이란 것이, 은폐된 노예 제도에 관한 이론 이외에 다른 어떤 것이겠는가?" 같은 책, 43면. "그럼 무슨 까닭에 노동 속에서 교환 가치만 보았던 것이겠는가?" 같은 책, 44면.

대규모 공장들은 특히 여성 노동과 아동 노동을 구매하는데, 왜냐하면 이들은 남성 노동자보다 적은 비용이 들기 때문이다. 같은 책.

"노동자는 그를 사용하는 자와는 반대로 **자유로운 판매자**의 상태에 있지 않다 …… 자본가에게는 노동을 사용하는 것이 항상 자유롭고, 노동자는 노동을 판매하도록 항상 강요당한다. 노동이 매순간 판매되지 않는다면, 노동의 가치는 완전히 파괴된다. 노동은 현실적인 상품들 [marchandises] 과는 달리 축적될 수도 없으며 단지 비축되기만 하는 것도 불가능하다.

노동은 생명이며, 만일 이 생명이 날마다 생활 수단과 교환되지 않는다면, 생명은 고통을 당할 것이며 금방 소멸하게 될 것이다. 인간의 생명이 상품이기 위해서는 사람들은 노예 제도를 허용할 수밖에 없다." 49, 50면, 같은 책.

따라서 노동이 하나의 상품이라면, 그것은 가장 불행한 특성을 지닌 상품이다. 그러나 국민 경제학의 원칙들에 따르자면 노동은 상품이 아닌데, 왜냐하면 그것은 "자유로운 거래의 자유로운 결과"(같은 책, 50면 [l.c. p.5이]) 가 아니기 때문이다. 오늘날의 경제 제도는

"노동의 가격과 보수를 동시에 낮춘다; 그것은 노동자를 완전하게 하고, 인간을 퇴화시킨다." 52, 53면, 같은 책. "산업은 전쟁이 되고 상업은 도박이 되었다." 같은 책, 62면.

"(영국의) 면화 가공 기계는 84,000,000 명의 수공업자들을 표현할 따름이다." 같은 책. 193면, 주 [l.c. p.193, Note.].

산업은 오늘날에 이르기까지 정복 전쟁의 상태에 있었다 :

"산업은 자신의 군대를 이루는 사람들의 생명을 대정복자들만큼 냉담하게

낭비하여 왔다. 산업의 목표는 인간의 행복이 아니라 부의 소유였다." 뷔레, 같은 책, 20면. "이러한 이해들"(즉 경제적 이해들)"은 자유롭게 방임되어 있을 때에는 필연적으로 상호 충돌 속에 빠지지 않을 수 없다 ; 그것들은 전쟁 이외의 다른 어떤 중재 재판관도 갖고 있지 않으며 전쟁의 판결은 한 쪽에는 패배와 죽음을, 다른 한 쪽에는 승리를 준다 …… 대립하는 힘들의 이와 같은 충돌속에서 과학은 질서와 균형을 모색한다 : 과학의 견해에 따르자면 항구적인 전쟁이 평화에 이르는 유일한 수단이다 ; 이러한 전쟁은 경쟁이라고 불린다." 같은 책, 23면.

"산업 전쟁은 성공을 거두기 위하여, 한 지점으로 집결시켜서 큰 손상을 입힐 수 있는 많은 군대를 요구한다. 이 군대의 병사들이 그들에게 부과된 노역들을 감당하는 까닭은 충성 때문도 아니요 의무 때문도 아니다 ; 오로지 배고 픔이라는 가혹한 필연성을 면하기 위해서이다. 그들은 그들의 상관들에 대해 애착심도 감사의 마음도 가지고 있지 않다 ; 상관들은 그들의 부하들과 어떠한 온정으로도 연결되어 있지 않다 ; 상관들은 부하들을 인간으로 생각하지 않고, 가능한 한 많은 이익을 내고 가능한 한 적은 비용이 드는 생산 도구들로만 생각한다. 이 노동자 주민층은 점점 더 많은 압박을 받으면서도 항상 사용되어야 된다는 근심을 떨쳐 버리지 않는 것이다 ; 노동자들을 징집한 산업은 그들을 필요로 할 때에는 그들이 단지 생존해 있게만 허용한다 ; 그들을 내쫓아도 될 만하면 추호의 머뭇거림도 없이 그들을 버린다 ; 그리고 노동자들은 그들의 몸과 힘을, 사람들이 그들과 협정하고자 하는 그 가격으로 제공하지 않으면 안 되도록 강요받는다. 사람들이 그들에게 부여하는 노동이 길고 고통스럽고 불쾌하면 할수록, 그 노동은 더욱더 적게 지불된다 ; 보다시피 하루에 16시간 지속적으로 긴장된 노동을 하면서도, 죽지 않을 권리를 겨우 얻는 사람들이 있다." 같은 책, 68, 69면.

"수직공들의 상태에 대해 의회 차원에서 [parlamentarischen] 조사하도록 위임받은 사람들도 공유하고 있는 …… 확신, 즉 대규모 공업 도시들이 매순간 이웃 농촌으로부터 끊임없이 건강한 사람들과 깨끗한 피를 들여오지 않는다면 짧은 시간 안에 노동자 인구를 잃고 말 것이라는 확신을 우리는 갖고 있다." 362면, 같은 책.

자본의 이득[2]

I. 자본

1. **자본**은, 즉 타인의 노동의 생산물들에 대한 사적 소유는 무엇에 근거하는가?

　　"자본 자체가 절도 혹은 사기로 환원되지 않는다 할지라도, 자본이 상속 재산을 정당화하기 위해서는 입법의 협력[3] 을 필요로 한다." 세이, I권, 136면, 주.

　　사람들은 어떻게 생산적 기금의 소유주가 되는가? 사람들은 어떻게 이러한 기금을 매개로 하여 만들어진 생산물들의 소유자가 되는가?
　　실정법을 통해서. 세이, II권, 4면.
　　사람들은 자본으로, 예를 들자면 거대 자산의 상속으로 무엇을 획득하는가?

　　"예를 들어 거대 자산을 상속한 어떤 사람이 이를 통해 직접적으로 정치적 힘을 획득하는 것은 아니다. 이러한 재산이 무매개직으로 그리고 직접직으로 그에게 양도해 주는 힘의 종류, 그것은 **구매하는 힘**이다. 그것은 다른 사람들의 모든 노동에 대한 혹은 지금 시장에 실존하고 있는 이러한 노동의 모든 생산물에 대한 명령의 권리이다." 스미스, I권, 61면.

---

2) 『맑스·엥겔스 저작집』에는 자본의 이윤 Profit des kapitals 으로 되어 있다. (역자)

3) 독일어 원어 'Konkurs'는 오늘날의 일상 용법에서는 '파산'이라는 뜻으로 쓰이고 있지만, 여기서는 이 독일어가 유래한 라틴어 'concursus'가 가지고 있는 뜻, 즉 '합류, 만남' 또는 '협력, 협동'으로 이해해야 할 것이다. 프로그래스 출판사와 인터내셔널 출판사의 공동 번역 영어판의 번역자인 마틴 밀리건도 '협력' cooperation 이라고 번역하였다. (역자)

따라서 자본은 노동과 노동의 생산물들에 대한 **지배력**이다. 자본가는 그의 인격적인 혹은 인간적인 특성 때문이 아니라, 그가 자본의 소유자인 한에 있어서 이러한 힘을 소유한다. 아무것도 저항할 수 없는, 그의 자본의 **구매하는** 힘이 그의 힘이다.

후에 우리는, 자본가가 자본을 매개로 하여 노동에 대한 그의 지배력을 어떻게 행사하는지를 살펴보고, 그 다음에는 자본가 자신에 대한 자본의 지배력을 살펴볼 것이다.

자본이란 무엇인가?

"축적되고 저장된 일정량의 노동." 스미스, Ⅱ권, 312면.

자본은 **축적된 노동**이다.

2. 기금, 밑천은 토지와 제조 노동의 생산물들의 모든 누적이다. 밑천은 그것의 소유자에게 수입 혹은 이득을 가져올 때에만 **자본**이라고 불린다. 스미스, Ⅱ권, 191면.

2. 자본의 이득

"자본의 이윤 혹은 **이득**은 임금과 완전히 다르다. 이러한 차이는 이중적 방식으로 나타난다 : 첫째로는, 비록 서로 다른 자본들에 속해 있는 감독 노동과 지휘 노동이 동일할 수 있다 하더라도, 자본의 이득은 전적으로 사용된 자본의 가치에 따라 규정된다. 다음으로는, 대공장에서 이러한 노동 전체는 한 사람의 지배인에게 위탁되는데, 그의 봉급은 그가 그 생산고를 감독하는 바의 자본과 어떠한 비례 관계도 맺고 있지 않다. 비록 이 경우에 소유주의 노동은 거의 무無로 환원됨에도 불구하고, 그는 그의 자본과 비례하는 이윤을 요구하는 것이다." 스미스, Ⅰ권, 97-99면.

왜 자본가는 이득과 자본 사이의 이러한 비례를 요구하는가?

"임금으로 선대된 기금을 보충하기에 필요한 것 이상으로 노동자들의 제품을 판매하는 것을 기대할 수 없다면, 자본가는 노동자들을 사용하는 데에 아무런 **흥미도 가지지 않을 것이다. 그리고 그의 이윤이 사용된 기금의 규모와 비례하지 않는다면, 소액의 기금을 사용하지 않고 고액의 기금을 사용하는 일 따위에는 전혀 **흥미**를 느끼지 않을 것이다." I권, 97면.

따라서 자본가는 첫째 임금을 기초로, 둘째 선대된 원료를 기초로 이득을 끌어낸다.

그러면 이득은 자본과 어떠한 비례 관계에 있는가?

"주어진 어떤 장소에서 그리고 주어진 [gegebner] 어떤 시간에서의 임금의 통상적 표준액을 결정하는 것이 매우 어렵다면, 자본의 이득을 결정하는 것은 더더욱 어렵다. 자본이 매매하고 있는 상품들의 가격 변동, 그 경쟁자들과 고객들의 행운이나 불행, 수송이나 창고 보관시에 그 상품들이 처하게 되는 수많은 여타의 우연들이 매일 매일, 거의 시시각각으로 일어나는 이윤의 변동을 야기한다." 스미스, I권, 179, 180면. "자본의 이윤을 정확하게 결정하는 일이 불가능할지라도, **금리**에 의거하여 생각할 수 있다. 화폐를 갖고서 많은 이득을 얻을 수 있을 때에는 화폐를 사용할 수 있는 능력만큼 많은 출자를 할 것이요, 화폐라는 매개를 통하여 적은 이득밖에 얻을 수 없다면 별로 출자하지 않을 것이다." 스미스, I권, 180, 181면. "통상적 이자율이 통상적 순이득률에 대하여 가져야만 하는 비율은 필연적으로 이득의 상승과 하강에 따라 변동한다. 대영제국에서는 상인들이 **공정하고, 적당하고, 합리적인 이윤** un profit honnête, modéré, raisonnable 이라고 부르는 것을 이자의 두 배로 계산하는데, 이 담백한 표현은 **통상의 관례적 이윤** 이외의 다른 것을 말하는 것이 아니다." 스미스, I권, 198면.

최저 이득률이란 어떤 것인가? 최고 이득률이란 어떤 것인가?

"자본들의 통상적인 **최저 이득률**은 자본을 어떻게 사용하든지 처하게 되는 우연적 손실들을 보상하기에 필요한 것보다 항상 더 많은 것이어야 한다. 이러한 잉여가 바로 이득 혹은 순이득 le bénéfice net 이다. 최저 이율도 이와 마찬가지이다." 스미스, I권, 196면.

　　"통상적 이득이 도달할 수 있는 **최고율**은 대다수의 상품들에 있어서 **지대 전부를 빼버리고**, 제공된 상품의 임금을 **최저** 가격으로, 즉 노동하는 동안의 노동자의 단순한 생존으로 축소한 액이다. 노동자가 매일매일의 일을 위하여 사용되는 한, 노동자는 어떻게 해서든 계속 부양되어야만 한다 ; 지대는 완전히 탈락할 수 있다. 예 : 벵골 Bengal 에서의 동인도 회사 고용인들." 스미스, I권, 197, 198면.

이처럼 경쟁이 미미할 경우에 **충분히 이용할** 수 있는 온갖 유리함 이외에도, 자본가는 점잖은 방식으로 시장 가격을 자연 가격 이상으로 유지할 수 있다.

　　"**첫째** : 자본가와 관계 맺고 있는 시장이 매우 멀리 떨어져 있을 때에는, **상업상의 비밀**을 통해서 : 즉 자연 상태 이상으로의 가격 상승과 가격 변동의 비밀 유지를 통해서. 요컨대 이러한 비밀 유지는 다른 자본가들이 이 부문에 그들의 자본을 투하할 수 없게 되는 결과를 가져온다.
　　그 다음으로 : 자본가가 그의 경쟁자들보다 더 적은 생산 비용을 들여서 그의 상품을 동일한 혹은 더 낮은 가격으로, 심지어 더 많은 이윤을 남기며 공급할 경우에는, **공장 비밀**을 통해서. ——(비밀 유지를 통한 사기는 비윤리적인 것이 아닐까? 주식 거래.)——**더욱이** : (예를 들면, 값비싼 포도주처럼) 생산이 특정 지역에 묶여 있고 **유효 수요**가 충족될 수 없는 경우. **마지막으로** : 개인 혹은 동업 조합의 **독점**을 통해서. 독점 가격은 있을 수 있는 가장 높은 가격이다." 스미스, I권, 120-124면.

자본의 이득을 증가시킬 수 있는 또 다른 우연적 원인들 :

　　"새로운 영토 또는 새로운 상업 부문의 획득은 부유한 나라들에서도 자본들의 이득을 종종 증대시키는데, 왜냐하면 이러한 획득이 구 舊 상업 부문에서 자본들의 일부를 끌어내고, 경쟁을 완화시키고, 시장에 상품들이 적게 나오도록 하여, 상품의 가격을 앙등시키기 때문이다 ; 그러면 그 상품을 취급하는 사람들은 빌려온 돈을 더 비싼 이자로도 갚을 수 있게 된다." 스미스, I권, 190면.

"어떤 상품이 더 많이 가공되고 더 많이 제조업의 대상으로 되면 될수록, 임금과 이윤으로 해소되는 가격 부분은 지대로 해소되는 가격 부분에 비하여 점점 더 커진다. 이러한 상품에 가해지는 손노동이 진보함에 따라, 이득의 수치는 증가할 뿐만 아니라 여기서 귀결되는 모든 이득도 과거의 이득보다 더 커지는데, 왜냐하면 이득이 파생되어 나오는 자본이 필연적으로 점점 더 커지기 때문이다. 아마포 직공이 가동시키는 자본은 제사공이 작동시키는 자본보다 필연적으로 항상 더 큰데, 왜냐하면 전자의 자본이 후자의 자본을 자신의 이득으로 보상할 뿐만 아니라 그 이외에 아마포 직공의 봉급도 지불하기 때문이다――그리고 이득이 자본과 항상 일종의 비례를 이루는 것은 필연적이다." Ⅰ권, 102, 103면.

따라서 인간의 노동이 자연 생산물과 가공된 자연 생산물에 대하여 이룩한 진보는 임금을 증가시키는 것이 아니라, 부분적으로는 이득을 얻는 자본들의 수효를, 부분적으로는 이전 자본에 대한 모든 후속 자본의 비율을 증대시킨다.

자본가가 분업에 의해서 얻는 이득에 대해서는 이후에 서술하겠다.

자본가는 이중적으로 이득을 얻는바, 첫째는 분업을 통해서, 둘째는 일반적으로 인간 노동이 자연 생산물에 대하여 이룩한 진보를 통해서이다. 어떤 상품에 대한 인간의 관여가 커지면 커질수록, 죽은 자본의 이득은 더욱더 커진다.

"동일한 한 사회에서 자본 이득의 평균율은 여러가지 종류의 노동의 임금보다 더욱더 동일 수준에 있다." Ⅰ권, 228면. "자본의 다양한 사용에 있어서 이득의 통상율은 자본 회수의 확실성이 더 큰가 혹은 더 작은가에 따라 변동한다. 이득률은 비록 완전한 비례 관계는 아닐지라도 위험에 따라 상승한다." Ⅰ권, 226, 227면.

자본의 이득이 유통 수단의 경이화輕易化 나 저렴화(예를 들면 지폐)를 통해서도 상승한다는 것은 자명하다.

3. 노동에 대한 자본의 지배 그리고 자본가들의 동기

"어떤 자본의 소유자가 그 자본을 농업 혹은 제조업에 사용할 것인지, 또는 도매업 혹은 소매업의 어떤 특수 부문에 사용할 것인지를 결심하게 되는 유일한 동기는 자기 자신의 이윤의 관점이다. 이와 같은 다양한 사용 방식들 각각에 있어서 **생산적 노동**이 얼마나 많이 가동하게 되는가, 혹은 생산적 노동이 그의 나라의 매해의 토지 생산물과 노동 생산물에 얼마나 많이 가치를 추가하게 되는가 하는 것을 계산하는 것은 전혀 그의 고려에 들어가지 않는다." 스미스, II권, 400, 401면.

"자본가에게 있어서 자본의 가장 유용한 사용이란, 확실함이 같을 경우 최대의 이득을 그에게 가져다 주는 사용이다. 이러한 사용이 항상 사회에 대해 가장 유용한 사용인 것은 아니다 ; 가장 유용한 사용은 생산적 자연력들에서 유용함을 끌어내는 데 돌려지는 그러한 사용이다." 세이, II권, 130, 131면.

"노동의 가장 중요한 운영들은 자본을 사용하는 사람들의 계획들과 심사숙고에 따라 조정되고 지휘된다 ; 그리고 이 모든 계획들과 운영들에 있어서 그들이 설정하는 목적은 이윤이다. 이와 같이 : 이윤율은 지대와 임금처럼 사회의 번영과 함께 상승하지도 않고 그 쇠퇴와 함께 하락하지도 않는다. 이와 반대로 이윤율은 자연히 부유한 나라들에서는 낮고 가난한 나라들에서는 높다 ; 그리고, 극히 급속히 파멸해 가고 있는 나라들에서만큼 그 이윤율이 높은 경우는 없다. 따라서 이 계급의 이해 利害 는 다른 두 계급처럼 사회의 일반적 이해와 결합되어 있지 않다 …… 어떤 특수한 부문의 상업 또는 제조업을 경영하는 사람의 특수한 이해는 어떤 점에 있어서는 항상 공중 公衆 의 그것과 다르며, 종종 그것에 반하기까지 한다. 시장을 확대하여 판매인의 경쟁을 제한하는 것은 언제나 상인들에게 이익이 된다 …… 그 이해가 사회의 그것과 결코 정확하게 동일하지 않은 사람들, 그리고 일반적으로 공중을 속이고 억압하기까지 하는 것을 이익으로 하고 있는 사람들의 계급이 바로 이러한 계급이다." II권, 163-165면, 스미스.

4. 자본들의 축적과 자본가들 사이의 경쟁

　　"임금을 앙등시키는, **자본들의 증가**는 자본가들 사이의 **경쟁**을 통해서 자본가의 이득을 감소시키는 경향이 있다." I권, 179면. 스미스.

　　"예를 들어 어떤 도시의 식품업에 필요한 자본이 두 사람의 서로 다른 식품업자들 사이에 분할된다면, 경쟁은 두 사람 모두로 하여금 자본이 한 사람의 수중에 있을 때보다 더 싸게 판매하도록 할 것이다 ; 그리고 만일 그것이 20명 사이에 분할된다면, 경쟁은 꼭 그만큼 더 활발해질 것이며, 그들이 그들 상품들의 가격을 올리기 위하여 서로 단결할 수 있는 가능성도 그만큼 더 적어질 것이다." 스미스, II권, 372, 373면.

　　우리가 이미 알고 있다시피 독점 가격은 있을 수 있는 가장 높은 가격이고, 속류 국민 경제학의 관점에서 볼 때 자본가 자신의 이해는 사회와 적대적으로 대립하며, 자본 이득의 상승은 복리 複利 처럼 상품의 가격에 영향을 미치는 이상(스미스, I권 201면), **경쟁**은 자본가에 대항하는 유일한 원병 援兵, 즉 국민 경제학의 진술에 의하면 임금 상승에 대해서는 물론 소비하는 공중을 위한 상품의 저렴화에 대해 유리하게 영향을 미치는 원병이다.

　　그러나 경쟁이란 자본들이 증가하되, 그것도 여러 사람의 수중에 나누어진 채 증가하는 것을 통해서만 가능한 것이다. 다수의 자본들의 성립은 오직 다면적 축적을 통해서만 가능한데, 왜냐하면 자본이란 일반적으로 축적을 통해서만 성립되기 때문이다. 그런데 다면적 축적은 필연적으로 일면적 축적으로 변한다. 자본들 사이의 경쟁은 자본들 사이의 축적을 증대시킨다. 사적 소유의 지배하에서 소수의 수중으로의 자본의 **집중** Konzentration 인 축적은, 요컨대 자본들이 그 자연적 운행 궤도에 방임될 때 생기는 하나의 필연적 결과인바, 자본의 이 자연적 규정은 경쟁을 통해서 비로소 완전히 자유로운 길로 나아간다.

　　우리는 자본의 이득이 자본의 크기와 비례한다는 것을 이미 알고 있다. 우선 의도적 경쟁을 완전히 도외시한다면, 대자본은 소자본보다 더욱 신속하게 그 크기에 비례하여 축적된다.

　　따라서 경쟁을 완전히 도외시한다면, 확실히 대자본의 축적은 그보다 작은 자본의 축적보다 훨씬 더 신속하다. 그러나 그 과정을 더욱더 추적해 보자.

자본들의 증가와 함께 자본들의 이윤은 경쟁에 의해 감소한다. 따라서 누구보다도 소자본가가 고통받는다.

많은 수의 자본들로의 자본들의 증가는 증진하는 국부를 전제한다.

"매우 높은 단계의 부에 도달한 나라에서는 통상의 이득률이 매우 낮아서 이러한 이득이 변제할 수 있는 이자율은 가장 부유한 사람이 아니고서는 금리로 생활할 수 없을 정도로 낮다. 따라서 중간 정도의 자산을 가진 모든 사람들은 자신의 자산을 몸소 사용하여, 기업을 스스로 경영하든지 혹은 아무 상업 부문에라도 관여해야 한다." 스미스, Ⅰ권, 196, 197면.

이러한 상태가 국민 경제학이 좋아하는 상태이다.

"자본들의 총액과 수입들의 총액 사이의 비율은 어떤 곳에서나 근면과 나태 사이의 비율을 결정한다 ; 자본들이 승리를 거두고 있는 곳에서는 근면이 지배적이고 소득들이 승리를 거두고 있는 곳에서는 나태가 지배적이다." Ⅱ권, 325면, 스미스.

이제 이러한 증대된 경쟁 속에서 자본의 사용은 어떠한 상태에 있게 되는가?

"자본들이 증가함에 따라 이자로 대부되는 기금의 양은 연이어서 늘어날 수밖에 없다 ; 이 기금이 증가함에 따라 금리는 더 낮아지는데, 그 까닭은 I. 물품의 양이 증가하면 할수록 모든 물품의 시장 가격은 하락하기 때문이고 2. 어떤 나라에서 자본들이 증가함에 따라 어떤 새로운 자본을 유리한 방식으로 투자하는 것은 더욱더 어려워지기 때문이다. 한 자본의 소유자가 또 다른 자본에 의해 점유되어 있는 영역 기업을 자기의 것으로 하기 위해 전력을 기울이는 가운데, 여러 자본들 사이에 경쟁이 일어난다. 그러나 대부분의 경우 보다 나은 조건으로 거래하겠다고 제안하는 것에 의하지 않고서는, 그는 다른 자본을 그의 영역에서 밀어내는 것을 기대할 수 없다. 그는 물품을 보다 싸게 판매해야 할 뿐만 아니라 판매의 호기를 얻기 위하여 종종 물품을 보다 비싸게 구매해야 한다. 생산적 노동을 유지하기 위해 기금이 보다 많이 예정되면 될수록 노동에 대한 수요는 더욱더 커진다 : 노동자들은 쉽게 일거리를 찾지만 자본가들은 노동자들을 구하기가 어려워진다. 자본가들 사이의 경쟁은 임금을 올리고 이득을 떨어뜨린다.” II권, 358, 359면, 스미스.

따라서 소자본가는 다음 중에서 선택한다 : I. 그가 더 이상 이자로 생활할 수 없기 때문에 자기의 자본을 먹어 치워서 자본가이기를 그만두고 말지 ; 아니면, 2. 스스로 사업을 개시하여 [자기]보다 부유한 자본가보다 그의 상품을 더 싸게 판매하고 더 비싸게 구매하며 높은 임금을 지불할지를 ; 따라서 전제되어 있는 높은 경쟁에 의해서 시장 가격이 매우 낮게 조성되어 있기 때문에 파산하고 말지를. 이와는 반대로 대자본가가 소자본가를 구축하고자 한다면, 대자본가는 자본가가 자본가로서 노동자에 대해 가지고 있는 모든 이점들을 소자본가에 대해 가지고 있다. 대자본가는 비교적 적은 이득을 그의 자본의 비교적 큰 양에 의해서 보완하며, 그보다 더 작은 자본가가 파산하여 대자본가가 이러한 경쟁에서 자유로워진 자신을 볼 때까지는 일시적인 손해조차도 감내할 수 있다. 그리하여 그는 소자본가의 이득을 자신에게 축적한다.

더욱이 : 대자본가는 언제나 소자본가보다 더 싸게 매입하는데, 그 까닭은 그가 더 대량으로 매입하기 때문이다. 따라서 그는 손해를 보지 않고도 더 싸게 판매할 수 있다.

그런데 금리의 하락이 중中 자본가들을 이자 생활자에서 기업가로 만든다면, 거꾸로 기업 자본들의 증가와 그에 따라 야기되는 이득의 감소는 금리의 하락에 영향을 미친다.

“어떤 자본의 사용으로부터 끌어낼 수 있는 이윤 Benefiz [4]이 감소함에 따

---

4) 독일어 원어 ‘Benefiz’는 오늘날의 일상 용법으로서는 ‘자선, 은혜’라는 뜻만을 가지고 있지만 이 단어가 유래한 라틴어 ‘beneficium’은 ‘자선, 은혜’라는 뜻 외에도 ‘이윤, 이득’이라는 뜻을 가지고 있는바, 여기서는 이 뜻으로 이해해야 할 것이다. 프로그래스 출판사와 인터내셔널 출판사의 공동 번역 영어판을 보면 스미스의 원문에 profits로 되어 있음을 보여 주고 있다. (역자)

라, 이 자본의 사용에 대하여 지불될 수 있는 가격은 필연적으로 저하한다." Ⅱ권, 359면, 스미스.

"부와 산업과 인구가 증가하면 할수록 금리는 더욱더 하락하고, 따라서 자본가들의 이득도 감소한다 ; 그러나 자본가들 자체는 그럼에도 불구하고 늘어나며, 이득의 감소에도 불구하고 예전보다 훨씬 더 급속하게 늘어난다. 대자본은 적은 이득에도 불구하고 많은 이득을 거두는 소자본보다 일반적으로 더 급속하게 늘어난다. 속담에 돈이 돈을 번다고 한다." Ⅰ권, 189면.

따라서 격렬한 경쟁이라는 전제된 상황하에서 그런 것처럼 적은 이득을 거두는 소자본들이 이 대자본에게 대항한다면, 대자본은 소자본들을 완전히 박살낸다.

게다가 이러한 경쟁에서는 대도시에서 나타나듯이, 상품의 전반적인 조악화, 위조, 모조품 생산, 전반적 독물 투여가 그 필연적 귀결이다.

더 나아가 대자본과 소자본의 경쟁에 있어서 중요한 하나의 사정은 고정 자본과 유동 자본의 비율이다.

"유동 자본은 생활 수단의 생산, 즉 제조업 또는 상업에 사용되는 자본이다. 이렇게 출자되는 자본은 그것이 그 주인의 소유로서 남아있거나 동일 형태로 존속하고 있는 한, 그 주인에게 수입이나 이윤을 가져다 주지 않는다. 유동 자본은 언제나 특정한 형태로 주인의 손에서 나가서 또 다른 형태로 돌아오며, 오직 이러한 유동 혹은 연속적 변신과 교환을 통해서만 이윤을 가져온다. 고정 자본은 토지의 개량에, 기계, 도구, 수공업 도구 및 이와 유사한 물건의 구입에 출자되는 자본이다." 스미스, Ⅱ권 [t. Ⅱ], 197, 198면.

"고정 자본의 유지에 있어서의 어떠한 절약도 그것은 순이득의 증가이다. 각 고용주의 총자본은 반드시 고정 자본과 유동 자본으로 분할된다. 총액이 동일할 경우 한 쪽이 많아지면 많아질수록, 다른 한 쪽은 그만큼 더 적어진다. 유동 자본은 그에게 노동의 재료와 봉급을 제공해 주고 산업을 활동시킨다. 그러므로 노동의 생산력을 감소시키지 않는, 고정 자본에 있어서의 어떠한 절약도 기금을 증대시킨다." Ⅱ권, 226면, 스미스.

고정 자본과 유동 자본의 비율이 소자본가보다 대자본가에게 훨씬 유리하다는 것은 애초부터 자명하다. 매우 큰 은행가는 매우 작은 은행가보다 고정 자본을 하찮을 정도로만 더 필요로 할 뿐이다. 그들의 고정 자본은 사무실에 국한된다. 대영지 소유자의 도구들은 그의 땅 조각 크기에 비례해서 늘어나는 것은 아니다. 이와 마찬가지로 대자본가가 소자본가에 앞서서 보유하고 있는 신용은 고정 자본에 있어서, 즉 그가 항상 준비하고 있어야 하는 화폐에 있어서 그만큼 큰 절약인 것이다. 결국 산업 노동이 고도화할 경우, 즉 거의 모든 손노동이 공장 노동으로 전화할 경우 소자본가에게는 그의 자본 전체가 단지 필요한 고정 자본을 소유하기에도 부족하다는 사실이 자명해진다. 사람들은 대규모 농업 [landwirtschaftlichen] 경작의 작업들이 통상 소수의 노동력들만을 요구한다는 것을 알고 있다.

일반적으로 고정 자본의 집적 및 단일화 역시 소자본가들에 비례하지 않고 대자본들의 축적에 비례하여 나타난다. 대자본가는 자신을 위해 일종의 노동 도구들의 조직을 도입한다.

"이처럼 산업의 영역에 있어서 모든 제작소와 공장은 이미, 수많은 다종의 지적 능력들 및 기술적 숙련과 더불어 더 거대한 물적 자산들을 생산이라는 **공동**의 목적을 위하여 더 광범위하게 결합시킨다는 것이다……법률 제정이 토지 소유를 거대한 양으로 뭉쳐 놓은 곳에서는, 증가하는 과잉 인구가 공업으로 몰려들며, 그리하여 대영제국에서처럼 다수의 프롤레타리아가 주로 퇴적되는 곳은 산업의 분야이다. 그러나 법률 제정이 토지의 끊임없는 분할을 허용하는 곳에서는, 프랑스에서처럼 계속적인 세분화를 통해서 궁핍하고 불만 있는 계급으로 내팽겨쳐지는, 채무가 있는 소소유자들의 숫자가 증가한다. 결국 이러한 세분화와 과도한 부채가 더 큰 정도로 진행되면, 대규모 산업이 소규모 산업을 없애 버리듯이 대토지 자산이 소토지 자산을 다시 삼켜 버린다 ; 그리고 이제 다시 더 거대한 토지 복합체가 형성되기 때문에, 토지의 경작에 전혀 필요하지 않은 무산 노동자들의 무리가 다시 산업에 밀려들고 있다." 58, 59면, 슐쯔, 『생산의 운동』.

"동종 상품의 성질은 생산 방법의 변화를 통해서, 그리고 특히 기계 공학의 적용을 통해서 다른 성질로 된다. 3 실링 8 펜스의 가치를 지닌 1 파운드의 면화에서 167 영국 마일 내지 36 독일 마일 길이의, 25 기니의 상업 가치를 지닌 350 자스펠을 자아내는 것은 오직 인간력의 배제를 통해서만 가능해진다." 같은 책, 62면.

"영국에서는 지난 45년 동안 면포의 가격이 평균적으로 약 11/12정도 떨어져서, 마샬의 계산에 따르면 1814년에는 아직 16실링으로 지불되었던 동일량의 공장 제품이 지금은 1실링 10펜스로 제공된다. 공산품들의 대폭적인 저렴화는 국내 소비도 해외 시장도 모두 확대시킨다 ; 그리고 대영제국에서 면화 노동자의 숫자가 기계의 도입 이후로 줄어들지 않았을 뿐만 아니라 4만 명의 노동자가 150만 명의 노동자로 불어난 것도 이러한 사실과 관계가 있다. 이제 산업적 기업가와 노동자의 취득에 관해서 말한다면, 공장주들 사이의 점증하는 경쟁으로 인하여 그들의 이득은 그들이 제공하는 제품의 양에 비례하여 필연적으로 줄어들었다. 1820-1833년에 맨체스터 공장주들의 총이득은 캘리코 한 필당 4실링 1펜스에서 1실링 9펜스로 떨어졌다. 그러나 이러한 손실의 보상을 위하여 제조량이 그만큼 더 커졌다. 이제 이로부터 나오는 결론은, 각각의 산업 부문들에서 부분적으로 과잉 생산이 생겨난다는 것 ; 많은 파산자들이 생겨남으로써 자본가들과 고용주들의 계급 내부에 소유의 불안정한 동요와 파동이 생겨나고, 이러한 동요와 파동이 경제적으로 파멸한 사람들의 한 부분을 프롤레타리아트쪽으로 던져 넣는다는 것; 빈번하고도 급작스럽게 노동의 중단이나 감소가 필연적으로 일어나고, 임금 노동자들의 계급은 그것으로 인한 손해를 항상 고통스럽게 느낀다는 것이다." 같은 책, 63면.

"자신의 노동을 빌려 준다는 것은 자신의 노예화가 시작됨을 말하는 것이다. 노동의 재료를 빌려 준다는 것은 자신의 자유가 정초됨을 이르는 것이다 노동은 인간이며, 이에 반해 재료는 인간적인 것을 전혀 갖고 있지 않다." 뻬 끼르, 『사회 경제학의 신이론』, 411, 412면.

"또 다른 요소인 노동 없이는 부를 창조할 수 없는 요소인 재료는 마치 그들[자본가들] 자신이 이 필수 불가결한 요소를 자기 속에 끌어들여 놓은 것처럼, 그들을 위해서 산출을 할 수 있는 마술적 힘을 획득한다." 같은 책, 같은 면. "한 노동자의 매일매일의 노동이 연평균 400 프랑을 그에게 가져다 주고 이 액수가 한 사람의 성인이 아쉬운 대로 생활에 충분하다고 가정한다면, 2천 프랑의 지대, 소작지, 임대료 등등의 보유자 모두는 따라서 간접적으로 5명의 사람으로 하여금 그를 위해서 노동하도록 강요하는 셈이다 ; 10만 프랑의 지대는 250명의 노동을 표현하고, 100만 프랑은 2500명의 노동을 표현한다."
(따라서 3억(루이 필립)은 75만 명의 노동자의 노동을 표현한다.) 같은 책,
412, 413면.

　　"유산자들은 인간의 법을 통하여 모든 노동 재료를 사용하고 남용할 수
있는, 즉 그 재료로써 그들이 원하는 것을 만들 수 있는 권리를 얻었다. ……
그들은 무산자들에게 적절한 시기에 그리고 항상 노동을 제공하고, 게다가 항
상 충분한 임금을 지불하는 등의 의무를 결코 법에 의해서 부과받지 않는다."
413면, 같은 책. "생산의 본성·양·질·합목적성과 관련한, 부의 사용 및 소
모와 관련한, 모든 노동 재료와 처분과 관련한 완전한 자유. 만인은 그 자신의
개인적 이해 이외의 다른 것에 대한 고려 없이 그가 원하는 대로 자유롭게 자
신의 물건들을 교환할 수 있다." 413면, 같은 책.

　　"경쟁은 임의의 교환을 표현할 뿐인데, 이 임의의 교환 그 자체는 모든 생
산 도구들을 사용하고 남용할 수 있는 개인적 권리에 바로 이어 나오는 논리
적 결론이다. 실제로는 단지 하나의 단일물일 뿐인 이 세 가지 경제적 계기들,
즉 사용 및 남용의 권리, 교환의 자유, 무제한적 경쟁은 다음과 같은 결과들을
초래한다 : 만인은 그가 원하는 것을, 그가 원하는 방식으로, 그가 원하는 장소
에서 생산한다 ; 만인은 좋은 물건을 생산하기도 하고 나쁜 물건을 생산하기도
하며, 너무 많이 생산하기도 하고 너무 적게 생산하기도 하며, 너무 늦게 생산
하기도 하고 너무 일찍 생산하기도 하며, 너무 비싸게 생산하기도 하고 너무
싸게 생산하기도 한다 ; 어느 누구도 그가 팔게 될지 못 팔게 될지, 누구에게
팔게 될지, 어떻게 팔게 될지, 언제 팔게 될지, 어디에서 팔게 될지를 모른다 ;
구매도 이와 마찬가지의 사정에 있다. 산출자는 욕구도 원료 산지도 모르며,
수요도 공급도 모른다. 그는 그가 팔고 싶은 때에, 팔 수 있는 때에, 팔고 싶
은 곳에서, 팔고 싶은 사람에게, 팔고 싶은 가격으로 판매한다. 그는 사는 것
도 이와 똑같이 한다. 이 모두에 있어서 그는 항상 우연의 희생물이며, 더 강
한 자, 덜 곤궁한 자, 더 부유한 자의 법칙의 노예이다 …… 어떤 곳에서는 부
가 모자라는 반면에, 어떤 다른 곳에서는 부가 흘러 넘치며 낭비된다. 어떤 생
산자는 물건을 많이 혹은 매우 비싸게 엄청난 이윤을 남기고 파는 반면에, 어
떤 다른 생산자는 하나도 팔지 못하거나 손해를 보면서 판다 …… 공급은 수
요에 대해 아무것도 알지 못하며, 수요는 공급에 대해 아무것도 알지 못한다.
당신들은 소비자들 사이에서 나타나는 기호와 유행에 자신을 맡기고 생산한

다. 그러나 당신들이 상품을 공급할 채비를 할 때에 이미 [소비자들의] 변덕스러운 기분은 변해 버려서 다른 생산물로 쏠려 있다 …… 그 불가피한 결과들은 만성적이고 항상적으로 만연하는 도산, 기만당한 희망, 갑작스러운 파산들과 예기치 않은 횡재이다 ; 상업 공황, 휴업, 주기적인 과잉 공급과 상품 부족이다 ; 임금과 이윤의 불안정과 저하, 격렬한 경쟁의 전쟁터에서의 물자, 시간, 정력의 손실과 엄청난 낭비이다." 414-416면, 같은 책.

리카도는 그의 저서(지대)에서 이렇게 말한다 : 국가들은 단지 생산의 작업장들에 불과하고, 인간은 소비와 생산을 위한 기계이다 ; 인간의 생명은 하나의 자본이다 ; 경제적 법칙은 세계를 맹목적으로 지배한다. 리카도에게 있어서 인간은 무 無 이며 생산물은 모든 것이다. 프랑스 어 번역의 26장에는 다음과 같은 구절이 있다 :

"2만 프랑의 자본을 갖고서 2천 프랑의 이윤을 해마다 올리는 어떤 사람에게 있어서, 그의 자본이 백 명을 고용하든 천 명을 고용하든 전혀 상관이 없을 것이다 …… 한 국가의 실제적 이해도 이와 동일한 것이 아닐까? 만일 그 국가의 순·실소득, 그 국가의 소작료와 이윤들이 항상 동일하다면, 그 국가가 천만 명으로 이루어져 있든 천 2백만 명으로 이루어져 있든 무엇이 문제인가?" II권, 194, 195면 [t. II, p.194, 195] "정말이지," 드 시스몽디 씨(II권, 333면)는 말한다, "섬에 홀로 거주하는 왕이 끊임없이 크랭크 manivelle(Kurbel)를 돌려서 영국의 모든 노동이 자동 인형을 통해 실행되도록 하는 것만 바라면 된다."

"가장 절박한 욕구에도 부족할 정도의 낮은 가격으로 노동자의 노동을 구매하는 주인은 임금의 불충분함에도, 극도로 긴 노동 기간에도 책임이 없다 : 그 자신이 그가 강요하는 법칙 아래에 놓여 있다 …… 빈곤은 사람에 기인하기보다는 사물의 힘에 기인한다." 뷔레 [Buret], 같은 책, 82면.

"잉글랜드에는 충분한 토지 경작을 위한 자본들이 주민들에게 결여되어 있는 지방들이 많다. 스코틀랜드의 남부 여러 주州들의 양모는 대부분 요크 백작령에서 가공되기 위하여 험한 길을 거치는 긴 육로 여행을 해야 하는데, 그 이유는 양모 생산지에서는 제조를 위한 자본들이 결여되어 있기 때문이다.

잉글랜드에는, 그 주민에게 자기네의 산업적 생산물들에 대한 수요와 소비자들이 있는 원격지의 시장들로 생산물을 수송하기 위한 충분한 자본들이 결여되어 있는 작은 공장 도시들이 많이 있다. 이곳의 상인들은 몇몇 큰 상업 도시들에 거주하는 더 부유한 상인들의 대리인들에 불과하다." 스미스, Ⅱ권, 382면. "토지와 노동의 연간 생산물의 가치를 증대시키기 위해서는 **생산적 노동자의 숫자**를 증가시키거나 지금까지 종사해 온 **노동자**의 **생산력**을 제고하는 것 이외의 다른 수단이 없다 …… 이런 경우든 저런 경우든 자본의 증대는 거의 언제나 필요하다." 스미스, Ⅱ권, 338면.

　"자본의 **축적**이 분업의 필연적 선행자라는 것은 이와 같이 사물의 본성에 놓여 있는 것이기 때문에, 노동은 자본들이 점점 더 누적되는 비율 이상의 세분화를 받아들일 수 없다. 노동이 세분되어 가면 갈수록 동수의 사람들이 가공할 수 있는 재료들의 양은 증가한다 ; 그리고 모든 노동자의 과제가 점점 보다 높은 단계의 단순성으로 환원되는 상태에 있기 때문에, 이러한 과제를 보다 쉽게 만들고 간략하게 하기 위한 많은 새로운 기계들이 발견된다. 따라서 분업이 확대되면 될수록, 동수의 노동자들을 계속적으로 고용하기 위해서는 종래와 동량의 생활 수단과, 이전에 덜 진보한 상태에서 필요하였던 것보다 더 많은 재료들 및 도구들과 손작업 용구가 먼저 누적되는 것이 필요하다. 각 노동 부문에서의 노동자들의 숫자는 그 부문에서의 분업이 증대하는 것과 동시에 증가한다. 혹은 오히려 노동자들을 이러한 방식으로, 분류되고 세분화되는 상태에 놓는 것은 그들의 숫자의 증가이다." 스미스, Ⅱ권, 193, 194면.

　"노동이 그에 선행하는 자본들의 축적 없이는 생산력의 이와 같은 거대한 신장 伸張 을 유지할 수 없는 것처럼, 자본들의 축적은 자연히 이러한 신장을 야기한다 führt…[herbei]. 즉 자본가는 그의 자본을 통해서 가능한 최대량의 제품을 생산하고자 하며, 따라서 노동자들 사이에 가장 적절한 분업을 도입하고, 가능한 가장 좋은 기계들을 노동자들에게 공급하려고 노력한다. 이러한 두 일들에서 성공하기 위한 자본가의 자력 資力 은 그의 자본의 신장 및 이 자본이 고용할 수 있는 종업원들의 숫자에 비례한다. 그러므로 어떤 나라에서 산업의 양은 이것을 가동시키는 **자본의 증대**에 의해서 증대할 뿐만 아니라, 이러한 증대의 결과로써 동량의 산업이 훨씬 더 많은 양의 제품을 생산한다." 스미스, 같은 책, 194, 195면.

이렇게 해서 **과잉 생산**이 생겨난다.

"보다 대규모의 경영을 위한, 보다 많은 수의, 보다 다양한 종류의 인간력들과 자연력들의 통일에 의한, 산업과 상업에 있어서의 …… 생산력들의 보다 포괄적인 결합. 또한 이미 여기저기에서 [보이는]――주요 생산 부문들간의 보다 밀접한 결합. 그리하여 대공장주들은 그들의 산업에 요구되는 원료의 일부를 조금이라도 제3자의 손을 통해서 구해야만 하는 일이 없도록 하기 위해서 동시에 대토지 자산을 획득하려 할 것이다 ; 혹은 그들 자신의 제품들의 판매를 위해서뿐만 아니라 다른 종류의 생산물들을 구매하여 이를 그들의 노동자들에게 판매하기 위해서도 상업을 그들의 산업적 기업들에 결합시킬 것이다. 각각의 공장주들이 때때로 10,000-12,000 명의 노동자들을 거느리고 있는 영국에서는 …… 다양한 생산 부문들의 **한 사람의** 지도적 인텔리 아래로의 그러한 결합들이, 즉 국가 속의 그러한 더 작은 국가들 혹은 주州들이 드문 현상이 아니다. 따라서 최근에 **버밍검** Birmingham 의 광산 소유자들은 과거에 다양한 경영자들과 소유자들로 나뉘어 있던 제철의 **전과정**을 경영한다. 『버밍검의 광산 지역』. 독일의 계간지(Viertelj[ahrs-Schrift]), 제3권, 1838년을 보라. 끝으로 우리는 그 숫자가 엄청나게 많아진 대규모 주식 회사들에서 **많은** 주주들의 금력 金力 들이, 노동의 수행을 위탁받은 다른 사람들의 과학 기술 지식 및 숙련과 포괄적으로 결합하는 것을 본다. 이를 통해서 자본가들에게는 그들의 비축 자금을 다양한 방식으로, 그리고 동시적으로 농업적, 산업적, 상업적 생산에 사용하는 것이 가능해지는데, 이 때문에 그들의 이해는 동시적으로 보다 다면적인 이해가 되고, 농업, 산업, 상업의 이해들 사이의 대립들이 완화되고 용해된다. 그러나 자본이 극히 다양한 방식으로 수익을 올릴 수 있는 가능성이 이처럼 용이해진 것은 자력 있는 계급과 자력 없는 계급들 사이의 대립을 더 첨예하게 하지 않을 수 없다." 슐쯔, 같은 책, 40, 41면.

주택 임대자가 빈곤으로부터 거두어들이는 엄청난 이득. 집세는 산업적 빈곤과 반비례 관계에 있다.

몰락한 프롤레타리아들의 패덕의 퍼센트도 이와 마찬가지이다. (매음, 폭주, 전당포 영업자)

자본과 토지 소유가 한 사람의 수중에 뭉쳐지고, 마찬가지로 자본이 그 크기로 인해 다양한 생산 부문들을 조합시킬 수 있게 됨으로써 자본들의 축적은 증대하고 자본들의 경쟁은 감소한다.

인간들에 대한 무관심. 스미스의 20 장의 복권들.[15]

세이의 순소득과 총소득.

지 대

"토지 소유자의 권리는 약탈에 그 원천을 두고 있다." 세이, I권, 136면, 주. "토지 소유자는 모든 사람들과 마찬가지로 씨도 뿌리지 않은 곳에서 수확하고 싶어한다. 그리고 그들은 토지의 자연적 산물에 대해서조차 지대를 요구한다." 스미스, I권, 99면.

"사람들은, 지대가 토지 개량을 위해 토지 소유자가 사용한 자본의 이득일 뿐이라고 생각할 수도 있을 것 같다 …… 지대가 부분적으로 그러한 것일 수 있는 경우들도 있다 …… 그러나 토지 소유자는 I. 개량되지 않은 토지에 대해서까지도 지대를 요구한다. 그리고 사람들이 개량 비용에 대한 이자 혹은 이득이라고 간주할 수 있는 것은 대개 이러한 원초적 지대에 대한 추가\첨가일 뿐이다. 2. 게다가 이러한 개량들이 항상 토지 소유자의 기금에 의해 이루어지는 것은 아니며 때때로 임차인의 기금에 의해 이루어진다 : 그럼에도 불구하고 차지료를 갱신하는 것이 문제가 될 때, 토지 소유자는 통상적으로 마치 이 모든 개량들이 자기 자신의 기금으로 이루어진 것처럼 그와 같은 지대의 인상을 요구한다. 3. 그뿐 아니라 토지 소유자는, 인간의 손을 통해서는 최소한의 개량도 전혀 불가능한 것에 대해서조차 때때로 지대를 요구한다." 스미스, I권, 300, 301면.

스미스는 마지막 경우의 예로 칼리 수송 나물(바다 꼭두서니, 수송 나물)을 든다.

"태운 뒤에 유리, 비누 등을 만들 수 있는 염기성 소금을 내는 해초의 일종. 그것은 대영제국, 특히 스코틀랜드의 여러 지역에서 생장하지만, 오직 썰물과 밀물이 있고(만조, 밀물) 하루에 두 번씩 바다물로 뒤덮이는 암벽에 붙어서만 생장하는데, 그 암벽의 생산물은 인간의 근로에 의해 결코 증가하지 않

는다. 그런데도 이러한 종류의 식물이 자라는 그런 땅의 소유자는, 곡류가 생
장하는 토지와 똑같이 지대를 요구한다. 셰틀랜드 Shetland 제도의 근해는 대
단히 풍부한 어장이다. 이곳의 주민의 대부분은 고기잡이로 살아간다. 그러나
해산물로부터 이득을 끌어내려면, 그들은 바다 인근 육지에 주거지를 갖고 있
어야 한다. 그 지대는 임차인이 그 토지에서 획득할 수 있는 것에 비례하지 않
고, 그가 토지와 바다 양쪽에서 획득할 수 있는 것에 비례한다." 스미스, I권,
301, 302면.

"사람들은 지대를, 소유자가 그것의 사용을 임차인에게 양도한 바의 **자연
력**의 생산물이라고 간주할 수 있다. 이 생산물은 많든 적든 이 힘의 크기, 혹
은 다른 말로 하면 토지의 자연적 혹은 인위적 비옥도의 크기에 따른다. 인간
의 소산이라고 생각할 수 있는 모든 것을 공제하거나 또는 보전하고 난 뒤에
남는 것은 자연의 소산이다." 스미스, II권, 377, 388면.

"토지의 사용에 대하여 지불되는 가격이라고 간주되는 **지대**는 따라서 자
연히 하나의 **독점** 가격이다. 지대는 토지 소유자가 토지에 행한 개량들, 혹은
그가 손해를 보지 않기 위하여 취득해야만 하는 것과는 전혀 비례하지 않고,
임차인이 손해를 보지 않고 지불할 수 있을 만한 것과 비례한다." I권, 302
면, 스미스.

"세 생산적 계급들 가운데 토지 소유자 계급은, 그들의 수입이 노동도 근
심도 필요로 하지 않는, 말하자면 그들이 어떤 통찰도 하나의 계획도 보태지
않았는데 그 수입이 저절로 들어오는 그러한 계급이다." 스미스, II권, 161면.

우리는 지대의 양이 토지의 **비옥도**에 비례한다는 것을 이미 알고 있다.

지대를 결정하는 또 다른 계기는 **위치**이다.

"지대는 그 생산물이 무엇이든지 간에 토지의 **비옥도**에 따라 변동하며, 또
한 비옥도가 어떠하든지 간에 그 위치에 따라 변동한다." 스미스, I권, 306면.

"경지, 광산, 어장이 비옥도가 동일할 경우, 그 생산물은 그것들의 경작과
개발에 사용되는 자본들의 규모에 비례하고, 자본들의 사용 방법에 있어서의

적부適否에 비례한다. 만일 자본들이 동일한 규모이고, 똑같이 적절하게 사용
된다면, 생산물은 경지, 어장, 광산의 자연적 비옥도와 비례할 것이다." II권,
210면.

스미스의 이 문장들은 중요한데, 왜냐하면 이 문장들은, 동일한 생산
비용과 동일한 [생산] 규모일 때, 지대를 토지의 비옥도의 고저에 환원하고
있기 때문이다; 따라서 토지의 비옥도를 토지 소유자의 속성으로 전환시키
는 국민 경제학의 개념 전도를 명백하게 드러내 주었다.
　　그러면 이제 현실의 교류 속에서 지대가 어떤 모양을 띠는지를 살펴보
기로 하자.
　　지대는 **임차인**과 **토지 소유자 사이의 투쟁**을 통해서 결정된다. 우리는 국
민 경제학의 도처에서 이해들의 적대적 대립, 투쟁, 전쟁이 사회 조직의 기
초로서 인정되고 있음을 본다.
　　이제 토지 소유자와 임차인이 서로 어떤 관계에 있는지를 보기로 하자.

　　"토지 소유자는 차지 계약의 조건을 정함에 있어 종자를 제공하고 노동의
대가를 지불하며 가축과 그 밖의 도구들을 구입·유지하고 그 밖에도 주 州
내의 여타 임차지의 통상적 이득을 획득할 만한 그러한 자본을 보상하기에 족
한 것 이상을 임차인에게 남겨 주지 않으려 한다. 그것은 명백히 임차인이 손
해를 보지 않고 만족할 수 있는 최소 부분인데, 토지 소유자가 그 이상의 것을
임차인에게 넘겨주려는 의도를 가지는 경우는 드물다. 그 나머지가 얼마만큼
만들어지든 간에, 소유주는 생산물 혹은 생산물의 가격에서 이러한 비율을 초
과하는 모든 것을 지대로서 비축하려고 하는데, 그 지대란 임차인이 현재의
토지 상태에서 지불할 수 있는 가장 가혹한 것이다. 이러한 잉여는 언제나 자
연적 지대로서 혹은 그것을 위해 대부분의 토지가 자연스럽게 대여되는 지대
로서 간주될 수 있다." 스미스, I권, 299, 300면.

　　세이는 말한다, "토지 소유자들은 임차인들에 대해 일종의 독점을 행사한
다. 그들의 상품, 즉 토지에 대한 수요는 끊임없이 늘어날 수 있다 ; 그러나 상
품의 양은 일정 지점까지만 늘어난다 …… 토지 소유자와 임차인 사이에 맺어
지는 거래는 언제나 전자에게 가능한 한 더 유리하다 …… 토지 소유자가 사
물의 본성으로부터 끌어내는 유리함 이외에도, 그는 그의 지위, 더 큰 자산,

신용, 명망으로부터 또 다른 유리함을 이끌어낸다 ; 그러나 그가 토지의 호조건만으로도 항상 이윤을 뽑을 수 있는 데에는 첫번째 유리함만으로도 충분하다. 운하와 도로의 개통, 한 주州의 인구와 복지의 증진은 항상 임차 가격을 앙등시킨다 …… 물론 임차인 스스로 자신의 비용을 들여 토지를 개량할 수도 있다 ; 그러나 그는 이러한 자본으로부터 임차가 지속되는 동안의 이익만을 얻을 수 있을 뿐이며, 임차가 끝나면 그것은 토지 소유자에게 남는다 ; 이 순간부터 토지 소유자는 선불을 내지 않고도 이익을 얻는데, 왜냐하면 임차료는 이제 비례적으로 상승하기 때문이다." 세이, Ⅱ권, 142, 143면.

"그러므로 토지 사용에 대한 대가로 지불되는 가격으로서 간주되는 지대는 자연히 토지의 현재 상태하에서 임차인이 지불할 수 있는 최고 가격이다." 스미스, Ⅰ권, 299면.

"따라서 지표면에 대한 지대는 대개의 경우 …… 총생산물의 3분의 1에 달한다. 그리고 대개의 경우 그것은 수확의 우연적 변동으로부터 독립되어 있는 고정된 지대이다." 스미스, Ⅰ권, 351면. "이러한 지대가 총생산물의 1/4 이하가 되는 경우는 드물다." 같은 책, Ⅱ권, 378면.

모든 상품에 있어서 **지대**가 지불될 수는 없다. 예를 들면 많은 지역에서 돌에 대해서는 어떤 지대도 지불되지 않는다.

"통상적으로 사람들은 토지 생산물들만을, 통상적 가격이 그것을 시장으로 수송하는 데에 사용되는 자본과 이 자본의 통상적 이득을 보상하는 데 충분한 그러한 토지 생산물 부분들만을 시장으로 보낼 수 있다. 만일 그 가격이 이 보상에 족한 것 이상이라면, 잉여는 자연히 지대로 돌아간다. 가격이 이 보상에 족할 뿐이라면, 상품은 시장에 보내질 수는 있지만 지주에게 지대를 지불하기에는 부족하다. 가격이 충분한 것 이상이 될까 안 될까? 그것은 수요에 달려 있다." 스미스, Ⅰ권, 302, 303면.

"지대는 임금이나 자본의 이득과는 완전히 **다른 방식**으로 상품 가격의 구성 속에 들어간다. 임금액과 이득액의 **고저**는 상품 가격의 고저의 원인이다 : 지대액의 고저는 가격의 **결과**이다." Ⅰ권, 303, 304면, **스미스.**

항상 **지대**를 가져오는 **생산물들**로는 **식료품**이 있다.

"인간은 모든 동물들처럼 그 생존 수단에 비례하여 증가하므로, 많건 적건 식료품에 대한 수요는 항상 존재한다. 식료품은 언제나 다량의 혹은 소량의 노동을 구매할 수 있으며, 사람들이 식료품을 획득하기 위하여 무언가를 행하는 데에 마음이 쏠려 있는 것을 언제나 보게 된다. 그러나 식료품이 가장 경제적인 방식으로 분배되는 경우, 식료품이 구매할 수 있는 노동은 식료품으로 생존 가능한 노동과 항상 **동일**하다고 할 수 없는데, 이는 노동에 대한 이따금씩의 높은 봉급 때문이다. 그러나 식료품은, 이러한 종류의 노동이 나라에서 통상 늘 유지되고 있는 사정액에 준하여 자신이 생존시킬 수 있을 만큼의 노동은 언제나 구매할 수 있다. 토지는 거의 모든 가능한 상황 속에서, 이러한 식료품을 시장에 내놓는 데 기여하는 모든 노동의 존속에 필요한 것보다 더 많은 식료품을 생산한다. 이러한 식료품의 초과분은 이러한 노동을 운동시키는 자본을 이득으로 보상하는 데에 충분한 것보다 항상 더 많다. 따라서 토지 소유자에게 지대를 줄 만큼은 항상 남는다." I권, 305, 306면, 스미스. "지대는 식료품으로부터 그 최초의 원천을 끌어낼 뿐만 아니라, 토지 생산물의 다른 부분이 결과적으로 지대를 낳기도 하는데, 이 경우에 지대는, 식료품을 생산하기 위하여 노동이 토지의 경작과 개량에 의해 (au moyen) 획득한 힘의 증대에 힘입어 가치의 이러한 추가를 얻는다." 345면, I권, 스미스. "따라서 인간의 식료품은 지대를 지불하는 데에는 항상 충분하다." I권, 337면. "나라들의 인구는 그 나라들의 생산물이 옷 입힐 수 있고 거주시킬 수 있는 수에 비례하지 않고 그 나라들의 생산물이 먹여 살릴 수 있는 수에 비례한다." 스미스, I권, 342면.

"식료품 다음으로 가장 큰 두 가지 인간 욕구들은 의복, 주택, 난방이다. 그것들은 언제나 꼭 그런 것은 아니지만 대개의 경우 지대를 제공한다." I권, 같은 책, 338면.

이제 토지 소유자가 어떻게 사회의 모든 이익들을 착취하는가를 보자.

1. 지대는 인구와 더불어 증가한다. 스미스, I권, 335면.

2. 우리는, 지대가 철도 등등과 더불어, 통신 및 교통 수단의 개량, 안전, 다양화와 더불어 어떻게 상승하는가를 이미 세이로부터 알았다.

3. "사회 상태에 있어서의 모든 개선은 **직접적으로나 간접적으로** 지대를 상승시키는 경향, 소유주의 실질적 부, 즉 타인의 노동을 혹은 그 노동의 생산물을 구매할 수 있는 소유주의 힘을 증대시키는 경향이 있다 …… 토지 및 경작의 개량의 증대는 직접적으로 그러한 경향이 있다. 생산물 중에 소유주가 차지하는 부분은 생산물의 증대와 더불어 필연적으로 증대된다 …… 이러한 종류의 원료의 실질 가격에 있어서의 상승, 예를 들면 가축 가격의 상승도 지대를 직접적으로, 그것도 훨씬 큰 비율로 증대시키는 경향이 있다. 토지 소유자가 차지하는 부분의 실질 가치, 즉 이 부분이 그에게 주는 타인의 노동에 대한 실질적 힘은, 생산물의 실질 가치와 더불어 필연적으로 증대할 뿐만 아니라 총생산물에 비례하는 이 부분의 크기도 이 가치와 더불어 증대한다. 이러한 생산물은, 그 실질 가격이 상승한 이후에는 그것을 조달하기 위하여, 그리고 사용된 자본을 통상적 이득과 함께 보상하기 위하여 더 이상의 노동을 필요로 하는 것은 아니다. 따라서 토지 소유자에게 귀속되는 생산물의 나머지 부분은 총생산물과 관련하여 이전보다 훨씬 더 커질 것이다." 스미스, II권, 157-159면.

원료품에 대한 수요의 상승, 따라서 또한 가치의 상승은 부분적으로 인구의 증가 및 그 인구의 욕구의 증대에서 기인할 수 있다. 그러나 모든 새로운 발명, 제조업이 여태까지 전혀 혹은 거의 사용하지 않았던 원료의 모든 새로운 사용은 지대를 증대시킨다. 그리하여 예컨대 철도, 증기선 등등과 더불어 탄갱 炭坑 의 지대는 엄청나게 올라갔다.

토지 소유자가 제조업, 발견들, 노동으로부터 끌어내는 이러한 이익들 이외에도 우리는 곧바로 또 다른 이익을 보게 될 것이다.

4. "제조업 생산물들의 실질 가격을 낮추는 것을 직접 목표로 삼는, 노동 생산력에 있어서의 여러 종류의 개선들은 실질 지대를 올리는 경향을 간접적으로 가지고 있다. 즉 토지 소유자는 자신의 개인적 소비를 초과하는 원료 부분을, 혹은 이 부분의 가격을 제조업 생산물과 교환한다. 두번째 종류의 생산물의 실질 가격을 감소시킨 모든 것이 첫번째 종류의 생산물의 실질 가격을 증대시킨다. 동일한 양의 원료품이 이제 더 큰 양의 제조업 생산물에 상응하게 되어, 토지 소유자는 보다 많은 양의 편의 설비, 기호품, 사치품을 조달할 수 있게 된다." 스미스, II권, 159면.

그러나 이제 스미스가, 토지 소유자가 사회의 모든 이익들을 착취한다는 사실로부터 토지 소유자의 이해가 사회의 이해와 항상 동일하다는 결론을 끌어낸다면(161면, Ⅱ권), 그것은 어리석은 일이다. 낭비자에 대한 고리대금업자의 이해가 낭비자의 이해와 전혀 일치하지 않는 것처럼, 국민 경제에 있어서, 즉 사적 소유의 지배하에서 한 사람이 사회에 대하여 가지는 이해는 사회가 그 사람에 대해 가지는 이해와 완전히 반비례 관계를 맺고 있다.

우리는 외국의 토지 소유에 맞서는 토지 소유자의 독점욕은 단지 슬쩍 지나가면서 언급하기로 하겠는데, 예컨대 곡물법[16]은 이러한 독점욕에서 기인하는 것이다. 마찬가지로 우리는 중세의 농노제, 식민지의 노예 제도, 대영제국의 농부\날품팔이의 빈곤도 여기서는 그냥 넘어가기로 한다. 국민 경제학 자체의 명제들에 주의를 집중하자.

1. 토지 소유자가 사회의 복지에 흥미를 갖는다 함은 국민 경제학의 원칙들에 따르자면, 그가 사회의 증대하는 인구, 인공 생산, 욕구의 증대, 한마디로 말해서 부의 증대에 흥미를 가지고 있다는 것을 의미하는데, 이러한 증대는 지금까지의 우리의 고찰에 따르면 빈곤과 노예 상태의 증대와 동일하다. 집세와 빈곤의 밀접해져 가는 관계는 사회에 대한 토지 소유자의 이해의 한 예인데, 왜냐하면 집세와 더불어 집이 서 있는 토지에 대한 이자, 즉 지대가 증가하기 때문이다.

2. 국민 경제학자 자신들에 따르더라도 토지 소유자의 이해는 임차인 ; 따라서 이미 사회의 중요한 한 부분의 적대적 대립물이다.

3. 토지 소유자가 임차인에게 [von] 더욱더 많은 지대를 요구할 수 있게 되면 될수록 임차인이 더욱더 적은 임금을 지불하기 때문에, 그리고 임차인이 임금을 더욱더 많이 하락시키면 시킬수록 토지 소유자는 더욱더 많은 지대를 요구하기 때문에, 토지 소유자의 이해는, 공장주의 이해가 노동자들의 이해와 적대적인 것과 꼭 마찬가지로 [임차인의] 머슴의 이해와 완전히 적대적이다. 공장주는 똑같은 방식으로 임금을 최소 한도로 떨어뜨린다.

4. 제조업 생산물 가격의 실질적 하락은 지대를 상승시키기 때문에, 토지 소유자는 제조업 노동자의 임금의 하락, 자본가들 사이의 경쟁, 과잉 생산, 제조업계의 모든 어려운 사태에 직접적인 이해를 갖고 있다.

5. 따라서 만일 토지 소유자의 이해가 사회의 이해와 동일하기는커녕 임차인, 머슴, 제조업 노동자 그리고 자본가들의 이해와 적대적으로 대립한다면, 어떤 토지 소유자의 이해는 우리가 이제 고찰하고자 하는 경쟁으로 말미암아 다른 토지 소유자의 이해와 결코 동일하지 않은 셈이다.

일반적으로 대토지 소유의 소토지 소유에 대한 관계는 대자본의 소자본에 대한 관계와 똑같다. 그러나 여기에는 대토지 소유의 축적과 대토지 소유에 의한 소토지 소유의 합병을 무조건적으로 불러오는 특별한 사정들이 추가된다.

I. 기금의 크기에 비례하는 노동자 및 도구의 수가 토지 소유의 경우보다 더 적어지는 경우는 없다. 이와 마찬가지로 기금의 크기에 따라 전면적인 개발, 생산 비용의 절감, 적절한 분업의 가능성이 토지 소유의 경우보다 더 커지는 경우는 없다. 경작지가 아무리 작아지더라도, 쟁기, 톱 등등과 같은, 경작지가 필요로 하는 노동 도구들은 더 이상 감소될 수 없는 한계선에 도달하는 데 반해 토지 자산의 소규모성은 이러한 한계선을 넘어설 수 있다.

2. 대토지 소유는 임차인의 자본이 토지의 개량에 사용한 이자를 자신에게 축적한다. 소토지 소유는 자기 자본을 사용해야만 한다. 따라서 소토지 소유의 편에서 보자면 이러한 이윤 전체가 없어져 버리는 셈이다.

3. 모든 사회적 개선은 대토지 소유에 유리한 반면, 소토지 소유에는 불리한데, 왜냐하면 그것은 소토지 소유로 하여금 점점 더 많은 현금을 필요로 하게 만들기 때문이다.

4. 경쟁에 대한 두 개의 중요한 법칙들을 고찰하는 일이 아직 남아 있다 :

α) "인간의 식료 수단의 생산을 위해 경작되는 토지의 지대는 그 밖의 대다수의 경작 토지의 지대를 규정한다." 스미스, I권, 331면.

가축 등등과 같은 식료 수단은 결국 대토지 소유만이 생산할 수 있다. 따라서 대토지 소유는 나머지 토지들의 지대를 규정하며, 지대를 최소 한도로 떨어뜨린다.

게다가 스스로 노동하는 소토지 소유자는, 자기 자신의 도구를 보유하고 있는 수공업자가 공장주에 대하여 맺고 있는 관계와 동일한 관계를 대토지 소유자와 맺고 있다. 소토지 소유는 한갓 노동 도구가 된다. 소토지 소유자에게 있어서 지대는 완전히 사라져 버린다. 그에게는 기껏해야 그의 자본의 이자와 임금이 남을 뿐인데, 왜냐하면 지대는 경쟁 때문에 스스로 투자되지 않은 자본의 이자에 지나지 않을 정도로 하락할 수 있기 때문이다.

β) 이외에도 우리는, 경지, 광산, 어장이 그 생산성에 있어 동일하고, 똑같이 적절하게 개발될 경우에는 생산물이 자본들의 규모와 비례한다는 사실을 이미 알고 있다. 따라서 대토지 소유자의 승리. 이와 똑같이 자본이 동일할 경우에는 생산성이 높은 토지의 소유자가 승리한다.

γ) "사람들은 어떤 광산에 대해서 일반적으로, 일정량의 노동에 의해서 그 광산으로부터 채굴될 수 있는 광석의 양이, 동일량의 노동이 같은 종류의 대다수 다른 광산으로부터 채굴할 수 있는 것보다 많은가 혹은 적은가에 따라서 그 광산이 생산성이 있다 혹은 없다라고 말할 수 있다." Ⅰ권, 345, 346면, 스미스. "가장 생산성이 높은 광산의 가격은 인근의 다른 모든 광산에 대해서 석탄의 가격을 결정해 준다. 토지 소유자와 기업가는, 그들이 그들의 이웃들보다 물건을 더 싸게 팔 때에 전자는 더 높은 지대를, 후자는 더 높은 이윤을 얻는다는 사실을 둘 다 알고 있다. 이제 이웃들은, 비록 그들은 그럴 형편이 안 됨에도 불구하고 이들과 동일한 가격으로 판매하지 않을 수 없게 되며, 설령 그 가격이 점점 더 감소하여 종종 그들에게서 지대 모두와 이윤 모두를 빼앗아 버린다 할지라도 그 가격으로 판매하지 않을 수 없게 되는 것이다. 그렇게 되면 몇몇 채굴지들은 방기되어 버릴 것이며, 다른 채굴지들은 더 이상 어떤 지대도 얻지 못하게 되고, 더 나아가 토지 소유자 자신에 의해서 가동될 수밖에 없을 것이다." 350면, Ⅰ권, 스미스. "페루의 광산들이 발견된 이후에 대부분의 유럽의 은광들은 폐광되었다 …… 포토시 Potosi 의 광산이 발견된 이래 쿠바와 산토도밍고 St. Domingo 의 광산에서도 똑같은 일이 일어났으며, 페루의 낡은 광산에서까지도 그러하였다." 353면, Ⅰ권.

스미스가 여기에서 광산에 대해 말한 것과 똑같은 것이 많든 적든 토지 소유 일반에 관해서도 유효하다.

δ) "주의해야 할 것은, 토지의 통상 가격이 언제나 통상 이자율에 의존하고 있다는 것이다 …… 만일 지대가 매우 큰 폭으로 금리 이하로 떨어진다면,

누구도 토지를 구매하려고 하지 않을 것이고 그것은 금방 또다시 토지의 통상 가격을 떨어뜨릴 것이다. 반대로 만일 지대의 이득이 금리를 보상하고도 남을 정도라면, 세상 사람들 모두가 토지를 구매하려고 할 것이고, 그것은 마찬가지로 토지의 통상 가격을 곧 다시 회복시켜 줄 것이다." Ⅱ권, 367, 368면.

이자에 대한 지대의 이러한 관계로부터, 지대는 점점 더 떨어질 수밖에 없다는 결론, 그래서 마침내 가장 부유한 사람들만이 겨우 지대로 먹고 살 수 있다는 결론이 나온다. 그러므로 토지를 임대하지 않은 토지 소유자들 사이의 경쟁은 더욱더 커진다 : 그들 가운데 한 부분의 몰락. 대토지 소유의 재차의 축적.

더 나아가 이러한 경쟁은 토지 소유의 대부분이 자본가들의 수중으로 떨어지고 자본가가 동시에 토지 소유자가 되는 결과를 낳으며, 이는 그 이후에, 일반적으로 보다 적은 토지의 소유자들이 단지 자본가인[자본가로서만 존재하는] 것과 마찬가지이다. 이와 똑같이 대토지 소유의 일부도 동시에 산업화된다.

최종적 결과는 따라서 자본가와 토지 소유자 사이의 구별의 해소이고, 따라서 이로 인해 완전히 두 계급의 주민, 즉 노동자 계급과 자본가 계급만이 존재하게 된다. 토지 소유의 흥정 거래, 토지 소유의 상품화는 옛날의 귀족 정치의 최종적 몰락이요, 금권 귀족 정치의 최종적 완성이다.

Ⅰ. 낭만주의가 이에 대해 흘리는 감상적 눈물을 우리는 공유하지 않는다. 낭만주의는 **토지의 흥정** 거래 속에 놓여있는 수치스러움과, 사적 소유 내부의 필연적이고 바람직스러운 경쟁, 즉 토지를 놓고 행해지는 **사적 소유의 흥정** 거래에 내포되어 있는 경쟁을 항상 혼동한다. 첫째로 봉건적 토지 소유는 이미 그 본질상 흥정 거래된 토지, 인간에게 소원한, 따라서 몇몇 소수의 대영주의 형상을 하고서 인간에게 맞서 있는 토지이다.

이미 봉건적 토지 소유 속에는, 인간에게 군림하는 낯선 힘으로서의 토지의 지배가 놓여있다. 농노는 토지의 부속물이다. 이와 똑같이 맏아들인 장자 상속권자도 토지에 속해 있다. 토지가 그를 상속받는다. 일반적으로 토지 소유와 더불어 사적 소유의 지배가 시작되며, 토지 소유는 사적 소유의 토대이다. 그러나 봉건적 토지 소유에서는 최소한 영주가 토지 소유의 왕인 것처럼 **보인다**. 이리하여 한갓 **물적인** 부의 관계일 때보다 더욱 친밀한, 토지 소유자와 토지와의 관계라는 가상이 존재하는 것이다. 땅조각이 그 영주와 더불어 인격을 가지게 되며, 자기 서열을 가지게 되고, 그 주인과 더불어 남작령 혹은 백작령이 되며, 자신의 특권, 재판권, 정치적 지위 등등을 갖게 된다. 그것은 그 영주의 비유기적인 신체로서 나타난다. 그리하여 다음의 속담이 성립되는 것인데, 이 속담 속에는 영주권과 토지 소유와의 유착이 표현되어 있다 : **영주 없이 농토 없다** null terre sans maître. 마찬가지로 토지 소유의 지배는 적나라한 자본의 지배로서 직접적으로 나타나지는 않는다. 토지 소유에 귀속된 사람들에게 있어서 토지 소유는 차라리 그의 조국과도 같은 관계에 있다. 그것은 일종의 자그마한 민족체 Nationalität 이다.

　　마찬가지로 봉건적 토지 소유는 왕국이 왕에게 이름을 부여하듯이, 그 영주에게 이름을 부여한다. 영주의 가족사, 그의 가문의 역사 등등, 이 모든 것이 토지 소유를 영주의 인격으로 만들며, 토지 소유를 정식으로 그의 가문으로, 하나의 인격으로 만든다. 마찬가지로 토지 소유의 경작자들은 **날품팔이**의 상태에 있지 않고, 한편으로는 그 자신이 마치 농노와 같이 영주 소유이고, 한편으로는 영주에 대한 경외, 충성, 의무의 관계에 서 있다. 그러므로 경작자들에 대한 영주의 위치는 직접적으로 정치적이며, **인정미가 있는** 측면을 가진다. 풍습, 성격 등등은 땅조각에 따라 달라지며, 영지와 일체인 것처럼 보이는 반면에, 이후에는 인간의 성격이나 개성이 아니라 인간의 돈주머니만이 인간을 땅조각과 관계시킨다. 마지막으로, 영주는 그의 토지 소유에서 가능한 최대한의 이익을 끌어내려고 애쓰지 않는다. 오히려 그는 거기 있는 것을 소비하며, 그 조달에 대한 염려는 조용히 농노와 임차인들에게 떠넘긴다. 이것이 바로 그의 영주에게 낭만적 영광을 바치는, 토지 소유의 **귀족적** 상태인 것이다.

　　이러한 가상이 지양되는 것, 사적 소유의 뿌리인 토지 소유가 완전히 사적 소유의 운동 속으로 빨려 들어가서 상품이 되는 것, 소유자의 지배가 사적 소유, 즉 자본의 순수한 지배로, 모든 정치적 색조를 지워버린 채 나타나는 것, 소유자와 노동자 사이의 관계가 착취자와 피착취자 사이의 국민 경제학적 관계로 환원되는 것, 소유자의 그의 소유와의 모든 인격적 관계가 종식되고 오로지 **물적인 · 물질적인** 부와의 관계로 되는 것, 이해의 결혼이 토지와의 명예 결혼을 대신하고, 땅이 인간과 마찬가지로 거래 가치로 전락하는 것이 필요하다. 토지 소유의 뿌리를 이루는 더러운 이기주의가 또한 그 파렴치한 형태로 나타나는 것은 필연적이다. 확고 부동한 독점이 운동하고 동요하는 독점, 즉 경쟁으로 뒤바뀌고, 타인의 피땀을 빈둥거리며 향유하는 것이 바로 그것과의 바쁜 거래로 뒤바뀌어 버리는 것은 필연적이다. 끝으로, 이러한 경쟁 속에서 자본의 형상을 하고 있는 토지 소유가 노동자 계급에 대해서도 소유자 자신에 대해서도, 자본의 운동 법칙이 그들을 혹은 멸망시키고 혹은 흥하게 함에 의해서, 자신의 지배를 보여 주는 것은 필연적이다. 따라서 중세의 속담, 영주 없이 농토 없다 null terre sans seigneur 대신에 근대의 속담, 돈은 주인이 따로 없다 l'argent n'a pas de maître 가 생겨나는데, 이 속담에는 죽은 물질의 인간에 대한 완전한 지배가 표현되어 있다.

2. 토지 소유의 분할 혹은 비분할에 대한 논쟁에 관해 말하자면, 다음의 것을 유의해야 한다.

토지 소유의 분할은 토지 소유의 **대규모 독점**을 부정하고, 그것을 지양하지만, 이는 토지 소유의 분할이 이러한 독점을 **보편화하는** 것에 의해서만 이루어진다. 토지 소유의 분할이 독점의 토대, 즉 사적 소유를 지양하는 것은 아니다. 그것은 독점의 실존을 공격하는 것이지 독점의 본질을 공격하는 것이 아니다. 이로부터 나오는 결론은 토지 소유의 분할이 사적 소유의 법칙들의 희생물이 되고 만다는 것이다. 즉 토지 소유의 분할은 산업적 영역에서의 경쟁의 운동에 상응한다. 노동 도구들의 이러한 분할과 서로 분리된 노동의 분할(분업과는 명백히 구분되어야 한다 ; [이때에는] 노동이 많은 노동으로 분할되는 것이 아니라 똑같은 노동이 모든 사람에 의해서 각자 운용된다. 그것은 동일한 노동의 증강이다)이라는 국민 경제학적 불리함들 이외에도 이 분할은 저 경쟁과 마찬가지로 필연적으로 또다시 축적으로 뒤바뀐다.

따라서 토지 소유의 분할이 있는 곳에서는, 더욱더 악랄한 형태의 독점으로 귀환하는 것 혹은 토지 소유의 분할 자체가 부정\지양되는 것 이외의 어떤 것도 남지 않는다. 그러나 이것은 봉건적 소유로의 귀환이 아니라 토지의 사적 소유 일반의 지양이다. 독점의 최초의 지양은 언제나 독점의 보편화, 그 실존의 확산이다. 가능한 한 가장 폭넓고 광범위한 실존에 도달한 독점의 지양은 독점의 완전한 부정이다. 토지에 적용된 연합체는 국민 경제학적 관점에서의 대토지 소유의 장점들을 나누어 가지며, 분할의 근원적 의도,

즉 평등을 최초로 실현시키며, 또한 이성적인 방식으로, 그리고 더 이상 농노제, 지배, 소유에 관한 어리석은 신화에 의해 매개되지 않는 방식으로 인간과 토지의 친근한 관계를 회복시키는데, 그 까닭은 토지가 흥정 거래의 대상이기를 멈추고, 자유로운 노동과 자유로운 향유를 통해서 다시 인간의 진정한 인격적 소유로 되기 때문이다. [토지 소유의] 분할의 큰 장점이란 그 대중이 산업의 [der] Industrie 대중과는 다른 방식으로 파산한다는 것인데, 이 대중은 더 이상 노예 상태를 감수할 수 없는 그러한 대중이다.

대토지 소유에 관해 말하자면, 그 옹호자들은 언제나, 대규모 농업이 제공하는 국민 경제학적 장점들과 대토지 소유 [자체]를 궤변적 방식으로 동일시하였다. 즉 마치 이러한 장점들이 소유의 지양을 통해서야 비로소 한편으로는 그 가능한 최대의 확대를 이루고, 다른 한편으로는 사회적 유익함을 가지게 되는 것이 아닌 것처럼 동일시하였다. 마찬가지의 방식으로 그 옹호자들은 소토지 소유의 흥정 거래 정신을 공격하였다. 즉 마치 대토지 소유는 이미 그 봉건적 형태에 있어서조차 그 안에 흥정 거래를 잠재적으로 가지고 있었던 것이 아닌 것처럼, 그리고 지주의 봉건주의와 임차인의 악착같은 흥정 거래 Industrieschacher⁵⁾가 결합되어 있는 [대토지 소유의] 현대 영국적 형태에 대해서는 일언반구도 하지 않고서 공격하였던 것이다.

대토지 소유는 토지 소유의 분할이 자신에게 퍼부은 독점이라는 비난을 되돌려 줄 수 있는데, 왜냐하면 그 분할도 사적 소유의 독점에 기초하고 있기 때문이다. 이와 마찬가지로 토지 소유의 분할은 대토지 소유에게 분할이라는 비난을 되돌려 줄 수 있는데, 왜냐하면 여기에서도 분할이 단지 보다 경직 되고 응고된 형태로 지배하고 있기 때문이다. 어쨌든 일반적으로 사적 소유는 분할됨에 근거하고 있다.

이 밖에도 토지 소유의 분할이 자본재 資本財 로서의 대토지 소유로 되돌아가듯이, 봉건적 토지 소유는 아무리 몸부림을 쳐도 필연적으로 분할로 나아가든가 혹은 적어도 자본가들의 수중으로 떨어지지 않을 수 없다.

이러한 사정으로 대토지 소유는 영국에서처럼 절대 다수의 산업 인구를

---

5) 『맑스·엥겔스 저작집』(MEW)에는 'Schacher und Industrie'라고 되어 있고 영어본과 일어본도 이에 의거하여 번역하였으나, 『맑스·엥겔스 전집』(MEGA) 과 본 선집판에는 'Industrieschacher'로 되어 있다. (역자)

가난으로 몰아넣고, 자신의 노동자들을 완전한 빈곤으로 밀어 넣는다. 따라서 대토지 소유는 빈민들과 나라의 활동 전체를 다른쪽 편으로 던져 줌으로 해서, 그의 적, 즉 자본·산업의 힘을 낳고, 그 힘을 증대시켜 준다. 대토지 소유는 대부분의 국토를 산업화함으로써, 그 국토를 자신의 적으로 만든다. 이제 산업이 지금의 영국에서처럼 큰 세력에 도달한다면, 산업은 점차적으로 대토지 소유로부터 그것의 대외적 독점을 빼앗고, 그것을 타국의 대토지 소유와의 경쟁 속에 빠뜨린다. 요컨대 공업의 지배하에서 토지 소유는 자신의 봉건적 본질에 모순되는 무역의 일반적 법칙들로부터 자신을 보호하기 위해서는 대외적 독점을 통해서만 그 봉건적 규모를 보지할 수 있었다. 일단 경쟁 속으로 빠져 들면, 토지 소유는 경쟁의 지배하에 있는 다른 모든 상품들처럼 경쟁의 법칙들을 따라간다. 이리하여 토지 소유는 동요하며, 증감하며, 이 사람의 손에서 저 사람의 손으로 떠다니게 된다. 그리고 이제 더 이상 어떠한 법칙도 토지 소유를 소수의 예정된 사람의 수중에 놓아둘 수 없다. 직접적 결과는 다수의 수중으로의 분산이고, 어떤 경우에든 산업 자본들의 힘으로의 귀속이다.

마지막으로, 이와 같이 강제로 보존되어 왔고 그 주변에 무서운 산업을 산출하여 놓았던 대토지 소유는, 토지 소유의 분할보다 더욱 급속하게 위기로 치닫는데, 토지 소유의 분할의 주변에서는 산업의 힘은 언제나 두번째 서열에 머무른다.

우리가 영국에서 보는 바와 같이, 대토지 소유는 그것이 가능한 한 많은 화폐를 벌려고 하는 한은 이미 봉건적 성격을 상실하고 산업적 성격을 띠었다. 대토지 소유는 소유자에게는 최대의 지대를, 임차인에게는 그의 자본에 대한 최대의 이윤을 준다 [gibt]. 따라서 농업 노동자는 이미 최소한으로 축소되어 있고, 임차인 계급은 이미 토지 자산 내부에서 산업과 자본의 힘을 대표한다. 외국과의 경쟁 때문에 대부분의 지대는 독립적 소득을 이룰 수 없게 되었다. 토지 소유자의 대부분은 임차인의 자리를 대신할 수밖에 없게 되는데, 임차인들은 이런 방식으로 부분적으로 프롤레타리아트로 전락한다. 다른 한편으로 또한 많은 임차인들이 토지 소유를 자기 것으로 만들게 된다. 왜냐하면 자신들의 상당한 수입에도 불구하고 그 대부분을 낭비에 써버리고 대개의 경우 대규모 농업 경영에는 쓸모가 없는 대토지 소유자들의 일부는 토지를 개발할 자본도 능력도 가지고 있지 않기 때문이다. 따라서 이런 사람들 중의 일부도 완전히 파산하게 된다. 결국 새로운 경쟁을 견디기 위해서는 최소한으로 축소된 임금은 더욱더 축소되어져야만 한다. 그러면 그것은 필연적으로 혁명을 가져온다.

산업이 인간을 신뢰하는 것을 배우기 위하여 독점의 형태로 그리고 경쟁의 형태로 멸망해야만 했듯이, 토지 소유는 양자의 방식으로 그 필연적 멸망을 체득하기 위하여 양자의 방식 모두로 발전해야만 했다.

[소외된 노동과 사적 소유]

우리는 국민 경제학의 전제들로부터 출발하였다. 우리는 그 언어와 그 법칙들을 받아들였다. 우리는 사적 소유, 노동·자본·토지의 분리, 이와 마찬가지로 임금·자본의 이윤·지대의 분리, 그리고 또한 분업, 경쟁, 교환 가치 개념 등등을 가정하였다. 국민 경제학 자체로부터, 그 고유의 단어들로 우리가 지적한 것들은, 노동자가 상품으로 그것도 가장 비참한 상품으로 전락한다는 것, 노동자의 빈곤은 그의 생산의 힘과 크기에 반비례한다는 것, 경쟁의 필연적 결과는 소수의 수중으로의 자본의 축적, 따라서 독점의 보다 가공스러운 재현이라는 것, 마지막으로 경작자와 제조업 노동자 사이와 마찬가지로 자본가와 지대 생활자 사이의 구별이 사라지고 사회 전체가 **소유자들**과 무소유의 **노동자들**이라는 두 계급들로 나누어질 수밖에 없다는 것 등이다.

국민 경제학은 사적 소유라는 사실로부터 출발한다. 국민 경제학은 우리에게 바로 이 사실을 설명하지는 않는다. 국민 경제학은 사적 소유가 현실 속에서 경과하는 **물질적** 과정을 일반적이고 추상적인 공식들로 표현하는데, 그리고 나면 그 공식들은 국민 경제학에게 **법칙들**로 간주된다. 국민 경제학은 이들 법칙들을 **개념적으로 파악하지** 않는다. 즉 국민 경제학은 법칙들이 어떻게 사적 소유의 본질로부터 유래하는지를 밝히지 않는다. 국민 경제학은 우리들에게 노동과 자본, 자본과 토지 사이의 분리의 근거에 대해서 어떠한 해명도 해 주지 않는다. 예를 들어 국민 경제학이 자본의 이윤에 대한 임금의 관계를 규정할 때, 국민 경제학에게는 자본가들의 이해가 궁극적 근거로서 간주된다 ; 즉 국민 경제학은 자신이 개진해야 할 것을 가정한다. 마찬가지로 경쟁 또한 도처에서 나타난다. 경쟁은 외적 사정들로부터 설명된다. 이러한 외적인, 겉보기에 우연적인 사정들이 어느 정도나 필연적 발전의 표현에 불과한지에 대해 국민 경제학은 우리에게 아무것도 가르쳐 주지 않는다. 교환 자체가 국민 경제학에게는 어떻게 하나의 우연적 사실로 보이는가에 대해 우리는 살펴 보았다. 국민 경제학자가 움직이는 유일한 수레바퀴란 **소유욕, 소유욕을 지닌 사람들 사이의 전쟁, 경쟁**이다.

국민 경제학은 운동의 연관을 개념적으로 파악하지 않는바, 바로 그러하기 때문에 예를 들어 경쟁에 관한 학설이 독점에 관한 학설에 대해, 영업의 자유에 관한 학설이 조합에 관한 학설에 대해, 토지 소유의 분할에 관한 학설이 대토지 소유에 관한 학설에 대해 다시 대립하는 것이 가능했는데 이는 경쟁, 영업의 자유, 토지 소유의 분할이 독점, 조합 및 봉건적 소유의 필연적인, 불가피한, 당연한 결과로서가 아니라 단지 우연적인, 의도적인, 강제적인 결과로서 개진되고 파악되었기 때문이다.

따라서 이제 우리는 사적 소유와, 소유욕과, 노동·자본·토지 소유의 분리 사이의 본질적인 연관, 교환과 경쟁의, 가치와 인간의 가치 절하의, 독점과 경쟁의, 기타 등등의, 이러한 소외 전체와 **화폐** 제도 사이의 본질적인 연관을 개념적으로 파악해야만 한다.

우리는 국민 경제학자가 설명을 하고자 할 때 그러는 것처럼 하나의 가공의 원시 상태에 우리를 위치짓지 않기로 하자. 그러한 원시 상태는 아무것도 설명해 주지 않는다. 국민 경제학자는 단지 문제를 회색빛의, 안개가 낀 먼 곳으로 밀어 넣을 뿐이다. 국민 경제학자는 그가 연역해야 할 것을, 즉 두 가지 것들 사이의, 예를 들면 분업과 교환 사이의 필연적인 관계를 사태, 사건이라는 형식으로 가정한다. 신학자도 그처럼 타락을 통해 악의 기원을 설명한다. 즉 그가 해명해야 할 것을 하나의 사실로서, 역사라는 형식으로 가정한다.

우리는 하나의 국민 경제학적인, **현재의** 사실로부터 출발한다.

노동자는 부富를 보다 많이 생산하면 할수록, 그의 생산이 힘과 범위에 있어 더욱 증대되면 될수록, 더욱더 가난해진다. 노동자는 상품들을 보다

많이 창조하면 창조할수록 더욱더 값싼 상품으로 된다. 사물 세계의 **가치 증**
식에 인간 세계의 **가치 절하**가 정비례한다. 노동은 단지 상품만을 생산하는
것이 아니다 ; 그것은 자기 자신과 노동자를 하나의 **상품**으로서, 게다가 그것
이 일반적으로 상품을 생산하는 것에 비례하여 생산한다.

　　이 사실은 다음의 것을 표현할 따름이다 : 노동이 생산하는 대상, 즉 노
동의 생산물이 하나의 **낯선 존재**로서, 생산자로부터 하나의 **독립적인 힘**으로
서 노동과 대립한다는 것. 노동의 생산물은 하나의 대상 속에 고정된, 사물
화된 노동인바, 이는 노동의 **대상화**이다. 노동의 현실화는 노동의 대상화이
다. 노동의 이러한 현실화는 국민 경제학적 상태에서는 노동자의 **탈현실화**로
서, 대상화는 **대상의 상실**과 **대상에 대한 예속**으로서, 전유는 **소외**로서, 외화로
서 나타난다.

　　노동의 현실화는 너무나 심하게 탈현실화로 나타나서, 노동자가 아사에
이르고 말 정도로 탈현실화된다. 대상화는 너무나 심하게 대상의 상실로 나
타나서, 노동자는 필수 불가결한 생활 대상들뿐만 아니라 노동 대상들까지
상실하고 만다. 실로, 노동 자체는 노동자가 오로지 최대의 노력과 극도의
불규칙적인 중단으로써만 자기 것으로 만들 수 있는 대상으로 된다. 대상의
전유는 너무나 심하게 소외로 나타나서, 노동자는 대상들을 보다 많이 생산
하면 할수록, 소유할 수 있는 대상이 더욱더 적게 되며, 더욱더 그의 생산물
의, 즉 자본의 지배하에 놓이게 된다.

　　노동자가 **낯선 대상**으로서의 **그의 노동의 생산물**에 관계한다는 규정 속에
이러한 모든 귀결들이 놓여 있다. 이처럼 이러한 전제에 따른다면 다음의 것
이 분명해진다 : 노동자가 더 힘을 들여 노동하면 할수록, 그가 자신에게 대
립되도록 창조한 낯선 대상적 세계는 더욱더 강력해지며, 그 자신, 즉 그의
내적 세계는 더욱더 가난해지며, 그에게 그 자신의 것으로 귀속되는 것은 더
욱더 적어진다. 이는 종교에서도 마찬가지이다. 인간이, 신 속에 가져다 놓
는 것이 많으면 많을수록, 그가 자기 자신 속에 지니고 있는 것은 더욱더 적
어지게 된다. 노동자는 자신의 생명을 대상 속으로 불어넣는다 ; 그러나 그
생명은 이제 더 이상 그에게 귀속되는 것이 아니라 대상에게 귀속된다. 그러
므로 이러한 활동이 더 크면 클수록 노동자에게는 더욱더 대상이 없게 된다.
그의 노동의 생산물인 것이 그인 것은 아니다. 따라서 이 생산물이 거대하면

거대할수록 그 자신은 더욱더 왜소해진다. 그의 생산물 속에서의 노동자의 **외화**가 지니는 의미는 그의 노동이 하나의 대상, 하나의 **외적** 실존으로 된다는 것뿐만 아니라, 그의 노동이 **그의** 외부에, 그로부터 독립되어, 그에게 낯설게 실존하며, 그에게 대립하는 자립적 힘으로 된다는 것, 즉 그가 대상에게 부여했던 생명이 그에게 적대적이고 낯설게 대립한다는 것이기도 하다.

이제 **대상화**, 즉 노동자의 생산을, 그리고 그러한 생산 속에서 **소외**, 즉 대상의 **상실**, 즉 그의 생산물의 **상실**을 보다 상세히 고찰해 보기로 하자.

노동자는 **자연** 없이는, **감각적인 외적 세계** 없이는 아무것도 창조할 수 없다. 자연은 노동자의 노동이 그에 의존하여 현실화되며, 그 안에서 활동하고 있으며, 그것으로부터 그리고 그것을 매개로 생산하는 소재이다.

그러나 자연은, 노동은 자신을 실행할 대상들 없이는 **생활할 수 없다**는 의미에서 노동에 **생활 수단**을 제공하듯, 자연은 다른 한편으로 보다 좁은 의미에서의 **생활 수단**, 즉 **노동자** 자신의 육체적 생존의 수단도 제공한다.

그러므로 노동자가 그의 노동을 통하여 외적 세계, 즉 감각적인 자연을 **전유하면** 할수록, 그는 이중의 측면에서 **생활 수단**으로부터 더욱더 멀어지게 되는데, 첫째로는 감각적 외적 세계가 그의 노동에 속하는 대상, 그의 노동의 **생활 수단**이기를 점점 더 중지한다는 측면에서 ; 둘째로는 그것이 직접적 의미에서의 **생활 수단**, 즉 노동자의 육체적 생존을 위한 수단이기를 점점 더 중지한다는 측면에서 그렇다.

그러므로 노동자는 이러한 이중의 측면에서 그의 대상의 노예가 되는데, 첫째로 그가 **노동의 대상을**, 즉 노동을 얻는다는 측면에서, 그리고 둘째로 그가 **생존 수단**을 얻는다는 측면에서 그렇게 된다. 따라서 첫째로 그가 **노동자로서**, 둘째로 육체적 주체로서 생존할 수 있다는 측면에서 그렇게 된다. 이러한 노예 상태의 요점은, 그가 **노동자로서만** 자신을 **육체적 주체로서** 유지할 수 있으며 [kann], 육체적 **주체로서만** 노동자라는 것이다.

(자신의 대상 속에서의 노동자의 소외는 국민 경제학적 법칙들에 따르면 다음의 것들로 표현된다. 즉 노동자가 더 많이 창조하면 할수록 그는 더욱더 적게 소비해야만 한다는 것, 그가 더 많은 가치를 생산하면 할수록 그는 더욱더 무가치해지고 더욱더 값어치 없게 된다는 것, 그의 생산물이 더 정형화되면 될수록 노동자는 더욱더 기형화된다는 것, 그의 대상이 더 문명

화될수록 그는 더욱더 야만화된다는 것, 노동이 더 강력해질수록 노동자는 더욱더 무력해진다는 것, 노동이 더 똑똑해질수록 노동자는 더욱더 어리석어지고 자연의 노예로 된다는 것으로.)

국민 경제학은 노동 자(노동)와 생산 사이의 직 접 적 관계를 고찰하지 않음으로써 노동의 본질 내부의 소외를 은폐한다. 틀림없다. 노동은 부자들을 위해서는 기적을 생산하지만 노동자를 위해서는 궁핍을 생산한다. 그것은 궁전을 생산하지만 노동자를 위해서는 움막집을 생산한다. 그것은 미美 를 생산하지만 노동자를 위해서는 불구를 생산한다. 그것은 노동을 기계로 대체하지만 노동자의 일부를 야만적인 노동으로 되던지며, 또 다른 일부를 기계로 만든다. 그것은 정신을 생산하지만, 노동자를 위해서는 정신 박약과 백치병을 생산한다.

노동의 생산물에 대한 노동의 직접적 관계는 자신의 생산의 대상에 대한 노동자의 관계이다. 생산의 대상에 대한, 그리고 생산 자체에 대한 자산가의 관계는 이러한 첫번째 관계의 귀결에 불과하다. 그리고 그것을 확증한다. 우리는 이러한 또 다른 측면을 이후에 고찰할 것이다. 그러므로 만약 우리가 다음과 같이 묻는다면, 그것은 곧 생산에 대한 노동자의 관계에 관해 묻는 것이다 : 노동의 본질적인 관계란 어떤 것인가?

우리는 지금까지 노동자의 소외, 외화를 하나의 측면, 즉 자신의 노동의 생산물에 대한 노동자의 관계라는 측면에서만 고찰해 왔다. 그러나 소외는 생산의 결과에서뿐만 아니라, 생산의 행위에서도, 즉 생산 활동 자체 내부에서도 나타난다. 만약 노동자가 생산 행위 자체 속에서 자기로부터 자기 자신을 소외시키지 않는다면, 어떻게 그의 활동의 생산물과 낯설게 대립할 수 있게 되겠는가? 생산물은 확실히 활동의, 생산의 요약일 뿐이다. 따라서 노동의 생산물이 외화라면 생산 자체는 활동적 외화, 활동의 외화, 외화의 활동이지 않을 수 없다. 노동 대상의 소외 속에는 단지 노동 활동 자체 속에서의 소외, 외화가 요약되어 있을 뿐이다.

그런데 노동의 외화의 본질은 어디에 있는가?

첫째, 노동이 노동자에게 외적이며, 즉 그의 본질에 속하지 않는다는 것, 따라서 노동자는 그의 노동 속에서 자신을 긍정하는 것이 아니라 부정하며, 행복을 느끼는 것이 아니라 불행을 느끼며, 자유로운 육체적, 정신적 에

너지를 발휘하는 것이 아니라 고행으로 그의 육체를 쇠약하게 만들고, 그의 정신을 파멸시킨다는 것에 있다. 그러므로 노동자는 노동 바깥에서야 비로소 자기가 자신과 함께 있다고 느끼며, 노동 속에서는 자기가 자신을 떠나 있다고 느낀다. 노동자는 자신이 노동을 하지 않을 때에는 집에 있는 것처럼 편안하고, 노동할 때에는 편안하지 못하다. 그의 노동은 그러므로 자발적인 것이 아니라 강요된 것, **강제 노동**이다! 그 노동은 그러므로 어떤 욕구의 충족이 아니라, 그의 노동 바깥에 있는 욕구를 충족시키기 위한 하나의 **수단**일 뿐이다. 그의 노동의 낯설음은, 어떠한 육체적 혹은 기타의 강제도 존재하지 않게 되자마자 노동이 마치 페스트처럼 기피된다는 것에서 분명히 드러난다. 외적 노동, 즉 그 속에서 인간이 외화되는 노동은 자기 희생의 노동, 고행의 노동이다. 끝으로 노동자에 대한 노동의 외적 성격은 노동이 노동자의 것이 아니라 다른 어떤 사람의 것이라는 것, 노동이 노동자에게 속하지 않는다는 것, 노동자가 노동 속에서 자기 자신에게가 아니라 다른 사람에게 속한다는 것에서 나타난다. 종교에서 인간의 환상, 인간의 두뇌, 인간의 심장의 자기 활동이 개인으로부터 독립되어, 즉 신적인 혹은 악마적인 낯선 활동으로서 개인에게 영향을 미치듯이, 노동자의 활동은 그의 자기 활동이 아니다. 노동자의 활동은 다른 어떤 사람에게 속하며, 그 자신의 상실이다.

그러므로 인간(노동자)은 그의 동물적인 기능들, 즉 먹는 일, 마시는 일, 생식하는 일 등에서만, 기껏해야 그의 거주와 의복 등등에서만 가까스로 자신이 자유롭게 활동한다고 느끼고, 그의 인간적인 기능들에서는 기껏해야 동물로서의 자신을 느낀다는 결론이 나온다. 동물적인 것이 인간적인 것으로, 인간적인 것이 동물적인 것으로 된다.

먹는 일, 마시는 일, 생식하는 일 등등은 물론 인간적인 기능들이다. 그러나 그러한 일들을 인간적 활동의 여타 영역으로부터 분리하여 최종적이고도 유일한 궁극 목표로 만들어 버리는 추상 속에서는, 그러한 일들은 동물적인 것이다.

우리는 실천적·인간적 활동의 소외의 행위, 즉 노동 d[ie] Arbeit을 두 가지 측면에서 고찰하였다. 1. 낯선 대상으로서의, 그리고 노동자를 지배하는 강력한 대상으로서의 **노동 생산물**에 대한 노동자의 관계. 동시에 이 관계는 감각적 외적 세계에 대한, 즉 낯설고 그에게 적대적으로 대립하는 세계로

서의 자연 대상들에 대한 관계이다. 2. 노동 내부에서의, **생산 행위**에 대한 노
동의 관계. 이 관계는 낯설고 그에게 속하지 않는 활동으로서의 노동자 고유
의 활동, 고통으로서의 활동, 무력 無力 으로서의 힘, 거세로서의 생식, 그 자
신에 반항하고, 그로부터 독립적이고, 그에게 속하지 않는 활동으로서의 노
동자 **자신**의 육체적 정신적 에너지와 그 개인의 생명 ——생명이란 활동 이외
의 어떤 것 [anderes] 도 아니기 때문이다—— 등에 대한 노동자의 관계이다.
앞서의 것이 **사물**의 소외였듯이, 이것은 **자기** 소외이다.

이제 우리는 지금까지의 두 가지 규정으로부터 **소외된** 노동의 제 3 의 규
정을 이끌어내야 한다.

인간은 하나의 유 類 적 존재인바, 이는 그가 실천적으로도 이론적으로
도 유 類 를, 다른 사물의 유 類 와 마찬가지로 자기 자신의 유 類 도 자신의
대상으로 삼는다는 점에서뿐만 아니라, 또한——그리고 이것은 동일한 사태
의 다른 표현이지만——그가 현재의, 살아 있는 유 類 로서 자기 자신과 관
계한다는 점에서, **보편적인,** 따라서 자유로운 존재로서 자기 자신과 관계한다
는 점에서도 그러하다.

동물에 있어서뿐만 아니라 인간에게 있어서도 유적 생활은 육체적으로
는 첫째로 인간이 (동물과 마찬가지로) 비유기적 자연에 의해 생활한다 von
der unorganischen Natur lebt 는 점에 그 본질을 두고 있는바, 인간은 동물
보다 더 보편적이며, 그가 그것에 의해 생활하는 비유기적 자연의 범위도 동
물보다 더 보편적이다. 식물, 동물, 광석, 공기, 빛 등등은 이론적으로는, 부
분적으로 자연 과학의 대상으로서, 부분적으로는 예술의 대상으로서 인간,
의식의 한 부분을 이루듯이 ——인간이 향유하고 소화하기 위하여 우선적으
로 준비해 두어야 하는 인간의 정신적 · 비유기적 자연, 정신적 생활 수단
——, 그것들은 실천적으로도 인간 생활과 인간 활동의 한 부분을 이루고 있
다. 이와 같은 자연 생산물들이 식료품, 난방, 의복, 주거 등등의 어느 형식
으로 나타나든 간에, 인간이 육체적으로 생활하고 있는 것은 오직 이러한 자
연 생산물들에 의해서이다. 자연 전체가 I. 직접적 생활 수단인 한에 있어
서, [2] 자연 전체가 인간의 생활 활동의 대상\재료 및 도구인 한에 있어서
자연 전체를 자신의 **비유기적** 신체로 만드는 바로 그러한 보편성 속에서 인
간의 보편성은 나타난다. 자연은 인간의 **비유기적 몸**이다. 요컨대 자연이 인

간 신체 자체가 아닌 한에서 그렇다. 인간이 자연에 의해 **생활한다**는 것은 다음을 의미한다 : 자연은, 인간이 죽지 않기 위해서는 그것과의 지속적인 [교호] 과정 속에 있지 않으면 안 되는 인간의 **몸**이다. 인간의 육체적, 정신적 생활이 자연과 연계되어 있다는 것은 자연이 자기 자신과 연계되어 있다는 것 이외에 어떠한 의미도 없는데, 왜냐하면 인간은 자연의 일부이기 때문이다.

인간에게서 I. 자연을 소외시키고, 2. 그 자신을, 즉 그의 고유한 능동적 기능, 그의 생활 활동을 소외시킴으로써,

소외된 노동은 인간에게서 **유 類**를 소외시킨다 ; 소외된 노동은 인간의 **유적 생활**을 개인적 생활의 수단으로 만들어 버린다. 첫째로 소외된 노동은 유적 생활과 개인적 생활을 소외시키고, 둘째로 추상 속에 있는 후자를, 마찬가지로 추상된, 소외된 형식 속에 있는 전자의 목적으로 만들어 버린다.

왜냐하면, 첫째 인간에게 노동, **생활 활동, 생산적 생활** 자체가 어떤 욕구의, 즉 육체적 실존을 유지하려는 욕구의 충족을 위한 한 수단으로서만 나타나기 때문이다. 그러나 생산적 생활은 유적 생활이다. 그것은 생활을 산출하는 생활이다. 생활 활동의 방식 속에 어떤 종 種의 성격 전체, 그 종의 유적 성격이 놓여 있으며, 자유로운 의식적 활동이 인간의 유적 성격이다. 생활 자체는 오직 **생활 수단**으로서만 나타난다.

동물은 자신의 생활 활동과 직접적으로 하나이다. 동물은 자신의 생활 활동과 구별되지 않는다. 동물은 **자신의 생활 활동**인 것이다. 인간은 자신의 생활 활동 자체를 자신의 의지와 의식의 대상으로 삼는다. 인간은 의식적 생활 활동을 가진다. 인간이 직접적으로 그것에 융합되는 규정성이란 없다. 의식적 생활 활동은 인간을 동물적 생활 활동으로부터 직접적으로 구별짓는다. 바로 이 때문에 인간은 하나의 유적 존재인 것이다. 혹은 인간이 바로 유적 존재이기 때문에, 그는 의식적 존재이며, 다시 말해서 그 자신의 생활이 그에게 있어 대상인 것이다. 바로 이 때문에 그의 활동은 자유로운 활동인 것이다. 소외된 노동은 이 관계를 전도시켜서 급기야 인간은 자신의 생활 활동, 자신의 **본질**을 단순히 자신의 **생존**을 위한 수단으로 만들어 버리는데, 이는 바로 인간이 의식적인 존재이기 때문이다.

어떤 **대상적** 세계의 실천적 산출, 비유기적 자연의 **가공**은 인간이 의식

적인 유적 존재라는 것, 즉 유 類 에 대해서 자기 자신의 본질에 대해서처럼 태도를 취하는 존재라는 것, 혹은 자신에 대해서 유적 존재에 대해서처럼 태도를 취하는 그러한 존재라는 것을 증명하는 것이다. 동물도 생산하기는 한다. 꿀벌, 비버, 개미 등등처럼 동물은 둥지, 주거를 짓는다. 그렇지만 동물은 자기나 자신의 새끼들에게 직접적으로 필요한 것만을 생산한다 ; 동물은 일면적으로 생산하지만, 반면에 인간은 보편적으로 생산한다 ; 동물은 직접적인 육체적 욕구의 지배하에서만 생산하지만, 반면에 인간 자신은 육체적 욕구로부터 자유로이 생산하며, 그러한 욕구로부터의 자유 속에서만 비로소 진정으로 생산한다 ; 동물은 자기 자신만을 생산하지만, 반면에 인간은 자연 전체를 재생산한다 ; 동물의 생산물은 직접적으로 그 동물의 육체에 귀속하지만, 반면에 인간은 자유로이 자신의 생산물에 대립한다. 동물은 자신이 속해 있는 종의 척도와 욕구에 따라서만 꼴을 만들지만 formiert, 반면에 인간은 모든 종의 척도에 따라서 생산할 줄 알고, 언제 어디서건 대상에 내재적 척도를 갖다 댈 줄 안다 ; 그러므로 인간은 또한 미 美 의 법칙들에 의거해서 꼴을 만든다.

이처럼 인간은 다름아닌 대상적 세계의 가공 속에서 비로소 현실적으로 자신을 **유적 존재**로서 증명한다. 이 생산은 그의 활동적인 유적 생활이다. 이 생산에 의하여 자연은 **인간의 작품**으로서 그리고 **인간의** 현실로서 나타난다. 따라서 노동의 대상은 **인간의 유적 생활**의 대상화이다 ; 그 까닭은 인간이 의식에 있어서처럼 지적으로뿐만 아니라 활동적으로도 현실적으로도 자신을 이중화하고, 따라서 자신에 의해 창조된 세계 속에서 자기 자신을 바라보기 때문이다. 따라서 소외된 노동은 인간에게서 그의 생산의 대상을 빼앗음으로써 그의 **유적 생활**, 즉 그의 현실적인 유적 대상성을 빼앗고, 동물에 대한 그의 장점을 단점으로 변화시켜 그의 비유기적 몸, 즉 자연이 그에게서 떨어져 나가게 된다.

마찬가지로 소외된 노동은 자기 활동, 자유로운 활동을 수단으로 격하시킴으로써 인간의 유적 생활을 그의 육체적 실존을 위한 수단으로 만들어 버린다.

따라서 인간이 자신의 유에 대해 갖고 있는 의식은 소외로 인해, 유적 생활 Gattungsl[eben] 이 인간에게 수단으로 되는 쪽으로 바뀌어 버린다.

소외된 노동은 따라서 :

3. **인간의 유적 본질**을, 인간의 정신적인 유적 능력뿐만 아니라 자연도, 그에게 낯선 본질로, 인간의 **개인적 실존**의 수단으로 만들어 버린다. 소외된 노동은 인간에게서 그 자신의 몸도, 그의 바깥의 자연도, 그의 정신적 본질, 그의 **인간적 본질**도 소외시킨다.

4. 인간이 자신의 노동의 생산물, 자신의 생활 활동, 자신의 유적 본질로부터 소외되어 있다는 사실로부터의 하나의 직접적 귀결은 **인간으로부터의 인간의 소외**이다. 인간이 자기 자신과 대립할 때에는, 그는 다른 인간과 대립하는 것이다. 자신의 노동, 자신의 노동의 생산물, 인간 자신에 대한 인간의 관계에 있어 유효한 것은 다른 인간, 다른 인간의 노동 및 그 대상에 대한 인간의 관계에 있어서도 유효하다.

요컨대, 인간이 자신의 유적 본질로부터 소외되어 있다는 문장은 어떤 인간이 다른 인간으로부터, 그리고 그들 쌍방이 인간적 본질로부터 소외되어 있다는 것을 의미한다.

인간의 소외는, 일반적으로 인간이 자기 자신과 맺고 있는 모든 관계는, 그가 다른 인간과 맺고 있는 관계 속에서 비로소 현실화되고 표현된다.

따라서 소외된 노동의 관계 속에서 각각의 모든 인간은, 그가 노동자로서 존재하는 바의 척도와 관계에 근거해서 다른 인간을 관찰한다.

우리는 노동자의, 그리고 그의 생산의 소외라는 하나의 국민 경제학적 사실로부터 출발하였다. 우리는 이 사실의 개념을 다음과 같이 표명했다 : 소**외된, 외화된** 노동. 우리는 이 개념을 분석하였고, 따라서 단지 하나의 국민 경제학적 사실을 분석했을 뿐이다.

이제 더 나아가 소외된, 외화된 노동이라는 개념이 현실 속에서 어떻게 표명되고, 표현되지 않을 수 없는가를 살펴 보기로 하자.

노동의 생산물이 나에게 낯설게 존재하고, 나에게 낯선 힘으로서 대립한다면, 그것은 누구에게 속하는 것인가?

나 자신의 활동이 나에게 속하지 않고 하나의 낯선, 강요된 활동이라면, 그것은 누구에게 속하는 것인가?

나 이외의 어떤 **다른** 존재에게.

이 존재는 누구인가?

신들일까? 물론 고대에는, 예를 들면 이집트, 인도, 멕시코에서의 사원 건축 등등과 같이 주요 생산이 신들에 대한 봉사로 나타날 뿐더러, 그 생산물은 신들에게 귀속된다. 그러나 신들만이 노동의 주인이었던 것은 결코 아니다. **자연도** 마찬가지로 결코 아니었다. 그리고 인간이 자신의 노동에 의해서 자연을 자기에게 굴복시키면 시킬수록, 신들의 기적이 산업의 기적에 의해서 무용지물이 되면 될수록 인간이 이러한 힘들을 위해서 생산의 기쁨과 생산물의 향유를 포기해야만 한다는 것은 또 무슨 모순이란 말인가.

노동과 노동의 생산물이 그것에 귀속되는, 그것에 대한 봉사 속에 노동이 존재하는, 그것의 향유를 위하여 노동의 생산물이 존재하는 그러한 **낯선** 존재는 오직 **인간** 자신일 수만 있다.

노동의 생산물이 노동자에게 속하지 않고, 하나의 낯선 힘이 그에게 대립하여 있다면, 이는 그 생산물이 **노동자 이외의 다른 인간**에게 속하는 것으로써만 가능하다. 그의 활동이 그에게 고통이라면 그것은 다른 인간에게는 **향유**이고, 다른 인간의 생활의 기쁨이지 않을 수 없다. 신들도 자연도 아닌 오직 인간 자신만이 인간 위에 군림하는 이 낯선 힘일 수 있는 것이다.

이제, 자기 자신에 대한 인간의 관계는 다른 인간에 대한 그의 관계를 통하여 비로소 그에게 **대상적, 현실적**이다라는 상술의 문장을 상기하라. 따라서 그가 **낯설고** 적대적이고 강력한, 그로부터 독립적인 대상으로서의 그의 노동의 생산물, 그의 대상화된 노동과 관계할 때에, 그는 그에게 낯설고 적대적이고 강력한, 그로부터 독립적인 다른 인간이 이 대상의 주인이도록 대상과 관계하고 있는 것이다. 그가 부자유한 활동으로서의 자기 자신의 활동과 관계한다면, 그는 다른 인간에 대한 봉사 속에 있는, 다른 인간의 지배하에 있는, 다른 인간의 강제와 멍에 밑에 있는 활동으로서의 자기 활동과 관계하고 있는 것이다.

자기로부터의, 그리고 자연으로부터의 인간의 모든 자기 소외는 인간이 자신 및 자연에게 맺어 준 바의, 자기와 구별되는 인간과의 관계 속에서 나타난다. 그러므로 종교적 자기 소외는 필연적으로 평신도의 사제에 대한 관계 속에서, 혹은 여기에서는 정신적 세계를 다루므로 중보자 仲保者 [6] 등등

---

6) 개신교에서 '중보'란 인간에게는 그 죄를 사하여 주고 하느님에 대해서는 뭇사

에 대한 관계 속에서 나타난다. 실천적, 현실적 세계에서는 자기 소외는 다른 인간에 대한 실천적, 현실적 관계를 통해서만 나타날 수 있다. 소외는 어떤 매개를 통해서 나타나는데, 이 매개는 그 자체 **실천적인** 것이다. 그러므로 소외된 노동을 통해서 인간은 낯설고 그에게 적대적인 힘들로서의 생산의 대상과 행위에 대한 그의 관계만을 산출하는 것이 아니다 ; 그는 또한 다른 인간이 그의 생산과 그의 생산물에 대해 맺고 있는 관계도, 그리고 그가 이 다른 인간과 맺고 있는 관계도 산출한다. 그가 그 자신의 생산을 자신의 탈현실화로, 자신의 형벌로 만드는 데 대응하여, 또 그가 자신의 생산물을 상실로, 자신에게 속하지 않는 생산물로 만드는 데 대응하여, 그는 생산 및 생산물에 대한 생산하지 않는 사람의 지배를 산출한다. 그가 자신의 활동을 자신으로부터 소외시키는 데 대응하여, 그는 낯선 사람이 그 사람 자신의 것이 아닌 활동을 전유하도록 한다.

우리는 지금까지 관계를 노동자의 측면에서만 고찰해 왔는데, 이후에는 비노동자의 측면에서도 고찰할 것이다.

그러므로 **소외된, 외화된 노동**을 통해서 노동자는 노동에 낯설고, 노동 바깥에 존재하는 인간의 이 노동에 대한 관계를 산출한다. 노동에 대한 노동자의 관계는 자본가 ― 그 밖에 어떤 다른 이름으로 노동의 주인들을 불러도 좋다면 ― 의 노동에 대한 관계를 산출한다.

그러므로 **사적 소유**란 외화된 노동, 자연과 자기 자신에 대한 노동자의 외적인 관계의 생산물, 결과, 필연적 귀결이다.

따라서 **사적 소유**는 외화된 노동, 즉 외화된 인간, 소외된 노동, 소외된 생활, 소외된 인간의 개념으로부터 분석에 의해 생겨난다.

우리는 물론 외화된 노동(외화된 생활)의 개념을 사적 소유의 운동으로부터의 결과로서, 국민 경제학으로부터 획득하였다. 그렇지만 이 개념을 분석하면, 사적 소유가 외화된 노동의 근거, 원인으로 나타날 때에, 사적 소유란 오히려 외화된 노동의 귀결이라는 사실이 명백해지는데, 이것은 신들이 **본래** 인간 지성의 원인이 아니라 결과인 것과 마찬가지이다. 이 관계가 뒤에 가서

람의 죄를 홀로 지고 죽는 일을 말한다. 따라서 중보자란 그리스도를 말한다. (역자)

는 상호 작용으로 바뀐다.

사적 소유의 전개의 최후의 정점에서, 사적 소유의 이러한 비밀, 즉 첫째 사적 소유는 외화된 노동의 **생산물**이라는 사실, 둘째 사적 소유는 노동이 그것을 통해서 외화되는 바의 **매개**이며, 이러한 **외화의 실현**이라는 사실이 비로소 다시 나타난다.

이러한 전개는 지금까지 해결되지 않은 갖가지 충돌들에 즉각 빛을 던져 준다.

1. 국민 경제학은 생산의 본래의 영혼으로서의 노동에서 출발하지만, 그럼에도 불구하고 노동에는 아무것도 주지 않고 사적 소유에 모든 것을 주어 버린다. 프루동은 이 모순으로부터 노동을 위하고 사적 소유에는 반反 하는 결론을 끌어냈다. 그러나 우리는 이 겉보기의 모순이 **소외된** 노동의 자기 자신과의 모순이라는 사실과 국민 경제학은 다만 소외된 노동의 법칙들을 진술했을 뿐이라는 사실을 간파하고 있다.

따라서 우리는 또한 **임금과 사적 소유**는 동일한 것이라는 사실을 간파하고 있다 : 왜냐하면 노동의 생산물, 대상이 노동 자체에 급료를 지불할 경우, 임금은 노동의 소외의 필연적 귀결이기 때문이며, 임금에 있어서 노동은 자기 목적으로서가 아니라 보수의 종복으로서 나타나기 때문이다. 우리는 이것을 나중에 상술할 것이고, 지금은 약간의 결론들만을 끌어낼 것이다.

따라서 **임금**의 강제적 **인상**(다른 모든 난점들은 도외시하더라도, [특히] 그것이 변칙으로서 강제적으로만 유지될 수 있다는 점은 도외시하더라도)은 **노예**의 좀더 나은 **보수**밖에 안 될 것이고, 또한 노동자에게도 노동에게도 그것들의 인간적 사명과 존엄을 확보시켜 주는 것은 아닐 것이다.

정말이지, 프루동이 요구하는 것과 같은 **급료의 평등**조차도 자신의 노동에 대한 현재의 노동자의 관계를 노동에 대한 만인의 관계로 전환시킬 뿐이다. 그 경우 사회는 추상적 자본가로 파악된다.

임금은 소외된 노동의 직접적 결과이고, 소외된 노동은 사적 소유의 직접적 원인이다. 따라서 한 편이 붕괴하면 다른 편도 붕괴하지 않을 수 없다.

2. 더 나아가 사적 소유에 대한 소외된 노동의 관계로부터, 사적 소유 등등으로부터의, 노예제로부터의 사회의 해방은 **노동자 해방**이라는 **정치적** 형식으로 표현된다는 결론이 나온다. 그렇지만 그러한 표현은 마치 노동자의

해방만이 중요한 것처럼 표현되는 것이 아니라 노동자의 해방 속에 보편적 인간 해방이 들어 있기 때문에 그렇게 표현되는 것이다. 또한 노동자의 해방 속에 보편적 인간 해방이 들어 있는 이유는 인간의 노예제 전체가 생산에 대한 노동자의 관계 속에 포함되어 있기 때문이며, 이 모든 노예제 관계가 이 관계의 변용들과 귀결들일 뿐이기 때문이다.

우리가 분석에 의해서 **소외된, 외화된 노동**이라는 개념으로부터 **사적 소유**라는 개념을 찾아내었듯이, 이 양 요인들의 도움을 받아 모든 국민 경제학적 **범주들**이 설명될 수 있는데, 우리는 각각의 범주들, 예를 들어 흥정 거래, 경쟁, 자본, 화폐 등에서 이 최초의 기초들의 **특정한** 그리고 **발전된** 표현만을 재발견하게 될 것이다.

그렇다 하더라도 우리는 이러한 형상을 고찰하기에 앞서 아직 두 가지 과제들을 해결해야만 한다.

1. 소외된 노동의 결과로서 나타났던 **사적 소유**의 일반적 **본질**을, 참으로 인간적이고 사회적인 소유에 대한 그것의 관계 속에서 규정하는 것.

2. 우리는 **노동의 소외, 노동의 외화**를 하나의 사실로서 받아들이고 이 사실을 분석하였다. 이제 우리는 물음을 던져 보겠는데, 인간은 어떻게 해서 **자신의 노동을 외화시키고** 소외시키게 되는가? 이 소외는 인간의 발전의 본질 속에서 어떻게 근거지어지는가? 우리는 이미 **사적 소유**의 기원에 관한 문제를 인류의 발전 과정에 대한 **외화된 노동**의 관계에 관한 문제로 **바꿔 놓음**에 의해서 과제의 해결을 위한 많은 것을 획득하였다. 왜냐하면 사람들은 **사적 소유**에 대해서 이야기할 때, 그것이 인간 바깥의 어떤 사물과 관계 있는 것이라고 믿기 때문이다. 사람들이 노동에 대해서 이야기할 때, 사람들은 인간 자신과 직접적으로 관계하고 있는 것이다. 문제의 이 새로운 제기는 이미 그것의 해결을 내포하고 있다.

1. **사적 소유**의 일반적 **본질**과 진정으로 인간적인 소유에 대한 그것의 관계에 대하여.

우리가 보기에 외화된 노동은 상호 조건짓는 혹은 한 가지 동일한 관계의 서로 다른 표현일 뿐인 두 개의 구성 요소들로 분해되었는바, 전유는 소외로서, 외화로서 나타나고, 외화는 전유로서, 소외는 진정한 **시민권** 취득으로서 나타난다.

우리는 한 측면을, **노동자** 자신과 관련한 **외화된** 노동, 즉 **외화된** 노동의 자기 자신에 대한 관계를 고찰하였다. 우리는 이 관계의 생산물로서, 필연적 결과로서 노동자와 노동에 대한 비노동자의 소유 관계를 알아내었다. 외화된 노동의 요약된 물질적 표현으로서의 사적 소유는 양 관계들, 즉 노동에 대한, 자신의 노동의 생산물에 대한, 비노동자에 대한 노동자의 관계와 노동자 및 노동자의 노동의 생산물에 대한 비노동자의 관계를 포괄하고 있다.

그런데 우리가, 노동을 통해서 자연을 **전유하는** 노동자와 관련하여 말하자면, 전유는 소외로서, 또 자기 활동은 타인을 위한 활동, 타인의 활동으로서, 생명성은 삶의 희생으로서, 대상의 생산은 낯선 힘, 낯선 인간에로의 대상의 상실로서 나타난다는 사실을 통찰했다면, 우리는 이제 노동과 노동자에게 낯선 이 인간이 노동자에 대하여, 노동에 대하여, 노동의 대상에 대하여 맺고 있는 관계를 고찰한다.

첫째로 노동자의 경우에 **외화**의, 소외의 **활동**으로서 나타나는 모든 것이 비노동자의 경우에는 **외화**의, 소외의 **상태**로서 나타난다는 사실을 주목해야 한다.

둘째 생산 속에서의, 그리고 생산물에 대한 노동자의 **현실적**, 실천적 태도(감정 상태로서의)가 그에게 대립하는 비노동자에게 있어서 **이론적 태도**로서 나타난다는 사실을 주목해야 한다.

셋째. 노동자가 자기 자신에 반하여 행하는 일체의 것을 비노동자는 노동자에 반하여 행하지만, 비노동자가 노동자에 반하여 행하는 일체의 것을 비노동자는 자기 자신에 반하여 행하지 않는다.

이 세 가지 관계들을 자세히 고찰해 보기로 하자.[17]

[제 III 노트]

[화 폐]

인간의 **감각**, 정열 등등이 고유의 의미에서의[7] in [eigne]n Sinn 인간학

---

7) 이 부분이 『맑스 · 엥겔스 저작집』에는 'im [engeren] Sinn'(보다 좁은 의미를 지닌)으로 되어 있다. (역자)

적인 규정들일 뿐만 아니라 진정으로 **존재론적인** 존재(자연) 긍정들이기도 하다면 —— 그리고 그 감각, 정열 등등이, 그 **대상**이 그것들에 대하여 **감각적으로** 존재하는 것을 통해서만 현실적으로 긍정되는 것이라면, 다음의 사실들이 자명해진다. 1. 감각, 정열 등등의 긍정의 방식은 전혀 하나의 동일한 것이 아닐 뿐더러 오히려 긍정의 다양한 방식들이 그것들[감각, 정열 등등]의 현존재, 그것들의 생활의 독특성을 형성한다는 사실 ; 대상이 그것들[감각, 정열 등등]에 대하여 존재하는 방식이 곧 그것들의 **향유**의 독특한 방식이라는 사실 ; 2. 감각적 긍정이 자립적인 형식 속에 있는 대상의 직접적 지양일 때에(먹는 일, 마시는 일, 대상을 가공하는 일 등등), 이것은 대상의 긍정이라는 사실 ; 3. 인간이 **인간적**이고, 따라서 인간적 감각 등등도 **인간적인** 한에 있어서, 타자에 의한 대상의 긍정도 또한 그 자신의 향유라는 사실 ; 4. 발전된 산업을 통해서, 즉 사적 소유라는 매개를 통해서야 비로소 인간의 정열의 존재론적 본질이 그 총체성 속에서도 그 인간성 속에서도 생성된다는 사실 ; 따라서 인간에 대한 과학은 그 자체 인간의 실천적 자기 확증의 한 산물이라는 사실 ; 5. 사적 소유 —— 자신의 소외로부터 풀려난 —— 의 의미는 인간에게 있어서, **본질적 대상들의 현존재** ― 향유의 대상으로서뿐만 아니라 활동의 대상으로서의 ― 라는 사실.

　　화폐는 모든 것을 구매하는 속성을 가짐으로 해서, 또 모든 대상을 자기 것으로 만드는 속성을 가짐으로 해서 특별하게 소유되는[8) 대상이다. 화폐의 속성의 보편성은 그 존재의 전능성 全能性 이다 ; 따라서 화폐는 전능한 존재로 여겨진다 …… 화폐는 욕구와 대상 사이, 인간의 생활과 생활 수단 사이에 있는 **뚜쟁이**이다. 그러나 나에게 **나의** 삶을 매개해 주는 것, 그것은 **나에게** 다른 인간의 나에 대한 현존재도 **매개해 준다**. 그것은 나에게 있어서는 **다른** 인간이다.

　　　　"뭐라고 하는가 교수대 형리여! 물론 손과 발과
　　　　머리와 등은 자네 차지네!
　　　　그렇지만 내가 생생하게 맛보는 모든 것,

---

8) 이 부분이 『맑스 · 엥겔스 저작집』에서는 'in eminenten Sinn'(특별히 우월한 의미를 지니고 있는)으로 되어 있다. (역자)

그것을 어찌 나의 것이 아니라 하겠는가?
내가 육두마 六頭馬 의 돈을 지불할 수 있다면
그 말의 능력은 곧 나의 것이 아니겠는가?
나는 힘차게 뛰어가네, 나는 정상인일세
마치 스물 네 개의 다리를 가진 사람처럼 말일세"   5
괴테, 『파우스트』(메피스토)

세익스피어는 『아테네의 타이몬』에서 이렇게 읊고 있다 :

"금? 귀중하고 반짝거리는 순금?[9] 아니라네, 신들이여!
실없이 내가 그것을 기원하는 것은 아니라네.
이만큼만 있으면, 검은 것을 희게,   10
추한 것을 아름답게 만든다네.
나쁜 것을 좋게, 늙은 것을 젊게, 비천한 것을 고귀하게 만든다네
이것은 사제를 제단으로부터 …… 꾀어낸다네
다 나아가는 병자의 머리 밑에서 베개를 빼 가 버린다네
그렇다네, 이 황색의[10] 노예는   15
성스러운 끈을 풀기도 매기도 하네,
저주받은 자에게 축복을 내리네
그것은 문둥병을 사랑스러워 보이게 하고
도둑을 영광스러운 자리에 앉힌다네
그리고 원로원 회의에서   20
도둑에게 작위와 궤배와 권세를 부여한다네, 또 이 노예는
늙어 빠진 과부에게 청혼자를 데리고 온다네.
양로원에서 상처로 인해 심하게 곪고 있던 그 과부가
매스꺼운 모습을 떨쳐 버리고 오월의 청춘으로 되어서

---

9) 맑스는 슐레겔 Schlegel 과 티크 Tieck 의 독일어 번역으로부터 인용하고 있다.
   거기서 세익스피어 원문의 'yellow……gold, yellow slave, thou brigh de-
   filer'는 각각 'rotes Gold, roter Sklave, roter Schein'으로 되어 있다. 'rotes
   Gold'는 '순금'이라는 의미이다. 'rot'는 이전에는 오늘날처럼 '붉다'라는 뜻만
   으로 사용되지 않고, '노랗다'는 뜻으로도 쓰였다. (역자)
10) 각주 9)를 보라. (역자)

청혼한 남자에게 간다네. 에이. 빌어먹을 금속아,
너는, 국민들을 모욕하는 인간 공동의 창녀로다."

그리고 계속해서 아래와 같이 읊고 있다 :

"너 달콤한 왕의 살해자, 아들과 아버지의
고상한 절별! 디아나의 순수하기 그지없는 침대의
번쩍거리는 모독자여! 용감한 마르스!
너는 영원히 생기 발랄하고 온화한 사랑을 받는 청혼자.
디아나의 순결한 무릎 위에 놓여 있는
거룩한 백설을 녹여 버리는 노란 빛의 구혼자!
눈에 보이는 신 神,
너는 불가능한 일들을 친숙한 일로 만들고,
억지로 입맞추게 하지! 너는 온갖 목적에 대하여
온갖 말로 이야기하지! 오 너 마음의 시험자!
너의 노예가, 인간이 성내고 있음을 알라!
너의 힘이 그들을 미혹시키며 파괴하고 있노라,
짐승이 이 세상의 지배자가 되도록!"

세익스피어는 화폐의 본질을 탁월하게 묘사하고 있다. 그를 이해하기 위해서 우리는 우선 괴테의 문장의 해석으로부터 출발한다.

화폐를 통하여 나에게 존재하는 것, 내가 그 대가를 지불하는 것, 즉 화폐가 구매할 수 있는 것, 그것이 나, 즉 화폐 소유자 자신이다. 화폐의 힘이 크면 클수록 나의 힘도 크다. 화폐의 속성들은 나의 ——화폐 소유자의—— 속성들이요 본질력들이다. 따라서 내가 무엇이고 내가 무엇을 할 수 있는가는 결코 나의 개성에 의해서 규정되지 않는다. 나는 추하다. 그러나 나는 아름답기 그지없는 여자를 사들일 수 있다. 따라서 나는 추하지 않은데 왜냐하면 추함의 작용, 즉 추함이 갖고 있는 사람들을 질색케 하는 힘은 화폐에 의해서 없어지기 때문이다. 나는 ——나 개인으로 보아서는—— 절름발이이다. 그러나 화폐는 나에게 24개의 다리를 만들어 준다 ; 따라서 나는 절름발이가 아니다 ; 나는 사악하고 비열하고 비양심적이고 똑똑하지 못한 인간이지만 화폐는 존경받으며 따라서 화폐의 소유자 또한 존경받는다. 화폐는 지고의 선 善 이며 따라서 그 소유자도 선하다. 그 밖에도 화폐는 내가 비열하기 때문에 겪는 곤란에서 나를 벗어나게 한다 ; 따라서 나는 존경할 만한 사람으로 가정된다 ; 나는 **똑똑하지 못한** 사람이다. 그러나 화폐는 만물의 **현실적인 정신이다.** 그런데 어떻게 그 소유자가 똑똑하지 못한 사람일 수 있겠는가? 게다가 그 소유자는 똑똑한 사람들을 살 수 있다. 똑똑한 사람들을 지배할 수 있는 힘을 가진 자가 그 사람들보다 더 똑똑하지 않겠는가? 인간의 속마음이 동경하는 **모든** 것을 화폐를 통해 마음대로 할 수 있는 나란 사람은 인간의 모든 능력을 가진 것이 아니겠는가? 따라서 나의 화폐는 나의 모든 무능력을 그 정반대의 것으로 전환시키는 것이 아니겠는가?

화폐가 나를 **인간적** 삶에 결합시키고, 사회를 나에 결합시키고, 나를 자연 및 인간과 결합시키는 끈이라면, 화폐는 모든 **끈들의** 끈이 아니겠는가? 화폐는 모든 끈을 풀기도 하고 매기도 할 수 있는 것이 아니겠는가? 그러므로 화폐는 보편적인 **절연 수단** 切緣手段 이지 않겠는가? 그것은 진정한 **분할 화폐**[11]이자 진정한 **결합 수단**이며 사회의 **전기 화학적** g[alvan]ochemische 힘이다.

세익스피어는 화폐에 있어서 특별히 두 가지 속성들을 부각시킨다 :

1. 화폐는 눈에 보이는 신이며, 모든 인간적 자연적 속성의 그 반대의 것으로의 전환이요, 사물의 보편적 혼동과 전도이다 ; 그것은 불가능한 일들을 친근한 것으로 만든다 ;

2. 화폐는 인간과 국민들의 보편적 창녀요 보편적 뚜쟁이이다.

화폐에 의한 모든 인간적 자연적 질質 들의 전도와 혼동, 불가능한 일들을 친근한 것으로 만듦 ── **신적인** 힘 ── 은 인간의 소외된, 외화하는, 양도되는 **유적 본질**로서의 화폐의 **본질** 속에 놓여 있는 것이다. 화폐는 인류의 외화된 **능력**이다.

인간으로서 qua Mensch 내가 할 수 없는 것, 따라서 나의 모든 개인적 본질력으로도 할 수 없는 것, 그것을 나는 **화폐**를 통해서 할 수 있다. 따라서

---

11) 독일어 원어는 'Scheidemünze'인바, 이 단어는 원래 소액의 유통 수단으로서 쓰이는 것으로서 '동전, 주화, 잔돈'이라는 의미이지만 여기서는 앞의 절연 수단 'Scheidungsmittel' 과 관련하여 '분할 화폐'라고 번역하였다. (역자)

화폐는 이 각각의 모든 본질력들을 본질력들 자체가 아닌 무엇으로, 즉 그 **반대의 것들**로 만들어 버린다.

만약 내가 어떤 음식을 먹고 싶거나, 자기 발로 걸어 갈 만큼 튼튼하지 않기 때문에 우편 마차를 이용하고 싶어 한다면, 화폐는 나에게 그 음식과 우편 마차를 제공해 준다. 즉, 화폐는 나의 소원들을 표상의 존재로부터 전환시킨다. 즉, 그것들을 사고된, 표상된, 의욕된 현존재로부터 **감각적 현실적** 현존재로 전환시키며, 표상으로부터 생활로, 표상된 존재에서 현실적 존재로 전환시킨다. 이러한 매개로서 화폐는 **진정한 창조적** 힘이다.

수요 demande 는 화폐를 전혀 가지고 있지 못한 사람에게도 존재한다. 그러나 그의 수요는 한갖 표상의 존재일 뿐인바, 이러한 표상의 존재란 나에게, 제3자에게, 다른 사람들 die [andern]에게 어떠한 영향도 끼치지 못하며 어떠한 현존도 가지지 못하는 것이다. 따라서 그것은 나 자신에게도 **비현실적으로 비대상적으로** 존재한다. 화폐에 근거한 유효 수요와 나의 욕구, 나의 정열, 나의 소원 등등에 기초한 비유효 수요 사이의 차이는 **존재와 사유의** 차이요, 나 안에 **실존하는** 단순한 표상과 **현실적 대상**으로서 나 바깥에서 나에 대해 존재하는 표상 사이의 차이이다.

만약 내가 여행할 돈이 없다면, 나는 여행의 **욕구**, 즉 현실적이고 자기 실현하는 여행 욕구를 가지고 있지 못한 것이다. 만일 내가 연구의 **소명**은 있으나 연구할 돈이 없다면, 나는 연구의 소명을 **전혀** 갖고 있지 못한 것이다. 즉, 어떠한 **효과적인** 소명도 **진정한** 소명도 전혀 갖고 있지 못한 것이다. 이와는 반대로 만일 내가 현실적으로 연구의 소명을 전혀 갖고 있지 **않으면서도**, 의지 그리고 돈을 갖고 있다면 나는 **효과적인** 연구의 소명을 갖고 있는 것이다. 화폐는 ──외적인, 요컨대 인간으로서의 인간, 사회로서의 인간 사회에서 유래하지 않는 보편적 ──**수단과 능력**으로서 표상을 현실로, 현실을 단순한 표상으로 만드는 수단이요 능력이다. 화폐는 또한 현실적인 불완전성들과 몽상들, 개인의 상상 속에서만 존재할 뿐 현실적으로는 무력한 개인의 본질력들을 **현실적인 본질력들과 능력**으로 전환시키는 것과 꼭 마찬가지로, **현실적·인간적· 자연적 본질력들**을 추상적 표상들로, 따라서 **불완전성들**, 고뇌에 찬 몽상들로 전환시킨다. 따라서 이러한 규정에만 의지해 볼 때 화폐는 확실히 **개성들의 보편적 전도**인바, 이 보편적 전도는 개성들을 그 반대의 것으로 뒤바꾸고 개성의 속성들에다가 그것들과 모순되는 속성들을 부여한다.

그 때문에 또한 화폐는 개인에 대해서도 그 자신 **본질**이라고 주장하는 사회적 등등의 끈들에 대해서도 그와 같은 **전도시키는** 힘으로서 나타난다. 화폐는 성실함을 성실하지 않음으로, 사랑을 미움으로, 미움을 사랑으로, 덕을 패덕으로, 패덕을 덕으로, 종을 주인으로, 주인을 종으로, 우둔을 총명으로, 총명을 우둔으로 전환시킨다.

화폐는 현존하며 활동하고 있는 가치의 개념으로서 만물을 혼동시키고 전도시키기 때문에, 화폐는 만물의 보편적 **혼동**이요 **전도**이며, 따라서 전도된 세계요, 모든 인간적 자연적 질質 들의 **혼동**이요 **전도**이다.

용감함을 구매할 수 있는 사람은 비록 그가 비겁하다 할지라도 용감한 사람이다. 화폐는 특정의 질, 특정의 사물, 특정한 인간적 본질력과 교환되지 않고 인간적 자연적 대상적 세계 전체와 교환되기 때문에, 화폐는——그 소유자의 관점에서 보자면——모든 속성을 모든 속성과——그 속성과 모순되는 속성 및 대상까지도——교환한다 ; 화폐는 불가능한 일들을 친숙한 것으로 만들며, 자신과 모순되는 것들로 하여금 자신과 입맞추도록 강요한다.

인간을 **인간**이라고 전제하고, 세계에 대한 인간의 관계를 인간적 관계라고 전제한다면 너는 사랑을 사랑과만, 신뢰를 신뢰하고만 등등으로 교환할 수 있다. 네가 예술을 향유하기를 바란다면 너는 예술적인 소양을 쌓은 인간이어야 한다 ; 네가 다른 사람에게 영향력을 행사하고자 한다면 너는 현실적으로 고무하고 장려하면서 다른 사람에게 영향을 끼치는 인간이어야만 한다. 인간——그리고 자연——에 대한 너의 모든 관계는 너의 의지의 특정한 대상에 상응하는, 너의 **현실적 · 개인적** 삶의 **특정한 표출**이어야 한다. 네가 사랑을 하면서도 되돌아오는 사랑을 불러 일으키지 못한다면, 즉 사랑으로서의 너의 사랑이 되돌아오는 사랑을 생산하지 못한다면, 네가 사랑하는 인간으로서의 너의 **생활 표현**을 통해서 너를 **사랑받는** 인간으로 만들지 못한다면 너의 사랑은 무력하며 하나의 불행이다.

1844년 5월 말/6월 초부터
8월 사이에 씌어짐.
수고에 의거함.

맑스 · 엥겔스 저작집, 제40권,
471-522면, 562-567면.

최인호   번역

프리드리히 엥겔스 / 칼 맑스

신성가족

혹은

비판적 비판에 대한 비판

브루노 바우어와 그 일파에 반대하여
[발 췌][18]

Die heilige Familie,

oder

Kritik

der

kritischen Kritik.

Gegen Bruno Bauer & Consorten.

Von

Friedrich Engels und Karl Marx.

Frankfurt a. M.

Literarische Anstalt.
(J. Rütten.)
1 8 4 5.

[엥겔스와 맑스의 저술 『신성 가족』의] 초판 표제면

제 Ⅳ장

비판적 평주 제 1번

모든 과학의 최초의 비판이 필연적으로, 그 비판이 맞붙어 싸우는 과학의 전제들 속에 붙박혀 있는 것과 마찬가지로, 프루동의 저작 『소유란 무엇인가?』는 국민 경제학의 관점에서 행해진 **국민 경제학**에 대한 비판이다. —— 법의 관점에서 법을 비판하고 있는 이 책의 법률적 부분은 우리가 여기서 상세히 설명할 필요가 없는데, 왜냐하면 국민 경제학의 비판이 주된 관심사를 이루고 있기 때문이다. ——따라서 프루동의 저작은 프루동의 파악 속에 나타나고 있는 국민 경제학을 포함하는 **국민 경제학**의 비판을 통해서 과학적으로 극복된다. 이 작업은 프루동의 비판이 중농주의자들[19]에 의한 중상주의[20] 비판, 아담 스미스에 의한 중농주의자들의 비판, 리카도에 의한 아담 스미스의 비판 및 푸리에와 생시몽의 노작들을 자신의 비판의 전제로 삼고 있는 것과 같이 프루동 자신 덕분에 비로소 가능하게 되었다.

국민 경제학의 모든 설명 전개는 **사적 소유**를 전제로 삼고 있다. 국민 경제학에게 이 기본 전제는 더 이상의 어떤 시험에도 들게 할 수 없는 불가침의 사실, 더욱이 세이가 소박하게 고백한 바와 같이 국민 경제학이 다만 '우연적으로' accidentellement 만 언급하게 되는 그러한 사실로 여겨진다. 그런데 프루동은 국민 경제학의 토대인 **사적 소유**를 비판적 시험, 그것도 결정적이며 무자비한 동시에 과학적인 최초의 시험에 들게 한다. 이것이 그가 이룩한 거대한 과학적 진보요, 국민 경제학에 혁명을 일으키고 국민 경제학을 하나의 진정한 과학으로 만드는 진보이다. 프루동의 저술 『소유란 무엇인가?』는 시예스의 저술 『제3신분이란 무엇인가?』가 현대 정치학에서 가지는 의의와 동일한 의의를 현대 국민 경제학에서 가지고 있다.

프루동이 사적 소유의 그 밖의 상세한 형태들, 예를 들면 임금, 상업, 가치, 가격, 화폐 등등을, 예를 들어 『독불 연보』에서 파악했던 것처럼(F.엥겔스의 「국민 경제학 비판 개요」를 보라) 그 자체 사적 소유의 형태들로 파악하지 못하고 이러한 국민 경제학적 전제들로 국민 경제학자들을 논박하고 있을 때, 이는 앞에서 언급했던 바의 역사적으로 정당화된 그의 관점과 완전히 조응하는 것이다.

사적 소유의 관계들을 인간적이고 이성적인 관계들로 간주하는 국민 경제학은 자기의 기본 전제인 사적 소유와의 끊임없는 모순 속에서 운동하는데, 이 모순은 종교적 관념들을 항상 인간적으로 해석하며 바로 그 때문에 자기의 기본 전제인 종교의 초인간성과 언제나 충돌하게 되는 신학자의 모순과 유사하다. 그리하여 국민 경제학에서 임금은 최초에는, 노동에 응당 돌아가는 생산물의 비례적 몫으로서 나타난다. 임금과 자본 이득 Gewinn des Kapitals 은 가장 친근하며, 서로를 필요로 하는, 얼핏 보기에 가장 인간적인 관계를 서로 맺고 있다. 뒤늦게 임금과 자본 이득은 서로 가장 적대적인 관계, **반비례** 관계에 있음이 드러난다. 가치도 처음에는 얼핏 보기에 이성적으로, 즉 어떤 물건의 생산 비용과 그 물건의 사회적 유용성에 의하여 결정된다. 뒤늦게 가치는 순전히 우연적인 규정이고 생산 비용이나 사회적 유용성과 전혀 관계할 필요가 없다는 사실이 드러난다. 임금의 크기도 처음에는 자유로운 노동자와 자유로운 자본가 사이의 **자유로운** 합의에 의해서 결정된다. 뒤늦게 노동자는 자본가가 임금을 정하도록 내버려두지 않을 수 없으며 자본가도 될 수 있는 대로 임금을 낮추지 않을 수 없음이 드러난다. 계약 쌍방의 **자유** 대신에 **강제**가 나타나게 된다. 상업 및 기타 모든 국민 경제학적 관계들에 있어서도 사정은 다 이러하다. 때로는 국민 경제학자들 자신도 이 모순들을 감지하는바, 이 모순들에 대한 설명이 그들간의 투쟁들의 주요 내용을 이룬다. 국민 경제학자들이 이 모순을 의식할 때에, **그들 자신**은 어떤 **국부적 局部的** 형태의 **사적 소유**를 사적 소유 자체의 변조자라고, 즉 그들의 관념 속에서 그 자체로서는 이성적인 임금, 그 자체로서는 이성적인 가치, 그 자체로서는 이성적인 상업 등의 변조자라고 공격한다. 그리하여 때에 따라서 아담 스미스는 자본가들을, 데스뛰뜨 드 트라시는 환전업자들을, 시몽드 드 시스몽디는 공장 제도를, 리카도는 토지 소유를 공격하는 것이며, 그리하여 거의 모든 현대 국민 경제학자들은 소유가 한갓 **소비**로만 나타나는 **비산업적** 자본가들을 공격하는 것이다.

이와 같이 국민 경제학자들은 간혹 예외적으로——특히 그들이 어떤 특별한 악용惡用 을 공격할 때에——경제적 관계들에서 인간적인 것의 가상을 주장하지만, 대개의 경우에 그들은 이 관계들을 그들 자신이 공공연히 이야기하는 인간적인 것들과의 엄격한 **구별** 속에서, 엄격히 그 경제적인 의미에서 파악한다. 그들은 이러한 모순 속에서 무의식적으로 우왕좌왕 하고 있다.

이제 **프루동**이 이 무의식성에 영원히 종지부를 찍었다. 그는 국민 경제[학]적 관계들의 **인간적 가상**을 진지하게 받아들이고 그것을 그 **비인간적 현실**에 날카롭게 대립시켰다. 그는 국민 경제[학]적 관계들로 하여금 그것들 자신의 관념에 존재하는 그대로 현실에 존재하는 것이 되도록, 아니 오히려 자신에 관한 그러한 관념을 포기하고 자신의 현실적 비인간성을 인정하도록 강요하였다. 그렇기 때문에 프루동은 다른 국민 경제학자들처럼 국부적 방식으로, 이러저러한 종류의 사적 소유를 국민 경제[학]적 관계들의 변조자로서 묘사하거나 하지 않고 수미 일관하게 그리고 보편적 방식으로 오로지 사적 소유만을 국민 경제[학]적 관계들의 변조자로서 묘사하였다. 그는 국민 경제[학]의 비판이 국민 경제학의 관점에 서서 할 수 있는 모든 것을 다 수행하였다.

저술 『소유란 무엇인가?』의 관점을 **특징지으려고** 하는 에드가 씨는 당연히 국민 경제학에 대해서도, **사적 소유의 본질**에 관한 문제를 국민 경제학과 법률학의 사활 문제로 만든 것에 그 요체가 있는 그 저술[프루동의 저술]의 결정적 특징에 대해서도 한마디 언급이 없다. 비판적 비판에게 있어서는 이 모든 것이 너무나 자명한 것이다. 프루동은 사적 소유의 부정으로 어떠한 새로운 것도 행한 것이 아니다. 그는 비판적 비판이 숨겨 놓았던 비밀을 누설하였을 따름이다.

에드가 씨는 특징을 보여 주는 그의 번역에 곧바로 뒤이어 다음과 같이 계속 이야기한다. "이와 같이 프루동은 역사에 있어서의 절대자, 역사에 있어서의 영원한 기초, 인류를 이끄는 신, 즉 정의를 찾고 있다."[21]

1840년의 프루동의 프랑스 어 저술은 1844년의 독일적 발전의 관점에서 있지 않다. 이것이 프루동의 관점인바, 이 관점은 그와 정반대로 대립하고 있는 많은 프랑스 저술가들도 공유하고 있으며, 따라서 가장 대립하는 관점들을 일필휘지로 특징지을 수 있는 장점들을 비판적 비판에게 제공하는 그러한 관점이다. 더욱이 사람들은 정의의 부정에 의한 정의의 실현이라는, 프루동 자신이 제기한 법칙을 수미 일관하게 관철하기만 하면, 역사에 있어서의 이 절대자로부터도 벗어날 수 있다. 프루동이 이러한 시종 일관함으로 나아가지 못한다면, 이는 그가 독일인으로가 아니라 프랑스 인으로 태어난 불행에 기인하는 것이다.

에드가 씨에게 있어서 프루동은 역사에 있어서의 절대자, 즉 정의에 대한 신앙 때문에 하나의 **신학적** 대상으로 되었으며, 그 직업상 ex professo 신학의 비판인 비판적 비판은 이제 '종교적 관념들'에 대해서 자신의 의견을 말하기 위하여 프루동을 자신의 대상으로 삼을 수 있게 되었다.

"각각의 모든 종교적 관념들에 있어서 특징적인 것은, 그 관념들이 어떤 상태, 즉 결국에는 하나의 대립물이 승리자로서, 유일하게 진실한 것으로서 존재하는 상태라는 교조 **教條** 를 세운다는 것이다."

우리는, 종교적인 비판이 어떻게 어떤 상태, 즉 하나의 대립물인 '그 비판'이 결국에는 다른 대립물인 '대중'에 대하여 유일한 진리로서 승리를 거두게 되는 상태라는 교조를 세우는가를 보게 될 것이다. 그런데 정의로운 비판이 역사에 있어서의 이 절대자, 이 신의 역할을 **분명하게** 자신 안에 간직하고 있으면 있을수록, 프루동은 역사의 절대자, 역사의 신을 대중적 정의 속에서 탐지하는 더 큰 부당함을 저질렀다.

비판적 평주 제2번

　　"프루동은 빈곤, 궁핍이라는 사실에 의해서 일면적으로 그의 고찰에 도달
하고 있는데, 이 사실 속에서 그는 평등과 정의에 반反하는 하나의 **모순**을 보
고 있다 ; 이 사실은 그에게 무기를 주고 있다. 그리하여 그에게 있어서 이 사
실은 절대적인 것, 정당한 것으로 되고, 소유라는 사실은 부당한 것으로 된다."　　5

　　인식의 정지는, 프루동이 빈곤이라는 사실 속에서 정의에 반하는 모순
을 보고서 그 사실을 부당한 것으로 보고 있음을 우리에게 말하고 있으며,
내친 김에 확언하기를 이 사실이 프루동에게 하나의 절대적인 것, 정당한 것
으로 된다고 말하고 있다.

　　지금까지의 국민 경제학은, 사적 소유의 운동이 소위 **국민들**을 위하여　　10
산출했다는 **부**에서 출발하여 사적 소유를 옹호하는 고찰들로 나아갔다. 프루
동은 사적 소유에 의해서 궤변적으로 은폐되어 있는 정반대의 측면에서, 즉
사적 소유의 운동에 의해서 산출된 궁핍에서 출발하여 사적 소유를 부정하
는 고찰들로 나아갔다. 사적 소유에 대한 이 최초의 비판은 당연하게도, 사
적 소유의 모순에 가득 찬 본질이 가장 눈에 잘 띄고 가장 뚜렷하고, 인간의　　15
감정을 가장 직접적으로 격분시키는 형태로 나타나는 그러한 사실로 부터
출발하고 있다——즉 궁핍, 빈곤이라는 사실로부터.

　　"비판은 이와는 반대로 궁핍과 소유라는 두 사실들을 하나의 유일한 사실
로 통합하고, 양자의 내적 연관을 인식하며, 이 양자를 하나의 전체로 만들고,
그러한 것으로서의 전체에게 그 존재의 전제들에 대해 묻는다."　　20

　　소유와 궁핍이라는 사실들에 관해서 지금까지 아무것도 파악하지 못한
비판은 "이와는 반대로", 프루동의 현실적 행동에다가 자신이 자신의 상상
속에서 실행한 행동을 대립시킨다. 비판은 이 **두** 사실들을 하나의 **유일한** 사
실로 통합한다. 그리고 **양 사실들**로부터 하나의 **유일한** 사실을 만들어 낸 다
음에는 이제 **양 사실들**간의 내적 연관을 인식한다. 비판은 프루동도 궁핍이　　25
라는 사실과 소유라는 사실 사이의 내적 연관을 인식하고 있다는 것을 부인

할 수 없는데, 왜냐하면 바로 이러한 연관 때문에 프루동은 빈곤을 폐기하기 위하여 소유를 폐기하고 있기 때문이다. 프루동이 한 것은 그뿐이 아니었다. 그는 어떻게 자본의 운동이 빈곤을 낳는가를 상세히 증명하였다. 이와는 반대로 비판적 비판은 그와 같은 소소한 일들에는 간여하지 않고 있다. 비판적 비판은 궁핍과 사적 소유가 **대립물**이라는 것을 인식하고 있다 : [이는] 널리 퍼져 있는 인식[이다]. 비판은 궁핍과 부를 **하나의 전체로 만들고** "**그러한 것으로서의**" 전체에게 "그 존재의 전제들에 대해 묻는다."; 그런데 비판적 비판이 바로 위에서 "그러한 것으로서의 전체"를 **만들어** 놓았고, 따라서 그 **만듦** 자체가 그러한 전체의 존재의 전제들인 만큼 그 질문은 더더욱 쓸모 없는 질문이다.

따라서, 비판적 비판은 "그러한 것으로서의 전체"에 그 존재의 전제들에 대해 질문함으로써 진짜 신학적인 방식으로 그 전체의 **외부에서** 그 존재의 전제들을 찾고 있다. 비판적 사변은 그가 취급한다고 떠벌리는 대상의 외부에서 운동하고 있다. **대립 전체는 대립의 양 측면들의 운동** 이외에 아무것도 아니며 바로 이 양 측면들의 본성 속에서 전체의 존재의 전제들이 놓여 있음에도 불구하고 비판적 사변은 전체를 형성하는 이러한 현실적 운동의 연구로부터 자신을 해방시켜 놓고 있는데, 이는 인식의 정지로서의 비판적 비판이 대립의 양극을 초월해 있다는 것, "그러한 것으로서의 전체"를 만들어 놓은 비판적 비판의 활동은 그 활동에 의해 만들어진 추상만을 지양할 수 있을 뿐이라는 것을 설명할 수 있기 위해서이다.

프롤레타리아트와 부는 대립물이다. 그것들은 그러한 것으로서 하나의 전체를 이루고 있다. 그것들은 사적 소유의 세계의 양 형태들이다. 중요한 것은 양자가 이 대립 속에서 차지하는 특정한 위치이다. 이것들을 전체의 두 측면들이라고 설명하는 것만으로는 불충분하다.

사적 소유로서의 사적 소유, 부로서의 사적 소유는 **자기 자신을**, 그리고 따라서 자신의 대립물인 프롤레타리아트를 **존속시키지 않을 수 없다**. 사적 소유로서의 사적 소유, 부로서의 사적 소유는 대립의 **적극적** 측면이며, 자기 자신에 만족하는 사적 소유이다.

프롤레타리아트는 거꾸로 프롤레타리아트로서 자기 자신을, 그리고 따라서 자신을 조건지으며 자신을 프롤레타리아트로 만드는 그러한 대립물인 사적 소유를 지양하지 않을 수 없다. 프롤레타리아트는 대립의 **소극적** 측면, 자신 속에서의 불안, 해체된 그리고 해체되고 있는 사적 소유이다.

유산 계급과 프롤레타리아트 계급은 동일한 인간적 자기 소외를 표현하고 있다. 그러나 전자의 계급은 이 자기 소외 속에서 쾌적하고 보장받고 있다고 느끼며, 그 소외를 **자기 자신의 힘**이라고 알고 있으며, 그 소외 속에서 인간적 실존의 **가상**을 가지고 있다 ; 후자의 계급은 그 소외 속에서 파괴되어 있다고 느끼며, 그 소외 속에서 자신의 무력함과 비인간적 실존의 현실을 보고 있다. 이 계급은, 헤겔의 표현을 빈다면, 영겁의 벌을 받은 상태에 대한 이 영겁의 벌을 받은 상태 속에서의 **반란**인데, 이 반란은 그 계급의 인간적 **본성**과 이 본성의 노골적이고 결정적이고 포괄적인 부정인 그 계급의 생활 처지와의 모순이 필연적으로 그 계급으로 하여금 일으키도록 추동하는 그러한 반란이다.

이처럼 대립의 내부에서 사적 소유자는 **보수**파이며 프롤레타리아는 파괴파이다. 전자로부터는 대립을 유지하려는 운동이 발생하며 후자로부터는 대립을 폐기하려는 운동이 발생한다.

물론, 사적 소유는 자신의 국민 경제[학]적 운동 속에서 자기 자신을 해체로 나아가게 한다. 그러나 이는 사적 소유와는 무관한 발전, 무의식적인 발전, 사적 소유의 의지에 반해서 존재하는 발전, 사태의 본성에 의하여 조건지어져 있는 발전을 통해서만 일어나며, 프롤레타리아트로서의 프롤레타리아트, 즉 자신의 정신적 및 육체적 빈곤을 의식하는 빈곤, 자신의 탈인간화를 의식하는 따라서 자기 자신을 지양하는 탈인간화가 만들어짐에 의해서만 일어난다. 프롤레타리아트는 사적 소유가 프롤레타리아트를 낳음으로써 사적 소유 자신에게 내린 판결을 집행하는데, 이는 임금 노동이 타인의 부와 자신의 빈곤을 낳음으로써 자기 자신에게 내린 판결을 프롤레타리아트가 집행하는 것과 같다. 프롤레타리아트가 승리한다 하더라도 그것으로써 결코 프롤레타리아트가 사회의 절대적 측면으로 되는 것은 아닌데, 왜냐하면 프롤레타리아트는 자기 자신과 자기의 반대편을 지양함으로써만 승리하기 때문이다. 그리하여 프롤레타리아트 자신도, 그들을 조건짓는 대립물인 사적 소유도 소멸한다.

사회주의적 저술가들이 이와 같은 세계사적 역할을 프롤레타리아트에게 돌리고 있다 하더라도 그것은 결코, 비판적 비판이 그렇게 믿는다고 주장하는 바와 같이, 사회주의적 저술가들이 프롤레타리아들을 **신들**로 간주하기 때문인 것은 아니다. 오히려 그 반대이다. 모든 인간적인 것의 ─ 심지어는 인간적인 것의 **가상 假象** 까지도 ─ 사상 捨象 은 프롤레타리아트의 완성에 의해 실천적으로 완료되기 때문에, 또 프롤레타리아트의 생활 조건들 속에는 오늘날의 사회의 모든 생활 조건들이 그 가장 비인간적인 극단을 이루며 집약되어 있기 때문에, 그리고 프롤레타리아트 속에서 인간은 자기 자신을 상실하였으나 동시에 이 상실의 이론적 자각을 획득했을 뿐만 아니라, 더 이상 피할 수도 없고, 더 이상 미화할 수도 없는 절대적으로 명령적인 **빈궁 Not** ──이것은 **필연성 Notwendigkeit** 의 실천적 표현이다──에 의해 이 비인간성에 대한 반란을 강요받고 있기 때문에, 프롤레타리아트는 자기 자신을 해방시킬 수 있고 또 해방시켜야 한다. 그러나 프롤레타리아트는 자기 자신의 생활 조건들을 지양하지 않고서는 자기 자신을 해방시킬 수 없다. 프롤레타리아트는 자신의 상태 속에 집약되어 있는 현 사회의 **모든** 비인간적 생활 조건들을 지양하지 않고서는 자기 자신의 생활 조건들을 지양할 수 없다. 프롤레타리아트는 **노동이라는** 준엄한 단련의 학교를 헛되이 다니지 않는다. 어떤 순간에 이러저러한 프롤레타리아가 또는 심지어 전체 프롤레타리아트가 무엇을 자기의 목적으로 **생각하고** 있는가가 중요한 것이 아니다. 중요한 것은 프롤레타리아트란 **무엇인가**, 또 그들은 자기의 이러한 **존재**에 걸맞도록 역사적으로 무엇을 하지 않을 수 없게 되는가이다. 프롤레타리아트의 목적과 그 역사적 행동은 그들 자신의 생활 상태 속에 그리고 오늘날의 부르주아 사회의 조직 전체 속에 확연하게, 지울 수가 없게 그려져 있다. 대부분의 영국 및 프랑스의 프롤레타리아트가 이미 자기의 역사적 임무를 **의식하고** 있고 이 의식을 완전히 또렷하게 만들어 내기 위해 부단히 노력하고 있다는 것을 여기서 상술할 필요는 없겠다.

  '비판적 비판'은 자기 자신을 역사의 유일한 창조적 요소라고 선언하였으니 만큼 더욱더 이러한 사실을 인식할 필요가 없다. 역사적 대립들은 비판적 비판에 귀속되며 이 대립들을 지양하는 활동도 비판적 비판에 귀속된다. 따라서 비판적 비판은 자기의 화신인 에드가를 통해서 다음과 같이 **고시 告示** 한다 :

"교양과 무교양, 소유와 무소유 등의 이러한 **대립들**은, 그 **신성**이 **모독되어서**는 안 된다고 한다면, **철두철미하게** 비판에 **귀속되어야** 한다."

소유와 무소유는, 비판적으로 사변적인 대립들이라는 형이상학적 축성 祝聖 을 받았다. 따라서 비판적 비판의 손만이 성물 모독의 죄를 범함이 없이 이 대립을 건드릴 수 있다. 자본가들과 노동자들은 자기들의 상호 관계에 간섭해서는 안 된다.

에드가 씨는, 사람들이 대립에 대한 자신의 비판적 파악을 훼손할지도 모른다는 것, 이 성물이 모독당할 수 있으리라는 것을 조금도 예감하지 못한 채 그 자신만이 자신에게 제기할 수 있는 이의를 자기의 반대자로 하여금 제기하게 한다.

비판적 비판의 가상적 반대자는 묻는다. "그렇다면 자유, 평등 등등의 기존 개념들 이외의 다른 어떤 개념들을 사용하는 것이 과연 가능한가? 나는 대답한다" —— 에드가 씨의 대답에 주목하라 —— "그리스 어와 라틴 어는, 그것들로써 표현하던 사상思想 의 세계가 고갈되자 곧 멸망하였다고."

이제, 어째서 비판적 비판이 단 하나의 사상도 **독일어**로 내어 놓지 않는가가 명백해졌다. 라이하르트 씨는 외국어들을 비판적으로 다룸으로써, 파우허 씨는 영어를 비판적으로 다룸으로써, 에드가 씨는 프랑스 어를 비판적으로 다룸으로써 **새로운 비판적** 언어를 그렇게 열심히 준비하였음에도 불구하고, 아직껏 그들 사상의 언어는 출현하지 않고 있는 것이다.

특징을 보여주는 번역 제2번

비판적 프루동 :

"농경자들은 토지를 자신들 사이에 분할하였다 ; 평등은 오직 점유 Besitz 만을 신성화하였다 ; 이 기회에 평등은 소유를 신성화하였다."

비판적 프루동은 토지의 분할과 동시에 토지 소유가 성립되도록 하고 있다. 그는 점유로부터 소유로의 이행을 "이 기회에"라는 상투어를 통하여 성취한다.

현실적 프루동 :

"농경은 **토지 점유의** 기초로 되었다 …… 노동자에게 그의 노동의 열매를 보장해 주기 위해서는 그에게 동시에 생산 도구를 보장해 주지 않으면 안 되었다. 약자를 강자의 침해로부터 보호하기 위해서 …… 사람들은 점유자들간에 항구적인 분계선을 설정할 필요를 느꼈다."

이처럼 이 기회에 평등은 우선 **점유를** 신성화하였던 것이다.

"사람들은 인구가 증가함에 따라 이주민들의 탐욕과 욕망이 해마다 커져 감을 보게 되었다 ; 사람들은 극복할 수 없는 새로운 제한들에 의해서 그 야심을 파괴해야 한다고 믿었다. 그리하여 평등에 대한 욕구로 인하여 토지는 소유로 되었다 …… 의심할 바 없이 분할은 결코 지리적으로 평등한 것이 아니었다 …… 그럼에도 불구하고 그 원리는 그대로 남아 있었다 : 평등은 점유를 신성화하였었고, 소유를 신성화하였다."

비판적 프루동에게 있어서는

"소유를 정초한 과거의 사람들은 자신들의 욕구에 대해서 근심한 나머지 양도, 판매, 증여, 획득 및 상실의 권리가 동시에 소유권에 대응하는 것임을 간과하였고, 이는 그들의 출발점이었던 평등을 파괴하였다."

현실적 프루동에게 있어서는, 소유를 정초한 사람들이 자신들의 욕구에 대해서 근심한 나머지 소유의 이 발전 과정을 간과했던 것이 아니다. 그들은 오히려 그것을 예견하지 못하였던 것이다. 그런데 설사 그들이 그것을 예견할 수 있었다 할지라도 역시 목전의 욕구가 승리를 거두었을 것이다. 더욱이 현실적 프루동은 너무나 대중적이어서 **"소유권"**에 양도, 판매 등등의 권리를, 유 類 에 종 種 을 대치시키지 못하였다. 그는 '상속 몫을 **보존할** 권리'를 '상속 몫을 **양도할** 권리 등등'에 대치시키고 있는데 그것이 진정한 대립이며 진정한 진보를 이루는 것이다.

제 Ⅵ장

c) 프랑스 혁명에 맞서는 비판적 전투

대중의 제한성은 그 '정신', 그 비판, 바우어 씨로 하여금 **프랑스 혁명**을 '산문적인 의미'에서의 프랑스 인들의 혁명적 시도가 있었던 저 시대로가 아니라 '다만' 그 자신의 비판적 망상의 '상징이자 환상적인 표현'으로만 간주하도록 강제하였다. 그 비판은 그 **혁명**을 하나의 **새로운 시험**에 들게 함으로써 자기의 '과오'를 **참회**한다. 이와 동시에 그 비판은 자신의 순결함을 타락시킨 자를 벌한다——즉 이 '새로운 시험'의 결과들을 대중과 공유함으로써 '대중'을 벌하는 것이다.

> "**프랑스 혁명**은 아직 전적으로 18세기에 속하는 실험이었다."[22]

프랑스 혁명과 같은 18세기의 실험은 아직 전적으로 18세기의 실험이지, 가령 19세기의 실험은 아니라는 이 연대기적 진리는 '시초부터 자명한' 진리들에 "아직 전적으로" 속하는 것처럼 보인다. 그러나 '명약관화한' 진리에 대해서 큰 반감을 가지고 있는 그 비판의 용어에서는, 그와 같은 연대기적 진리가 하나의 '시험'이라고 불리며, 따라서 '혁명의 새로운 시험' 속에 그 당연한 자리를 점한다.

> "**프랑스 혁명**이 불러일으킨 이념은 프랑스 혁명이 폭력적으로 폐기하려고 한 **상태**를 넘어서지는 못하였다."

이념은 결코 낡은 세계 상태를 넘어설 수 없으며, 항상 단지 그 낡은 세계 상태의 이념들을 넘어설 수 있을 뿐이다. 이념들은 일반적으로 **아무것도 실현할 수 없다**. 이념의 실현을 위해서는 실천적인 힘을 모으는 사람들이 필요하다. 따라서 비판적 명제는 문자 그대로의 **의미**에서는 역시 자명한 진리이며, 따라서 또한 하나의 '시험'인 셈이다.

이 시험에는 아랑곳하지 않고 프랑스 혁명은 낡은 세계 상태 전체의 이념들을 넘어서는 이념들을 불러일으켰다. 1789년 **사회 써클** Cercle social [23] 에서 시작하여 그 진로의 도정에서 **르끌레르와 루**를 그 주요 대표자들로 가졌고 결국 **바뵈프**의 음모와 함께 일시 몰락하였던 혁명 운동은 **공산주의** 이념을 불러일으켰는데, 이 공산주의 이념은 1830년 혁명 [24] 후 **바뵈프**의 벗 **뷔오나로띠**에 의하여 다시 프랑스에 도입되었다. 수미 일관하게 완성된다면, 이이념은 새로운 세계 상태의 이념이다.

"따라서(!) 혁명이 민족 생활 내부의 봉건적인 경계들을 폐기한 후에는, 민족의 순수한 이기주의를 만족시키고 또 심지어는 그러한 이기주의를 고무하지 않을 수 없었다. 그리고 다른 한편으로 혁명은 이 이기주의의 필수적 보충이 되는 최고 존재 eines höchsten Wesens 의 승인에 의해서, 개개의 이기적인 원자들을 결집해야 하는 보편적 국가 제도를 숭고한 것으로 확증하는 것에 의해서 그 이기주의를 억제하지 않을 수 없었다."

민족의 이기주의는 봉건적 경계들의 이기주의와는 반대로, 보편적인 국가 제도의 자연 성장적인 이기주의이다. 최고 존재 das höchste Wesen 란 보편적인 국가 제도의 숭고한 확증이며, 따라서 또한 민족의 숭고한 확증이다. 그럼에도 불구하고 최고 존재는 민족의 이기주의, 즉 보편적인 국가 제도의 이기주의를 **억제해야** 한다! 진정으로 비판적인 과제란 이기주의를 확증함으로써, 그것도 **종교적으로** 확증함으로써, 즉 이기주의를 초인간적인 것으로, 따라서 또한 인간적 억제로부터 해방된 존재로 인정함으로써 억제하는 것이다! 최고 존재의 창조자들은 자신들의 이 비판적인 의도에 대해서 아무것도 알지 못하였다.

민족적 광신을 종교적 광신에 의해 떠받치는 **뷔셰** 씨는 자신의 영웅 **로베스삐에르**를 더 잘 이해하고 있다.

로마와 그리스는 민족이라는 암초에 부딪혀서 좌초하였다. 따라서 프랑스 혁명은 민족이라는 암초에 부딪혀서 좌초하였다라고 말할 때에, 그 비판이 프랑스 혁명에 관해서 무언가 특별한 것을 말하는 것은 아니다. 이와 마찬가지로 그 비판이 민족의 이기주의를 **순수한** 이기주의로 규정할 때에, 그

비판이 민족에 관해서 무언가 특별한 것을 말하는 것은 아니다. 이 순수한
이기주의는, 만일 사람들이 그것을 가령 **피히테 류의 자아**의 순수한 이기주의
와 비교한다면, 오히려 아주 혼탁한, 살과 피가 뒤섞인, 자연 성장적인 이기
주의로 나타난다. 그런데 이 이기주의의 순수함이 봉건적 경계들의 이기주
의와 대립하여 다만 상대적일 뿐이라면, 국민을 자기의 내용으로 하는 이기
주의가 어떤 특수한 신분과 어떤 특수한 직업 단체를 자신의 내용으로 하는
이기주의보다 더 보편적이거나 혹은 더 순수하다는 사실을 발견하기 위해서
'혁명의 새로운 시험'이 필요한 것은 전혀 아닐 것이다.

보편적인 국가 제도에 관한 그 비판의 설명도 못지않게 교훈적이다. 이
설명은 보편적인 국가 제도가 개개의 이기적인 원자들을 결집해야 한다는
것에 국한된다.

정확하게 그리고 산문적인 의미로 말하자면 시민 사회의 성원들은 결코
원자들이 아니다. 원자의 **특징적인 속성**은 그것이 **어떠한 속성들도** 가지고 있
지 **않다**는 데에, 따라서 자기 자신의 **자연 필연성**에 의하여 조건지어져서 그
것의 바깥에 있는 다른 존재와 맺게 되는 연관을 전혀 가지고 있지 않다는
데에 있다. 원자는 **무욕구적, 자족적**이다 ; 원자 바깥의 세계는 절대적인 **공허**,
즉 무내용적 · 무감각적이며 무의미한데, 이는 바로 원자가 자기 자신 안에
모든 충만함을 지니고 있기 때문이다. 시민 사회의 이기적 개인은 그 무감각
적 표상과 생명 없는 추상 속에서 자기 자신을 **원자**로, 즉 연관 없는, 자족적
인, 무욕구적인, **절대적으로 충만한**, 천복 天福 을 받은 존재로 착각할지 모른
다. 천복을 받지 못한 **감각적 현실**은 그 이기적 개인의 상상에 괘념치 않으
며, 그 이기적 개인의 개개의 감각들 모두는 그에게 그의 바깥에 있는 세계
와 개인들의 의미 Sinn 를 믿도록 강요하며, 그의 **세속적인 위 胃** 조차 그의
바깥에 존재하는 세계가 **공허한** 것이 아니라 [위를] 실제로 **채우는 것** das eig-
entlich Erfüllende 임을 나날이 상기시킨다. 그의 개개의 본질적 활동들과 성
질들 그리고 그의 개개의 생활 충동들 모두는 **욕구**로 되고 **필요**로 되며, 이
필요는 그의 **아욕 我慾** 을 그의 바깥에 존재하는 다른 사물들과 인간들에 대
한 욕망으로 만든다. 그러나 한 개인의 욕구가 그 욕구를 만족시킬 수 있는
수단을 보유하고 있는 다른 이기적 개인에게 자명한 의미를 가지고 있지 못
하기 때문에, 따라서 한 개인의 욕구가 그 충족과 직접적 연관을 맺지 못하

기 때문에, 각각의 개인들 모두는 한결같이 다른 사람의 욕구와 이 욕구의
대상들 사이의 뚜쟁이가 됨으로써 이 연관을 만들어야만 한다. 그러므로 자
연 필연성, 인간의 본질적 속성들, — 그 속성들이 아무리 소외되어 있는 것처
럼 보일지라도 — 이해가 시민 사회의 성원들을 결집시키는 것이며, 정치적
생활이 아닌 시민적 생활이 그 성원들의 진정한 끈이다. 그러므로 국가가 시
민 사회의 원자들을 결집시키는 것이 아니라, 표상 속에서만, 그 상상의 천상
에서만 원자들인 ——그리고 현실 속에서는 원자들과는 확연히 구별되는 존재
인바, 요컨대 신적 이기주의자들이 아니라 이기주의적 인간들인 ——시민 사회
의 그 원자들이 스스로를 결집시킨다. 오직 정치적 미신만이 시민적 생활이
국가에 의해 결집되어야 한다고 오늘날에도 아직 그릇된 상상을 하고 있는
반면에, 현실에서는 거꾸로 국가가 시민적 생활에 의해 결집된다.

　　　"오직 정의와 덕의 규율에 의거해서 생활하는 '자유로운 인민'을 양성하겠
다는, 로베스삐에르와 생쥐스뜨의 엄청난 생각 ——일례로 당똥의 범죄에 대한
보고서 및 일반 경찰에 대한 보고서를 보라—— 은 공포에 의해서만 일정 시간
유지될 수 있었던 하나의 모순이었던바, 이 모순에 대항해서 인민체의 비천하며
아욕적인 인자들은 그들 이외의 다른 인자들에게서는 기대할 수 없었던 방식,
즉 비겁하고 야비한 방식으로 반응하였다. "

　　　"자유로운 인민"을 "인민체"의 분자들이 대항해서 반응하지 않을 수 없
는 하나의 "모순"으로서 특징지은 이 절대적 · 비판적 문구는 너무나 절대적
으로 공허해서, 로베스삐에르와 생쥐스뜨의 의미에서의 자유, 정의, 덕 등은
오히려 "인민"의 생활 발현들이자 "인민체"의 속성들일 수밖에 없게 되었
다. 로베스삐에르와 생쥐스뜨는 "인민체"에만 속했던 고대의 '자유, 정의, 덕'
에 대해서 분명히 말했다. 스파르타 인, 아테네 인, 로마 인들은 그들의 전성기
에 '자유로운, 정의로운, 덕 있는 인민들'이었다.

　　　"무엇이겠습니까?" 로베스삐에르는 공공 도덕의 원리에 관한 연설(1794년
2월 5일 국민 공회의 회의)에서 질문을 던진다 ——"민주주의적 정부 혹은 인민
정부의 기본 원리는 무엇이겠습니까? 그것은 덕입니다. 나는 그리스와 로마에서
그렇게도 거대한 기적을 이루었던, 또 공화국 프랑스에서 찬탄할 만한 기적을

이룬 **공공의** 덕을 두고 말하는 것입니다 ; 조국과 그 법률에 대한 사랑 이외의 어떤 것도 아닌 그러한 덕을 두고 말하는 것입니다."

그리고 나서 로베스삐에르는 **아테네** 인과 **스파르타** 인을 "자유로운 인민들"peuples libres 이라고 분명히 명명한다. 그는 끊임없이 고대의 **인민체**를 상기시키며, 그의 영웅들 및 파멸자들 ──리쿠르고스, 데모스테네스, 밀티아데스, 아리스티데스, 브루투스, 카틸리나, 케사르, 클로디우스, 피소──을 인용한다.

생쥐스뜨는 당똥의 체포에 관한 보고서 ──비판은 이것을 참조하라고 지시하고 있다──에서 다음과 같이 분명히 말하고 있다 :

"**로마** 인 이후 세계는 공허하다. 그리고 그들에 대한 상기 想起 만이 세계를 채우고 있고 여전히 **자유**를 예언하고 있다."

그의 고발은 고대 문체로, **카틸리나**와 같은 **당똥**을 겨냥하고 있다.

일반 경찰에 관한 **생쥐스뜨**의 또 다른 보고에서 **공화주의자**는 완전히 고대적인 의미에서 **불굴, 검약, 소박** 등등으로 묘사된다. **경찰**은 그 본질상 로마의 **감찰관**에 상응하는 제도이어야 한다. ──코드루스, 리쿠르고스, 케사르, 카토, 카틸리나, 브루투스, 안토니우스, 카시우스 등이 빠지지 않는다. 끝으로 :

"**혁명적 인간들**은 **로마** 인들이다." Que les hommes révolutionnaires soient des Romains.

라고 **생쥐스뜨**가 말할 적에, 그는 자신이 고대하는 '자유, 정의, 덕'을 한 **마디**로 특징짓고 있는 것이다.

로베스삐에르, 생쥐스뜨와 그들의 당은 **현실적 노예제**의 기초 위에 근거한 고대의 **실제적 · 민주주의적 공동체**를 해방된 노예제, 즉 **부르주아 사회**에 근거하는 **현대의 유심론적 · 민주주의적 대의제 국가**와 혼동하였기 때문에 몰락하였다. 현대의 시민 사회, 즉 산업 사회, 일반적 경쟁의 사회, 자신의 목적을 자유로이 추구하는 사적 이해의 사회, 무정부 상태의 사회, 스스로 소외된 자연적 정신적 개성의 사회를 ──인권 속에서 승인하고 재가해야만 하는 동시에 후에 이 사회의 [필연적] 생활 발현들을 개개의 개인에 있어서 파기하려고 하며 또 동시에 이 사회의 **정치적 두부**頭部를 고대의 방식으로 형성하려고 한다는 것은 얼마나 큰 착각인가!

생쥐스뜨가 그가 처형당하는 날에 꽁씨에르제리 Conciergerie [1]의 홀에 걸려 있는 **인권** 대게시판을 가리키면서 자부심을 가지고 다음과 같이 외쳤을 때, 이 착각은 비극적으로 나타난다 : "그래도, 저것을 만든 것은 바로 나다." C'est pourtant moi qui ai fait cela. 바로 그 게시판이 **인간의 권리**를 선언하였으되, 그 인간은 그의 **국민 경제적, 산업적** 관계들이 **고대적**이지 않은 것과 마찬가지로 고대적 공동체의 인간일 수 없는 그러한 인간이었다.

여기는 **테러리스트**들의 착각을 역사적으로 정당화해 주는 자리가 아니다.

"로베스삐에르의 전복 이후, **정치적 계몽**과 **정치적 운동**은 그것들이 **나뽈레옹**의 전리품으로 되는 지점으로 급속히 나아간바, 나뽈레옹은 브뤼메르 월 18일[25]이 지난 지 얼마 되지 않아 다음과 같이 말할 수 있게 되었다 ; '나는 나의 지방 장관, 헌병들, 성직자들과 함께 프랑스를 내가 원하는 대로 할 수 있다.'"

이와는 반대로 **세속적인** 역사는 다음과 같이 보고한다 : 자기의 힘 이상의 것을 하려고 하다가 터무니없게 되었었던 **정치적 계몽**은 로베스삐에르가 전복된 이후, 비로소 **산문적으로** 실현되기 시작한다. **집정 내각**[26]의 통치 아래에서 **부르주아 사회**는 ──테러리즘이 부르주아 사회를 고대 정치적 생활에 희생물로 바치기를 아무리 열망하였다 하더라도, 혁명 자체는 부르주아 사회를 봉건적인 속박으로부터 해방시키고 그것을 공식적으로 승인한다 ──강력한 생활의 흐름을 형성하면서 분출한다. 상업적 기업으로의 질풍노도, 치부욕, 새로운 부르주아적 생활 ─이 생활의 초기의 자기 향락은 아직 경솔하고 경박하며 음란하며 도취적이다 ─의 비틀거림 ; 프랑스의 **토지**의 **현실적** 계몽 ─이 프랑스 토지의 봉건적 편제는 혁명의 해머에 의해서 분쇄당했으며, 이 토

───────────────

1) 혁명 때에 사형수를 수용했던, 파리 재판소 Palais de Justice 의 부속 감옥. (역자)

지들은 수많은 새로운 소유자들의 초기의 열병적인 활동에 의해서 전면적으로 경작되었다 ; 자유롭게 된 공업의 최초의 운동들 ——이러한 것들이 새로이 성립한 부르주아 사회의 생활 징후들 중의 몇 가지이다. **부르주아 사회는 부르주아지를 통해서 적극적으로** 대표된다. 그리하여 부르주아지는 자기의 통치를 개시한다. 인권은 오직 이론 속에만 존재하기를 그친다.

브뤼메르 월 18일에 나뽈레옹의 전리품으로 된 것은, 그 비판이 폰 로테크 씨나 벨커 씨를 충실하기 그지없게 믿고 있는 것처럼, 혁명 운동 일반이 아니었다. 그것은 **자유주의적 부르주아지**였다. 사람들은 당시의 입법자들의 연설을 읽기만 하면 이것을 납득할 수 있을 것이다. 사람들은 국민 의회로부터 오늘날의 하원에 옮겨져 있다고 믿게 될 것이다.

나뽈레옹은, 혁명에 의해서 동시에 선언된 **부르주아 사회** 및 그 정책에 맞서는 **혁명적 테러리즘**의 최후의 투쟁이었다. 확실히 나뽈레옹은 이미, **현대 국가**의 본질을, 즉 현대 국가가 자신의 기초로서 부르주아 사회의 거침없는 발전, 사적 이해들의 자유로운 운동 등등에 근거하고 있다는 것을 뚫어 보고 있었다. 그는 이 기초를 승인하고 그것을 방위하려고 결심하였다. 그는 결코 공상적인 테러리스트가 아니었다. 그러나 동시에 나뽈레옹은 **국가를 자기 목적으로** 간주하였으며, 시민적 생활을 단지 회계 과장으로 그리고 **자기 의지를** 가질 수 없는 자신의 **종복으로** 간주하였다. 그는 **영구적 혁명을 영구적 전쟁으로 교체함으로써** 테러리즘을 완성하였다. 그는 프랑스 민족의 이기주의를 배가 가득 찰 정도로 만족시켰으나, 또한 정복이라는 정치적 목적이 요구할 때마다 부르주아지의 영업, 향락 [des] Genusses, 부 등등을 제물로 바칠 것을 요구하였다.   그는 부르주아 사회의 자유주의 ——이 사회의 일상적인 실천의 정치적 이상——를 전제적으로 억압하는 동시에, 부르주아 사회의 가장 본질적인 **물질적** 이해, 즉 상업과 공업이 그의 정치적 이해와 충돌할 때마다 그것들도 더 이상 용서하지 않았다. 산업상의 실무가들 hommes d'affaires 에 대한 그의 멸시는 **이데올로그들에 대한** 그의 멸시의 보충이었다.   또 대내적으로도 그는 시민 사회 안에서, 그가 절대적인 자기 목적으로 여기는 국가에 적대하는 자와 투쟁하였다. 그리하여 그는 광대한 토지의 소유자들이 임의로 그것을 경작하거나 또는 경작하지 않는 것을 불허한다고 추밀원 樞密院에서 선언하였다. 그리하여 그는, **운송업 Roulage** 을 접수함으로써 상업을 국가에 종속시키려는 계획을 세웠다. 프랑스의 상인들이, 나뽈레옹의 힘을 처음으로 뒤흔들어 놓는 사건을 준비하였다. 파리의 증권 거래업자들은 기아를 인위적으로 조성함으로써 나뽈레옹으로 하여금 거의 2개월이나 러시아 원정의 개시를 연기하도록 하였고, 그 때문에 원정의 개시를 너무 이른 계절로 미루게끔 하였다.

혁명적 테러리즘이 나뽈레옹이라는 인물의 형태로 다시 한 번 자유주의적 부르주아지와 맞섰듯이, 반혁명은 왕정 복고, 즉 부르봉 왕조라는 형태로 다시 한 번 자유주의적 부르주아지와 맞섰다. 1830년에 가서 마침내 자유주의적 부르주아지는 1789년의 자기의 소원을 실현하였는데, 그 차이는 다만 그들의 **정치적 계몽**이 이제는 **완료되었다는** 점, 그리고 그들은 더 이상 입헌적 대의제 국가라는 형태로 국가의 이상을, 그리고 더 이상 세계의 구제 救濟 와 보편적·인간적 목적을 추구하려는 생각을 품지 않게 되었으며, 오히려 입헌적 대의제 국가를 자신의 **배타적인** 권력의 **공식적인** 표현으로 그리고 자기의 **특수** 이해의 **정치적** 승인으로 인식하였다는 점뿐이다.

1789년에 시작된 프랑스 혁명의 연대기는 1830년 — 프랑스 혁명의 요소들 중에서, 이제 자신의 **사회적** 의의를 의식함으로써 풍부해진 한 요소가 승리한 해 —에는 아직 끝나지 않았다.

d) 프랑스 유물론에 맞서는 비판적 전투

"스피노자주의는, 물질을 실체로 만든 그 후의 프랑스에서의 발전의 형태로뿐만 아니라, 물질에 보다 정신적 명칭을 부여한 유신론의 형태로도 18세기를 지배하였다 ……**프랑스의 스피노자 학파**와 유신론의 신봉자들은 **스피노자의** 체계의 진정한 의미에 관하여 논쟁했던 두 개의 종파들에 불과하였다 …… 이 계몽의 단순한 운명은, 프랑스의 운동 이후 시작된 반동에 그것이 굴복하지 않을 수 없었던 이후에는, **낭만주의로의 몰락**이었다."

이상이 그 비판의 견해이다.

우리는 프랑스 유물론의 비판적 역사에다가 그것의 세속적, 대중적 역사를 간단하게 요약하여 대치시킬 것이다. 우리는, 현실적으로 진행된 역사와 낡은 것과 새 것의 똑같은 창조자인 그 '절대적 비판'의 명령에 의하여 진행되는 역사 사이의 심연을 공손히 인정할 것이다. 끝으로 우리는 그 비판의 지시를 따라서, 비판적 역사의 '왜?', '어디로부터?', '어디로?'를 '지속적 연구의 대상'으로 삼을 것이다.

'정확하게 그리고 산문적인 의미로 말하자면' 18세기의 프랑스 계몽 사상과 특히 프랑스 유물론은 현존 정치 제도들에 대한, 그리고 현존 종교 및 신학에 대한 투쟁일 뿐만 아니라, 마찬가지로 17세기 형이상학과 모든 형이상학에 대한, 특히 데까르트, 말르브랑슈, 스피노자, 라이프니쯔의 형이상학에 대한 공공연하고도 명백한 투쟁이었다. 헤겔에 반대하는 결정적인 첫 진출을 할 때에, 포이에르바하가 취취(取醉)한 사변에 취하지 않은 철학을 대립시킨 것처럼, 사람들은 형이상학에 철학을 대립시켰다. 프랑스 계몽 사상에 의해 그리고 특히 18세기 프랑스 유물론에 의해 쫓겨났던 17세기 형이상학은 독일 철학, 그리고 특히 19세기 독일 사변 철학에서 승리의 기세가 넘치는 그리고 내용 가득한 부흥을 경험하였다. 헤겔이 천재적인 방식으로 17세기의 형이상학을 지금까지의 모든 형이상학 및 독일 관념론과 결합시켜서 형이상학의 천년 왕국을 정초한 후, 18세기에서와 마찬가지로, 사변적 형이상학 및 모든 형이상학에 대한 공격은 신학에 대한 공격과 다시 조응하였다. 형이상학은 이제, 사변 자체의 작업에 의하여 완성된, 그리고 인간주의와 일치하는 유물론에 영원히 무릎을 꿇고 말 것이다. 그런데 포이에르바하가 이론적 영역에서 그랬던 것처럼, 프랑스 및 영국의 사회주의와 공산주의는 실천적 영역에서, 인간주의와 일치하는 유물론을 표현하였다.

'정확하게 그리고 산문적인 의미로 말하자면' 프랑스 유물론에는 두 개의 흐름이 있는데, 그중 하나는 그 원천을 데까르트에 두고 있고, 다른 하나는 그 원천을 로크에 두고 있다. 후자는 무엇보다도 프랑스적 교양의 일 요소이며, 직접 사회주의로 흘러들어간다. 전자, 기계적 유물론은 프랑스 특유의 자연 과학으로 흘러가 버린다. 두 흐름들은 발전의 도상에서 교차한다. 데까르트로부터 직접 시작되는 프랑스 유물론에 대해서 우리는 더 상세히 서술할 필요가 없으며, 프랑스 뉴튼 학파에 대해서도, 프랑스 자연 과학 일반의 발전에 대해서도 마찬가지로 더 상세히 서술할 필요가 없다.

따라서 다음의 것들만 서술하겠다 :

데까르트는 자신의 **물리학** 속에서 **물질**에 자기 창조 능력을 부여했으며, 기계적 운동을 물질의 생명 활동으로 파악하였다. 그는 자신의 **물리학**을 자신의 **형이상학**으로부터 완전히 분리시켰다. 그의 물리학 내부에서 **물질**은 유일한 실체이며, 존재와 인식의 유일한 근거이다.

프랑스의 **기계적 유물론**은 데까르트의 형이상학에 대립하여 데까르트의 **물리학**의 편을 들었다. 데까르트의 제자들은 직업상 **반反 형이상학자**, 즉 물리학자들이었다.

이 학파는 **의사 르 르아**에서 시작하고, 의사 **까바니**에서 그 정점에 도달하는바, 그 중심은 의사 **라 메트리**이다. 르 르아가 데까르트의 **동물 구조설 動物構造說** 을 ——라 메트리가 18세기에 그랬던 것과 유사하게——인간 영혼으로 옮겨 놓고는 영혼을 **육체**의 일 **양態**로서, 이념들을 **기계적 운동들**로서 설명하였을 때, 데까르트는 아직 생존해 있었다. 더군다나 르 르아는 데까르트가 자신의 진정한 견해를 감추었다고 믿기까지 했다. 데까르트는 항의하였다. 18세기말경에 **까바니**는 데까르트 파 유물론을 자신의 저술 『**인간의 육체와 정신의 관계**』Rapports du physique et du moral de l'homme 속에서 완성시켰다.

데까르트 파 유물론은 오늘날까지 프랑스에 존재하고 있다. 이 유물론은, 정확하게 그리고 **산문적인 의미**로 말하자면, 사람들이 역학적 자연 과학에다가 **낭만주의**라는 비난을 가장 적게 던지게 될 정도로, **역학적 자연 과학**에서 커다란 성과를 거두었다.

프랑스에서 특히 **데까르트**에 의해 대표되는 17세기 **형이상학**은 그 탄생 때부터 **유물론**을 그 **적대자**로 가지고 있었다. 사람으로 말하면, 유물론은 에피쿠로스의 유물론의 부흥자였던 **가상디**라는 인물로 데까르트에 대립하였다. 프랑스와 영국의 유물론은 항상 **데모크리토스**와 **에피쿠로스**에 대해 밀접한 관계를 맺고 있었다. 데까르트의 형이상학은 또한 **영국의 유물론자 홉스**와 대립하였다. 가상디와 홉스는 자신들이 죽고 난 뒤 한참 되어서, 그들의 적수가 이미 공인된 세력으로서 프랑스의 모든 학파들을 지배하고 있었던 바로 그 순간에, 그들의 적수에게 승리를 거두었다.

볼떼르는, 예수회와 얀센 파[27]의 논쟁에 18세기의 프랑스 인들이 무관심했던 것은 철학에 기인한 것이라기보다는 **로우 Law** 의 금융 투기에 기인한 것이었다고 말한다. 이처럼 사람들이 17세기 형이상학의 몰락을 18세기 유물론적 이론으로부터 설명하는 것은, 이 이론적 운동 자체를 그 당시의 프랑스 인의 생활의 실천적 양상으로부터 설명하는 한에 있어서만 가능하다. 이 생활은 직접적 현재를, 현세적 향유와 현세적 이해 利害를, **지상의** 세계를 향해 있었다. 이 생활의 반反 신학적, 반反 형이상학적, 유물론적 실천에 반신학적, 반 형이상학적, 유물론적 이론들은 조응하지 않을 수 없었다. 형이상학은 **실천적으로** 모든 신용을 상실하였다. 우리는 여기에서 단지 **이론적인** 경과만을 간략히 그려야만 한다.

　　형이상학은 17세기에는(데까르트, 라이프니쯔 등등을 생각해 보라) 아직 **실증적**, 세속적 내용들과 뒤섞여 있었다. 형이상학은, 자신에게 귀속되는 것으로 비쳐졌던 수학, 물리학 및 그 밖의 특정 과학들에서 발견들을 행하였다. [그런데] 이미 18세기초에 이러한 가상은 무너졌다. 실증적 과학들은 형이상학으로부터 자신을 떼어놓고, 독자적인 영역을 이끌어 내었다. 실제적 존재와 지상의 사물들이 모든 관심을 자신에게 집중시키기 시작했을 때, 형이상학의 전 재산은 고작 사고 속의 존재와 천상의 사물들로 이루어져 있을 뿐이었다. 형이상학은 김빠진 학문이 되었다. 17세기 최후의 위대한 프랑스 형이상학자들인 말르브랑슈와 아르놀이 죽은 바로 그 해에, **엘베시우스와 꽁디약**이 태어났다.

　　17세기 형이상학과 모든 형이상학으로부터 **이론적으로** 그 **신용**을 빼앗아 버린 사람은 **삐에르 벨**이었다. 그의 무기는 형이상학적 주문 呪文 들 자체로부터 벼려 낸 **회의주의**였다. 삐에르 벨 자신은 처음에는 데까르트의 형이상학으로부터 출발했다. 사변적 신학에 대한 투쟁이 **포이에르바하**로 하여금 **사변적 철학**에 대한 투쟁으로 나아가게 했듯이 —그 이유는 바로, 사변이 신학의 마지막 지주라는 것을 간파함으로써 그가 신학자들로 하여금 사이비 과학에서 **조야하고** 불쾌한 **신앙**으로 도로 도피하도록 강제했기 때문이다—, 종교적 의심은 벨로 하여금 그러한 신앙을 지지하는 형이상학에 대한 의심으로 나아가게 하였다. 따라서 그는 형이상학을 그 역사적 과정 전체에 걸쳐서 비판에 부쳤다. 그는 형이상학의 죽음의 역사를 기술하기 위하여 형이상학의 역사의 기술가가 되었다. 그는 특별히 **스피노자와 라이프니쯔**를 논박하였다.

삐에르 벨은 형이상학의 회의적 해체를 통해서, 유물론과 건전한 인간 지성의 철학이 프랑스에 받아들여지는 것을 예비하기만 했던 것이 아니다. 그는 순수한 무신론자들만의 사회가 존재한다는 것, 무신론자가 존경받는 사람일 수 있다는 것, 인간은 무신론 때문이 아니라 미신과 우상 숭배 때문에 그 품위가 떨어진다는 것을 증명함에 의해서, 얼마 안 있어 존재하기 시작할 무신론적 사회를 예고하였다.

삐에르 벨은 한 프랑스 저술가의 표현을 따르자면, "17세기의 의미에서의 형이상학자들 중에서 최후의 형이상학자였고, 18세기의 의미에서의 철학자들 중에서 최초의 철학자였다".

17세기의 신학 및 형이상학에 대한 소극적 논박 이외에도 사람들은 하나의 적극적인, 반反 형이상학적인 체계를 필요로 하였다. 사람들은 그 당시의 생활 실천을 하나의 체계로 가져가서 그것을 이론적으로 정초할 한 권의 책을 필요로 하였다. '인간 오성의 기원'에 관한 로크의 저술이 마치 초청된 것처럼 해협 저편에서 넘어왔다. 그 책은 애타게 기다리던 손님처럼 열광적인 환영을 받았다.

다음과 같은 질문이 나올 것이다 : 로크는 혹시 스피노자의 제자가 아닌가? 이에 대해 '세속적' 역사는 다음과 같이 대답할 것이다 :

유물론은 대영제국의 본래의 아들이다. 이미 대영제국의 스콜라 학자 던즈 스코터스는 "물질은 사유할 수 있는가 없는가"라고 자문했었다.

이러한 기적을 성취하기 위해서 던즈 스코터스는 신의 전능함을 자신의 도피처로 삼았다. 즉 그는 신학 자체로 하여금 유물론을 설교하도록 강요했다. 더군다나 그는 유명론자 唯名論者 였다. 유명론은 영국의 유물론자들에게 있어서 하나의 주요한 요소로서 나타나며, 일반적으로 유물론의 최초의 표현이다.

영국 유물론과 모든 현대 실험 과학의 진정한 원조 元祖 는 베이컨이다. 자연 과학은 그에게서 진정한 과학으로 여겨지며, 감각적인 물리학은 자연 과학의 가장 중요한 부분으로 여겨진다. 아낙사고라스가 그의 호모이오메르들 Homoiomerien [2]과 함께, 그리고 데모크리토스가 그의 원자들과 함께 빈번히

---

2) 동질의 부분으로 이루어져 있는 요소. (역자)

베이컨의 전거 典據 들이 된다. 베이컨의 학설에 따르면, 감각은 그릇됨이 없으며, 모든 인식의 원천이다. 과학은 경험 과학이며, 과학의 요체는 합리적 방법을 감각적으로 주어진 것에 적용하는 데에 있다. 귀납, 분석, 비교, 관찰, 실험이 합리적 방법의 주요 조건들이다. 물질에 고유한 속성들 중에서 운동이 최초의, 그리고 가장 중요한 속성인바, 단지 기계적이고 수학적인 운동으로서뿐만 아니라, 물질의 충동, 생기, 긴장력으로서, 물질의 고통 —— 야콥 뵈메의 표현을 사용하자면 —— 으로서 그러하다. 물질의 원시적 형태들은 살아 있는, 개별화 작용을 하는, 물질에 내재하는, 특유의 차이들을 생산하는 본질력들이다.

그 최초의 창시자인 베이컨에 있어서, 유물론은 아직 소박한 방식으로나마 하나의 전면적 발전의 맹아를 자신 안에 간직하고 있다. 물질은 시적이고 감각적인 광채를 내면서 인간 전체에게 미소를 보내고 있다. 이에 반해 그의 잠언적인 교의는 아직 신학적인 자가 당착들로 가득 차 있다.

이후의 발전 속에서 유물론은 일면적으로 된다. 홉스는 베이컨의 유물론을 체계화한 인물이다. 감성은 그 꽃다움을 잃어버리고, 기하학자의 추상적 감성으로 된다. 육체적인 운동은 기계적 혹은 수학적 운동에 희생양으로 바쳐진다 ; 기하학이 주요 과학으로 선언된다. 유물론은 인간에게 적대적이게 된다. 인간에게 적대적인, 살 없이 앙상한 정신을 자신의 영역에서 극복할 수 있기 위해서, 유물론은 스스로 자신의 살을 죽여야[육체적인 욕망을 억제해야] 하며, 고행자가 되어야 한다. 유물론은 오성적 존재로 등장해 오성을 수미 일관하게 발전시킨다.

홉스가 베이컨으로부터 출발해서 증명하는 바대로, 감성이 인간에게 모든 지식을 제공한다면, 직관·사상·표상 등등은 많든 적든 그 감성적 형태를 벗어 버린 물체 세계의 환상들에 지나지 않는다. 과학은 이 환상들에 명칭을 붙일 수 있을 뿐이다. 한 명칭이 여러 환상들에 적용될 수 있다. 더욱이 명칭들의 명칭들도 존재할 수 있다. 그러나 한편으로는 모든 이념들이 그 근원을 감성적 세계에서 찾도록 하고, 다른 한편으로는 한 단어는 한 단어 이상이라고 주장하고, 표상된, 항상 개별적인 존재 이외에 또한 보편적인 존재가 있다고 주장하는 것은 모순일 것이다. 비물체적 실체라고 하는 것은 차라리 비물체적 물체라고 하는 것과 동일한 모순이다. 물체, 존재, 실체는 하나의 동일한 **실제적** 관념이다. 사람들은 사상 思想 을, 그 **자신** 사유하는 물질로부터 분리할 수 없다. 물질은 모든 변화들의 주체이다. **무한**이라는 말은, 무한히 추가되는 우리의 정신의 능력을 의미하는 것이 아니라면, **무의미하다.** 물질적인 것만이 지각 가능하고, 인지 가능하므로, 사람들은 신의 존재에 대해서는 **아무것도 알지 못한다.** 나 자신의 존재만이 확실하다. 인간의 모든 열정은 처음과 끝이 있는 역학적 운동이다. 충동의 목적은 선 善 이다. 인간은 자연과 동일한 법칙 아래 복속되어 있다. 힘과 자유는 동일하다.

홉스는 베이컨을 체계화하였지만, 감성적 세계로부터 나오는 지성 및 관념의 기원이라는 베이컨의 근본 원리를 더 면밀하게 정초하지는 못했다.

로크는 인간 오성의 기원에 관한 그의 시론 試論 속에서 베이컨과 홉스의 원리를 정초하였다.

홉스가 베이컨의 유물론의 **유신론적** 선입관을 파괴한 것처럼 콜린스, 도드웰, 코워드, 하틀리, 프리스틀리 등등은 로크의 감각론의 최후의 신학적 제한들을 파괴하였다. 이신론 理神論 은 적어도 유물론자들에게 있어서는, 종교로부터 이탈하는 편리하고 안이한 방식 이외의 아무것도 아니다.

우리는 로크의 저작이 얼마나 적시에 프랑스 인들에게 다가갔는지에 대해 이미 언급하였다. 로크는 양식 良識 의 철학, 즉 건전한 인간 오성의 철학을 정초하였다. 즉 그는 건전한 인간 감각 및 이에 기초를 두는 오성과 구별되는 철학은 존재하지 않는다는 것을 간접적으로 언명하였다.

로크의 **직접적** 제자이자 그 **프랑스** 어 통역자인 **꽁디약**은 로크의 감각주의를 곧바로 17세기 **형이상학**을 향해서 조준하였다. 그는, 프랑스 인들이 그 형이상학을 상상력과 신학적 편견의 단순한 졸작으로 보고 올바르게 거부하였다는 것을 증명하였다. 그는 **데까르트, 스피노자, 라이프니쯔** 그리고 **말르브랑슈**의 체계들에 대한 논박을 간행하였다.

그의 저술 『인지의 기원에 관한 시론』에서 그는 로크의 사상을 성취하였으며, 영혼뿐만 아니라 감각도, 관념을 만드는 기술뿐만 아니라 감각적 지각의 기술도 **경험**과 **습관**의 문제라는 것을 증명하였다. 그러므로 인간의 발전 전체는 **교육**과 **외적 상황**들에 의존한다. 꽁디약은 다름아닌 그의 **절충적** 철학 때문에 프랑스의 학파들로부터 밀려났다.

프랑스 유물론과 **영국** 유물론의 차이는 양 민족들의 차이이다. 프랑스

인들은 영국의 유물론에 정신 Esprit 을, 피와 살을, 능변을 주었다. 프랑스 인들은 영국의 유물론에, 여전히 결여되어 있는 열정과 기품을 주었다. 프랑스 인들은 영국의 유물론을 **문명화하였다**.

다른 이들과 마찬가지로 로크로부터 출발하는 **엘베시우스**에게 있어서 유물론은 참으로 프랑스적인 성격을 띠고 있다. 그는 유물론을 동시에 사회적 생활과의 관련 속에서 파악한다. (엘베시우스, 『인간에 대하여』) 감각적 성질들과 자기애 自己愛, 향유 및 충분히 이해된 개인적 이해가 모든 도덕의 기초이다. 인간 지능의 자연적 동등함, 이성의 진보와 산업의 진보의 통일, 인간의 자연적 선 善, 교육의 전능함 등이 그의 체계의 주요 요소들이다.

데까르트의 유물론과 영국의 유물론 사이의 어떤 결합이 **라 메트리**의 저술들 속에서 보여진다. 그는 데까르트의 물리학을 구석구석까지 이용한다. 그의 『인간 기계』는 데까르트의 동물 −기계설의 지침에 따른 상론이다. 올 바끄의 『**자연의 체계**』에는 물리학 부분이 프랑스 유물론과 영국 유물론의 결합으로 이루어져 있는데, 이는 그 도덕적 부분이 주로 엘베시우스의 도덕에 근거하고 있는 것과 마찬가지이다. 아직 형이상학과 가장 많이 결합하고 있으며, 그리하여 헤겔의 총애를 받은 프랑스 유물론자 **로비네**(『자연에 대하여』)는 명백히 **라이프니쯔**와 연관되어 있다.

우리는 프랑스 유물론의, 데까르트 물리학으로부터의 그리고 영국 유물론으로부터의 이중의 유래를 증명하였고, 또한 17세기 **형이상학**에 대한, 그리고 데까르트, 스피노자, 말르브랑슈 및 라이프니쯔에 대한 프랑스 유물론의 대립을 증명한 이상, 볼네, 뒤삐, 디드로 등등에 대해서, 그리고 마찬가지로 중농주의자들에 대해서는 말할 필요가 없다. 독일인들 자신이 **사변적 형이상학**과 대립한 이후에야, 이 대립은 독일인들에게 명확해질 수 있다.

데까르트의 유물론이 **본래의 자연 과학**으로 흘러들어가는 것처럼, 프랑스 유물론의 또 다른 흐름은 **사회주의와 공산주의**로 직접 흘러든다.

인간의 본원적 선 善 과 인간의 동등한 이지적 재능, 경험·습관·교육의 전능함, 외적 상황들이 인간에 미치는 영향, 산업의 지대한 의의, 향유의 인정 등등의 유물론의 학설로부터 유물론과 공산주의 및 사회주의와의 필연적 연관을 통찰하는 데에는 결코 커다란 통찰력이 필요하지 않다. 만약 인간이 모든 지식, 지각 등등을 감성계로부터 그리고 감성계 안에서의 경험으로부터 만들어 낸다면, 인간이 그 속에서 진정으로 인간적인 것을 경험하도록, 그리고 자신을 인간으로서 경험하는 습관을 들이도록 경험적 세계를 배치하는 것이 중요하다. 잘 이해 理解 된 이해 利害 가 모든 도덕의 원리라면, 인간의 사적 이해가 인류적 이해와 일치하는 것이 중요하다. 인간이 유물론적 의미에서 자유롭지 않다면, 즉 이러저러한 것을 회피하는 소극적 힘 덕분이 아니라 자신의 진정한 개성을 발휘하는 적극적 힘 덕분에 자유롭다면, 사람들은 개개인의 범죄를 벌하는 것이 아니라 그 범죄의 반사회적 발생 장소를 파괴하고 각인에게 그의 본질적 생활 발현을 위한 사회적 공간을 마련해 주어야 한다. 만약 인간이 환경에 의해서 형성된다면, 사람들은 환경을 인간적인 것으로 형성하여야 한다. 만약 인간이 그 본성상 사회적이라면, 그는 자신의 진정한 본성을 사회 속에서야 비로소 전개하게 되는 것이고, 사람들은 인간의 본성의 힘을 개별적 개인의 힘이라는 견지에서가 아니라 사회적 힘이라는 견지에서 가늠하여야 한다.

이런 식의 문구들은 가장 오래된 프랑스 유물론자들 사이에서도 거의 문자 그대로 보여진다. 여기는 그것을 평가할 대목이 아니다. 유물론의 사회주의적 경향의 특색을 보여 주는 것으로, 비교적 오래된 영국의 로크 학도인 맨더빌의 악덕의 변호가 있다. 그는 **오늘날의** 사회에서 악덕은 **필수 불가결하며 유용하다**는 것을 증명하고 있다. 이는 오늘날의 사회에 대한 변호는 결코 아니었다.

푸리에는 프랑스 유물론자들의 학설로부터 직접 출발하고 있다. **바뵈프 주의자들**은 거칠며 세련되지 못한 유물론자들이었지만, 발전한 공산주의 역시 **프랑스 유물론**으로부터 **직접** 출발한다. 프랑스 유물론은 요컨대, 엘베시우스가 이 유물론에 부여했던 형태로 그 모국, **영국**으로 되돌아간다. **벤담**은 엘베시우스의 도덕을 바탕으로 잘 **이해 理解** 된 이해 **利害** 라는 그의 체계를 정초하였는데, 이는 **오웬**이 **벤담**의 체계로부터 출발하여 영국의 공산주의를 정초한 것과 마찬가지이다. 프랑스 인 **까베**는 영국으로 추방되어 그곳의 공산주의 사상들에 자극받고, 프랑스로 돌아와서 비록 가장 천박하긴 하지만 공산주의의 가장 대중적인 대표자가 된다. 더욱 과학적인 프랑스 공산주의자들인 **데자미**, **게이** 등등은 오웬과 마찬가지로 유물론의 학설을 **실제적 인간주의**의 학설로서 그리고 **공산주의의 논리적** 토대로서 발전시킨다.

그런데 바우어 씨 혹은 그 비판은 프랑스 유물론의 비판적 역사에 대한 문서들을 어디에서 입수할 수 있었는가?

I. 헤겔의 『철학사』는 프랑스 유물론을 스피노자의 실체의 **실현**이라고 서술하고 있는데, 이는 아무튼 '프랑스의 스피노자 학파'보다는 훨씬 더 명료하다.

2. **바우어 씨**는 헤겔의 『철학사』를 읽고 프랑스 유물론이 스피노자 학파임을 찾아내었다. 이번에는 헤겔의 또 다른 저작에서 이신론 理神論 과 유물론은 **하나의 동일한** 기본 원리의 **두 파派**라는 것을 발견하였을 때에, [그는] 스피노자가 그의 체계의 의미에 대해 논쟁하는 두 개의 학파들을 가지고 있었다[는 결론을 내렸다]. 바우어 씨는 방금 말한 설명을 헤겔의 『현상학』 속에서 발견할 수 있었다. 거기에는 문자 그대로 다음과 같이 씌어져 있다 :

"저 절대 존재에 관해서 **계몽주의** 자신은 자기 자신과의 논쟁 속에 빠져든다……그리고 두 개의 파들로 나뉜다……한 파는……**지고의 절대 존재를**……저 술어 없는 절대자라고……다른 한 파는 그것을 **물질**이라고 명명한다……양자는 **동일한** 개념인바, 구별은 사태 속에 있는 것이 아니라 순전히 양 형태의 서로 다른 출발점에 있을 뿐이다." (헤겔의 『현상학』, 420, 421, 422면.)

3. 마지막으로 바우어 씨는 다시 헤겔의 저서 속에서, 실체는 개념과 자기 의식으로 계속 나아가지 않을 때는 '낭만주의'로 흘러가게 된다는 것을 발견했다. 이와 유사한 이야기를 『할레 연보』가 그 전성기에 전개시켰었다.

그런데 그 '**정신**'은 여하튼 간에 그의 '**반대자**'인 **유물론**에 '**하찮은 운명**'을 씌워야만 했다.

1844년 9월부터 11월 사이에 씌어짐.

출전 : 프리드리히 엥겔스와 칼 맑스,
『신성 가족 혹은 비판적 비판의 비판.
브루노 바우어와 그 일파에 반대하여』.
프랑크푸르트 암 마인, 1845년.

맑스 · 엥겔스 저작집, 제2권,
32-40면과 125-141면.

최인호   번역

프리드리히 엥겔스

잉글랜드 노동 계급의 처지

개인적 관찰과 출전들에 의거하여
[발 췌][28]

서   문

　　본서의 주제는, 내가 처음에는 잉글랜드의 사회사에 관한 보다 포괄적인 저작의 단지 하나의 장으로서만 서술하고자 했었던 것이지만, 그 중요성이 나로 하여금 곧장 그 주제를 독립적으로 취급할 필요를 느끼도록 하였다.

　　노동 계급의 처지는 현재의 모든 사회 운동들의 실제적 지반이자 출발점이다. 왜냐하면 그것이 우리의 현존하는 사회적 비참함의 가장 높은, 가장 적나라한 정점이기 때문이다. 노동 계급의 처지에 의해서 직접적으로는 프랑스와 독일의 노동자 공산주의가 생겨났고, 간접적으로는 푸리에주의와 잉글랜드 사회주의 및 독일의 교양 있는 부르주아지의 공산주의가 생겨났다. 그러므로, 한편으로는 사회주의 이론들에, 또 다른 한편으로는 사회주의 이론의 정당성에 대한 판단에 확고한 토대를 부여하고, 찬성과 반대를 막론하고 pro et contra 모든 몽상들과 환상들을 끝장내자면 프롤레타리아의 처지에 대한 인식은 절대적으로 필요한 일이다. 그런데 프롤레타리아의 처지는 대영제국, 특히 본래의 잉글랜드에서만 **고전적인 형태**로 완결적으로 존재하고 있다 ; 그리고 동시에 잉글랜드에서만, 필요한 자료들이, 어떻게 해서든지 주제를 빠짐없이 서술하기 위하여 필요한 만큼 완전히 모여 있고, 필요한 만큼 완전히 공식적인 조사를 통해 확인된다.

　　21 개월의 기간 동안 나는 가까이에서 개인적인 관찰과 개인적 교류를 통하여 잉글랜드의 프롤레타리아트, 그들의 노고, 그들의 고통과 기쁨을 알 수 있는, 그리고 동시에 필요하고 믿을 만한 출전들을 이용하여 나의 관찰을

보충할 수 있는 기회를 가졌다. 내가 보고 듣고 읽은 것들이 이 책에 씌어져 있다. 나는 나의 관점뿐만 아니라 본서에서 밝혀 놓은 사실들에 대한 여러 측면으로부터의 공격을 각오하고 있는데, 특히 내 책이 잉글랜드 인의 손에 쥐어졌을 경우 그러하다 ; 마찬가지로, 포괄적인 주제들과 그러한 주제들의 광범위한 전제들을 다룰 경우에 잉글랜드 인조차도 피할 수 없는 사소한 오류를 사람들이 이곳 저곳에서 입증할 수 있게 되리라는 것, 그것도 잉글랜드 에서조차 나의 책처럼 **모든** 노동자들을 다루는 책이 한 권도 없으니만큼 더욱더 잘 입증할 수 있게 되리라는 것도 나는 알고 있다 ; 그러나 나는 한치의 머뭇거림도 없이 잉글랜드 부르주아지들에게 요청한다 : 전체의 관점에서 보면 어쨌든 의의를 가지고 있을 단 하나의 사실에 대해서라도 나의 오류를 입증해 보라고 ——[단] 내가 인용한 것들과 마찬가지로 믿을 만한 예증을 가지고서 입증하라고.

대영제국의 고전적인, 프롤레타리아의 상태들을 서술하는 것은 특히 독일에 있어서 —— 그리고 특히 현재의 순간에는 —— 큰 의의를 지니고 있다. 독일의 사회주의 및 공산주의는 다른 어떤 사회주의 및 공산주의보다도 더 많이 이론적 전제들로부터 출발하였다 ; 우리 독일의 이론가들은 현실적 세계에 대해 너무나 무지하기 때문에 현실적 관계들이 직접 이러한 '조악한 현실'을 개혁하라고 우리에게 추궁할 수는 없었다. 적어도, 그러한 개혁의 공공연한 주창자들 중에서 포이에르바하에 의한 헤겔의 사변의 해체에 의하지 않고서 공산주의에 다다른 사람은 거의 하나도 없다. 프롤레타리아트의 현실적 생활 상태들은 우리에게 너무나 알려져 있지 않아서, 오늘날 우리의 부르주아지가 사회 문제를 엉터리로 다루고 있는 저 선의의 '노동 계급 향상 협회'조차 노동자들의 처지에 대한 가소롭기 그지없고 어리석기 그지없는 견해를 내놓을 정도이다. 누구보다도 우리 독일인들에게는 이러한 문제에 있어서의 사실 인식이 필요하다. 그리고 비록 독일 프롤레타리아트의 상태들이 영국 프롤레타리아트의 상태처럼 고전적인 형태로까지 성숙되어 있지는 않다 하더라도, 우리는 기본적으로, 북해 저편의 사회 질서가 이미 도달한 것과 동일한 정점에 빠르건 늦건 간에 도달하지 않을 수 없는 —— 국민의 통찰이 사회 체제 전체에 새로운 토대를 부여하는 방책들을 제때에 내놓지 못한다면 —— 그러한 사회 질서를 가지고 있다. 영국에서 프롤레타리아트의 빈곤과 억압을 야기하였던 것과 동일한 기본 원인들이 독일에서도 마찬가지로 존재하고 있고, 또 장기간 동일한 결과들을 낳지 않을 수 없다. 그러나 당분간은, 확인된 **영국의** 빈곤이 우리에게 우리 **독일의** 빈곤을 확인할 기회를 제공할 것이며, 그 빈곤의 범위와 이 측면으로부터 독일의 직접적 안녕을 위협하는 위험 ——오늘날 슐레지엔 Schlesien 과 뵈멘 Böhmen 의 소요[9]에서 나타나고 있는——의 규모를 잴 수 있는 척도를 제공할 것이다.

　　마지막으로 나는 두 가지 지적을 해 두어야 하겠다. 첫째, 나는 **중간 계급** Mittelklasse 이라는 말을 계속적으로 영어의 middle-class(혹은 거의 언제나 사용되는 말로는 : middle-classes) 라는 의미에서 사용하였는데, 이는 프랑스 어의 부르주아지와 마찬가지로 유산 계급, 특히 소위 귀족과 구별되는 유산 계급을 의미한다 ——[이들은] 프랑스와 잉글랜드에서는 직접적으로, 독일에서는 '여론'으로서 간접적으로 국가 권력을 소유하고 있는 계급[이다]. 또한 나는 노동자들(working-men) 및 프롤레타리아들, 노동자 계급, 무산 계급 및 프롤레타리아트 등과 같은 표현들을 계속하여 같은 의미로 사용하였다.——둘째, 나는 대부분의 인용에 있어서 나의 보증인들의 당파를 밝혔는데, 그 까닭은 거의 대체로 자유주의자들은 농업 지역의 빈곤은 두드러지게 주장하나 공업 지역의 빈곤은 부인하려 하는 반면에, 거꾸로 보수주의자들은 공업 지역의 궁핍은 인정하나 농업 지역의 궁핍에 대해서는 아무것도 알려고 하지 않기 때문이다. 또한 이러한 이유 때문에 나는 공업 노동자들의 묘사에 있어 공식 문서가 부족한 경우에는, 언제나 **자유주의적** 증거 서류를 인용하였는데, 이는 자유주의적 부르주아지 자신의 말로 자유주의적 부르주아지에게 타격을 가하기 위해서이다. 그리고 나는 대개, 나 자신의 관찰로 사실의 올바름을 알았을 경우에나, 혹은 나의 전거들이 저자로 보나 문헌적으로 보나 진술의 진실성을 납득시킬 수 있을 때에만, 토리 당원이나 차티스트들[29]을 증인으로 끌어냈다.

바르멘 Barmen, 1845년 3월 15일   F. 엥겔스

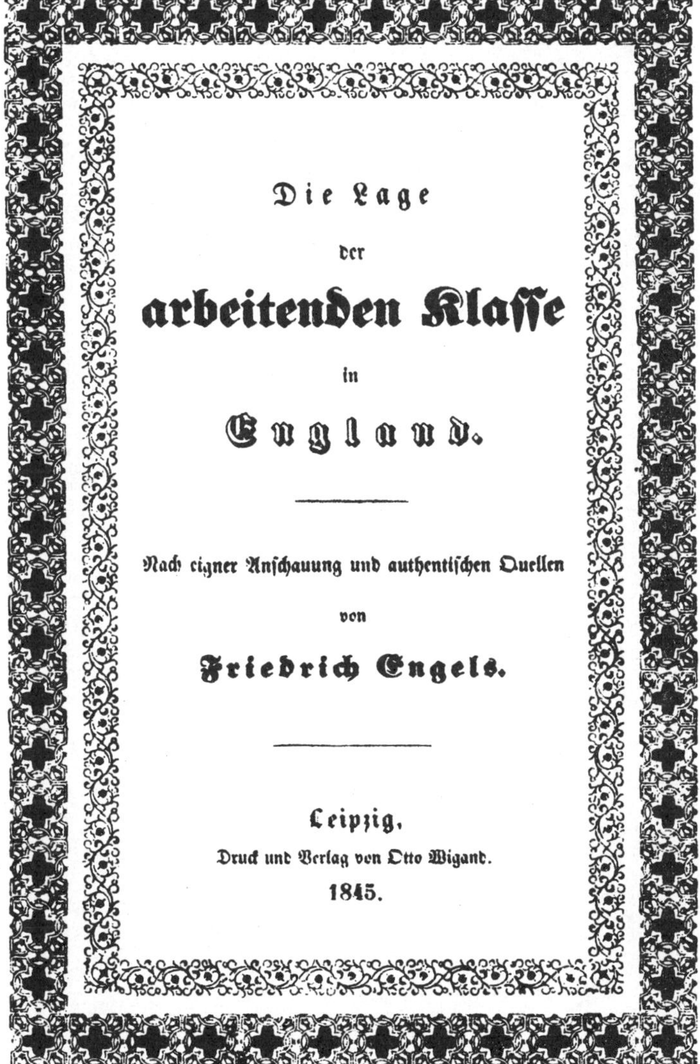

[엥겔스의 저술 『잉글랜드 노동 계급의 처지』의] 초판 표지

서   설

　　잉글랜드에서의 노동 계급의 역사는 지난 세기의 후반, 증기 기관과 면화의 가공을 위한 기계의 발명과 더불어 시작한다. 이러한 발명들은 잘 알려져 있는 바와 같이 산업 혁명에 자극을 주었던바, 이 산업 혁명으로 말하면 부르주아 사회 전체를 변혁시켰던, 그리고 지금에야 비로소 그 세계사적 의의가 인식되기 시작하는 혁명이다. 잉글랜드는, 소리 없이 진행되면 될수록 더욱 강력한 이러한 변혁의 고전적인 지반이었다. 그러한 까닭에 잉글랜드는 이 변혁의 가장 중요한 결과, 즉 프롤레타리아트의 발전에 있어서도 또한 고전적인 나라이다. 프롤레타리아트는 잉글랜드에서만 그 모든 관계들 속에서 그리고 그 모든 측면들에서 연구될 수 있다.

　　우리는 여기서 당분간은 이 혁명의 역사와, 이 혁명이 현재와 미래에 대해서 가지는 엄청난 의의를 다룰 필요가 없다. 그러한 서술은 이후의 보다 포괄적인 작업으로 유보시켜 두어야만 하겠다. 우리는 지금 당장은 다음에 서술될 사실들, 즉 잉글랜드 프롤레타리아들의 현재의 처지의 이해를 이해함에 필수적인 약간의 것에 스스로를 제한해야만 할 것이다.

　　기계의 도입 이전에는 원료의 실잣기와 천짜기는 노동자의 집에서 행해졌다. 아내와 딸들이 실을 잣고 남편은 그것으로 천을 짜거나, 만약 가장이 스스로 그 실을 가공하지 않을 경우에는 아내와 딸들이 그 실을 내다 팔았다. 이러한 직조공 가정들은 대부분 도시 근교의 농촌에 살았으며 그들의 임금으로 아주 훌륭하게 살림을 꾸려 나갈 수 있었는데, 왜냐하면 향토 시장이 아직은 옷감에 대한 수요에 있어 결정적인, 그것도 거의 유일한 시장이었기 때문이며, 이후 타지역의 시장들의 획득 및 상업의 확장과 함께 들이닥쳐 오는 경쟁이라는 압도적인 힘이 아직까지는 감지할 수 있을 만큼 임금을 압박하지 않았기 때문이다. 게다가 느린 인구 증가와 발맞추어 향토 시장에서의 수요의 지속적인 증가가 있었고, 그 덕분에 노동자들 전체가 일거리를 가지고 있었는 데다가 또한 가옥들이 농촌에 산재해 있어 노동자들 상호간의 극심한 경쟁은 있을 수 없었다. 따라서 직조공 대부분은 얼마간 저축을 하고 약간의 땅조각을 임차할 수 있었으며, 그 땅조각을 그는 한가로운 시간에 ——직조공은 그가 즐거움을 느끼는 때에 그리고 즐거움을 느끼는 시간 동안만 실을 짜도 되었으므로 그가 원하는 만큼의 한가로운 시간을 가졌다——경작하였다. 당연히 그는 시원찮은 농부였으며, 농경을 그럭저럭 운영하였고 실제 수확량은 많지 않았다 ; 그러나 그럼에도 그는 적어도 프롤레타리아는 아니었다. 잉글랜드 인들이 말한 것처럼, 그는 그의 조국땅에 말뚝을 박고 살았고 정주하고 있었으며 오늘날의 잉글랜드 노동자들보다 사회 내에서 더 높은 지위에 서 있었다.

이러한 방식으로 그 노동자들은 완전히 느긋하게 생활을 해 나갔으며, 지극히 경건하고 정직하게 성실하고 조용한 삶을 보냈다. 또한 그들의 물질적 지위는 그들의 후손들보다 훨씬 더 나은 것이었다 ; 그들은 과다하게 노동할 필요가 없었고 그들이 내킬 때 이외에는 더 이상 일하지 않았다. 그럼에도 불구하고 그들은 자신들이 필요로 하는 것을 일해서 조달하였으며, 자신의 정원이나 뜰에서 건강한 노동을 위한 여가를 가졌다. 노동은 그 자체로 이미 그들에겐 오락이었으며, 그 밖에 그들은 그들 이웃의 오락과 놀이에 참여할 수 있었다 ; 이러한 모든 놀이, 즉 볼링, 공놀이 등등은 건강을 유지하고 신체를 강건하게 하는 데에 도움을 주었다. 그들 대부분은 강인하고, 건강하게 단련된 사람들이었고, 체격에 있어 그들의 이웃인 농부들과 거의 아무런 차이도 드러날 수 없었다. 그들의 아이들은 농촌의 자유로운 공기 속에서 자라났으며 노동할 적에는 자신의 부모들을 도울 수 있었으나, 이 역시 단지 가끔일 뿐으로 하루 8 내지 12 시간의 노동 시간이니 하는 것은 있을 수 없었다.

이 계급의 도덕적이고 지적인 특성이 무엇인지는 미루어 짐작할 수 있다. 실과 직물은 편력 상인들에게 임금의 지불과 맞바꾸어 양도되었으므로 그들은 그들이 들어가 본 적이 없는 도시들로부터 격리되어 있었는데, 도시와 가까운 곳에서 전 생애를 보냈던 노인들조차 그들이 결국 기계 때문에 자신들의 생업을 빼앗겨 일자리를 찾으러 도시로 가도록 강요되기 전까지는 한 번도 도시에 가 보지 않았을 정도로 도시들로부터 격리되어 있었다. 이로 인해 그들은 시골 농부들의 도덕적, 지적 단계에 서 있었는바, 그렇지 않아도 그들은 원래 대개 자신들의 자그마한 차지借地를 통해서 시골 농부들과 직접적으로 연결되어 있었다. 그들은 자신들의 **대지주**——부근에서 가장 유력한 지주——를 당연한 웃사람으로 여겼으며, 그에게 조언을 구하고, 조그마한 분쟁도 그에게 해결해 주도록 의뢰하였으며, 이 가부장적인 관계에 응당 필요한 온갖 영예를 그에게 바쳤다. 그들은 '존경할 만한 respektable' 사람들이자 선량한 가장들이었으며 도덕적으로 살아갔다. 왜냐하면 그들 가까이에는 술집도 사창가도 없었던 관계로 그들이 부도덕하게 될 만한 어떠한 유혹도 없었기 때문이며, 때때로 목을 축일 적에 가는 음식점의 주인도 역시 존경할 만한 사람으로 대부분 좋은 맥주, 좋은 술집 질서, 이른 폐점 시간을 고수하는 대차지인이었기 때문이다. 그들은 자신의 아이들을 하루 종일 집에서 자기 곁에 두고 순종적이고 경건하게 되도록 교육하였다 ; 자녀들이 결혼하기 전까지 가부장제적 가족 관계는 방해받지 않고 유지되었다 ; 젊은이들은 그들이 결혼하기 전까지는, 어릴 적 같이 놀던 친구들과 더불어 전원적인 소박함과 친밀함 속에서 성장하였다. 또한 혼전 성관계가 거의 일반적으로 나타났다고 할지라도, 이는 다만 양측에 의해 결혼에 대한 도덕상 의무가 숙지되었을 경우에 나타난 일에 불과하였고 뒤이어 혼인을 하고 나면 모든 것은 다시 순조로워졌다. 요컨대 그 당시 잉글랜드의 산업 노동자들은 독일의 여기저기에서도 보여지는 것과 마찬가지의 방식으로, 생활상의 처지에 있어 어떠한 정신적 활동도 심한 동요도 없이 격리되고 은둔한 채 살아가고 사고했다. 그들은 거의 글을 읽을 줄 몰랐고 쓸 줄은 더더욱 몰랐다. 그들은 규칙적으로 교회에 나갔고 정치 이야기 같은 것은 하지 않았으며, 음모를 꾸미지도 않았고, 사색이라는 것을 하지 않았다. 그들은 신체적 단련에 흥겨워했고, 타고난 신앙심을 가지고서 성경 봉송을 경청하였으며, 아무것도 요구하지 않는 겸허함을 갖춘 까닭에 사회의 명망 있는 계급들과 완전히 조화롭

게 지냈다. 그러나 그 대신 그들은 정신적으로는 죽어 있었고, 자신의 조그
마한 사적 이익을 위해서만, 자신의 베틀과 자신의 작은 뜰을 위해서만 살았
으며, 바깥에서 인류를 휘몰아쳐 가는 강력한 운동에 대해서는 아무것도 알
지 못했다. 그들은 자신의 조용한 식물적 생활 속에서 안온함을 느꼈으며,
산업 혁명이 없었더라면 아주 낭만적이고 정취 있는, 그러나 또한 인간에게
가당찮은 이러한 생활로부터 빠져 나오지 않았을 것이다. 그들은 바로 인간
이 아니었던 것이며, 단지 지금까지 역사를 이끌어 왔던 소수의 귀족에게 봉
사하는 노동하는 기계들이었을 뿐이다 ; 산업 혁명 역시 이 사실의 귀결을
관철시켰을 뿐인바, 산업 혁명은 노동자들을 완전히 단순한 기계로 만들고
그들의 독립적 활동의 최후의 찌꺼기까지 그들의 손에서 빼앗아 감으로써
그렇게 관철시켰다. 그러나 바로 그렇게 함으로써 산업 혁명은 노동자들을
사고하도록, 그리고 인간적 지위를 요구하도록 자극을 주었다. 보편적으로
인간적인 이해 利害 에 대한 무감각 속에 함몰해 있던 마지막 계급들을 역사
의 소용돌이로 잡아 끌어넣었던 것이 프랑스에서는 정치였던 것처럼 잉글랜
드에서는 부르주아 사회 일반의 운동과 산업이었다.

　　잉글랜드 노동자들의 지금까지의 처지에 획기적인 변화를 야기시켰던
최초의 발명은 북부 랭카셔 Lancashire 의 블랙번 Blackburn 근처 스탠드힐
Standhill 에 살던 직공 제임스 하그리브스의 제니 방적기[30]였다(1764년). 이 기
계는 이후의 뮬 방적기의 거친 형태의 출발이었으며 수동으로 움직이는 것
이었다. 그러나 이 기계는 통상의 손물레처럼 하나의 방추를 가지는 대신에
단 한 사람의 노동자에 의해 작동되는 16 개에서 18 개의 방추들을 가지고
있었다. 이로써 지금까지보다 훨씬 많은 실을 제공하는 것이 가능해졌다 ; 한
사람의 직조공이 늘 세 사람의 여자 방적공을 고용하였던 예전에는 실이 충
분하지 않아 종종 직조공은 실을 기다려야만 했던 반면에, 이제 실은 현재
있는 노동자들이 직조하고도 남을 만큼 충분해졌다. 그렇지 않아도 증대하
고 있었던 직물품들에 대한 수요는, 새로운 기계로 인한 실 생산비의 인하
결과 이 물품들의 가격이 한층 저렴해짐으로 말미암아 더더욱 증가했다 ; 더
많은 직조공들이 필요해졌고, 직조 임금은 상승했다. 이제 직조공은 자신이
앉아 있는 직조틀에서 더 많이 벌어들일 수 있게 되었으므로 자신의 농경일
을 점차 내버려두고 오로지 직조에 매달리게 되었다. 이 무렵 실패에 실을

감도록 되어 있는 4명의 어른들과 2명의 아이들로 이루어진 한 가족이 매
일 10시간의 노동을 하여 주당 4파운드 스털링——프로이센 통화로는 28
탈러——을 벌었으며 종종 경기가 좋아 일이 밀리면 더 많이 벌 때도 있었
다 ; 한 사람의 직조공이 자신이 앉아 있는 직조틀에서 주당 2파운드를 버는
일도 꽤 자주 있었다. 그리하여 농사를 짓던 직조공 계급은 점차 완전히 소
멸하고, 신흥 계급, 즉 임금만으로 살아가며, 아무런 소유도 없고, 차지 借地
라는 명의만의 소유조차도 없는, 그리하여 **프롤레타리아**(working men)가 된
단순 직조공 계급으로 용해되었다. 이와 더불어 직조공에 대한 방적공의 낡
은 관계 역시 지양 되어졌다. 지금까지 이 낡은 관계가 유지되던 한에서는,
그들은 한 지붕 아래서 실을 뽑고 천을 짰었다. 이제 제니 방적기가 베틀이
요구하는 것만큼이나 힘센 손을 요구하게 되자, 남자 성인들도 실을 뽑기 시
작하여 가족 전체가 제니 방적기만으로 생활하였다. 반면, 다른 가정은 다
시, 이제는 낡고 시대에 뒤처진 물레를 한구석으로 밀쳐 버려야만 했고, 그
들에게 제니 방적기를 구입할 수단이 없었을 경우에는 가장의 베틀만으로
생활해야만 했다. 이리하여 이후의 공업에서 그렇게도 끝간데 모르고 완성
되는 분업이 직조와 방적에서 시작되었던 것이다.

　　아직 지극히 불완전한 최초의 기계와 더불어 이미 **공업 프롤레타리아트**
가 발전했던 한편으로, 바로 그 기계는 **농업 프롤레타리아트**의 발생에도 동인
을 주었다. 그때까지 요먼 Yeomen 이라 불리우며, 그들의 이웃인 농사짓는
직조공과 마찬가지로 한적하게 아무 생각 없이 느긋한 생활을 영위하던 다
수의 소토지 소유자들이 있었다. 이들은 자신의 작은 땅조각을 전적으로 그
들 조상의 낡고 굼뜬 방식으로 경작하였으며, 몇 세대에 걸쳐 관습에 얽매여
붙박이로 살아 온 사람들에게 특유한 그러한 완고함으로 어떠한 혁신에도
반대하였다. 그들 가운데는 또한 다수의 소차지농이 있었지만, 그들은 오늘
날의 어의에서의 차지농이 아니라, 계약에 의한 영구 임대 차지권에 의해서
혹은 구래의 관습에 의해서 작은 땅조각을 그의 조상들로부터 물려받아 마
치 그 땅이 원래부터 자신에게 속했던 것처럼 지금까지 그 땅에 그렇게 굳
건히 자리잡아 온 사람들이었다. 이제, 공업 노동자들이 농경으로부터 손을
떼었기 때문에 많은 양의 땅조각들이 놀게 되었고, **대임차농들**이라는 새로운
계급이 그 땅조각들 위에 틀어박혔다. 그들은 50, 100, 200 모르겐 내지는

138

그 이상의 모르겐의 땅조각들을 일괄해서 경작했다. 또한 임의 차지인들 tenants-at-will, 즉 매년 그들의 임대차 계약이 해제될 수 있었던 임차농들이 있었는데, 이제 그들은 더 나은 경작과 더 대규모적인 경영을 통하여 땅조각들의 수확을 높일 수 있었다. 그들은 소小요면보다 더 싸게 자신들의 생산물들을 판매할 수 있었다. 그리하여 소요면은 그의 땅조각이 더 이상 그를 먹여 살리지 못하였으므로 그 땅조각을 내다팔아 제니 방적기 혹은 베틀을 마련하거나, 그렇지 않으면 날품팔이, 즉 농업 프롤레타리아로서 대임차농에게 고용되는 길 이외에 어쩔 도리가 없었다. 선조들로부터 물려받았으며 그들이 극복할 수 없었던 그들의 타고난 게으름과 굼뜬 토지 경작 방식은 보다 합리적인 원리들에 의거하여, 대경영 및 토지 개량에서의 자본 투자가 손에 쥐어 주는 모든 장점들을 가지고서 자신의 차지를 경영하는 사람들에 맞서서 경쟁하게 되었을 때 소요면에게 다른 여지를 남겨 두지 않았던 것이다.

이 와중에도 공업의 운동은 여기에서 멈춰 서지 않았다. 개별 자본가들이 제니 방적기들을 커다란 건물에 설치하고 **수력**으로 작동시키기 시작하였는데, 이렇게 함으로써 그들은 노동자들의 수를 줄일 수 있게 되었고 순전히 손으로 기계들을 움직이는 개별 방적공들보다 더 값싸게 실을 판매할 수 있게 되었다. 제니 방적기의 개량은 계속 진행되었으므로, 매순간 어떤 한 기계는 시대에 뒤떨어지게 되어 개조되거나 아예 한구석으로 밀쳐지지 않으면 안 되게 되었다; 자본가는 수력을 이용함에 의해서 낡은 기계들을 가지고서도 존속할 수 있었다고 한다면, 개별 방적공들에게는 이것이 상당 기간 불가능하였다. 또한 이미 이 속에 공장 제도의 단초가 놓여 있었다고 할지라도, 이것이 새로운 확장을 이루는 것은 1767년 북부 랭카셔 **프레스턴** Preston 의 이발사인 **리차드 아크라이트**가 발명한 **스피닝 스로슬** Spinning-Throstle 에 의해서이다. 독일에서는 보통 **케텐슈툴** Kettenstuhl 이라고 불리는 이 기계는 증기 기관과 나란히 18세기의 가장 중요한 기계적 발명이다. 이 기계는 처음부터 **기계 동력**을 생각하고 만들어졌고, 완전히 새로운 원리들에 기초하고 있다. 제니 방적기와 케텐슈툴의 특성들을 결합하여 **피어우드** Firwood (랭카셔)의 **사무엘 크롬튼**이 1785년에 **뮬 방적기**를 완성하였다. 또한 같은 시기에 아크라이트는 **소면기** 梳綿機 와 **시방기** 始紡機 를 발명하였고, 이러한 발명들에 의해 면방직에 있어서 공장 제도가 유일 지배적인 것이 되었다. 점차적으로 사람들은 이 기계들을 조금씩 변형시켜 양모의 방적에, 그리고 이후(금세기 초 10 년 간)에는 아마의 방적에도 사용할 수 있도록 만들기 시작했으며, 이렇게 함으로써 여기서도 손노동을 밀어내기 시작하였다. 그러나 여기서 멈춘 것도 아니었다 ; 지난 세기 말 농촌 목사인 **카트라이트** 박사가 **역직기 力 織機** 를 발명하였고, 이 기계는 1804년경에는 손 직조공에 맞서서 효과적으로 경쟁할 수 있을 정도로 되었다 ; 그리고 이 모든 기계들은 1764년에 발명되고 1785년 이래로 방적기의 운전에 사용된, **제임스 와트의 증기 기관을** 통하여 그 중요성이 배가되었다.

그 후 해마다 개선된 이러한 발명들에 의해서 잉글랜드 공업의 주요 부문들에 있어서 **손노동에 대한 기계 노동의 승리가** 결정되었으며, 그 때부터 잉글랜드 공업의 주요 부문들의 전체 역사는, 어떻게 손 노동자들이 기계에 의해 한 지위에서 다른 지위로 내쫓겼는가를 알려 줄 뿐이다. 이로부터의 결과들은 한편으로 모든 매뉴팩처 상품들의 급속한 가격 하락, 상업과 공업의 번창, 보호되지 않은 거의 모든 외국 시장들의 정복, 자본들과 국부의 급속한 증가 등이었다 ; 다른 한편으로는 더욱더 급격한 프롤레타리아트의 증가, 노동 계급에 있어서의 모든 소유 및 벌이의 모든 안정성의 파괴, 퇴폐, 정치적 소요 등의, 잉글랜드 유산자들의 비위를 너무나 거슬리게 하는 모든 일들이었던바, 우리는 이에 대해 본론에서 살펴봐야만 할 것이다. 제니 방적기와 같은 단 한 대의 조잡한 기계가 하층 계급의 사회적 관계들 내에서 어떠한 변혁을 초래했는가에 대해서 우리가 위에서 이미 살펴본 이상, 우리에게서 원료를 받아 다 짜여진 옷감을 우리에게 되돌려 주는, 정교하게 가공된 기계 장치들의 완전히 결합된 체계가 야기시킨 일들에 대해서 사람들은 더 이상 놀라지 않을 것이다.

그래도 우리는 잉글랜드 공업의 발전[1]을 보다 면밀하게 추적해 보자. 잉글랜드 공업의 주요 부문인 **면 공업에서** 출발해 보자. 1771년에서 1775년

---

1) 포터의 『국민의 진보』, 런던, 1835년 제 1 권, 1838년 제 2 권, 1843년 제 3 권(관청의 보고로부터)에 의거하고 그 밖의 대부분의 것도 마찬가지로 관청 자료들에 의거한다.——(1892 [년판 주]) 공업상의 변혁에 관한 이 역사적 개요는 개개의 점들에서 정확하지 않다 : 그렇지만 1843/44년에 이 이상 좋은 자료는 없었다.

에 이르기까지 매년 평균 5백만 파운드 미만의 원면이 수입되었다 ; 1841년
에는 5억 2천 8백만 파운드를 수입하였는데, 1844년의 수입량은 최소한 6억
파운드에 달하게 될 것이다. 1834년 잉글랜드는 5억 5천 6백만 야드의 면직
물, 7천 6백 5십만 파운드의 면사, 1백 2십만 파운드 스털링의 면 양말류를
수출하였다. 케텐슈툴은 계산에 넣지 않는다 하더라도, 같은 해에 8백만 개
이상의 뮬 방추, 11만 대의 역직기 力織機, 25만 대의 수직기 手織機 가 면공
업에 사용되었다. 또한 맥컬로크의 계산에 따르면 그 당시 직접 간접적으로
세 영토[잉글랜드, 스코틀랜드, 아일랜드]에서 거의 150만의 사람들이 이 공
업 부문에 의지하여 생활하고 있었고 공장에서만도 그들 중 22만 명이 일하
고 있었다 ; 이 공장들에 의해 사용된 동력은 3만 3천 마력의 증기 동력과 1
만 1천 마력의 수력이었다. 이제 이 모든 수치들도 더 이상 전혀 충분하지
않게 된바, 1845년에는 기계들의 동력과 대수 및 노동자들의 숫자가 1834년
보다 0.5 배 가량 더 많아지리라는 것을 냉정하게 가정할 수 있을 것이다. 이
공업의 중심지는 그 시작지인 랭카셔이다 ; 이 공업은 이 백작령에 철두철미
하게 혁명을 일으켜 경작도 제대로 안 된 미지의 늪지대를 생기 있고 근면
한 지역으로 탈바꿈시켰고, 이 지역의 인구를 80년 동안 10배로 증가시켰
으며, 또 이 공업은 합계 70만 명의 주민을 헤아리는 리버풀 Liverpool 및 맨
체스터 Manchester 와 같은 대도시들과 그 이웃 도시들인 볼턴 Bolton (주민
6만 명), 로츠데일 Rochdale(주민 7만 5천 명), 올드햄 Oldham (주민 5만 명),
프레스턴 (주민 6만 명), 애시턴 Ashton과 스탤리브리지 Stalybridge (주민 4만
명) 등과 많은 수의 다른 공장 도시들이 마치 마술사의 지팡이로 그렇게 한
것처럼 땅으로부터 솟아 나오게 했다. 남부 랭카셔의 역사는 근대의 대기적
을 알고 있지만 아무도 그것에 대해서 이야기하지 않는다. 그리고 이 모든
기적은 면 공업이 성취한 것이다. 그 밖에도 글래스고우 Glasgow 는 스코틀
랜드의 면 공업 지역, 즉 래나르크셔 Lanarkshire 와 랜프류셔 Renfrewshire 에
있어 제2의 중심지를 형성한다. 그리고 역시 이곳에서도 중심 도시의 인구가
이 공업의 도입 이래로 3만 명에서 30만 명으로 증가하였다. 노팅검 Not-
tingham 과 더비 Derby 의 양말 제조업 또한 인하된 실 가격 덕분으로 똑같이
하나의 새로운 자극을 받았고, 한 대의 직조틀로 동시에 2켤레의 양말을 짤
수 있게 한 양말 직조틀의 개선 덕분으로 제2의 자극을 얻었다 ; 레이스 제조

업도 마찬가지로 레이스 기계가 발명된 1777년 이래로 중요한 산업 부문이
되었다 ; 그에 곧이어 린들리가 포인트 네트 기계 Point-net-Maschine 를, 그리
고 1809년에는 히스코트가 보빈네트 기계 Bobbinnet-Maschine 를 발명하였으
며, 이 때문에 레이스 제조는 한없이 간단하게 되고 소비도 저렴한 가격 덕
분에 증가하였다. 그 결과 이제 최소한 20만 명의 사람들이 이 제조업에 의
해 생계를 이어가고 있다. 레이스 제조업은 노팅검, 리체스터 Leicester, 잉글
랜드 서부(윌트셔 Wiltshire, 데본셔 Devonshire 등등)에 그 중심지를 두고 있
다. 면 공업에 의존하는 노동 부문인 표백, 염색, 날염도 똑같은 확대를 경험
하였다. 표백업은 화학적 표백에서 산소 대신 염소를 사용함으로써, 염색업과
날염업은 화학의 급속한 발전을 통하여, 그 밖에도 날염업은 일련의 눈부시
기 그지없는 기계 발명들을 통하여 더욱 비약한바, 이 비약은 면 제조업의
증대에 의해 조건지어진 이러한 영업 분야들의 확장과 나란히 이 부문들을
전대 미문의 번영으로 이끌어 올렸다.

　　양모의 가공에 있어서도 동일한 활동이 전개되었다. 양모 가공은 지금까
지 잉글랜드 공업의 주요 부문이었으나, 그 무렵의 생산량은 오늘날 제조되
는 것에 비하면 아무것도 아니다. 1782년에는 그 이전 3년 동안의 양모 수
확량 전부가 노동자들의 부족으로 인하여 채 가공되지 않고 방치되고 있었
으며, 새로이 발명된 기계 장치가 도움을 주어 실을 뽑지 못했던들 여전히
방치되었을 것임에 틀림없다. 이 기계들의 양모 방적업으로의 차용은 최고
의 성과를 거두며 수행되었다. 이제 양모 공업 지역에서도 우리가 면 공업
지역에서 본 것과 같은 급속한 발전이 나타났다. 요크셔 Yorkshire 서부 지방
에서는 1738년 7만 5천 필의 모직물이 만들어졌는데 1817년에는 4십 9만 필
이 만들어졌다. 그리고 양모 공업의 확대가 더욱 급속해진 결과, 1834년에는
이미 1825년에 비해 4십 5만 필이나 많은 모직물이 수출되었다. 1801년에는
1억 1백만 파운드의 양모(그 중 7백만 파운드는 수입되었다)가 가공되었으
며, 1835년에는 1억 8천만 파운드(그 중 4천 2백만 파운드는 수입되었다)가
가공되었다. 이 공업의 중심지는 요크셔의 서부 지방이지만 이 지역에서도
특히 브래드퍼드 Bradford [시]에서 잉글랜드 산 긴 양모가 뜨개실 등등으로
가공되고 있고, 리즈 Leeds, 할리팩스 Halifax, 허더즈필드 Huddersfield 등지의
기타 도시들에서는 짧은 양모가 단단하게 감은 실과 모직물로 가공되고 있

다 ; 그 다음으로는 면가공과 나란히 다량의 플란넬이 제조되는, **랭카셔** 인접 **로츠데일** 지방과 최양질의 모직물이 제조되는 **잉글랜드** 서부가 있다. 인구의 증가는 여기에서도 마찬가지로 주목할 가치가 있다 :

브래드퍼드   1801년   29,000명,   1831년   77,000명,

할리팩스   1801년   63,000명,   1831년   110,000명,

허더즈필드   1801년   15,000명,   1831년   34,000명,

리즈   1801년   53,000명,   1831년   123,000명,

요크셔 서부 지방 전역   1801년   564,000명,   1831년   980,000명.

인구가 1831년 이래 최소한 20 내지 25 퍼센트 증가했음에 틀림이 없다. 양모 방적업은 1835년에 세 영토 내에서 7만 1천 3백 명의 노동자들을 가진 1,313 개 공장에 일을 주고 있었다——더욱이 이 노동자들은 직간접적으로 양모의 가공에 의해 생활하는 많은 사람들의 작은 부분에 지나지 않으며 직조공들을 거의 모두 제외시킨 것이다.

린넨 공업에서는 진보가 더 이후에 시작되었는데, 그 이유는 이 공업에서는 원료의 자연적인 속성이 방적기의 사용을 매우 힘들게 했기 때문이다. 지난 세기 말에 이미 스코틀랜드에서 이러한 종류의 시도가 행해지기는 했지만, 1810년에야 비로소 프랑스 인 **지라르가 아마 방적업**을 실제적인 방식으로 조직하는 데 성공하였는바, 이 지라르의 기계 자체도 잉글랜드 내에서 겪었던 개량들을 통하여, 그리고 **리즈, 던디** Dundee, **벨파스트** Belfast 에서의 일반적인 응용을 통하여 비로소 영국적 기반 위에서 그것에 합당한 의의를 획득하였다. 그러나 이제 잉글랜드의 린넨 공업은 급속히 확장되었다. 1814년에 던디로 3천 톤의 아마가 수입되었고, 1833년에는 약 1만 9천 톤의 아마와 3천 4백 톤의 대마가 수입되었다. 아일랜드 산 린넨의 대브리튼[잉글랜드, 스코틀랜드, 웨일즈]으로의 수출은 3천 2백만 야드(1800년)에서 5천 3백만 야드(1825년)로 증가하였으며, 그 중 대부분이 재수출되었다 ; 잉글랜드와 스코틀랜드 산 린넨 직물의 수출은 2천 4백만 야드(1820년)에서 5천 1백만 야드(1833년)로 증가하였다. 아마 방적업[소]의 숫자는 1835년에 3만 3천 명의 노동자를 가진 347 개소에 달하였다 ; 그 숫자 중 절반은 남부 스코틀랜드

에, 60 개 이상이 요크셔 서부 지방(리즈와 그 주변)에, 25 개는 아일랜드의 벨파스트에, 그 나머지는 도오셋셔 Dorsetshire 와 랭카셔에 있었다. [아마] 직조업은 남부 스코틀랜드와 잉글랜드의 여기저기에서 행해지고 있지만, 특히 아일랜드에서 번창하고 있다.

잉글랜드 인들은 **명주의 가공**에서도 동일한 성과를 거두었다. 여기에서 잉글랜드 인들은 완전히 방적된 남부 유럽산 원료 및 아시아 산 원료를 입수하였으며, 주요 작업은 가는 실들을 꼬는 것(연사 撚絲) 이었다. 1824년까지는 생사에 대한 무거운 관세(파운드 당 4 실링) 가 잉글랜드의 견 공업을 매우 방해하였는바, 단지 잉글랜드와 잉글랜드 식민지의 시장만이 보호 관세를 통하여 잉글랜드의 견공업의 뜻대로 될 뿐이었다. 오늘날 수입 관세는 1 페니까지 인하하였고, 그와 동시에 공장들의 수효는 현저히 증가하였다 ; 한 해 동안 이중직 二重織 방추의 수는 78만 개에서 1백 18만 개로 늘었으며, 1825년 상업 공황이 이 공업 부문을 일시적으로 마비시켰음에도 불구하고, 이미 1827년에는 그전까지보다 더 많이 제조되었다. 왜냐하면 잉글랜드 인들의 기계적인 숙련과 경험 덕분에 그들의 연사 기계들이 그들의 경쟁자들의 졸렬한 설비들에 비해 앞선 지위를 보장받았기 때문이다. 1835년 대영제국은 3만 명의 노동자들을 거느린 263 개의 연사 공장들을 가지고 있었는데, 이것들은 대부분 **췌셔** Cheshire (맥클레스필드 Macclesfield, **콘글레턴** Congleton 과 그 주변)와 **맨체스터**, 섬머셋셔 Somersetshire 에 자리하고 있었다. 그 밖에 누에고치에서 나온 지스러기 명주를 가공하는 공장들도 많이 있는데, 이 공장에서는 독특한 제품(방적 견사 Spunsilk)이 제조되며 잉글랜드 인들은 이것을 빠리와 리용의 직조업에까지 공급하고 있다. 그렇게 꼬아지고 방적된 명주의 직조는 특히 스코틀랜드(**파이슬리** Paisley 등등)와 런던(**스피탈필즈** Spitalfields) 등지에서 행해지고 있고, 또한 **맨체스터**와 여타 지역들에서도 행해지고 있다.

그러나 1760년 이래 잉글랜드의 공업이 성취한 거대한 약진은 옷감들의 제작에만 국한되지 않는다. 일단 주어진 자극은 공업 활동의 모든 부문들로 확장되었으며, 지금까지 언급된 발명들과 전혀 관련이 없는 많은 발명들이 일반적인 운동과 때를 같이 하여 나타난 관계로 그 중요성이 배가되었다. 그리고 동시에, 공업에서 기계적 힘이 지닌 엄청난 의의가 일단 실제적으로 증명된 이제는, 이 힘을 모든 방면에서 사용하고, 또 개개의 발명가와 공장주의 이익이 되도록 이용하기 위하여 또한 모든 것이 동원되었다 ; 게다가 이미 기계, 연료 및 가공 재료에 대한 수요가 대량의 노동자들 및 영업의 활동을 직접적으로 배가시켰다. 증기 기관은 잉글랜드의 광대한 **석탄층**에 최초로 의미를 부여했다 ; **기계 제작**이 이제 비로소 발생하였으며, 또한 이와 더불어 기계용 원료를 공급하는 **철광산**에 대한 새로운 관심이 생겨났다 ; 증대된 양모 소비는 잉글랜드의 목양업 牧羊業 을 번창시켰고, 양모, 아마 및 명주의 수입 증가는 잉글랜드의 상선대 商船隊 를 거대화시켰다. 무엇보다도 **철 생산**이 번창해졌다. 그때까지는 잉글랜드의 풍부한 철광산들이 거의 이용되지 않았었다 ; 사람들은 철광석을 줄곧 목탄을 가지고 용해시켰는데 토지 경작의 개량 및 삼림 절멸과 함께 목탄이 점차 더 비싸지고 희소해지게 되었다 ; 지난 세기에야 비로소 여기에[철광석을 용해시키는 데에] 황화 석탄(코크스) 이 사용되기 시작했으며, 지금껏 단지 주철로서밖에 사용되지 않았던 용해된 철을 코크를 써서 쓸모 있는 단철로 변화시키는 새로운 방법이 1780년이 지나서 발견되었다. 이 방법이란 철을 용해할 때에 철에 혼합된 탄소를 뽑아내는 데에 그 요체가 있는 것으로서, 잉글랜드 인들은 이를 퍼들링 법 puddling 이라고 불렀으며, 이로써 잉글랜드의 철 생산은 완전히 새로운 장을 펼치게 되었다. 용광로는 예전보다 50 배나 크게 만들어졌고, 광석의 용해는 뜨거운 송풍기를 통하여 간단한 일로 되었으며, 이로써 저렴하게 철을 생산할 수 있게 되어 예전에는 나무나 돌로 제조되었던 많은 것들이 이제는 철로 만들어지게 되었다. 유명한 민주주의자 **토마스** 페인은 1788년 요크셔에 최초의 철교를 세웠으며, 이에 잇따라 많은 수의 철교가 세워져서 이제 거의 모든 다리들과 특히 철도에 놓여지는 다리는 주철로 만들어지고 있고, 런던에서 템즈 강을 가로지르는 다리인 사우스와크 Southwark 교橋 조차 이 재료로 축조되어졌다 ; 기계의 철주 鐵柱, 철대 鐵臺 등등은 일반화되고 있으며, 가스 조명과 철도의 도입 이래로 잉글랜드의 철광석 채굴은 새로운 분출구를 열었다. 못과 나사도 점차 기계로 제작되었다 ; 셰필드 Sheffield 출신의 **헌츠맨**이 1760년 강철을 주조하는 방법을 발견하였는데 이 때문에 많은 노동이 불필요해지게 되었고, 전적으로 새롭고 저렴한 상품들의 제작이 가능하게 되었다 ; 또한 잉글랜드의 금속 상품 생산은 그것의 생산을 자기 뜻대로 할 수 있는 바의 재료의 한층 높아진 순도와 더 완전해진 공구, 새로운 기계 장치 및 더욱 세분된 분업으로 인하여 이제 비로소 중요하게 되었다. **버밍검 Birmingham** 의 인구는 7만 3천 명(1801년)에서 2십만 명(1844년)으로 성장했고, **셰필드**의 인구는 4만 6천 명(1801년)에서 1십만 명(1844년)으로 증가하였으며, 셰필드 한 도시의 석탄 소비량만도 1836년에는 51만 5천 톤에 달했다. 1805년 4,300 톤의 철 상품과 4,600 톤의 선철이, 1834년에는 1만 6천 2백 톤의 철 상품과 10만 7천 톤의 선철이 수출되었고, 철광석 채굴량 전체는 1740년에 불과 1만 7천 톤이었으나 1834년에는 약 70만 톤으로 증가했다. 선철의 용해만으로도 매년 3백만 톤 이상의 석탄을 소비하고 있으니, 지난 60년의 과정 속에서 **석탄 광산**이 도대체 어느 만큼의 중요성을 지녔는지 짐작조차 할 수 없을 정도이다. 이제는 잉글랜드와 스코틀랜드의 모든 석탄층이 이용되고 있다. 또한 **노덤벌랜드 Northumberland** 및 **더햄 Durham** 의 탄갱에서만도 매년 5백만 톤 이상을 선적을 위하여 공급하고 있으며 4만 내지 5만 명의 노동자들을 고용하고 있다. 『더햄 크로니클』지 紙 에 따르면, 위에서 언급한 두 백작령에서 가동중의 탄갱은 다음과 같았다.

1753년   14개 탄광
1800년   40개 탄광
1836년   76개 탄광
1843년   130개 탄광

　게다가 모든 탄갱은 이제 예전보다 더 활발하게 채굴되고 있다. **주석, 구리** 및 **아연** 광산에서도 이와 유사한 활동의 증가가 있었으며, 1763년경 조지아 웨지우드에 의해 중요성을 가지게 된 **도기** 상품 제조에 있어서도 새로운 공업 부문이 **유리** 제조의 확장과 나란히 생겨났다. 그는 사기 그릇의 제작 전반을 과학적인 원리로 환원시켰고, 더 나은 미적 기준을 도입하여 **북부 스태퍼드셔 Staffordshire** 의 **요업**(potteries)을 정초하였다. 이곳은 8 평방 잉글랜드 마일의 지역으로 예전에는 별 쓸모 없는 황무지였으나 이제는 공장과 가옥들로 뒤덮여 6만 명 이상의 사람들을 부양하고 있다.

　이러한 전반적인 운동의 소용돌이 속으로 모든 것이 휘말려 들었다. 농업도 또한 격변을 치렀다. 우리가 앞에서 보았던 바와 같이 토지 소유가 다른 소유자와 경작자의 손으로 넘어갔을 뿐만 아니라, 또 다른 방식으로도 농업은 영향을 받았다. 대차지인들은 토지 개량에 투자하였고 불필요한 울타리를 무너뜨렸으며, 배수를 하고 거름을 주고 더 개량된 기구를 사용하였고 계통적 윤작(cropping by rotation)을 도입하였다. 또한 과학의 진보는 그들에게 도움을 주었다 ; H. 데이비 경은 화학을 성과적으로 농업에 적용하였으며, 기계 공학의 발전은 대차지인들의 손에 많은 이익을 쥐어 주었다. 게다가 인구 증가의 결과로 농산물에 대한 수요가 매우 급증하였기 때문에, 1760년에서 1834년까지 6,840,540 잉글랜드 모르겐의 황무지가 개간되었다. 그러나 그럼에도 불구하고 잉글랜드는 곡물 수출국에서 곡물 수입국이 되었다.

동일한 활동이 **교통**의 정비에 있어서도 이루어졌다. 1818년부터 1829년까지 잉글랜드와 웨일즈 Wales 에는 60 피트의 법정 폭을 가진 1000 잉글랜드 마일의 국도가 놓여졌고 거의 모든 구도로들이 **맥아담**의 원리에 따라 새로이 포장되었다. **스코틀랜드**에는 공공 사업국이 1803년 이후로 900 마일의 국도와 천 개 이상의 다리를 건설하였으며, 이를 통하여 하일랜드 Hochland 지방에 있는 주민들은 단번에 문명에 가까워지게 되었다. 하일랜드 지방의 주민들은 지금까지는 대부분 밀렵꾼이나 밀수꾼이었다 ; 이제 그들은 부지런한 농부이자 수공업자가 되었다. 그리고 게일 어 학교가 그곳 언어의 보존을 위해 세워졌음에도 불구하고, 게일 · 켈트족의 관습과 언어는 잉글랜드 문명의 진출 앞에서 급속히 사라지고 있다. **아일랜드**에서도 사정은 마찬가지이다. **코크** Cork, **리메릭** Limerick, **케리** Kerry 백작령들간에는 지금까지 마차가 다닐 수 없는 황폐한 지대가 놓여 있었는데, 그곳은 접근하기 어려웠기 때문에 모든 범죄인들의 피난처이자 남아일랜드 내 켈트 아일랜드 민족의 주요 보호지였다 ; 그 지대에 차도가 뚫렸고, 이로써 문명은 이 미개 지역에도 길을 열었다. 대영제국 전체는, 특히 잉글랜드는 60 년 전에는 그 당시 독일과 프랑스와 마찬가지로 길이 잘 닦여 있지 않았었는데 이제는 최고의 국도망으로 뒤덮여 있다. 국가는 거의, 혹은 전혀 이 일에 기여한 바가 없기 때문에, 이 일도 역시 잉글랜드 내의 모든 일과 마찬가지로 민간 공업의 업적이다.

1755년 이전에는 잉글랜드에 **운하들**이 거의 없었다. 1755년에 랭카셔에

샌키 브룩 Sankey Brook 에서 세인트 헬렌즈 St. Helens 까지의 운하가 놓여졌다 ; 그리고 1759년에는 제임스 브린들리가 최초의 중요한 운하인 브리지워터 공公 운하를 건설하였는데, 이 운하는 맨체스터 및 그 주변의 석탄 광산에서 머시 Mersey 강어귀에로 이어지고 있고, 바턴 Barton 에서는 수로교 水路橋로 어웰 Irwell 강을 가로지르고 있다. 브린들리가 최초로 중요성을 부여했던 잉글랜드의 운하 체계는 이때부터 시작하는 것이다. 오늘날 운하들은 사방 팔방으로 건설되어 강에서 배가 다닐 수 있게 되었다. 잉글랜드에서만도 2,200 마일의 운하와 1,800 마일의 항선 가능한 강들이 있다 ; 스코틀랜드에는 국토를 비스듬히 횡단하는 칼레도니아 Kaledonia 운하가 세워졌으며, 또한 아일랜드에서도 갖가지 운하들이 세워졌다. 이 건조물들도 철도 및 국도와 마찬가지로 거의 모두가 사적 개인들과 회사들의 업적이다.

철도들은 아주 최근에야 비로소 건설되었다. 최초의 대규모 철도는 리버풀에서 맨체스터까지의 철도였다(1830년 개통) ; 그 이후 모든 대도시들이 철도 궤도들을 통해 서로 연결되었다. 런던은 사우스앰프턴 Southampton, 브라이턴 Brighton, 도버 Dover, 콜체스터 Colchester, 캠브리지 Cambridge, 엑시터 Exeter(브리스톨 Bristol 경유) 및 버밍검과 연결되었고 ; 버밍검은 글로우체스터 Gloucester, 리버풀, 랭카스터 Lancaster(뉴턴 Newton 과 위간 Wigan 을 경유하고 맨체스터와 볼턴을 경유), 더 나아가 리즈(맨체스터와 할리팩스를 경유하고 리체스터, 더비 및 세필드를 경유)와 연결되었으며 ; 리즈는 헐 Hull 과 뉴카슬 Newcastle(요크 York 경유)과 연결되었다. 그 밖에 건설중이고 계획중인 많은 소규모 철도들이 있으며, 이 철도들은 곧 에딘버러 Edinburgh 에서 런던까지 하루에 여행하는 것을 가능하게 할 것이다.

증기는 육상 교통에 혁명을 일으킨 것과 마찬가지로 수상 교통에도 새로운 전망을 열어 주었다. 최초의 기선이 1807년 북아메리카의 허드슨 Hudson 강을 운행하였다 ; 대영제국에서의 최초의 기선은 1811년 클라이드 Clyde 강을 운행하였다. 이후로 600척 이상의 기선이 잉글랜드에서 건조되었고, 500척 이상이 1836년 현재 잉글랜드의 항구들에서 운행되고 있었다.

간단히 말해서 이것이 지난 60년 동안의 잉글랜드 공업의 역사인바, 이 역사는 인류의 연대기에서 그와 유사한 것을 찾아볼 수 없는 그러한 역사이다. 60년, 80년 전에는 다른 모든 나라들과 마찬가지로 소도시들, 몇몇 안 되는 단순한 공업, 빈약하긴 하나 그래도 비교적 많은 농업 인구를 가진 한 나라가 있었다 ; 그런데 이제는 다른 어떤 나라들과도 달리 주민 250만 명의 수도, 거대한 공장 도시들, 전세계를 관장하며, 복잡하기 그지없는 기계로 거의 모든 것을 만들어 내는 공업, 부지런하고 지적이고 조밀하게 퍼진 인구—그들 중 3분의 2가 공업에 의해서 요청되고 있고, 완전히 다른 계급들로 이루어져 있으며, 실로 그 당시와는 다른 관습과 다른 욕구를 가진 전혀 다른 국민을 형성하고 있다—를 가지고 있는 한 나라가 있다. 산업 혁명은 프랑스에 대하여 정치 혁명이, 독일에 대하여 철학 혁명이 가지는 것과 같은 동일한 의의를 잉글랜드에 대하여 가지고 있다. 또한 1760년의 잉글랜드와 1844년의 잉글랜드 사이의 간격은 적어도 구체제 ancien régime 의 프랑스와 7월 혁명[24]의 프랑스 사이의 간격만큼이나 크다. 그러나 이 산업상의 변혁의 가장 중요한 성과는 잉글랜드 프롤레타리아트이다.

우리는 앞에서 기계들의 도입으로 어떻게 프롤레타리아트가 태어났는가를 보았다. 공업의 급속한 확장은 일손들을 필요로 했다 ; 임금은 상승하였고 그 결과 노동자들의 무리가 농업 지역들에서 도시들로 이동했다. 인구는 급격하게 증가하였는데, 그 모든 증가는 거의 프롤레타리아 계급의 수를 증대시켰다. 그 밖에 아일랜드에서는 18세기 초 이후에야 비로소 혼란 없는 상태가 도래하였다 ; 여기서도, 이전의 소요에서 잉글랜드의 만행에 의해 엄청나게 처형되어 줄어들었던 인구가 급속히 증가하였으며, 특히 공업의 약진 이후로 많은 수의 아일랜드 인들이 잉글랜드로 건너오기 시작하였다. 그리하여 대영제국의 공업 대도시들 및 상업 대도시들이 발생하였는바, 그 곳에서는 최소한 인구의 3/4이 노동자 계급에 속하고, 소부르주아지는 소상인들과 아주 극소수의 수공업자들로만 이루어져 있다. 왜냐하면 새로운 공업이 도구들을 기계들로, 작업장들을 공장들로 변화시킴으로써 ——또 이를 통해 노동하는 중간 계급을 노동하는 프롤레타리아트로, 지금까지의 대상인들을 공장주들로 변화시킴으로써 ——비로소 중요해졌던 것과 똑같은 일이, 그리하여 이미 여기서 소중간 계급이 밀려나고 주민이 노동자들과 자본가들의 대립으로 환원되었던 것과 똑같은 일이 좁은 의미의 공업의 영역 바깥에서, 즉 수공업에서 그리고 상업에서조차 일어났기 때문이다. 예전의 장인들과 직인들의 자리를 대신해서 대자본가들과 자신의 계급을 극복할 전망을 전혀

가지지 못했던 노동자들이 출현했다 ; 수공업들은 공장식으로 운영되었고, 분
업이 엄격히 관철되었으며, 대기업과 경쟁할 수 없었던 소장인들은 프롤레
타리아 계급으로 전락하였다. 그리고 동시에 노동자는 지금까지의 수공업
경영의 폐기로 인하여, 소부르주아지의 절멸로 인하여 스스로 부르주아들이
될 모든 가능성을 빼앗겨 버렸다. 지금까지 노동자는 정주하는 장인으로서
어디엔가 자리를 잡고, 나중에는 아마도 직인들을 채용할 수 있으리라는 전
망을 늘 갖고 있었다 ; 그러나 장인들조차 공장주들에 의해 밀려나고 있고,
어떤 일의 자립적인 경영을 위해 대자본이 필요해진 오늘날 비로소 프롤레
타리아트가 현실적이고 고정적인 주민 계급이 된 반면에 이전에 프롤레타리
아트는 종종 부르주아지로 가는 하나의 통로였을 따름이었다. 오늘날 노동
자로 태어난 사람은 한평생 프롤레타리아로 머무르는 것 이외에 그 어떤 전
망도 가지지 못하게 되었다. 그리하여 이제야 비로소 프롤레타리아트는 독
자적인 운동들에 착수할 수 있게 되었다.

　　이러한 방식으로 엄청난 수의 노동자 대중이 모여들어 이들이 이제 대
영제국 전체를 메우고 있으며, 이들의 사회적 처지는 문명 세계의 주목을 나
날이 더욱더 끌고 있다.

　　노동 계급의 처지, 즉 잉글랜드 인민의 압도적 다수의 처지, 문제 : 어제
번 것을 오늘 다 써서 없애며, 자신들의 발명들과 노동으로 잉글랜드의 위대
함을 창조하였고, 나날이 더욱더 자신들의 힘을 자각하게 되고, 나날이 더욱
더 절박하게 사회 조직의 이익에서 자신의 몫을 요구하는 이 수백만 무산자
들은 어찌되어야 할 것인가——이 문제는 개혁 법안[31] 이후로 국민적인 문제
가 되어 있다. 의회에서 다소라도 중요한 모든 토론은 이 문제로 환원된다 ;
그리고 또한 잉글랜드의 중간 계급들이 이제까지 이 점을 인정하지 않으려
했다 할지라도, 그들이 이 중차대한 문제를 회피하고자 하고 그들의 특수한
이해를 진정으로 국민적인 이해라고 사칭하고자 할지라도, 그러한 것은 그
들에게 전혀 아무런 도움이 되지 않는다. 의회의 매회기마다 노동 계급은 자
기 기반을 가지면서 진출하고 있고, 중간 계급의 이해는 중요성을 잃고 있
다. 그리고 중간 계급이 의회의 주요 세력, 정말이지 유일한 세력임에도 불
구하고, 1844년의 최근 회기에서는 노동자의 상황에 관한 토론들(빈민법안,
공장법안, 고용주와 고용인의 관계에 대한 법안)이 계속되었던바, 하원에서

의 노동자 계급의 대변자였던 토마스 던콤이 이 회기의 주역이었던 반면에, 자유주의적 중간 계급은 그들의 곡물법 폐지 동의[16] 때문에, 그리고 급진적 중간 계급은 그들의 납세 거부 때문에 초라한 배역을 맡았다. 아일랜드에 관한 토론들조차도 기본적으로 아일랜드의 프롤레타리아트의 처지와 그들을 구제할 수단에 관한 토론들일 뿐이었다. 그러나 또한 지금은 잉글랜드의 중간 계급이, 애원하는 노동자가 아니라 오히려 위협하고 요구하는 노동자들에게 양보할 만한 적당한 시기인데, 왜냐하면 머지않아 그것도 너무 늦은 것이 될지 모르기 때문이다.

그러나 이 모든 것들에도 불구하고 잉글랜드의 중간 계급과 특히 노동자들의 궁핍 덕분에 직접 부유해지게 된 제조업자들은 이 궁핍에 대해서 아무것도 알려고 하지 않는다. 자신이 국민을 대표하는 강력한 계급이라고 느끼는 이 계급은 잉글랜드의 치부를 세계의 눈앞에 발가벗겨 놓는 것을 부끄러워한다 ; 그들은 노동자들이 빈곤하다는 것을 인정하지 않으려 하는데, 왜냐하면 **그들**, 유산의 공업 계급이 이 빈곤에 대한 도덕적 책임을 져야 하기 때문이다. 그런 까닭에 교양 있는 잉글랜드 인들——그리고 대륙의 사람들은 이러한 잉글랜드 인들, 즉 중간 계급밖에 모르고 있다——, 이 교양 있는 잉글랜드 인들은 사람들이 노동자들의 처지에 관해 말을 꺼내려고 할 때면, 비웃는 표정을 짓는 것이 예사이다 ; 그런 까닭에 중간 계급 전체에 있어서 노동자와 관계되는 모든 것에 대한 완전한 무지가 존재한다 ; 그런 까닭에 프롤레타리아트의 상황이 화제가 될 때면 이 계급은 의회의 안팎에서 우스꽝스러운 실수를 범한다 ; 그런 까닭에 이 계급은 그들의 발밑에서 허물어지고 있으며 언제라도 전복될 수 있는 기반 위에서 우스꽝스러울 만큼 태평하게 살고 있는 것인바, 머지않아 이 기반이 붕괴함은 마치 어떤 수학 법칙이나 역학 법칙만큼이나 확실한 것이다 ; 그런 까닭에 잉글랜드 인들이 이제는 얼마나 오래되었는지 모를 정도로 오랫동안 노동자들의 처지를 이리 조사해 보고 저리 고쳐 보았음에도 불구하고 아직껏 잉글랜드의 노동자들의 처지에 관한 단 한 권의 완벽한 저서도 가지고 있지 못하는 기적이 존재하는 것이다. 그러나 그러한 까닭에 노동자들을 체계적으로 착취하고 그런 다음 그들을 인정사정없이 운명에 내동댕이치는 부자들에 대한, 글래스고우에서 런던에 이르는 노동자 계급 전체의 깊은 증오는——그리 오래지 않아——이 시

간은 거의 계산될 수 있다 ——혁명으로 분출될 것이며, 이 혁명에 비하면 제
1차 프랑스 혁명과 1794년은 어린아이 장난에 지나지 않을 것이다.

공업 프롤레타리아트

우리가 프롤레타리아트의 여러 부분들을 고찰해야 할 순서는 전술한 프
롤레타리아트의 발생사로부터 자연히 도출된다. 최초의 프롤레타리아들은
공업에 속하였으며 공업을 통해 직접 산생되었다 ; 그러므로 **공업 노동자들**,
즉 원료의 가공에 종사하는 노동자들이 맨 먼저 우리의 주의를 끌게 된다.
공업 재료, 원료 및 연료의 산출 자체는 공업의 격변의 결과 비로소 중요해
졌으며 그리하여 새로운 프롤레타리아트를 만들어 낼 수 있게 되었다 : **탄광
및 금속 광산의 노동자들**. 공업은 세번째 단계에서 **농업**에, 네번째 단계에서는
아일랜드에 영향을 미쳤으며 그에 따라 이에 속한 프롤레타리아트 부분들
Fraktionen 에게 각각의 지위를 지정해 줄 수 있었다. 또 우리는 아일랜드 인
들을 제외한다면, 다양한 노동자들의 교양 정도가 그들의 공업과의 연관과
정확히 비례한다는 점을, 따라서 공업 노동자는 자신의 이해에 대해 가장 잘
계몽되어 있고 광산 노동자는 훨씬 그에 뒤떨어져 있으며 농업 노동자는 거
의 전혀 계몽되어 있지 못하다는 점을 발견하게 될 것이다. 우리는 공업 프
롤레타리아들 사이에서조차 이러한 서열을 재발견하게 될 것이며, 공장 노
동자들, 산업 혁명의 이 맏아들들이 어떻게 처음부터 지금까지 노동자 운동
의 핵심이 되어 왔는가를, 또 어떻게 그 외의 노동자들이 공업의 격변에 의
해 그들의 수공업이 장악된 것과 꼭 같은 정도로 운동에 결합하게 되었는가
를 보게 될 것이다 ; 그런즉 우리는 잉글랜드의 예에서, 노동자 운동이 공업
상의 운동과 보조를 맞추는 것을 보면서 공업의 역사적 의의를 이해하도록
배울 것이다.

그러나 이 시점에서 공업 프롤레타리아트 전체가 거의 운동에 연루되어
있고 개별 부분들의 처지도 모두 공업적이라는 바로 그 점 때문에 많은 공
통점을 지니고 있으므로, 우리는 우선 이 공통점을 전반적으로 논하고자 한
다. 그렇게 함으로써 우리는 이후 모든 개별적 분야들을 그것들의 특징 속에

서 더욱 예리하게 고찰할 수 있게 될 것이다.

　공업이 어떻게 소유를 소수의 손에 집중시키는가는 이미 위에서 암시한 바 있다. 공업은 대자본을 요구하며, 이 대자본으로 거대한 공장 시설들 Etablissements 을 설립하여 수공업적 소부르주아지를 파탄시킨다.──그리고 또 대자본으로 자연력들을 자신의 지배하에 두어 개별 손 노동자를 시장으로부터 내몬다. 분업 그리고 수력, 특히 증기력의 이용 및 기계 메카니즘──이것이 3가지의 커다란 지렛대로, 이를 이용하여 공업은 지난 세기 중엽부터 세계를 그 접지점으로부터 들어올리는 작업을 하고 있다. 소공업은 중간 계급을 만들어 내었고 대공업은 노동자 계급을 만들어 내었으며, 중간 계급에서 선발된 소수의 사람들을 왕좌로 끌어올렸다. 그러나 이는 다만 후일에 그들을 더욱 확실히 파멸시키기 위한 것이었다. 그렇지만 당분간은, '좋은 옛 시절'의 무수한 소 중간 계급이 공업에 의해 파멸되어 한편으로는 부유한 자본가로, 또 다른 한편으로는 가난한 노동자로 해체되어졌다는 것은 부정할 수 없는 사실이자, 쉽게 설명할 수 있는 사실인 것이다.[2]

　그러나 공업의 집중화 경향은 여기서 멈춰 서지 않는다. 인구도 자본과 마찬가지로 집중된다 ; 이는 너무나 당연한 것으로, 공업에 있어 사람, 즉 노동자는 자신을 공장주에게 내맡겨 쓰게 함으로써 임금이라는 명목으로 이자를 지불받는 한 조각의 자본에 지나지 않기 때문이다. 공업의 거대한 공장 시설은 한 건물 안에서 함께 일할 많은 노동자들을 요구한다 ; 그들은 함께 거주하여야 한다. 이미 그들은 웬만한 공장 옆이면 마을을 형성하고 있다. 그들은 욕구들을 가지고 있으며, 이 욕구들의 충족을 위해 다른 사람들을 필요로 한다 ; 수공업자, 재봉사, 구두 수선공, 제빵업자, 미장이, 가구 제조업자 등이 모여든다. 그러한 마을의 거주자들, 특히 젊은 세대는 공장 노동에 익숙해지고, 이에 정통해진다. 또한 자명하게도 최초의 공장이 모두를 고용할 수 없을 때에는 임금이 떨어지고 그 결과 새로운 공장주들이 이주해 온다. 그리하여 마을은 소도시가 되고, 소도시는 대도시로 된다. 도시가 커지면 커질수록, 더욱더 이주로부터 오는 이점들이 많아진다 : 철도, 운하, 국도

---

2) 이에 대해서는 『독불 연보』에 실린 나의 「국민 경제학 비판 개요」를 참조하라. 이 논문은 '자유 경쟁'으로부터 시작하고 있다 ; 그러나 공업은 자유 경쟁의 실천일 뿐이고, 자유 경쟁은 다만 공업의 원리일 뿐이다.

가 있다 ; 숙련 노동자들을 뽑을 기회가 점점 더 많아지게 된다 ; 건축업자들
과 기계 제조업자들을 바로 가까이에 두고 있고 또 그들 각각의 사이에 경
쟁이 있기 때문에, 건축재·기계·건축업자들 및 공장 노동자를 우선 수송
해 놓아야 하는 후미진 지역에 비해 저렴하게 새로운 공장 설비가 설치될
수 있다 ; 시장도 있고 구매자들이 몰려드는 거래소도 있다 ; 원료를 공급하거
나 완제품을 사들이는 시장들과 직접적으로 연계되어 있다. 그리하여 대공
장 도시들의 놀랄만치 급속한 증가. 물론 농촌 지방 역시 그에 반하여 보통
임금이 저렴하다는 이점을 가지고 있다 ; 이리하여 농촌 지방과 공장 도시는
끊임없는 경쟁 속에 놓이는데, 오늘은 도시에 이점이 있는가 하면, 내일은
농촌의 임금이 다시 하락하여 농촌에 대한 새로운 투자가 이점으로 나타날
수 있다. 그러나 이 경우에도 공업의 집중화 경향은 강력한 힘을 가진 채로
있으며 농촌에 설립된 모든 새로운 공장은 그 내부에 공장 도시의 맹아를
지니고 있다. 이 미친 듯한 공업의 돌진이 일백 년 간이나 그대로 진행되는
것이 가능하다면, 잉글랜드의 공업 지역 모두는 단 하나의 대공장 도시가 되
고, 맨체스터와 리버풀은 워링턴 Warrington 이나 뉴턴에서 합쳐지게 될 것
이다 ; 또한 상업에서도 이러한 인구의 집중이 똑같은 방식으로 작용하는 까
닭에, 리버풀, 브리스톨, 헐 및 런던과 같은 몇몇 대항구들이 대영제국의 거
의 모든 해상 무역을 독점하고 있는 것이다.

　　공업과 상업은 이러한 대도시들에서 가장 완전하게 발전하기 때문에,
프롤레타리아트와 관련된 공업과 상업의 귀결도 이러한 대도시들에서 가장
명백하고 가장 분명하게 드러난다 ; 대도시들에서 소유의 집중은 최고점에
달한다 ; 이곳에서 좋았던 옛 시절의 관습과 관계들은 아주 철저하게 파괴된
다 ; 이곳에서 세상은 너무나 변하여 사람들이 행복한 구잉글랜드 old merry
England 라는 이름에서 전혀 아무것도 떠올릴 수 없을 정도로 되었다. 왜냐
하면 구잉글랜드 자체에 대한 이야기는 할아버지 할머니의 회상이나 이야기
를 통해서도 더 이상 듣지 못하게 되었기 때문이다. 그리하여 또한 이 곳에
서는 날이 갈수록 소부르주아지가 점차 사라져 가기 때문에 단지 부유한 계
급과 빈곤한 계급만이 존재하게 될 뿐이다. 예전에는 가장 안정적이던 계급
인 소부르주아지가 이제는 가장 동요하는 계급이 되었다 ; 소부르주아지는
이젠 단지 지나간 시대의 얼마 남지 않은 잔존인들과 재산을 모으려고 하는

약간의 사람들, 즉 완전한 신사 사기꾼과 투기꾼들로 이루어져 있으며 이 사람들 중 한 사람이 부자가 되면 나머지 99명은 파산하고, 이 99명 중에서 절반 이상은 단지 파산된 채 살아갈 따름이다.

그러나 이 도시들의 압도적 다수를 형성하고 있는 것은 프롤레타리아들이다. 이제 우리는 이들이 어떻게 지내는가, 그리고 대도시는 이들에게 어떤 영향을 미치고 있는가를 고찰할 것이다.

노동자 운동들

사람들은 영국 노동자들이 이러한[위의 장들에서 서술한] 처지에서 행복을 느낄 수 없으리라는 것 ; 그들의 어떠한 처지에서도 한 사람 혹은 그 사람의 계급 전체는 인간적으로 사고하고 느끼고 살아갈 수 없으리라는 것에 대해서 비록 내가 그리 자주 일일이 입증하지 않는다 할지라도 나에게 동의할 것이다. 그러므로 노동자들은 이러한 동물적인 처지에서 벗어나고자, 보다 나은 인간적인 지위를 얻고자 노력해야 하는바, 바로 노동자들의 착취를 그 본질로 하는 부르주아지의 이해 利害 그 자체에 대항하여 투쟁하지 않고서는 이를 성취할 수 없다 ; 그런데 부르주아지는 그들의 재산과 그들이 장악하고 있는 국가 권력을 통해서 이용할 수 있는 모든 능력들을 동원하여 자신들의 이해를 옹호한다. 노동자가 현재의 상태 Lage der Dinge 로부터 벗어나려고 하자마자 부르주아는 노동자의 명백한 적이 된다.

이 밖에도 노동자는 부르주아지가 그를 하나의 물건처럼, 마치 자신의 소유물처럼 다룬다는 것을 매순간 깨닫는데, 바로 이 때문에도 노동자는 부르주아지의 적으로 나서게 되는 것이다. 나는 현재의 상황에서 노동자가 오로지 부르주아지에 대한 증오와 폭동을 통해서만이 자신의 인간성을 구출할 수 있다는 것을 이미 앞에서 수많은 예로 입증하였고 또 다른 예를 들어 얼마든지 입증할 수 있다. 노동자가 매우 강렬한 열정으로 소유자들의 학정에 항거할 수 있는 것은 그가 교육받은 때문, 아니 오히려 그가 교육받지 못한 때문이고 잉글랜드 노동자 계급에게 흐르는 아일랜드 인의 매우 뜨거운 피 때문이다. 잉글랜드의 노동자는 더 이상 잉글랜드 인이 아니며 그의 이웃인 유산자처럼 타산적인 수전노도 아니다. 그는 풍부하게 발전된 감정을 지니고 있으며 그의 타고난 북방의 냉담함은 자유 분방함에 의해서 메꾸어졌는바, 이 자유 분방함 속에서 그의 열정이 생겨 나왔고 이 열정은 냉담함을 지배하게 되었다. 잉글랜드 부르주아의 이기적인 성향을 그토록 두드러지게 발전시켰고 이기심을 부르주아지의 지배적인 열정으로 만들었으며 감정의 모든 힘을 금전욕이라는 한 지점으로 집중시켰던 이성적인 교양은 노동자에게는 없는 것이기에 노동자의 열정은 외국인만큼이나 강하고 대단하다. 잉글랜드적 민족성이 노동자에게는 말살되어 있다.

우리가 살펴본 바와 같이 그의 생활 처지 전체에 대해 반항하는 것 이외에 노동자의 인간성이 활동할 수 있는 장은 하나도 남아 있지 않다고 한다면, 바로 이러한 반항 속에서 노동자들이 가장 숭고하고 가장 고귀하며 가장 인간적인 모습을 가져야 한다는 것은 당연하다. 우리는 노동자들의 모든 힘, 모든 활동이 이러한 한 지점을 향하고 있으며 그 밖의 인류의 교양을 획득하고자 하는 노력들조차도 모두 이 지점과 직접적으로 관련되어 있음을 살펴 보게 될 것이다. 물론 우리는 개별적인 폭행들과 야만적인 행위들조차도 보고해야만 할 것이다. 그러나 잉글랜드에서 사회 전쟁이 공공연하게 행해지고 있다는 점, 평화라는, 심지어는 박애라는 허울 아래에서 이러한 전쟁을 위선적으로 이끌고 나가는 것이 부르주아지의 이해라면, 오로지 진정한 상황의 공개와 이러한 위선의 분쇄만이 노동자에게 봉사할 수 있다는 점 ; 그러므로 부르주아지와 그 종복들에 대항한 노동자들의 가장 폭력적인 적대 행위조차도 부르주아지가 암암리에 그리고 음흉하게 노동자들에게 가한 것들을 공개적으로 숨김없이 표현한 것에 지나지 않는다는 점들을 항상 유념해야 한다.

부르주아지에 대항한 노동자들의 폭동은 공업의 발전이 있은 직후 시작되어 여러 국면들을 거쳐 왔다. 여기는 이러한 국면들이 잉글랜드 인민의 발전에서 가지는 역사적 의의를 자세히 설명하는 대목이 아니다 ; 나는 이것을 이후의 작업으로 미루고 우선은 잉글랜드 프롤레타리아트의 처지의 특징 묘사에 소용되는 단순한 사실들에 제한해야만 한다.

이러한 폭동의 아주 조야하고도 무익한 최초의 형태는 범죄였다. 노동자는 궁핍과 빈곤 속에서 살았으며 다른 사람들이 자기보다 잘 살고 있다는 것을 깨달았다. 하필 왜, 부유한 게으름뱅이보다 사회를 위해서 더 많은 일을 하는 자신이 이러한 상황 아래에서 고통받아야 하는지가 노동자의 지성으로는 납득되지 않았다. 게다가 궁핍은 대대로 전해 내려 온, 소유에 대한 존경심을 압도해 버렸다——그는 도둑질을 하였다. 우리는 공업의 신장과
더불어 범죄가 증가하고, 매년 체포 건수가 [생산에] 소비된 면화 발레 bal-len 의 수와 확실히 비례한다는 것을 알고 있다.

그러나 노동자들은 곧 이러한 일이 전혀 소용이 없다는 것을 깨달았다. 범죄자들은 도둑질을 함으로써 단지 개별적으로만, 단지 개인으로서만 기존 사회 질서에 항거할 수 있을 뿐이었다 ; 사회의 권력 전체는 모든 개인을 덮쳤으며, 그들 각각을 압도적인 힘으로 짓눌렀다. 게다가 도둑질은 가장 무지하고 무의식적인 저항 형태였으며 바로 그렇기 때문에 노동자들이 내심으로는 도둑질을 찬동하고 있었다 할지라도 그들이 겉으로 견해를 표명할 때 취하는 일반적인 표현은 결코 아니었다. 공업 운동의 시작과 동시에 발생한 기계 장치의 도입에 폭력적으로 반항하였던 그 때에야 비로소 노동자 **계급**은 부르주아지에 대한 반항을 전개했다. 아크라이트 등등의 초기의 발명가들이 이미 이와 같은 방식으로 박해를 받았으며 그들의 기계들은 파괴당하였다 ; 이후로도 기계 장치에 맞선 수많은 봉기들이 일어났는바, 이러한 봉기들은 1844년 6월 뵈멘 지방 날염공들의 소요[9]와 거의 똑같은 양태를 띠었다 ; 즉 공장들은 뒤집혀졌고 기계들은 파괴되었다.

이러한 종류의 반항도 역시 산발적인 것들일 따름이었고 특정 지역에 국한된 것이었으며 현존 관계들의 한 측면만을 겨냥한 것이었다. 순간에 있어서의 목표가 달성되고 나면 엄청난 무게의 사회적 힘이 또 다시 무방비 상태의 범죄자들 위로 떨어져 그들에게 마음껏 형벌을 가한 반면 그 동안 기계 장치는 [계속적으로] 도입되었다. 새로운 형태의 반항이 나타나야만 했다.

이것에 [새로운 형태의 반항의 출현에] 도움을 준 것은 개혁 전 토리 당의 과두적 구舊 의회가 통과시킨 한 법률이었는데, 이 법률은 만약 이후 개혁 법안[31]에 의해 부르주아지와 프롤레타리아트 사이의 대립이 법률적으로 승인되고 부르주아지가 지배 계급으로 부상되었던 시기였다면 결코 하원을 통과하지 못했을 것이다. 1824년에 통과된 이 법률은 지금까지 노동자들이

자신들의 목표를 달성하기 위하여 단결하는 것을 금지시켜 왔던 모든 법령들을 폐기하였다. 노동자들은 지금까지 단지 귀족과 부르주아지의 것이었던 **자유로운 결사의 권리**를 획득하였다. 물론 노동자들의 비밀 단체들은 지금까지 늘 존재했었다. 그러나 이것은 그다지 큰 성과를 거둘 수 없었다. 무엇보다도 스코틀랜드에서는, 시몬스(『기술과 장인』, 137면 이하)가 설명한 바에 따르면, 이미 1812년에 한 비밀 조합에 의해 이루어진 글래스고우 직조공의 총파업이 있었다. 총파업은 1822년에 다시 일어났는데, 이 때에 조합과 함께 하기를 원치 않았던, 따라서 조합으로부터 자신들 계급에 대한 배신자로 간주되었던 2명의 노동자들은 얼굴에 황산 세례를 받았고 그 때문에 눈이 멀게 되었다. 마찬가지로 1818년 스코틀랜드 광산 노동자들의 조합은 총파업을 단행할 수 있을 만큼 강력하였다. 이 조합들은 그 회원들에게 충성과 비밀 엄수의 맹세를 하도록 하였으며, 정식 회원 명부, 기금, 부기 및 지방 지부도 가지고 있었다. 그러나 모든 것을 행할 때마다 붙어 다니던 이 비밀성은 그 조합들의 발전을 위축시켰다. 이와는 반대로 1824년 노동자들이 자유로운 결사의 권리를 얻게 되자마자 곧 이 조합들은 잉글랜드 전역으로 확대되어 강력해지게 되었다. 부르주아지의 학정과 천대에 대항하여 개별적인 노동자들을 보호한다는 공개적인 목표를 가지고서 이와 같은 조합들(노동조합들)이 모든 노동 부문들에서 건설되었다. 그것들의 목적은 다음과 같았다 : 임금을 확정하는 것, 여럿이 함께 en masse, 즉 **세력**으로서 고용주들과 교섭하는 것, 고용주의 이윤에 따라 임금을 조절하는 것, 적절한 시기가 오면 임금을 인상시키는 것, 각각의 개별적 업종 안에서는 어디서나 임금을 동일한 수준으로 유지하는 것 ; 그런 까닭에 이 조합들은 일반적으로 준수되어야 할 임금표 Lohnskala 와 관련하여 자본가들과 교섭하고 이 임금표를 받아들이기를 거부하는 모든 개별 자본가들에게 파업을 선포하곤 하였다. 더 나아가, 견습공의 고용을 제한함으로써 노동자들에 대한 수요를 늘 활발하게 하고 이를 통하여 임금을 높게 유지하는 것, 새로운 기계들과 도구들 등등의 도입을 통한 공장주들의 교활한 임금 삭감을 가능한 한 저지하는 것 ; 그리고 마지막으로, 실직한 노동자를 금전적으로 원조하는 것. 이 원조는 직접적으로 조합의 기금으로 이루어지거나 그렇지 않으면 신분 증명 카드를 발급해 주는 것으로 이루어졌는데, 노동자는 이 카드를 가지고 이곳 저곳 옮겨

다니면서 같은 업종의 동료들로부터 원조를 받고 일자리를 얻을 수 있는 좋은 기회를 알선받기도 하였다. 이와 같이 떠돌아다니는 것 Wanderschaft 을 노동자들은 유랑 the tramp 이라 불렀고 이렇게 떠돌아 다니는 사람들을 유랑자 ein tramper 라고 불렀다. 위와 같은 목적들을 달성하기 위해 유급의 위원장과 서기가 있었으며 ——왜냐하면 어떠한 공장주도 이런 사람들을 고용하리라 기대할 수 없기 때문이다—— 또한 주周 회비를 거둬들이고 결사의 목적들을 위한 회비 사용을 감독하는 위원회가 있었다. 가능한 때에 그리고 유리하다고 판명될 때에 각 분야의 조합 회원들은 조합 연합으로 뭉쳤고, 일정한 시기에 대위원들의 회합을 가졌다. 때때로 **단일** 업종의 회원들이 잉글랜드 전역에 걸쳐 **단일의** 거대한 조합으로 뭉치고자 하는 시도들이 있었고 또한 수차례에 걸쳐——최초로는 1830년에——각각의 모든 업종들에 걸쳐 있는 특수한 조직들을 자체 안에 포괄하는 전국 단위의 노동자 총연합으로 뭉치려는 시도들도 있었다. 그럼에도 불구하고 이러한 단체들은 그리 오래 가지 못하였으며 또한 잠깐 동안이라도 결성되는 일이 드물었다. 왜냐하면 오로지 유례없는 일반적인 격앙이 있어야만 그러한 조합이 가능하고도 효과적이게 되기 때문이다.

이러한 조합들이 자신들의 목적들을 달성하기 위해 흔히 사용했던 수단들은 다음과 같다. 하나의 혹은 여러 명의 기업주들 Meister 이 조합이 확정한 임금을 지불하기를 거부한다면, 조합은 그들에게 대표단을 파견하거나 혹은 청원서를 제출한다(보다시피 노동자들은 소국小國 을 가지고 있는 절대 공장주의 폭력을 인정할 줄 안다) ; 그것이 별 도움이 안 되면 조합은 노동을 중지할 것을 명령하고 모든 노동자들은 집으로 돌아간다. 한 명 또는 몇몇 고용주들이 조합의 제안에 따라 임금을 조정할 것을 거부한 경우에 이러한 파업(turn-out 혹은 strike)은 부분적인 파업이고 그렇지 않고 업종 전체의 고용주들이 이를 거부한 경우에는 총파업이다. 요컨대 항상 그러한 것은 아니지만 사전 통고하에 파업이 진행될 경우에 조합의 합법적 수단은 이런 식으로 진행된다. 그러나 조합에 가입하지 않거나 부르주아들에 의해 제공된 목전의 이익에 의해 조합으로부터 탈퇴하려는 노동자들이 생기자마자 이러한 합법적인 수단들은 아주 허약한 것으로 된다. 특히 부분적인 파업의 경우에 공장주는 이러한 물 흐리는 미꾸라지들(파업 파괴자 Knobsticks 라

불린다)로 쉽사리 다시 신병을 보충할 수 있고 이렇게 함으로써 단결한 노동
자들의 노력을 수포로 돌아가게 만들 수 있다. 그리고 나면 보통 이러한 파
업 파괴자들은 조합의 회원들로부터 협박당하고 욕설을 들으며 구타당하거
나 학대받았다. 간단히 말해서 갖가지 방식으로 위협당하였다 ; [파업 파괴자
들의] 고소가 잇따르며, 법률을 사랑하는 부르주아지가 아직껏 권력을 지니
고 있으므로, 최초의 위법 행위에 의해, 조합의 회원에 대한 최초의 사법적
고소에 의해 조합의 힘은 거의 매번 파괴된다.

　　　이러한 조합들의 역사는 얼마 되지 않는 몇몇 승리들을 제외하고는 노
동자들의 패배의 연속이었다. 이 모든 노력들이 경제 법칙을 변화시킬 수 없
다는 것, 임금은 노동 시장에서의 공급에 대한 수요의 관계를 통해 결정된다
는 것은 당연하다. 따라서 이러한 조합들은 이 수요 공급 관계에 작용하는
모든 **큰** 원인들에 대해서는 무력하다 ; 상업 공황 시기에 조합은 임금을 스스
로 삭감하거나 혹은 조합 자체가 완전히 해체되지 않을 수 없다. 그리고 노
동에 대한 수요가 현저하게 증가한 경우라 할지라도 여하튼 자본가들의 경
쟁에 의해 임금 인상이 저절로 이루어지는 경우가 아니면 조합은 임금을 올
리지 못한다. 그러나 물론 조합들은 개별적으로 작용하는 작은 원인들에 대
해서는 강력하다. 대중적이고 한데 뭉친 반항의 기미가 노동자들에게서 엿
보이지 않을 때에는, 공장주는 자기의 이익을 위해 계속해서 임금을 점차 더
욱더 인하하려 들 것이다 ; 그가 다른 공장주들에게 지지 않아야 하는 경쟁
투쟁은 그로 하여금 임금을 점차 더욱더 인하하도록 강요하여 임금은 곧 최
저 수준으로 떨어지게 될 것이다. 그러나 공장주들 **상호간의** 이러한 경쟁은
평균적인 상황에서는 물론 노동자들의 반항에 의해 저지된다. 그의 경쟁자들
도 마찬가지로 처해 있는 상황에 의해 정당화된 것이 아닌 임금 인하의 결
과는 파업이 되리라는 것, 파업은 그의 자본을 오래도록 유휴 상태에 놓이게
하고 그의 기계 설비를 녹슬게 하여 그에게 확실한 손해를 가져오리라는 것
을 공장주 각인은 알고 있다. 반면에 물론 이러한 경우에 그가 임금 인하를
관철할 수 있을지 없을지는 아직 매우 불확실하다. 또한 그가 임금 인하에
성공한 만큼 그의 경쟁자들도 그의 뒤를 따라 제품 가격을 인하할 것이며
그럼으로써 그에게서 임금 인하의 이익을 또다시 **빼앗고** 말 것이라는 점을
그는 확실히 알고 있다. 또한 물론 조합들은 공황이 발생할 때보다 공황이

있고 난 후 임금을 더 빠르게 인상시키는 경우가 잦다 ; 공장주는 그의 공장주 동료들의 경쟁이 그로 하여금 임금을 올리도록 강요하기 전까지는 임금을 인상하지 않는 것이 이익이 되는 반면, 시장 사정이 나아지는 때 노동자 자신들은 더 높은 임금을 요구하는바, 그러한 상황하에서는 노동자들을 선발하기 어렵게 됨에 따라 노동자들은 종종 파업을 통해 공장주들에게 임금 인상을 강제할 수 있게 된다. 그러나 이미 앞에서 말한 바와 같이 조합들은 노동 시장을 변화시키는 보다 중요한 원인들에 맞서서는 별 영향력을 갖지 못한다. 이러한 경우들에 있어서 굶주림은 어떠한 조건에서도 노동에 복귀하도록 노동자들을 점차로 내몬다. 처음에 몇 명이 다시 발을 들여 놓게 된다면, 조합의 힘은 파괴되고 만다. 왜냐하면 이러한 몇 안되는 파업 파괴자들과 아직 시장에 남아 있는 재고품들은 부르주아지로 하여금 사업의 중단이라는 최악의 결과들을 제거할 수 있게 해 주기 때문이다. 조합의 기금은 원조를 받아야 할 사람이 많아짐에 의해 곧 고갈되고, 소매상들이 높은 이자를 대가로 해 주던 외상마저 결국 거절되며 궁핍은 노동자들로 하여금 부르주아지의 멍에 밑으로 되돌아가도록 강제한다. 그러나 대부분의 파업들 Turnouts 은 노동자들에게 불리하게 끝난다. 왜냐하면 공장주들은 그들 자신의 이익 ——이 이익[불필요한 임금 인하를 하지 않는 것]이란 물론 노동자들의 반항에 의해서만 그들의 이익이 된 것이지만—— 을 위해서는 모든 불필요한 임금 인하를 기피하지 않을 수 없기 때문이며, 다른 한편 노동자들은 상업의 상황에 의해 조건지어진 임금 삭감이 이루어질 때마다 자신들의 처지가 악화되고 있다는 것을 느끼고 그에 맞서 파업 이외의 방법으로 가능한 한 스스로를 보호해야 하기 때문이다. 사람들은 질문할 것이다. 도대체 무엇 때문에 노동자들은 그 수단이 전혀 무익하다는 것이 명약관화한 그러한 경우들에도 파업을 하는 것인가? 왜냐하면 간단히 말해서 노동자들은 임금 삭감에 맞서서 그리고 이러한 임금 삭감의 필연성에 맞서서 저항해야만 하기 때문이며, 인간으로서 노동자들은 상황에 자신들을 내맡기는 것이 아니라 상황이 자신들에게, 인간들에게 맞추어져야 한다고 선언해야 하기 때문이다 ; 왜냐하면 그들의 침묵은 이러한 상황의 승인, 호경기에는 노동자들을 착취하고 불경기에는 노동자들이 굶주리게 내버려두는 부르주아지의 권리의 승인이 되기 때문이다. 노동자들은 그들이 모든 인간적인 감정을 아직 상실하지 않은

한 이러한 것에 맞서서 저항해야만 한다. 그러므로 그들이 다른 방식으로가
아니라 바로 **그러한** 방식으로 항의하는 것은 그들이 영국인, 즉 자신들의 항
의를 **행위**를 통해 나타내는 실천적인 사람들로서, 독일의 이론가들과는 다르
기 때문인바, 이 독일의 이론가들은 자신들의 항의가 적당하게 조서에 기록
되고 서류 속에 ad acta 보관되어 그 속에서 항의자 자신들과 마찬가지로 편
안하게 잠들자마자 자기도 편안한 수면을 취하러 가는 사람들이다. 이와는
반대로 영국인의 실제적인 항의는 영향력을 가지고 있다. 이러한 항의는 부
르주아지의 탐욕을 일정한 범위로 제한하며 유산 계급의 사회적·정치적인
전능함에 대한 노동자들의 반항을 생기있게 유지한다. 한편으로 물론 이러
한 항의는 노동자들에게 부르주아지의 지배를 분쇄하기 위해서는 노동자 조
합과 파업 이상의 그 무엇이 필요하다는 것을 또한 인정하게 한다. 그러나
이러한 조합들과 이 조합들로부터 생겨난 파업들에 독자적인 중요성을 부여
하는 것은 그것들이 **경쟁을 지양하려는** 노동자들의 최초의 시도라는 것이다.
결사와 파업은 부르주아지의 지배가 오로지 노동자들 사이의 경쟁에 근거한
다는 사실, 다시 말해 개별적인 노동자들 상호간의 대립으로 생겨난 프롤레
타리아트의 분열에 근거한다는 사실에 대한 통찰을 전제로 한다. 그리고 이
러한 결사와 파업은 비록 이것들이 단지 일면적이고 제한된 방식일 뿐일지
라도 경쟁 및 오늘날의 사회 질서의 중추 신경을 겨냥하고 있다는 바로 그
러한 이유 때문에, 결사와 파업은 이러한 사회 질서에 대해서 그토록 위협적
인 것이다. 노동자가 부르주아지와 아울러 현존 사회 제도 전체를 공격함에
있어서 이보다 더 치명적인 급소를 공격할 수는 없을 것이다. 노동자들 사이
의 이러한 경쟁이 교란되고 모든 노동자들이 더 이상 부르주아지에 의해 착
취받지 않겠다고 결심한다면, 소유의 왕국은 끝이 난다. 지금까지 노동자들
이 자신들이 사고 파는 물건으로 취급되는 것을 감수하여 왔다는 바로 그러
한 이유 때문에, 임금은 수요 공급 관계에, 노동 시장의 우연적인 상황에 의
존하고 있다. 노동자들이 더 이상 사고 팔리지 않겠다고 결심하고, 노동의
가치란 본래 무엇인가를 결정하는 데 있어서 노동자들이 노동력 외에 의지
를 지닌 **인간**으로서 등장한다면, 오늘날의 국민 경제학과 임금 법칙들 전체
는 끝장나게 될 것이다. 물론 노동자들이 그들 자신들 사이의 경쟁을 지양하
는 수준에 머문다면, 결국 임금 법칙들은 다시 효력을 가지게 될 것이다 ; 그

러나 노동자들은 지금까지의 그들의 모든 운동을 포기함이 없이는, 노동자들 사이의 이러한 경쟁이 부활됨이 없이는 그러한 수준에 머무르는 것이 불가능하다. 다시 말해 노동자들은 여하튼 그러한 수준에 머무를 수 없는 것이다. 필연성은 노동자들을 경쟁의 **일부분**만이 아니라 경쟁 일반을 지양하도록 강제한다──그리고 노동자들은 또한 그렇게 할 것이다. 노동자들은 오늘날 이미 그들이 경쟁에서 얻는 것이 무엇인가를 나날이 더욱더 잘 인식하고 있고, 소유자들 사이의 경쟁 역시 상업 공황을 일으킴으로써 노동자들을 억압한다는 것을 그리고 이것 또한 제거되어야 한다는 것을 부르주아들보다 더 잘 인식하고 있다. 그들은 이것을 **어떻게** 시작해야 할 것인가를 곧 인식하게 될 것이다.

　이러한 조합들이 소유 계급에 대한 노동자들의 증오와 분노를 키우는 데 크게 기여한다는 것은 새삼스럽게 이야기할 필요도 없을 것이다. 그러므로 비상하게 격앙됐을 때에 이러한 조합들로부터──지도적인 회원들에게 알려졌건 알려지지 않았건 간에──자포자기에까지 이른 증오와 온갖 제한들을 깨부수는 거친 열정이 아니면 설명할 수 없는 개별적인 행동들이 나오는 것이다. 위에서 언급한 황산 세례를 받은 경우와 내가 그 중에 몇 가지를 이야기하고자 하는 일련의 다른 경우들도 이러한 종류의 행동들이다. 1831년 노동자 운동이 격렬하게 전개되었을 때 맨체스터의 하이드 Hyde 에 있는 젊은 공장주 애쉬튼이 어느 날 저녁 들을 거닐고 있다가 사살되었는데, 살인자의 어떤 흔적도 발견되지 않았다. 이것이 노동자들의 보복 행위였다는 것은 의심의 여지가 없다.──방화와 폭파 기도 사건도 매우 빈번하게 일어났다. 1843년 9월 29일 금요일, **셰필드**의 하워드 Howard 거리의 톱 제조업자 패진의 작업장을 폭파하려는 시도가 있었다. 화약을 채워 넣고 밀폐한 쇠파이프가 폭파 수단이었고──그 피해도 상당했다. 다음 날인 9월 30일, **셰필드** 부근 **셰일즈 무어** Shales Moor 에 있는 이벳슨 소유의, 칼과 줄을 제조하는 공장에서 그와 유사한 폭파 기도가 있었다. 이벳슨 씨는 부르주아지의 운동에 적극적으로 참여하고 낮은 임금을 주며 파업 파괴자들만을 고용하고 빈민 구제법을 자신의 이익을 위해서 이용하는(왜냐하면 그는 1842년 공황 때에 낮은 임금을 거부하는 자를 일자리를 얻을 수 있는데도 일할 의사가 없는, 따라서 구제할 가치가 전혀 없는 자들이라고 하여 빈민 관리 당국에 지명 통지하는 식으로 해서 노동자들이 낮은 임금을 받아들이도록 강요하였기 때문이다) 등으로 말미암아 [노동자들의] 증오를 사고 있었다. 그 폭파는 상당한 피해를 입혔지만, 그것을 본 노동자들은 한결같이 ‘몽땅 날려 버리지 못한 것’을 애석해할 뿐이었다.——1843년 10월 6일 금요일에 **볼턴**의 에인스워스 앤드 크롬턴 공장을 방화하려는 시도가 있었는데 이는 아무런 피해를 입히지는 못하였다.——이것은 매우 짧은 시기 동안에 동 同 공장에서 일어난 세번째 혹은 네번째의 방화 기도였다.——1844년 1월 10일 수요일 **셰필드** 시 시의회 회의에서 경감 警監 이 4 파운드의 화약이 장전되어 있었으며 타다 남은 도화선이 달려 있는, 폭파용으로 특별히 제조된 주철제 기계를 내보였는데, 이 기계는 셰필드의 얼 Earl 거리에 있는 키친 씨의 공장에서 발견된 것이다.——1844년 1월 20일 일요일에 랭카셔의 **버리** Bury 에 있는 벤틀리 앤드 화이트 제재 공장에서 폭파 사건이 있었다. 이 폭발은 화약 꾸러미를 공장 안에 집어 던져서 일어난 것으로 많은 피해를 입혔다.——1844년 2월 1일 목요일에 **셰필드**에 있는 소호 Soho 차륜 공장이 불길에 휩싸여서 잿더미로 변했다.——이런 종류의 사건이 4 개월 동안 6 건 일어났는데 이 사건들은 모두 오로지 고용주에 대한 노동자들의 격분에 그 원인이 있는 것이었다. 이러한 일들이 **일어날 수 있는** 사회 상태가 어떤 사회 상태인가는 구태여 말할 필요가 없다. 이러한 사실들은 영국에서는 1843년 말과 같은 호경기에도 사회 전쟁이 포고되어 공공연히 벌어지고 있다는 것에 대한 충분한 전거 典據 들이다.——그럼에도 불구하고 영국 부르주아지는 여전히 이것을 깨닫지 못하고 있다!——그런데 이러한 사실을 가장 명료하게 말해 주고 있는 사건은 1838년 1월 3일부터 11일까지 글래스고우 배심 재판에서 심의된 **글래스고우 서그**[3] 사건이다. 이 사건 심의로부터 명백해진 바와 같이, 1816년 이래 그 곳에 존재했던 면 방적공 조합은 유례가 드문 조직과 힘을 가지고 있었다. 조합원들은 선서에 의해 다수의 결정에 묶여 있었고, 또한 파업이 일어날 때마다, 대다수 조합원이 알지 못하고 아무 제한도 받지 않고 [조합의] 자금을 쓸 수 있는 비밀 위원회를 가지고 있었다. 그 위원회는 파업 파

---

3) 이러한 노동자들을, 동인도의 한 유명한 종족의 명칭을 따서 서그 thugs 라고 불렀다. 그 종족은 자기 손에 잡힌 외인을 모두 암살하는 것을 업으로 삼았다.

괴자와 증오스러운 공장주의 목에 그리고 공장 방화에 상금을 걸었다. 이리하여 어떤 공장이 불길에 휩싸였는데, 이 공장은 남자 방적공 대신에 여자 파업 파괴자를 채용하고 있었다 : 이러한 아가씨들 중의 한 명의 모친인 맥퍼슨이라는 여인이 살해되었고, 2 명의 살해자는 조합의 부담으로 미국으로 건너갔다.——이미 1820년에, 맥커리라는 이름의 한 파업 파괴자가 저격을 받고 부상을 입었으며, 가해자는 그 보수로 조합에서 15 파운드 스털링을 받았다. 그후 그레이엄인가 하는 사람이 똑같이 저격을 받고 부상당하였는데 ; 가해자는 20 파운드 스털링을 받았다. 그러나 그는 발각되어 종신 유형에 처해졌다. 마지막으로 1837년 5월에 파업으로 말미암아 오트방크 Oatbank 와 마일엔드 Mile-End [면화] 공장에 소요가 일어나, 이 소요에서 12-3 명의 파업 파괴자들이 폭행을 당하였다 ; 이 소요는 그 해 7월까지 지속되었는데, 스미스인가 하는 한 파업 파괴자가 폭행을 당한 끝에 죽어 버리고 말았다. 그 때에야 위원회 위원들이 체포되어 조사를 받았다. 조사 결과, 위원회 위원장과 조합 간부들은 비합법 결사, 파업 파괴자에 대한 폭행, 제임즈 우드 앤드 프란시스 우드 공장 방화 등에 대한 공범의 죄가 있다고 인정되어 7 년의 유형에 처해졌다.——선량한 우리 독일 사람들은 이 이야기를 듣고서 어떤 말을 할 것인가?[4]

---

4) "이 남자들의 마음 속에 존재하는 '야만적 정의' wild-justice 는 도대체 어떤 종류의 것이란 말인가! 이러한 정의에 내몰린 그 남자들은 비밀 회의에 모여서 냉정하게 숙고하여 자신들의 동료 노동자를 자신의 신분 및 그 신분의 본분으로부터의 도피 분자라고 하여 배신자와 도피자의 죽음을 선고하고, 공적인 재판관이나 교수형이라는 그런 사형을 집행하지 않는다는 이유로, 비밀 교수 형리의 손을 빌어 사형을 집행한다. 이것은 옛날의 [독일의] 비밀 재판이나 기사 시대의 비밀 재판과 흡사한데, 그 재판이 이런 식으로 갑자기 부활하여, 놀란 사람들의 눈앞에 한 번도 아니고 여러 번 불쑥불쑥 나타나는 것이거니와, 갑옷들이 아니라 빌로드 자켓을 입고서 베스트팔렌 Westfalen 의 숲속이 아니라 글래스고우의 포장된 캘로게이트 Gallowgate 거리에 모여서 나타나는 것이다!— 이러한 감정은, 비록 그것이 최고도에 달해 있을 때에만 **소수 사람**에게서 그러한 모습을 띨 수 있는 것이라 하더라도, 군중 사이에서 광범히 보급되어 **강력**하게 될 것임에 틀림이 없다!"——칼라일, 『차티즘』, 41면.

  유산 계급, 특히 노동자들과 직접적으로 접촉하는 제조업 분야의 유산 계급은 이러한 조합에 가장 맹렬히 반대하며, 국민 경제학적으로는 옳은 것이지만 바로 그런 까닭에 어떤 점에서는 그릇된 것이며 따라서 노동자들을 납득시키는 데는 하등의 효과를 거둘 수 없는 논거들을 들어 끊임없이 조합의 무익성을 노동자들에게 증명하려고 애쓴다. 부르주아지의 이러한 안달 자체가 이미 그들이 이 일과 이해 관계가 있음을 증명하고 있다. 또한 파업의 직접적 손해를 도외시한다 해도 여기에는[공장주가 가지고 있는 이해 관계에는], 공장주의 호주머니에 들어가는 것은 어김없이 노동자의 호주머니에서 나오는 것임에 틀림이 없다는 사정이 놓여 있다. 조합들이 고용주들의 경쟁적인 임금 저하 욕망을 적어도 어느 정도는 억제한다는 사실을 노동자 자신들조차 잘 알고 있지 못한다 하더라도, 노동자들은 자신들이 조합에 머물러 있음에 의해 자신들의 적들인 공장주들에게 손해를 입힐 수 있다는 점 때문만으로도 조합에 머물러 있게 될 것이다. 전쟁에서는 한편의 손실이 다른 편의 이익으로 되는 법이다. 그리고 노동자들은 자신들의 공장주와의 전시 체제에 있기 때문에, 그들이 서로 머리채를 거머쥐고 싸우기 시작할 때에 그것은 고귀한 군주들이 하는 것과 다를 것이 없다.──다시금 우리의 친구 우어 박사는 다른 어떤 부르주아들보다도 더, 모든 노동 조합들의 가장 열광적인 적이다. 그는 가장 강력한 노동자의 일파인 면 방적공들의 '비밀 재판'에 대해서 분노를 금치 못하였다. 이 재판은 [조합의 요구에] 순응하지 않는 공장주들을 마비시킬 수 있다고 자랑하며, "그리하여 수년 간 자신들을 먹여 살린 은인을 파멸시킨다." 우어는, "공업의 독창적인 두뇌와 활발한 심장이 불온한 다리의 노예 노릇을 하는" 시대에 대해서 말하고 있다.──새로운 메네니우스 아그립빠여![32] 유감스럽게도 잉글랜드의 노동자들은 로마의 평민들처럼 그렇게 쉽사리 그대의 우화에 의해서 무마되지는 않을 것이다!──그리고 마지막으로 우어는 다음과 같은 근사한 이야기를 하고 있다 : 뮬 방적기로 굵은 실을 뽑는 방적공도 더 이상 견딜 수 없는 정도에 이르기까지 자신들의 힘을 남용한 적이 있다. 높은 임금은, 공장주에 대한 감사의 마음과 정신 수양(물론 무해한, [그러나] 부르주아지에게는 완전히 이로운 학문에 의한 수양)을 불러오는 대신에, 많은 경우에 있어서 오만 불손한 마음을 불러일으키고, 또한 여러 명의 공장주들에게 완전히 전횡적으로 차례차례 엄습한 파업에 있어서 반항 정신을 원조하기 위한 자금을 조달하였다. 이와 같은 종류의 불행한 소동이 하이드, 더킨필드 Dukinfield 및 그 근교의 여러 고장에서 발생하였을 때, '그 곳의 공장주들은 프랑스 인, 벨기에 인, 아메리카 인들에 의해 시장에서 밀려날까 염려하여 샤프, 로버트 회사의 기계 공장에 대해서, "불유쾌한 노예 상태와 파산의 위협에서 사업을 구출하기" 위해서 샤프[리차드 로버트의 오식] 씨의 발명 재능을 자동 뮬 방적기를 조립하는 데에 경주해 달라고 탄원하였다.

"몇 달 가지 않아서 숙련 노동자의 사고 능력과 감정과 민감함을 구비한 듯한 하나의 기계가 완성되었다. 이리하여 철인 鐵人 ——노동자들은 그 기계를 이렇게 불렀다——이 미네르바의 명령을 받들어 현대 프로메테우스의 손에서 뛰쳐나왔다. 기계는 공업 계급들 사이의 질서를 회복하며 잉글랜드 인들에게 공업의 지배권을 보장할 사명을 지닌 창조물이었다. 이 헤라클레스적 기적에 관한 소식은 노동 조합 안에 공포심이 번져 가도록 하였다. 그리고 이 기적은 이를테면 요람을 떠나기도 전에 벌써 무정부 상태라는 히드라의 숨통을 눌러 버렸다."

더욱이 우어는 동시에 4색 내지 5색을 염색하는 기계가 발명된 것은 날염공들의 소동의 결과라는 것, 기계식 직조에 있어서 정사 整絲 노동자들의 반항이 신식 개량 정사기 整絲機 를 낳았다는 것 등을 증명하고 있으며, 또한 이와 유사한 몇몇 경우를 들고 있다.[5] 얼마 전에 수십 전지의 글을 통해 기계가 노동자들에게 유익하다고 증명하려고 고심했던 사람이 바로 이 우어이다! 그렇다 해도 우어 한 사람만이 그랬던 것은 아니었다 ; 공장 보고 속에서 공장주인 애쉬워스 씨를 비롯한 많은 사람들이 기회 있을 때마다 이러한 노동 조합들에 대한 자신들의 분노를 털어 놓았던 것이다. 이 현명한 부르주아들은 어떤 정부들과 꼭 마찬가지로 자신들이 이해할 수 없는 운동들은 모두 악의에 찬 선동가, 악의에 찬 인간들, 데마고그들, 허풍장이, 철부지들의 영향 때문에 일어났다고 본다 ; 그 부르주아들은, 이러한 조합들의 유급 대표자들은 선동을 생활의 방편으로 삼고 있기 때문에 선동하는 것에 흥미를 갖고 있는 것이라고 주장한다.——[조합 대표자들에 대한] 이러한 급

---

5) 우어, 『공장 철학』, 366면.

료 지불을 필요한 것으로 만든 사람이 부르주아지 자신이 아닌 것처럼 말하나, 실상 이렇게 된 것은 부르주아지가 이 사람들을 고용하지 않으려 한 때문이 아닌가!

　　이러한 파업들이 믿을 수 없을 만큼 빈번하게 일어나는 것은 사회 전쟁이 이미 잉글랜드에 엄습하였음을 아주 잘 증명하는 것이다. 단 한 주일, 아니 거의 하루도 쉴 새 없이 여기 저기서 파업이 일어나고 있다.——때로는 임금 인하 때문에 때로는 임금 인상 거절 때문에, 때로는 파업 파괴자 채용 때문에 때로는 악습이나 불량 설비의 제거가 거절된 때문에, 때로는 새로운 기계 때문에 등등 수백 가지의 원인들 때문이다. 물론 이 파업들은 처음에는 소규모의 전초전이고 또한 때로는 비교적 현저한 쟁투이다 ; 이 파업들은 아직 어느 것도 결정짓지 못하고 있다. 그러나 이 파업들은 프롤레타리아트와 부르주아지 사이의 결전이 가까워오고 있다는 사실에 대한 가장 확실한 증거이다. 이러한 파업들은 노동자들의 군사 학교이다. 이 학교에서 그들은 더 이상 회피할 수 없는 대전투의 준비를 하고 있는 것이다 ; 이러한 파업들은 개별 노동 부문이 하나의 거대한 노동자 운동에 합류하였다는 것을 밝히는 선언이다. 그리고 프롤레타리아트의 모든 운동들을 낱낱이 보도하는 유일한 신문인 『북극성』의 1 년분을 참조해 보면, 도시의 노동자들도 농촌 공업의 노동자들도 모두 조합으로 결집하고 있으며 총파업을 통해서 부르주아지의 지배에 대해 때를 가리지 않고 항의하였음을 알게 된다. 그리고 군사 학교로서 이러한 파업들은 탁월한 효과들을 지니고 있다. 이 파업들 속에서 잉글랜드 인들 고유의 용기가 발전한다. 대륙에는 다음과 같은 말이 있다. 잉글랜드 인, 특히 잉글랜드 노동자는 비겁하다, 그들은 혁명을 할 수 없다, 왜냐하면 잉글랜드 인은 프랑스 인처럼 아무때나 폭동을 일으킬 사람들이 못 되며 부르주아 제도를 얌전히 받아들이기나 하는 사람들로 보이기 때문이다라는. 그러나 이 말은 전적으로 틀렸다. 잉글랜드 노동자들은 용감한 점에서 어느 민족에게도 결코 뒤지지 않는다. 그들은 프랑스 인만큼이나 순종하지 않는 사람들이며, 단지 [프랑스 인들과] 다르게 투쟁할 뿐이다. 철저하게 정치적 본성을 가지고 있는 프랑스 인들은 사회적 악에 맞서서 투쟁할 때에도 정치적 방법으로 투쟁한다 ; 그러나 잉글랜드 인들에게 있어서 정치란 이해 관계를 위해서만, 부르주아 사회를 위해서만 존재하는 것이어서, 그들은 정부에 맞서는 대신에 직접 부르주아지에 맞서서 투쟁하는 것이다. 그리고 이것은 당분간은 평화적 방법으로만 성과를 거둘 수 있다. 공업의 침체와 그에 따른 빈궁이 1834년에 리용에서 공화국을 위한 폭동을 낳았으며,[12] 1842년에 맨체스터에서 인민 헌장[29]과 임금 인상을 위한 총파업을 낳았다. 그런데 파업도 역시 용기를 요구하며, 폭동시보다 강한, 종종 훨씬 더 숭고한 용기와 훨씬 더 대담하고 확고한 결심을 요구한다는 것, 이것은 자명하다. 정말이지, 빈곤을 몸으로 겪어서 알고 있는 노동자에게 있어서 처자와 더불어 그 빈곤과 맞싸워 나가며 몇 달씩 기아와 곤궁을 참아 가면서 동요함 없이 굳세게 버틴다는 것은 결코 쉬운 일이 아니다. 잉글랜드 노동자가 유산 계급의 멍에 아래 굴복하는 대신에 차라리 감수하는 모든 것들, 즉 기나긴 기아, 기아에 굶주리는 가족들의 모습을 매일매일 목격하는 것, 부르주아지의 장래의 보복의 확실함 등에 비한다면 프랑스 혁명가가 겪게 되는 사형이 다 무엇이며 갈레 선船이 다 무엇인가? 아래에서 우리는, 모든 저항이 다 무용한 것으로 되고 무의미해지게 될 때에야 비로소 권력에 굴복하는 잉글랜드 노동자의 이러한 굴복할 줄 모르는 집요한 용기의 일례를 보게 될 것이다. 그리고 이러한 냉정한 인내, 매일같이 수백 가지 시련을 이겨 나가지 않으면 안 되는 이 영속적 결의, 바로 이 점에서 잉글랜드 노동자는 자신의 성격의 위엄 있는 면을 보여 주고 있는 것이다. 단 한 명의 부르주아를 굴복시키기 위하여 이만큼 인내하는 사람들은 부르주아지 전체의 권력도 분쇄할 수 있게 될 것이다. 그러나 이 점은 제쳐놓고서라도 잉글랜드 노동자는 종종 용기를 충분히 보여 주었다. 1842년 파업[랭카셔]이 더 이상의 성과를 거두지 못한 것은 부분적으로는 부르주아지가 노동자로 하여금 파업을 하지 않을 수 없게 만들어 놓았던 것에 그 원인이 있으며 부분적으로는 노동자 자신이 파업의 목적을 명백히 알지 못하고 또한 의견 일치가 없었던 것에 그 원인이 있다. 그러나 그 밖의 경우에 있어서 일정한 **사회적** 목적들이 문제가 되었을 때에 잉글랜드 노동자들은 종종 자신들의 용기를 충분히 증명하였다. 1839년의 웨일즈 폭동은 차치하고서라도 내가 맨체스터에 체류하고 있던 때에(1843년 5월) 그 곳에서는 문자 그대로의 전투가 벌어졌었다. 즉 어떤 벽돌 공장(폴링 앤드 헨프리)에서 임금은 인상하지 않고 벽돌의 규격을 종전보다 크게 만들게 하였다. 규격이 큰 벽돌이 더 비싼 값으로 팔렸을 것은 말할 나위도 없다. 임금 인상의 요구를 거절당한 노동자들은 실력 행사에 들어갔고 벽돌공 조합은 회사측에 보이코트를 선언하였다. 그렇지만 회사측은 많은 수고를 들여 그 부근과 파업 파괴자들로부터 노동자들을 조달하는 데 성공하였다. 이 새로이 조달된 노동자들에 대해서 처음에는 협박이 취해졌다. 회사는 구내를 경비하기 위해서 이전에 병졸이었거나 경관이었던 남자 12명을 배치하고 라이플 총으로 그들을 무장시켰다. 이제 협박이 아무 소용 없게 되었을 때, 어느 날 밤 10시경 한 무리의 벽돌공들이 군대식 대열을 갖추고 제1열을 라이플 총으로 무장시키고 접근하여 한 보병 병사 兵卒로부터 400 보도 채 안 되는 거리에 있는 공장의 구내를 습격하였다.[6] 벽돌공들은 공장 구내에 침입하여 감시인을 발견하자마자 그들에게 발포하고 건조시키기 위해 널어 놓았던 벽돌들을 짓이겨 버렸으며 이미 다 말라서 쌓아 놓은 벽돌들은 사방으로 내던지고 그들의 발에 걸리는 것들은 닥치는 대로 부수어 버렸다. 건물에 들어가서는 집기들을 때려부수고 거기서 거주하던 감독의 처를 마구 때렸다. 그러는 사이에 감시인들은 담장 뒤에 자리를 잡고 그곳에서 확실하게 방해받지 않고 사격할 수 있었다 ; 습격자들은 불타는 벽돌 굽는 가마의 환한 빛을 받고 있었기 때문에 적의 총탄은 쏘는 족족 명중하였으나 그들 편의 총알은 엉뚱한 곳으로 날아갔다. 그럼에도 불구하고 포화는 총탄이 다 떨어질 때까지 30분 이상 계속되어, 공장 구내에서 부술 수 있는 것은 모조리 부순다는 방문의 목적은 달성되었다. 그 후 군대가 가까이 밀려오고 있어서 벽돌공들은 에클즈 Eccles(맨체스터에서 3마일 떨어진 곳) 방면으로 퇴각하였다. 그들은 에클즈에 도착하기 직전에 분대 내의 자기 번호에 따라 한 사람씩 호명되는 점호를 받고서 산개했는데, 이것이 사방에서 조여드는 경찰의 포위망에 그만큼 더 확실하게 들어가는 결과를 낳을 뿐임은 당연하였다. 부상자의 숫자가 매우 많았을 것임에 틀림이 없었지만 확인된 것은 후에 체포된 사람들뿐이었다. 그들 중의 한 노동자는 넙적다리와 장딴지와 어깨 세 곳에 총탄을 맞고서 4마일 이상을 다리를 질질 끌면서 걸어갔다. 이 사람들은 뭐라고 해도 그들 역시 혁명적 용기를 가지고 있으며 총알도 두려워하지

---

6) 크로스 레이드 Cross Lade에서 리젠트 로드 Regent Road로 가는 모퉁이에 있다 ——맨체스터의 지도를 보라.

않는다는 것을 아주 잘 증명한 것이다 ; 그러나 1842년에는 자신들이 원래 무엇을 바라는가도 자각하지 못한 비무장의 군중들이 주변이 차단된 광장에 서 통로를 점령하고 있는 몇 명 안 되는 용기병龍騎兵 과 경관들에게 진압 당하였지만, 그렇다고 해서 그 군중들에게 용기가 없었던 것은 아니다. 설사 공적 권력, 즉 부르주아 권력의 종복들이 그 곳에 없었다 하더라도 그 군중 들은 마찬가지로 아무 소동도 일으키지 못했을 것이다. 인민은 명확한 목적 을 가지고 있는 경우에는 충분히 용기를 보여 주었다. 예를 들면 벌리 공장 습격의 경우가 그러한데 그 공장은 그 후 대포로 보위되지 않을 수 없었다.

이 기회에 잉글랜드에서의 법률의 준수에 대해서 몇 마디 해 두자. 물 론 부르주아에게 법률은 신성한 것이다. 왜냐하면 법률이란 부르주아 자신 이 만든 것이며, 자신의 보호와 이익을 위해 자신의 승인을 얻어서 발표된 것이기 때문이다. 부르주아는, 설사 어느 개개의 법률이 특별히 자신에게 해 가 된다 하더라도 전체로서의 입법은 자신의 이익을 지켜 준다는 것, 그리고 무엇보다도 법률의 신성함, 즉 사회의 한 부분의 적극적인 의사 표명과 다른 부분의 소극적인 의사 표명에 의해서 일단 확립된 질서의 불가침성은 자신 의 사회적 지위의 가장 강력한 지주라는 것을 알고 있다. 잉글랜드 부르주아 는 자신의 신 속에서 자신을 재발견하는 것과 마찬가지로 법률 속에서 자기 자신을 재발견하는 까닭에, 그는 법률을 신성시하며 따라서 원래 자신의 곤 봉에 다름아닌 경찰의 곤봉이 그들의 눈에는 놀랄 만큼 진정시키는 힘을 가 지고 있는 것으로 보인다. 그러나 노동자의 눈에는 전혀 그렇게 보이지 않는 다. 노동자에게 있어서 법률이란 노동자를 위해서 부르주아가 마련한 채찍 임을 노동자는 너무나 잘 알고 있으며 또 너무나 자주 체험해 왔다. 그리고 노동자는 어쩔 수 없는 경우가 아니면 법률에 호소하지 않는다. 잉글랜드 노 동자는 경찰을 두려워한다는 가소로운 주장이 있으나, 맨체스터에서는 매주 경관 구타 사건이 일어나며 지난 해에는 철문과 두터운 덧창문을 해 단 경 찰서를 습격하려는 시도가 있었던 적도 있다. 1842년 파업시에 경찰이 위력 을 발휘한 것은 이미 위에서 언급한 바와 같이 노동자 자신이 우유부단한 태도를 취한 탓에 불과하다.

노동자들은 법률을 존중하지 않으며 자신들이 그것을 수정할 수 있는 힘을 가지고 있지 않은 경우에만 법률의 힘을 승인할 뿐이기 때문에, 그들이 적어도 법률 수정의 제안을 내놓으려고 하는 것, 부르주아지의 법률을 프롤레타리아의 법률로 대체하려고 하는 것은 지극히 당연한 일이다. 프롤레타리아트가 제출한 이러한 법률이 곧 **인민 헌장**(people's charter)인데, 이것은 그 형식으로 보면 완전히 정치적이며 하원을 민주주의적 기초 위에 세울 것을 요구한다. **차티즘**은 부르주아지에 대한 반항이 집약되어 있는 형태이다. 조합과 파업의 경우에는 이 반항이 언제나 개별적인 채로 있었다. 즉 개별 노동자나 개별 노동자 분파가 개별 부르주아를 상대로 투쟁하였다 ; 투쟁이 일반적인 것으로 되어도 이것이 노동자측의 의도인 경우는 드물었다. 그리고 그것이 의도에 따라 행해졌을 경우에는 그 근저에 차티즘의 의도가 놓여 있었다. 그러나 차티즘에 있어서는, 부르주아지에 맞서서 봉기하고 무엇보다도 부르주아지의 정치 권력, 부르주아지가 자기 둘레에 쳐놓은 법률의 장벽을 공격하는 것은 전체 노동자 계급이다. 차티즘은, 전세기의 80년대에 **프롤레타리아트와 동시에 그리고 프롤레타리아트 내부에서** 발전한 **민주주의적** 당파로부터 발생한 것인바, 이 당파는 프랑스 혁명 시기 동안에 세력을 얻었고 평화 회복 후[1815년] '급진적인' 당파로서 등장하여 그 본거지를 당시에는 버밍검과 맨체스터에, 그 이전에는 런던에 두었었다. 이 당파는 자유주의 부르주아지와 연합하여 구의회의 과두 정치가들로 하여금 개혁 법안을 통과시키도록 하였으며 그때부터 부르주아지에 맞서는 노동자 당파로서 갈수록 강화되어 나갔다. 1838년에는 윌리엄 로베트를 위원장으로 하는 전 숲 런던 노동자 협회(Working Men's Association)의 위원회가 다음과 같은 '6개 조'의 인민 헌장을 기초하였다 : 1. 건전한 상식을 가지고 있고 전과가 없는 모든 성년 남자의 보통 선거권 ; 2. 매년 소집되는 의회 ; 3. 무산자도 입후보할 수 있도록 의원에게 세비를 지급할 것 ; 4. 부르주아지에 의한 매수와 협박을 방지하기 위한, 무기명 투표에 의한 선거 ; 5. 공평한 대표권을 확보하기 위한 평등한 선거구 ; 6. 피선거권의 자격을 토지 소유 수입이 300 파운드 스털링을 얻는 자에 한정한다는 ── 그렇지 않아도 기만적인 ── 규정을 폐지하고 유권자면 누구나 피선거권도 가지게 할 것. ── 이 6개 조는 모두 하원의 구성에 제한되어 있는 것으로서, 일견 무해한 것처럼 보이지만 잉글랜드 헌법을 여왕 및 상원과 함께 분쇄하기에 충분하다. 헌법의 이른바 군주주의적이며 귀족적인 요소가 지금까지 존속할 수 있었던 것은 오직 그것을 **외견상** 유지하는 것이 부르주아에게 유리하기 때문이다 ; 그리고 이 두 요소는 외견상의 존재 이외에 아무것도 아니다. 그러나 여론 전체가 하원 아래로 모이게될 때, 하원이 더 이상 부르주아지의 의사만을 표현하는 것이 아니라 국민전체의 의사를 표현하게 될 때에야 비로소 하원은 모든 권력을 완전히 장악하게 되어 군주와 귀족의 머리에서 나오는 최후의 신성한 후광 또한 사라지게 될 것이다. 잉글랜드 노동자는 귀족도 여왕도 존경하지 않는다. 그런데부르주아지는 실제로는 귀족과 여왕을 별로 문제삼지 않으면서도 인간으로서는 신처럼 떠받든다. 잉글랜드 차티스트는, 공화주의자라는 말을 전혀 입에 올리지 않거나 별로 올리지 않음에도 불구하고 정치적으로는 공화주의자이다 ; 물론 잉글랜드 차티스트는 모든 나라의 공화주의적 당파들에 동감하면서 자신을 즐겨 민주주의자라고 칭한다. 그러나 그들은 단순한 공화주의자 이상이다 ; 그들의 민주주의는 결코 단순히 정치적인 것이 아니다.

차티즘은 물론 1835년[정설은 1836년] 발족 이래 주로 노동자들 사이의운동이었지만, 아직 급진적 소부르주아지와 완전히 분리되어 있었던 것은아니었다. 노동자의 급진주의는 부르주아지의 급진주의와 서로 손을 맞잡고있었다 ; 헌장은 이 양자의 암호였으며, 그들은 매년 공동으로 '국민 의회'를개최하였고 마치 하나의 당파인 것처럼 보였다. 당시 소부르주아지는 개혁법안의 결과에 대해 실망한 탓에, 그리고 1837년에서 1839년에 걸친 불경기때문에 매우 전투적이고 살기 등등한 기세였으므로 차티스트의 열렬한 선동에 매우 마음이 끌리고 있었다. 그 선동이 얼마나 열렬했던가는 독일에서는도저히 이해할 수 없다. 인민은 무장하라는, 또한 때로는 폭동을 일으키라는촉구를 들었다 ; 사람들은 지난날 프랑스 혁명 때처럼 창을 만들었다. 그리고특히 1838년에는 스티븐스인가 하는 감리교 목사가 활동하고 있었는데, 그는 모여든 맨체스터의 인민에게 다음과 같이 연설하였다 :

"여러분은 정부의 권력을, 여러분들의 억압자들의 명령에 따라 움직이는병사며 총검이며 대포를 무서워할 필요가 없습니다 ; 여러분들은 이런 것들 모두보다 훨씬 유력한 수단, 총검이나 대포는 당하지 못할 무기를 가지고 있습니다 ; 그리고 이 무기는 열 살 난 어린아이도 다룰 수 있습니다.——몇 개의 성냥개비와 피치에 담근 짚 한 단이면 됩니다! 나는 이 무기가 대담하게 사용될 때정부와 그 수십만의 병사들이 이 무기에 대해서 어떻게 대처하는지 보고 싶습니다!"[7]

그리고 이와 동시에 노동자 차티즘의 특유한 **사회적** 성격이 당시에 벌써 뚜렷이 나타났다. 이 스티븐스는 또한, 앞에서 언급한 바 있는 맨체스터의 성산聖山 커살 무어 Kersall Moor 에서 열렸던 20만 명이 모인 집회에서 이렇게 말하였다.

> "벗들이여, 차티즘은 여러분이 선거권을 획득하는 일 등등을 둘러싼 정치적 문제가 아닙니다 ; 차티즘, 그것은 곧 **나이프와 포크의 문제**이며, 헌장이란 좋은 집과 맛있는 음식과 좋은 벌이와 짧은 노동 시간을 의미합니다."

이처럼 새로운 빈민 구제법을 반대하며 10시간 법안[33]을 쟁취하는 운동들은 당시에 이미 차티즘과 밀접한 관계를 맺고 있었다. 이 시기의 모든 집회들에서 토리 당의 오스틀러가 참가하였고, 버밍검에서 채택된, 인민 헌장을 요구하는 국민 청원 이외에도 노동자들의 처지의 사회적 개선을 요구하는 수백의 청원서를 제출하였다 ; 1839년에도 선동이 여전히 활발하게 전개되다가 연말에 가서 얼마간 주춤해지기 시작하자 버씨, 테일러, 프로스트 등은 잉글랜드 북부, 요크셔, 웨일즈 등지에서 동시에 폭동을 터뜨리려고 서둘렀다. 프로스트는 이 일이 배반자로 말미암아 탄로나자 너무 이르게 폭동을 터뜨리지 않을 수 없었고 이 때문에 그의 기도는 실패로 돌아가고 말았다 ; 북쪽에서 폭동을 준비하던 사람들은 프로스트의 기도가 실패하였다는 소식을 접하고 제때에 퇴각할 수 있었다. 두 달이 지나 1840년 1월에 여러 번의 소위 스파이 폭동(spy-outbreaks)[34]이 요크셔에서, 예를 들면 셰필드와 브래드퍼드에서 발발하였고 소요는 점차 진정되어 갔다. 그 사이에 부르주아지는 더 실제적이고 자신들에게 더 유리한 계획, 즉 곡물법[16]에 치중하였다 ; 맨체스터에서는 반곡물법 협회가 결성되었고 그 결과 급진 부르주아지와 프롤레타리아트 사이의 결합은 느슨해졌다. 노동자들은 곡물법의 폐지가 **자신들에게는** 별로 이롭지 않고 부르주아지에게는 당연히 매우 유리함을 곧 간파

---

7) 우리는 이 연설이 노동자의 기술에 어떻게 다가갔는지에 관하여 이미 살펴보았다.

하게 되었다. 따라서 부르주아지의 이 계획은 지지를 받지 못하였다. 1842년에 공황이 일어났다. 1839년과 마찬가지로 선동이 다시 활기를 띠게 되었다. 그런데 이번에는, 바로 이 공황으로 인하여 타격을 받고 있던 부유한 제조업 부르주아지도 이 선동에 가담하였다. 반곡물법 동맹 —맨체스터 공장주들이 발기한 단체가 오늘날 이렇게 불리고 있다—은 매우 급진적이고 폭력적인 경향을 띠고 있었다. 이 동맹의 신문과 선동가들은 노골적인 혁명적 언사를 썼는데, 이것은 1841년 이래로 보수당이 집권하고 있었던 것에도 그 원인이 있다. 이전의 차티스트와 마찬가지로 이 때에 이 동맹은 폭동을 직접적으로 촉구하였으며, 공황으로 인하여 가장 심한 고통을 겪고 있던 노동자들도 가만히 앉아 있지 않았다. 이것은 이 해에 350만 명이 서명한 국민 청원서가 증명하고 있다. 요컨대, 이 두 급진파들이 이전에는 얼마간 소원했다가 이 때에 다시금 연합한 것이다 ; 1842년 2월 15일[14일의 오기]에 맨체스터에서 열린 자유주의자들과 차티스트들의 집회에서 곡물법의 폐지와 헌장의 제정을 요구하는 청원서가 기초되었고, 이 청원서는 다음날 양 당파에 의해 채택되었다. 선동이 더욱 격렬해지고 빈곤이 더욱 심해지는 와중에 그 해 봄과 여름이 다 지나갔다. 부르주아지는 공황, 빈궁 그리고 전반적인 소요를 이용하여 곡물법 폐지를 관철시키려는 결심을 굳혔다. 당시에는 토리 당이 집권하고 있던 때여서 부르주아지는 합법성마저 반쯤 포기하였다 ; 그들은 혁명을 원하였으나 그것을 노동자들의 힘을 빌어 하려 하였다. 부르주아지는 노동자들이 불 속에서 밤알을 줍게 되는 것을 의도했고, 부르주아지의 이익을 위해서 그들의 손가락을 태우게 되는 것을 의도하였다. 이전에(1839년) 차티스트들에 의해서 제기되었던 '신성 월간 月間'이라는 생각, 즉 모든 노동자들의 전반적 휴업이라는 생각이 사방에서 또다시 나타났다 ; 그러나 이번에는 휴업을 원한 것이 노동자들이 아니라 공장주들이었는데, 이들은 자신들의 공장문을 닫고 노동자를 농촌 지방에, 즉 귀족의 영지에 보내서 토리 당의 의회와 정부로 하여금 곡물세를 폐지하도록 만들려고 하였다. 두말할 것 없이 이것은 폭동을 결과할 것이지만, 부르주아지는 뒷전에 안전하게 서 있다가 최악의 경우에도 면목을 잃지 않은 채로 그 성과를 기대할 수 있었다. 7월 말에 경기가 호전하기 시작하였다 ; 이것은 절호의 시기였으며, 이 기회를 이용하지 못하고 지나쳐 보내지 않기 위하여 스탈리브리지의 세 회사는 이

때의 **경기 상승기를 이용하여**(7월 말과 8월 초의 맨체스터와 리즈의 상업 보고들을 참조하라) 임금 인하 조치를 단행하였다.――이러한 인하가 그 회사들 자신의 손으로 행해진 것인지 아니면 기타 공장주들, 특히 동맹의 동의를 얻어서 행해진 것인지는 단정할 수 없다. 그럭저럭하는 사이에 두 회사는 다시 임금 인하 조치를 철회하였다 ; 그러나 세번째 회사인 윌리엄 베일리 형제 회사는 그 조치를 계속 고수하면서, 불평하는 노동자들에게 만일 이 조치가 마음에 들지 않거든 한동안 노는 것이 좋을 것이라고 말하였다. 노동자들은 이 조소적인 언사에 대하여 환호의 함성으로 답했다. 그들은 공장을 떠나 이곳 저곳을 다니면서 모든 노동자들에게 휴업을 촉구하였다. 몇 시간도 지나지 않아서 모든 공장들의 조업이 중단되었다. 노동자들은 열을 지어 모트람 무어 Mottram Moor 로 밀려가 집회를 개최하였다. 이것은 8월 5일에 일어난 일이었다. 8월 8일에는 5,000명은 족히 되는 노동자들이 애시턴과 하이드로 밀려 가 모든 공장들과 탄광들을 휴업시키고 집회를 열었으며 이 집회에서는 부르주아지가 바라던 곡물법 폐지에 대한 연설이 아니라 "정당한 하루 노동에 대한 정당한 하루 임금"(a fair day's wage for a fair day's work)에 대한 연설이 있었다. 8월 9일에 그들은 맨체스터로 밀려 갔으며, 모두 자유주의자들이었던 [그곳의] 관리들에 의해 시 안으로 들어가는 것을 허가받아 공장들을 휴업시켰다 ; 8월 11일에 그들은 스톡포트 Stockport 에 가 있었다. 거기서 부르주아지의 사랑스런 아이인 구빈원을 습격하여 점거하였을 때 그들은 처음으로 반항에 부딪혔다 ; 같은 날 볼턴에서도 총휴업과 소요가 일어났는데 관리들은 이번에도 제재를 가하지 않았다 ; 봉기는 곧 모든 공업 지구에 파급되어 곡물 수확과 식료품 제조를 제외하고는 모든 조업이 중단되었다. 그러나 폭동을 일으킨 노동자들은 평온을 지켰다. 그들은 자발적인 의사 없이 이 봉기에 내몰렸던 것이다 ; 한 사람――맨체스터의 **토리 당원**인 벌리――을 제외하고는 공장주들은 **그들의 관례와는 반대로** 파업에 반대하지 않았다 ; 일은 시작되었으나 노동자들은 일정한 목적을 가지고 있지 않았다. 그러므로 노동자들 모두는 곡물법을 폐지하려는 공장주들을 위해서 총살에 처해질 수는 없다는 점에서는 의견의 일치를 보았지만, 기타 문제에서는 어떤 사람은 인민 헌장을 관철시키는 것을 바란 반면, 어떤 사람은 그것은 시기 상조라고 하면서 단지 1840년의 임금률을 강제하는 것만을 바랐다. 이와 같은 의견의 불일치에 부딪혀서 폭동 전체는 실패로 돌아갔다. 만일 그것이 시초부터 의도적이고 의식적인 노동자 폭동이었다면 틀림없이 그 목적은 달성되었을 것이다 ; 그러나 자원해서가 아니라 고용주에게 끌려서 거리에 나온 군중들은 확실한 의도를 가지고 있지 않았으며 따라서 아무 일도 할 수 없었다. 그러는 동안, 2월 15일[14일의] 동맹을 실행하기 위하여 손가락 하나 까딱하지 않았던 부르주아지는 노동자들이 자기의 손아귀에 든 도구 노릇을 하려 하지 않는다는 것, 그리고 자신들이 '합법적' 입장으로부터 멀리 떨어져 있으면서 또한 불철저한 것이 그들 자신에게 위험함을 곧 깨닫게 되었다 ; 따라서 부르주아지는 다시 과거의 합법적인 행동을 취했고, 그들 자신이 최초에는 봉기를 일으키게끔 사주한, 그리고 후에는 그것을 강제했던 그 노동자들을 반대하여 정부편을 들었다. 부르주아지는 자신도 자신들의 충실한 종들도 특별 경찰대에 가담시켰다. ──맨체스터의 독일 상인들도 여기에 가담하였는데, 그들은 손에 지팡이를 들고 입에는 여송연을 물고서는 아무 할 일 없이 뽐내면서 거리를 행진하고 돌아다녔다. ──프레스턴에서 부르주아지는 인민을 향해 발포하도록 하였다. 이처럼 아무런 의도 없이 발생한 인민 봉기에 대해서 정부의 무장력뿐 아니라 유산 계급 전체가 한꺼번에 적대하게 되었다. 본래 아무런 목적도 가지고 있지 않았던 노동자들은 점차 흩어져 폭동은 나쁜 결과만을 남긴 채 끝나 버렸다. 그 후에도 부르주아지는 파렴치 행위를 수없이 저질렀다. 그들은 인민의 폭력적 간섭에 대한 혐오를 표명함으로써 자신을 변호하려고 하였는데, 이러한 혐오는 그들이 봄에 한 혁명적 언사와는 모순 되는 것이었다. 또한 그들은 봉기를 일으킴에 차티스트들보다 한 일이 많은데도 모든 죄과를 차티스트의 '선동가' 등등에 전가하였다. 그리고서 그들은 비할 바 없이 파렴치하게도 법률의 준수라는 종전의 입장을 다시 취하였다. 봉기[의 준비]에는 거의 전혀 힘을 보태지 않고 단지 부르주아지가 기도했던 것과 똑같은 일을 했을 뿐인, 즉 단지 기회를 이용했을 뿐인 차티스트들 ──이들은 법정에 출두하여 선고를 받았던 반면, 부르주아지는 아무 해도 입지 않았을 뿐더러 조업이 중단되어 있을 때에 재고품을 팔아 이익을 얻었다.

봉기의 성과는 프롤레타리아트가 아주 단호하게 부르주아지와 갈라서게 된 것이었다. 차티스트들은 지금까지 온갖 수단을 다 동원하여, 심지어는

혁명을 통해서라도 헌장을 관철할 것이라는 것을 별로 감추지 않았다 ; 그런
데 이제는 일체의 폭력적 변혁이 자신들의 지위에 위험함을 별안간 깨닫게
된 부르주아지는 이제는 '물리적 폭력'에 대해서는 더 이상 귀를 기울이려
하지 않고 단지 '도덕적 폭력' ── 마치 도덕적 폭력이 물리적 폭력에 대한
직간접의 위협이 아닌 것처럼 ── 만으로 자기 목적을 달성하려 하게 되었
다. 이것이 하나의 논쟁점이었다. 그렇지만 이 논쟁점은 그 후 차티스트들
── 이들도 자유주의 부르주아지와 마찬가지로 별로 신용할 수 없는 사람들
이다 ── 이 자신들 역시 물리적 폭력에 호소하지 않는다고 발뺌함으로써 사
실상 해소되고 말았다. 두번째의 가장 중요한 논쟁점은 곡물법 문제였는데,
바로 이 문제가 차티즘의 [본질의] 순수한 모습을 보여 준 것이다. 곡물법
폐지에 관심을 보인 것은 급진 부르주아지였지 프롤레타리트가 아니었다.
따라서 종전의 차티스트 당은 두 개의 당파로 분열되었다. 이 양 당파의 정
치 원칙은 말로는 완전히 일치하였지만 [사실상은] 완전히 다른 것이었고 일
치할 수 없었다. [1842년 12월과] 1843년 1월에 열렸던 버밍검 국민 집회에
서는 급진 부르주아지의 대표자 **스터지**가 차티스트 협회 규약에서 헌장이라
는 **명칭**을 삭제할 것을 제안하였다. 그 소위 이유라는 것이 폭동 때문에 이
명칭이 폭력적이고 혁명적인 것들에 대한 연상들과 결부되어 있다는 것이었
다.──이러한 결부는 이미 수년 전부터 있어 왔던 것인데 이에 대해 스터지
씨는 이때까지는 그것에 이론 異論 을 제기할 필요를 느끼지 않았던 것이다.
노동자들은 이 명칭을 삭제하려 하지 않았다. 그리고 스터지가 표결에서 패
배했을 때, 갑자기 충신으로 돌변한 그 퀘이커 교도는 소수파를 거느리고 퇴
장해서 급진 부르주아지로 이루어진 '완전 선거권 협회' Complete Suffrage
Association 를 설립하였다. 얼마 전까지만 해도 아직 쟈꼬뱅적이었던 이 부
르주아에게 이 연상[폭력적이고 혁명적인 것들에 대한 연상]은 너무나 불쾌
한 느낌을 주었던 까닭에, 그는 심지어 보통 선거권(universal suffrage)이라
는 명칭마저 완전 선거권(complete suffrage)이라는 우스꽝스러운 명칭과 바
꾸어 놓았다! 노동자들은 그를 비웃고 태연하게 자신들의 길을 걸어나갔다.
　　이 순간부터 차티즘은 일체의 부르주아지의 요소들로부터 자유로워지
는 등등으로 변화된 순수한 노동자의 사업으로 되었다. '완전 [선거권]'파의
신문 ──『위클리 디스패치』, 『위클로 크로니클』, 『관찰자』 등등 ── 은 점차

여타의 자유주의적 신문의 나른한 논조로 전락하여 무역의 자유를 옹호하고, 10시간 법안과 모든 배타적인 노동자 제안들을 공격하는 등, 전체적으로 급진주의의 성향을 덜 띠게 되었다. 급진 부르주아지는 충돌이 일어나면 언제나 차티스트들에 적대하여 자유주의자들의 편을 들었으며, 일반적으로, 잉글랜드 인에 있어서는 자유 경쟁의 문제인 곡물법의 문제를 그 주요한 과제로 삼았다. 이로 말미암아 급진 부르주아지는 완전히 자유주의 부르주아지에게 예속되었으며 현재는 가련하기 짝이 없는 역할을 하고 있다.

이와는 반대로 차티스트 노동자들은 배가된 열의를 가지고서, 부르주아지에 맞서는 프롤레타리아트의 모든 투쟁들을 따랐다. 자유 경쟁은 노동자들의 증오를 받을 만큼 그들에게 엄청난 고통을 가져다 주었다 ; 자유 경쟁의 대표자인 부르주아들은 노동자들의 공공연한 적이다. 노동자는 경쟁을 완전히 자유롭게 하는 것에 의해서는 손실밖에 기대할 것이 없다. 지금까지의 노동자의 요구들인 10시간 법안, 자본가에게서 노동자를 보호하는 것, 정당한 임금, 지위의 보장, 신新 구빈법의 폐지 등 이 모든 것들은 적어도 '6개 조'와 마찬가지로 본질적으로 차티즘에 속하는 것이며 자유 경쟁과 무역 자유에 직접적으로 대립하는 것이다. 그러므로, 잉글랜드의 부르주아지 전체에게는 이해할 수 없는 것이지만, 노동자들이 자유 경쟁, 무역 자유, 곡물법 폐지 등에 대해서 알려고도 하지 않으며 곡물법 폐지에 대해서 적어도 극도로 무관심하며 그 옹호자에 대하여 극도의 적의를 품고 있다는 사실은 조금도 놀랄 만한 일이 아니다. 바로 이 문제가 프롤레타리아트와 부르주아지, 차티즘과 급진주의가 갈라지는 지점이다. 부르주아의 상식은 이것을 이해할 수 없는바, 왜냐하면 부르주아의 지성은 프롤레타리아트를 이해할 수 없기 때문이다.

그러나 이 점에 또한 차티즘의 민주주의와 지금까지의 모든 정치적 부르주아 민주주의와의 차이가 놓여 있다. **차티즘은 본질적으로 사회적 본성을 가진 것이다.** 급진적 부르주아지에게 있어서 운동의 모든 것인 '6개 조'는 기껏해야 헌법의 약간의 개정을 불러오는 것을 목적으로 하고 있지만, 그것은 프롤레타리아에게는 단지 수단에 불과하다. "정치 권력은 우리의 수단이고 사회 행복은 우리의 목적이다." 이것이 현재 확실하게 언명되고 있는 차티스트들의 표어이다. 전도사 스티븐스가 말한 "나이프와 포크의 문제"는 1838

년에는 일부 차티스트들에게 있어서만 진리였다 ; 1845년에는 이 문제가 모든 차티스트들에게 있어서 진리로 되어 있다. 차티스트들 중에는 이제 더 이상 단순한 정치가는 한 사람도 없다. 그들의 사회주의가 아직 발전되어 있지 않다 하더라도, 그리고 그들이 아직까지도 공업 발전의 결과 이미 시대에 뒤떨어진 것이 되어 버린(「서설」을 참조하라) 토지 소유의 분할제(allotment-system)를 빈곤에 맞서는 주요 수단으로 보고 있다 하더라도, 또 일반적으로 그들의 대개의 실천적 제안들(노동자의 보호 등등)이 외견상 반동적 본성을 갖고 있다 하더라도, 한편으로, 그들이 경쟁의 힘에 또다시 굴복하여 과거의 상태를 부활시키든가 ── 그렇지 않으면 경쟁 그 자체의 폐기를 초래하든가 둘 중의 하나를 해야만 한다는 필연성의 근거가 이들의 방책들 속에 이미 놓여 있다 ; 그리고 다른 한편으로 차티즘의 현재의 불명확한 상태, 즉 순수한 정치적 당파와의 분리는 바로, 그 사회적 측면에 있는 차티즘 **특유의 특징**을 더욱 발전시켜 나가야만 한다는 규정 속에 있는 것이다. [차티즘의] 사회주의로의 접근은 일어나지 않을 수 없다. 특히 상공업의 현재의 활황에 뒤이어 늦어도 1847년[8] 까지는 일어날 것이며 필시 내년에는 일어날 것임에 틀림이 없는 다음의 공황, 격렬하고 맹위를 떨친다는 점에서 이전의 모든 공황들을 뛰어넘을 이 공황은 빈궁 때문에 점점 더 노동자들을 정치적 구제 수단 대신에 사회적 구제 수단으로 이끌 것이다. 노동자들은 자신들의 헌장을 관철시킬 것이며 이것은 당연한 것이다 ; 그러나 노동자들은 그때까지는, 자신들이 헌장에 의해서 성취할 수 있는 많은 것, 지금은 아직 조금밖에 모르고 있는 많은 것을 명확하게 인식하게 될 것이다.

그 사이에 또한 사회주의 선동도 전진하고 있다. 여기서 잉글랜드의 **사회주의**는 그것이 노동자 계급에게 영향을 끼치는 범위 내에서만 고찰된다. 잉글랜드의 사회주의자들은, 공업과 농업에 종사하고 평등한 권리와 평등한 교육을 향유하는 이삼천 명 정도로 이루어진 '홈 콜로니'[35]에서 재산의 공유제를 점차적으로 도입할 것 ── 이혼을 용이하게 할 것, 완전한 사상의 자유를 보장하는 이성적 정부를 수립할 것, 형벌을 폐지하고 그 대신에 범인을 이성적으로 대우할 것 ── 을 요구하고 있다. 이것들이 그들의 **실천적** 제안들

---

8) (1892) 공황은 정확히 이 예언대로 일어났다.

이다. —— 이론적인 원리들은 여기서는 우리들의 관심사가 아니다. 이 사회주의는 공장주인 **오웬**으로부터 유래한다. 따라서 이 사회주의는 사실상 부르주아지와 프롤레타리아트의 대립을 뛰어넘어 가고 있지만, 그럼에도 불구하고 그 형식에 있어서는 부르주아지에 대해서 매우 관대하고 프롤레타리아트에 대해서는 매우 불공평하다. 이 사회주의자들은 대단히 온건하고 평화적이다. 그들은 공개적인 설득 이외의 어떠한 방법도 거부하는 한에 있어서, 현존 관계들이 아무리 나쁜 것이라 하더라도 그것을 승인한다. 그런데 동시에 이 사회주의자들은 매우 추상적이어서 그들은 그들의 원리들의 오늘날의 형식으로는 공개적 설득을 결코 달성할 수 없게 된다. 게다가 이 사회주의자들은 하층 계급의 타락을 항상 한탄하면서도 사회적 질서의 이러한 해체 속에 있는 진보적 요소들을 보지 못하며, 또한 유산 계급 사이에서 보여지는 사리 私利와 위선의 타락이 훨씬 악질적이라는 것을 생각하지 못하고 있다. 이 사회주의자들은 역사적 발전을 조금도 인정하지 않는다. 그러므로 그들은 국민을 더 이상의 과정 없이, 즉 정치를 그 자체가 자연스럽게 해체되는 종점까지 끌고 가는 일 없이 즉시 공산주의의 상태로 옮겨 놓으려 한다. 하긴 그들도 노동자들이 왜 부르주아지에게 분개하는가를 알고 있긴 하지만, 노동자를 전진시킬 수 있는 유일한 수단인 이 분노를 무익한 것으로 생각하고 잉글랜드의 현재에 대해서 훨씬 더 무익한 자선과 박애를 설교하고 있다. 이 사회주의자들은 심리적 발전만을, 과거와는 아무런 연관도 맺고 있지 않은 추상적 인간의 발전만을 인정하고 있다. 그러나 세계 전체는 이 과거에 근거하고 있고, 개개의 인간도 세계 전체와 함께 이 과거에 근거하고 있다. 따라서 그들은 너무 유식하고 너무 형이상학적이어서 아무런 성공도 거두지 못한다. 이 사회주의자들은 부분적으로 노동자 계급으로부터 보충되지만, 노동자 계급 중에서 이들쪽으로 견인되는 부분은 매우 유식하고 견실하긴 하지만 아주 소수에 지나지 않는다. 사회주의는 현재의 형태로서는 결코 노동자 계급의 공동 재산으로 될 수 없을 것이다 ; [그렇게 되려면] 사회주의는 자신을 낮추기까지 해야 하며, 당분간 차티스트들의 관점으로 되돌아 가야 한다. 그러나 오늘날 이미 많은 사회주의자들 및 거의 모두가 사회주의자[9]인 차티

---

9) (1892) 물론 일반적인 의미에서 사회주의자를 말하는 것이지 특별한 오웬주의적 의미에서 말하는 것은 아니다.

스트 지도자들에게서 발전되어 있는 바대로, 차티즘을 경과하고 부르주아지
의 요소를 척결한 진정한 프롤레타리아 사회주의는 물론 생성하고 있으며,
가까운 장래에 잉글랜드 인민의 발전사에 있어서 중요한 역할을 맡게 될 것
이다. 프랑스 공산주의보다 토대는 광범하나 그 발전면에서는 뒤진 잉글랜
드 사회주의는 당분간 프랑스의 관점으로 되돌아갔다가 이후에 그것을 앞질
러야 할 것이다. 물론 그때에 이르기까지 프랑스 인들도 더한층 발전할 것이
다. 사회주의는 동시에 또한 노동자들 사이에서 지배적인 비종교적 태도의
가장 결정적인 표현이다. 그리고 이 표현은 워낙 결정적이어서 **무의식적으로**,
다만 실천적으로 비종교적인 노동자들도 이 표현의 날카로움에 종종 경악한
다. 그렇지만 여기서도 또한 빈궁은 노동자들로 하여금 신앙을 버리게 할 것
이다. 노동자들은, 신앙이란 그들 자신들의 고혈을 빨아먹는 유산 계급에게
순종하고 충실하도록 만드는 데 이바지할 뿐이라는 것을 점점 인식해 나가
고 있다.

　　이처럼 노동자 운동이 두 개의 분파, 즉 차티스트들과 사회주의자들로
갈라져 있다는 것을 우리는 알게 되었다. 차티스트들은 가장 뒤쳐져 있고 가
장 발전하지 못했으나, 그 대신 그들은 진정한, 살아 있는 프롤레타리아들이
며 프롤레타리아트의 대표자들이다. 사회주의자들은 더 넓은 시야를 가지고
있고 빈궁에 맞서는 실제적 수단을 제시하고 있으나 본래 부르주아지 출신
들이고 이 때문에 노동자 계급과 융합할 수 없다. 사회주의와 차티즘의 융
합, 즉 잉글랜드적 방식에 의한 프랑스 공산주의의 재생산은 극히 가까운 장
래의 일이며 부분적으로는 이미 시작되었다. 이것이 실현될 때에 비로소 노
동자 계급은 실제로 잉글랜드의 지배자가 될 것이다.——정치적 사회적 발
전은 그 사이에도 진척되어 이 새로이 솟아난 당, 이 차티즘의 진보를 북돋
울 것이다.

　　합쳤다 갈라졌다 하는 이러한 다양한 노동자 분파들 —— 노동 조합원들,
차티스트들, 사회주의자들 ——은 [노동자들의] 정신적 교양을 높이기 위해
자신들의 독자적 힘으로 학교와 독서실을 설립하였다. 모든 사회주의 단체
들 그리고 거의 모든 차티스트 단체들은 각각 이러한 시설을 가지고 있고,
개별 조합들도 마찬가지로 많은 시설을 가지고 있다. 여기에서 어린이들은
부르주아지의 어떠한 영향으로부터도 자유로운 진정한 프롤레타리아의 교육

을 받으며 독서실에는 전적으로, 혹은 거의 전적으로 프롤레타리아적 신문과 책자만 있다. 이런 시설들은 부르주아지에게 극히 위험하다. 부르주아지는 이와 유사한 시설인 많은 수의 '기술 수련소들' Mechanics' Institutions[36]을 프롤레타리아의 영향으로부터 빼내는 데, 이 기술 수련소들을 부르주아지에게 유익한 학문들을 노동자들 사이에 보급하기 위한 기관으로 변화시키는 데 성공하였다. 이곳에서는 현재 자연 과학을 가르치는데, 이러한 자연 과학은 부르주아지에 대한 저항에서 노동자들을 빼돌리며 아마도 부르주아지에게 돈을 벌게 해 줄 발명들을 위한 수단을 노동자들의 손에 쥐어 줄 것이다. —— 그런데 **현재**는 자연에 관한 지식은 노동자에게 정말로 아무런 소용도 없는데, 왜냐하면 대도시에 살면서 장시간의 노동에 시달리고 있어서 노동자가 자연을 한 번도 보지 못하는 일이 종종 있기 때문이다 ; 이 수련소들에서는 또한 정치 경제학을 설교하고 있는데, 이 정치 경제학의 우상은 자유 경쟁이고 이 정치 경제학이 노동자에게 주는 단 하나의 결론은 노동자는 가만히 앉아서 굶어 죽는 것 이상의 이성적인 일을 할 수 없다는 것이다 ; 이 수련소들에서는 모든 교육이 지배적인 정치와 종교에 얌전하게 순종하고 헌신하라는 식으로 이루어지고 있어서, 이곳에서의 교육이란 노동자에게 있어서 다만 고분고분 복종하고 무관심하며 자신의 운명에 몸을 맡기라는 부단한 설교일 뿐이다! 물론 노동자 대중은 이러한 시설들에 대해서 신경 쓰지 않으며, 프롤레타리아적 독서실로, 자신들의 이해와 직접 관계가 있는 사정들에 대한 논의들로 발길을 돌린다. —— 이렇게 되자 자족적인 부르주아지는 '나 말했으니 내 영혼 구원했도다' Dixi et salvavi 라고 말하고는 '착실한 교육보다 악의에 찬 선동가들의 격렬한 발광을 더 좋아하는' 계급에 멸시를 보내면서 발길을 돌려 가 버린다. 그렇더라도 '착실한 교육'이 부르주아지의 이해와 결부된 지혜와 섞여 있지 않을 경우에는 노동자들 또한 그 교육에 대하여 취미를 가지고 있다는 것은 모든 프롤레타리아적 단체, 특히 사회주의적 단체에서 빈번하게 있는 자연 과학적, 미학적, 국민 경제학적 주제들에 관한 잦은 강연들에 많은 청중들이 몰리는 사실이 증명한다. 이제 더 이상 걸치기도 무엇할 만큼 너덜너덜해진 빌로드 저고리를 입은 노동자가 교양 있는 허다한 독일 부르주아들이 가지고 있는 것보다 더 많은 학식을 가지고서 지질학, 천문학 및 기타 주제들에 관하여 말하는 것을 나는 자주 들었다.

그리고 잉글랜드 프롤레타리아트가 자주적 교양을 습득하는 데에 있어 얼마만큼의 성공을 거두었는가는 특히, 비교적 새로운 철학적, 정치학적, 시적 문헌들 중의 획기적 성과들이 거의 오직 노동자들에 의해서만 읽혀지고 있다는 사실이 잘 보여 주고 있다. 사회 상태 및 그것과 결부되어 있는 편견의 노예인 부르주아는 진정으로 진보를 확증하는 모든 것 앞에서 질겁하고 저주하며 성호를 긋는다 ; 그러나 프롤레타리아는 열린 눈으로 그것을 보며 기쁜 마음으로 그것을 연구하고 성과를 거둔다. 이 점에서는 특히 사회주의자들이 프롤레타리아트의 교양을 위해 무한한 공헌을 하였는데, 그들은 프랑스 유물론자들인 **엘베시우스, 올바끄, 디드로** 등등의 저서를 번역하여 잉글랜드의 가장 훌륭한 저작들과 함께 염가판으로 그것들을 보급하였다. **슈트라우스**의 『예수의 생애』와 **프루동**의 『소유[란 무엇인가?]』도 마찬가지로 프롤레타리아들 사이에서만 읽혀진다. 셸리, 저 천재적 예언자 **셸리** 그리고 감각적 열정과 현존 사회의 통렬한 풍자로 충만된 **바이런**은 노동자들 사이에 그 대부분의 독자들을 가지고 있다 ; 부르주아들은 거세된 판, 즉 오늘날의 위선적 도덕에 어울리게 손을 본 '가정판' family editions 만을 가지고 있다. 최근 시대의 두 사람의 위대한 실제적 철학자들인 **벤담**과 **고드윈**, 특히 후자는 또한 프롤레타리아트의 거의 배타적인 재산이다 ; 급진 부르주아지 가운데 **벤담**을 따르는 학파가 있다 하더라도, 벤담으로부터 하나의 진보를 이루어 내는 데 성공한 것은 프롤레타리아트와 사회주의자들뿐이다. 프롤레타리아트는 이러한 기초 위에서 독자적인 문학을 형성하였는데, 이것은 그 대부분이 잡지와 소책자로 발표되었고 그 내용으로 볼 때 부르주아지의 문학 전체를 훨씬 앞서 나가고 있다. 이 점에 대해서는 다음 기회에 말하기로 하자.

또 하나 더 말해 두어야 할 것이 있다 : 공장 노동자들, 그리고 그들 중에서도 특히 면공업 지구의 공장 노동자들이 노동자 운동들의 핵심을 형성하고 있다. 랭카셔, 그리고 특히 맨체스터는 가장 강력한 노동 조합이 있는 곳이며, 차티즘의 중심지이고, 대부분의 사회주의자들이 있는 곳이다. 공장 제도가 어떤 노동 부문에 침투하면 할수록 그만큼 많이 [그 부문의] 노동자들이 운동에 참가하게 된다 ; 노동자와 자본가의 대립이 날카로워질수록 노동자들의 프롤레타리아적 의식은 더욱 발전하고 더욱 날카로워진다. 버밍검의 소장인들은 공황으로 인하여 고통을 받고 있음에도 불구하고 프롤레타리

아적 차티즘과 소상인적 급진주의 사이의 불행한 중간 위치에 서 있다. 그러
나 일반적으로 모든 공업 노동자들은 자본과 부르주아지에 맞서는 이러저러
한 형태의 반항에 나서고 있다. 그리고 그들이 '노동자들' Working men
—이 명칭을 그들은 자랑스러워하며 차티스트들의 집회들에서 통상적으로
사용된다— 로서 모든 유산자들에 대항해서 독자적인 이해와 원리를 가진,
독자적인 견해를 가진 독자적인 한 계급을 형성하고 있다는 점, 또한 동시에
— 그들 속에 국민의 힘과 발전 능력이 깃들어 있다는 점에 대해서 만인이
일치된 견해를 보이고 있다.

1844년 11월 중순부터   맑스·엥겔스 저작집, 제 2 권,
1845년 3월 중순 사이에   232-255면과 430-455면.
쓰여짐.
출전 : 프리드리히 엥겔스,
『잉글랜드 노동 계급의 처지』,
슈투트가르트 Stuttgart, 1892년.

                                                          김보영   번역

칼 맑스

[포이에르바하에 관한 테제들[37]

I. 포이에르바하에 대하여

1

지금까지의 모든 유물론(포이에르바하의 유물론을 포함하여)의 주요한 결함은 대상, 현실, 감성이 오직 **객체의** 혹은 **관조의** 형식 아래에서만 파악되고 있다는 것 ; 그리고 **감성적 인간 활동**으로서, **실천**으로서 파악되지 않고, 주체적으로 파악되지 않는다는 것이다. 따라서 **능동적** 측면은 유물론에 대립해서 관념론에 의하여 ——물론 관념론은 현실적 감성적 행위 자체를 알지 못한다—— 추상적으로 발전된다. 포이에르바하는 감성적인 객체들 ——사유 객체들과 현실적으로 구별되는 객체들—— 을 추구한다 : 그러나 그는 인간의 활동 자체를 **대상적** 활동으로서 파악하고 있지 않다. 따라서 그는 『기독교의 본질』에서 이론적 태도만을 진정으로 인간적인 태도라고 간주하며 반면에 실천은 오직 그 더러운 유태인적 현상 형태 속에서 파악되고 고정된다. 그러므로 그는 '혁명적', '실천적·비판적' 활동의 의미를 개념적으로 파악하지 못하고 있다.

2

대상적 진리가 인간의 사유에 들어오는가 않는가의 문제는 ——이론의 문제가 아니라 **실천적** 문제이다. 실천 속에서 인간은 진리를, 즉 현실성과 힘, 자신의 사유의 차안성을 증명해야 한다. 사유——실천으로부터 고립된 ——의 현실성이나 비현실성에 관한 논쟁은 순전히 **스콜라주의적** 문제이다.

3

환경의 변화와 교육에 관한 유물론적 교의는 환경이 인간들에 의해 변화되며 교육자 자신도 교육되어야 한다는 것을 잊고 있다. 그러므로 그 유물론적 교의는 필연적으로 사회를 두 부분——그중의 하나는 사회를 초월해 있다——으로 탐구하지 않을 수 없다.

환경의 변화 Ändern[s] 와 인간 활동의 변화 Ändern[s] 혹은 자기 변화와의 일치는 오직 **혁명적 실천**으로서만 파악될 수 있고 합리적으로 이해될 수 있다.

4

포이에르바하는 종교적 자기 소외라는 사실, 종교적인 세계 및 세속적인 세계로의 세계의 이원화라는 사실에서 출발한다. 그의 작업은 종교적 세계를 그것의 세속적 기초로 해소한 데에 그 요체가 있다. 그러나 세속적 기초가 자기 자신으로부터 떨어져 나와서 위로 올라가 구름 속에 하나의 자립적인 영역으로 스스로를 고정시킨다는 사실은 이러한 세속적 기초의 자기 분열과 자기 모순으로부터만 설명될 수 있다. 따라서 세속적 기초 자체가 자기 자신 안에서, 자신의 모순 속에서 이해되어야 할 뿐 아니라 실천적으로 혁명화되어야 한다. 그러므로 예를 들면 세속적 가족이 신성 가족의 비밀로서 폭로된 이후에 이제 전자 자체가 이론적으로나 실천적으로나 파괴되어야 한다.

5

추상적 사유에 만족하지 않는 포이에르바하는 **직관**[혹은 관조]을 추구한다 ; 그러나 그는 감성을 **실천적**, 인간적ㆍ감성적 활동으로서 파악하지 못하고 있다.

6

포이에르바하는 종교적 본질을 **인간의** 본질로 용해시킨다. 그러나 인간의 본질은 각각의 개체 속에 내재하는 추상물이 아니다. 인간의 본질은 그 현실에 있어서 사회적 관계들의 앙상블 ensemble 이다.

이러한 현실적 본질의 비판 속으로 파고들지 않는 포이에르바하는 따라서 :

맑스의 비망록에 있는 포이에르바하에 관한 11테제의 복사

1. 역사적 과정을 도외시하고 종교적 심성을 그 자체로서 고정시키고 하나의 추상적 —— **고립된** —— 인간 개체를 전제하지 않을 수 없다.

2. 따라서 그 본질은 '유 類' 로서만, 내적이고 침묵하는, 많은 개체들을 오직 **자연적으로** 묶고 있는 일반성으로서만 이해할 수 있다.

7

따라서 포이에르바하는 '종교적 심성' 자체가 하나의 사회적 산물임을, 그리고 그가 분석하고 있는 추상적 개체가 하나의 특정한 사회 형태에 속함을 알지 못한다.

8

모든 사회적 생활은 본질적으로 **실천적**이다. 이론을 신비주의 Mystizism[us] 로 이끌고 가는 모든 신비들은 인간의 실천에서 그리고 이 실천의 개념적 파악 Begreifen 에서 그 합리적인 해결을 얻는다.

9

관조[직관]하는 유물론, 즉 감성을 실천적 활동으로서 개념 파악하지 않는 유물론이 도달하는 정점은 각각의 개체들 및 시민 사회의 관조[혹은 직관]이다.

10

낡은 유물론의 입지점은 시민 사회이며, 새로운 유물론의 입지점은 인간적 사회 혹은 사회적 인류이다.

11

철학자들은 세계를 단지 다양하게 해석해 **왔을** 뿐이다. 그러나 중요한 것은 세계를 **변화시키는** 것이다.

1845년 봄에 씌어짐.
수고에 의거함.

맑스 · 엥겔스 저작집,
제3권, 5-7면.
최인호   번역

칼 맑스 / 프리드리히 엥겔스

독일 이데올로기

포이에르바하, B. 바우어, 슈티르너를
그 대표자들로 하는
최근의 독일 철학과
그 다양한 예언자들의
독일 사회주의에 대한 비판
[발 췌][38]

I.

포이에르바하

유물론적 견해와 관념론적 견해의 대립

[I]

독일 이데올로그들이 알리는 바처럼 독일은 최근 수년 동안에 유례없는
변혁을 겪었다. 슈트라우스로부터 시작된 헤겔 체계의 부패 과정은 세계적
발효 상태 Weltgärung 로까지 발전하였고, 모든 '과거의 열강들'은 이 발효
상태 속으로 끌려 들어갔다. 그러한 전반적 혼돈 속에서 강력한 제국들이 세
워졌다가는 곧 다시 몰락하였고, 영웅들이 잠깐 출현했다가는 더 용감하고
더 강력한 경쟁자들에 의해서 다시 암흑 속으로 되던져졌다. 그것은 거기에
비하면 프랑스 혁명도 어린애 장난인 혁명, 그 앞에서는 디아도코스들의 투
쟁들[39]도 하찮게 보이는 세계적 투쟁이었다. 원리들은 서로를 밀어 대었고,
사상의 영웅들은 전례 없이 서두르며 서로를 밀치고 나아가, 1842-45년의 3
년 동안에 독일에서는 여느 때 같으면 3 세기에 걸쳐 일소될 것들보다 더 많
은 것들이 일소되었다.

이 모든 일들이 순수한 사상 속에서 일어났다고들 한다.

물론 이것은 하나의 흥미로운 사건과 관련되는 일임에 틀림없다 : 절대
정신의 부패 과정과 관련되는. 생명의 마지막 불꽃이 꺼진 이후에 잔해 Ca-
put mortuum 의 여러 가지 구성 부분들은 해체되었고, 새로운 화합물들을
이루고, 새로운 물질들을 형성하였다. 지금까지 절대 정신을 울궈먹음으로써
살아왔던 철학적 기업가들은 이제 새로운 화합물들에 몰두하였다. 그들 각
각은 저마다 자신에게 할당된 몫을 내다 파는 소매상을 최대의 열성을 가지
고 운영하였다. 이 일이 경쟁 없이 진행될 수는 없었다. 경쟁은 처음에는 제
법 시민적이고 건전하게 이루어졌다. 그 뒤 독일 시장이 넘치고 온갖 노력에

도 불구하고 상품들이 세계 시장에서 잘 팔리지 않게 되었을 때에, 장사는 독일의 관행적인 방식대로 획일적 생산과 모조품 생산, 질의 조악화, 원료의 불순화, 상표 위조, 허위 거래, 부도 어음의 사용, 그리고 모든 실질적 기반을 상실한 신용 제도 등에 의해 타락하였다. 경쟁은 하나의 치열한 투쟁으로 달음질쳤는바, 이 투쟁을 지금 사람들은 세계사적 전환으로서, 가장 위대한 성과들과 업적들의 산출자로서 찬양하고 가장하고 있다.

고상한 독일 시민의 가슴 속에조차 자애로운 국민 감정을 불러일으키는 이러한 철학적 과대 광고를 올바르게 평가하기 위해서는, 그리고 이러한 청년 헤겔파 운동 전체의 왜소성과 지방적 편협성을 보여 주기 위해서는, 특히 이 영웅들의 실제 업적들과 이 업적들에 대한 환상들 사이의 희비극적 대조를 보여 주기 위해서는 일단 독일 바깥에 놓여 있는 관점에서 그 장관 전체를 조망하는 것이 필요하다.

I.
포이에르바하

A. 이데올로기 일반, 특히 독일 이데올로기

독일의 비판은 그 최근의 노작들 Efforts 에 이르기까지 철학의 지반을 떠나지 못하였다. 그 비판의 모든 문제들은 자신의 일반적·철학적 전제들을 검토하는 일로부터 멀리 떨어진 채, 게다가 어떤 특정의 철학 체계, 즉 헤겔 체계의 토양 위에서 성장하였다. 문제들에 대한 답변들뿐만 아니라 이미 문제들 그 자체 속에 하나의 기만 Mystifikation 이 놓여 있었다. 헤겔에 대한 이러한 의존성이야말로, 최근의 비판가들 모두가 아무리 헤겔을 넘어섰다고 주장한다 할지라도 [실제로는] 어느 누구도 헤겔 체계에 대한 포괄적인 비판을 시도하지 못했던 이유이다. 헤겔에 대한 그들의 논박과 그들 상호 간의 논쟁은, 각자가 헤겔 체계의 한 측면을 끄집어내고서 이를 그 체계 전체에 또는 다른 사람들에 의해 끄집어내어진 측면들에 대립시키는 것에 한정되어 있다. 처음에는 실체와 자기 의식 같은 헤겔의 순수하고 거짓 없는 범주들이 끄집어내어졌으나 나중에 이 범주들은 유 類, 유일자 der Einzige, 인간 der Mensch 등등과 같은 세속적인 이름들에 의해 현세화되었다.

슈트라우스에서 슈티르너에 이르는 독일의 철학적 비판 전체는 종교적 관념들에 대한 비판에 한정되어 있다. 사람들은 현실의 종교와 본래적 신학으로부터 출발하였다. 종교적 의식, 종교적 관념이 무엇인가는 그 후의 과정 속에서 여러 가지로 규정되었다. [철학적 비판에 따르면] 진보의 핵심은, 소위 지배적인 형이상학적 · 정치적 · 법적 · 도덕적 관념들과 그 밖의 관념들을 종교적 혹은 신학적 관념들의 영역 아래로 포섭하는 것 ; 이와 마찬가지로 정치적 · 법적 · 도덕적 의식을 종교적 혹은 신학적 의식이라고 선언하고, 정치적 · 법적 · 도덕적 인간을, 궁극적으로 '그 인간'[1]을 종교적이라고 선언하는 것에 있었다. 종교의 지배는 전제되어 있는 것이었다. 점차 각각의 지배적인 관계가 종교의 관계라고 선언되었고, 예배, 즉 법에 대한 예배, 국가에 대한 예배 등등으로 변화되었다. 어디서나 교의들과 교의들에 대한 신앙만이 문제였다. 저 존경스런 성 막스가 일괄적으로 세계를 성스러운 것으로 선포하고, 그리하여 세계를 단번에 정리할 수 있게 되기에 이르기까지 세계는 확대 일로로 성도 명부 聖徒 名簿 에 올려졌다.

노년 헤겔파는 어떤 것이든 그것이 헤겔의 논리적 범주로 환원되자마자 **개념적으로 파악하였다** begriffen. 청년 헤겔파는 모든 것을 종교적 관념들이라고 깔아뭉개 버리거나 혹은 신학적이라고 선언함으로써 그 모든 것을 **비판하**였다. 청년 헤겔파는 현존 세계에서의 종교, 개념들, 보편적인 것의 지배를 믿는다는 점에서 노년 헤겔파와 일치한다. 단지 한 쪽은 그 지배를 찬탈이라고 하여 투쟁하였고, 다른 쪽은 정통이라고 하여 찬양하였을 뿐이다. 노년 헤겔파의 경우에는 관념들, 사상들, 개념들, 요컨대 그들로부터 자립화된 의식의 산물들이 인간 사회의 진정한 [유대의] 끈이라고 선언되는 것과 꼭 마찬가지로 이와 같은 청년 헤겔파의 경우에는 그것들이 인간 본래의 족쇄들로 여겨지기 때문에, 그들이 오직 이러한 의식의 환상들에 대항해서 투쟁해

---

1) '*der* Mensch'는 『독일 이데올로기』 전체에서 모두 '그 인간'으로 번역하였으므로 참고 바란다. 이 단어는 본문에도 나와 있듯이 특히 포이에르바하의 '인간학적 유물론'에서 **비역사적으로** 파악되고 있는 '추상적 인간'을 지칭하기 위해 사용하고 있다. (역자)

야 하는 것 또한 당연하다. 청년 헤겔파의 환상에 따르면 인간들의 관계들, 인간들의 일체의 행동 Tun und Treiben, 인간들의 족쇄들과 제한들이란 인간들의 의식의 산물들이기 때문에, 청년 헤겔파는 수미 일관하게도 인간들에게 그들의 현재의 의식을 인간적, 비판적, 혹은 자기 중심적 의식으로 바꾸고 그렇게 함으로써 그들의 제한들을 제거하라는 도덕적 요청을 제기한다. 의식을 바꾸라는 이러한 요구는 현존하는 것을 달리 해석하라는, 즉 다른 해석을 통하여 현존하는 것을 인정하라는 요구로 치닫는다. 청년 헤겔파 이데올로그들은 그들의 소위 '세계를 뒤흔드는' 문구들에도 불구하고 굉장한 보수주의자들이다. 그들 중에서 가장 젊은 연배들이 자신들은 오직 **'문구들'**에 대항해서 투쟁할 뿐이라고 주장할 적에 그들은 자신들의 활동에 대한 가장 적확한 표현을 발견한 셈이다. 그들은 자신들이 실제 현존하는 세계의 문구들에 대항해서 투쟁할 때에, 자신들이 이러한 문구들 자체에 문구들로서밖에 맞서고 있지 않다는 것, 그리고 실제 현존하는 세계와는 결코 투쟁하지 않고 있다는 것을 망각하고 있을 뿐이다. 이 철학적 비판이 가져올 수 있었던 유일한 성과들은 기독교에 대한 몇 가지의, 그것도 일면적인 종교사적 해명들이었다 ; 이러한 철학적 비판의 그 밖의 모든 주장들은 이러한 보잘것없는 해명들을 가지고서 세계사적 발견을 제공했노라 하는 그들의 자부에 대한 윤색 이외의 아무것도 아니다.

이들 철학자들 중 그 누구도 독일 철학과 독일 현실과의 연관에 대해서, 그들의 비판과 그들 자신의 물질적 환경과의 연관에 대해서 물음을 던지는 일이 없었다.

I. 이데올로기 일반, 특히 독일 철학

A.

우리의 출발점이 되는 전제들은 결코 자의적인 전제들이 아니고, 독단들도 결코 아니며, 오직 상상 속에서만 도외시될 수 있을 현실적 전제들이다. 그것은 현실적 개인들, 그들의 행동 및 그들의 물질적 생활 조건들 − 기존의 생활 조건들뿐만 아니라 그들 자신의 행동에 의해서 산출된 생활 조건들까지 − 이다. 이러한 전제들은 따라서 완전히 경험적인 방식으로만 확인될 수 있다.

모든 인간 역사의 제1전제는 당연히, 살아 있는 인간 개인들의 생존 Existenz 이다. 그러므로 최초로 확인되어야 할 사실은 이 개인들의 신체적 조직과 이 신체적 조직에 의해서 주어진, 그 밖의 übrigen 자연과의 관계이다. 물론 우리는 여기서 인간들 자신의 신체적 성질을 상술할 수도 없고, 인간들이 당면하고 있는 자연적 조건들, 즉 지질학적, 산악 수리학적 山岳 水理學的, 풍토적 상황들이나 여타의 상황들을 상술할 수도 없다. 모든 역사 서술은 이 자연적 기초들 및 역사 진행 속에서의 인간들의 행동에 의한 이 자연적 기초들의 변모로부터 출발할 수밖에 없다.

인간들은 의식에 의해서, 종교에 의해서, 그 밖에 그가 원망 願望 하는 것에 의해서 동물들과 구별될 수 있다. 인간들 자신은 그들이 그들의 생활 수단을 **생산하기** 시작하자마자 동물들과 구별되기 시작하는데, [이러한 생활 수단의 생산은] 인간의 신체적 조직에 의해 조건지어져 있는 바의 [인간다운 인간으로의 변화의] 착수 ein Schritt [이다]. 인간들은 그들의 생활 수단을 생산함으로써 간접적으로 그들의 물질적 생활 자체를 생산한다.

인간들이 자신들의 생활 수단을 생산하는 양식 Weise 은 무엇보다도 기존의 생활 수단 및 재생산될 생활 수단 자체의 성질에 의존한다. 생산의 이러한 양식은 개인들의 신체적 생존 Existenz 의 재생산이라는 측면에서만 고찰되어져서는 안 된다. 그것은 오히려 이미 이러한 개인들의 활동의 특정한 방식 Art 이며, 그들의 삶을 나타내는 특정한 방식, 그들의 특정한 **생활 양식** 이다. 개인들은 그들이 그들의 삶을 나타내는 방식대로 존재한다. 따라서 그들이 무엇인가는 그들의 생산에, 그들이 **무엇을** 생산하는가에뿐만 아니라 또한 동시에 **어떻게** 생산하는가에 일치한다. 따라서 개인들이 무엇인가는 그들의 생산의 물질적 조건들에 달려 있다.

이러한 생산은 **인구의 증가**와 함께 비로소 출현한다. 인구의 증가는 그 자체 다시 개인들 상호간의 **교류**를 전제한다. 이 교류의 형태는 다시 생산에 의해 조건지어진다.

서로 다른 국민들 상호간의 연관들 Beziehungen 은 그 국민들의 생산력들, 분업, 국내 교류 등이 그 국민들 각각에 의해서 얼마나 발전되었는가에 달려 있다. 이러한 원칙은 일반적으로 인정받고 있다. 그런데 한 국민의 다른 국민들에 대한 연관뿐만 아니라 이 국민 자체의 내적인 편제 전체 또한 그 국민의 생산 및 내적, 외적 교류의 발전 단계에 달려 있다. 어떤 국민의 생산력들이 어느 정도 발전되어 있는가를 가장 확연하게 보여 주는 것은 그곳에서 분업이 발전되어 있는 정도이다. 모든 새로운 생산력은 그것이 지금까지 이미 알려진 생산력들의 단순한 양적 확장(예를 들면, 토지의 개간)이 아닌 한, 분업의 새로운 형성을 가져온다.

한 국민 내부에서의 분업은 우선 산업 노동 및 상업 노동의 농업 노동으로부터의 분리를 가져오고, 그와 함께 **도시**와 **농촌**의 분리 및 양자의 이해 대립을 가져온다. 분업의 계속적 발전은 상업 노동의 산업 노동으로부터의 분리를 가져온다. 동시에 이들 다양한 [노동] 분야들 내부의 분업으로 말미암아 다시, 특정한 노동들을 위해서 공동 작업하는 개인들 사이의 다양한 구분이 발전한다. 이러한 각각의 구분들 상호간의 지위는 농업 노동, 산업 노동 및 상업 노동의 운영 방식에 의해 조건지어진다(가부장제, 노예제, 신분들, 계급들). 교류가 더 발전할 경우에 서로 다른 국민들 상호간의 연관에서도 동일한 관계가 나타난다.

분업의 다양한 발전 단계들은 마찬가지로 그만큼 다양한 소유의 형태들이다 ; 즉 분업의 매단계는 또한 재료, 도구 및 노동 생산물과 관련한 개인들 상호간의 관계들을 규정한다.

소유의 최초의 형태는 부족 소유 Stammeigentum 이다.[40] 이 소유는 사람들이 수렵, 어로, 목축 혹은 기껏해야 농경으로 살아가는, 발전되지 못한 생산 단계에 조응한다. 이 마지막 경우[농경]에 있어서 부족 소유는 대규모의 미개간지를 전제로 한다. 이 단계에서 분업은 아직 별로 발전되어 있지 않으며, 가족 내에 주어져 있는 자연 성장적 분업을 더 한층 확장하는 것에 한정된다. 그러므로 사회적 편제는 가족의 확장에 한정된다 : 가부장제적 부족장들, 그 아래에 있는 부족 구성원들, 마지막으로 노예들. 가족 내에 잠재

해 있던 노예제는 인구 및 욕구들의 증가와 더불어 그리고 외적 교류의 확
대, 즉 교역뿐만 아니라 전쟁의 확대와 더불어 비로소 점차적으로 발전한다.

　제2형태는 고대 공동 소유 및 국가 소유 antike Gemeinde-und Staats-
eigentum 인데, 이 소유는 주로 계약 혹은 정복에 의해서 여러 부족들이 하
나의 도시로 통합된 데서 유래하며, 그럴 때 노예제는 계속 존속한다. 공동
소유와 나란히 이미 동산적 사적 소유가 발전하며, 이후에 부동산적 사적 소
유도 발전하지만 하나의 변칙적인 형태로서, 즉 공동 소유에 종속된 형태로
서 발전한다. 공민들 Staatsbürger 은 오직 그들의 공동체 안에서만 그들의
노동 노예들을 지배하는 힘을 가지며, 따라서 이미 공동 소유의 형태에 묶여
있다. 따라서 고대 공동 소유는, 노예들에 대립하여 이러한 자연 성장적인
연합 방식 속에 머물지 않을 수 없는 유권 공민들의 공동체적 사적 소유이
다. 따라서 공동체적 사적 소유에 기초하는 사회 편제 전체 및 그 편제와 더
불어 그 민족의 힘은 특히 부동산적 사적 소유가 발전하는 것과 같은 정도
로 붕괴한다. 분업은 이미 보다 발전되어 있다. 우리는 이미 도시와 농촌의
대립을 보며, 이후에는 도시의 이해를 대변하는 국가들과 농촌의 이해를 대
변하는 국가들 사이의 대립을 보며, 도시들 자체 내부에서는 공업과 해상 무
역 사이의 대립을 본다. 시민들과 노예들 사이의 계급 관계는 완벽하게 형성
되어 있다.

　우리가 현대의 사적 소유에서 단지 확대된 규모로 재차 보게 될 것과
동일한 관계들이 사적 소유의 발전과 더불어 여기에서 처음으로 출현한다.
한편으로는 로마에서 매우 일찍이 시작하였던 사적 소유의 집중(증거는 리
키니우스의 경지법[41])이 내전 이후에 그리고 특히 제정하에서 매우 급속하게
진행되었다 ; 다른 한편으로는, 이와 관련하여 평민적 plebejischen 소농민들
의 프롤레타리아트로의 전화가 진행되었지만 이 프롤레타리아트는 유산 시
민들과 노예들 사이의 그 중간적인 지위 탓에 결코 독자적인 발전에 도달하
지 못하였다.

　제3형태는 봉건적 혹은 신분적 소유 feudale oder ständische Eigentum
이다. 고대가 도시와 그 도시의 작은 지역에서 출발했다면, 중세는 농촌에서
출발하였다. 드넓은 지표면에 흩어져 있던, 정복자들에 의해서도 결코 증가
하지 않은 기존의 희박한 인구가 이 변화된 출발점을 조건지었다. 따라서 그

리스 및 로마와는 반대로 봉건적 발전은, 로마의 정복들에 의해서 그리고 처음에는 이와 연결된 농업의 전래에 의해서 예비된 더욱 드넓어진 토지 위에서 시작한다. 로마 제국의 마지막 몇 세기에 걸친 붕괴 과정과 야만인들 자신에 의한 [로마의] 정복은 대량의 생산력들을 파괴하였다 ; 농경은 쇠퇴하였고, 공업은 판로의 결여로 인하여 붕괴하였으며, 상업은 침체하거나 혹은 폭력적으로 중단되었으며, 농촌 및 도시의 인구는 줄어들었다. 이러한 기존의 상황과 이 상황에 의해 조건지어진 정복 조직의 양식은 게르만 병제 兵制 의 영향하에서 봉건적 소유를 발전시켰다. 봉건적 소유는 부족 소유 및 공동 소유와 마찬가지로 재차 하나의 공동체에 근거하였는데, 단 직접적 생산 계급으로서 이 공동체에 대립하는 것은 고대의 공동체처럼 노예들이 아니라 예속적 소농민들이다. 봉건제의 완성과 동시에 또한 도시들에 대한 대립이 덧붙어 나타난다. 토지 소유의 위계제적 hierarchisch 편성과 이와 연관된 무장 가신단은 귀족에게 농노들을 지배할 수 있는 권력을 주었다. 이러한 봉건적 편제는 고대 공동 소유와 꼭 마찬가지로 피지배 생산 계급에 대립하는 하나의 연합이었다 ; 다만 연합의 형태 및 직접적 생산자들에 대한 관계는 서로 달랐는데, 그것은 서로 다른 생산 조건들이 놓여져 있었기 때문이다.

　　도시들에 있어서는 조합적 korporative 소유, 즉 수공업의 봉건적 조직이 토지 소유의 이러한 봉건적 편성에 조응하였다. 소유는 여기에서 주로 각 개인의 노동에 그 본질이 있었다. 연합된 약탈 귀족에 대항하는 연합의 필요성, 공인 Industrielle 이 동시에 상인인 시대에 있어서 공동의 시장 시설의 필요, 번창하는 도시들로 쇄도하는 도망 농노들의 경쟁의 증대, 농촌 전체의 봉건적 편제 등은 쭌프트들이라는 결과를 낳았다 ; 점차 저축되는 개별적 수공업자들의 소자본들과, 인구는 늘어나는데도 불구하고 고정적인 그들의 숫자는 직인 · 도제 관계를 발전시켰는데, 이 직인 · 도제 관계는 도시들에서 농촌에서와 유사한 위계제를 성립시켰다.

　　따라서 봉건 시대 동안의 주요한 소유는 한편으로는 농노 노동의 결박을 수반한 토지 소유에, 다른 한편으로는 직인들의 노동을 지배하는 소자본을 지닌 그 개인의 노동에 본질을 두고 있었다. 양자의 편제는 한정된 생산 관계들 ——미미하고 조야한 경작과 수공업 차원의 공업 ——에 의해 조건지어져 있었다. 분업은 봉건제의 전성기에도 거의 이루어지지 않았다. 각각의

나라는 그 안에 도시와 농촌의 대립을 가지고 있었다 ; 물론 신분 편제는 매
우 첨예하게 나타났지만, 농촌에서의 영주들, 귀족, 성직자, 농민들의 구별
및 도시들에서의 장인들, 직인들, 도제들, 그리고 또 날품팔이 천민들의 구
별 이외에 현저한 분업이란 존재하지 않았다. 농경에 있어서 분업은 세분된
경작 때문에 곤란을 겪고 있었고 이 세분된 경작과 나란히 농민들 자신의
가내 공업이 출현하였으며, 공업에 있어서 노동은 개개의 수공업들 자체 내
에서는 전혀 분할되어 있지 않았으며 개별 수공업들로는 아주 조금 분할되
어 있었다. 공업과 상업의 분할은 비교적 오래된 도시들에서는 목도되었지
만, 비교적 새로운 도시들에서는 나중에 도시들이 서로 연관을 맺을 때에야
비로소 발전하였다.

　　비교적 거대한 지역들의 봉건 왕국으로의 통합은 토지 귀족에게도 도시
들에게도 필요한 일이었다. 따라서 지배 계급의 조직, 귀족의 조직은 어디에
서나 한 명의 군주를 그 꼭대기에 가지고 있었다.

　　따라서 사실은 이렇다 : 특정한 양식으로 생산적 활동을 하고 있는 특정
한 개인들은 이러한 특정한 사회적 및 정치적 관계들 속으로 들어간다. 경험
적 고찰은 각각의 모든 경우들에 있어서 사회적 및 정치적 편제와 생산과의
연관을 경험적으로, 그리고 어떠한 기만과 사변도 없이 보여 주어야 한다.
사회적 편제와 국가는 특정한 개인들의 생활 과정으로부터 생겨난다 ; 그러
나 이 개인들의 생활 과정은 개인들 자신의 관념이나 타인의 관념 속에서
현상할지도 모를 개인들의 생활 과정이 아니라 **현실적으로** 존재하는 개인들,
즉 작용하는, 물질적으로 생산하는 개인들, 따라서 그들의 자의로부터 독립
적인 특정한 물질적 제한들, 전제들 및 조건들 아래에서 활동하고 있는 개인
들의 생활 과정이다.

　　이념들, 표상들, 의식 등의 생산은 무엇보다도 인간의 물질적 활동과
물질적 교류 속에, 현실적 생활의 언어 속에 직접적으로 연루된다. 인간들의
표상함, 사유함, 정신적 교류는 여기에서 또한 그들의 물질적 행위 Ver-
halten 의 직접적 유출로서 나타난다. 한 민족의 정치, 법률, 도덕, 종교, 형이

상학 등등의 언어 속에 표현되는 정신적 생산에 관해서도 같은 말이 적용된다. 인간들은 그들의 표상들, 이념들 등등의 생산자들이지만, 그들은 그들의 생산력들 및 그에 조응하는 교류의 특정의 발전 — 가장 광범위한 교류 형태에까지 이르는—에 조건지어져 있는 현실적인 행동하는 인간들이다. 의식 das Bewußtsein 은 결코 의식된 존재 das bewußte Sein 이외의 어떤 것일 수 없으며, 인간들의 존재는 그들의 현실적 생활 과정이다. 전체 이데올로기 안에서 인간들과 그들의 관계들이 사진용 어둠 상자에서처럼 뒤집어져서 현상 現像 할 경우, 이러한 현상現象 은 마치 망막 위에서의 대상들의 전도가 그 망막의 직접적으로 생리적인 생활 과정으로부터 생겨나는 것처럼 인간들의 역사적 생활 과정으로부터 생겨나는 것이다.

하늘에서 땅으로 내려오는 독일 철학과는 정반대로 여기에서 우리는 땅에서 하늘로 올라간다. 즉 인간들이 말하고 상상하고 표상하는 것에서 또한 말해지고 사유되고 상상되고 표상된 인간들에서 출발하여 살아 있는 인간들에 도달하는 것이 아니다 ; 우리는 현실적으로 활동하는 인간들에서 출발하며, 또한 그들의 현실적 생활 과정으로부터 이 생활 과정의 이데올로기적 반영들과 반향反響 들의 발전을 표현한다. 인간들의 뇌 속의 환영들 Ne-belbildungen 또한 인간들의 물질적인, 경험적으로 확인 가능한, 그리고 물질적 전제들에 연결된 생활 과정의 필연적 승화물들이다. 이렇게 됨으로써 도덕, 종교, 형이상학 및 그 밖의 이데올로기와 그에 상응하는 의식 형태들은 더 이상 자립성의 가상을 지니지 않는다. 그것들은 아무런 역사도 가지고 있지 않으며, 어떠한 [자립적] 발전도 하지 않는다. 자신들의 물질적 생산과 자신들의 물질적 교류를 발전시키는 인간들이 이러한 자신들의 현실과 함께 또한 그들의 사유 및 그 사유의 산물들을 변화시키는 것이다. 의식이 생활을 규정하는 것이 아니라 생활이 의식을 규정한다. 첫번째 고찰 방식에서는 살아 있는 개인으로서의 의식에서 출발하지만, 현실적인 생활에 조응하는 두 번째의 고찰 방식에서는 현실적인, 살아 있는 개인들 자신으로부터 출발하며, 의식을 단지 그러한 개인들의 의식으로서만 간주한다.

후자의 고찰 방식은 무전제적인 것이 아니다. 이 고찰 방식은 현실적 전제들에서 출발하여, 그 현실적 전제들에서 한시도 눈을 떼지 않는다. 이 고찰 방식의 전제들이란 어떤 환상적 격리와 고정 속에 있는 인간들이 아니라, 특정한 조건들 아래의 현실적인, 경험적으로 일목요연한 발전 과정 속에 있는 인간이다. 이러한 활동적 생활 과정이 표현되자마자 역사는, 경험론자들 — 그들 자신 아직 추상적인 — 의 경우처럼 죽은 사실들의 집적이기를 멈추고, 혹은 관념론자들의 경우처럼 상상된 주체들의 상상된 행동이기를 멈춘다.

그러므로 사변이 멈추는 곳, 즉 현실적 생활에서, 현실적이고 실증적인 과학, 즉 인간들의 실천적 실행 및 실천적 발전 과정의 서술이 시작된다. 의식에 대한 공문구들이 중단되고, 현실적인 앎이 그 자리를 대신하지 않을 수 없다. 자립적인 철학은 현실의 서술과 더불어 그 존재 매개를 상실한다. 기껏해야 인간들의 역사적 발전에 대한 고찰로부터 추상될 수 있는 가장 일반적인 결론들의 총괄이 그것을 대신할 수 있을 뿐이다. 이 추상들은 그 자체로서는, 즉 현실적 역사로부터 분리되어서는 절대로 아무런 가치도 가지지 않는다. 이 추상들은 역사적 자료의 정리를 쉽게 하고, 각각의 자료층들의 차례를 시사하는 데 이바지할 수 있을 뿐이다. 그러나 철학과 마찬가지로 이 추상들은 역사적 시기들의 모양을 가지런하게 할 수 있는 처방전이나 규준을 줄 수 없다. 그와는 반대로 난점은 자료가 지나간 시기의 것이든 현재의 것이든 그것의 고찰과 정리에, 현실적 서술에 착수할 때 비로소 시작된다. 이러한 난점들의 제거는, 여기에서 결코 주어질 수 없는, 모든 시대의 개인들의 현실적 생활 과정과 행위의 연구로부터 비로소 주어지는 전제들에 의해서 조건지어져 있다. 우리는, 여기에서 우리가 이데올로기와 대립해서 사용하는 이 추상들 중의 몇 가지를 뽑아서, 그것들을 역사적 실례들에 비추어 설명할 것이다.

[2]

우리의 현명한 철학자들이 철학, 신학, 실체 및 온갖 오물들을 '자기 의식' 속으로 해소함으로써, 그들이 '인간'을 이 공문구들의 지배 — 인간은 이 공문구들의 지배 아래에 예속된 적이 한 번도 없는데도 — 로부터 해방시킴으로써, '인간'의 '해방'이 단 한걸음도 진전을 이룬 것이 없다는 것 ; 현실적 해방은 현실적 세계 속에서가 아니면 그리고 현실적 수단들을 가지지 않고서는 관철되는 것이 불가능하다는 것[2], 인간은 증기 기관과 뮬 방적기와 제니 방적기[30] 없이는 노예제를 폐지할 수 없으며 개량된 농경이 없이는 농노제를 폐지할 수 없다는 것, 인간은 일반적으로 그들이 완벽한 양과 질의 먹을 것과 마실 것, 집과 옷을 조달할 수 없는 한 해방될 수 없다는 것 등에 대해서 우리의 현명한 철학자들을 계몽하는 수고를 할 필요가 당연히 우리에게는 없다[3]. '해방'은 하나의 역사적 행위이지 사상 속의 행위가 결코 아니다. 해방은 역사적 상태에 의해서, 즉 산업, 상업 Han[del]s, 농경 [des Acker]baus, 교류 Ver[kehrs…]의 상태 [Sta]nd 에 의해서, 그리고 사후적으로는 산업, 상업, 농경, 교류의 다양한 발전 단계들에 의거해서, 종교적·신학적 허튼소리와 꼭 마찬가지인 실체, 주체, 자기 의식 및 순수 비판이라는 무의미한 것들에 의거해서 성취되는데, 이러한 무의미한 것들은 산업, 상업, 농경, 교류가 충분히 발전하면 다시 제거된다[4]. 물론 너덜너덜한 역사적 발전만이 일어나는 독일과 같은 나라에서는, 아무것도 하지 않는 이 거룩한 쓰레기들이 역사적 발전의 결여를 보충하면서 확고하게 자리잡고 있는바, [사람들은] 이 쓰레기들과 투쟁해야만 한다[5]. 그러나 그것은 국지적 의의를 가지는 투쟁이다.

[…][42] 현실에 있어서, 그리고 **실천적 유물론자들** 즉 **공산주의자들**에게 있어서 중요한 것은 현존 세계에 혁명을 일으키는 것, 기존의 사태를 실천적으로 공격하고 변화시키는 것이다.[6] 포이에르바하의 경우에 종종 그러한 견해들이 나타나고 있지만 그 견해들은 산발적인 예감의 수준을 결코 뛰어넘지 못하고 있으며, 여기에서 그 견해들을 발전 가능성이 있는 맹아로 고찰할 수 있을 만큼 그의 전반적 견해에 영향을 끼치고 있는 것이 아니다. 감각적 세계에 관한 포이에르바하의 파악은 한편으로는 감각적 세계 자체의 단순한

---

2) 철학적 및 현실적 해방.——그 인간, 유일자, 개인,——지질학적, 수리학적 등등의 조건들, 인간의 신체. 욕구와 노동. [맑스의 방주]

3) 포이에르바하. [맑스의 방주]

4) 공문구들과 현실적 운동. [맑스의 방주]

5) 독일에 있어서 공문구들의 의의. [맑스의 방주]

6) 포이에르바하. [맑스의 방주]

직관에, 그리고 다른 한편으로는 단순한 감각 bloße Empfindung 에 한정되어 있는데, 그의 파악은 '현실적인 역사적 인간' 대신에 '그 인간'을 놓는다. '그 인간'이란 실제로는 '독일인'이다. 첫번째 경우에, 즉 감각적 세계의 직관의 경우에 그는 그의 의식 및 그의 느낌 seinem Gefühl 에 상충되는 사물들, 즉 그가 전제하고 있는 바의, 감각적 세계의 모든 부분의 조화, 그리고 특히 인간과 자연과의 조화를 교란하는 사물들에 필연적으로 부딪힌다. 이를 제거하기 위해서 그는 결국 하나의 이중적인 직관, 즉 '오직 평평한 손바닥 위에 놓여 있는 것만을' nur das auf platter Hand Liegende 간취할 수 있는 세속적인 직관과 사물의 '참된 본질'을 간취할 수 있는 고차적이고 철학적인 직관 사이의 이중적인 직관으로 도망친다[7]. 그를 둘러싸고 있는 감각적 세계가 영원 Ewigkeit 으로부터 직접 주어진 항상 동일한 사물이 아니라 산업과 사회 상태의 산물이라는 것을, 게다가 그 사물이 역사적인 산물이라는 의미에서, 즉 전 세대의 어깨 위에 서서 자신들의 산업과 교류를 계속 완성시켜 나가고 변화된 욕구들에 따라 자신들의 사회적 조직을 변용시켰던 그러한 세대들의 계열 전체의 활동의 결과라는 의미에서 그러하다는 것을 포이에르바하는 알지 못하고 있다. 더욱이 가장 단순한 '감각적 확실성'의 대상들조차도 오직 사회적 발전을 통하여, 산업과 상업적 교류를 통하여 그에게 주어져 있다. 거의 모든 과실수가 그러하듯 벚나무는 알다시피 겨우 몇 세기 전에야 비로소 **상업**을 통하여 우리들의 지역에 심어진 것으로, 어떤 특정한 시대의 어떤 특정한 사회의 이러한 행동을 **통해서야** 비로소 포이에르바하의 '감각적 확실성'에 주어졌다.[8]

　나중에 더욱 자세히 서술될 것이지만 덧붙여 말하면 현실적으로 존재하는 있는 그대로의 사물들, 생겨난 그대로의 사물들에 대한 이와 같은 파악 속에서는 모든 심오한 철학적 문제들이 참으로 간단하게 하나의 경험적 사

---

　7) 주의 : 포이에르바하 F[euerbach] 가 평평한 손바닥 위에 놓여 있는 것, 즉 감각적 **가상**을 감각적 사태의 더욱 면밀한 탐구에 의해서 확증된 감각적 현실에 종속시키고 있는 것이 그의 오류가 아니라, 결국에는 감각성을 '눈'으로써, 즉 **철학자**의 '안경'을 통해서 고찰하지 않고서는 감각성을 마음대로 처리할 수 없다 fertig werden kann 는 것이 그의 오류이다. [엥겔스의 방주]

　8) 포이에르바하. [맑스의 방주]

실로 해소된다. 예를 들면, '실체' 및 '자기 의식'에 관한 온갖 '심오하고도 고상한 저작들'[43]이 나오게 되었던 인간과 자연의 관계에 관한 중요한 문제 (혹은, 브루노(110면)가 마치 두 개의 서로 분리된 '사물들'인 양, 인간이 하나의 역사적 자연 및 자연적 역사를 자신 앞에 언제나 가졌던 것이 아닌 것인 양 말하기까지 하는 '자연과 역사의 대립'[44])는 인간의 생산력들이 그에 상응하는 토대 위에서 발전하기 전까지 인간과 자연의 '투쟁'이 존재했던 것과 마찬가지로 많은 찬양을 받는 '인간과 자연의 통일'이 예로부터 산업 속에서 존재해 왔으며 각 시기마다 산업 발전의 미미함 혹은 거대함에 따라 다르게 존재해 왔다는 그러한 사실의 통찰 속에서 저절로 붕괴된다. 산업과 상업, 생활 필수품의 생산과 교환은 그것들 편에서 분배, 상이한 사회 계급들의 편제를 조건지으며, 그것들은 다시 그 운용 방식에 있어서 분배, 상이한 사회 계급들의 편제에 의해서 조건지어진다——그리하여 예컨대 수백 년 전에는 물레와 베틀밖에 볼 수 없었던 맨체스터에서 포이에르바하는 공장들과 기계들만을 보는 것이며, 또는 아우구스투스 시대에서는 로마 자본가들의 포도원들과 별장들 이외에 아무것도 발견할 수 없었을 로마 대평원에서 그는 목장들과 늪들만을 보기에 이른다.[9] 포이에르바하는 특히 자연 과학의 직관에 대하여 이야기하며, 오직 물리학자나 화학자의 눈앞에서나 명백히 드러나는 비밀들에 대하여 언급한다 ; 그러나 산업 및 상업이 없이 도대체 자연 과학이 존재할 수 있겠는가? 이러한 '순수한' 자연 과학들조차도 상업과 산업, 즉 인간의 감성적 활동을 통해서만 비로소 그 소재뿐만 아니라 실로 그 목적까지 획득한다. 그리하여 이러한 활동, 이러한 부단한 감성적 노동과 창조, 이러한 생산이야말로 지금 존재하고 있는 감각적 세계 전체의 기초이므로, 이것이 단 일년만이라도 중단된다면, 포이에르바하는 자연 세계의 엄청난 변화를 발견하게 될 뿐만 아니라, 아울러 전체 인간 세계와 그의 고유한 직관 능력, 실로 그 자신의 존재마저도 당장 사라지고 말 것이다. 확실히 이 경우에도 외적 자연의 선재성 先在性 은 존속하며, 이 모든 것들은 물론 원시적인 인간, 시원 생성 generatio aequivoca 에 의하여 발생한 인간에게는 전혀 적용할 수 없는 것이다 ; 그러나 이러한 구별은 인간을 자연으로

---

9) 포이에르바하. [맑스의 방주]

부터 구별되는 것으로 고찰하는 한에서만 의미를 지닌다. 게다가 인간의 역사에 선행하는 이 자연이란 포이에르바하가 살고 있는 자연이 아니며, 또한 새로이 생긴 오스트레일리아의 몇몇 산호섬들을 제외하면 오늘날 그 어디에도 더 이상 존재하지 않는, 따라서 포이에르바하에 대해서도 존재하지 않는 그러한 자연인 것이다.

　　포이에르바하는, 인간 또한 어떻게 하여 '감성적 대상'인가를 통찰하고 있는 점에서 확실히 '순수한' 유물론자들보다는 큰 장점을 지니고 있다 ; 그러나 인간을 '감성적 활동'으로 파악하지 않고 단지 '감성적 대상'으로 파악한다는 것은 차치하고서라도 포이에르바하는 이 경우에 있어서도 여전히 이론 속에 머물고 있기 때문에, 인간을 그 주어진 사회적 연관 속에서, 또한 인간이 현재에 존재하는 바 그대로 **그렇게** 창조한 즉 인간의 눈앞에 놓인 인간의 생활 조건하에서 인간을 파악하지 않고 있기 때문에, 그는 현실적으로 존재하는 인간, 활동하는 인간에 도달하지 못한 채 '그 인간'이라는 추상 속에 머물고 있으며 '현실적, 개인적, 육체적 인간'을 다만 감각 속에서만 인정하도록 만들고 있다. 이는 곧 포이에르바하가 사랑과 우정 이외에 다른 어떠한 '인간에 대한 인간의' '인간적 관계들'도 알지 못하며 게다가 관념화한다는 것을 의미한다.[10] 현재의 애정 관계들 Liebesverhältnisse에 대한 어떠한 비판도 없다. 따라서 그는 감각적 세계를, 그것을 만드는 개인들의 살아 있는 감성적 **활동** 전체로 파악함에 결코 이르지 못하고 있다. 그리하여 그가 예를 들어 건강한 사람 대신에 살이 곪아터지고 과로와 폐병에 시달리는 굶주린 사람들의 무리를 본다면, 거기에서 그는 '고차원의 관조 Anschauung'와 관념적인 '유 類 속에서의' '보정 Ausgleichung'으로 도피할 수밖에 없다. 따라서 공산주의적 유물론자가 산업 및 사회적 편제의 재구성의 필연성과 조건을 보는 바로 그 곳에서 그는 관념론으로 전락하지 않을 수 없는 것이다.[11]

　　포이에르바하가 유물론자인 한 그에게는 역사가 나타나지 않으며, 그가 역사를 고찰하는 한 그는 유물론자가 아니다. 그에게 있어서는 유물론과 역

---

10) 포이에르바하. [맑스의 방주]

11) 포이에르바하. [맑스의 방주]

사가 완전히 분리되는데, 이는 또한 앞서 논급한 바로부터 해명된다.

전제라고는 아무것도 모르는 독일 사람들 때문에 우리는 모든 인간의 실존 및 모든 역사의 첫번째 전제, 즉 '역사를 만들 수 있기' 위해서는[12] 인간이 살 수 있어야만 한다는 전제를 확립하는[13] 것으로부터 출발해야만 한다. 그러나 무엇보다도 모든 먹을 것, 마실 것, 집과 옷, 그리고 그외 몇몇 다른 것들은 생활 [자체]에 속한다. 최초의 역사적 행위는 그래서 이 욕구들의 충족을 위한 수단들의 창출, 물질적 생활 그 자체의 생산이며, 게다가 이는 하나의 역사적 행위, 즉 인간이 생명을 유지하기 위해서 수천 년 전이나 오늘날에나 매일 매시 충족되어야만 하는, 모든 역사의 근본 조건이다. 성 브루노에게 있어서처럼 감성이 하나의 막대기, 즉 최소치에 환원되었다 할지라도[44] 감성은 이 막대기의 생산이라는 활동을 전제한다. 그러므로 모든 역사적 파악에 있어서 첫째로 행해야 할 것이란 이 근본적 사실을 그 전체적 의미와 그 영역 전체에서 관찰하고 그에 합당한 위치를 부여하는 것이다. 알다시피 독일인은 이를 전혀 행하지 않았으며, 그런 연유로 하여 역사에 대한 **현세적** 토대를 한 번도 갖지 못했으며, 그 결과 어떤 한 사람의 역사가도 그러한 토대를 가져 보지 못했다. 프랑스 인과 영국인은, 특히 그들이 정치적 이데올로기에 사로잡혀 있었던 한에서, 비록 이 사실과 소위 역사와의 연관을 기껏해야 단지 일면적으로만 파악했음에도 불구하고 어쨌든 그들은 처음으로 시민 사회, 상업, 산업의 역사를 기술함으로써 역사 서술에 유물론적 토대를 제공하는 최초의 시도를 감행했다.

두번째 전제는 충족된 최초의 욕구 자체, 즉 충족 행위 및 이미 획득되어 있는 충족의 도구는 새로운 욕구들로 귀착된다는 것이다——그리고 이 새로운 욕구의 창출이야말로 최초의 역사적 행위인 것이다. 이와 동시에 여기서 그들에게 실증적 자료가 바닥나고 신학적인 허튼소리도 정치적, 문학적 허튼소리도 팔리지 않게 될 때, 역사가 아니라 '전사前史 시대'가 진행되도록 하는, 우리들에게는 어떻게 사람들이 이 '전사'의 허무 맹랑함으로부터 본래적 역사에 도달했는가에 대해서는 전혀 설명해 주지 않은 채 진행되도

---

12) 헤겔. 지질학적, 수리학적, 등등의 관계들. 인간의 신체들, 욕구, 노동. [맑스의 방주]

13) 역사. [맑스의 방주]

록 하는 독일인들의 위대한 역사적 지혜는 무엇의 정신적 후손인지가 드러
난다——그럼에도 불구하고 다른 한편으로 그들의 역사적 사변이 특히 이
'전사'에 전적으로 몰두하는 까닭은, 그들이 거기서는 확실히 '조야한 사실'
의 침입으로부터 안전하다고 믿기 때문이며, 그들은 거기서 그들의 사변적
충동이 모든 속박을 풀어헤치도록 해 주고서 수천 가지의 가설을 만들고 허
물고 할 수 있기 때문이다.

　　그 세번째 관계는 위와 마찬가지로 처음부터 역사적 발전에 포함되는
것인데, 자신의 생활을 나날이 새롭게 만드는 인간이 다른 인간을 만들고 번
식하기 시작한다는 것이다——부부 관계, 부모 자식 관계, 즉 **가족**. 처음에는
유일한 사회적 관계인 이 가족은 나중에, 증가된 욕구가 새로운 사회 관계들
을 낳고 증가된 인구가 새로운 욕구들을 낳으면서 종속적인 것이 되었는데
(독일은 예외), 그럼으로 해서 가족은 독일에서 흔히 그러하듯 '가족의 개념'
에 따라서가 아니라 존재하는 경험적 자료에 따라 다루어지고 전개되어야
할 것이다. 게다가 이와 같은 사회 활동의 세 가지 측면들은 세 가지 상이한
단계들로 파악되어야 하는 것이 아니라, 오직 세 가지 측면들, 또는 독일인
들을 위하여 명확하게 서술하자면, 역사의 시작부터 그리고 최초의 인간 이
래로 동시에 존재해 왔고 오늘날에도 여전히 역사 속에서 유효하게 작용하
는 세 가지 '계기들'로서 파악되어야 하는 것이다.

　　생명 Leben 의 생산, 즉 노동 속에서 자기의 삶 Leben 을 생산하는 것과
생식 속에서 다른 생명 Leben 을 생산하는 것은 이제 하나의 이중적 관계로
서——한편으로는 하나의 자연적 관계로서 다른 한편으로는 하나의 사회적
관계로서——나타나는데, 사회적이라 함은 어떠한 조건, 어떠한 방식, 어떠
한 목적으로 수행되든지 간에 어쨌든 그 아래에서의 많은 개인들의 협업
Zusammenwirken 의 의미로서 이해된다. 이로부터 하나의 특정한 생산 양
식 또는 산업적 단계는 항상 하나의 특정한 협업 방식 einer bestimmten
Weise des Zusammenwirkens 또는 사회적 단계와 결합한다는 것이 도출된
다. 그리고 협업의 이러한 방식 diese Weise des Zusammenwirkens 그 자체
가 하나의 '생산력'인 만큼, 인간에게 접근 가능한 생산력들의 양은 사회적
상태를 조건지으며, 따라서 '인류의 역사'는 항상 산업 및 교환의 역사와 함
께 연구되고 서술되어야 한다. 또한, 어찌하여 그러한 역사를 서술하는 것이

독일에서는 불가능한지가 또한 명백한바, 왜냐하면 독일인에게는 이에 대한 파악 능력과 자료뿐만 아니라 '감각적 확실성'마저도 결여되어 있으며 라인 강 저편의 사람들은 이러한 일들에 대해서 전혀 경험할 수 없기 때문에, 그리고 거기서는 역사가 더 이상 진행되지 않고 있기 때문이다. 따라서 욕구들과 생산 양식에 의해 조건지어지고 또 인간 자신만큼이나 오래 된 인간 상호간의 이러한 유물론적 연관——항상 새로운 형태를 취하며, 따라서 인간을 별도로 묶어 두었던 그 어떤 정치적 또는 종교적 넌센스가 없더라도 하나의 '역사'를 보여 주고 있는 연관——은 이미 처음부터 분명하게 나타난다.

네 가지 계기, 즉 근원적, 역사적인 관계들의 네 측면이 이미 고찰된 이후에, 이제야 우리는 인간이 또한 '의식'을 가진다는 것을 발견한다.[14) 그러나 이는 역시 처음부터 '순수한' 의식으로 간주될 수 없다. '정신'은 애초부터 물질에 '묶여' 있다는 멍에를 짊어지고 있으니, 여기서 그 물질이란 진동하는 공기층, 음성, 요컨대 언어라는 형태로 등장한다. 언어란 의식만큼이나 오래 전부터 있어 온 것이다——언어는 실천적인 의식, 즉 타인을 위해서 존재하고, 그런 연유로 또한 비로소 나 자신을 위해서도 존재하는 현실적인 의식이다. 의식과 마찬가지로 언어는 타인과의 교류의 필요성, 욕구로부터 발생한다. 어떠한 관계가 존재할 경우, 그 관계는 나에 대해서 존재한다. 동물은 어떤 것에 대해서도 자신을 '관련시키지' 않는다. 절대로 않는다. 동물에게, 다른 동물들에 대한 자신의 관계는 관계로서 존재하지 않는다. 따라서 의식은 애초부터 사회적 생산물이며, 일반적으로 인간이 존재하는 한 그렇게 존속한다. 물론 의식은 처음에는 당연히 **가장 가까운** 감성적 환경에 관한 단순한 의식, 자기를 의식하게 되어가는 개인의 외부에 있는 타인이나 다른 사물과의 협소한 연관에 관한 단순한 의식일 뿐이다 ; 이 의식은 동시에, 처음에는 인간에게 완전히 낯선, 전지 전능하며 범할 수 없는 위력으로 대립하는, 인간이 순전히 동물적으로만 관계하는, 인간이 마치 가축처럼 외경심을 가지게 되는 그러한 자연에 관한 의식이다 ; 그리하여 자연에 대한 순수하게

---

14) 인간들은 역사를 가진다. 왜냐하면 그들이 그들의 삶을 **생산해야만** 하고, 게다가 **특정한** 방식으로 생산해야만 하기 때문이다 : 이는 인간의 육체적 조직에 의해 주어져 있다 ; 그들의 의식과 마찬가지로. [**맑스의 방주**]

동물적인 의식(자연 종교)[15] ——그리고 다른 한편으로는 서로 인접한 개인들이 서로 관계를 맺어야 할 필연성에 대한 의식, 즉 일반적으로 그가 한 사회 내부에서 살고 있음에 대한 의식의 단초. 이 단초는 이 단계의 사회적 생활 그 자체와 마찬가지로 동물적이며, 단순한 무리 의식 Herdenbewuβtsein에 지나지 않는데, 여기서 인간은 그의 의식이 그의 본능을 대신한다는 사실, 또는 그의 본능이 하나의 의식적 본능이라는 사실에 의해서만 양羊과 구분될 뿐이다. 이러한 양떼 같은 의식 또는 종족 의식 Hammel- oder Stamm-bewuβtsein은 증대된 생산성 및 욕구들의 증가, 그리고 이 양자의 근거를 이루는 인구 증가에 의해서 계속 발전하고 완성된다. 이와 더불어 원래는 성 행위에 있어서의 분업에 지나지 않았던 분업이, 그 다음에는 자연적 소질(예컨대 체력), 욕구들, 우연들 등등 등등에 의해서 저절로 또는 '자연 성장적으로' 형성된 분업이 발전한다. 분업은 물질적 노동과 정신적 노동의 분할이 등장하는 시점으로부터 비로소 진정으로 분업이 된다.[16] 이 시점부터 의식은, 현실적인 어떤 것을 눈앞에 놓지 vorzustellen 않고서도, 현실적으로 어떤 것을 표상한다고 vorzustellen, 자기를 현존하는 실천의 의식과는 다른 어떤 것이라고 현실적으로 상상할 수 있다——이 시점부터 의식은 세계로부터 자신을 해방시킬 수 있으며, '순수한' 이론, 신학, 철학, 도덕 등등의 형성으로 나아갈 수 있다. 그러나 이 이론, 신학, 철학, 도덕 등등이 현존하는 관계들과 모순에 처하게 된다 할지라도, 이는 오직 그 현존하는 사회적 관계들이 현존하는 생산력과 모순에 처하는 것을 통해서만 일어날 수 있다——그뿐 아니라, 이는[모순에 처하게 되는 일은] 모순이 국민적 영역 내부에서가 아니라 이러한 국민적 의식과 다른 국민들의 실천 사이에서, 즉 (지금 독

---

15) 여기에서 즉각적으로 다음의 사실을 알게 된다 : 이러한 자연 종교 혹은 자연에 대한 이러한 특정의 태도는 사회 형태에 의해 조건지어지며 또한 그 역도 마찬가지다. 어디에서나 그렇듯이 여기에서도 자연과 인간의 통일성은, 자연에 대한 인간의 협소한 태도가 인간 상호간의 협소한 태도를 조건짓고 인간 상호간의 협소한 태도가 자연에 대한 인간의 협소한 태도를 조건짓는 식으로 나타나는바, 이는 바로 자연이 역사적으로는 별반 변모되지 않는다는 점 때문이다. [맑스의 방주]

16) 이데올로그들의 최초의 형태인 **승려들**이 이와 때를 같이한다. [맑스의 방주]

일에서와 같이) 한 국민의 국민적 의식과 보편적 의식 사이에서 생겨난다는 사정에 의해서도, 관계들의 특정한 국민적 영역에서 발생할 수 있다[17]——그렇지만 이러한 모순은 겉보기에는 한갓 그 국민적 의식 내부의 모순으로서 현상하는 까닭에 이 국민에게는 투쟁도 또한 이 국민적 오물에만 한정된 것처럼 보이는데, 왜냐하면 바로 이 국민이 즉·대자적으로 오물이기 때문이다. 게다가 의식이 저 혼자 착수한 어떤 일이라는 것은 모조리 헛짓이다 Übrigens ist es ganz einerlei, was das Bewußtsein alleine anfängt. 정신 활동과 육체 활동, 향유와 노동, 생산과 소비가 상이한 개인들에게 귀속될 가능성 및 그 현실성까지 **분업**과 함께 주어져 있기 때문에 이 세 가지 계기, 즉 생산력, 사회적 상태 및 의식이 서로서로 모순에 빠질 수 있으며 모순에 빠질 뿐이라는 결론, 그리고 이들 세 가지 계기가 모순에 빠지지 않을 가능성은 오직 분업이 다시금 지양되는 것에만 놓여져 있다는 하나의 결론을 우리는 이 쓰레기더미 전체로부터 얻는다. 이 밖에도 자명한 것은, '유령', '유대의 끈들', '보다 차원이 높은 존재', '개념', '심사 숙고' 등은 단지 관념적이고 사변적이며 정신적인 표현, 한갓 개체화된 개인들이 가지고 있는 관념일 따름이며, 또한 생활의 생산 양식과 이와 관련된 교류 형태가 그 내부에서 운동하고 있는 바의 지극히 경험적인 질곡들과 제한들의 관념에 지나지 않는다는 것이다.

그 내부에 이런 모든 모순들이 주어져 있는, 그리고 그 자신의 측면에서 보자면 다시금 가족 내부의 자연 성장적 분업과 서로 대립하는 개별 가족들로의 사회의 분화에 근거하는 이 분업과 동시에 분배 *Verteilung*, 그것도 양적으로뿐만 아니라 질적으로도 **불균등한** 노동 및 노동 생산물의 분배가 주어지며, 부인과 아이들이 남편의 노예인 가족 안에 이미 그 맹아, 자신의 최초의 형태를 갖고 있는 소유도 주어진다. 아직 단지 매우 조야하고 잠재적인 가족 내부의 노예제는 최초의 소유인바, 게다가 이 소유는 이 단계에서 타인의 노동력에 대한 처분을 의미하는 현대 경제학의 정의와 이미 완전히 일치한다. 더욱이 분업과 사적 소유는 동일한 표현이다——전자에서는, 후자에서 활동의 생산물과 관련하여 말해진 것과 동일한 것이 그 활동과 관련하

---

17) 종교. 이데올로기 그 자체를 가진 독일인. [맑스의 방주]

여 말해진다.

　나아가 분업과 더불어, 서로 교류하고 있는 모든 개인들의 공동 이해와 각 개인 또는 한 가족의 이해 사이의 모순이 주어진다 ; 더군다나 이 공동 이해라는 것은 그저 단순히 관념 속에 '보편'으로서 존재하는 것이 아니라, 무엇보다도 현실 속에서, 노동을 분담하고 있는 개개인들의 상호 의존성으로서 존재하고 있다.

　바로 특수 이해와 공동 이해 사이의 이러한 모순으로 말미암아 공동 이해는 현실의 개인 및 전체 이해에서 분리된 채 **국가**로서, 그리고 동시에 환상적 공동[체]성으로서 독자적 형태를 취한다. 하지만 이 공동 이해가 독자적 형태를 취하는 것은 항상 혈연, 언어, 비교적 큰 규모의 분업 및 그 밖의 이해——그리고 특히, 우리가 뒤에서 전개할 것과 같이, 이미 분업에 의해서 조건지어져 있으며, 각각의 그와 같은 인간 집단 속에서 자기 분화하며, 그것들 중에서 하나가 다른 모두를 지배하는 바의 계급들의 이해——와 같은, 모든 가족 집단 및 종족 집단 속에 존재하는 끈들 Bänder 의 실제적 기초 위에서이다. 이로부터, 국가 내부에서의 모든 투쟁들, 민주제, 귀족제, 군주제 사이의 투쟁, 선거권을 쟁취하려는 투쟁 등등 등등은 상이한 계급들간의 현실적 투쟁들이 수행되는 환상적인 형태들——일반적으로, 보편적인 것은 공동적인 것의 환상적 형태에 불과하다——에 지나지 않는다(이 점에 관해 독일의 이론가들은, 『독불 연보』와 『신성 가족』에서 이에 관한 안내를 충분히 받았음에도 불구하고, 아무것도 알아차리지 못하고 있다)는 결론, 그리고 나아가, 지배를 추구하는 모든 계급은, 프롤레타리아트의 경우처럼 비록 그들의 지배가 모든 낡은 사회 형태 전체와 지배 일반의 폐지의 조건이 된다고 할지라도, 자기 계급의 이해를 다시 보편적인 것 – 정치적 지배를 추구하는 모든 계급은 최초의 순간에는 이것을 지향해야 한다 – 으로서 표현하기 위해서는 무엇보다도 먼저 정치 권력을 장악하지 않으면 안 된다는 결론이 나온다.

　마찬가지로, 개개인은 **단지** 자신의 특수한 이해만을 추구하는 까닭에——즉 이들 개개인에게 있어서 그들의 공동 이해와 일치하지 않는 이해를 추구하는 까닭에——공동 이해는 그들에게 '낯선', 그들로부터 '독립된', 그래서 그 자체 다시 특수하고 특유한 '보편' 이해로 간주된다. 또는 그렇기 때문에 그 개인들 자체는, 마치 민주주의에 있어서 그러한 것처럼, 이러한 분열 속에서 운동하지 않으면 안 된다. 왜냐하면 다른 한편으로, 공동의 이해, 환상적인 공동의 이해에 지속적으로 **현실적으로** 대립하는 이들 특수 이해들의 **실천적인** 투쟁은 또한 국가로서의 환상적인 '보편' 이해에 의한 **실천적인** 중재와 제어를 필요로 하게 만들기 때문이다.

  그리고 마지막으로 분업은, 인간이 자연 성장적인 사회에 살고 있는 한, 따라서 특수 이해와 공동 이해간의 분열이 존재하는 한, 그래서 활동이 자유 의지에 의해서 분할되는 것이 아니라 자연 성장적으로 분할되어 있는 한, 인간 자신의 활동은 인간에 대해 대립하는 낯선 힘, 인간에 의해 지배되지 않고 인간을 굴복시키는 힘으로 전화한다는 사실에 대한 최초의 실례를 우리들에게 제공한다. 즉 노동이 배분되기 시작하자마자, 모든 개인들은 그들에게 강요되는, 그들이 벗어날 수 없는 특정한 배타적인 활동의 영역을 갖게 된다 ; 그는 한 사람의 사냥꾼이거나 한 사람의 어부, 목동, 비판적 비판가일 뿐이며, 그가 생계 수단을 잃지 않으려 한다면 그는 계속 그렇게 살아야 한다——반면에 아무도 하나의 배타적인 활동의 영역을 갖지 않으며 모든 사람이 그가 원하는 분야에서 자신을 도야할 수 있는 공산주의 사회에서는 사회가 전반적 생산을 규제하게 되고, 바로 이를 통하여, 내가 하고 싶은 그대로 오늘은 이 일 내일은 저 일을 하는 것, 아침에는 사냥하고 오후에는 낚시하고 저녁에는 소를 치며 저녁 식사 후에는 비판하면서도 사냥꾼으로도 어부로도 목동으로도 비판가로도 되지 않는 일이 가능하게 된다. 사회적 활동이 이렇게 고정되는 것, 우리를 지배하고 우리의 통제를 벗어나고 우리의 기대를 배반하고 우리의 계산을 수포로 만드는 사물적 힘으로 우리들 자신의 생산물이 이렇게 응결되는 것은 지금까지의 역사적 발전에 있어서 주요 계기들 중의 하나이다. 사회적인 힘, 즉 분업 속에 조건지어진 다양한 개인들의 협업 Zusammenwirken 에 의해서 성립한 다기한 생산력은, 그 협업 Zusammenwirken 자체가 자유 의지에 따른 것이 아니라 자연 성장적인 것이기에, 이들 개인들에게 자신들의 단결된 힘으로 나타나는 것이 아니라 그들 밖에 있는 하나의 낯선 힘으로 나타나는바, 이 낯선 힘은 개인들이 그것이 어디서 나온 것이고 어디로 가는 것인가를 모르는 힘, 따라서 그들이 더 이상 지배할 수 없는 힘, 반대로 이제 인간들의 의지와 행동으로부터 독립된, 곧 그 의지와 행동을 우선적으로 지휘하는 일련의 특유한 국면들과 발전 단계들을 경과하는 힘이다.

이와 같은 '소외' — 철학자들이 이해할 만한 용어로 말하자면 — 는 당연히 오직 두 가지 **실제적** 전제하에서만 지양될 수 있다. 이 소외가 하나의 '견딜 수 없는' 힘으로 되기 위해서는, 다시 말해서 그것에 대항하여 인간이 혁명을 일으키는 그러한 힘으로 되기 위해서는, 이 소외가 완전한 '무산자'로서의 인간 대중을 산출하되 이와 동시에 현존하는 부의 그리고 문명의 세계와 모순된 채로 산출하는 것이 필요한데 이 양 전제는 생산력의 거대한 상승——고도의 생산력 발전을 전제한다. 그리고 다른 한편으로 생산력들의 이와 같은 발전(이와 동시에 이미, 인간의 지역적 현존재에 내포되어 현존하는 경험적 존재를 대신하여 **세계사적으로** 현존하는 경험적 존재가 주어지는데)은 절대적으로 필요한 현실적 전제인데, 왜냐하면 생산력의 발전 없이는 **결여**가 단지 궁핍만을 일반화할 뿐이고, 따라서 **궁핍**과 함께 필수품을 둘러싼 투쟁이 다시 시작되지 않을 수 없으며 온갖 해묵은 오물이 다시 발생해야만 될 것이고 나아가 오직 생산력들의 보편적 발전으로써만 비로소 인간의 **보편적** 교류가 확립되며, 따라서 한편으로는 모든 민족들 속에 '무산자' 대중이라는 현상이 동시에 만들어지고(보편적 경쟁) 각 민족들이 다른 민족들의 변혁에 의존하도록 되어 결국에는 **세계사적인**, 경험적으로 보편적인 개인들이 지역적 개인들을 대체하기 때문이다 : 이것 없이는 1. 공산주의는 단지 하나의 지역성으로서만 존재할 수 있을 뿐이며, 2. 교류의 **힘들** 자체도 **보편적** 힘들, 그리하여 견딜 수 없는 힘들로서 발전할 수 없을 것이고, 향토적·미신적인 '상황'에 머무르고 말 것이며, 그리고 3. 교류의 모든 확장이 지역적 공산주의를 폐지할 것이다. 공산주의는 경험적으로는 오직 주된 민족들의 '일거의' 또한 동시적인 행동으로서만 가능하며, 이는 생산력들의 보편적 발전 및 그와 결부된 세계적 교류를 전제로 한다.

우리에게 있어서 공산주의란 조성되어야 할 하나의 **상태**, 현실이 이에 의거하여 배열되는 [wird] 하나의 **이상**이 아니다. 우리는 현재의 상태를 지양해 나가는 **현실적** 운동을 공산주의라고 부른다. 이 운동의 조건들은 현재 존재하고 있는 전제로부터 생겨난다.

게다가 **단순한** 노동자들로 이루어진 대중——자본으로부터 또는 어떠한

협소한 [욕구] 충족으로부터도 단절된 대량의 노동자의 힘 ——이 존재하게
되는 것, 그리하여 또한 확실한 생활 원천으로서의 이러한 노동 그 자체가
경쟁으로 인해 더 이상 일시적이지 않게 상실되는 것, 이러한 노동이 완전히
불안정한 처지에 놓이는 것은 세계 시장을 전제로 한다. 이렇듯 프롤레타리
아트가 오로지 세계사적으로만 존재할 수 있음은, 그들의 사업인 공산주의가
'세계사적' 존재 일반으로서만 현존할 수 있는 것과 마찬가지이다 ; 각 개인
들의 세계사적 존재, 바꾸어 말하면 직접적으로 세계사에 결합되어 있는 개
인들의 존재.

　　　그렇지 않다면 예컨대 소유가 도대체 어떻게 해서 하나의 역사를 가질
수 있겠으며, 다양한 형태들을 취할 수 있겠으며, 또한 오늘날 실제로 그러
하듯이 어떻게 해서 가령 토지 소유가 주어진 상이한 전제에 따라 각각 프
랑스에서는 분할로부터 소수의 수중으로의 집중으로 진행될 수 있었음에 반
해 영국에서는 거꾸로 소수의 수중으로의 집중으로부터 분할로 진행될 수
있었겠는가? 또한 상이한 개인간의, 여러 나라간의 생산물 교환에 불과한 상
업이 어떻게 수요·공급 관계——영국의 한 경제학자가 말하듯, 마치 고대
의 운명[의 신]과 같이 지상을 떠돌아다니면서 그 보이지 않는 손으로 인간
에게 행운과 불운을 나누어 주고, 여러 제국들을 흥망성쇠케 하고 여러 민족
들을 융성·소멸케 하는 이 관계——를 통하여 세계 전체를 지배하는 일이
일어날 수 있으며, 이와는 반대로 또한 토대, 즉 사적 소유를 폐지하고 생산
을 공산주의적으로 조절하고 그러한 조절을 통하여, 인간들이 그 자신들의
생산물에 관계할 적에 가지게 되는 낯설음을 철폐하는 것과 함께 수요 공급
관계의 힘이 소멸되어 버리는 일이, 인간이 다시 한 번 교환, 생산, 인간들의
서로서로에 대한 행위의 방식을 장악하는 일이 어떻게 일어날 수 있다는 말
인가?

　　　지금까지의 모든 역사적 단계에 존재했던 생산력들에 의하여 조건지어
지고 동시에 역으로 그 생산력들을 조건짓는 교류 형태가 시민 사회인데, 그
것은 앞서 말한 바로부터 도출되듯이 단일 가족 및 복합 가족, 소위 종족을
그 전제 및 기초로 삼고 있는바, 그에 대한 보다 자세한 규정들은 앞의 서술
속에 포함되어 있다. 이미 여기서, 이 시민 사회야말로 모든 역사의 진정한

발생지이자 무대라는 것, 그리고 교만한 군주나 국가의 행위에만 한정된 채 이 실제적 관계들을 등한시하는 종래의 역사관이 얼마나 불합리한가가 드러나고 있다.

　　지금까지 우리는 주로 인간 활동의 한 측면만을, 인간에 의한 **자연의 가공만**을 고찰해 왔다. 다른 측면, 인간에 의한 **인간의 가공**……[18]

　　국가의 기원 및 시민 사회에 대한 국가의 관계.

　　역사란 개별 세대들의 연속에 불과한바, 이 개별 세대들은 각각 앞선 모든 세대들로부터 물려받은 재료들, 자본들, 생산력들을 이용하고, 따라서 한편으로는 전래된 활동을 완전히 변화된 환경 밑에서 계속 수행해 나가고, 다른 한편으로는 완전히 변화된 활동으로써 낡은 환경을 변모시킨다. 그런데 이것이 사변적으로 곡해된 결과, 이후의 역사가 그 이전의 역사의 목적으로 되며, 예컨대 아메리카의 발견의 근저에는 프랑스 혁명이 돌발하도록 조력한다는 목적이 놓여 있는 것으로 되며, 이를 통하여 역사는 결국 자신만의 특별한 목적들을 지니게 되고, '다른 등장 인물들과 나란히 서 있는' 한 '등장 인물'('자기 의식, 비판, 유일자' 등등이 있는 것처럼)이 되어 버린다. 하지만 사람들이 앞선 역사의 '사명', '목적', '맹아', '이념'이라고 부르는 것은 후대 역사의 추상 이상의 것이 아니며, 앞선 역사가 후대 역사에 행사하는 능동적인 영향의 추상 이상의 것이 아니다.

　　이제 이러한 발전 과정에서 서로서로 작용하는 개별적인 영역들이 더욱 확장되면 될수록, 또한 더욱 완성된 생산 양식, 교류, 그리고 이를 통하여 여러 국민들 사이에서 자연 성장적으로 생겨난 분업 등에 의해서 개별적 민족들의 원시적 폐쇄성이 파괴되면 될수록 그만큼 역사는 세계사로 되어가는바, 그 결과 예컨대 인도와 중국의 무수한 노동자들이 생계를 잃게 만들고 이 제국들의 존재 형태 전체를 뒤바꾸는 기계가 영국에서 발명되었을 때 이 발명이 하나의 세계사적 사실로 되는 일이 일어나는 것이다 ; 또한 커피와

------

18) 교류와 생산력. [맑스의 방주]

설탕이 19세기에, 나뽈레옹의 대륙 봉쇄에 의한 이 생산물들의 부족이 독일인들로 하여금 나뽈레옹에게 대항하여 봉기하게 만들고, 그리하여 1813년의 영광스런 해방 전쟁의 현실적 토대가 됨으로써 그 세계사적 의의를 입증하게 되는 일이 일어나는 것이다. 이로부터, 역사의 세계사로의 이러한 전환이란 '자기 의식', 세계 정신 혹은 그 외의 어떤 형이상학적인 유령의 단순히 추상적인 행위와 같은 것이 전혀 아니며, 완전히 물질적이고 경험적으로 확증 가능한 행위, 가고 서고 먹고 마시고 옷 입는 각 개인들이 그 증거를 제공하는 행위라는 결론이 나온다.

　　세계사적인 활동으로의 그들의 활동의 확장과 함께 각 개인들이 점점 더 그들에게 낯선 하나의 힘(그래서 그들이 그 힘의 압박을 소위 세계 정신 따위의 간계로 생각해 왔던 힘) 밑에, 즉 점점 더 대규모로 커져서 마침내 그 자신을 **세계 시장**으로서 증명하는 하나의 힘 밑에 노예화되어 갔다는 것은 마찬가지로 지금까지의 역사 속에서 확실히 하나의 경험적 사실이다. 그런데, 독일 이론가들에게는 그토록 신비로운 이 힘이 공산주의 혁명을 통한 현존 사회 상태의 전복(이에 대해서는 뒤에 설명한다) 및 그와 동일한 의미인 사적 소유의 폐지에 의해서 해소된다는 사실과 그리하여 역사가 완전히 세계사로 전환되는 것과 같은 정도로 모든 개별적 개인들의 해방이 관철된다는 사실도 마찬가지로 경험적으로 근거지어져 있다.[19] 개인의 현실적 정신적 부 Reichtum 는 전적으로 그의 현실적 관련들의 풍부함 Reichtum 에 달려 있다는 것이 위에 의거하여 명백해진다. 이를 통하여 비로소 개별적 개인들은 여러 상이한 국민적 또는 지역적 한계로부터 해방되며, 전세계의 생산과(또한 전세계의 정신적 생산과도) 실천적 관련을 맺게 되고, 또한 세계 전체의 전면적 생산(인간의 창조물)을 향유할 능력을 획득하는 상태에 놓여진다. 이 공산주의 혁명을 통하여 **전면적인** 의존성, 즉 개인들의 **세계사적 협업**의 이 최초의 자연 성장적 형태는, 인간 상호간의 작용으로부터 창출되었지만 지금까지는 인간에게 완전히 낯선 힘으로서 외경시되어 인간을 지배해왔던 이러한 힘들에 대한 통제와 의식적 지배로 바뀌게 된다. 이러한 견해는 그런데 다시금 사변적 관념론적으로, 즉 '유類의 자기 산출'('주체로서의

---

19) 의식의 생산에 관하여. [맑스의 방주]

사회')로서 환상적으로 파악될 수 있고, 그럼으로써 상호 연관된 개인들의 연쇄적 계열은 자기 자신을 산출하는 신비스런 일을 수행하는 유일한 개인으로서 표상될 수 있다. 여기에서, 개인들은 분명 육체적으로나 정신적으로나 **서로** 만들어 나가는 것이지, 성 브루노의 어처구니없는 의미에서나 또는 '유일자'나 '만들어진' 인간이라는 의미에서 자기 스스로를 만드는 것은 아니라는 점이 드러난다.

　　마침내 우리는 이제 이렇게 전개된 역사 파악으로부터 다음의 결론들을 얻게 된다 : 1. 생산력들의 발전 속에서, 현존 관계들 아래에서는 단지 재해만을 야기시킬 뿐 더 이상 생산력으로서가 아니라 파괴력으로서 존재하는 생산력들 및 교류 수단(기계와 화폐)이 생겨나는 하나의 단계가 등장하는바, ——이는, 아무런 혜택도 향유하지 못한 채 사회의 모든 짐들을 다 짊어지고 사회로부터 추방되어 다른 모든 계급들과의 결정적 대립 속으로 강제되는 계급, 즉 사회 전 구성원의 대다수를 형성하고 있으며, 근본적인 혁명의 필연성에 대한 의식, 물론 이 계급의 지위에 대한 직관의 덕택으로 다른 계급들 속에서도 형성될 수 있는 공산주의 의식이 자신으로부터 나오는 그러한 계급이 생겨난다는 사실과 관련되어 있다는 것 ; 2. 어느 특정한 생산력들이 그 내부에서 이용될 수 있는 조건들은 사회의 어느 특정한 계급의 지배의 조건들인바, 소유로부터 유래하는 그 계급의 사회적 힘은 그 각각의 시대마다의 국가 형태 속에서 자신의 **실천적 · 관념론적** 표현을 가지며, 따라서 모든 혁명적 투쟁은 그때까지 지배해 왔던 계급에 겨누어진다는 것[20] ; 3. 지금까지의 모든 혁명들 속에서 활동 방식은 침해받지 않은 채 존속하였으며 단지 이 활동의 새로운 분배, 즉 다른 사람들에게 노동을 새롭게 할당하는 것만이 문제였던 반면에, 공산주의 혁명은 지금까지의 활동 **방식**에 반대하며 **노동**[21]을 제거하고 모든 계급들의 지배를 계급들 자체와 함께 지양하는데, 왜냐하면 이 혁명은 더 이상 사회 속의 한 계급으로 간주되지 않고 하나의 계급으로서 인정받지 못하는 계급, 따라서 자기 스스로 이미 현 사회 내부의

---

20) 사람들이 오늘날의 생산 상태를 유지하는 것에 이해 관계를 가지고 있다는 것.
　　[맑스의 방주]

21) 이 시기에 맑스는 노동 Arbeit 의 개념을 소외된 노동, 강요된 노동 등의 의미로 사용했다. (역자)

모든 계급들, 국적들 등등의 해소의 표현인 그러한 계급에 의해서 수행되기 때문이라는 것 ; 그리고 4. 이러한 공산주의 의식의 대규모적인 산출 및 그 자체의 관철을 위해서도 오로지 하나의 실천적인 운동, 즉 **혁명** 속에서만 이루어질 수 있는 광범위한 인간 변혁이 필요하다는 것 ; 그러므로 혁명이 필요한 까닭은 단지 **지배** 계급이 달리 전복될 방법이 없기 때문만이 아니라 **전복하는** 계급이 오직 혁명 속에서만 스스로 모든 낡은 찌꺼기를 목구멍으로부터 씻어 버리고 사회를 새롭게 건설할 역량을 갖추게 되는 데까지 이를 수 있기 때문이라는 것.

이러한 역사 파악의 근거는 현실적 생산 과정을 그것도 직접적 생활의 물질적 생산으로부터 출발하여 현실적 생산 과정을 전개하는 것, 그 생산 양식과 연관된 그리고 그 생산 양식에 의해 산출된 교류 형태를, 따라서 그 다양한 단계에 있어서의 시민 사회를 역사 전체의 기초로서 파악하는 것, 그리고 시민 사회를 그 행동에 있어서 국가로서 표현하는 것, 이와 함께 종교, 철학, 도덕 등등 등등의 의식의 각종 이론적 산물들과 형식들을 시민 사회로부터 설명하고, 또한 그 형성 과정을 시민 사회로부터 추적하는 것 등에 있는데, 이렇게 함으로써 사태는 그 총체성 속에서(그래서 또한 이들 다양한 측면들의 상호 작용도) 표현될 수 있다.[22) 이러한 역사 파악은 관념론적 역사관처럼 어떤 시대에 있어서도 범주들을 추구하는 짓 따위는 하지 않으며, 언제나 변함없이 역사의 실제적 **지반** 위에 서 있다. 이 역사 파악은 이념으로부터 실천을 설명하지 않고 관념적 형성물들을 물질적 실천으로부터 설명하는바, 그에 따라 다음과 같은 결론, 즉 의식의 모든 형식들 및 생산물들은 정신적 비판에 의해서, '자기 의식' 속으로의 해소에 의해서, 또는 '환영', '유령', '망령' 등등으로의 변형에 의해서 해소되는 것이 아니라, 오로지 이들 관념론적 헛소리들을 발생시킨 실제의 사회적 관계들의 실천적 전복에 의해서만 해소될 수 있다는,——비판이 아니라 혁명이야말로 또한 종교의 역사, 철학의 역사, 기타 이론들의 역사의 추동력이라는 결론에 도달한다. 이 역사 파악은, 역사가 '정신의 정신'으로서의 '자기 의식' 속으로 해소됨으로써 종결되는 것이 아니라는 것, 각 단계의 역사 속에는 물질적 성과, 즉

---

22) 포이에르바하. [맑스의 방주]

각 세대에게 그 이전 세대로부터 전수된 생산력들의 총화가 존재하고, 자연에 대하여 역사적으로 형성된 관계 및 개인들 상호간에 역사적으로 형성된 관계가 존재하며, 생산력들, 자본들, 환경들의 총체, 즉 한편으로는 새로운 세대에 의해 변화되지만 또한 다른 한편으로는 그 새로운 세대에게 그 특유의 생활 조건들을 규정하고 그들에게 특정한 발전 및 특별한 성격을 부여하는 그러한 총체가 존재한다는 것 ── 그러므로 인간이 환경들을 만드는 것과 마찬가지로 환경들이 인간을 만든다는 것 ── 을 보여 준다. 이들 각 개인과 각 세대가 주어진 어떤 것으로서 발견하는 생산력들, 자본들, 사회적 교류 형태들의 총화야말로 철학자들이 '실체'니 '인간의 본질'이니 하는 것으로 표상하고 신격화하고 도전했던 것의 실제적 토대인바, 이 토대는 '자기 의식' 및 '유일자'로서 이 철학자들이 그것에 대한 반란을 일으킨다 할지라도 인간의 발전에 미치는 그것의 작용들과 영향들은 털끝만큼도 방해받지 않는다. 상이한 세대의 이러한 현존하는 생활 조건들이야말로 주기적으로 역사에 재현되는 혁명적 진동이 과연 기존에 존재하는 모든 것들의 토대를 무너뜨리기에 충분할 만큼 강력한 것인지 아닌지를 또한 결정하는데, 만약 총체적 변혁의 이러한 물질적 요소들이 현존하지 않는다면, 즉 한편으로는 현존 생산력들이 현존하지 않고, 다른 한편으로는 현 사회의 개별 조건들에 반대해서만이 아니라 현재의 '생활 생산' 자체, 즉 기존의 사회가 기초하고 있던 '전체 활동'에 반대하여 혁명을 일으키는 혁명적 대중의 형성이 현존하지 않는다면, 혁명의 이념이 수백 번 외쳐지든 말든 그것은 ── 공산주의의 역사가 이를 증명하고 있듯이 ── 실제적인 발전과는 전혀 무관한 것이다.

　　지금까지의 모든 역사 파악은 역사의 이러한 실제적 토대를 완전히 무시한 채 방기하였거나 아니면 역사적 과정과 아무 상관도 없는 부차적인 것으로만 간주하였다. 그리하여 역사는 언제나 역사 밖에 있는 척도에 따라 서술될 수밖에 없다 ; 생활의 현실적 생산은 비역사적인 것으로서 나타나는 반면에 역사적인 것은 세속적 생활로부터 유리된 것, 별도의 초세속적인 것들로서 나타난다. 이리하여 자연에 대한 인간의 관계는 역사로부터 배제되며, 그럼으로써 자연과 역사의 대립이 산출된다. 따라서 지금까지의 역사 파악은 역사 속에서 단지 군주들 및 국가들의 정치적 행동들과 종교적 투쟁들 및 일반 이론적인 투쟁들만을 볼 수 있었을 뿐이며, 특히 역사의 모든 시기에 있어서 그 시기의 **환상을 나누어 가지지** 않을 수 없었다. 예를 들자면, '종교'와 '정치'는 그 시기의 현실적 동기의 형식들일 뿐이었음에도 불구하고 어떤 시기가 순수하게 '정치적' 또는 '종교적인' 동기들에 의해 규정된다고 상상한다면, 그 시기의 역사 서술가는 그러한 견해를 수용한다. 이 특정한 사람들이 그들의 현실적 실천에 관해 품고 있는 '상상', '표상' 등이 이 사람들의 실천을 지배하고 규정하는 유일하게 결정적이고 능동적인 힘으로 변화된다. 인도인이나 이집트 인에게서 발견되는 조야한 분업이 이들 민족의 국가와 종교에 있어서의 카스트 제도를 야기한 것임에도 불구하고, 역사가는 그 카스트 제도가 이 조야한 사회적 형태를 만들어 낸 힘이라고 믿는다. 적어도 프랑스 인이나 영국인은 현실에 가장 근사한 정치적 환상을 고집하는 데 반해, 독일인들은 '순수 정신'의 영역 속에서 운동하면서 종교적 환상을 역사의 추동력으로 만든다. 헤겔의 역사 철학은 이 모든 **독일식** 역사 서술이 그 '가장 순수한 표현'에 도달한 궁극적 귀결인바, 이 **독일식** 역사 서술에서는 현실의 이해 관계가 아니라 순수 사상이 문제로 되며, 단연코 정치적 이해 관계가 아니라 순수 사상이 문제로 된다. 게다가 이 역사 서술은 성 브루노에게서는 서로 먹고 먹히는 일련의 '사상들', 최후에는 '자기 의식' 속에 가라앉는 일련의 '사상들'로서 나타나지 않을 수 없다. 그리고 이 역사 과정은 현실적 역사 전체에 관해 도대체 아는 것이 아무것도 없는 성 막스 슈티르너에게는 더욱 수미 일관하게 단지 '기사'의 역사, 도적의 역사, 유령의 역사로 나타날 수밖에 없었던바, 그는 단지 '신앙심 없음' Heillosigkeit 에 의해서 이러한 환상으로부터 자신을 구출할 줄 알 뿐이다.[23] 이 역사 파악은 실제로는 종교적인데, 이는 종교적 인간을 모든 역사가 출발하는 원형적 인간 Urmenschen 으로 가정하고서, 그 상상 속에서 생활 수단 및 생활 자체의 현실적 생산의 자리에 종교적인 공상의 생산을 가져다 놓았다. 이러한 역사 파악 전체는, 그 해소도 그렇고 그로부터 발생하는 의혹 및 의심도 그렇지만, 독일인들의 단순한 **민족적인** 용무에 불과하며 **국지적인**, 독일에 있어서의 관심사라는 의미만을 가질 뿐인데, 예를 들어 최근에 여러 번 논란이 되고

---

23) 소위 **객관적** 역사 서술이란 역사적 관계들을 활동으로부터 분리시켜 파악하는 데에 바로 그 본질이 있다. 반동적 성격. [맑스의 **방주**]

있는 다음과 같은 중요한 문제, 즉 사람은 도대체 어떻게 해서 '신의 왕국으
로부터 인간의 왕국으로 오게 되는가'라는 문제가 그러하다. 이 문제는 마치
이 '신의 왕국'이 상상 속에서가 아닌 다른 어떤 곳에 존재하는 것인 양 제
기되고 있으며, 교양 있는 이 신사들이 지금 그들이 그리로 가는 길을 찾고
있는 '인간의 왕국'에 자기도 모른 채 계속 살아 왔던 것이 아닌 것인 양 제
기되고 있으며, 또한 이와 같은 이론적 구름 만들기라는 진기한 일을 설명하
는 학적인 여흥 ― 그 이상이 아니니까 ― 은 거꾸로, 현실적인 속세적 관계
들로부터 그 구름 만들기의 발생을 논증하는 것 속에 그 본질이 놓여 있는
것이 아닌 것처럼 제기되고 있다. 요컨대 이들 독일인들에게 있어서는, 존재
하는 무의미한 일들을 어떤 다른 광상狂想 속으로 해소하는 것, 즉 이러한
모든 무의미한 것들 일반이 뭔가 특별히 탐구되어야 할 의미를 가지고 있다
고 전제하는 것이 문제인 반면에, [사실상] 문제로 되는 것은 저 이론적인
헛소리들을 존재하는 현실적 관계들로부터 설명하는 것이다. 이들 헛소리들
을 현실적, 실천적으로 해소하는 것, 인간의 의식으로부터 이들 관념들을 제
거하는 것은 이미 말했듯이 변화된 환경들에 의해서 이루어지는 것이지 이
론적인 연역들에 의하여 이루어지는 것은 아니다. 그런 이론적 관념들은 인
간 대중, 즉 프롤레타리아트에게는 존재하지 않기에 그들에게는 해소될 필
요도 없으며, 이들 대중이 일찍이 몇몇 이론적 관념들, 예컨대 종교를 가졌
다 할지라도 그것은 지금에 와서는 이미 오래 전에 환경들에 의해 해소되어
있다.

　　이러한 문제들과 해명들이 순전히 민족적이라는 것은, 이들 이론가들이
'신인神人'이니 '인간'이니 하는 따위의 망상들이 역사의 개별 시기들을 대
표해 왔다고 곧이 곧대로 믿고 있는 데서 또한 드러나며 ―― 심지어 성 브루
노는 단지 "비판과 비판가들이 역사를 만들어 왔다"[44]는 식으로 주장하는 데
에까지 나아갔다 ―― 그리고, 그들이 몸소 역사적 구성에 착수할 경우에, 그
들은 모든 예전의 것들을 급격히 뛰어넘어 '몽고족'으로부터 곧장 '내용이
가득 찬' 본래적 역사로, 즉 『할레 [연보]』나 『독일 연보』의 역사, 그리고 헤
겔학파가 전반적인 입씨름 속으로 해소되는 역사로 넘어간다. 다른 모든 민
족들, 모든 현실적인 사건들은 망각되어서, 세계의 무대 Theatrum mundi 는
라이프찌히 Leipzig 의 서적 시장과 '비판', '인간', '유일자' 등의 상호 반목

으로 국한되고 만다. 설령 그 이론이 때로 진정으로 역사적인 주제, 예컨대 18세기라는 주제를 다루는 데 착수한다 하더라도, 이론가들은 그 근저에 있는 사실들 및 실천적 발전들로부터 유리된 채 관념들의 역사만을 제시할 뿐인데, 이것조차도 그 시대를 하나의 불완전한 예비 단계로서, 참된 역사적 시대인 1840-1844년의 독일 철학자들의 투쟁의 시대에 앞선 아직 제한된 예비 단계로서 표현하려는 의도 속에서 이루어질 뿐이다. 비역사적인 한 인물의 명성과 그의 환상을 더욱 빛나게 하기 위하여 앞선 시기의 역사를 서술한다는 이러한 목적에 조응하는 것은, 진정으로 역사적인 모든 사건들, 역사에 대한 정치의 진정으로 역사적인 개입들조차도 전혀 언급하지 않는 것, 그 대신 연구가 아닌 구성들이나 문학적 객담에 바탕을 둔 이야기들을 제시하는 것 등이다——지금은 잊혀져 버린 성 브루노의 『18세기의 역사』[45]에서 그러했던 것처럼. 그러니까 일체의 민족적 편견을 무한히 초월해 있다고 믿고 있는 허풍스럽고 교만스러운 이들 사상의 소매상들이 실제로는, 독일 통일을 꿈꾸는 맥주 속물들 Bierphilister 보다도 훨씬 더 민족적이다. 그들은 다른 민족들의 행위를 전혀 역사적인 것으로서 인정하지 않는다. 그들은 독일 안에서, 독일에 대하여, 그리고 독일을 위하여 살고 있으며, 라인 강의 노래를 하나의 성가 聖歌 로 바꾸었으며, 프랑스라는 국가 대신에 프랑스의 철학을 훔침으로써 프랑스의 지방들 대신에 프랑스의 사상들을 게르만화함으로써 알사스와 로렌을 정복한다. 이론의 세계 지배 속에서 독일의 세계 지배를 선포하는 성 브루노나 성 막스에 비하면 베네디 씨는 세계주의자이다.

포이에르바하가(『비간트의 계간지』, 1845, 제2권) '공동인' 共同人 이라는 자격 덕택으로 자신을 공산주의자라고 선언할 때, 그리고 자신을 '그' 인간이라는 술어로 바꿀 때, 그리하여 현존 세계에서는 특정한 혁명적 당파의 지지자를 지칭하는 공산주의자라는 말이 하나의 단순한 범주로 재차 바뀌어질 수 있다고 믿을 때[46] 포이에르바하가 얼마나 자기를 속이고 있는가가 또한, 이러한 분석으로부터 명백해진다. 인간의 상호 관계에 대한 포이에르바하의 연역 전체는 기껏 인간은 서로 상대방을 필요로 하며 또한 **항상 필요로 했었**다고 하는 사실을 증명하는 데로 나아갔을 뿐이다. 그는 이 사실에 관한 의식을 확립하고자 하고, 따라서 다른 이론가들과 마찬가지로 단지 **현존하는** 사실에 관한 올바른 의식만을 불러일으키고자 할 뿐인 반면에, 진정한 공산주의자에게는 이 현존하는 것을 뒤집어엎는 것이 중요하다. 게다가 우리는 포이에르바하가 바로 이러한 사실에 관한 의식을 산출하고자 분투함으로써 대체로 한 사람의 이론가가 이론가나 철학자이기를 그만두지 않고 나아갈 수 있는 데까지 나아가고 있다는 것을 충분히 인정한다. 그런데 특기할 만한 것은 성 브루노와 성 막스가 현실적 공산주의자를 공산주의자에 대한 포이에르바하의 관념으로 즉석에서 바꾸어 놓았다는 사실인데, 그들이 그렇게 한 까닭은 부분적으로는 그렇게 함으로써 공산주의를 '정신의 정신'으로서, 하나의 철학적 범주로서, 대등한 적수로서 보고 이에 대항하여 싸울 수가 있기 때문이다——그리고 성 브루노의 입장에서 보면 이는 게다가 어떤 실용적인 이해로부터 나온 것이다. 포이에르바하가 항상 우리의 논적들과 공유하고 있는 현존하는 것에 대한 승인이자 동시에 그 오인인 예로서, 우리는 그의 『미래 철학』의 구절, 즉 그가 하나의 사물 혹은 한 인간의 존재는 동시에 그 사물 혹은 그 인간의 '본질'이라는 견해를 전개하는, 그리고 동물 혹은 인간 개체의 특정한 생존 상태 혹은 생활 양식 및 활동이란 동물이나 인간 개체의 본질이 충족을 느끼는 어떠한 것이라는 견해를 전개하는 그 구절을 상기하자. 여기서는 뚜렷하게 일체의 예외들이 하나의 불행한 우연, 어쩔 도리가 없는 비정상적인 일로 파악된다. 따라서 수백만의 프롤레타리아들이 그들의 생활 상태 속에서 조금도 만족을 느끼지 못한다면, 만약 그들의 '존재'가 그들의 '본질'에 전혀 조응하지 않는다면, 이는 위에 인용한 구절에 의거하자면 조용히 참고 지내지 않으면 안 되는 불가피한 불행일 것이다. 그러나 이들 수백만의 프롤레타리아들 혹은 공산주의자들은 완전히 다르게 생각하고 있는데, 이는 그들이 실천적으로, 혁명을 통해서 자신들의 '존재'를 그 '본질'에 일치시키게 될 때 증명될 것이다. 그와 같은 경우들에 있어서 포이에르바하는 결코 인간 세계에 대하여 말하지 않으며, 매번 외적인 자연, 그것도 인간의 지배 아래로 한 번도 들어오지 않은 그 자연 속으로 도피한다. 하지만 모든 새로운 발명과 산업의 모든 진보는 이 대지로부터 새로운 땅 조각을 하나씩 뜯어낼 것이며, 그리하여 포이에르바하의 그와 같은 명제들에 대한 예증들이 자라나온 토양이 끊임없이 축소되어 갈 것이다. 하나의 명제에 국한하자면 물고기의 '본질'은 자신의 '존재', 즉 물이다. 민물고기의 '본질'은 강물이다. 하지만 이 강물이 산업에 복속되자마자, 염료와 온갖 쓰레기에 의해서 오염되고 증기선이 운항되자마자, 그 강물이 배수로와 연결되어 사람들이 그 배수로에서 간단한 배수 장치를 통해서 그 물고기에게서 그 생존 수단을 박탈할 수 있게 되자마자, 그 강물은 더 이상 그 물고기의 '본질'이기를 중지하게 되고, 또한 더 이상 그 물고기를 둘러싸고 있는 생존 수단이지 않게 된다. 이런 갖가지 모순들을 하나의 불가피한 이상 상태異常 狀態 로서 설명하는 것은 기본적으로 성 막스 슈티르너가 저 불만에 가득 찬 사람들에게 던지는 위안, 요컨대 이런 모순은 너희들 자신의 모순이며 이러한 곤경은 너희들 자신의 곤경이니 너희들은 그럴 경우에 너희들의 마음을 안정시키든지 아니면 너희들 스스로에게 화를 내든지 혹은 환상적 방식으로 반항하든지 할 수 있을 뿐이라는 위안과 다르지 않다——이는 성 브루노의 비난, 즉 이들 불행한 상황들은 따라서 그 상황에 처한 자들이 '실체'라는 진창에 빠진 채 '절대적 자기 의식'으로 나아가지 않은 데 기인하며, 또한 이러한 곤경들이 곧 그들의 정신의 정신임을 그들이 인정하지 않은 데에 기인한다는 비난과도 다르지 않다.

[3]

    지배 계급의 사상들은 어떠한 시대에도 지배적 사상들이다. 즉 사회의 지배적 **물질적** 힘인 계급은 동시에 사회의 지배적인 **정신적** 힘이다. 물질적 생산 수단을 제 마음대로 처분하는 계급은 이로써 동시에 정신적 생산 수단도 제 마음대로 처분하며, 그 결과 정신적 생산 수단이 박탈된 계급의 사상들은 이로써 동시에 대체로 지배 계급에 종속된다. 지배적인 사상들이란 지배적인 물질적 관계들의 관념적 표현, 즉 사상들로서 파악된 지배적인 물질적 관계들 이상의 아무것도 아니다 ; 따라서 바로 그 한 계급을 지배 계급으로 만드는 관계들의 관념적 표현, 그러므로 그 지배 계급의 지배 사상 이상의 그 어떤 것도 아니다. 지배 계급을 구성하는 개인들은 무엇보다도 또한 의식을 가지고 있고 사유하므로 ; 그들이 계급으로서 지배하고 한 역사 시기의 전 범위를 규정하는 한 자명한 것은, 그들이 이를 그들의 [지배가 미치는] 전 범위에서 행하며, 따라서 무엇보다도 또한 사유하는 자들로서 사상들

의 생산자들로서 지배하며, 그들 시대의 사상들의 생산과 분배를 규제한다
는 것 ; 따라서 그들의 사상들이 그 시기의 지배적 사상들이라는 것이다. 예
컨대 왕권, 귀족, 부르주아지가 지배를 다투고, 따라서 지배가 분할되어 있
는 시대나 그와 같은 나라에서는 이제 바야흐로 하나의 '영원한 법칙'으로서
선포되는 권력 분립이라는 신조가 지배적 사상으로서 등장한다.

　우리가 이미 위에서(본서, 211-216면) 지금까지의 역사의 주요한 힘들
중의 하나로서 발견했던 분업은 이제 또한 지배 계급 속에서 정신적 노동과
물질적 노동의 분할로 나타나고, 그리하여 이 계급 내부에서도 한 부분은 이
계급의 사상가들로서, 즉 지배 계급이 자기 자신에 대해 품는 환상의 형성을
그들의 주요한 생계 분야로 삼는, 지배 계급의 적극적이고 구상력 있는 이데
올로그들로서 등장하는 반면에, 그 다른 부분은 이러한 사상들 및 환상들에
좀 더 수동적, 수용적으로 관계하는데 이는 그들이 실제로는 이 계급의 적극
적 일원들이고 이러한 사상들 및 환상들의 형성에 할애할 시간을 더 적게
가지고 있기 때문이다. 이 계급 내부에서의 이와 같은 분열은 게다가 하나의
일정한 대립 및 적대로까지 발전하지만, 그러나 이 대립과 적대는 그 계급
자체가 위태로워지는 실제적 충돌에 있는 경우에는 언제나 저절로 소멸하는
바, 따라서 이 경우에는 마치 지배적 사상들은 지배 계급의 사상들이 아닌
것 같은 가상, 그리고 마치 이 사상들은 지배 계급의 힘과 구별되는 어떤 힘
을 가지는 것 같은 가상도 또한 사라지고 만다. 어떤 특정한 시기에 있어서
의 혁명적 사상들의 존재는 이미 어떤 혁명적 계급의 존재를 전제하는데, 그
러한 혁명적 계급의 존재를 위한 전제들에 관해서는 이미 위에서(본서,
213-217면 및 219-221면) 필요한 얘기를 한 바 있다.

　그런데 역사적 진행의 파악에 있어서 사람들이 지배 계급의 사상들을
지배 계급으로부터 분리해 내어 이를 자립화시키고 이러한 사상들의 생산
조건들이나 생산자들에는 관심을 갖지 않은 채 한 시대에는 이런 저런 사상
들이 지배했다는 식의 파악에 머문다면, 그래서 그 사상들의 근저에 놓여 있
는 개인들 및 세계 상태들을 도외시한다면, 사람들은 예컨대 귀족이 지배했
던 시대에는 명예, 충성 등등의 개념들이, 부르주아지가 지배하는 시기에는
자유, 평등 등등의 개념들이 지배했다고 말할 수 있을 것이다. 지배 계급 자
신은 대체로 그렇게 망상한다. 특히 18세기 이래로 모든 역사 서술가들에게

공통적인 이런 식의 역사 파악은 더욱더 추상적인 사상들, 즉 더한층 보편성의 형태를 취하는 사상들이 지배한다는 현상에 필연적으로 직면하게 될 것이다. 요컨대 자신보다 앞서 지배했던 계급의 위치를 [뒤이어] 차지하게 되는 모든 새로운 계급은 그들의 목적을 관철하기 위하여 반드시 그들의 이해를 사회의 모든 성원의 공동 이해로서 제시할 필요가 있는바, 즉 관념적으로 표현하자면 다음과 같다 : 그들의 사상들에 보편성의 형태를 부여하고, 이것들을 유일하게 이성적이며 보편 타당한 사상들로서 제시할 필요가 있다. 혁명을 일으키는 계급은 바로 그들이 하나의 **계급**에 대립하기 때문에 처음부터 계급으로서가 아니라 사회 전체의 대표자로서 등장하며, 그 유일한 지배 계급에 맞서서 사회의 전체 대중으로서 나타난다[24]. 그들이 이렇게 할 수 있는 이유는, 처음에는 그들의 이해가 여타 모든 비 非 지배 계급들의 공동 이해들과 실제로 아직 많이 관련되어 있었으며 그때까지의 관계들의 압력 아래에서는 아직 특수한 한 계급의 특수 이해로서 발전하지 못하고 있었기 때문이다. 그들의 승리는 따라서 또한 지배에 도달하지 못한 여타의 계급들의 많은 개인들에게 유리하지만, 이는 오직 이 승리가 이러한 개인들을 이제 지배 계급으로 상승할 수 있는 처지에 두는 한에서만 그러하다. 프랑스 부르주아지가 귀족의 지배를 타도했을 때 그들 부르주아지는 이를 통하여 많은 프롤레타리아들에게 프롤레타리아트를 넘어서서 스스로를 상승시키는 것이 가능하도록 만들었으나, 이 역시 오직 그들 프롤레타리아가 부르주아가 되는 한에서만 가능한 것이었다. 그러므로 모든 새로운 계급은 이전에 지배하던 계급의 토대보다 훨씬 광범위한 토대 위에서만 그 지배를 성취하는데, 이에 반하여 또한 바야흐로 지배하게 된 계급에 대한 비 非 지배 계급들의 대립은 나중에는 더욱더 첨예하고 심각하게 발전한다. 이 두 사정으로 인하여, 이들 새로운 지배 계급에 대항하여 수행되어야 할 투쟁은 다시금 지금까지 지배를 추구했던 모든 계급들이 행할 수 있었던 투쟁보다 훨씬 결정적이고 근본적으로 기존 사회 상태들을 부정하는 것을 목표로 한다.

한 특정 계급의 지배가 마치 일정한 사상들의 지배인 듯한 이러한 가상

---

24) (보편성은 다음에 상응한다. 1. 신분에 대한 contra 계급, 2. 경쟁, 세계적 교류 등등, 3. 지배하는 계급의 구성원들의 수가 매우 많음, 4. **공동** 이해라는 환상. 초기에는 이 환상은 진실이다. 5. 이데올로그들의 기만과 분업.) [**맑스의 방주**]

전체는 계급 지배 일반이 사회적 질서의 형태이기를 그만두자마자, 특수 이해를 보편 이해로서 혹은 '보편적인 것'을 지배적인 것으로서 표현할 필요가 더 이상 없게 되자마자 당연히 저절로 사라진다.

일단 지배적 사상들이 지배적 개인들로부터 그리고 무엇보다도 생산 양식의 주어진 한 단계에서 생겨나는 관계들로부터 분리되고, 이를 통하여 역사 속에서는 항상 사상들이 지배한다는 결론이 성립된 다음에는, 이와 같은 상이한 사상들로부터 '그 사상들', 그 이념 등등을 역사에 있어서 지배적인 것으로서 추상하는 것 그리고 이로써 이러한 모든 개별적 사상들 및 개념들을 역사 속에서 자기 전개하는 그 개념의 '자기 규정들'로 파악하는 것은 매우 쉬운 일이다. 그런 다음에는 인간이라는 개념, 표상된 인간, 인간의 본질, 그 인간으로부터 인간의 모든 관계들이 도출될 수 있다는 것 또한 당연한 일이다. 이러한 일을 사변 철학이 행하였다. 『역사 철학』의 끝에서 헤겔은, 그가 '오직 **개념**의 진행만을 고찰했을 뿐이며' 역사 속에서 '진정한 **변신론** 辯神論'을 표현했음을 스스로 고백하였다(446면). 이제 사람들은 다시 '개념의' 생산자들, 이론가들, 이데올로그들 및 철학자들에게로 되돌아가며, 그리하여 역사에서는 예로부터 철학자들, 생각하는 자들 자체가 지배해 왔다는 결론——우리가 보았고 또한 헤겔이 이미 말한 바 있는 하나의 결론——에 도달한다. 그래서 역사에 있어서 정신의 위엄(슈티르너에 있어서는 성스러운 것의 지배 Hierachie)을 증명하는 이 요술 전체는 다음 세 가지 노력들에 한정된다.

제1번. 경험적 근거에 의해서 지배하고 경험적 조건들 아래에서 지배하며 물질적 개인들로서 지배하는 사람들의 사상들은, 이러한 지배적인 사람들로부터 분리되어야만 하며, 그리하여 역사에서의 사상들 및 환상들의 지배가 인정되어야만 한다.

제2번. 사람들은 이와 같은 사상의 지배에 하나의 질서를 부여해야만 하며 연속되는 지배적 사상들 사이의 어떤 신비적 연관을 증명해야만 하는데, 이는 이 연속되는 지배 사상들을 '개념의 자기 규정들'로서 파악함에 의해서 성취된다(이는 이들 사상들이 자신의 경험적 기초를 매개로 하여 실제로 상호 관련되어 있기 때문에, 그리고 이들 사상들이 **단순한** 사상들로서 파악되어 자기 구별들, 즉 사유를 통해서 이루어진 구별들로 되기 때문에 가능한 것이다).

　　제3번. 이러한 '자기 스스로를 규정하는 개념의' 신비적 외관을 제거하기 위해서 사람들은 그 개념을 한 인격 Person──'자기 의식'──으로 변환시키거나, 혹은 제법 유물론적으로 보이기 위해서 역사 속에서 '그 개념'을 대표하는 일련의 인격들 Personen, 즉 이제 다시 역사의 제조자들로서, '파수把守 위원회'로서, 지배자들로서 파악되는 '사상가들', '철학자들', 이데올로그들로 변환시킨다.[25] 이로써 사람들은 모든 유물론적 요소들을 역사로부터 제거하였고, 이제 자신의 사변적인 말馬의 고삐를 슬그머니 놓아줄 수 있게 된 것이다.

　　독일에서 지배적이었던 이러한 역사 방법들은, 그리고 왜 특히 이 역사 방법들이 독일에서 지배적이었는가는 이데올로그들 일반의 환상, 예컨대 법률가들, 정치가들(그 중에는 또한 실제적인 공무원들도 포함되는데)의 환상들과의 연관으로부터, 이 자들 — 이 자들은 자신들의 실제적 생활 처지, 직업, 분업 등으로부터 아주 간단하게 설명되는 사람들이다 — 의 독단적 몽상들과 견강부회로부터 설명되어야만 한다.

　　일상 생활에서는 모든 소매상들 Shopkeeper 이, 자칭하는 바의 인물됨과 그의 실제의 인물됨을 구별할 줄 아는 반면에, 우리들의 역사 서술은 아직 이러한 평범한 인식에도 도달하지 못하고 있다. 그 역사 서술은 각각의 시대가 자기 스스로에 대하여 말하고 상상하는 바를 [그대로] 믿는다.

[4]

　　[…][47] 발견된다 funden wird. 첫번째 것으로부터는 완성된 분업 및 확대된 상업이라는 전제가 유래하고, 두번째 것으로부터는 지역성이 유래한다. 첫번째 경우 개인들은 결집되어 있어야 하며, 두번째 경우에 개인들은 주어진 생산 도구 자체와 나란히 생산 도구들로서 존재한다. 그러므로 여기에서 자연 성장적 생산 도구들과 문명을 통하여 창출된 생산 도구들 사이의 구별

---

25) 그 인간 : '사유하는 인간 정신'. [맑스의 방주]

이 출현한다. **경작지**(물 등등)는 자연 성장적 생산 도구로서 간주될 수 있다. 개인들은 첫번째 경우, 즉 자연 성장적 생산 도구의 경우에는 자연 아래로 포섭되고, 두번째 경우에는 노동의 생산물 아래로 포섭된다. 그러므로 소유 (토지 소유) 역시 첫번째 경우에는 직접적, 자연 성장적 지배로서 나타나고, 두번째 경우에는 소유가 노동의 지배로서 특히 축적된 노동의 지배, 자본의 지배로서 나타난다. 첫번째 경우는 개인들이, 가족이건 종족이건 토지 자체 이건 또는 그 밖의 것들이건 어떤 끈을 통하여 함께 묶여 있음을 전제하며, 두번째 경우는 개인들이 서로 독립적이며 오직 교환을 통해서만 결합되어 있는 것을 전제한다. 첫번째 경우에 교환은 주로 인간과 자연 사이의 교환이 며, 인간의 노동이 자연의 산물들과 교환되는 그러한 교환이다 ; 두번째 경우 에 교환은 주로 인간 상호간의 교환이다. 첫번째 경우에 인간의 평균적 지성 은 충분한 정도이나 육체적 활동과 정신적 활동은 아직 전혀 분리되어 있지 않다 ; 두번째 경우에는 이미 육체 노동과 정신 노동의 분할이 실제적으로 관철되어 있어야만 한다. 첫번째 경우에는 소유자의 비소유자에 대한 지배 가 인격적 관계들에, 일종의 공동체에 기초할 수 있으나, 두번째 경우에는 이 지배가 제3자, 즉 화폐 속에서 하나의 사물적 형태를 취해야만 했다. 첫 번째 경우에 소규모의 공업이 존재하나, 이 공업은 자연 성장적 생산 도구의 이용 아래로 따라서 여러 개인들에로의 노동의 배분을 결여한 채 포섭된다 ; 두번째 경우에 공업은 오직 분업 속에서만 그리고 분업에 의해서만 존속한 다.

우리는 지금까지 생산 도구들로부터 출발했다. 그리고 이미 여기서 일 정한 산업적 단계에서의 사적 소유의 필연성이 제시되었다. 채취 산업 Industrie extractive[48]에서는 사적 소유가 전적으로 노동과 일치한다 ; 소규모 공업과 지금까지의 모든 농업에서는 소유가 현존하는 생산 도구들의 필연적 귀결이다 ; 대공업에 있어서 생산 도구와 사적 소유 사이의 모순은 바로 대 공업의 산물인바, 이 모순의 산출을 위해서는 이미 대공업이 매우 발전되어 있어야만 한다. 따라서 사적 소유의 지양 또한 대공업과 더불어 비로소 가능 하다.

물질적 노동과 정신적 노동의 가장 커다란 분할은 도시와 농촌의 분리이다. 도시와 농촌의 대립은 야만으로부터 문명으로의 이행들, 부족제로부터 국가로의 이행들, 지역으로부터 국민으로의 이행들과 더불어 개시되고, 오늘날까지의(반곡물법 동맹[16]) 문명의 전 역사를 통하여 나타난다. —— 도시와 함께 동시적으로 행정, 경찰, 조세 등등의 필요성이 주어지는바, 요컨대 공동의 제도 및 그와 함께 정치 일반의 필요성이 주어진다. 여기서는 우선 직접적으로 분업 및 생산 도구들에 기초하는, 두 거대한 계급들로의 주민의 분열이 나타난다. 도시가 이미 인구, 생산 도구들, 자본, 향유들, 필요물들 등의 집중이라는 사실을 보여 주는 반면에, 농촌은 바로 정반대의 사실, 즉 고립과 개별화를 보여 준다. 도시와 농촌의 대립은 오직 사적 소유 안에서만 존재할 수 있다. 이 대립은 분업 아래로의, 즉 개인에게 강제되는 특정한 하나의 활동 아래로의 개인의 포섭, 일방을 편협한 도시 동물로 만들고 타방을 편협한 농촌 동물로 만들며 양자의 이해 대립을 나날이 새롭게 창출하는 그러한 포섭의 가장 현저한 표현이다. 노동이 여기서도 다시 중요한 것, 즉 개인들을 **지배하는** 힘으로서 존재하는데, 이 힘이 존재하는 한 사적 소유는 존재하지 않을 수 없다. 도시와 농촌의 대립의 지양은 공동체의 첫번째 조건들 중의 하나인바, 누구라도 첫눈에 알 수 있듯이 이는 다시 대량의 물질적 전제들에 의존하며 단순한 의지로써는 충족될 수 없는 하나의 조건이다. (이 조건들은 더욱 발전되어야만 한다.) 도시와 농촌의 분리는, 또한 자본과 토지 소유의 분리로서, 즉 오직 노동과 교환 속에서만 자신의 토대를 갖는, 토지 소유로부터 독립된 자본의 존재 및 발전의 단초로서 파악될 수 있다.

이전의 역사로부터 완성되어 전승된 것이 아니라 자유롭게 된 농노들로 새롭게 형성된 중세의 도시들에서 각인의 특수한 노동은 각인이 지니고 있던 소규모 자본을 제외하면 거의 필수 불가결의 수공업 도구에만 그 요체를 둔, 각인이 유일하게 가지고 있는 소유였다. 지속적으로 도시로 오는 도망 농노들의 경쟁, 도시들에 대한 농촌의 항상적 전쟁 그리고 이와 동시에 도시의 조직된 군사력의 필요성, 한 특정 노동에 대한 공동적 소유의 결속, 수공업자가 동시에 상인 commercants 인 시기에 그들의 상품들을 판매할 공용 건물의 필요성, 이로써 주어지는 이 건물로부터의 무면허자들의 배제, 개별 수공업들 상호간의 이해 대립, 수고스럽게 습득한 노동을 보호할 필요성 및 전체 농촌의 봉건적 조직 등은 모든 수공업 노동자들이 쭌프트들 안에서 단결하는 원인들이었다. 우리는 여기서 이후의 역사적인 발전을 통해 도래한 쭌프트 제도의 다양한 변용들을 상론 詳論 할 필요가 없다. 농노들의 도시들로의 도주는 중세 내내 간단없이 일어났다. 농촌에서 영주들에게 박해당했던 이들 농노들은 개별적으로 도시로 왔으며 그 곳에서 하나의 조직된 단체와 마주쳤는바, 그들은 이 단체에 대항할 힘이 없었으며, [따라서 그들은] 그들의 노동에 대한 수요와 조직된 도시 경쟁자들의 이익이 그들에게 지정하는 지위에 내던져지지 않을 수 없었다. 이렇게 개별적으로 들어온 노동자들은 절대로 어떠한 힘도 가질 수 없었다. 왜냐하면 만약 그들의 노동이 습득되어야만 하는 쭌프트적 노동이라면 쭌프트 장인은 이 노동을 자신에게 복속시키고 자신의 이익에 따라 조직했으며, 만약 그들의 노동이 습득될 필요가 없는 노동 따라서 전혀 쭌프트적 노동이 아닌 일용 노동이었다면 그들은 절대 한 조직에 속할 수 없었고 비조직적 천민으로 머물렀기 때문이다. 도시들에서의 일용 노동의 필요성이 천민을 만들었다.

　　이러한 도시들은 직접적 필요 때문에 즉 재산의 보호에 대한 우려 때문에 생겨난, 그리고 개별적 구성원들의 생산 수단 및 방어 수단을 몇 배로 늘리기 위하여 생겨난 진정한 '결사들'이었다. 이 도시들의 천민은 서로 낯선 채로 개별적으로 들어온 개인들로 구성되었기 때문에, 실전 무장력을 갖추고서 그들을 시기심으로 가득 찬 채 감시하는 조직된 세력에 비조직적으로 대립했으며 모든 힘을 빼앗겼다. 모든 수공업에서 직인들과 도제들은 장인들의 이익에 가장 잘 부합하도록 조직되었다 ; 직인들 및 도제들이 그들의 장인들과 맺고 있는 가부장제적 관계는 장인들에게 하나의 이중적 권력을 부여했던바, 한편으로는 직인들의 생활 전체에 대한 장인들의 직접적 영향력에 있어서 그러했고, 게다가 그 가부장제적 관계가 동일한 장인 밑에서 일하는 직인들을 다른 장인들의 직인들에 대립하여 묶어 세우고 그들을 그러한 직인들과 분리시켰던 현실적 끈이었기 때문에 그러했다 ; 그리고 마지막으로는 이미 이 직인들이, 그들이 가지고 있었던 스스로 장인이 된다는 이해를 통하여 현존 질서에 연결되어 있었기 때문에 그러했다. 따라서 천민은 최

소한 도시적 질서 전체에 대항하는, 자신들의 무력함으로 인하여 어떤 성과
도 없는 것으로 그쳤던 폭동을 일으켰던 반면에, 직인들은 쭌프트 제도 자체
의 존재에 속하는 만큼 오직 개별적인 쭌프트들 내부의 소소한 반항들로만
나아갔다. 중세의 거대한 봉기들은 모두 농촌으로부터 출발했으나, 농민들의
분산과 이로부터 나오는 농민들의 조야함 때문에 마찬가지로 아무런 성과를
거두지 못하는 것으로 그치고 말았다.

이 도시들의 자본은 가옥, 노동 용구, 자연 성장적이고 세습적인 단골
고객으로 이루어진 자연 성장적 자본이었으며, 발전하지 못한 교류와 현금
화할 수 없는 결핍된 유통 때문에 아버지로부터 아들에게 전해져야만 했다.
이런 물건 속에 숨어 있건 저런 물건 속에 숨어 있건 상관이 없는, 즉 화폐
로 평가될 수 있는 현대의 자본과는 달리 이 자본은 소유자의 특정한 노동
과 직접 연관되어 있는, 그 노동과 결코 분리될 수 없는, 그리고 그러한 한
에서 **신분적인** 자본이었다.

도시들에서의 분업은 개별 쭌프트들 사이에서는 아직도 매우 미미하게
행해졌고, 쭌프트 자체 내 개별 노동자들 사이에서는 전혀 행해지지 않았다.
각 노동자는 일정 범위의 노동 전체에 걸쳐 능통해야 했으며, 자신의 도구들
을 가지고 만들 수 있는 것은 무엇이든 만들 수 있어야 했다 ; 제한된 교류,
개별 도시들 사이의 미약한 연계, 인구의 부족, 욕구들의 제한성 등은 이 이
상의 분업이 나타나지 못하게 했고, 따라서 장인이 되고자 하는 사람은 누구
나 자기의 수공업 전반에 걸쳐서 능통해야 했다. 따라서 중세의 수공업자들
에게서는 여전히 자신들의 특별한 노동 및 그 숙련에 대한 관심이 보여지며,
그 관심은 협의의 특정한 예술적 식견 Kunstsinn 으로까지 고양될 수 있었
다. 그러나 또한 그 때문에 모든 중세의 수공업자는 완전히 자신의 노동에
몰두하였고 자신의 노동에 대해 하나의 안락한 예속 관계를 맺고 있었던바,
자신의 노동이 어떠한 것이건 상관이 없는 현대의 노동자들보다 훨씬 더 자
신의 노동 아래에 포섭되어 있었다.

분업의 잇따른 확장이란 생산과 교류의 분리, 특수한 상인 계급의 형성
이었는데, 이 분리는 역사적으로 예로부터 이어져 온(특히 유태인이 살고 있
던) 도시들에서는 마찬가지로 예로부터 이어져 왔고, 새로이 형성된 도시
들에서는 매우 급격하게 나타났다. 이와 함께 인근 지역을 넘어서는 통상 관

계의 가능성이 주어지게 되었는데, 이 가능성의 실현은 기존의 교통 수단들
에 의존하였고, 정치적 상황에 의해 조건지어져 있던 농촌에서의 공안 상태
에(주지하다시피 중세 내내 상인들은 무장 대상隊商 을 이루어 돌아다녔다)
의존하였으며, 또한 교류가 미칠 수 있는 지역의 욕구 — 매시기의 문화 단
계에 의해 조건지워지는 — 가 무르익지 않은 것인가 혹은 발전되어 있는가   5
에 의존하였다.

　　하나의 특수한 계급 속에서 확립된 교류와 동시에, 그리고 상인에 의해
이루어진, 도시의 인접 지역을 벗어난 상업의 확장과 동시에 생산과 교류간
의 상호 작용이 시작되었다. 도시들은 **서로** 연계를 맺게 되고, 새로운 용구
들이 한 도시에서 다른 도시로 옮겨지게 된다. 또한 생산과 교류 사이의 분   10
리는 때로는 개별 도시들 사이에 생산의 새로운 분리를 야기시키며, 때로는
각 도시들이 하나의 우세한 산업 분야를 개발하게 된다. 초기의 지역적 제한
이 점차 해소되기 시작한 것이다.

　　어떤 지역에서 획득된 생산력들, 특히 발명들이 그 후의 발전에서 사라
지게 될 것인가 아닌가의 여부는 전적으로 교류의 확장에 달려 있다. 직접   15
맞닿는 이웃 지역을 넘어서는 교류가 아직 전혀 존재하지 않는 한, 개개의
모든 발명은 각 지역에서 따로따로 이루어질 수밖에 없는데, [그럴 때] 야만
족들의 침입과 같은 단순한 돌발적 사건들은 — 보통의 전쟁조차도 — 발전
된 생산력들과 욕구들을 가진 어떤 나라로 하여금 처음부터 다시 시작하지
않을 수 없도록 만들기에 충분하다. 초기의 역사에서는 개개의 모든 발명이   20
날마다 새롭게, 그리고 각 지역에서 독립적으로 이루어지지 않을 수 없었다.
상업이 비교적 잘 발전한 경우에조차 완성되어 있는 생산력들이 완전한 몰
락으로부터 얼마나 보호받지 못하고 있는가는 페니키아 인들이 증명해 주는
데, 그들의 발명들은 대부분 상업으로부터 그 민족이 밀려났기 때문에, 즉
알렉산더의 정복과 그에 따른 그들의 몰락 때문에 오랜 동안 유실되고 말았   25
다. 마찬가지로, 예를 들면 중세의 스테인드 글라스가 그러하였다. 교류가
세계적인 교류로 될 때, 그리고 교류가 대규모의 산업을 그 기초로 가질 때
에, 모든 국민들이 경쟁적 투쟁 속으로 끌어들여질 때에야, 획득된 생산력들
의 지속은 비로소 보장된다.

　　각 도시들 사이의 분업은 그에 잇따른 결과로, 쭌프트 제도를 뚫고 자

라나온 생산 부문들인 매뉴팩처들의 성립을 초래하였다. 매뉴팩처의 최초의 융성 ──이탈리아와 이후 플랑드르에서의 ──은 외국들과의 교류를 그 역사적 전제로 하고 있었다. 다른 나라들에서는 ──예를 들면 영국과 프랑스에서는 ──매뉴팩처가 초기에 국내 시장에 한정되어 있었다. 매뉴팩처들은 지적한 전제들 이외에 또한 ──특히 농촌에서의 ──인구의 집적이 이미 진척된 것을 전제로 하며, 또한 쭌프트 규약들에도 불구하고 일부는 쭌프트 내에서 모이기 시작하였고 다른 일부는 상인들의 경우에 있어서 개개인의 수중에 모이기 시작한 자본의 집적이 이미 진척된 것을 전제로 한다.

비록 아직 극히 조야한 형태라고 하더라도 처음부터 기계를 전제로 하는 노동은 가장 큰 발전 가능성을 갖춘 노동임이 매우 쉽사리 밝혀졌다. 지금까지 농촌에서 농민들이 자신이 필요로 하는 옷감을 조달하기 위해 부업으로 틈틈이 해 왔던 직조는 교류의 확장에 영향을 받아 더한층 육성된 최초의 노동이었다. 직물업은 최초의 매뉴팩처였으며, 가장 주요한 매뉴팩처로 존속하였다. 인구 증대와 더불어 증대되는 옷감의 수요, 가속화된 유통을 통한 자연 성장적 자본의 동산화 動産化 와 축적의 개시, 이에 의해 야기되고 교류 일반의 점진적인 확장에 의해서 조장된 사치품에 대한 욕구는 이 직물업에 양적·질적으로 자극을 주었는데, 이 자극은 직물업을 종래의 생산 형태로부터 떨어져 나오게 했다. [과거에도] 존속했었고 [지금도] 여전히 존속하는, 자가 사용을 위해 천을 짜는 농민들 이외에, 도시들에서는 직물업자들이라는 새로운 계급이 나타났는데, 그들의 직물들은 국내 시장 전체를 위한 것들이었으며 또한 대개는 외국 시장들을 위한 것들이었다.

대부분의 경우 별로 숙련을 요구하지 않고 무수히 많은 부문들로 쉽사리 나누어지는 노동인 직조는 그 전체적 성질상 쭌프트의 속박들에 대항해서 투쟁하였다. 그러므로 또한 직물업은 대부분 쭌프트 조직이 없는 촌락들이나 장場 이 서는 작은 고을들에서 경영되었는데, 그 지역들은 점차 도시로 변해 갔으며 그것도 얼마 후 각국에서 가장 번창한 도시로 변해 갔다.

쭌프트에 속박되지 않는 매뉴팩처와 동시에 소유 관계들도 변화하였다. 자연 성장적·신분적 자본을 넘어서는 최초의 진보는 상인들의 출현에 의해서 주어졌는데, 그들의 자본은 애초부터 동산이었으며 당시의 관계들하에서 말하자면 현대적 의미의 자본이었다. 매뉴팩처와 함께 두번째 진보가 나타났는데, 매뉴팩처는 또한 일정량의 자연 성장적 자본을 동산화하였고, 일반적으로 자연 성장적 자본의 양에 비해서 동산 자본의 양을 증대시켰다.

동시에 매뉴팩처는, 농민들을 배제하거나 열악한 보수밖에 주지 않는 쭌프트들에 대한 농민들의 도피처가 되었는데, 이는 일찍이 쭌프트 도시들이 농민들에게 토지 소유자들에 대한 도피처로서의 역할을 했던 것과 유사하다.

매뉴팩처들의 시작과 동시에 유랑민 무리의 시대가 있었는데, 이는 봉건적 복종의 폐지, 가신에 대항해 국왕에 봉사한 모집 군대의 해산, 개량된 농경 및 광대한 경작 지대의 목초지로의 전화에 의해 유발되었다. 이로부터 이 유랑민 무리가 봉건 제도의 해체와 밀접한 연관이 있다는 것이 분명해진다. 이미 13세기에도 이러한 종류의 개별 시기들이 나타났었지만, 이 유랑인 무리는 15세기 말과 16세기 초에 가서야 비로소 전반적이고 지속적으로 나타난다. 이 유랑민들은 너무나 많아서 특히 영국의 헨리 8세는 그 가운데 72,000명을 교살했을 정도였는데, 그들은 극도의 어려움을 가지고서만, 극도의 빈궁을 겪고서만 그리고 오랜 반항을 거친 후에야 비로소 노동을 하게 되었다. 특히 영국에서 매뉴팩처의 급속한 번창은 점차 그들을 흡수하였다.

이전에는 여러 국민들이 상호 결속되어 있는 한 손해가 없는 교역을 했었던 반면에, 매뉴팩처와 함께 여러 국민들은 하나의 경쟁 관계에, 전쟁, 보호 관세 및 수입 금지 등으로 싸움이 이루어지는 상업 투쟁에 들어섰다. 그 이후로 교역은 정치적 의미를 가진다.

매뉴팩처와 동시에 고용주 Arbeitgeber 에 대한 노동자의 변화된 관계가 주어졌다. 쭌프트들에서는 직인과 장인 사이에 가부장제적 관계가 존속하였다 ; 매뉴팩처에서는 그것을 대신하여 노동자와 자본가 사이의 화폐 관계가 나타났다 ; 이 관계는 농촌과 소도시들에서는 아직 가부장제적 색채를 띤 채로 있었으나, 이보다 큰 본래적 매뉴팩처 도시들에서는 일찌감치 거의 모든 가부장제적 색채가 사라졌다.

매뉴팩처 그리고 일반적으로 생산 운동은 아메리카의 발견 및 동인도 항로의 발견 때문에 생긴 교류의 확장을 통해 엄청난 비약을 이루었다. 그곳으로부터 수입된 새로운 생산물들, 특히 유통 속에 들어가서 계급들 상호간의 지위를 총체적으로 변화시켰으며 봉건적 토지 소유 및 노동자들에게 가혹한 타격을 주었던 다량의 금과 은, 탐험단, 식민화, 그리고 무엇보다도 이제 드디어 가능하게 되었으며 나날이 더욱 많이 이루어지는 세계 시장으로의 시장들의 확장은, 역사 발전의 하나의 새 국면을 가져왔는데, 여기서 그 전반에 대해서 더 이상 자세히 들어갈 필요는 없겠다. 새로이 발견된 나라들의 식민화를 통해 각국 상호간의 상업 투쟁은 새로운 양분을 얻게 되었으며, 그에 따라 상업 투쟁은 더욱 확대되고 격렬해졌다.

상업과 매뉴팩처의 확장은 가동 자본의 des mobilen Kapitals 축적을 가속화시킨 반면에, 확대된 생산에의 자극을 받을 일이 없었던 쭌프트들에서는 자연 성장적 자본은 고정된 채로 있거나 게다가 감소하기까지 했었다. 상업과 매뉴팩처는 대부르주아지를 창출했고, 쭌프트들에는 소부르주아층이 결집하고 있었던바, 이들 소부르주아층은 더 이상 이전과 같이 도시에서 지배적이지 못했으며 대상인과 매뉴팩처 경영자들에게 굴복하지 않을 수[26] 없었다. 그리하여 쭌프트들은 매뉴팩처와 접촉하게 되자마자 몰락하였다.

우리가 논의했던 시기의 교류에 있어 국민들 상호간의 관계는 두 개의 서로 다른 형태들을 취했다. 처음에는 금과 은의 미미한 유통량이 이들 금속들의 수출 금지를 조건지었다 ; 그리고 증가하는 도시 인구를 위한 고용의 필요성에 의해서 필수 불가결하게 된 산업, 또한 그 대부분이 외국으로부터 수입된 산업은 특권들을 가지지 않을 수 없었던바, 이는 당연히 국내에서의 경쟁에 대해서뿐만 아니라 주로 해외 경쟁에 대해서도 주어질 수 있었던 특권들이었다. 쭌프트의 국지적인 특권은 이러한 원천적 금지들 속에서 전국으로 확장되었다. 관세는 봉건 영주들이 자신들의 지역을 통과하는 상인들에게 강도들의 구매 행위로서 부과했던 공납들로부터 성립했던 것인데, 이 공납들이 나중에는 마찬가지로 도시들에 의해서도 부과되었고, 이후에는 현대 국가들이 등장할 때에 국고에 화폐를 조달하는 가장 손쉬운 수단이 되었다.

유럽 시장들에서의 아메리카산 금과 은의 출현, 산업의 점진적 발전, 상업의 급속한 흥기, 이를 통하여 초래된 비쭌프트적 부르주아지의 번영 및 화폐의 개화 등은 그러한 조처들에 또 다른 의미를 부여했다. 날이 가면 갈

---

26) 소시민 —— 중간 계층 ——대부르주아지. [맑스의 방주]

수록 화폐 없이는 지탱할 수 없게 된 국가는 이제 재정적 고려에 근거하여
금과 은의 수출 금지를 유지해 갔다 ; 새로이 시장에 투입된 다량의 화폐를
자신의 고리대적 매점 Accaparements 의 주요 대상으로 했던 부르주아들은
그 조처들에 완전히 만족하였다 ; 이제 종래의 특권들은 정부의 수입원이 되
었고 이 특권들은 화폐를 받고 팔리게 되었다 ; 또한 관세 입법에서는 수출
관세들이 등장했던바, 이는 산업의 도정에 걸림돌만을 놓았을 뿐이며 순전
히 재정적인 목적만을 가졌던 관세였다.

제2의 시기는 I7세기 중반에 시작되어 거의 I8세기 말까지 지속되었다.
부차적인 역할을 수행하는 매뉴팩처보다 상업과 해운이 더 급속하게 신장되
었다 ; 식민지들은 유력한 소비자들이 되기 시작했으며, 개별 국민들은 개방
된 세계 시장을 오랜 투쟁들을 통하여 자기들끼리 분할했다. 이 시기는 항해
조례[49] 및 식민지 독점과 더불어 시작된다. 각국 사이의 경쟁은 관세율, 금수
조치, 조약 등을 통해 가능한 한 배제되었다 ; 그리고 결국 경쟁적 투쟁은 전
쟁(특히 해전)을 통하여 수행되었고 결판지어졌다. 바다에서 최강의 국민인
영국인들은 상업과 매뉴팩처에서 우위를 확보했다. 여기서 이미 한 국가로의
집중[이 나타났다].

매뉴팩처는 계속해서 국내 시장에서는 보호 관세에 의해서, 식민지 시
장에서는 독점들에 의해서 보호받았으며, 그리고 외국 시장에서는 차등 관
세[50]에 의해서 가능한 한 많은 보호를 받았다. 자기 나라에서 산출된 재료의
가공이 권장되었으며(영국에서의 양모와 아마포, 프랑스에서의 비단), 국내
에서 산출된 원료의 수출은 금지되었고(영국에서의 양모), 또한 수입된 원료
의 가공 [Bearbeitung] 은 등한시되거나 억압당했다(영국에서의 면화). 해상
무역과 식민지 지배권에서 패권을 잡은 국민은 당연히 또한 매뉴팩처의 최
대의 양적 및 질적 신장을 확보하였다. 매뉴팩처는 일반적으로 보호 없이는
존립할 수 없었는데, 왜냐하면 그것은 다른 나라들에서 일어난 사소한 변화
에 의해서도 자신의 시장을 상실할 수 있고 파멸될 수 있기 때문이다 ; 매뉴
팩처는 상당히 양호한 조건들 아래에서 한 나라에 쉽게 도입되고 바로 그런
연유로 쉽게 파괴된다. 동시에 매뉴팩처는 특히 I8세기에 농촌에서 경영되
었던 방식에 의해 거대한 무리의 개인들의 생활 관계들과 밀접하게 뒤얽혀
있었던 결과, 어느 나라도 감히 자유 경쟁의 허용을 통해 그 존립을 위태롭

게 할 수 없었다. 따라서 매뉴팩처가 수출을 하게 되기에 이르기까지는 매뉴팩처는 전적으로 상업의 확장 또는 제한에 의존하며, 상업에 대해서는 [auf ihn] 비교적 verhältnis[mäßig] 극히 미미한 반작용을 미친다. 따라서 18세기에 있어서 매뉴팩처의 부차적인 역할 [Rolle], 그리고 따라서 상인들의 [der Ka]ufleute 영향. 다른 어떤 이들보다도 국가 보호와 독점을 갈구한 것은 바로 상인들, 그리고 특히는 해운업자들이었다 ; 물론 매뉴팩처의 경영자들도 역시 보호를 요구하고 또 보호를 받았지만, 정치적인 의의에 있어서 언제나 상인들의 뒤에 서 있었다. 상업 도시들, 그중에서도 특히 해양 도시들은 어느 정도 문명화되고 대부르주아적으로 되었던 반면에, 공장 도시에는 거대한 소부르주아층이 존속하였다. 에이킨 등등을 참조할 것.[51] 18세기는 상업의 세기였다. 핀토는 이를 명확하게 말했다 : "상업은 세기의 장기 長技 이다."[27] 그리고 : "근자에는 사람들이 오직 상업, 항해, 해군에 관해서만 말한다."[28)52]

　　자본의 운동은 현저히 가속화되었음에도 불구하고 여전히 항상 비교적 완만한 상태에 있었다. 각각 한 특수한 국민에 의하여 착취되는 개별 부분으로의 세계 시장의 분열, 국민들 상호간의 경쟁의 배제, 생산 자체의 무익성, 그 첫 단계로부터 가까스로 발전해 나오고 있는 화폐 제도 등은 유통을 크게 저지했다. 이로부터 귀결되는 것은 아직 모든 상인과 상업 경영의 방식 전체에 부속해 있었던 인색하고 쩨쩨한 소매상적 정신이었다. 물론 매뉴팩처의 경영자들이나 더욱이 수공업자들과 비교할 때 이들은 대시민, 부르주아들이었지만, 바로 다음 시기의 상인들 및 산업가들과 비교할 때 이들은 소시민에 지나지 않는다. A. 스미스를 참조할 것.[53]

　　이 시기는 또한 금과 은의 수출 금지의 중단, 화폐 · 무역 · 은행 · 국채

---

27) 원문은 불어 : "Le commerce fait la marotte du siècle". 이를 직역하면 "상업은 세기의 어릿광대 지팡이(marotte : 궁정 어릿광대가 가졌던 것으로 끝에 종과 인형 얼굴이 달려 있는 지팡이)를 만든다"이다. 번역은 독어 선집판의 독일어 역을 따랐다. (역자)

28) 원문은 불어 : "depuis qulque temps il n'est plus question que de commerce, de navigation et de marin." 이를 직역하면 "몇 해 전부터 이제는 상업, 항해, 해군만이 문제이다"가 된다. 번역은 독어 선집판의 독일어 역을 따랐다. (역자)

·지폐·증권 투기 및 공채 투기의 성립, 모든 상품에 있어서의 투기적 매매와 완성된 화폐 제도 일반의 성립에 의해 특징지어진다. 자본은 자신에게 붙어 있던 자연 성장성의 상당 부분을 다시 상실하였다.

　　상업과 매뉴팩처가 17세기에 영국이라는 한 나라로 끊임없이 집중되어 나갔던 것은 점차 이 나라를 위한 하나의 상대적 세계 시장을 창출했으며, 또한 그럼으로써 이 나라의 매뉴팩처 생산물들에 대한 수요를 창출했는데, 그 수요는 기존의 산업적 생산력들로서는 더 이상 충족시킬 수 없는 것이었다. 생산력들을 넘어설 만큼 성장한 이 수요는 대공업——공업적 목적들을 위한 자연력들의 적용, 기계, 최대한으로 확장된 분업——을 산출함으로써 중세 이후 사적 소유의 제3기를 야기한 추동력이었다. 영국에는 이미 이 새로운 국면의 여타 조건들——국내에서의 경쟁의 자유, 이론 역학의 완성(뉴튼에 의해 완성된 역학은 대체로 18세기에 프랑스와 영국에서 가장 인기 있는 과학이었다) 등등——이 존재하고 있었다. (국내에서의 자유 경쟁 자체는 어디서나 혁명을 통해 획득되어야만 했다——영국에서의 1640년과 1688년, 프랑스에서의 1789년.) 곧 경쟁은 자신의 역사적 역할을 계속 유지하기를 원했던 모든 나라들로 하여금 매뉴팩처를 새로운 관세 조처들(낡은 관세들은 대공업에 더 이상 아무런 도움도 주지 못했다)을 통해 보호하지 않을 수 없도록 하였고, 그 후 이내 보호 관세 아래에서 대공업을 도입하지 않을 수 없게끔 만들었다. 이 보호 수단에도 불구하고 대공업은 경쟁을 보편화하였고(경쟁은 실질적 무역 자유이며, 경쟁 속에서 보호 관세는 단지 하나의 미봉책, 무역 자유 내에서의 방어일 뿐이다), 교통 수단과 현대적 세계 시장을 창출했으며, 상업을 자신에게 굴복시켰고, 모든 자본을 산업 자본으로 전화시켰으며, 그리고 이로써 자본들의 급속한 유통(화폐 제도의 완성)과 집중을 산출했다. 대공업은 보편적인 경쟁을 통하여 모든 개인들로 하여금 자신들의 에너지를 극도로 긴장시킬 것을 강요했다. 대공업은 가능한 한 이데올로기, 종교, 도덕 등등을 파괴하였고, 또한 그럴 수 없는 곳에서는 그것들을 뻔한 거짓말로 만들어 버렸다. 모든 문명국과 그 속의 모든 개인으로 하여금 욕구들의 충족에 있어서 세계 전체에 의존하도록 만들고, 개별 국민들이 지금까지 지니고 있었던 자연 성장적 배타성을 타파한 한에서 대공업은 최초로 세계사를 산출해 내었다. 대공업은 자연 과학을 자본 아래에 포섭하였고,

분업에서 자연 성장성이라는 최후의 가상을 빼앗아 버렸다. 대공업은, 노동 속에서 일반적으로 자연 성장성을 가능한 한 파괴하였으며, 모든 자연 성장적 관계들을 화폐 관계들로 해소하였다. 대공업은 자연 성장적 도시들 대신에 하룻밤 사이에 세워지는 현대의 거대한 공업 도시들을 만들어 냈다. 대공업은 자신이 침입한 곳에서 수공업을, 그리고 일반적으로 이전의 모든 산업 단계들을 파괴했다. 대공업은 농촌에 대한 도시의 [der Sta]dt 승리를 완결지었다. 대공업의 ……[…]s는 자동화 체계이다. 대공업 [Sie] 은 대량의 생산력들 Pro[duktivk]räften 을 산출했는데 [er]zeugte, 그러한 생산력들에 대해서 사적 소유 Privat[eigent]um 는 하나의 질곡이 되었던바, 이는 쭌프트가 매뉴 팩처에 대해서 그러했고 또한 농촌 소경영이 완성되는 수공업에 대해서 그러했던 것과 같다. 이러한 생산력들은 사적 소유 아래에서는 오직 일면적인 발전을 유지할 뿐이고, 대다수에 대해서는 파괴적인 힘들로 되며, 그와 같은 힘들의 상당량은 사적 소유 내에서는 전혀 사용될 수 없는 것이다. 대공업은 일반적으로 어디서나 사회 계급들 사이의 동일한 관계들을 산출했고, 그렇게 함으로써 개별적 민족들 Nationalität 의 특수성을 파괴하였다. 그리고 마지막으로, 각국의 부르주아지가 여전히 별도의 국민적 이해들을 가지고 있었던 반면에, 대공업은 하나의 계급, 즉 모든 국민들 Nationen 에 있어서 동일한 이해를 가지고 있으며, 그들에게 있어서 민족 Nationalität 이란 이미 사라져 버린 한 계급, 현실적으로 구세계 전체에서 이탈해 있으면서 또한 그것과 대립하는 한 계급을 만들어 내었다. 대공업은 노동자로 하여금 자본가에 대한 관계뿐만 아니라 노동 자체도 견딜 수 없도록 만든다.

대공업이 한 나라 안의 모든 지역에서 동일한 높이의 완성에 이르지 않는다는 것은 자명하다. 그렇지만 그것이 프롤레타리아트의 계급 운동을 저지하지는 못하는데, 왜냐하면 대공업에 의해 만들어진 프롤레타리아들이 이 운동의 선두에 서서 자신과 함께 전 대중을 휩쓸어 가기 때문이며, 또한 대공업으로부터 배제된 노동자들이 이 대공업으로 인해 대공업 자체의 노동자들보다 훨씬 더 열악한 생활 처지에 놓이기 때문이다. 이와 마찬가지로 대공업이 발전되어 있는 나라들은 많든 적든 plus ou moins 비공업적인 나라들에 영향을 미치는데, 단 이는 그러한 비공업적인 나라들이 세계적인 교류에 의해 보편적인 경쟁적 투쟁에 휘말려 들어가는 한에서 그러하다.

　이러한 다양한 형태들은 또한 노동의 그만큼 다양한 조직 형태들이며 따라서 그만큼 다양한 소유 형태들이다. 실존하는 생산력들의 통일은 그것이 욕구들에 의해서 필수적인 것으로 되어 있는 한에서는 어느 시기에나 존재하였다.

　우리가 살펴 본 바와 같이 지금까지의 역사에서 이미 여러 번, 그럼에도 불구하고 역사의 기초를 위협하지 않으면서 나타났던, 생산력들과 교류 형태 사이의 이러한 모순은 매번 혁명으로 폭발하지 않을 수 없었는데, 그와 동시에 이 모순은 충돌들의 총체로서, 즉 다양한 계급들의 충돌들로서, 의식의 모순, 즉 사상 투쟁, 정치 투쟁 등등으로서 다양한 부수적 형태들을 띠었다. 그런데 하나의 협소한 관점으로 보면 사람들은 이러한 부수적 형태들 중의 하나를 끄집어내어서, 그것을 이러한 혁명들의 토대라고 간주할 수 있는데, 이런 일은 그러한 개인들 ― 혁명은 이들 개인들로부터 출발한다 ― 이 자신들의 교양 정도와 역사적 발전의 단계에 의거해서 자신들의 고유한 활동 자체에 대해서 환상을 그렸을 때 더욱 쉽게 일어난다.

　이처럼 우리의 파악에 따르자면, 역사의 모든 충돌들은 생산력들과 교류 형태 사이의 모순에 그 기원을 두고 있다. 덧붙이자면 이 모순이 한 나라 안에서 충돌들로 나아가기 위해서 그 나라 자체 안에서 그 모순이 극점으로 추동될 필요는 없다. 확대된 국제적 교류에 의해서 생겨난, 산업적으로 발전된 나라들 사이의 경쟁은 발전된 산업을 별로 가지고 있지 못한 나라들에서도 유사한 모순을 산출하기에 충분하다(예를 들면 독일의 잠재적 프롤레타리아트는 영국 산업의 경쟁에 의해서 현상화되었다).

　경쟁은 개인들을, 부르주아들뿐만 아니라 프롤레타리아들도 서로 고립시키는데, 그것이 그들을 서로 모이게 함에도 불구하고 그러하다. 그러므로, 이러한 개인들이 단결하기 위해서는 ――이 단결이 단순히 지역적인 것만이

아니어야 한다면——거기에 필요한 수단, 즉 대도시들 및 양호하고 신속한 교통들이 대공업에 의해서 비로소 만들어져야 한다는 사실을 논외로 치더라도, 이러한 개인들이 단결하기까지에는 많은 시간이 걸린다. 따라서 고립을 날마다 재생산하는 관계들 속에서 살고 있는 이러한 고립된 개인들과 대립하고 있는 모든 조직적 세력은 오랜 투쟁들을 거친 후에야 비로소 극복될 수 있다. 그 반대의 것을 바란다 함은 마치 경쟁들이 그러한 특정한 역사 시기에 존재하지 않기를 바라는 것과 같거나 또는 고립된 개인들로서의 자신들이 전혀 제어할 수 없는 관계들을 개인들이 머리 속에서 몰아내기를 바라는 것과 같다.

———

주택 건축. 미개인들에게 있어서 각 가족이 자기들의 혈거나 움막을 가진다는 것은 유목민들에게 있어서 각 가족이 별도의 천막을 가지는 것과 마찬가지로 자명하다. 이와 같은 분리된 가사 경제는 사적 소유의 더한층의 발전에 의해서 더욱 필요하게 될 뿐이다. 농업 민족들에게 공동의 가사 경제는 공동의 토지 경작과 마찬가지로 불가능하다. 하나의 거대한 진보는 도시들의 건설이었다. 그럼에도 불구하고 지금까지의 모든 시기들에 있어서 사적 소유의 지양과 분리될 수 없는 분리된 경제의 지양은 그것을 위한 물질적 조건들이 존재하지 않았다는 이유 때문에 확실히 불가능했었다. 공동의 가사 경제의 창설은 기계의 발전, 자연력들의 이용 및 여타의 많은 생산력들——예를 들면 수로들, 가스 조명, 증기 난방 등등의 발전 및 도시와 농촌의 대립의 [des Gegensatzes] 지양을 전제한다. 이러한 조건들이 없다면 공동의 경제는 그 자체 다시 새로운 생산력이 되지 않을 것이며, 어떠한 물질적 토대도 가지지 못하는 것이 될 것이며, 한갓 이론적인 기초 위에 근거하는 것, 즉 하나의 광상狂想인 것이 될 것이며, 단지 수도원 경제로 이끄는 것이 될 뿐이다.——무엇이 가능했던가는 도시들로의 밀집에서, 그리고 특정의 개별적 목적들을 위한 공동 주택(감옥, 병영 등등)의 건설에서 보여지고 있다. 분리된 경제의 지양이 가족의 지양과 분리될 수 없다는 것은 자명하다.

(각인은 머리 끝에서 발끝까지 alles, was er ist 국가를 통해서 존재한다

는, 성 산쵸에게서 종종 나타나는 명제는 다음과 근본적으로 동일하다 : 부르주아란 단순히 부르주아 유類의 한 견본일 뿐이라는 명제 ; 부르주아 **계급**은 그 계급을 구성하는 개인들에 앞서 벌써 존재했다는 것을 전제하는 명제.)[29]

중세에는 각 도시의 시민들이 자신들을 필사적으로 보호하기 위하여 토지 귀족에 대항하여 단결하지 않을 수 없었다 ; 상업의 확장, 교통의 확립은 그 개별 도시들로 하여금, 동일한 상대[토지 귀족]와의 투쟁에서 동일한 이해 관계를 관철시키고 있었던 다른 도시들을 인지하도록 이끌었다. 개별적 도시들의 많은 지역적 시민층으로부터 시민 **계급**이 비로소 매우 점차적으로 발생하였다. 개별 시민들의 생활 조건들은 기존의 관계들과의 대립에 의해서, 그리고 이 기존의 관계들에 의해 조건지어진 노동 양식에 의해서 그들 모두에게 공통적이며 그들 각자에게는 독립적인 조건들로 동시에 변화되었다. 시민들은 그들이 봉건적 결합으로부터 풀려난 한에서 이 조건들을 창출하였으며, 또 그러한 조건들은 이 시민들이 그들이 당면하고 있던 봉건성과의 대립에 의해 조건지어져 있는 한에서 그들에 의해서 창출되었던 것이다. 개별적 도시들 사이의 결합의 출현과 더불어 이 공통의 조건들은 계급적 조건들로 발전하였다. 동일한 조건들, 동일한 대립, 동일한 이해 관계들은 전반적·대체적으로 어디서나 한결같은 관습을 불러일으켰다. 부르주아지 자체는 그들의 조건들과 더불어 비로소 발전하며, 분업에 따라 다시 다양한 분파들로 분열되며, 기존의 모든 소유가 산업 자본이나 상업 자본으로 전환되는 것과 같은 정도로 마침내 기존의 모든 유산 계급들을 자신 안에 흡수한다[30] (반면에 부르주아지는 대다수의 기존 무산 계급들과 종래의 유산 계급들의 일부를 하나의 새로운 계급, 즉 프롤레타리아트로 발전시킨다). 각각의 개인들은, 단지 그들이 다른 한 계급에 대항하여 공동의 투쟁을 수행해야만 하는 한에서만 하나의 계급을 형성한다 ; 그 밖의 경우에 경쟁 속에서는 개인들 자신이 다시 서로 적대적으로 대립한다. 다른 한편 계급은 개인들에 대해서 다시 자립적인 것으로 되어서, 그 결과 개인들의 이러한 생활 조건들은

---

29) 철학자들에게 있어서의 계급의 **선재성**. [맑스의 방주]

30) 부르주아지는 우선 국가에 직접적으로 귀속되는 노동 부문들을 흡수하고 그 다음에는 ±[많든 적든] 이데올로기적인 모든 신분들을 흡수한다. [맑스의 방주]

예정되어 있는 것으로 존재하게 되고, 그 생활상의 지위 및 그와 동시에 그들의 인격적 발전이 계급에 의해서 지시받게 되며, 계급 아래 포섭되게 된다. 이러한 일들은 개별적 개인들이 분업 아래로 포섭되는 것과 동일한 현상이며, 오로지 사적 소유 및 노동 그 자체의 지양을 통해서만 제거될 수 있다. 계급 아래로의 개인들의 이러한 포섭이 어떻게 동시에 온갖 종류의 관념들 등등 아래로의 포섭으로 발전하는가를 우리는 이미 여러 번 암시하였던 바 있다.

사람들이 개인들의 이러한 발전을 역사적으로 연속된 신분들과 계급들의 공통의 존립 조건들 속에서 그리고 이와 함께 이 신분들 및 계급들에게 강요된 보편적 관념들 속에서 **철학적으로** 고찰한다면, 사람들은 당연히 이 개인들 속에서 유 類 혹은 인간이 발전하였다거나 혹은 이 개인들이 인간을 발전시켰다고 쉽사리 상상할 수 있게 된다 ; 역사에게 몇 차례의 귀싸대기를 세차게 갈겨 주는 상상. 그렇게 되면 사람들은 이러한 다양한 신분들 및 계급들을 보편적 표현의 특화로서, 유 類 의 아종 亞種 들로서, 인간의 발전상 Entwicklungsphasen 들로서 파악할 수 있게 된다.

특정 계급들 아래로의 개인들의 이러한 포섭은, 지배 계급에 대항하여 특수한 계급적 이해를 결코 더 이상 관철하지 않는 하나의 계급이 형성되기 전에는 결코 지양될 수 없다.

분업에 의한, 인격적 힘들(관계들)의 사물적인 힘들로의 전화는 사람들이 그것에 관한 일반적 관념들을 머리에서 떨쳐 버림에 의해서 다시 지양될 수 있는 것이 아니라 개인들이 이러한 사물적 힘들을 다시 자신 아래로 포섭하고 분업을 지양하는 것에 의해서만 지양될 수 있다.[31] 이것은 공동체 Gemeinschaft 없이는 불가능하다. 공동체 속에 자신의 소질을 모든 측면에서 완성시킬 방편이 비로소 모든 개인에 대해 존재한다 ; 따라서 공동체 속에서 비로소 인격적 자유가 가능해진다. 지금까지의 공동체의 임시 변통물

---

31) (포이에르바하 : 존재와 본질) [엥겔스의 방주]

들, 즉 국가 등등에서는 인격적 자유가 지배 계급의 관계들 속에서 발전된
개인들을 위해서만 그리고 그 개인들이 이러한 계급의 개인들이었던 한에서
만 존재하였다. 지금까지 개인들이 그것을 위해서 단결되었던 바의 겉보기
만의 공동체는 항상 그 개인들에 대해서 자립적인 것으로 되었고, 동시에 또
한 그 겉보기만의 공동체란 한 계급의 다른 계급에 대항한 단결이었기 때문
에 피지배 계급에 대해서는 완전히 환상적인 공동체였을 뿐만 아니라 하나
의 새로운 족쇄였다. 진정한 wirklichen 공동체 속에서는 개인들이 그들의
연합 Assoziation 속에서 그리고 그들의 연합을 통하여 동시에 자신들의 자
유를 획득한다.

개인들은 언제나 자신으로부터 출발했다. 그러나 물론 그들에게 주어진
역사적 조건들과 관계들 내부에 있는 자신으로부터 출발했지, 이데올로그들
이 말하는 견지에서의 '순수한' 개인으로부터 출발한 것은 아니다. 그런데
역사적 발전의 진행 속에서, 그리고 다름아닌, 분업 안에서 불가피한 사회적
관계들의 자립화에 의해서, 각 개인이 인격적인 한에서의 그의 생활과 각 개
인이 어떤 노동 부문 및 그 노동 부문에 속하는 조건들 아래에 포섭되어 있
는 한에서의 그의 생활 사이에 하나의 구별이 생겨난다. 이 말은 마치 예를
들면 금리 생활자, 자본가 등등이 인격들이기를 중지한다는 식으로 이해되
어서는 안 된다 ; 그들의 인격성은 완전히 특정한 계급 관계들에 의해서 조
건지어지고 규정된다. 그리고 그 구별은 그들이 다른 어떤 계급에 대립할 때
에 비로소 나타나며, 그들 자신에 대해서는 그들이 파산할 때에 비로소 나타
난다. 신분에 있어서는(부족에 있어서는 더욱더 그렇지만) 이러한 점이 아직
은폐되어 있어서, 예를 들면 그들의 여타의 관계들과는 별도로 귀족 Adliger
은 어디까지나 고상한 사람 Adliger 이고 평민 Roturier 은 어디까지나 상놈
Roturier 이어서 그들의 개인성과는 분리할 수 없는 하나의 질 質 이다. 인격
적 개인과 계급적 개인의 구별, 개인에 있어서의 생활 조건의 우연성은, 그
자체 부르주아지의 산물인 계급의 등장과 더불어 비로소 생겨난다 tritt…
[hervor]. 개인들 상호간의 경쟁과 투쟁이 비로소 이러한 우연성을 우연성으
로서 산출하고 발전시킨다. 그러므로 관념 속에서 개인들은 부르주아지 지
배 아래에서 이전보다 더 자유로운데, 왜냐하면 그들에게 있어서 그들의 생
활 조건들은 우연적이기 때문이다. [그렇지만] 현실 속에서 그들은 당연히

더 자유롭지 못한데, 왜냐하면 그들은 사물적 힘 아래에 [이전보다] 더 많이 포섭되기 때문이다. 신분의 구별은 특히 프롤레타리아트에 대한 부르주아지의 대립 속에서 생겨난다. 도시 시민들이라는 신분, 농촌 귀족에 대립한 조합들 등등이 출현했을 때, 그들의 존립 조건, 즉 이미 봉건적 결합들로부터의 그들의 분리에 앞서 잠재적으로 존재하였던 동산과 수공업 노동은 봉건적 소유에 대항하여 자신을 주장하는 실정적인 어떤 것으로서 나타났고, 따라서 또한 무엇보다도 봉건적 형식을 그들의 방식대로 다시 취하였다. 확실히 도망 농노들은 그들의 지금까지의 농노 상태를 뭔가 그들의 인격성에 대해 우연적인 어떤 것으로서 간주하였다. 그런데 이 점에서 그들은 단지 하나의 족쇄를 벗어 버린 각각의 사람이 행하는 것과 동일한 행동을 했을 뿐이어서 그 결과 그들은 계급으로서가 아니라 개별적으로 자신을 해방시켰던 것이다. 더욱이 그들은 신분제의 영역으로부터 벗어나지 못하고 단지 하나의 새로운 신분을 형성했을 뿐이며, 그들의 기존의 노동 양식을 또한 새로운 지위 속에서 유지하였으며, 나아가 그들의 기존의 노동 양식을 이미 도달된 발전에 더 이상 조응하지 않는 기존의 족쇄로부터 해방시킴에 의해서 이것을 더욱 완성시켰다.

이에 반하여 프롤레타리아들의 경우에는 그들 자신의 생활 조건인 노동, 그리고 이와 동시에 오늘날의 사회의 전체 존립 조건들인 노동은 그들에게 있어서 어떤 우연적인 것이 되어 버린바, 개별 프롤레타리아들은 이 노동에 어떠한 통제도 가할 수 없고, 어떠한 **사회적** 조직도 그들에게 이 노동에 대한 통제권을 부여할 수 없다. 개별 프롤레타리아의 인격성과 그에게 부과된 생활 조건인 노동 사이의 모순이 개별 프롤레타리아 자신에게는 현저하게 나타나는데, 이는 특히 그가 이미 청소년기부터 계속 희생되어 왔기 때문이며, 그의 계급 내부에는 그를 다른 계급 속으로 위치지을 조건들에 도달할 기회가 결여되어 있기 때문이다.

주의. 망각해서는 안 될 것은 농노들이 존재할 필연성, 그리고 농노들에 대한 분할지 allotments 의 분배를 동반한 대경영의 불가능성은 곧바로 봉건 영주들에 대한 농노들의 의무들을 농노에게 동산의 소유를 가능하게 해 주고, 그리고 이로써 그의 영주의 점유지로부터의 도주를 용이하게 해 줄 정도의, 시민으로서의 입신에 전망을 주고 또한 농노들 사이에 있어서의 위계를 산출할 정도의 현물 급부 및 부역의 일정 평균치로 축소시킨 결과, 도망 농노들이 이미 절반 시민이게 되었다는 것이다. 이 경우에 한 수공업에 정통한 예속 농민들이 동산을 획득할 기회를 가장 많이 가졌다는 사실이 마찬가지로 분명해진다.——

그리하여 도망 농노들은 이미 존재하는 그들의 존립 조건들을 자유로이 발전시키고 유력한 것으로 만들기를 원했고 따라서 결국 자유로운 노동에 다다랐을 뿐인데 반하여, 프롤레타리아들은 인격적으로 가치 있게 되기 위하여 그들 특유의 기존의 존립 조건인 동시에 지금까지의 사회 전체의 존립 조건이기도 한 노동을 지양해야만 한다. 그러므로 또한 프롤레타리아들은 사회의 개인들이 자신들에게 지금까지 하나의 총체적 표현을 부여했던 형태, 즉 국가와의 직접적 대립 속에 존재하며, 그리고 그들의 인격성을 관철하기 위해서는 이 국가를 전복해야 한다.

지금까지의 설명으로부터 도출되는 것은, 한 계급의 개인들을 편입시켰던, 제3의 계급에 맞서는 그들의 공동 이해에 의하여 조건지어진 공동체적 관계란 항상 다음과 같은 공동체, 즉 이러한 개인들이 자기 계급의 존립 조건들 안에서 생활하고 있었던 한에서만 이 사회에 오직 평균적 개인들로서 귀속되었던 공동체였으며, 개인들이 개인들로서가 아니라 계급 구성원들로서 참가했던 관계였다는 사실이다. 이에 반하여 그 자신 및 모든 사회 성원들의 존립 조건들을 자신의 통제 아래에 두는 혁명적 프롤레타리아들의 공동체의 경우에 사태는 완전히 달라진다 ; 개인들은 이 공동체에 [계급으로서가 아니라] 개인들로서 관여한다. 개인들의 자유로운 발전과 운동의 조건들을 개인들의 통제 아래에 두는 것은 바로 개인들의 연합(당연히, 오늘날 발전되어 있는 생산력들의 전제 안에서의)이다. 그런데 지금까지 이 개인들의 자유로운 발전과 운동의 조건들은 우연에 맡겨져 있었으며, 각각의 개인들에 대해서 자립적인 것들로 되었는데, 이는 바로 개인들의 개인들로서의 분리 때문이고, 분업과 함께 주어진 불가피한 연합, 즉 개인들의 분리에 의해 그들에게 낯선 결박이 되어 버린 불가피한 연합 때문이다. 지금까지의 연합

은 예를 들면 『사회 계약』[54]에서 표현되는 것처럼 자의적인 연합이 아니었고, 개인들이 우연성을 만끽하는 그러한 조건들에 관한 불가피한 연합(예를 들면 북아메리카의 국가의 형성과 남아메리카의 공화국들을 비교해 보라)이었다. 특정의 조건들 안에서 방해받지 않고 그러한 우연성을 즐길 이와 같은 권리를 사람들은 지금까지 인격적 자유라고 불렀다.── 이 존립 조건들이란 당연히 매시기의 생산력들 및 교류 형태들일 뿐이다.

───────

공산주의는, 그것이 지금까지의 모든 생산 관계들 및 교류 관계들을 변혁하며, 모든 자연 성장적 전제들을 지금까지의 인간들의 창조물로서 처음으로 의식적으로 간주하여 그 전제들에게서 자연 성장성이라는 옷을 벗기며, 그 전제들을 연합된 개인들의 힘에 복속시킨다는 점에서 지금까지의 모든 운동들과 구별된다. 그러므로 공산주의의 조직 Einrichtung 은 본질적으로 경제적이며, 이러한 연합의 조건들의 물질적 창출이다 ; 공산주의의 조직 Einrichtung 은 기존의 조건들을 연합의 조건들로 만든다. 공산주의가 창출하는 현실은 바로 개인들로부터 독립된 어떤 현실도 불가능하게 만들기 위한 현실적 토대인데, 단 이는 그럼에도 불구하고 그 현실이 개인들 자체의 지금까지의 교류의 산물 이외에 아무것도 아닌 한에서 그렇다. 따라서 공산주의자들은 지금까지의 생산 및 교류에 의해서 산출된 조건들을 비유기적 조건들로서 실천적으로 취급하지만, 그들에게 재료를 제공해 준 것이 종전 세대들의 계획이나 사명이었다고 상상하는 일이 없으며, 이 조건들이 그것들을 창조한 [schaff]enden 개인들에게 비유기적이었다는 것 [daß] 을 믿지도 않는다. 인간적 개인과 우연적 개인의 차이는 결코 개념상의 구별이 아니라, 하나의 역사적 사실이다. 이러한 구별은 각 시대에 있어서 상이한 의미를 지녔는데, 예를 들면 18세기에 신분은 개인에게 우연적인 어떤 것으로서의 의미를 지녔고, 가족 또한 다소간 plus ou moins 그러한 의미를 지녔다. 구별이란 각 시대에 있어서 우리가 만들어야 하는 것이 아니라 각 시대가 자신이 발견하는 다양한 요소들 사이에 스스로, 그것도 개념에 의거해서가 아니라 물질적인 생활상의 모순에 강요되어 만드는 것이다. 이전의 시대와는 반

대로 이후의 시대에게 우연적인 것으로서, 따라서 또한 이전의 시대로부터
이후의 시대가 넘겨받은 요소들 사이에서 우연적인 것으로서 나타나는 것은
생산력들의 특정 발전에 조응하는 교류 형태이다. 교류 형태에 대한 생산력
들의 관계는 개인들의 활동 및 실행에 대한 교류 형태의 관계이다. 이러한
실행의 기초 형태는 당연히 정신적, 정치적, 종교적 등등의 다른 모든 실행
이 의존하는 물질적 실행이다. 물질적 생활의 다양한 형태는 언제나 당연히,
이미 발전되어 있는 욕구들에 의존하며, 이러한 욕구들의 충족뿐만 아니라
산출도 그 자체 하나의 역사적 과정인바, 이러한 역사적 과정은 양이나 개에
게서는 결코 찾아볼 수 없는 것이다(비록 물론 오늘날의 형태를 갖춘 양과
개는 그들의 의사에는 상관없이 malgré eux 하나의 역사적 과정의 산물들이
라 할지라도 그렇다. 그런데 이는 인간에 대항하는 adversus hominem 슈티
르너의 비뚤어진 주요 논거[55]이다). 모순이 아직 생겨나지 않은 한, 개인들이
서로 교류하는 조건들은 그들의 개인성에 귀속되는 조건들이지 결코 그들에
게 외적인 조건들이 아니다. 그리고 그러한 조건들 아래에서는 특정한 개인
들, 즉 특정의 관계들 아래에 존재하는 개인들만이 그들의 물질적 생활 및
그 물질적 생활과 관련되는 것을 생산할 수 있다. 따라서 그러한 조건들은
개인들의 자기 실행의 조건들이며, 또한 이러한 자기 실행에 의해서 생산된
다.[32] 그러므로 그 아래에서 개인들이 생산하는 바의 특정의 조건은 모순이
아직 생겨나지 않은 한에서는 그들의 현실적 피제약성, 그들의 일면적 현존
에 조응하는바, 이 현존의 일면성은 모순의 출현에 의해서 비로소 나타나며,
따라서 이후의 개인들에게만 존재한다. 그럴 경우 이 조건은 하나의 우연적
인 족쇄로서 현상하며, 그리하여 그것이 족쇄라고 하는 의식은 이후의 시대
에게 넘겨진다.

처음에는 자기 실행의 조건들로서 그리고 이후에는 자기 실행의 족쇄들
로서 나타나는 이러한 다양한 조건들은 전체 역사 발전 속에서 연관을 맺는
일련의 교류 형태들을 형성하는바, 이 교류 형태들의 연관의 본질은 족쇄로
변화된 이전의 교류 형태가 하나의 새로운 생산력들에 상응하는 그리고 그
생산력들과 함께 진보한 개인들의 자기 실행의 방식에 상응하는 교류 형태

---

32) 교류 형태 자체의 생산. [맑스의 방주]

로 대체되며, 이 새로운 교류 형태 역시 자기 편에서 à son tour 다시 족쇄로 변화하여 또 다른 교류 형태에 의하여 대체된다는 점에 있다. 각 단계의 이러한 조건들은 동일 시기의 생산력들의 발전에 조응하기 때문에, 이러한 조건들의 역사는 동시에, 발전되어 나가면서 각각의 새로운 세대로 넘겨지는 생산력들의 역사이며, 이와 더불어 또한 개인들 자체의 능력들의 발전의 역사이다.

이러한 발전은 자연 성장적으로 일어나기 때문에, 즉 자유롭게 연합된 개인들의 전체적 계획에 종속되어 있지 않기 때문에, 다양한 · 지역들 · 부족들 · 국민들 · 노동 부문들 등등으로부터 나오는바, 이러한 다양한 지역들 · 부족들 등등은 각각 처음에는 여타의 지역들 부족들 등등과 독립적으로 나타나고 점차적으로만 그러한 여타의 것들과 연계를 맺게 되는 것들이다. 더욱이 이러한 발전은 매우 느리게 일어날 뿐이다 ; 다양한 단계들과 이해 利害들이 완전하게 극복되지 못하고, 승리한 이해에 종속될 뿐이어서 수세기 동안 이 승리한 이해에 질질 끌려 다닌다. 그 결과, 한 국민 내부에서조차 개인들이 자신의 재산 상태와는 상관없이 완전히 서로 다르게 발전하게 되고, 이전의 이해 — 그것에 특유한 교류 형태는 이후의 이해에 귀속되는 교류 형태에 의하여 이미 밀려나 있는데도 — 가 개인들에 대립하여 자립화된 가상적 공동체(국가, 법) 속에서 전통적 힘, 즉 결국에 가서 혁명에 의해서만 파괴될 수 있는 힘을 오랫동안 소유해 나가게 된다. 이로부터, 비교적 보편적인 총괄을 허용하는 몇 가지 점들과 관련해서 보자면, 왜 의식이 종종 동시대의 경험적 상황보다 선도적으로 나타날 수 있는지, 그리하여 사람들이 왜 이후의 시기의 투쟁에 있어서 이전 시기의 이론가들을 권위로서 믿고 의지할 수 있게 되는지 또한 설명된다.

이와는 반대로 북아메리카처럼 애초부터, 이미 발전되어 있는 어떤 역사적 시기에서 출발하는 나라들에서의 발전이란 매우 급속하게 일어난다. 그러한 나라들은 그 곳에 이주한 개인들, 즉 그들의 욕구들에 조응하지 않는, 과거에 그들이 살던 나라들의 교류 형태들에 의해 그렇게 이주하도록 자극받은 개인들 이외에 어떠한 자연 성장적 전제들도 가지고 있지 않다. 따라서 그러한 나라들은 과거에 그들이 살던 나라들의 가장 진보한 개인들과 더불어, 따라서 또한 이러한 개인들에 조응하는 가장 발전된 교류 형태 — 그

것이 과거에 그들이 살던 나라들에서 관철될 수 있게 되기 전에 — 를 가지
고 시작한다. 이것은 단순한 군대 주둔지나 무역 거류지가 아닌 한에서는 모
든 구식민지들에 동일하게 해당된다. 카르타고, 그리스의 식민지들 및 11세
기와 12세기의 아일랜드가 그 실례들을 제공한다. 이와 유사한 관계는 정복
의 경우에, 즉 다른 지반에서 발전한 교류 형태가 정복된 토지에 그대로 옮
겨질 때에 나타난다 ; 그 교류 형태가 그 고향에서는 여전히 이전의 시기들
로부터 나온 이해들과 관계들에 붙잡혀 있는 반면에, 여기서는 정복자들에
게 지속적 힘을 확실히 보장해 주기 위하여 어떤 방해도 받지 않고 완전히
관철될 수 있으며 또 관철되지 않을 수 없다. (노르만 인의 정복 이후에 영
국과 나폴리는 완성된 형태의 봉건적 조직을 얻게 되었다.)

　　　정복이라는 사실은 이러한 역사 파악 전체에 모순되는 것처럼 보인다.
사람들은 지금까지 폭력, 전쟁, 약탈, 강도 살인 등등을 역사의 추동력으로
삼아 왔다. 우리는 여기서 중요한 점들에 논의를 국한시킬 수밖에 없고, 따
라서 가장 눈에 띄는 예, 즉 야만 민족에 의한 오래된 문명의 파괴, 그리고
그와 결부되어서 새로이 시작되는, 사회의 새로운 편제의 형성만을 살펴볼
것이다. (로마와 야만인들, 봉건제와 갈리아, 동로마 제국과 터어키 인들.)
정복민인 야만 민족들의 경우에 여전히 전쟁 자체는 이미 위에서 암시된 바
와 같이 정규적 교류 형태인데, 이 교류 형태는 인구의 증가가 새로운 생산
수단에 대한 욕구를 더 많이 만들어 내면 낼수록 — 옛부터 이어져 온, 그들
에게 있어서 유일하게 가능한 조야한 생산 양식을 가지고 있었던 탓으로 —
그만큼 더 열심히 이용된다. 이와는 반대로 이탈리아에서는 자유로운 주민
이 토지 소유의 집중(이는 매점과 부채 말고도 상속에 의해서도 야기되었는
데, 그 까닭은 심한 방탕과 흔하지 않은 결혼으로 인해서 오래 된 가문의 가
계가 단절되고 그들의 소유가 소수자의 것이 되었기 때문이다) 및 토지 소유
의 목장으로의 전화(이는 오늘날에도 여전히 유효한 통상적인 경제적 원인
들 말고도 약탈된 곡물과 공납 곡물들의 수입 및 이로부터 결과한 이탈리아
산 곡물을 위한 소비자들의 결여에 의해서 생긴 것이다)에 의해서 거의 사라

져 버렸고, 노예들 자체는 자꾸만 대가 끊어져서 항상적으로 새로운 노예들에 의해 보충되지 않으면 안 되었다. 노예제는 전체 생산의 토대로 남았다. 자유민들과 노예 사이에 위치한 평민 Plebejer 들은 결코 룸펜 프롤레타리아트 이상으로 될 수 없었다. 일반적으로 로마는 결코 도시를 뛰어넘을 수 없었고, 지방들과는 거의 단지 정치적 연관만을 맺고 있었는데, 이 정치적 연관은 또한 당연히 다시 정치적 사건들에 의해서 깨어질 수 있었다.

역사 속에서 지금까지 중요했던 것은 오직 **약취** Nehmen 뿐이었다는 생각보다 더 통상적인 생각은 없다. 야만인들은 로마 제국을 **약취했는데**, 사람들은 이 약취라는 사태를 가지고서 고대 세계로부터 봉건제로의 이행을 설명한다. 그러나 야만인들이 행한 약취에 있어서 중요한 것은 약취되는 국민이 현대 민족들의 경우에서처럼 산업적 생산력들을 발전시켰는가 아니면 그들의 생산력들이 단지 주로 그들의 결합과 공동체에 근거했는가이다. 더욱이 약취는 약취되는 대상에 의해서 조건지어진다. 지폐로 존재하는 은행가의 자산은 약취자가 약취되는 나라의 생산 조건들 및 교류 조건들에 복속되지 않고서는 결코 약취될 수 없다. 현대의 산업적 나라의 전체 산업적 자본도 이와 마찬가지이다. 그리고 마지막으로 약취는 언제나 금방 끝을 맺게 되는바, 더 이상 약취할 것이 없을 때 사람들은 생산하기 시작하지 않을 수 없다. 이렇게 금방 대두되는 생산함의 필요성 때문에 이주한 정복자들이 취하는 공동체 형태는 기존의 생산력들의 발전 단계에 조응하는 것이거나, 그렇지 않고 이러한 일이 애초부터 해당되지 않는 그러한 경우에는 기존의 생산력들에 맞추어서 자신을 변화시키지 않을 수 없게 된다. 이로부터 또한 언제나 사람들이 지적하고 싶어 하는 사실, 즉 민족 대이동 이후의 시대에는 노예가 주인이었으며 정복민들은 피정복민들로부터 얼마 안 있어 언어, 교양, 예절을 받아들인다는 사실이 설명된다.

봉건제는 결코 독일로부터 완성된 형태 그대로 넘어온 것이 아니라, 정복자의 측면에서 보자면 그 기원을 정복 그 자체가 진행되고 있는 동안의 전시 戰時 군사 조직에 둔 것이었다. 그리고 정복이 있은 후에 이 전시 군사 조직은 정복된 나라들에서 이미 존재하고 있던 생산력들의 영향을 받아 비로소 본래의 봉건제로 발전하였다. 이러한 형태가 얼마나 많이 생산력들에 의해 조건지어져 있었던가는, 고대 로마에 대한 회상에서 발상을 얻은 다른 형태들을 실시하려고 했으나 수포로 돌아간 시도가 잘 보여 주고 있다(샤를르 대제 등등).

계속.——

———————

개인들의 일체의 존립 조건들, 피제약성들, 일면성들은 대공업과 경쟁 속에서 두 개의 가장 간단한 형태들 속으로 녹아 들어간다 : 사적 소유와 노동. 화폐와 더불어 모든 교류 형태 및 교류 자체는 개인들에게 우연적인 것이라고 설정된다. 그러므로 이미 화폐 속에, 지금까지의 모든 교류는 단지 특정 조건들 아래에서의 개인들의 교류였으며 개인들로서의 개인들의 교류는 존재하지 않았다는 사실이 놓여 있다. 이러한 조건들은 두 가지로——축적된 노동 즉 사적 소유와 현실적 노동으로——환원된다. 이것들 중의 하나가 중단되면 교류가 정지한다. 현대 경제학자 자신들, 예를 들면 시스몽디, 세르빌리에 등등은 개인들의 결합에 자본들의 결합 association des individus der association des capitaux 을 대립시키고 있다. 다른 한편 개인 자신들은 완전히 분업 아래에 포섭되어 있으며 그에 따라 완전히 서로 의존하는 상태에 있게 된다. 사적 소유는 그것이 노동 내부에서 노동에 대립하는 한, 축적의 필연성으로부터 발전해 나와서 처음에는 여전히 오히려 공동물의 형태를 취하게 되지만 계속적인 발전 속에서 더욱더 사적 소유의 현대적 형태에 접근해 간다. 분업에 의해서 이미 애초부터 노동 조건들, 도구들 및 재료들의 분할이 주어져 있으며, 따라서 축적된 자본의 다양한 소유자들로의 분열, 따라서 자본과 노동 사이의 분열, 그리고 소유 자체의 다양한 형태도 분업에 의해서 이미 애초부터 주어져 있는 것이다. 분업이 더 완성되면 될수록, 그리고 축적이 더 진행되면 될수록 이러한 분열 또한 더욱더 첨예하게 되어 간다. 노동 자체는 이러한 분열이라는 전제하에서만 존립할 수 있다.

    (개별 나라들의 개인들의 인격적 에너지 —— 독일인과 아메리카 인 ——
혼혈에 의해서만 생겨나는 에너지 —— 따라서 독일인들은 크레틴 병적이다
—— 프랑스, 영국 등등의 경우에는 이민족 異民族 들이 이미 발전되어 있는
토지로 이주하고, 아메리카의 경우에는 완전히 새로운 토지로 이주하지만,
독일에서는 자연 성장적인 주민들이 그냥 붙박혀 살고 있다.)

    따라서 여기에서 두 가지 사실이 드러난다. 첫째로 생산력들은 개인들
로부터 완전히 독립적인 것으로서, 개인들로부터 떨어져 나온 것으로서, 개
인들 바깥의 독자적 세계로서 나타나는데, 그 까닭은 그들의 능력들이 생산
력들인 바의 개인들이 분열되고 서로 대립하여 존재하는 반면에, 이러한 능
력들은 다른 한편 오로지 이러한 개인들의 교류와 연관 속에서만 현실적 능
력들이기 때문이다.[33] 따라서 한편으로 생산력들의 총체가 존재하는데, 이
생산력들은 말하자면 하나의 사물적인 형태를 취해 왔으며, 개인 자신들에
게 있어서 더 이상 개인들의 능력들이 아니라 사적 소유의 능력들이며, 따라
서 사적 소유자들인 한에서의 개인들의 능력들이다. 이전의 어떤 시기들에
있어서도 생산력들이 이처럼 개인들로서의 개인들의 교류와 무관한 형태를
취한 적이 없는데, 왜냐하면 그들의 교류 자체가 아직 제한된 교류였기 때문
이다. 다른 한편으로 이러한 생산력들은 그것들이 떨어져 나온 바의 대다수
의 개인들과 대립하는데, 따라서 이 개인들은 모든 현실적 생활 내용을 빼앗
겨 버리고 추상적 개인들로 전화된다. 그렇지만 또 그렇게 됨으로써 그 개인
들은 비로소 **개인들로서** 서로 연계를 맺을 수 있는 상태에 놓여지게 된다.
    개인들이 생산력들 및 그들 자신의 실존과 맺고 있는 유일한 연관인 노
동은 그 개인들에게 있어서 자기 실행의 모든 외관을 상실해 버려, 그들의
발전을 방해하는 삶을 유지시켜 주고 있을 뿐이다. 자기 실행과 물질적 생활

----

33) 시스몽디. [엥겔스의 방주]

의 산출이 서로 다른 인물들에게 주어져 있고 물질적 생활의 산출이 개인들 자신의 협소함 때문에 여전히 자기 실행의 종속적 양식으로서 유효했다는 점에서 이전 시기들에 있어서는 자기 실행과 물질적 생활의 산출이 분리되어 있었는데 반하여, 오늘날 그것들은 붕괴되어서 일반적으로 물질적 생활이 목적으로서, 그러한 물질적 생활의 산출, 즉 노동(이것은 오늘날 유일하게 가능한 자기 실행의 형태이지만, 그러나 보다시피 부정적인 자기 실행의 형태이다)이 수단으로서 나타나게 되었다.

　　그리하여 오늘날 사태는, 개인들이 자신의 자기 실행에 도달하기 위해서뿐만 아니라 단지 일반적으로 그들의 생존을 안전하게 지키기 위해서라도 기존의 생산력들의 총체를 전유하지 않으면 안 되는 지경에 이르렀다. 이러한 전유는 전유될 대상——총체적으로 발전한, 그리고 오직 보편적 교류 안에서만 존재하는 생산력들——에 의해 우선 조건지어진다. 따라서 이 전유는 이미 이러한 측면으로부터 보아도 생산력들 및 교류 형태에 조응하는 보편적 성격을 가지고 있지 않으면 안 되는 것이다. 이러한 힘들의 전유는 그 자체, 물질적 생산 도구들에 조응하는 개인적 능력들의 전개 이외에 아무것도 아니다. 그러므로 생산 도구들의 총체의 전유는 이미 개인들 자신 속에 있는 능력들의 총체의 전개인 것이다. 더욱이 이 전유는 전유하는 개인들에 의해 조건지어진다. 모든 자기 실행으로부터 완전히 배제되어 있는 현대의 프롤레타리아들만이 더 이상 제한적이지 않은, 자신들의 완벽한 자기 실행을 성취할 수 있는 처지에 있는데, 이러한 자기 실행은 생산력들의 총체의 전유 및 그와 함께 주어지는 능력들의 총체의 전개 속에 그 요체가 있다. 이전의 모든 혁명적 전유들은 제한적이었던바, 한정된 생산 도구 및 한정된 교류에 의해서 그들의 자기 실행을 제한받고 있었던 개인들은 이러한 한정된 생산 도구를 전유하였으며, 따라서 단지 하나의 새로운 제한된 상태에 도달했을 뿐이다. 그들의 생산 도구는 그들의 소유가 되었지만, 그들 자신은 변함없이 분업 및 그들 자신의 생산 도구 아래에 포섭당했다. 지금까지의 모든 전유들의 경우에는 한 무리의 개인들이 단 하나의 생산 도구 아래에 줄곧 포섭되어 있었다 ; 프롤레타리아들의 전유의 경우에는 한 무더기의 생산 도구들이 각각의 모든 개인 아래에 포섭되고, 소유가 모든 개인들 아래에 포섭되어야 한다. 현대의 보편적 교류는 만인 아래에 포섭되지 않고서는 개인들 아래에 포섭될 수 없다.

더욱이 전유는 그것이 완수되지 않을 수 없는 방식 및 양식에 의해서 조건지어진다. 전유는 연합, 즉 프롤레타리아트의 성격으로 말미암아 그 자체 다시 하나의 보편적 연합일 수밖에 없는 연합 및 혁명, 즉 그 속에서 한 편으로 지금까지의 생산 양식 및 교류 양식의, 그리고 사회적 편제의 힘이 전복되고, 다른 한편으로 그 속에서 프롤레타리아트의 보편적 성격이 발전되며, 전유의 관철에 필요한 프롤레타리아트의 에너지가 발양되고, 더욱이 그 속에서 프롤레타리아트가 그의 지금까지의 사회적 지위로 말미암아 아직 그에게 남아 있던 모든 것을 벗어 내던져 버리게 되는 혁명에 의해서만 완수될 수 있다.

이 단계에 이르러 비로소 자기 실행은 물질적 생활과 일치하게 되는데, 이러한 일치는 개인들의 총체적 개인들로의 발전 및 모든 자연 성장성의 탈각에 조응한다. 게다가 노동이 자기 실행으로 전화되는 것과 지금까지의 제약된 교류가 개인들로서의 개인들의 교류로 전화되는 것이 서로 조응한다. 연합된 개인들이 총체적 생산력들을 전유함과 동시에 사적 소유는 정지한다. 지금까지의 역사에서는 항상 하나의 특수한 조건이 우연적인 것으로서 현상한 데 반하여, 이제는 개인들의 분리 그 자체가, 각인의 특수한 사적 취득 Privaterwerb 그 자체가 우연적인 것으로 된다.

더 이상 분업 아래에 포섭되지 않는 개인들을 철학자들은 이상으로서 '인간'이라는 이름 아래에 표상하였고, 우리가 설명한 전체 과정을 '인간'의 발전 과정으로서 파악했는데, 그 결과 각각의 역사적 단계 위에 지금까지 존재했던 개인들이 '인간'으로 변조되게 되었고, 이 '인간'이 역사의 추동력으로서 표현되게 되었다. 그리하여 전체 과정은 '인간'의 자기 소외 과정으로 파악되었던바, 본질적으로 이는 이후의 단계들의 평균적 개인들이 항상 이전의 단계들로 바꿔치기되고 이후의 의식이 이전의 개인들로 바꿔치기된 unterschoben [wurde] 데 기인한다.[34] 처음부터 현실적 조건들을 도외시하는 이러한 전도를 통해서 전체 역사를 의식의 발전 과정으로 바꿔 버리는 것이 가능하였다.

---

34) 자기 소외 [맑스의 방주]

　　시민 사회는 특정의 생산력 발전 단계 안에서 개인들의 물질적 교류 전체를 포괄한다. 시민 사회는 어떤 단계의 상업적 물질적 생활 전체를 포괄한다. 그런 한에서 비록 시민 사회가 다른 한편 대외적으로는 국체 Nationali- tät 로서 자신을 주장해야 하고, 대내적으로는 국가 Staat 로서 편성되어야 할지라도 시민 사회는 국가와 국민을 초월한다. 시민 사회라는 말은 소유 관계들이 고대적 및 봉건적 공동체로부터 빠져 나왔을 때인 18세기에 이미 생겨났다. 시민 사회다운 시민 사회 Die bürgrliche Gesellschaft als solche 는 부르주아지와 더불어 비로소 발전한다 ; 그렇지만 어떤 시대에서든 국가 및 그 밖의 관념론적 상부 구조의 토대를 형성하는, 생산 및 교류로부터 직접적으로 발전하는 사회적 조직은 줄곧 이 이름으로 불리어졌다.

소유에 대한 국가 및 법의 관계

　　소유의 최초의 형태는 고대 세계에 있어서도 중세에 있어서도 부족 소유인바, 이 최초의 형태는 로마 인의 경우에는 주로 전쟁에 의해서, 게르만 인의 경우에는 목축에 의해서 조건지어진다. 고대 민족들의 경우에는 한 도시 안에 여러 개의 부족들이 함께 거주하기 때문에, 부족 소유가 국가 소유로서 나타나지만, 그것에 대한 개인의 권리는 단지 점취 Possessio 로서만 나타나는데, 이 점취는 그러나 부족 소유 일반이 그렇듯이 토지 소유에만 국한된 것이다. 고대인들의 경우에 본래적인 사적 소유는 현대 민족들의 경우와 마찬가지로 동산 소유와 더불어 시작된다. —— (노예제와 공동체) (법률에 의해 보장받은 고대 로마 시민의 소유 dominium ex jure Quiritum). 중세로부터 나온 민족들의 경우에 부족 소유는 다양한 단계들 ——봉건적 토지 소유, 단체적 동산 소유, 매뉴팩처 자본 ——을 거쳐서 대공업과 보편적 경쟁에 의해서 조건지어진 현대적 자본으로, 공동물의 모든 가상을 벗어 던지고 소유의 발전에 대한 국가의 어떤 간섭도 배제한 순수한 사적 소유로 발전한다. 이 현대적 사적 소유에 조응하는 것이 현대 국가인데, 이 현대 국가는 조세로 인해 점차적으로 사적 소유자들에 의해 매수되고 국채 제도로 인해 사적 소유자들의 수중에 떨어져서, 그 존립은 증권 거래소에서의 국채 증권의 등락 속에서 사적 소유자들, 즉 부르주아들이 국가에 부여하는 상업적 신용에 전적으로 의존한다. 부르주아지는 그들이 바로 더 이상 하나의 **신분**이지 않고 하나의 **계급**인 까닭에, 더 이상 지방적으로가 아니라 전국적으로 자신을 조직하지 않을 수 없게 되고 그들의 평균적 이해 利害 에 보편적 형식을 부여하지 않을 수 없게 된다. 공동체로부터의 사적 소유의 해방을 통해서 국가는 시민 사회와 나란히 있는, 그리고 시민 사회 바깥에 있는 특수한 존재로 되었다 ; 그러나 국가는 부르주아들이 그들의 소유 및 그들의 이익을 상호 보장하기 위하여 대외적으로도 대내적으로도 필요로 하게 된 조직의 형태 이외에 아무것도 아니다. 오늘날 국가의 자립성은 고작 다음과 같은 나라들, 즉 신분들이 완전히 계급들로 발전하지 않은 나라들, 제거되어 버린 신분들이 여전히 하나의 역할을 수행하고 있어서 하나의 혼합물이 존재하고 있는 더 진보한 나라들에서만 보여지는데, 그런 나라들에서는 따라서 주민의 어떤 부분도 주민의 다른 부분들에 대해서 지배권을 가질 수 없다. 특히 독일이 그러하다. 현대 국가의 가장 완성된 예는 북아메리카이다. 요즈음의 프랑스, 영국, 아메리카 저술가들은 모두 국가란 모름지기 사적 소유를 위해서 존재한다는 견해를 피력하고 있으며, 그 결과 이러한 견해는 또한 상식으로 되어 있다.

국가란 지배 계급의 개인들이 그들의 공동의 이해를 관철하는 형태, 어떤 시기의 시민 사회 전체가 총괄되어 있는 형태이기 때문에, 모든 공동의 제도들이 국가에 의해서 매개되어 하나의 정치적 형태를 가지게 된다는 결과가 나온다. 따라서 법률이란 의지, 더욱이 그 현실적 토대로부터 떨어져 나온 의지, 즉 **자유** 의지에 근거하고 있는 것 같은 환상이 생겨난다. 마찬가지로 권리 또한 다시 법률에 환원된다.

사법은 사적 소유와 동시에 자연 성장적 공동체의 해체로부터 발전해 나온다. 로마 인들의 경우에 사적 소유와 사법의 발전은 더 이상의 산업적, 상업적 결과들을 낳지 못한 채로 끝났는데, 그 까닭은 그들의 생산 양식 전

체가 동일한 모습을 가진 채 정체하였기 때문이다.[35] 산업 및 상업에 의해서
봉건적 공동체가 해체된 현대 민족들의 경우에는, 이후 계속 발전해 나갈 가
능성을 가진 하나의 새로운 국면이 사적 소유 및 사법의 성립과 더불어 시
작되었다. 중세에 광대한 해상 무역을 주도하였던 최초의 도시인 아말피
Amalfi 또한 해상법을 발전시켰다. 처음에는 이탈리아에서 그리고 이후에는
다른 도시들에서 공업과 상업이 사적 소유를 더한층 발전시키자마자, 완성
된 로마의 사법이 그와 동시에 다시 채용되었고 전거 典據 로 끌어올려졌다.
군주들이 부르주아지를 이용해서 봉건 귀족들을 타도하려는 목적으로 부르
주아지의 이익을 돌봐 줄 정도로 이후 부르주아지가 큰 힘을 얻게 되었을
때, 영국을 제외한 모든 나라들에서 로마 법전을 토대로 하여 진행된 법 고
유의 발전이 모든 나라들에서 —— 프랑스에서는 16세기에 —— 시작되었다. 또
한 영국에서도 로마법의 원칙들이 사법(특히 동산 소유의 경우)을 더한층 발
전시키는 데에 끌어들여졌다. (법은 종교와 마찬가지로 고유의 역사를 가지
지 못한다는 사실을 잊지 말 것.)

　　　사법에서는 현존의 소유 관계들이 보편적 의지의 결과들이라고 언명된
다. 사물을 무제한적으로 사용하고 소비할 권리 jus utendi et abutendi 자체
는 한편으로 사적 소유가 공동체로부터 완전히 독립적이게 되었다는 사실을
표명하고, 다른 한편으로 사적 소유 자체는 단순한 사적 의지, 즉 물건의 자
의적 처분에 근거한다는 환상을 표명한다. 실제에 있어서 사적 소유자가 그
의 소유, 따라서 또한 그의 사용권이 다른 사람의 손으로 넘어가는 것을 보
고 싶어하지 않을 때, 사용 abuti 은 사적 소유자에게 있어서 매우 명확한 경
제적 한계를 가지는데, 그 까닭은 일반적으로 물건이란 그것이 단순히 그 소
유자의 의지와 관련되어 고찰될 때에는 전혀 물건이 아니고, 교류 속에 있을
때 그리고 법으로부터 독립적일 때에야 비로소 하나의 물건, 즉 현실적 소유
(철학자들이 이념이라고 명명하는 하나의 관계)[36]로 되기 때문이다. 법을 단
순한 의지들에 환원시키는 이 법률가적 환상은 소유 관계들의 계속적 발

---

35) (고리 高利!) [엥겔스의 방주]

36) **철학자들에게 있어서의 관계 =이념.** 그들은 '그 인간'의 자기 자신에 대한 관
　　계밖에 모르며, 그런 까닭에 그들에게 있어서 모든 현실적 관계들은 이
　　념들로 된다. [맑스의 방주]

전 속에서 필연적으로, 어떤 사람이 어떤 물건을 현실적으로 가지지 않은 채 그 물건에 대한 법률적 권원 權原 을 가질 수 있게 되는 지경에 이른다.[37] 예를 들어 경쟁에 의해서 어떤 토지의 지대가 없어진다 해도 그 토지의 소유자는 그 토지를 사용하고 소비할 권리와 함께 그 토지에 대한 그의 법률적 권원을 가진다. 그렇지만 그가 그 밖에 그의 토지를 경작할 자본을 충분히 가지고 있지 않을 경우에는, 그는 그 권원으로 아무것도 할 수 없는 것이고 토지 소유자로서 아무것도 가지고 있지 않은 것이다. 개인들이 상호간에 관계를 맺는 것, 예를 들면 계약을 맺는 것이 일반적으로 법률가들에게 있어서도 각 법전에 있어서도 우연적이라는 것, 그리고 각 법전이 그 관계들을 사람들이 자기 마음대로 들어가고 나올 수 있는 [kann], 그리고 그 내용이 완전히 계약 당사자들의 개인적인 자의 [Wil]lkür 에 근거하는 [ber]uht 그러한 관계들로서 여기는 것은 법률가들의 바로 그러한 환상으로부터 설명되는 것이다.

공업 및 상업의 발전 Entwick[lung] 에 의해서 새로운 교류 형태들 [Ve]rkehrsformen, 예를 들면 [z.] B. 보험 등등의 회사들이 형성되었을 때마다 법은 그러한 형태들을 재산 취득 양식 속에 받아들이지 않을 수 없었다.

과학에 미치는 분업의 영향.

국가, 법, 도덕 등등의 경우에 있어서 **억압**이라는 것.

바로 부르주아들은 계급으로서 지배하기 때문에, 법률 속에서 그들은 자신들에게 보편적 표현을 부여하지 않을 수 없다.

자연 과학과 역사.

정치, 법, 과학 등등의, 예술, 종교 등등의 역사는 결코 존재하지 않는다.[38]

---

37) 그런데 의지들에 대해 의지는 **현실적**이다 등등. [맑스의 방주]

38) 고대 국가, 봉건제, 절대 왕정에서 나타나는 '공동체'에는, 즉 이 끈에는 특히 종교적 관념들이 조응한다. [맑스의 방주]

―――――――――

이데올로그들이 모든 것을 전도시키는 이유.

종교가들, 법률가들, 정치가들.

법률가들, 정치가들(공무원 일반), 도덕가들, 종교가들.

한 계급 내에서의 이러한 이데올로기적 세분 細分 에 있어서의, 분업에
의한 직업의 자립화 ; 만인은 그의 직업을 진정한 직업이라고 본다. 그들은 직
업 자체의 본성에 의해서 이미 조건지어져 있는 탓으로, 그들의 직업이 현실
과 맺고 있는 연관에 대해 더욱더 필연적으로 환상들을 가지게 된다. 관계들
은 법률학, 정치학――의식 속에서 개념들로 전화한다 ; 법률학, 정치학 등등
은 이 관계들을 초월해 있는 것이 아니기 때문에, 그것들의 개념들 또한 머
리 안에 있는 고정된 개념들이다 ; 예를 들면 재판관은 법전을 이용하며, 따
라서 그에게 있어서 입법이 진정한 능동적 추동자로 여겨진다. 자신들의 상
품에 대한 존중 ; 왜냐하면 그들의 직업은 보편적인 것들을 다루기 때문이다.

법의 이념. 국가의 이념. 통상의 의식 속에서는 사태가 뒤집혀 있다.

―――――――――

종교는 애초부터 초월성의 의식인바, 이것은 [das] 현실적 세력들로부터 나
온다.

이것은 더 통속적이다.

법, 종교 등등에 있어서의 전통.

―――――――――

개인들은 언제나 자기로부터 출발했었고, 또 언제나 자기로부터 출발한
다. 개인들의 관계들은 그들의 현실적인 생활 과정의 관계들이다. 개인들의
관계들이 개인들에 대립하여 자립화되는 것은 무엇에 기인하는가? 그들 자
신의 생활의 힘들이 그들에 대립하여 압도적으로 되는 것은 무엇에 기인하
는가?

한마디로 말하면 : 분업인바, 그것의 단계는 매시기의 생산력의 발전에 의존한다.

––––––––––

토지 소유. 공동체적 소유. 봉건적 소유. 현대적 소유.
신분적 소유. 매뉴팩처 소유. 산업 자본.

1845/1846년에 씌어짐.
수고에 의거함.

최인호　번역

칼 맑스

철학의 빈곤

프루동의 『빈곤의 철학』에 대한 응답

[발 췌][56]

제2장

정치 경제학의 형이상학

Ⅰ. 방 법

우리는 여기 독일 한가운데에 있다! 우리는 정치 경제학을 논하면서 동시에 형이상학을 논해야 할 것이다. 그리고 여기서도 우리는 프루동 씨의 '모순들'을 추적해 나가기만 할 것이다. 바로 전까지 그는 우리에게 영어로 말하도록, 우리 자신이 어느 정도 영국인이 되도록 강요하였다. 이제 무대는 바뀌어서, 프루동 씨는 우리를 우리의 사랑하는 고국으로 옮겨 놓으며, 좋든 싫든 우리로 하여금 우리 독일인의 속성을 되찾도록 강요한다.

영국인이 인간들을 모자들로 바꾸어 놓는다면, 독일인은 그 모자들을 이념들로 바꾸어 놓는다. 그 영국인은 부유한 은행가이자 탁월한 경제학자인 리카도이며, 그 독일인은 베를린 대학의 단순한 철학 교수인 헤겔이다.

마지막 절대 군주이자 프랑스 왕정의 몰락을 대표하는 루이 15세는 프랑스 제일의 경제학자였던 한 의사를 그의 측근에 두고 있었다. 이 의사, 이 경제학자는 프랑스 부르주아지의 임박한 그리고 확고한 승리를 대표했다. 께네 박사는 정치 경제학을 하나의 과학으로 만들었다 ; 그는 그것을 그의 유명한 『경제표』에서 요약했다. 이 표에 관해 발표되었던 수많은 주석들 외에, 우리는 박사 자신의 손으로 된 주석을 가지고 있다. 그것은 바로 「일곱 개의 **중요한 고찰들**」이 딸려 있는 『경제표 분석』이다.

프루동 씨는 또 한 사람의 께네 박사이다. 그는 정치 경제학의 형이상학에 있어서 께네인 것이다.

그런데 형이상학, 철학 전체는 헤겔에 의하면 방법으로 요약된다. 따라서 우리는 적어도 『경제표』만큼이나 모호한 프루동 씨의 방법을 밝혀 보고자 노력해야 할 것이다. 우리가 다소 중요한 일곱 개의 고찰들을 시도하는 것은 바로 이 때문이다. 만약 프루동 박사가 우리의 고찰들에 만족해하지 않는다면, 그는 보도 사제가 되어 스스로 "경제학적 · 형이상학적 방법의 설명"[57]을 제시할 수도 있을 것이다.

첫번째 고찰

"우리는 시간의 순서에 따른 역사를 제시하는 것이 아니라, 이념들의 연속에 따른 역사를 제시한다. 경제적 국면들 혹은 경제적 범주들은 그 발현에 있어 때로는 동시적으로 때로는 역의 순서로 나타난다 …… 그래도 역시 경제 이론들은 자신들의 논리적 연속과 오성 속에서의 자신들의 계열을 가지고 있다 : 바로 이러한 순서를 발견한 것을 우리는 자랑스럽게 생각한다."(프루동, 제1권, [145-]146면).

확실히 프루동 씨는 사이비 헤겔적 문구들을 프랑스 인들의 면전에 내던짐으로써 그들을 놀라게 하려고 했다. 따라서 우리는 두 인물을 다루어야 하는데, 첫째는 프루동 씨이고 그 다음은 헤겔이다. 프루동 씨는 다른 경제학자들과 어떻게 다른가? 그리고 헤겔은 프루동 씨의 정치 경제학에서 어떤 역할을 하는가?

경제학자들은 부르주아적 생산 관계들, 분업 · 신용 · 화폐 등등을 고정 불변의 영원한 범주들로서 표현한다. 이 범주들을 기성의 형태로 자기 앞에 두고 있는 프루동 씨는 이 범주들, 원리들, 법칙들, 이념들, 관념들의 형성 작용과 발생을 우리에게 설명해 주고자 한다.

경제학자들은 이 주어진 관계들 속에서 생산이 어떻게 이루어지는가를 우리에게 설명해 주지만, 그들이 우리에게 설명해 주지 못하는 것은 이러한 관계들이 어떻게 생산되는가 하는 것, 즉 이 관계들을 낳게 한 역사적 운동이다. 프루동 씨는 이 관계들을 원리들, 범주들, 추상적 관념들로 파악했던 까닭에 이 관념들에 질서를 부여하기만 하면 되는데, 이 관념들은 모든 정치 경제학 논문 끝에 이미 알파벳 순으로 정리되어 있다. 경제학자들의 재료는 인간들의 활동적인, 활동하고 있는 생활이다 ; 프루동 씨의 재료는 경제학자들의 교의들이다. 그러나 우리가 생산 관계들 — 범주들은 생산 관계들의 이론적 표현일 뿐이다 — 의 역사적 운동을 추적하지 않는 순간부터, 이 범주

들 속에서 현실적 관계들로부터 독립적인 이념들, 즉 스스로 생겨난 관념들
만을 보려고 하는 순간부터, 순수 이성의 운동을 이 관념들의 원천으로 설정
하지 않을 수 없게 된다. 영원한 비인격적 순수 이성이 어떻게 이 관념들을
낳는가? 이 관념들을 만들어 내기 위해 순수 이성은 어떻게 움직이는가?

　　만약 우리가 헤겔주의에 관하여 프루동 씨만큼의 대담함을 가지고 있다
면 우리는 다음과 같이 말할 것이다 : 순수 이성은 자신 속에서 자기 자신으
로부터 자신을 구별한다. 이것은 무슨 뜻인가? 비인격적 이성은 자기 자신
이외에는 자신을 정립시킬 수 있는 지반도, 자신에 대립시킬 수 있는 객체
도, 자신과 종합을 이룰 수 있는 주체도 가지고 있지 않으므로, 자신을 정립
하고 자신을 대립시키고 종합을 이루고 하면서 곤두박질치지 않을 수 없다
——정립, 대립, 종합. 희랍어로 말하자면 테제, 안티테제, 진테제이다. 헤겔
의 언어를 알지 못하는 이들에게는 다음과 같은 장엄한 정식을 말해 주는
바이다 : 긍정, 부정, 부정의 부정. 이것이 바로 위에 말한 것이 의미하는 바
이다. 프루동 씨에게는 실례가 되겠지만 그것은 물론 히브리 어는 아니다.[1]
그러나 그것은 개인으로부터 분리된 너무도 순수한 이성의 언어이다. 평범
한 대화 방식, 사고 방식을 지닌 평범한 개인 대신에, 우리는 개인이 없는
완전히 순수하고 평범한 방식만을 가질 뿐이다.

　　최후의 추상에서 en dernière abstraction[2] ─ [프루동 씨에게는] 추상이
문제이지 분석이 문제가 아니기 때문에 ─ 모든 것이 논리적 범주의 상태로
나타나는 것이 놀랄 만한 일인가? 한 가옥의 개성을 구성하는 모든 것을 조

---

1) 프루동의 책 곳곳에 나오는 히브리 어 학자 프루동의 어원 설명들에 대한 아
　 이러니한 비유. 1836년 프루동은 베장쏭 인쇄소에서 인쇄 감독을 지냈는데, 베
　 장쏭 인쇄소는 그에게 불가트(Vulgate : 라틴 어 역 성서, 4세기 말 성 제롬에
　 의해 번역되어 16세기에 트렌트 공의회에서 정식 채택되어 오늘에 이름)의 교
　 정쇄의 교정과 원문 행간에 히브리 어에 따라 번역을 해 넣는 일을 맡겼다. 이
　 렇게 하여 그는 이 언어를 배웠고 곧 "언어들의 기원의 단일성에 의해 인류의
　 단일성을 증명하고자" 『일반 문법 시론』을 지었다. (역자)
2) 관용적으로 '결국'의 의미로 사용되는 en dernière analyse라는 불어 구절에서
　 맑스는 en dernière analyse를 en dernière abstraction으로 대체함으로써 프루
　 동을 비꼬고 있다. (역자)

금씩 조금씩 쓰러뜨린다면, 그 가옥을 구성하는 재료들과 그 가옥을 특징짓는 형태를 사상한다면, 마침내 이제는 하나의 물체만을 갖게 된다는 것 — 이 물체의 한계들을 사상한다면 이제는 곧 하나의 공간만을 갖게 된다는 것 — , 마지막으로 이 공간의 크기를 사상한다면 이제는 마침내 완전히 순수한 양量이라는 논리적 범주만을 갖게 된다는 것이 놀랄 만한 일인가? 이와 같이 모든 주체로부터, 생명이 있는 것이건 생명이 없는 것이건, 인적인 것이건 물적인 것이건 간에 일체의 소위 모든 우유성偶有性들을 사상함으로써 최후의 추상에서는 논리적 범주들을 실체[3]로 갖게 된다고 말하는 것은 옳다. 따라서 이러한 추상을 행하면서 분석을 하고 있다고 상상하고, 대상들로부터 점점 더 분리되어 갈수록 대상에 스며들 정도로 접근하고 있다고 상상하는 형이상학자들, 그들이 지상의 사물들은 논리적 범주들을 캔버스로 삼는 자수刺繡들이라고 말할 때, 그들로서는 옳다. 철학자를 기독교인과 구별짓는 것은 바로 다음과 같은 것이다. 기독교인은 논리를 무시하고 **로고스**의 화신 하나만을 가지고 있을 뿐이다 ; 철학자가 화신들과 함께 걸어가는 길은 끝이 없다. 존재하는 모든 것, 지상과 수중에 살아 있는 모든 것이 추상에 의해 논리적 범주로 환원될 수 있다 한들, 이러한 방식으로 현실 세계 전체가 추상들의 세계 속에, 논리적 범주들의 세계 속에 잠길 수 있다 한들 누가 놀랄 것인가?

존재하는 모든 것, 지상과 수중에 살아있는 모든 것은 어떤 운동이든 운동에 의해서만 존재하고 살아간다. 마찬가지로 역사의 운동은 사회적 관계들을 창출하고 산업의 운동은 우리에게 산업 생산물들을 제공한다 등등.

추상에 의해 우리가 모든 사물을 논리적 범주로 변형시켰던 것과 마찬가지로 추상적 상태 속에서의 운동, 순수하게 형식적인 운동, 운동의 순수하게 논리적인 정식에 도달하기 위해서는 여러 가지 운동들의 모든 변별적 특성을 추상하기만 하면 된다. 만약 혹자가 논리적 범주들 속에서 모든 사물의 실체를 발견한다면, 그는 운동의 논리적 정식 속에서, 모든 사물을 설명해 줄 뿐만 아니라 사물의 운동을 포괄하기까지 하는 **절대적 방법**을 발견하였다고 상상하는 셈이다.

---

3) 독일어판에는 '본질'이라고 되어 있다. (역자)

그 절대적 방법을 헤겔은 다음과 같은 말로 이야기하고 있다 :

　　"방법은 어떤 대상도 저항할 수 없는 절대적인, 유일한, 지고의 무한한 힘
이다 ; 그것은 모든 사물 속에서 스스로를 재발견하고 스스로를 재인식하는 이
성의 경향이다." (헤겔, 『논리학』, 제3권, [320-321면])

　　모든 사물이 하나의 논리적 범주로 환원되고 모든 운동, 모든 생산 행
위가 방법으로 환원된다면, 생산물 및 생산의 총체 ensemble, 대상 및 운동
의 총체가 하나의 응용 형이상학으로 환원된다는 결론이 자연히 도출된다.
헤겔이 종교, 법 등등에 대해서 행했던 것을 프루동 씨는 정치 경제학에 대
해서 행하고자 한다.

　　그러면 이러한 절대적 방법이란 도대체 무엇인가? 운동의 추상. 운동의
추상이란 무엇인가? 추상적 상태 속에서의 운동. 추상적 상태 속에서의 운동
이란 무엇인가? 운동의 순수하게 논리적인 정식 혹은 순수 이성의 운동. 순
수 이성의 운동의 본질은 어디에 있는가? 자신을 정립하고 자신을 대립시키
고,[4] 자신을 종합하는 데에,[5] 테제·안티테제·진테제로서 자신을 정식화하
는 데에, 혹은 자신을 긍정하고 자신을 부정하고 자신의 부정을 부정하는 데
에.

　　자신을 긍정하기 위해, 자신을 특정한 범주로서 정립하기 위해 이성은
어떻게 하는가? 그것은 이성 자신과 이성의 변호자들의 소관이다.

　　그러나 일단 이성이 테제로서 자신을 정립하면 이 테제, 이 관념은 자
신을 자기 자신에 대립시킴으로써 모순 되는 두 관념들, 즉 긍정과 부정, 예
와 아니오로 이분된다. 안티테제 속에 함축되어 있는 이 적대적인 두 요소들
의 투쟁이 변증법적 운동을 이룬다. 예는 아니오로 되고, 아니오는 예로 되
고, 예는 동시에 예와 아니오로 되고, 아니오는 동시에 아니오와 예로 되어,
대립물들은 서로 균형을 이루고 서로 중화시키며 서로를 지양한다. 모순 되
는 이 두 관념들의 융합은 하나의 새로운 관념을 구성하는데, 이것이 그 모
순 된 관념들의 진테제이다. 이 새로운 관념은 또 다시 모순 되는 두 관념들

---

4) 독일어판에는 '자신을 자기 자신에 대립시키고'로 되어 있다. (역자)

5) 독일어판에는 '자신을 자기 자신과 종합하는 데에'로 되어 있다. (역자)

로 이분되고, 이 관념들은 그것들대로 새로운 진테제로 융합된다. 이러한 산출의 작업으로부터 하나의 관념군 觀念群이 생겨난다. 이 관념군은 단순한 범주가 행하는 것과 같은 변증법적 운동을 계속하며, 하나의 모순 되는 군을 안티테제로 가진다. 이 두 관념군들로부터 그것들의 진테제인 하나의 새로운 관념군이 생겨난다.

단순한 범주들의 변증법적 운동으로부터 군이 생겨나는 것과 마찬가지로, 그 군들의 변증법적 운동으로부터 계열 série이 생기며, 그 계열들의 변증법적 운동으로부터 체계 전체가 생겨난다.

이 방법을 정치 경제학의 범주들에 적용하여 보라. 그러면 정치 경제학의 논리학과 형이상학을 얻게 될 것이다. 혹은 바꿔 말하면, 모든 사람이 알고 있는 경제적 범주들이 거의 알려지지 않은 언어로 번역되어 순수 이성의 머리 속에서 새로 피어난 것처럼 보이게 될 것이다 ; 이와 같이 이 범주들은 단지 변증법적 운동의 작용에 의해서만 서로를 발생시키고 서로 연관을 이루며 서로 뒤얽히는 듯이 보인다. [그렇다고 해서] 독자는 범주들, 군들, 계열들, 체계들로 된 전체적 발판을 가지고 있는 이 형이상학을 두려워할 필요가 없다. 프루동 씨는 **모순들의 체계**의 정상에 올라가느라고 들인 대단한 수고에도 불구하고, 단순한 테제와 단순한 안티테제라는 최초의 두 계단 위로는 결코 올라갈 수 없었고, 이 계단들에 발을 디딘 것은 단 두 번뿐이었는데 이 두 번 중에서도 한 번은 뒤로 나가떨어졌다.

이렇게 해서 우리는 지금까지 헤겔의 변증법만을 설명하였다. 뒤에서 우리는 프루동 씨가 어떻게 해서 헤겔의 변증법을 너무도 보잘것없는 규모로 축소하는 데 성공했는가를 살펴볼 것이다. 이와 같이 헤겔에게 있어서 과거에 일어났던 모든 것과 지금 일어나고 있는 모든 것은 정확히 그 자신의 사유 속에서 일어나고 있는 모든 것이다. 그러므로 역사의 철학은 이제 철학의, 그 자신의 철학의 역사일 뿐이다. 더 이상 "시간의 순서에 따른 역사"는 존재하지 않으며 "오성 속에서의 이념들의 연속"만이 존재할 뿐이다. 그는 자신이 관념의 운동에 의해 세계를 건설한다고 믿지만, 그러나 그는 모든 사람의 머리 속에 있는 관념들을 체계적으로 재건설하고 절대적 방법에 따라 배열하고 있을 뿐이다.

두번째 고찰

경제학적 범주들은 생산의 사회적 관계들의 이론적 표현들, 추상들일 뿐이다. 프루동 씨는 진짜 철학자답게 사물을 거꾸로 파악하며, 현실적 관계들 속에서 철학자 프루동 씨가 아직도 우리에게 말하는, "인류의 비인격적 이성"의 품 속에서 잠들어 있던 저 원리들과 저 범주들의 화신들만을 볼 뿐이다.

경제학자 프루동 씨는 인간들이 특정한 생산 관계들 속에서 모직물, 아마포, 견직물을 만들어 낸다는 것은 아주 잘 이해했다. 그러나 그가 이해하지 못한 것은 이러한 특정한 사회적 관계들이 모직물, 아마포 등등과 마찬가지로 인간들에 의해 생산된다는 사실이다. 사회적 관계들은 생산력들과 밀접하게 연관 되어 있다. 새로운 생산력을 획득함으로써 인간들은 그들의 생산 양식을 변화시키며, 그들의 생산 양식, 생계를 유지하는 방식을 변화시킴으로써 인간들은 그들의 모든 사회적 관계들을 변화시킨다. 손절구는 봉건 영주가 있는 사회를 산출하고, 증기 제분기는 산업 자본가가 있는 사회를 산출할 것이다.

자신들의 물질적 생산성에 조응하여 사회적 관계들을 확립하는 바로 그 인간들이 또한 그들의 사회적 관계들에 조응하여 원리들, 이념들, 범주들을 만들어 낸다.

따라서 이 이념들, 이 범주들은 그것들이 표현하는 관계들과 마찬가지로 영원하지 않다. 그것들은 **역사적이고 과도적인 산물들**이다.

생산력들 속에는 끊임없는 성장의 운동이, 생산 관계들 속에는 끊임없는 파괴의 운동이, 이념들 속에는 끊임없는 형성의 운동이 존재한다 ; 변하지 않는 것은 오직 운동의 추상뿐이다——불사 不死 의 사 死.[58]

세번째 고찰

모든 사회의 생산 관계들은 하나의 전체를 형성한다. 프루동 씨는 경제적 관계들을 그만큼 많은 수의 사회적 국면들로, 즉 서로를 발생시키는, 테제로부터 안티테제가 나오는 것과 마찬가지로 하나로부터 다른 하나가 나오는, 그리고 자신들의 논리적 연속 속에서 인류의 비인격적 이성을 실현하는 그러한 사회적 국면들로 간주한다.

이 방법에 있어서 유일한 결함은, 프루동 씨가 이 국면들 중 오직 한 가지 국면만을 검토하려 할 때에도 사회의 다른 모든 관계들, 그러나 그의 변증법적 운동에 의해 아직 발생시키지 못한 관계들에 의존하지 않고는 그것을 설명해 낼 수 없다는 점이다. 이어서 프루동 씨가 순수 이성에 의해 다른 국면들의 산출로 넘어갈 때에는, 마치 그것들이 갓난아기들인 양 취급하고 그것들이 처음의 국면과 같은 나이라는 것을 망각한다.

따라서 그는 그에게 있어 모든 경제적 진화의 토대인 가치의 구성에 도달하기 위해서 분업, 경쟁 등등의 것들을 빌려 오지 않을 수 없었다. 그러나 이 관계들은 **계열** 속에도, 프루동 씨의 **오성** 속에도, **논리적 연속** 속에도 아직 존재하지 않았다.

정치 경제학의 범주들로 이데올로기적 체계의 건축물을 지으면, 사회 체계의 구성 요소들은 분해되어 버린다. 사회의 여러 가지 구성 요소들은 차례로 등장하는 그만큼 많은 수의 개별 사회들로 변화한다. 도대체 운동의, 연속의, 시간의 논리적 정식 단 하나가, 모든 관계들이 동시에 공존하고 서로를 지탱시켜 주는 사회 유기체를 어떻게 설명할 수 있겠는가?

네번째 고찰

이제 프루동 씨가 헤겔의 변증법을 정치 경제학에 적용시키면서 그것에 어떤 수정을 가하는지를 살펴보자.

프루동 씨에게 있어서 모든 경제적 범주는 두 가지 측면을, 즉 좋은 측면과 나쁜 측면을 가지고 있다. 그가 범주들을 고찰하는 방식은 소부르주아가 역사의 위인들을 바라보는 방식과 같다 : **나뽈레옹**은 위인이다 ; 그는 많은 훌륭한 일을 했지만 또한 많은 악을 범하기도 했다.

프루동 씨에게 있어서 **좋은 측면과 나쁜 측면**, 장점과 단점은 함께 받아들여져서 각각의 경제적 범주 속에서 **모순**을 형성한다.

해결해야 할 문제 : 나쁜 측면을 제거하고 좋은 측면을 보존하는 것.

노예제는 다른 경제적 범주와 마찬가지로 하나의 경제적 범주이다. 따라서 그것 역시 두 가지 측면을 가진다. 노예제의 나쁜 측면은 제쳐놓고 좋은 측면에 대해 말해 보자 : 물론 여기에서 문제가 되는 것은 직접적 노예제, 수리남, 브라질, 북아메리카 남부 지방들의 흑인 노예제뿐이다.

직접적 노예제는 기계, 신용 등등과 마찬가지로 부르주아적 산업의 주축이다. 노예제가 없다면 면화도 없을 것이고, 면화가 없다면 현대 산업도 존재하지 않는다. 식민지들에게 가치를 부여한 것은 노예제였고 세계 무역을 창조한 것은 식민지들이었으며, 세계 무역은 대공업의 조건이다. 따라서 노예제는 극히 중요한 경제적 범주이다.

노예제가 없다면 가장 진보적인 나라인 북아메리카도 가부장제적인 나라로 바뀔 것이다. 세계 지도에서 북아메리카를 지워 보라. 그러면 무정부 상태, 현대 상업과 현대 문명의 완전한 몰락이 초래될 것이다. 노예제를 사라지게 해 보라. 그러면 세계 지도에서 아메리카를 지우는 셈이 될 것이다.[6)]

이와 같이 노예제는 하나의 경제적 범주인 까닭에 민족들의 제도들 속에 언제나 존재했다. 현대 민족들은 자기 나라에서는 노예제를 위장할 수밖에 없었지만, 신세계에서는 노예제를 아무 위장도 없이 강요했다.

프루동 씨는 노예제를 구원하기 위해 어떻게 할 것인가? 그는 이 경제적 범주의 좋은 측면은 보존하고 나쁜 측면은 제거한다는 **문제**를 제기할 것이다.

---

6) 이것은 1847년에는 완전히 옳았다. 당시 합중국의 세계 무역은 주로 이주민의 유입, 산업 생산물의 수입, 면화 및 담배의 수출, 즉 남부의 노예 노동으로 된 생산물들의 수출에 국한되어 있었다. 북부 주들은 주로 노예주들을 위하여 곡물과 육류를 생산하였다. 북부 주들이 수출용으로 곡물과 육류를 생산하기 시작하고 그와 동시에 공업국으로 된 다음부터, 그리고 아메리카의 면화 독점이 인도, 이집트, 브라질 등등의 강력한 경쟁을 맞이하게 된 다음부터 비로소 노예제의 폐지가 가능해졌다. 그러나 그때에도 노예제의 폐지는 인도인 및 중국인 쿨리의 은폐된 노예제로 공공연한 흑인 노예제를 대체하지 못한 남부 주들의 몰락을 초래했다. F. E.

헤겔은 제기할 문제라는 것을 가지고 있지 않다. 그에게는 변증법만이 있을 뿐이다. 프루동 씨는 헤겔의 변증법에서 그 용어만을 따 왔다. 그의 변증법적 운동이란 좋은 측면과 나쁜 측면의 독단적 구별이다.

잠시 프루동 씨 자신을 범주로서 고찰해 보자. 그의 좋은 측면과 나쁜 측면, 그의 장점들과 단점들을 검토해 보자.

헤겔에 비해 프루동 씨가 문제 — 인류의 지복을 위해 해결되어야 하나 그 해결을 유보하고 있는 문제 — 를 제기한다는 장점을 가지고 있다면, 변증법적 산출 작용으로 새로운 범주를 만들어 내는 것이 문제일 때는 불임증에 걸려 버린다는 단점을 가지고 있다. 변증법적 운동을 구성하는 것은 모순된 두 측면들의 공존, 그것들간의 투쟁, 그리고 하나의 새로운 범주로의 그것들의 융합이다. 나쁜 측면을 제거하는 문제를 제기하는 것만으로도 변증법적 운동은 중단되어 버린다. 범주가 자신의 모순적인 본성에 의해 자신을 정립하고 자신을 자기 자신에 대립시키는 것이 아니라, 프루동 씨가 범주의 두 측면 사이에서 흥분하고 발버둥치고 동분서주하는 것이다.

이렇게 해서 정당한 수단들로는 빠져 나오기 어려운 막다른 골목에 처하게 된 프루동 씨는 완전한 비약을 행하는데, 이는 그를 단번에 새로운 범주 속으로 옮겨 놓는다. 그의 놀란 눈앞에서 **오성 속에서의 계열**이 베일을 벗고 나타나는 것은 바로 이때이다.

그는 손에 잡히는 아무 범주나 택하여 그 범주에, 정화되어야 할 범주의 단점을 치유하는 성질을 자의적으로 부여한다. 따라서 프루동 씨의 말을 믿어야 한다면 조세는 독점의 단점을 치유하고, 무역 차액은 조세의 단점을 치유하며, 토지 소유는 신용의 단점을 치유한다.

이렇게 경제적 범주들을 하나씩 하나씩 연속적으로 취하면서 하나를 다른 하나의 **해독제**로 만들어 놓음으로써 프루동 씨는 모순들 및 모순들의 해독제의 이 혼합물을 가지고 모순에 관한 두 권짜리 책을 내놓기에 이르는데, 그 자신 이 책을 다음과 같이 정확한 이름으로 부르고 있다 : 『**경제적 모순들의 체계**』.

다섯번째 고찰

"절대 이성 속에서 이 모든 이념들은 똑같이 단순하고 일반적이다 …… 사실, 우리는 우리의 이념들로 된 일종의 발판에 의해서만 과학에 이를 수 있다. 그러나 진리 그 자체는 그 변증법적 표상들로부터 독립적이며 우리의 정신의 결합들로부터도 자유롭다." (프루동, 제2권, 97면.)

여기서 우리가 이제는 그 비밀을 알고 있는 일종의 급변에 의해서 정치경제학의 형이상학은 갑자기 하나의 환상이 되어 버렸다! 프루동 씨가 [이때만큼] 진실을 이야기한 적은 결코 없었다. 확실히 변증법적 운동의 과정이 선을 악에 대립시키며 악의 제거를 목적으로 문제들을 제기하고 하나의 범주를 다른 범주의 해독제로 간주하는 그러한 단순한 과정으로 환원되는 순간부터 범주들은 더 이상 자발성을 갖지 않게 된다 ; 이념은 '더 이상 **기능하지 않는다**' ; 이념은 더 이상 자신 속에 생명이라곤 갖고 있지 않게 된다. 그것은 더 이상 범주들로 자신을 정립하지도 않으며 자신을 범주들로 분해하지도 않는다. 범주들의 연속은 일종의 **발판**으로 되었다. 변증법은 더 이상 절대 이성의 운동이 아니다. 변증법은 더 이상 존재하지 않게 되고 기껏해야 절대적으로 순수한 도덕만이 있을 뿐이다.

프루동 씨가 **오성 속에서의 계열**에 대해, **범주들의 논리적 연속**에 대해 말했을 때, 그는 **시간의 순서**에 따른 역사를, 즉 프루동 씨에 따르면 범주들이 **스스로를 발현했던** 역사적 연속을 묘사하고 싶어하지는 않았다는 것을 확실히 선언한 것이다. 그 당시 그에게 있어 모든 것은 **이성의 순수한 에테르** 속에서 일어났었다. 모든 것이 변증법에 의해 이 에테르로부터 생겨나야만 했었다. 이 변증법을 실천으로 옮기는 것이 문제가 되는 지금 이성은 그를 배반한다. 프루동 씨의 변증법은 헤겔의 변증법을 이반한다. 그리하여 프루동 씨는, 자신이 경제적 범주들을 제시하는 순서가 더 이상 그 범주들이 서로를 발생시키는 순서가 아니라고 고백하게 된다. 경제적 진화들은 더 이상 이성 자체의 진화가 아니다.

그러면 도대체 프루동 씨는 우리에게 무엇을 제시하고 있는 것인가? 현실적 역사, 즉 프루동 씨의 오성에 따르면 범주들이 시간적 순서로 스스로를

발현시켰던 그 연속인가? 아니다. 이념 자체 속에서 일어나는 역사인가? 더더욱 아니다. 마찬가지로 범주들의 세속적 역사도, 범주들의 성스러운 역사도 아니다! 그러면 그는 우리에게 어떤 역사를 제시하고 있는 것인가? 그 자신의 모순들의 역사. 그 모순들이 어떻게 진행하는지, 그리고 그 모순들이 어떻게 프루동 씨를 끌고 돌아다니는지를 살펴보자.

여섯번째 중요한 고찰을 유발시키는 이러한 검토에 착수하기에 앞서 우리에게는 덜 중요하지만 고찰해야 할 한 가지가 아직 남아 있다.

프루동 씨와 함께 현실적 역사, 시간의 순서에 따른 역사는 이념들·범주들·원리들이 스스로를 발현시키는 역사적 연속라고 가정해 보자.

각 원리는 스스로를 발현시키기 위한 자신의 세기를 가지고 있었다 : 예를 들면 권위의 원리는 11세기를, 마찬가지로 개인주의의 원리는 18세기를 자신의 세기로 가지고 있었다. 이러한 추론에 따른다면 세기가 원리에 속해 있었지, 원리가 세기에 속해 있었던 것이 아니다. 다른 말로 하면, 원리가 역사를 만들어 냈지 역사가 원리를 만들어 낸 것이 아니다. [그러나] 나아가서 원리들과 역사를 구원하기 위해 왜 특정한 원리가 다른 세기가 아닌 11세기 혹은 18세기에 발현되었는가를 자문해 본다면, 11세기 사람들은 어떠했는가, 18세기 사람들은 어떠했는가, 그들 각각의 욕구들, 그들의 생산력들, 그들의 생산 양식, 그들의 생산 원료들은 어떠했는가, 끝으로 이 모든 존재 조건들로부터 결과하는 인간과 인간의 관계들은 어떠했는가를 필연적으로 상세하게 검토해 보지 않을 수 없게 된다. 이 모든 질문들을 규명하는 것, 그것은 각 세기의 인간들의 현실적, 세속적 역사를 연구하는 것, 그 인간들을 그들 자신의 드라마의 작가들이자 동시에 배우들로 간주하는 것이 아니겠는가? 그러나 당신이 인간들을 그들 자신의 역사의 작가들이자 배우들로 간주하는 순간부터, 당신은 우회로를 통하여 진정한 출발점에 다다른 것이다. 왜냐하면 당신은 앞서 말했던 영원한 원리들을 포기했기 때문이다.

프루동 씨는 이데올로그가 택하는 지름길 위에서, 역사의 대로에까지 나아갈 만큼 충분히 전진하지 못하였다.

여섯번째 고찰

프루동 씨와 함께 지름길을 걸어가 보자.

불변의 법칙들, 영원한 원리들, 이상적 범주들로 간주된 경제적 관계들이 활동적인, 활동하고 있는 인간들에 앞서 존재하고 있었다고 해 보자 ; 또한 이 법칙들, 이 원리들, 이 범주들이 태초 이래 "인류의 비인격적 이성 속에" 잠들어 있었다고 해 보자. 이 모든 불변 부동의 영원성을 가진 역사는 더 이상 존재하지 않는다는 것을 우리는 이미 알고 있다 ; 기껏해야 이념 속에서의 역사, 즉 순수 이성의 변증법적 운동 속에 반영되는 역사가 있을 뿐이다. 프루동 씨는 변증법적 운동 속에서 이념들은 더 이상 '**구별되지**' 않는다고 말함으로써, **운동의 그림자**와 **그림자의 운동**을 모두 없애 버렸다. 이 두 가지를 사용했더라면 적어도 역사의 유사품이라도 창조할 수 있었을 것이다. 그렇게 하는 대신에 그는 자기 자신의 무능력을 역사에 전가시키고, 모든 것에 심지어 프랑스 어에까지 책임을 덮어씌운다.

철학자 프루동 씨는 이렇게 말한다. "따라서 어떤 것이 **생기고**, 어떤 것이 **생산된다**고 말하는 것은 정확하지 않다 : 우주에서와 마찬가지로 문명에서도 모든 것은 예전부터 존재해 왔고 활동해 왔다 …… 이것은 **사회 경제 전체에서도** 마찬가지이다." (프루동, 제2권, 102면.)

현재 기능하고 있는, 그리고 프루동 씨를 기능하게 하는 모순들의 생산적 힘은 대단한 것이어서, 그는 역사를 설명하고자 하면서도 역사를 부정하지 않을 수 없게 되고 사회적 관계들의 연속적 출현을 설명하고자 하면서도 어떤 것이 생겨날 수 있다는 것을 부정하게 되고, 생산을 생산의 모든 국면들과 함께 설명하고자 하면서도 **어떤 것이 생산될 수 있다**는 것을 거부하게 된다.

따라서 프루동 씨에게는 더 이상 역사도 이념들의 연속도 존재하지 않는다. 그러나 그의 저서는 여전히 존재한다 ; 그리고 이 저서는 그 자신의 표현에 따르면 정확히 **이념들의 연속에 따른** 역사이다. 그로 하여금 그의 모든 모순들을 단번에 뛰어넘을 수 있도록 도와 주는 하나의 정식 ——프루동 씨는 정식의 인간이므로—— 을 어떻게 발견할 것인가?

이를 위해 그는 새로운 이성을 발명해 냈는데, 그것은 순수하고 순결한 절대 이성도 아니고, 다양한 세기들에서 활동하고 있는 활동적인 인간들의 공통의 이성도 아니며, 완전히 개별적인 이성이며, 사회라는 인격의, **인류라** 는 주체의 이성인데, 이는 프루동 씨의 펜 끝에서는 또한 때때로 "**사회라는 천재**", "**일반 이성**", 그리고 마지막으로는 "**인류의 이성**"으로 등장한다. 그러 나 그토록 괴상한 많은 이름들을 달고 있는 이 이성은 그때마다 프루동 씨 의 좋은 측면 및 나쁜 측면, 그의 해독제들 및 문제들과 더불어 그의 개인적 이성으로서 나타난다.

"인류의 이성이" 절대적이며 영원한 이성의 심연들 속에 감추어져 있는 "진리를 창조해 내는 것은 아니다". 인류의 이성은 진리의 베일을 벗길 수 있을 뿐이다. 그러나 지금까지 인간 이성이 베일을 벗겨 낸 진리들은 불완전 하고 불충분하며 그런 까닭에 모순적이다. 따라서 인류의 이성에 의해, 사회 라는 천재에 의해 발견되고 누설된 진리들 그 자체인 경제적 범주들도 똑같 이 불완전하며 모순의 맹아를 내포하고 있다. 프루동 씨 이전에 사회라는 천 재는 **적대적 요소들**만을 보았을 뿐이었고, **종합적 정식**은 보지 못했다. [그러 나] 두 가지 모두가 **절대 이성** 속에 동시에 숨겨져 있었다. 경제적 관계들은 이러한 불충분한 진리들, 불완전한 범주들, 모순적인 개념들의 지상에서의 실현일 뿐이므로, 그 자체 모순적이며, 두 측면, 즉 좋은 측면과 나쁜 측면을 보여 준다.

완전한 진리, 완전 무결한 개념, 이율 배반을 제거한 종합적 정식을 발 견하는 것, 이것이 바로 사회라는 천재의 과제이다. 또한 이것이 바로, 그 사 회라는 천재가 자신의 범주 중대 衆隊 전체를 가지고서도 아직껏 신으로부터 든 절대 이성으로부터든 하나의 종합적 정식을 탈취하지 못한 채, 프루동 씨 의 환상 속에서 이 범주에서 저 범주로 밀려 다녔던 이유이다.

"우선 사회(사회라는 천재)는 최초의 한 가지 사실을 가정하고, **가설을** … … 진정한 이율 배반을 제시한다. 이 이율 배반으로부터 나오는 적대적 결과들 은, 정신 속에서 그 귀결이 연역될 수 있었던 것과 마찬가지의 방식으로 사회 경제 속에서 전개된다 ; 그러므로 모든 점에서 이념들의 연역을 따르는 산업 운동은 두 개의 흐름, 즉 유익한 효과의 흐름과 파괴적 결과의 흐름으로 분열 된다 …… 이중적 측면을 가지고 있는 이 원리를 조화롭게 구성하기 위해 그

리고 그 이율 배반을 해결하기 위해 사회는 그 이율 배반으로부터 제2의 이율
배반을 출현시키는데, 제3의 이율 배반이 곧 이것을 뒤따를 것이다. **사회라는
천재의 진행**은, 사회의 모든 모순들을 다 고갈시키고 나서 ——증명되지는 않았
지만, 나는 인류의 모순에는 끝이 있다고 생각한다 —— 자신의 이전의 모든 위
치들로 단번에 되돌아가 **단 하나의 정식** 속에서 자신의 모든 과제를 해결할 때
까지 계속될 것이다." (프루동, 제1권, 133면.)

앞에서 **안티테제**가 해독제로 변형되었던 것과 마찬가지로, 이제는 테제가
가설로 전화한다. 프루동 씨측의 이러한 용어 바꿔치기는 더 이상 우리를 놀
라게 하지 못한다. 전혀 순수하지 않은 인류의 이성은 불완전한 시력만을 갖
고 있으므로[7], 걸음을 내디딜 때마다 해결해야 할 새로운 과제들에 봉착한
다. 인류의 이성이 절대 이성 속에서 발견하는, 그리고 최초의 테제의 부정
인 각각의 새로운 테제는 인류의 이성에게는 진테제가 되고 인류의 이성은
이 진테제를 당면 과제의 해결로서 아주 소박하게 받아들인다. 그리하여 이
이성은 모순들의 한도에 이르러 자신의 모든 테제들과 진테제들이 모순적인
가설들에 불과하다는 것을 알아차리게 될 때까지 항상 새로운 모순들 사이
에서 동분서주한다. 당황한 나머지, "인류의 이성, 사회라는 천재는 자신의
이전의 모든 위치들로 단번에 되돌아가 단 하나의 정식 속에서 자신의 모든
과제들을 해결한다." 내친 김에 말하자면, 이 유일한 정식이 프루동 씨의 진
정한 발견을 이루는 것이다. 그것은 **구성된 가치**이다.

가설은 어떤 특정한 목적를 위해서만 설정된다. 프루동 씨의 입을 빌어
말하는 사회라는 천재가 첫번째로 설정한 목적, 그것은 각각의 경제적 범주
속에 좋은 것만을 남겨 두기 위해 **나쁜** 것을 제거하는 것이었다. 그에게 있
어 좋은 것, 지고의 선, 진정한 실천적 목적이란 **평등**이다. 그런데 사회라는
천재가 불평등, 우애, 카톨릭교, 혹은 다른 모든 원리들에 앞서서 평등을 목
적으로 설정했던 까닭은 무엇인가? 그것은 "인류가 오직 하나의 보다 높은
가설을 위해 그토록 많은 개개의 가설들을 잇따라 실현시켰기" 때문인바,
이보다 높은 가설이란 다름아닌 평등이다. 달리 말하면 : 평등이 프루동 씨의
이상이기 때문이다. 그는 분업, 신용, 공장[8], 즉 모든 경제적 관계들이 오직

---

7) 독일어판에는 "그 시야가 제한되어 있으므로"라고 되어 있다. (역자)
8) 독일어판에는 "공장에서의 협업"이라고 되어 있다. (역자)

평등을 위해서만 발명된 것이나 항상 평등에 등을 돌리는 것으로 끝났다고 상상한다. 역사와 프루동 씨의 허구가 매걸음마다 서로 모순 된다는 것으로부터, 프루동 씨는 모순이 존재한다는 결론을 내린다. 모순이 존재한다면, 그것은 그의 고정된 이념과 현실의 운동 사이에 존재할 뿐이다.

이제부터 경제적 관계의 좋은 측면은 평등을 긍정하는 것이요 ; 나쁜 측면은 평등을 부정하고 불평등을 긍정하는 것이다. 모든 새로운 범주는 선행하는 가설에 의해 산출된 불평등을 제거하기 위한 사회라는 천재의 가설이다. 요약하면 평등은, 사회라는 천재가 경제적 모순들의 순환 속에서 소용돌이치면서 끊임없이 목전에 두고 있는 **본원적 의도, 신비적 경향, 섭리에 따른 목적이다.** 그러므로 **섭리란,** 프루동 씨의 경제적 화물 열차 전체를 그의 순수하고 맥빠진 이성이 달리게 하는 것보다 더 잘 달리게 하는 기관차인 것이다. 그는 조세에 관한 장 다음의 한 장 전체를 섭리에 할애했다.

섭리, 섭리에 따른 목적, 이것이 바로 오늘날 역사의 진행을 설명하기 위해 사용되는 거창한 말이다. 실제로는 이 말은 아무것도 설명하지 않는다. 기껏해야 이 말은 수사학적으로 과장된 형식, 사실을 장황하게 설명하는 하나의 방식에 불과하다.

스코틀랜드에서 토지 소유가 잉글랜드의 산업 발전에 의해 새로운 가치를 획득한 것은 사실이다. 이 산업은 양모에 새로운 판로들을 열어 주었다. 양모를 대량으로 생산하기 위해서는 경작지를 방목지로 변경시켜야 했다. 이러한 변경을 실행하기 위해서는 [토지] 소유를 집중시켜야 했다. [토지] 소유를 집중시키기 위해서는 소규모 소작지들을 폐지하고, 수천의 소작농들을 그들의 고향으로부터 쫓아내고, 그 자리에 수백만 마리의 양떼를 돌보는 몇몇의 양치기들을 앉혀 놓아야 했다. 따라서 계속된 변경들에 의해 스코틀랜드에서 토지 소유는 양들에 의해 인간이 쫓겨나는 결과를 가져왔다. 이제 스코틀랜드에서 토지 소유 제도의 섭리에 따른 목적이 양들에 의해 인간들이 쫓겨나게 하는 것이었다고 말해 보라. 그러면 당신은 섭리에 따른 역사를 만든 셈이 될 것이다.

확실히 평등에의 경향은 우리 세기에 속하는 것이다. 전적으로 서로 다른 욕구들 및 생산 수단들 등등을 가진 이전의 모든 세기들이 섭리에 따라 평등의 실현을 위해 노력했다고 말하는 것은, 우선 이전 세기들의 인간들과 수단들을 우리 세기의 수단들과 인간들로 대체하는 것이며, 이어지는 세대들이 선행한 세대들로부터 획득한 성과들을 변경시키곤 했던 역사적 운동을 인정하지 않는 것이다. 한 쪽에서는 가공품이었던 바로 그것이 다른 쪽에서는 새로운 생산의 원료일 뿐이라는 것을 경제학자들은 너무도 잘 알고 있다.

프루동 씨가 가정하듯이, 사회라는 천재가 **소작인들** colons 을 **책임있는 평등한 일꾼들**로 변형시킨다는, 섭리에 따른 목적으로 봉건 영주들을 만들어 냈다고 그것도 즉석에서 만들어 냈다고 가정해 보라 ; 그러면 양들로 인간들을 쫓아내는 사악한 즐거움을 맛보기 위해, 스코틀랜드에서 토지 소유를 확립했던 이 섭리에 완전히 걸맞도록 목적 및 인간을 교체하는 셈이 될 것이다.

그러나 프루동 씨는 섭리에 너무도 애정 어린 관심을 가지고 있기 때문에 우리는 그에게 빌뇌브 ─바르쥐몽 씨의 『정치 경제학의 역사』를 읽어 보도록 권한다. 그 역시 섭리에 따른 목적을 추구한다. [그러나] 그 목적은 이제 평등이 아니라 가톨릭 교이다.

일곱번째 마지막 고찰

경제학자들은 기묘한 전개 방식을 가지고 있다. 그들에게는 인위적 제도들과 자연적 제도들이라는 두 종류의 제도들만이 있을 뿐이다. 봉건제의 제도들은 인위적 제도들이며 부르주아지의 제도들은 자연적 제도들이다. 이 점에서 그들은, 두 종류의 종교를 설정하는 신학자들과 같다. 그들의 것이 아닌 모든 종교는 인간들의 발명품인 반면 그들 자신의 종교는 신의 발현이다. 현재의 관계들 ——부르주아적 생산 관계들——이 자연적인 것이라고 말함으로써 경제학자들은 이런 관계야말로 부의 생산과 생산력의 발전이 자연 법칙에 따라 수행될 수 있도록 하는 그러한 관계라는 것을 이해시키려 하는 것이다. 따라서 이 관계들 그 자체는 시대의 영향으로부터 독립적인 자연 법칙들이다. 그것들은 항상 사회를 규제해야 하는 영원한 법칙들이다. 그리하여 역사는 [지금까지는] 존재해 왔지만, 더 이상은 존재하지 않는다. 역사가 존재해 온 것은 봉건 제도들이 존재했기 때문이며, 이 봉건 제도들 속에서는 경제학자들이 자연적인 따라서 영원한 것들로 통용시키려고 하는 부르주아 사회의 생산 관계들과는 완전히 다른 생산 관계들이 발견되기 때문이다.

봉건제 또한 자신의 프롤레타리아트 ——부르주아지의 모든 맹아들을 간직하고 있던 농노 신분 ——를 가지고 있었다. 봉건적 생산 또한 적대적인 두 요소들을 가지고 있었고, 그것들은 봉건제의 **좋은 측면**과 **나쁜 측면**이라는 이름으로 지칭되고 있으나 나쁜 측면이 종국에 가서는 항상 좋은 측면을 이긴다는 것은 고려되지 않고 있다. 이 나쁜 측면이야말로, 투쟁을 구성하여 역사를 만드는 운동을 산출한다. 만약 봉건제가 지배하고 있던 시기에 경제학자들이 기사적 미덕들, 권리와 의무간의 아름다운 조화, 가부장제적 도시 생활, 농촌에서의 가내 공업의 융성, 동업 조합 corporations, 길드 jurandes, 장인 조합 maîtrises에 의해 조직된 공업의 발전 등, 한마디로 봉건제의 좋은 측면을 구성하는 모든 것에 감격하여 이러한 그림에 그림자를 드리우는 모든 것 ——농노제, 특권들, 무정부 상태 ——을 제거해야 한다는 문제를 제기했다면 어떤 일이 일어났을 것인가? 투쟁을 구성했던 모든 요소들은 절멸되었을 것이고 부르주아지의 발전은 그 맹아 단계에서 압살되었을 것이다. 역사를 제거해야 한다는 터무니없는 문제가 제기되었을 것이다.

부르주아지가 승리했을 때에는 봉건제의 좋은 측면도 나쁜 측면도 더 이상 문제되지 않았다. 봉건제 아래서 부르주아지에 의해 발전된 생산력들은 그들의 손에 떨어졌다. 모든 낡은 경제적 형태들, 그것들에 조응하는 시민적 관계들,[9] 낡은 시민 사회의 공식적 표현이었던 정치적 상태는 파괴되었다.

그러므로 봉건적 생산을 올바로 판단하기 위해서는 그것을 적대 관계에 기초한 생산 양식으로 간주해야 한다. 어떻게 부가 이러한 적대 관계 내에서 생산되었는가, 어떻게 생산력들이 계급들의 적대 관계와 동시에 발전했는가, 어떻게 계급들 중 한 계급, 즉 나쁜 측면, 사회의 단점이 그 계급의 해방의 물질적 조건들이 성숙될 때까지 계속 성장하여 갔는가를 보여 주어야 한다. 이것은 생산 양식은, 즉 생산력들이 발전되도록 하는 관계들은 결코 영원한 법칙들이 아니라는 것, 그것들은 인간 및 인간의 생산력들의 일정한 발전에

---

9) 독일어판에는 "민법적 관계들"이라고 되어 있다. (역자)

조응한다는 것, 그리고 인간의 생산력들 속에서 일어난 변화는 필연적으로 인간의 생산 관계들에서의 변화를 초래한다는 것을 충분히 말해 주는 것이 아니겠는가? 무엇보다도 중요한 것은 문명의 결실들, 기존의 생산력들을 빼앗기지 않는 것이므로, 그것들이 생산된 전통적 형태들을 파괴해야 한다. 이 순간부터 혁명적 계급은 보수적으로 된다.

　　부르주아지는 프롤레타리아트와 함께 제일보를 내딛는데, 이 프롤레타리아트 자신 또한 봉건 시대의 프롤레타리아트의 잔존물이다. 부르주아지는 초기애는 다소간 위장되어 있는, 잠재적 상태로만 존재하는 자신의 적대적 성격을 자신의 역사적 발전 과정에서 필연적으로 발전시킨다. 부르주아지가 발전하는 것과 같은 정도로 부르주아지의 태내에서 새로운 프롤레타리아트, 현대적 프롤레타리아트가 발전한다 : 프롤레타리아 계급과 부르주아 계급 사이의 투쟁, 양측에 의해 감지되고 느껴지고 평가되고 이해되고 언명되고 공공연히 선언되기 전에 우선은 부분적이고 일시적인 갈등들을 통해서만, 파괴적인 행위들을 통해서만 발현되는 투쟁이 발전하는 것이다. 다른 한편, 현대 부르주아지의 모든 구성원들은 다른 계급에 대립하는 하나의 계급을 형성하는 한에서는 동일한 이해를 가진다 하더라도, 그들이 서로 서로 대립하는 한에서는 대립적이고 적대적인 이해들을 가지고 있다. 이러한 이해 대립은 그들의 부르주아적 생활의 경제적 조건들로부터 나온다. 따라서 날이 갈수록 다음의 것들이 명백해진다. 부르주아지가 그 속에서 활동하는 생산 관계들은 단일한 성격, 단순한 성격을 갖는 것이 아니라 이중적 성격을 가진다는 것 ; 부가 생산되는 바로 그 관계들 속에서 빈곤 또한 생산된다는 것 ; 생산력들의 발전이 일어나는 바로 그 관계들 속에 억압을 생산하는 힘 또한 존재한다는 것[10] ; 부르주아 계급의 개개 구성원들의 부를 끊임없이 절멸시킴으로써만 그리고 계속 성장하는 프롤레타리아트를 생산해 냄으로써만 이 관계들은 **부르주아적 부**, 즉 부르주아 계급의 부를 생산한다는 것.

　　적대적 성격이 명백해질수록 부르주아적 생산의 과학적 대변자들인 경제학자들은 그들 자신의 이론과 어긋나게 된다[11] ; 그리하여 여러 종류의 학

---

10) 독일어판에는 "생산력들의 발전이 진행되는 바로 그 관계들 속에서 억압의 힘이 발전한다는 것"으로 되어 있다. (역자)

11) 독일어판에서는 "모순에 빠지게 된다"로 되어 있다. (역자)

파들이 형성된다.

　　[우선] **숙명론적** 경제학자들이 있다. 이들은 그들 자신이 부르주아적 생산의 단점들이라고 부르는 것에 대해 이론상 무관심한데, 이는 마치 부르주아 자신들이, 그들에게 부를 획득시켜 주는 프롤레타리아들의 고통에 실천상 무관심한 것과 같다. 이 숙명론적 학파에는 고전파와 낭만파가 있다. 아담 스미스와 리카도 같은 고전파는 아직 봉건 사회의 유물들과 투쟁하고 있는 부르주아지를, 오직 경제적 관계들에서 봉건적 의무들을 제거하기 위해, 생산력들을 증대시키기 위해, 공업과 상업에서 새로운 비약을 이루기 위해서 애쓰는 부르주아지를 대표한다. [그들의 견해에 따르면] 이 투쟁에 참가하며 열에 들뜬 노동에 몰두하는 프롤레타리아트는 일시적이고 우연적인 고통들만을 가질 뿐이고, 프롤레타리아트 자신 그 고통들을 그러한 것으로 간주한다. 이 시대의 역사가들이기도 한 아담 스미스와 리카도 같은 경제학자들은, 부가 부르주아적 생산 관계들 속에서 어떻게 획득되는가를 증명하는 것, 이 관계들을 범주들, 법칙들로 정식화하는 것, 이 법칙들, 이 범주들이 부의 생산에 있어서 봉건 사회의 법칙들과 범주들보다 얼마나 더 우수한가를 증명하는 것 이외의 다른 어떤 사명도 가지고 있지 않다. 그들의 눈에 빈곤은 자연에서나 산업에서나 모든 출산에 수반되는 진통일 뿐이다.

　　낭만파는 부르주아지가 프롤레타리아트와 직접적으로 대립하는, 빈곤이 부만큼이나 대량으로 생산되는 우리 시대에 속한다. 따라서 경제학자들은 그들이 서 있는 높은 위치에서 부를 만들어 내는 인간 기관차들에게 오만한 경멸의 시선을 던지는 무감각해진 숙명론자 같은 태도를 취한다. 그들은 그들의 선행자들에 의해서 주어진 모든 논의들을 그대로 복사한다. 그러나 선행자들에게 있어서 순진함이었던 무관심이 그들에게서는 교묘한 농간이 된다.

　　다음으로 오늘날의 생산 관계들의 나쁜 측면을 마음에 새기는 **인도주의 학파**가 있다. 마음을 편하게 하기 위해 이 학파는 현존하는 대립들을 얼마간 일시적으로라도 완화시키려고 애쓴다 ; 이 학파는 프롤레타리아트의 궁핍, 부르주아들 사이의 고삐 풀린 경쟁을 진심으로 통탄한다 ; 이 학파는 노동자들에게는 절제하라고 열심히 일하라고 아이들을 적게 낳으라고 충고한다 ; 이 학파는 부르주아들에게는 생산에 열의를 쏟는 데 신중을 기할 것을 권고한다. 이 학파의 이론 전체는, 이론과 실천 사이의, 원리와 결과 사이의, 이념과 적용 사이의, 내용과 형식 사이의, 본질과 현실 사이의, 법과 사실 사이의, 좋은 측면과 나쁜 측면 사이의 끝없는 구분에 기초하고 있다.

박애주의 학파는 완성된 인도주의 학파이다. 이 학파는 적대의 필연성을 부인한다 ; 이 학파는 모든 인간을 부르주아로 만들려고 한다 ; 이 학파는 이론이 실천과 구별되는 한에서만 그리고 적대를 내포하지 않는 한에서만 이론을 실현하려고 한다. 현실에서 매순간 부딪히는 모순들을 이론 속에서는 사상하기 쉽다는 것은 두말할 나위 없다. 그렇게 한다면 이 이론은 이상화된 현실이 될 것이다. 따라서 박애주의자들은, 부르주아적 관계들[12]을 표현하기는 하지만 부르주아적 관계들을 구성하며 그것들과 떼어놓을 수 없는 적대를 가지고 있지는 않은 그러한 범주들을 보존하고자 한다. 그들은 자기들이 부르주아적 실천과 진지하게 싸우고 있다고 상상한다. 그러나 그들은 그 누구보다도 더욱 부르주아적이다.

경제학자들이 부르주아 계급의 과학적 대변자들인 것과 마찬가지로 **사회주의자들**과 **공산주의자들**은 프롤레타리아 계급의 이론가들이다. 아직 프롤레타리아트가 자신을 계급으로 구성할 정도로 충분히 발전해 있지 못한 한, 따라서 부르주아지에 대한 프롤레타리아트의 투쟁 자체가 정치적 성격을 띠고 있지 않는 한, 그리고 아직 생산력들이 프롤레타리아트의 해방과 새로운 사회의 형성에 필요한 물질적 조건들을 예견하게 할 정도로 부르주아지 자체의 태내에서 충분히 발전되어 있지 않은 한, 이 이론가들은 피억압 계급들의 욕구에 대비하기 위해 각종 제도들을 부랴부랴 꾸며내고 혁신적인 과학을 추구하는 공상가들에 지나지 않는다. 그러나 역사가 전진하고 역사와 더불어 프롤레타리아트의 투쟁이 보다 선명히 모습을 드러냄에 따라 그들은 과학을 그들의 머리 속에서 찾을 필요가 없게 된다. 그들은 그들의 눈앞에서 진행되고 있는 것을 이해하고 그것의 대변자가 되기만 하면 되는 것이다. 과학을 탐구하고 제도들만을 만드는 한, 투쟁의 초기 단계에 있는 한, 그들은 빈곤 속에서 빈곤만을 볼 뿐이지, 낡은 사회를 전복시킬 혁명적이고 파괴적인 측면을 보지 못한다. 이 순간부터 역사적 운동의 산물이며 완전한 의식을

---

12) 독일어판에는 "관계들의 본질"이라고 되어 있다. (역자)

가지고 역사적 운동과 결합한 과학은, 공리 공론이기를 중단하고 혁명적으로 된다.

프루동 씨에게로 되돌아가자.

모든 경제적 관계는 좋은 측면과 나쁜 측면을 가지고 있다 ; 이것이 프루동 씨가 자기 모순에 빠지지 않는 유일한 점이다. 그는 좋은 측면이 경제학자들에 의해 제시되는 것을 본다 ; 그는 나쁜 측면이 사회주의자들에 의해 고발되는 것을 본다. 그는 경제학자들에게서 영원한 관계들의 필연성을 빌려 온다 ; 그는 사회주의자들에게서는 빈곤 속에서 빈곤만을 보는 환상을 빌려 온다. 그는 과학의 권위에 의존하고자 하면서 양자의 견해에 다 찬성한다. 그에게 있어 과학은 보잘것없는 규모의 과학적 정식으로 환원된다 ; 그는 정식을 추구하는 인간이다. 이리하여 프루동 씨는 정치 경제학과 공산주의를 비판했다는 것에 대해 우쭐해 한다 : [그러나] 그는 정치 경제학보다도 공산주의보다도 아래에 서 있다. 경제학자들보다 아래에 있는 것은 그가 마법의 정식을 손안에 쥐고 있는 철학자로서 순수 경제학적 세목들로 파고드는 것을 면제받을 수 있다고 믿었기 때문이요 ; 사회주의자들보다 아래에 있는 것은 비록 사변적으로나마 부르주아적 지평선을 넘어설 용기도 통찰력도 부족하기 때문이다.

그는 진테제이기를 원한다. 그러나 그는 종합된 오류에 불과하다.

그는 과학인으로서 부르주아들과 프롤레타리아들을 초월하길 원한다 ; [그러나] 그는 자본과 노동 사이에서, 정치 경제학과 공산주의 사이에서 끊임없이 동요하는 소부르주아에 불과하다.

5. 파업들과 노동자들의 단결

"임금을 상승시키기 위한 모든 운동은 밀, 포도주 등등의 [가격] 상승이라는 결과, 즉 물자 결핍이라는 결과 이외에 다른 결과를 가져올 수 없다. 그러면 임금이란 무엇인가? 그것은 밀 등등의 원가이다 ; 그것은 모든 물건의 조성組成 가격이다. 더 나아가 보자 : 임금은 부를 구성하는, 재생산을 위해 매일 노동자들 대중에 의해 소비되는 요소들의 비례이다. 그런데 임금을 두 배로 올리는 것 …… 그것은 생산자들 각자에게 그들의 생산물보다 더 많은 몫을 주는 것인데 이는 하나의 모순이다 ; 그리고 만일 이러한 상승이 소수의 산업에서만 일어난다면, 그것은 교환들에서의 전반적 혼란을, 한마디로 **물자 결핍**을 유발하는 것이다 …… 단언하건대 임금의 증대를 초래하는 파업들이 **전반적인 가격 상승**으로 귀착하지 않는다는 것은 불가능하다 : 그것은 2 곱하기 2가 4인 것만큼이나 확실하다.” (프루동, 제1권, 110면과 111면.)

우리는 2 곱하기 2는 4라는 것만을 제외하고는 이러한 모든 주장들을 거부한다.

먼저, **전반적인 가격 상승**이란 존재하지 않는다. 만약 임금과 동시에 모든 물건의 가격이 두 배로 된다면, 가격들에는 변동이 없고 용어상의 변화만이 있을 뿐이다.

게다가 임금의 전반적인 상승이 결코 상품들의 많든 적든 전반적인 가격 상승을 초래할 수는 없다. 실제로, 만약 모든 산업들이 고정 자본 혹은 그 산업들이 사용하는 도구들[13]과 비례해서 동일한 수의 노동자들을 고용한다면, 임금의 전반적 상승은 이윤의 전반적 하락을 초래할 것이고, 상품들의 시장 가격은 어떤 변화도 겪지 않을 것이다.

그러나 고정 자본에 대한 손노동의 비율이 여러 종류의 산업들에서 같지 않기 때문에, 상대적으로 대량의 고정 자본과 소수의 노동자들을 고용하고 있는 모든 산업들은 조만간 그 상품들의 가격을 하락시키지 않을 수 없게 될 것이다. 그 상품들의 가격이 하락하지 않는 반대의 경우, 그 산업들의 이윤은 공통 이윤율 taux commun des profits[14] 이상으로 올라갈 것이다. 기계들은 임금을 받는 사람들이 아니다. 따라서 임금의 전반적 상승은 다른 산업들에 비해 노동자들보다 기계를 많이 쓰는 산업들에 타격을 덜 줄 것이다. 그러나 경쟁은 항상 이윤을 평균화하는 경향을 가지고 있기 때문에, 보통의 율 taux ordinaire[15] 이상으로 올라가는 이윤은 일시적인 것에 불과하다. 그러므로 몇 가지 변동을 도외시하면, 임금의 전반적 상승은 프루동 씨

---

13) 독일어판에는 “고정 자본(이들 산업이 사용하는 도구들)”이라고 되어 있다. (역자)

14) 독일어판에는 “평균 이윤율”이라고 되어 있다. (역자)

15) 독일어판에는 “평균율”이라고 되어 있다. (역자)

가 말하는 바와 같이 전반적인 가격 상승을 초래하는 것이 아니라 부분적인 하락을, 즉 주로 기계의 도움으로 제조되는 상품들의 시장 가격의 하락을 초래할 것이다.

이윤 및 임금의 상승과 하락은 자본가들과 노동자들이 I 노동일의 생산물의 분배에 참여하는 비율을 표현할 뿐이며, 대부분의 경우 생산물 가격에는 영향을 미치지 않는다. 그러나 "임금의 증대를 초래하는 파업들이 전반적인 가격 상승으로, 심지어 물자 결핍으로 귀착한다." (프루동, 제I권, III면)는 것은, 인정받지 못한 시인의 머리 속에서만 꽃필 수 있는 저 이념들 중의 하나이다.

영국에서 파업들은 예외 없이 몇몇 새로운 기계들의 발명과 응용을 야기하였다. 기계들은 반항하는 전문 노동[16]을 압살하기 위해 자본가들이 사용하는 무기였다고 말할 수 있다. 현대 산업의 가장 위대한 발명품인 **자동 물 방적기**[59] self-acting mule 는 반항하는 방적공들을 전장에서 쫓아냈다. 단결[17]과 파업들이, 기계라는 천재의 노력들로 하여금 단결과 파업들에 대항하게 하는 결과[18]만을 낳을 뿐이라 해도, 어쨌든 단결과 파업들은 산업의 발전에 거대한 영향을 미칠 것이다.

프루동 씨는 계속하여 말한다. "나는 1845년 9월 …… 레옹 포셰 씨에 의해 발표된 기사에서 다음과 같은 것을 보게 된다. 얼마 전부터 영국의 노동자들이 **단결**의 습관을 버렸다는 것, 이는 확실히 그들에게 축하를 보낼 수밖에 없는 하나의 진보라는 것 : 그러나 이러한 노동자들의 도덕상의 개선은 주로 그들의 경제적 교양으로부터 나온다는 것을[19]. 한 방적 노동자가 볼턴 Bolton 의 집회에서 이렇게 외쳤다. 임금은 공장주들에 의해 좌우되는 것이 결코 아

---

16) 독일어판에는 "숙련을 필요로 하는 노동의 반역"이라고 되어 있다. (역자)

17) 독일어판에는 "노동 조합들"이라고 되어 있다. (역자)

18) 독일어판에는 "그것들 자체에 대항하는 기계적 발명을 초래하는 결과"라고 되어 있다. (역자)

19) 『Journal des économistes』, 1845, 8월-9월, 두 권에 "영국 노동자들에게 비난 받는 단결들 Les coalitions condaménes par les ouvriers anglais"이라는 제목으로 게재된 기사. (역자)

니다. 고용주들이란 말하자면 불경기에 필연성이 스스로를 무장하기 위해 드는 채찍일 뿐이며, 그들은 원하든 원하지 않든 휘두르지 않으면 안 된다. [임금의] 규제 원리는 수요와 공급간의 관계이다 ; 그리고 이러한 힘을 고용주들은 가지고 있지 않다 ……” 프루동 씨는 외친다. “잘 됐다, 이들이야말로 잘 길들여진 노동자들, 모범적인 노동자들이다, 등등. 이러한 빈곤은 영국에는 없었다 : 그것은 해협을 건너지 못할 것이다.” (프루동, 제1권, 261면과 262면)

영국의 모든 도시들 중에서 볼턴은 급진주의가 가장 발전해 있는 곳이다. 볼턴의 노동자들은 누구도 따라가지 못할 정도로 혁명적이라고 알려져 있다. 영국에서 곡물법[16]의 폐지를 '위해 행해진 대규모 선동의 시기에, 영국의 공장주들은 노동자들을 앞세움으로써만 토지 소유자들에 대항할 수 있다고 생각했다. 그러나 공장주들의 이해가 토지 소유자들의 이해와 대립하는 것 못지않게 노동자들의 이해는 공장주들의 이해와 대립하고 있었기 때문에, 공장주들이 노동자들의 회합에서 약세를 면치 못했던 것은 당연한 일이었다. 공장주들은 어떻게 했는가? 체면을 차리기 위해 공장주들은 다수의 직공장들, 그들에게 헌신적인 소수의 노동자들, 본래적 의미에서의 **동업자들로** 구성된 집회들을 조직했다. 그 후 볼턴과 맨체스터에서와 같이 진짜 노동자들이 이러한 가짜 시위들에 항의하기 위해 참가하려 했을 때, 사람들은 이것은 **티켓 미팅** ticket-meeting 이라고 하며 그들의 입장을 금지했다. 이 말은 입장권을 가진 자들만이 출입을 허락받는 집회들이라는 뜻이다. 그러나 벽에 붙은 포스터들에는 공개 집회라고 씌어 있었다. 이러한 집회들이 있을 때마다 공장주들의 신문들은 그 집회들에서 행해진 연설들을 화려하고 상세하게 보도하였다. 이 연설들을 한 사람이 직공장들이었다는 것은 말할 필요도 없다. 런던의 신문들은 그것들을 글자 그대로 다시 실었다. 프루동 씨는 불행하게도 직공장들을 보통의 노동자들로 잘못 보고 그들에게 해협을 건너오지 말라는 엄명을 내린다.

1844년과 1845년의 파업들이 전에 비해 주목을 별로 끌지 못했던 것은, 1844년과 1845년이 영국 산업에 있어서 1837년 이래 최초로 도래한 번영의 두 해였기 때문이다. 그럼에도 불구하고 **노동 조합들** trade-unions 중 어느 것도 해체되지 않았었다.

이제 볼턴의 직공장들의 말을 들어 보자. 그들에 따르면, 공장주들은 생산물 가격의 지배자가 아닌 까닭에 임금의 지배자가 아니고, 세계 시장의 지배자가 아닌 까닭에 생산물의 지배자[20] 가 아니다. 이러한 이유로 고용주들에게서 임금 인상을 쟁취해 내기 위해서 단결할 필요가 없다는 것을 그들은 넌지시 내비쳤다. 반대로 프루동 씨는, 단결이 전반적인 물자 결핍을 야기할 임금 상승을 초래할 것을 두려워하여 단결을 금지시킨다. 말할 필요도 없는 것이지만, 단 한 가지 점에서 직공장들과 프루동 씨 사이에는 마음으로부터의 일치가 존재한다 : 그것은 임금의 상승은 생산물의 가격 상승과 같다고 하는 점이다.

그러나 물자 결핍에 대한 두려움이 프루동 씨의 원망 怨望 의 진정한 이유인가? 아니다. 그가 진정으로 볼턴의 직공장들을 원망하는 것은, 그들이 **공급과 수요**에 의해 가치를 결정하고, **구성된 가치**나, 구성 상태에 이미 도달한 가치나, 상시적인 **교환 가능성** 및 섭리를 수반하는 여타의 모든 **관계 비례** 및 **비례 관계들**을 포함하는 가치의 구성에 대해서는 거의 고려하지 않기 때문이다.

"노동자들의 파업은 **불법**이다. 그리고 단지 형법만이 이렇게 말하는 것이 아니라, 경제 제도, 현존 질서의 필연성도 이렇게 말한다 …… 각각의 노동자가 개인적으로 자신의 인신과 자신의 손을 자유로이 처분한다는 것은 용납될 수 있다 : 그러나 노동자들이 단결을 통해 독점에 폭력을 행사하려고 기도하는 것, 그것은 사회가 허락할 수 없는 일이다." (프루동, 제1권, 334면과 335면.)

프루동 씨는 형법의 한 조문을 부르주아적 생산관계들의 필연적이고 일반적인 귀결로 간주하도록 만들 작정이다.

영국에서 단결은 의회의 법령에 의해 허가되어 있으며, 의회로 하여금 법률의 이름으로 이러한 허가를 하지 않을 수 없게 만든 것은 바로 경제 제도이다. 1825년 허스키슨 장관하에서, 자유 경쟁이 야기한 상태와 더욱더 일치시키기 위해 의회가 법제를 변경하지 않으면 안 되었을 때, 의회는 노동자들의 단결을 금지하는 모든 법률들을 필연적으로 폐지해야 했다. 현대 산업과 경쟁이 발전하면 할수록 단결을 불러일으키고 촉진하는 요소들은 더욱더

---

20) 독일어판에는 "생산물 가격의 지배자"라고 되어 있다. (역자)

많아진다. 그리고 단결이 날로 견고해지면서 하나의 경제적 사실로 되자마자 단결은 곧 법률적 사실로 되지 않을 수 없다.

따라서 [프랑스의] 형법 조문은 기껏해야, 헌법 제정 의회와 제정하에서는 현대 산업과 경쟁이 아직 충분히 발전하지 못하였음을 증명할 뿐이다.[60]

경제학자들과 사회주의자들[21]은 다음 한 가지 점에서 일치하고 있다 : 그것은 **단결**을 비난한다는 점이다. 다만 그들은 비난의 이유를 서로 다르게 델 뿐이다.

경제학자들은 노동자들에게 이렇게 말한다 : 단결하지 말라. 단결함으로써, 당신들은 산업의 정규적인 진군을 가로막고, 공장주들이 주문에 응하지 못하도록 방해하며, 상업을 교란시키고, 당신들의 노동을 부분적으로 불필요한 것으로 만듦으로써 더욱 더 낮은 임금을 받도록 강요하는 기계들의 침입을 재촉하게 된다. 게다가 당신들의 노력은 헛된 것이다. 당신들의 임금은 언제나 요구된 일손들과 공급된 일손들 사이의 관계에 의해 결정될 것이다. 그리고 정치 경제학의 영원한 법칙들에 대항하는 반란을 일으키는 것은 우스꽝스럽고도 위험스러운 시도이다.

사회주의자들은 노동자들에게 이렇게 말한다 : 단결하지 말라, 왜냐하면 당신들이 결국 단결을 한다고 해서 무엇을 얻게 될 것인가? 임금 인상? 성공한다 하더라도 잠시 동안 약간의 수 sou[22]를 얻어낼 수는 있겠지만 곧이어 항상적인 하락이 뒤따를 것이라는 점을 경제학자들은 당신들에게 명약관화하게 증명해 줄 것이다. 단결을 조직하고 유지하기 위해 여러분이 부담해야 했던 비용을 임금의 증가분만으로 벌충하기 위해서는 몇년이 걸릴 것이라는 점을 능란한 계산가들이 당신들에게 증명해 줄 것이다. 그리고 우리는 사회주의자의 자격으로 당신들에게 말한다. 이러한 금전 문제는 별도로 하더라도, 당신들은 전과 마찬가지로 이후에도 역시 노동자일 것이며 고용주들은 항상 고용주들일 것이다. 따라서 단결도 소용없고 정치도 소용없다. 왜냐하면 단결한다는 것은 정치를 하는 것이 아닌가?

---

21) 다음의 사람들을 말한다 : 당시의 사회주의자들, 즉 프랑스의 푸리에주의자들, 영국의 오웬주의자들. **F. E.**

22) sou : 프랑스의 화폐 단위, 1 수는 5 상팀(상팀은 1/100 프랑 따라서 1 프랑은 20 수). (역자)

경제학자들은 현재 모습 그대로의 사회, 자신들의 교과서에 기입하고 도장을 찍어 놓은 그러한 사회 속에 노동자들이 머물러 있기를 원한다.

사회주의자들은, 그들이 그처럼 선견지명으로 노동자들을 위해 준비해 둔 새로운 사회로 보다 잘 들어가기 위해 노동자들이 낡은 사회를 그대로 내버려두길 바란다.

경제학자들과 사회주의자들의 의사에도 불구하고, 교과서들과 유토피아들에도 불구하고, 단결은 현대 산업의 발전 및 확대와 더불어 전진하고 성장하는 것을 한 순간도 멈추지 않았다. 이제, 한 나라에서 단결이 도달한 단계가 세계 시장의 서열에서 그 나라가 점하고 있는 단계를 선명히 나타내 주는 데에까지 이르렀다. 산업이 최고의 발전 단계에 도달한 영국은 가장 광범위하고 가장 잘 조직된 단결을 가지고 있다.

영국에서는 일시적인 파업 이외에는 다른 어떤 목적도 가지지 않는 그리고 그 일시적인 파업과 함께 사라져 버리는 부분적인 단결에 국한되지 않았다. 항구적인 단결, 즉 노동자들과 기업가들의 투쟁들에서 노동자들의 성채 역할을 하는 **노동 조합들** trade-unions 이 결성되었다. 그리고 현재 이 모든 지방 **노동 조합들**은 **전국 노동 조합 연합**[61] National Association of United Trades 속에서 하나의 집결점을 발견하고 있다. 이것은 런던에 중앙 위원회를 두고 있으며, 이미 그 회원은 80,000 명을 헤아린다. 이러한 파업들, 단결, **노동 조합들**의 결성은, **차티스트들**[29]의 이름하에서 지금은 대정당을 이루고 있는 노동자들의 정치 투쟁들과 때를 같이 하여 진행되었다.

서로 **연합하려는** 노동자들의 최초의 시도들은 항상 단결이라는 형태를 취했다.

대공업은 서로 알지 못하는 많은 사람들을 한 장소에 집결시킨다. 경쟁이 이해 관계에 따라 그들을 갈라 놓는다. 그러나 임금의 유지라는, 고용주에 대항하여 그들이 가지고 있는 공동의 이해가 그들을 저항, 곧 **단결**이라는 하나의 동일한 사상으로 결집시킨다. 그리하여 단결은 항상 노동자들 사이의 경쟁을 지양하고 그럼으로써 자본가들에 대해 전체로서 경쟁을 수행할 수 있도록 한다는 이중의 목적을 가진다. 저항의 최초의 목적이 단지 임금의 유지였을 뿐이라 해도 자본가쪽이 억압이라는 하나의 사상으로 결집함에 따라 처음에는 고립되어 있던 단결이 집단을 형성하게 되고, 끊임없이 결합하는

자본에 맞서 노동자들에게는 연합의 유지가 임금의 유지보다 더 중요한 것
으로 된다. 이것은 완전한 진실인바, 영국 경제학자들은 그들의 눈에는 오직
임금을 위해 결성된 것으로밖에 보이지 않는 연합을 위해 노동자들이 임금
의 상당한 부분을 희생하는 것을 보고는 깜짝 놀란다. 이 투쟁 ——진정한 내
전 ——속에서 다가올 전투에 필요한 모든 요소들이 결합하고 발전한다. 일
단 전투의 시기에 이르면 연합은 정치적 성격을 띠게 된다.

경제적 조건들은 먼저 그 나라의 대중을 노동자들로 바꾸어 놓았다. 자
본의 지배는 이 대중에게 하나의 공동의 지위, 공동의 이해를 만들어 주었
다. 이리하여 이 대중은 자본에 대해서는 이미 하나의 계급이지만 자기 자신
에 대해서는 아직 그렇지 않다 mais pas encore pour elle-meme. 우리가 단
지 그 몇몇 국면들만을 지적했던 투쟁 속에서 이 대중은 결합하고 자신을
대자적 계급으로 en class pour elle-meme 구성한다. 대중이 옹호하는 이해
는 계급의 이해가 된다. 그런데 계급 대 계급의 투쟁은 정치 투쟁이다.

부르주아지에게 있어서는 구별해야 할 두 국면이 있다 : 부르주아지가
봉건제와 절대 군주제의 지배하에서 자신을 계급으로 구성했던 국면, 그리
고 이미 계급으로 구성된 부르주아지가 사회를 부르주아 사회로 만들기 위
해 봉건제와 군주제를 전복했던 국면. 이 국면들 중 첫번째 국면은 오랜 시
간에 걸쳐 이루어졌고 매우 많은 노력들을 필요로 했다. 부르주아지 또한 봉
건 영주들에 대항하는 부분적 단결로 시작했던 것이다.

꼬뮌에서부터 계급으로서의 구성에 이르까지 부르주아지가 편력해 온
여러 역사적 국면들을 추적해 내기 위해 많은 연구들이 수행되었다.

그러나 프롤레타리아들이 우리 눈앞에서 계급으로서의 조직화를 성취
하는 파업들, 단결 및 여타의 형식들에 대한 정확한 이해가 문제로 될 때,
어떤 이들은 현실적인 두려움에 사로잡히기도 하고, 또 어떤 이들은 **선험적**
인 경멸을 드러내기도 한다.

피억압 계급은 계급 적대에 기초해 있는 모든 사회의 사활적인 조건이
다. 따라서 피억압 계급의 해방은 필연적으로 새로운 사회의 창조를 함축한
다. 피억압 계급이 자신을 해방시킬 수 있기 위해서는 이미 획득된 생산력들
과 현존하는 사회 관계들이 더 이상 공존할 수 없어야 한다. 모든 생산 도구
들 중 가장 강력한 생산력은 혁명적 계급 그 자체이다. 혁명적 요소들의 계

급으로서의 조직화는 낡은 사회의 태내에서 생겨날 수 있었던 모든 생산력들이 [이미] 존재하고 있다는 것을 전제한다.

이것은 낡은 사회가 전복된 이후에 새로운 정치 권력으로 요약되는 새로운 계급 지배가 있게 될 것을 의미하는가? 아니다.

제3신분 le tier état, 즉 부르주아 계층의 해방의 조건이 모든 신분들[23] 및 모든 계층들의 폐지였던 것과 마찬가지로, 노동 계급 해방의 조건은 모든 계급의 폐지이다.

노동 계급은 자신이 발전해 나가는 과정 속에서 낡은 부르주아 사회를 계급들 및 계급들의 적대를 배제하는 연합으로 대체할 것이다. 정치 권력이란 정확히 부르주아 사회 내의 적대 관계의 공식적 요약이므로 엄밀한 의미에서의 정치 권력은 더 이상 존재하지 않게 된다.

그때까지 프롤레타리아트와 부르주아지 사이의 적대 관계는 계급 대 계급의 투쟁이며, 이 투쟁이 최고의 표현에 도달했을 때 그것은 총체적 혁명이 된다. 게다가, 계급 **대립**에 기초해 있는 한 사회가 최후의 결말로서 격렬한 **모순**에, 백병전에 이르게 된다는 것이 놀랄 만한 일인가?

사회적 운동이 정치적 운동을 배제한다고 말하지 말라. [정치적 운동이면서] 동시에 사회적 운동이지 않은 정치적 운동이란 결코 존재하지 않는다.

계급들 및 계급들의 적대가 더 이상 존재하지 않는 사태의 질서 속에서만 **사회적 진화가 정치적 혁명**이기를 중단하게 된다. 그때까지는, 즉 사회의 모든 전반적 개조의 전야에는 사회 과학 최후의 말은 항상 다음과 같을 것이다 :

전투냐 죽음이냐 : 피에 얼룩진 투쟁이냐 멸망이냐. 문제는 그렇게 엄정하게 제기된다.[63] (조르쥬 상드)

---

23) 여기에서 신분 état 이란 봉건 국가의 신분들, 즉 특정의 제한된 특권들을 가진 신분들이라는 역사적 의미를 가지고 있다. 부르주아지의 혁명은 신분들과 아울러 그들의 특권을 폐지했다. 부르주아 사회는 계급들 classes 만을 알 뿐이다. 따라서 프롤레타리아트가 '제4신분'으로 불리는 것은 역사와 완전히 모순되는 것이다.[62] **F. 엥겔스**

1846년 12월 말에서
1847년 4월 초 사이에 쓰여짐
출전 : 칼 맑스
『철학의 빈곤,
프루동의 「빈곤의 철학」에 대한 응답』.
슈투트가르트 Stuttgart 1885년.

프랑스 어 원문으로부터 번역.

맑스. 엥겔스 저작집, 제4권,
125-144면과 175-182면.

최병연   번역

프리드리히 엥겔스

공산주의자들과 칼 하인쩬[64]

[첫번째 기사]

브뤼셀, 9월 26일. 『브뤼셀 독일어 신문』D[eutschen]-Br[üsseler]-Z[ei]-t[un]g 오늘호 號 는 하인쩬의 논문 하나를 게재하고 있는데, 그 논문 속에서 이 사람은 편집부의 하찮은 비난에 맞서 자신을 변호한다는 구실 아래 공산주의자들에 대항하는 장문의 논전을 개시하고 있다.

편집부는 양측에게 논전을 그만두라고 충고한다. 그러나 그렇다면 편집부는 하인쩬의 논문 중에서 일부분만을, 요컨대 하인쩬 자신이 먼저 공산주의자들을 공격했다는 비난에 맞서 그가 진심으로 자신을 변호하는 부분만을 게재했어야 했다. 비록 "하인쩬이 자유로이 이용할 어떤 신문도 갖고 있지 않다"고 하더라도, 그것이 그로 하여금 한 신문을 자유로이 이용하게 해서 그 신문의 편집부 자신이 시시하다고 여기는 공격을 발표토록 해 주는 이유는 결코 되지 않는다.

그 밖에, 공산주의자들에게는 이 논문의 발표로 인해 생겨난 것 보다 더 나은 봉사가 제공될 수 없었던 셈이다. 어떤 당파에게도, 이 논문에서 하인쩬이 공산주의자들에 대해 행한 것보다 더 야비하고 더 편협한 비난이 행해진 적은 없었다. 그 기사는 공산주의자들을 가장 훌륭하게 정당화시켜 주는 것이다. 그 기사는, 공산주의자들이 하인쩬을 아직 공격하지 않았다면 즉각 그것을 행해야 한다는 것을 증명하고 있다.

하인쩬 씨는 처음부터 한결같이 독일의 비공산주의적 급진파 전체의 대표자라고 자칭했고, 이 당파 저 당파의 공산주의자들과 토론하려 하고 있다.

그는 "요구할 권리를 가지고 있다", 그는 공산주의자들이 "할 수 있다고 믿어야 하는 것이" 무엇인지, "그들에게 기대를 걸어야 할 것이" 무엇인지, "진정한 공산주의자들의 의무"는 무엇인지를 최대한 단호하게 설명하고 있다. 그는 공산주의자들로부터의 **자신의** 이탈을 바로 "독일 공화주의자들과 민주주의자들"의 공산주의자들로부터의 이탈과 완전히 동일시하며 이들 공화주의자들의 이름으로 '**우리**'라고 말한다.

도대체 하인쩬 씨는 누구이고 또한 그는 무엇을 대표하는가?

하인쩬 씨는 자유주의적인 전직 하급 공무원으로, 1844년에는, 아직 합법적 진보와 독일 입헌주의의 비참함 Misère 에 몰두하던, 그리고 기껏해야, 아주 먼 미래에는 틀림없이 공화제가 바람직하고 또 가능할지도 모른다고 나지막이 고백하던 사람이다. 그러나 하인쩬 씨는 프로이센에서의 합법적 저항의 가능성에 대해 잘못 생각하였다. 그는 관료제에 대한 자신의 형편없는 저서 때문에 피신해야만 했다(여러 해 전에 야콥 베네디조차 프로이센에 대해 훨씬 더 나은 저서를 썼다).[65] 그제서야 그는 눈을 떴다. 그는 합법적 저항이란 불가능하다고 천명하고, 혁명가 그리고 또한 당연히 공화주의자가 되었다. 스위스에서 그는 근엄한 학자 Savant sérieux 루게와 알게 되었는데, 루게는 그에게 포이에르바하의 무신론과 인간주의 Menschentum, 헤겔의 흔적들, 슈티르너의 미사여구들 등의 혼란스런 뒤범벅으로 이루어진 자신의 얄팍한 철학을 가르쳐 주었다. 그리하여 채비를 다 갖추자, 하인쩬 씨는 스스로를 성숙했다고 생각하고, 오른쪽으로는 루게에, 왼쪽으로는 프라일리그라트에 몸을 기대고 자신의 혁명적 선전을 개시하였다.

우리는 하인쩬 씨가 자유주의로부터 피에 굶주린 급진주의로 이행했다고 해서 그를 비난하는 것은 결코 아니다. 그러나 우리는 그가 순전히 개인적인 사정들 때문에 이러한 이행을 행했다고 단연코 주장한다. 합법적 저항을 수행할 수 있었던 한, 하인쩬 씨는 혁명의 필연성을 통찰한 모든 사람들을 공격했었다. 그에게 있어 합법적 저항이 불가능해지자, 이러한 저항이 독일 부르주아지에게 아직 당분간은 가능하다는 것, 그리고 독일 부르주아지는 계속해서 최고도의 합법적 저항을 수행하고 있다는 것을 고려하지도 않고서, 그는 합법적 저항 일반을 불가능한 것이라고 선언했다. 그에게 퇴로가 차단되자, 그는 즉각적인 혁명의 필연성을 선언했다. 독일의 상태들을 연구하고 개관하고 그로부터 어떤 진보, 어떤 발전, 어떤 방책들이 필요하고 가능한지를 추론하는 대신, 그리고 독일의 개별 계급들 상호간의, 정부의 [der] Regierung 얽히고설킨 입장을 명확히 하고 그로부터 수행되어야 할 정책을 이끌어내는 대신, 한마디로 말해 독일의 발전을 기준으로 삼아 자신의 나아갈 바를 정하는 대신, 하인쩬 씨는 아주 뻔뻔스럽게도 독일의 발전이 자신을 기준으로 삼아 그 나아갈 바를 정할 것을 요구한다.

철학이 아직 **진보적**이었던 한, 하인쩬 씨는 철학의 격렬한 적이었다. 철학이 반동적으로 되자마자, 철학이 모든 동요 분자들, 폐인들 그리고 문필적 산업가들의 피난처가 되자마자, 하인쩬 씨에게는 그들과 한패가 되는 불운이 닥쳐오지 않을 수 없었다. 아니 더 나쁘게도, 자신의 전 생애에 걸쳐 항상 스스로 단순한 개종자에 지나지 않았던 루게 씨가 하인쩬 씨를 자신의 유일한 개종자로 삼는 불운이 하인쩬 씨에게 닥쳐오지 않을 수 없었다. 이리하여 하인쩬 씨는 루게 씨에게, 최소한 한 사람이라도 루게 씨의 문장 구조를 간파하고 있다고 믿는다는 위안이 되어 주지 않을 수 없게 되었다.

그렇다면 하인쩬 씨는 실제로 무엇을 위해 행동하는가? 즉각 건설되어야 할 독일 공화국, 즉 아메리카의 전통과 1793년의 전통으로 그리고 공산주의자들에게서 빌려 온 몇 개의 방책들로 이루어져 있으며, 확실히 흑·적·금색의 외관을 갖추고 있는 공화국을 위해서이다. 독일은 자신의 산업 부진의 결과 유럽에서 매우 비참한 지위를 갖게 되어, 주도권을 쥘 수도 없고 먼저 대혁명을 선언할 수도 없으며 프랑스와 영국 없이 혼자 힘으로는 공화국을 건설할 수도 없다. 문명국들의 운동으로부터 독립하여 건설된다고 하는 각각의 모든 독일 공화국, 혼자 힘으로 수행된다고 하는, 그리고 하인쩬 씨에게서 행해지는 바와 같이 독일 내의 계급들의 현실적 운동을 전혀 고려에 넣지 않는 각각의 모든 독일 혁명, 각각의 그러한 모든 공화국과 혁명은 순전히 흑·적·금색의 몽상이다. 그리고 이 영광스런 독일 공화국을 더욱더 영광스럽게 하기 위해, 하인쩬 씨는 그것을 포이에르바하적인, 루게화된 인간주의로 치장하고, 그것을 가까이 다가온 '인간의' 왕국이라고 선언한다. 그런데 이 모든 성급한 몽상들을 독일인들이 실현시켜야만 한단 말인가?

그런데 대 '선동가' 하인쩬 씨는 어떻게 선전하는가? 그는 군주들이 모든 빈곤과 모든 궁핍을 발생시킨 주요 장본인이라고 선언한다. 이러한 주장은 우스꽝스러울 뿐만 아니라 극도로 유해하다. 하인쩬 씨는 독일 군주들에게 환상적이고 초현세적이고 악마적인 전능을 부여함에 의해 그들에게 아첨하는 것 이상으로 독일 군주들에게, 즉 이 무능하고 우둔한 꼭두각시들에게 더 아첨할 수는 없을 것이다. 군주들이 그 정도로 많은 해를 끼칠 수 있다고 하인쩬 씨가 주장한다면, 그럼으로써 그는 또한 똑같은 정도로 그들에게 선행을 보여 줄 힘이 있다는 것을 인정하는 셈이다. 그로부터 나오는 결론은 혁명의 필연성이 아니라 훌륭한 한 명의 군주, 선량한 황제 요제프를 희구하는 헛된 소망이다. 더욱이 인민은 누가 자신을 억압하는지를 하인쩬 씨보다 훨씬 더 잘 알고 있다. 하인쩬 씨는 부역 농민이 지주에 대해, 노동자가 자신의 고용주에 대해 품고 있는 증오를 결코 군주들에게 보내지 않을 것이다. 그러면서도 하인쩬 씨가 이 두 계급들에 의한 인민의 착취에 대해 이 두 계급들에게가 아니라 군주들에게 책임을 지운다면, 그는 말할 것도 없이 지주와 자본가의 이익을 위해 일하고 있는 것이다 ; 그렇지만 지주들과 자본가들에 의한 착취가 독일의 모든 빈곤의 거의 20분의 19를 만들어 내고 있다!

하인쩬 씨는 즉각적인 봉기를 요구한다. 이러한 취지에서 그는 전단들을 인쇄케 하고[66], 그것들을 독일 내에 배포하려 한다. 우리는 묻는다. 그러한 무의미한, 맹목적으로 돌진하는 선전은 독일 민주주의의 이익에 극도로 유해하지 않는가? 우리는 묻는다. 그것이 얼마나 무익한지를 경험이 증명하지 않았는가? [지금과는] 완전히 다른 격앙된 시기였던 30년대에, 수십만 장의 그러한 전단, 팜플렛 등등이 독일 내에 배포되지 않았던가, 그리고 그 중 하나라도 어떤 성과를 거두었던가? 우리는 묻는다. 다소라도 건전한 상식을 가진 사람이라면 그와 같은 정치적 도덕적 설교와 훈계에 인민이 그 어떤 주의를 기울일 것이라고 상상할 수 있을 것인가? 우리는 묻는다. 하인쩬 씨가 자신의 전단들에서 훈계하고 설교하는 것 이외의 다른 어떤 것을 일찍이 행한 적이 있는가? 우리는 묻는다. 아무런 사려 분별도 없이, 상황에 대한 지식도 고려도 없이 세상에 혁명을 독촉해 대는 것은 정말 우스꽝스러운 짓이 아닌가?

한 당黨의 신문이 해야 할 것은 무엇인가? 무엇보다도 먼저 토의하는 것, 당의 요구들을 기초하고 전개하고 변호하는 것, 반대당의 요구들과 주장들을 거부하고 논박하는 것이다. 독일의 민주주의적 신문이 해야 할 것은 무

엇인가? 많든 적든 귀족을 대표하는 현 정부의 무가치함으로부터, 부르주아
지에게 권력을 쥐어 주는 입헌 제도의 불충분함으로부터, 정치 권력을 장악
하지 않는 한 인민은 스스로를 구제할 수 없다는 것으로부터 민주주의의 필
연성을 입증하는 것이다. 따라서 민주주의적 신문은 관료, 귀족, 부르주아지
에 의한 프롤레타리아들, 소농들, 소부르주아들 — 왜냐하면 독일에서는 이
들이 '인민'을 형성하므로 — 의 억압을 해명해야 한다 ; 정치적 억압뿐만 아
니라 무엇보다도 사회적 억압이 무엇 때문에 생성되었으며 어떤 방책에 의
해 그 억압이 제거될 수 있는가를 해명해야 한다 ; 민주주의적 신문은 프롤
레타리아들, 소농들, 소부르주아들에 의한 정치 권력의 장악이 이러한 방책
의 실행을 위한 첫번째 조건이라는 것을 입증해야 한다. 민주주의적 신문은
민주주의의 즉각적인 실행이 어느 정도까지 예기될 수 있는가, 당의 어떤 방
책들이 뜻대로 될 것인가, 그리고 당이 독자적으로 행동하기에는 너무 약할
때 어떤 다른 당들과 제휴해야 하는가를 또한 연구해야 한다. —— 그런데 이
모든 것들 중에서 하인쩬 씨는 단 하나라도 실행했던가? 아니다. 그는 이러
한 노력을 하지 않았다. 그는 인민에게, 즉 프롤레타리아들, 소농들, 소부르
주아들에게 아무것도 해명해 주지 않았다. 그는 계급들과 정당들의 입장을
전혀 연구하지 않았다. 그는 다음과 같은 **하나의** 주제로 변주곡들을 연주했
을 뿐이다 : 돌격하라, 돌격하라, 돌격하라!

그리고 하인쩬 씨는 누구를 향해 자신의 혁명적 도덕 설교를 행하고 있
는가? 누구보다도 소농들, 즉 오늘날 혁명적 주도권을 장악할 능력이 가장
적은 계급을 향해서이다. 600년 이래 모든 진보적 운동이 도시들로부터 출
발했듯이, 지방민들의 독자적 민주주의 운동들(와트 타일러, 잭 케이드, 쟈끄
리, 농민 전쟁)은 첫째, 매번 반동적으로 등장했고 둘째, 매번 진압당했다.[67]
도시들의 공업 프롤레타리아트는 모든 현대 민주주의의 정화가 되었다 ; 소
부르주아들은, 그리고 그 이상으로 농민들은 프롤레타리아트의 주도권에 완
전히 의존하고 있다. 1789년의 프랑스 혁명과 영국, 프랑스 및 아메리카 동
부 주州들의 최근의 역사가 그것을 증명한다. 그런데 하인쩬 씨는 19세기
인 오늘날 농민들의 돌격에 기대를 걸고 있단 말인가?

그러나 하인쩬 씨는 또한 사회 개혁들을 약속하고 있다. 물론, 자신의
호소에 대한 민중의 냉담이 점차 그에게 그렇게 하도록 강요한 것이다. 그런

데 그가 말하는 개혁들은 어떤 개혁들인가? 그것은 **공산주의자들** 자신이 사적 소유의 폐지를 위한 준비로서 제안하는 그러한 사회 개혁들이다. 하인쩬 씨에게 승인해 줄 수 있는 단 한 가지가 있다고 한다면, 그 단 한 가지를 그는 공산주의자들에게서, 즉 그가 그토록 격렬히 공격했던 공산주의자들에게서 빌려 왔는데, 그것 역시 그의 손에서는 명백한 넌센스와 순전한 몽상으로 되고 있다. 경쟁과, 몇몇 소수의 손으로의 대자본들의 누적을 제한하기 위한 모든 방책들, 상속권의 모든 제한 혹은 폐기, 국가에 의한 일체의 노동의 조직화 등등, 이 모든 방책들은 혁명적 방책들로서 가능할 뿐만 아니라 또한 필요하기까지 하다. 그 방책들이 가능한 것은 봉기한 프롤레타리아트 전체가 그 방책들 배후에 서서 무장한 손으로 그것들을 지키기 때문이다. 경제학자들이 그 방책들에 반대하여 주장하는 모든 난점들과 폐해들에도 불구하고 그 방책들은 가능한 것인데, 왜냐하면 바로 이 난점들과 폐해들이 프롤레타리아트로 하여금 그들이 이미 획득한 것을 또다시 잃어버리지 않기 위해 사적 소유의 완전한 지양으로 계속해서 전진하도록 강요할 것이기 때문이다. 그 방책들은 사적 소유의 폐지를 위한 준비들로서, 과도적 중간 단계들로서 가능하다. 그러나 또한 그 이상은 아니다.

그러나 하인쩬 씨는 이 모든 방책들을 부동의 궁극적인 방책들로서 요구한다. [그에게 있어] 그 방책들은 무엇을 준비하는 것이 아니고 최종적인 것이어야 한다. 그에게 있어 그 방책들은 수단이 아니라 목적이다. 그 방책들은 혁명적 상태가 아니라 평온한 시민적 상태를 염두에 두는 것이다. 그러나 그로 인해 그 방책들은 불가능하고 동시에 반동적인 것으로 된다. 하인쩬 씨에 대항하여 부르주아지의 경제학자들이 이 방책들을 자유 경쟁에 맞서는 반동적인 것이라고 표현할 때, 그들은 완전히 옳다. 자유 경쟁은 사적 소유 최후의, 최고의, 가장 발전된 존재 형태이다. 따라서 사적 소유의 토대로부터 출발하면서도 자유 경쟁에 반대하는 모든 방책들은 반동적이며, 소유의 낮은 발전 단계를 복원하려는 것이다. 그러므로 그 방책들은 또한 결국 경쟁에 재차 굴복하지 않을 수 없고, 그 결과로 현 상태의 복원을 가져오지 않을 수 없다. 상술한 사회 개혁들이 순전한 공공 복지 방책들 pure mesures de salut public, 혁명적이고 과도적인 방책들로 보여지자마자, 부르주아의 이러한 반박들은 모든 힘을 잃어버린다. [하지만] 이러한 반박들은 하인쩬 씨의 농업 사회주의적인 흑·적·금색의 공화국에게는 치명적인 것이다.

물론 하인쩬 씨는 소유 관계들, 상속권 등등이 임의로 변경되고 정리될 수 있다고 잘못 상상하고 있다. 하인쩬 씨——금세기 최고의 무식꾼 중의 한 사람——는 각 시대의 소유 관계들이 그 시대의 생산 양식과 교류 양식의 필연적 결과라는 것을 물론 이해할 수 없다. 하인쩬 씨는 농업의 양식 전체가 변하지 않고서는 대토지 소유를 소토지 소유로 바꿀 수 없다는 것을, 그리고 그렇게 되지 않으면 대토지 소유가 매우 급속히 다시 부활하게 된다는 것을 이해할 수 없다. 하인쩬 씨는 오늘날의 대공업, 즉 자본들의 집적과 프롤레타리아트의 발생 사이에 어떠한 내적 연관이 존재하는가를 이해할 수 없다. 하인쩬 씨는 독일과 같이 산업상 그토록 종속적이고 예속적인 나라는 부르주아지와 자유 경쟁에 이익이 되는 그러한 변혁과는 다른 소유 관계들의 변혁을 혼자 힘으로는 결코 감행할 수 없다는 것을 이해할 수 없다.

요약하면 : 공산주의자들에게 이 방책들이 의미를 가지는 것은, 그것들을 자의적 방책들로서 파악하지 않고, 공업·농업·상업·교통의 발전으로부터, 그리고 이에 의존하는 부르주아지와 프롤레타리아트 사이의 계급 투쟁의 발전으로부터 저절로 그리고 필연적으로 생긴 결과로서 파악하기 때문이다 ; 그 방책들은 최종적 방책들로서가 아니라 과도적인 계급 투쟁들 그 자체로부터 유래하는 과도적인 공공 복지 방책들로서 생긴 것이다.

하인쩬 씨에게 있어서 이 방책들은 하등의 의미도 갖고 있지 못한데, 왜냐하면 그 방책들은 완전히 자의적으로 머리를 짜내 고안해 낸, 속물적인 세계 개량의 몽상들로서 나타나기 때문이다 ; 왜냐하면 역사적 발전과 이러한 방책들과의 연관이 완전히 문제 바깥에 놓여 있기 때문이다 ; 왜냐하면 하인쩬 씨는 자신의 제안의 물질적 가능성들에 대해서는 조금도 신경을 쓰지 않기 때문이다 ; 왜냐하면 그는 산업상의 필연성들을 정식화하지 않고 반대로 법령에 의해 그것을 파기하려고 하기 때문이다.

공산주의자들의 요구들을 그토록 참혹하게 헝클어뜨리고 그것들을 순전한 공상으로 바꿔 놓은 후에야 비로소 그것들을 채택할 수 있는 하인쩬 씨, 바로 그 하인쩬 씨가 공산주의자들을 이렇게 비난한다. 공산주의자들은 "교육받지 못한 사람들의 머리를 혼란시켰다", 그들은 "환상을 좇고 있었다", 그리고 "발 아래의 현실적 토대(!)를 상실하고 있었다!"

이상이 하인쩬 씨의 선동 활동의 전부이다. 그리고 우리는 그러한 활동이 독일의 급진적 당파 전체에게 전적으로 유해하며 수치스러운 것이라고 솔직히 선언한다. 한 사람의 당 저술가에게는, 우리가 말한 대로 금세기 최대의 무식꾼 중의 한 사람인 하인쩬 씨가 가지고 있는 것과는 완전히 다른 속성들이 필요하다. 하인쩬 씨는 세계 최상의 선의를 지니고 있을지도 모른다. 그는 전 유럽 제일의 지사志士 일지도 모른다. 우리는 또한 그가 개인적으로는 존경받을 만한 사람이며 용기와 인내력을 갖고 있다는 것을 알고 있다. 그러나 그 모든 것이 당 저술가를 만드는 것은 여전히 아니다. 당 저술가가 되기 위해서는 지조, 선의 그리고 우렁찬 목소리 이상의 것이 필요하다. 당 저술가가 되기 위해서는 하인쩬 씨가 현재 가지고 있는 것보다, 그리고 여러 해의 경험이 증명한 바와 같이 그가 이후에 습득할 가능성이 있는 것보다 더 많은 지성, 더 많은 명쾌성, 더 훌륭한 문체 그리고 더 많은 지식이 필요하다.

그럼에도 불구하고 하인쩬 씨는 망명 때문에 부득이 당 저술가가 되지 않을 수 없었다. 그는 급진파[의 영향력] 아래에 있는 당을 창설하려고 시도하지 않을 수 없었다. 이리하여 그는 감당할 수 없는 지위에 오르게 되었는데, 그 지위 속에서 그는 이 지위를 채우려는 헛된 노력들에 의해 단지 스스로를 웃음거리로 만들 뿐이다. 따라서 만약 독일 급진파가 그에 대해, 그가 그들을 대표하는 듯한, 그가 독일 급진파의 이름으로 스스로를 웃음거리로 만드는 듯한 외관을 노정하도록 내버려둔다면, 그는 독일 급진파를 또한 웃음거리로 만들 것이다.

그러나 하인쩬 씨는 독일 급진파를 대표하지 않는다. 독일 급진파는 완전히 다른 대표자들, 예컨대 야코비와 또 기타의 사람들을 가지고 있다. 하인쩬 씨는 그에게 선동 자금을 보내 준 몇몇 소수에 지나지 않는 독일 부르주아들을 제외하곤 어느 누구도 대표하지 않으며 또한 어느 누구에 의해서도 대표자로서 인정되지 않는다. 그렇지만 우리는 잘못 생각하고 있다 : 독일의 한 계급은 그를 대표자로 인정하고 있으며 그에게 열중하고 있고 그를 지지하는 소리로 좌중 전체를 압도한다(하인쩬 씨에 따르면, 공산주의자들이 "문필적 반대 진영 전체의 소리를 압도했던" 것처럼). 이 계급이란 수가 많고, 계몽되고, 지조 있고 영향력 있는 행상인 Commis-Voyageurs 계급이다.

그런데 이러한 하인쩬 씨가 공산주의자들에게, 그들이 그를 급진 부르주아의 대표자로서 인정하고 그러한 대표자로서의 그와 토론해야 한다고 요구한단 말인가?

하인쩬 씨에 대항하는 공산주의자들의 논전을 정당화하기 위해서, 당장은 이상에서 서술된 이유들로도 충분하다. 다음 호에서 우리는, 하인쩬 씨가 본지 d[er] Z[ei]t[un]g 제77호에서 공산주의자들에게 행한 비난에 대해 응수할 것이다.

하인쩬 씨가 당 저술가로서는 완전히 무능력하다는 우리의 말이 충분히 납득되지 않는다면, 우리는 그에게 맑스의 『철학의 빈곤』을 면밀히 연구해 보라고 충고할 것이다. 그러나 그가 우리에게 프뢰벨의 『새로운 정치』[68]를 읽어 보라고 충고한 것에 대한 응답으로서는, 우리는 '착수하기' 이전까지는 침묵하며 조용히 기다리라는 또 다른 충고만을 그에게 할 수 있을 것이다. 하인쩬 씨는 형편없는 저술가이지만 훌륭한 대대장 大隊長 은 될 것이라고 우리는 확신한다.

하인쩬 씨가 익명의 공격에 대해 불평하지 않도록 하기 위해, 우리는 이 기사에 서명해 둔다.

F. 엥겔스

[두번째 기사]

공산주의자들이 하인쩬을 공격하는 것은, 그가 공산주의자가 아니기 때문이 아니라 ── 이는 우리가 첫번째 기사에서 설명한 바 있는데 ── 그가 형편없는 민주주의적 당 저술가이기 때문이다. 공산주의자들은 **공산주의자로서**의 자격으로가 아니라 **민주주의자로서의** 자격으로 그를 공격하는 것이다. 그에 대항하는 논전을 개시했던 것이 다름아닌 공산주의자들이었던 것은 단지 우연일 뿐이다 ; 비록 이 세상에 공산주의자가 한 명도 없다 하더라도 어차피 민주주의자들이 하인쩬에 반대하여 등장할 것이 틀림없다. 논쟁이 되고 있는 이 문제 전체에 있어서는 오직 다음의 것들만이 문제로 된다 : I. 당 저술가 및 선동가로서의 하인쩬 씨가 독일 민주주의에 유익할 수 있는가. 우리는 이를 부정한다 ; 2. 하인쩬 씨의 선동 방식은 올바른 것인가, 그것은 묵인만 할 수 있는 것인가. 마찬가지로 우리는 이를 부정한다. 따라서 공산주의인가 민주주의인가가 문제인 것이 아니라 단지 하인쩬 씨의 인격과 그때 그때의 개인적 기분이 문제이다.

현재의 상황하에서 민주주의자들과 무익한 논쟁을 시작하는 일과는 거리가 먼 공산주의자들은 모든 실제적인 당 문제들에 있어서 당분간은 오히려 자기 자신 민주주의자로서 행동한다. 민주주의는 모든 문명국들에서 프롤레타리아트의 정치적 지배라는 필연적 결과로 귀착된다. 그리고 프롤레타리아트의 정치적 지배는 모든 공산주의적 방책들의 첫번째 전제이다. 민주주의가 아직 획득되지 않은 한, 그러한 한 공산주의자들과 민주주의자들은 공동으로 투쟁하고, 그러한 한 민주주의자들의 이해 利害 는 곧 공산주의자들의 이해이다. 그때까지 양 당의 차이들은 순전히 이론적 성질의 것인바, 공동 행동을 조금도 방해받지 않으면서 이론적으로 아주 잘 토의될 수 있다. 게다가 그들은 민주주의가 획득되자마자 지금까지 억압받아 온 계급들의 이익을 위해 착수되어야 할 많은 방책들, 예를 들면 국가에 의한 대공업 · 철도의 경영, 국비에 의한 모든 아동의 교육 등등에 대해서 협조할 수 있을 것이다.

이제 하인쩬 씨에게로 가 보자.

하인쩬 씨는 공산주의자들이 그와의 논쟁을 개시했지 그가 공산주의자들과의 논쟁을 개시한 것은 아니라고 설명한다. 그러므로 우리는 할 일 없는 자의 잘 알려진 논거를 그에게 기꺼이 바치려 한다. 그는 공산주의자들과 자신의 충돌을 가리켜 이렇게 이름짓는다 : "공산주의자들이 독일 급진파 진영 내에 불러일으킨 무의미한 분열". 그는 다가올 분열을 힘닿는 대로 기회 있는 대로 예방하기 위해 자신은 벌써 3 년 전에 노력을 했었다고 말한다. 그리고 이 성과 없는 노력들의 결과로 나온 것이 자신에 대한 공산주의자들의 공격이었다고 한다.

주지하는 바와 같이, 하인쩬 씨는 3년 전에는 아직 **급진파 진영** 내에 속해 있지 않았다. 당시 그는 합법적 진보파였고 자유주의자였다. 따라서 그와의 분열은 결코 **급진파** 진영 내의 분열이 아니었다.

하인쩬 씨는 1845년 여기 브뤼셀에서 처음으로 공산주의자들과 회동하였다. 공산주의자들은 결코 하인쩬 씨의 자칭 정치적 급진주의 때문에 그를 공격하지는 않았으며, 오히려 당시에는 자유주의적이던 하인쩬 씨를 바로 이 급진주의로 옮겨 놓기 위해 크나큰 노력을 쏟았었다. 그러나 허사였다. 스위스에 가서야 하인쩬 씨는 민주주의자가 되었다.

"후에 나는 공산주의자들에 맞서는 정력적 투쟁의 필요를 점점 더(!) 확신하게 되었다."——따라서 급진파 진영 내의 무의미한 분열의 필요를 [확신하게 되었다]! 우리는 독일 민주주의자들에게 묻는다. 그토록 우스꽝스럽게 자가 당착을 범하는 사람이 당 저술가로서 쓸모가 있는가?

그런데 하인쩬 씨가 자기를 공격했다고 주장하는 그 공산주의자들은 누구인가? 상술한 암시와 특히 그에 잇따른, 공산주의자들에 대한 비난들이 이를 명확히 보여준다. [그는] 다음과 같이 말한다. 공산주의자들은

"문필적 반대 진영 전체를 압도해 버렸다. 그들은 교육받지 못한 사람들의 머리를 혼란스럽게 했다,……그들은 또한 가장 급진적인 사람들을 가장 무분별한 사람들로 깎아 내렸다,……그들은 정치 투쟁을 가능한 한 마비시키는 데 열중했다,……그렇다, 게다가 그들은 마침내는 다름아닌 반동배들과 연합했다. 더욱이 그들은 명백히 그들 교의로 인해, 실제 생활에서는 종종 **비열하고 기만적인 음모가**로 전락해 버렸다."

이러한 비난들의 안개 가득한 모호함으로부터 아주 두드러진 하나의 형상이 떠오른다 : 문필적 산업가 칼 그륀 씨의 형상. 그륀 씨와 하인쩬 씨 사이에는 3년 전에 개인적인 분쟁거리들이 있었다. 그륀 씨는 이 일과 관련하여 『트리에르 신문』에서 하인쩬 씨를 공격했다. 그륀 씨는 문필적 반대 진영 전체를 압도하려고 했다. 그륀 씨는 정치 투쟁을 가능한 한 마비시키는 데 열중했다 등등.

그런데 언제부터 그륀 씨는 공산주의의 대표자가 되었는가? 그가 3년 전에 공산주의자들에게 접근했을 때 그는 결코 공산주의자로서 인정받지 못

했고, 스스로를 공공연히 공산주의자로 선언하지도 않았으며, 1년 이상 전부터는 공산주의자들에게 독설을 퍼붓는 것이 좋은 일이라고 생각해 왔다.

첨언한다면, 맑스가 후일 첫 기회에 그륀 씨의 진정한 모습을 공개적으로 묘사했던 바와 같이, 맑스는 이미 그 당시 하인쩬 씨에 비해 그륀 씨를 훨씬 더 거부했었다.

이제 공산주의자들에 대한 하인쩬 씨의 최후의 '비열하고 기만적인' 중상모략에 관해 얘기해 보자면, 그 근저에 놓여 있는 것은 그륀 씨와 하인쩬 씨 사이에 일어난 한 사건인바, 그 이상의 어떤 것도 아니다. 이 사건은 위두 신사분들과 관계 있는 것이고, 공산주의자들과는 아무런 관계도 없다. 우리는 이 사건에 대해 평가를 내릴 수 있을 만큼 그것을 정확히 알지도 못한다. 그러나 하인쩬 씨가 옳다고 해 두자. 그런데 맑스와 다른 공산주의자들이 그 당사자[그륀 씨]를 거부한 후에도, 그 당사자가 공산주의자가 아니라는 것이 명백히 밝혀진 후에도, 그리고 나서도 하인쩬 씨가 여전히 이 사건을 공산주의의 교의의 필연적 귀결이라고 주장한다면, 그것은 터무니없는 악의이다.

더욱이 하인쩬 씨가, 상술한 그의 비난들로 그륀 씨 이외의 다른 사람들을 가리킨다면, 그는 단지 저 진정한 사회주의자들[69]을 가리킬 뿐이겠는데, 틀림없이 반동적인 그들의 이론들은 공산주의자들에 의해 벌써 오래 전에 부정되었다. 지금은 완전히 해체된 이 경향 중 발전 가능성 있는 모든 사람들은 공산주의자들에게로 옮아 갔으며, 하인쩬 씨가 아직도 그 속에 잠긴 채 스스로를 만들어 내고 있는 그 진정한 사회주의를 이제는 그 사람들 자신이 공격하고 있다. 따라서 하인쩬 씨가 시대에 뒤진 이 몽상들을 다시 파내어 공산주의자들에게 그 책임을 전가시키려 한다면, 그는 또다시 자신의 몸에 밴 터무니없는 무지를 갖고 이야기하는 셈이다. 하인쩬 씨는 여기에서는 자신이 공산주의자들과 혼동한 진정한 사회주의자들을 비난하는 반면에, 그 후에는 진정한 사회주의자들이 공산주의자들을 비난했던 것과 같이 공산주의자들을 터무니없다고 비난하고 있다. 따라서 그는 진정한 사회주의자들을 공격할 권리를 전혀 가지고 있지 않다. 어느 면에서는 그 자신이 그들에게 속해 있는 것이다. 그리고 공산주의자들이 이 사회주의자들에 대한 날카로운 공격의 글을 쓰고 있었을 때, 바로 그 하인쩬 씨는 쮜리히 Zürich 에 앉아서, 루게 씨의 혼란한 머리 속에 작은 자리를 차지하고 있던 진정한 사회주의의 그 토막들을 루게 씨를 통해 전수받았다. 참으로 루게 씨는 자신에게 어울리는 제자를 찾아낸 것이다!

그렇다면 참된 공산주의자들은 도대체 어디에 있는가? 하인쩬 씨는 존경할 만한 예외적인 인물들과 재능이 풍부한 사람들에 대해 이야기하면서, 그들은 공산주의적 연대(!)를 거절할 것이라고 예견한다. 공산주의자들은 진정한 사회주의자들의 저술들과 행동들에 대한 연대를 이미 거절했었다. 다음과 같이 씌어 있는 전문 全文 의 마지막은 그렇다 치더라도, 상술한 모든 비난들 중 공산주의자들에게 타당한 것이라곤 하나도 없다.

"공산주의자들은 …… 자신들의 상상적 우월성에 대한 거만 속에서, 성실한 사람들의 결합의 기초를 형성할 수 있는 모든 것을 비웃어 버렸다."

이렇게 말함으로써 하인쩬 씨는, 공산주의자들이 자신의 지고의 도덕적인 등장을 놀림거리로 삼았다고, 그리고 하인쩬 씨가 모든 사회의 기초를 이룬다고 상상하는 저 모든 신성하고 숭고한 이념, 덕, 정의, 도덕 등등을 조롱하였다고 넌지시 암시하고 싶어하는 듯이 보인다. 이러한 비난을 우리는 받아들인다. 공산주의자들은 성실한 사람 하인쩬 씨의 도덕적 분노를 받아들인다 하더라도 이 영원한 진리들을 조롱하는 것을 멈추지는 않을 것이다. 공산주의자들은 게다가 이 영원한 진리들이 결코 사회의 기초가 아니며, 정반대로 사회의 산물이고 사회 속에서 그 형태가 나타나는 것이라고 주장한다.

게다가 하인쩬 씨가 공산주의자들에게 전가하고 싶어하는 그 사람들에 대한 연대를 공산주의자들이 거절할 것이라고 예견했다면 —— 그의 모든 하찮은 비난들과 음험한 중상모략들은 도대체 무엇이란 말인가? 하인쩬 씨가 단지 소문으로만 공산주의자들을 알고 있다면 - 거의 그렇다고 여겨지는데 -, 공산주의자들이 누구인지 그가 거의 알지 못해서 공산주의자들더러 스스로를 좀 더 자세히 표현해야 한다고, 말하자면 스스로를 그에게 내보여야 한다고 요구한다면, 도대체 얼마나 뻔뻔스럽기에 공산주의자들에 맞서서 그러한 논전을 펼치는 것일까?

"진정으로 공산주의를 내표하거나 혹은 공산주의를 그 순수성 속에서 표현하는 사람들의 징표는, 아마도 공산주의를 방패로 삼는, 그리고 **공산주의를 위해 이용되는** 사람들의 대부분을 완전히 배제해야만 할 것이다. 그리고 그러한 요청에 대해 항의할 사람들은 『트리에르 신문』 사람들뿐일 것이다."

그리고 몇 행 뒤에서는 :

"현재 참으로 공산주의자인 사람들에게는, 자신의 교의를 숨김없이 드러내고 공산주의자가 아닌 자들과는 절교 선언을 할 정도의 철저함과 **성실함**을 가지고 있다는 믿음을 주어야 한다." (오, 고지식한 사람이여!) "사람들이 공산주의자들에게 요구해야 하는 것은"(고지식한 사람들의 어법은 전부 이런 식이다), "가능하다고 꿈꾸어진 혹은 그럴싸하게 보이는 불가능한 일(!!)로 수천의 **고통받는 사람들과 교육받지 못한 사람들의** 머리 속에 만들어 놓은 혼란을 **비양심적으로**(!) 유지하지 말고 현실적 상황의 토대로부터 저 교의의 실현까지의 길을 찾아내는(!) 것이다. 참된 공산주의자들의 **의무는**" (또 한 번 고지식한 사람) "공산주의자들 편인 모든 불명확한 자들을 충분히 일깨우고 하나의 확고한 목표를 향해 그들을 지도하거나 그렇지 않으면 그들과 헤어져 **그들을 이용하지 않거나** 하는 것이다."

만약 루게 씨가 이 마지막 세 복합문을 작성했다 해도 그는 스스로를 훌륭하다고 생각할 것이다. 고지식한 요구들에는 고지식한 사유의 혼동이 완전히 상응하는데, 그 사유에서는 오직 내용만이 문제이고 형식은 문제되지 않으며, 바로 그 때문에 그 사유는 자신이 말하려는 것의 정반대를 말하게 되는 것이다. 하인쩬 씨는 참된 공산주의자들이 겉치레만의 공산주의자들과 결별하기를 요구한다. [그에 의하면] 참된 공산주의자들은 두 개의 상이한 경향들의 혼동으로부터 생긴 혼란(이라고 그는 **말하려 한다**)을 끝장내야 한다. 그러나 '공산주의자들'과 '혼란'이라는 두 단어가 그의 머리 속에서 부딪치자마자 바로 그 곳에서 하나의 혼란이 생겨난다. 하인쩬 씨는 실마리를 놓쳐 버린다 ; 공산주의자들은 **일반적으로** 교육받지 못한 사람들의 머리를 혼란시킨다는 그의 상투적인 공식이 그의 **뼈** 속으로 스며든다. 그는 참된 공산주의자들과 그렇지 않은 공산주의자들을 망각한다. 그는 가능하다고 꿈꾸어진 온갖 종류의 그럴싸해 보이는 불가능한 일들에 희극적이고 둔중하게 발이 걸려 마침내는 현실적 상황이라는 토대 위로 빌렁 나자빠지고 말며, 그 토대 위에서 다시 의식을 회복한다. 이제서야 그에게는, 자신이 완전히 다른 것을 말하려고 했다는 생각이, 문제는 이것이 혹은 저것이 가능한가가 아니었다는 생각이 다시 떠오른다. 그는 자신의 주제로 다시 돌아오지만 그러나 아직도 머리가 멍해서 방금 묘사된 바의 공중제비를 행했던 그 명문을 전혀 삭제하지 않는다.

문체에 대해서는 그만해 두자. 내용에 대해서 우리는, 하인쩬 씨가 정직한 독일인으로서 자신의 요구들을 너무 늦게 내보였다는 것과 공산주의자들은 저 진정한 사회주의자들을 오래 전에 거부했었다는 것을 반복해 둔다. 그러나 또한 우리는 여기에서, 소곤대는 중상모략의 사용이 고지식한 사람의 성격과 양립 불가능한 것은 아님을 보게 된다. 요컨대 하인쩬 씨는 공산주의적 저술가들이 공산주의적 노동자들을 단지 이용할 뿐이라고 충분히 명백하게 암시하고 있는 것이다. 공산주의적 저술가들이 그들 자신의 의도를 가지고 공공연히 등장하는 것은 공산주의를 위해 이용될 대중들의 대부분을 완전히 배제하게 될 것이라고 그는 꽤 노골적으로 말한다. 그는 공산주의적 저술가들을, 자신을 위한 비밀스런 지혜를 소유하고 있으면서 교육받지 못한 사람들을 마음대로 부리기 위해 그들에게 그 지혜를 가르쳐 주지 않는 예언자, 사제 혹은 성직자로 간주한다. 모든 **불명확한 자들을 일깨워야** 하고 그들을 **이용해서는** 안 된다는 그의 모든 고지식한 요구들은 명백히, 공산주의의 문필적 대표자들이 노동자들을 불명확한 상태로 놓아 둠으로써 이익을 얻을 것이라는 가정, 지난 세기에 계명 결사들 Illuminaten[70]이 또한 인민을 이용하려 했던 것과 같이 공산주의의 문필적 대표자들은 노동자들을 단순히 이용할 뿐이라는 가정으로부터 출발하고 있다. 이 몰상식한 전제들은 또한, 하인쩬 씨가 그 자신의 혼란과 함께 교육받지 못한 사람들의 머리 속 도처에서, 즉 부적당한 곳에서 비분 강개하는 이유이며, 그가 솔직히 말하지 않는 벌로 문체상의 공중제비를 넘어야 하는 이유이다.

우리는 이러한 중상모략을 단순히 확인해 두는 것이지 토론하는 것은 아니다. 우리는 공산주의적 노동자들에게 스스로 그것에 대해 판단을 내리도록 맡겨 둔다.

마지막으로 우리는 하인쩬 씨의 이 모든 예비 작업, 이탈, 요구, 중상모략 그리고 공중제비 다음으로 공산주의자에 대항하는 그의 이론적 공격과 의심에 다다른다.

하인쩬 씨는

> "공산주의적 교의의 핵심을 사적 소유(또한 노동에 의해 획득된 사적 소유)의 폐기와 그리고 그 폐기로부터 불가피하게 결과하는 생활 재화의 공동 이용이라는 원리 속에서 재빨리 간파한다."

하인쩬 씨는, 공산주의가 **핵심**으로서의 어떤 특정한 이론적 원리로부터 출발하여 그로부터 더 나아간 결론들을 끌어내는 일종의 **교의**일 것이라고 상상한다. 하인쩬 씨는 아주 잘못 생각하고 있다. 공산주의는 결코 교의가 아니라 하나의 **운동**이다 ; 공산주의는 원리들로부터가 아니라 **사실**들로부터 출발한다. 공산주의자들은 이러저러한 철학을 전제로 삼는 것이 아니라, 지금까지의 역사 전체 그리고 특수하게는 문명국들에서의 역사의 현재의 사실적 성과들을 전제로 삼는다. 공산주의는 대공업과 대공업의 결과로부터, 세계 시장의 조성으로부터, 그와 함께 생긴 무제한적 경쟁으로부터, 점점 더 폭력적·전반적으로 되어 가는 상업 공황—이제는 이미 완전한 세계 시장 공황으로 되어 있는—으로부터, 프롤레타리아트의 발생과 자본의 집적으로부터, 그로부터 결과하는 프롤레타리아트와 부르주아지 사이의 계급 투쟁으로부터 출현한 것이다. 공산주의는 그것이 이론적인 한에 있어서는, 이 투쟁에 있어서의 프롤레타리아트의 입장의 이론적 표현이며 프롤레타리아트의 해방의 조건들의 이론적 총괄이다.

공산주의에 판결을 내리려 했다면 하인쩬 씨는 공산주의의 핵심을 사적 소유의 폐기 속에서 재빨리 간파하는 것 이상의 무언가를 해야 한다는 것 ; 그가 사적 소유의 폐기에 대해 입에서 나오는 대로 아무 말이나 지껄이기보다는 특정 국민 경제학의 연구를 행하는 것이 더 낫다는 것 ; 그가 사적 소유의 폐기의 조건들을 또한 인식하지 못한다면 사적 소유의 폐기의 **결과들**에 대해서는 조금도 알 수 없다는 것 등을 하인쩬 씨는 이제야 아마 이해할 것이다.

그러나 하인쩬 씨는 이러한 조건들에 대해 너무나 심한 무지에 사로잡혀 있어서 심지어는 '생활 재화의 공동 이용'(이 또한 멋있는 표현)이 사적 소유의 철폐의 **결과**라고 주장하기까지 한다. 정확히 그 반대이다. 대공업이,

기계와 교통과 세계 무역의 발전이 너무도 광대한 폭을 취하게 되어 개별화된 자본가들에 의한 그것들의 이용은 나날이 불가능해지고 있기 때문에 ; 증대하는 세계 시장 공황이 그에 대한 가장 확실한 증명이기 때문에 ; 현재의 생산 및 교류의 **양식**하에서의 생산력들과 교류 **수단들**이 나날이 성장하여 개인적 교환과 사적 소유로는 감당할 수 없기 때문에 : 한마디로 말해 공업, 농업, 교환의 공동 경영이 공업, 농업, 교환 자체에 있어서 하나의 물질적 필연성이 되는 그 시점이 가까워지고 있기 때문에, 그런 이유들 때문에 사적 소유는 철폐될 것이다.

따라서 하인쩬 씨가, 프롤레타리아트의 해방의 조건임에 틀림이 없는 사적 소유의 폐기를 그 고유한 조건들로부터 떼어 낸다면, 현실 세계와의 모든 관련을 배제한 채 사적 소유의 폐기를 단순한 골방주의자의 백일몽으로 간주한다면, 사적 소유의 폐기란 순전한 공문구가 될 것이며, 그에 대해 하인쩬 씨는 단지 천편일률적인 헛소리만을 할 수 있을 뿐이다. 그는 다음과 같은 헛소리를 한다 :

　　“상술한 바와 같은, 일체의 사적 소유의 말살을 통해 공산주의는 또한 필연적으로 **개인 생활**을 폐기해 버린다.” (따라서 하인쩬 씨는 우리들이 인간들을 시암 쌍둥이[1] 들로 만들려 했다고 비난한다.) “그 결과는 다시 한 번 각인을 공동체 양식으로 정돈된, 말하자면(!!) 하나의 병영 경제로 편입시키는 것이다.” (이것이 명백히 개인 생활에 대한 하인쩬 씨 고유의 헛소리들의 결과일 뿐이라는 것을 독자는 잘 알아차리기를.) “이리하여 공산주의는 개성을 …… 독립성을 …… 자유를 파괴한다.” (진정한 사회주의자들과 부르주아들의 낡은 쑥덕공론. 분업에 의해 마지못해 구두 수선공들, 공장 노동자들, 부르주아들, 법률가들, 농민들로, 즉 특정의 노동과 이 노동에 상응하는 윤리, 생활 양식, 선입견, 편협함 등등의 노예로 만들어진 오늘날의 개인들에게 파괴될 그 어떤 개성이 있는 것처럼!) “공산주의는 **획득된** 사적 소유인 개인의 필연적 속성 혹은 기초” (이 ‘혹은’이 아주 근사하다)“와 함께 그 개인을 ‘공동체 혹은 사회라는 망령’” (여기서도 역시 슈티르너인가?) “에게 바치는 반면에, 공동체는

---

1) 배 윗부분이 동체인 기형 쌍생아를 이름. 1811년 중국인 아버지와 시암(siam : 타이의 옛 이름)인을 어머니로 하여 시암에서 태어난 남아 쌍생아는 윗 부분이 동체였다. (역자)

각 개인에게 있어 목적이 아니라 오직 수단일 수 있을 뿐이며 또 그래야 한 다."(그래야 한다!!!)

하인쩬 씨는 그 **획득된** 사적 소유에 특별한 중요성을 두는데, 그는 그렇게 함으로써 또다시, 그가 말하고 있는 대상에 대한 극도의 무지를 증명한다. 각자가 벌어들인 것을 각자에게 주는 하인쩬 씨의 고지식한 공평함은 유감스럽게도 대공업에 의해 좌절되고 있다. 대공업이 사적 소유의 족쇄로부터 완전히 해방될 정도로 광범위하게 발전하지 못한 한, 그러한 한 대공업은 현재 행해지는 생산물 분배와 다른 어떤 생산물 분배도 허용하지 않으며, 그러한 한 자본가는 자신의 이윤을 호주머니에 챙길 것이고 노동자는 임금의 최소한이 어떤 것인가를 점점 실제로 알게 될 것이다. 프루동 씨는 **획득된** 소유를 체계적으로 설명하였으며 그것을 현존 관계들과의 연관 속으로 가져오려고 했으나, 주지하다시피 확실히 실패하였다. 하인쩬 씨는 설마 유사한 시도를 감행하지는 않을 것이지만, 그것에 관한 연구는 해야 하는데, 그는 아마 그것도 하지 않을 것이다. 그러나 프루동 씨의 예는 하인쩬 씨로 하여금 그가 획득한 소유물을 공개하지 않도록 가르쳐 줄지도 모른다.

이제 하인쩬 씨가, 공산주의자들이 환상을 쫓고 있고 발 밑의 현실적 토대들을 상실한다고 하며 공산주의자들을 비난한다면 ——이 비난을 받을 사람은 누구인가?

더욱이 하인쩬 씨는 아직도 많은 것을 주장하고 있지만, 우리는 더 이상, 그것을 상세히 파고들 필요가 없다. 우리는 그가 더 나아가면 갈수록 그의 문장들은 더욱더 형편없어진다는 것만 주목한다. 어떤 정당이라도 만일 그를 자신의 문필상의 대표자로 인정한다면 정당한 말을 찾지 못하는 그의 언어상의 서투름은 그것만으로도 그 당의 명예를 깎아 내리기에 충분할 것이다. 그의 정견의 서투름은 그로 하여금 항상 그가 말하려고 하는 것과는 완전히 다른 것을 말하게 한다. 그래서 그의 문장들 어디에서나 다음과 같은 이중의 넌센스가 있다 : 첫째로는 그가 말하려고 하는 그 넌센스요, 둘째로는 그가 말하지 않으려고 하나 그럼에도 말하고 있는 넌센스다. 우리는 위에서 그 한 예를 들었었다. 우리는 하인쩬 씨가 다음과 같이 말함으로써 군주들의 권력에 대한 자신의 오래 된 미신을 반복하고 있다는 것만을 주목한다. 즉 전복되어야 할, 그리고 국가 권력 이외에 다른 어떤 것도 아닌 **권력**이 모든 부당함의 발기인이고 유지자이며, 또 늘 그래왔었다고, 그리고 자신은 **현실적 법치 국가**(!)를 건설하였는바, 이 공상의 건축물 안에서 '일반적 발전으로부터(!) 이론적으로 정당하게(!) 실천적으로 가능하게(!) 생겨난 저 모든 사회 개량들에 착수하겠다'고 말함으로써!!!

의도는 좋지만 문체는 형편없다. 이것이 실로 이 탁세 濁世 에서의 정직함의 운명이라는 것이다.

> 시대 정신에 유혹당한
> 시골뜨기 쌍뀔로뜨
> 춤은 몹시 졸렬해도
> 털 많은 가슴에는 신념을 지니고 있다네 ;
> ………………
> 재능은 없어도 절조는 있다네.[71]

하인쩬 씨는 우리의 기사를 보고, 모욕당한 우직한 자에 꼭 맞는 분노에 휩싸일 것이다. 그러나 그런 까닭에 그는 자신의 서체도, 면박을 불러일으키는 무익한 선동 방식도 포기하지 않을 것이다. 행동과 결의의 한낮에 그가 등불을 가지고 위협하는 것은 우리에게 커다란 즐거움을 불러일으켰다.

요약하면 : 공산주의자들은 독일 급진파와 제휴해야 하고 또 그렇게 할 것이다. 그러나 공산주의자들은 당 전체의 명예를 떨어뜨리는 어떤 저술가들에 대해서도 공격할 권리를 가지고 있다. 우리가 하인쩬 씨를 공격하는 것은 다른 어떤 의미에서가 아니라 바로 이러한 의미에서이다.

브뤼셀, 1847년 10월 3일   F. 엥겔스

주의. 우리는 지금 막 한 노동자에 의해 씌어진 소책자를 받았다 : 『하인쩬 식 국가, **슈테판의 비판**』, 베른 Bern, 레처 Rätzer.[72] 하인쩬 씨가 이 노동자의 반만큼만 글을 잘 쓴다면 그는 기뻐할 수 있을 것이다. 여하튼 간에

하인쩬 씨는 이 소책자로부터, 왜 노동자들이 하인쩬 씨의 농업 공화국에 대해 아무것도 알려 하지 않는가를 확실하고 충분하게 알 수 있다.──우리는 또한, 이 팜플렛이 노동자에 의해 씌어진 최초의 것이며, 도덕적 태도를 취하지 않고 현재의 정치적 투쟁들을 사회의 다양한 계급들 상호간의 투쟁으로 귀착시키려고 한다는 것에 주목한다.

출전 :『브뤼셀 독일어 신문』 맑스·엥겔스 저작집,
제79호 및 80호 제4권, 309-324면.
1847년 10월 3일자 및 7일자.

최병연 번역

프리드리히 엥겔스
공산주의의 원칙들[73]

1. 문 : 공산주의란 무엇인가?

답 : 공산주의란 프롤레타리아트의 해방의 조건들에 관한 학설이다.

2. 문 : 프롤레타리아트란 무엇인가?

답 : 프롤레타리아트란 그 어떤 자본의 이윤으로부터가 아니라 오직 자신의 노동의 판매[74]에 의해서만 자신의 생계를 유지하는 바로 그러한 사회 계급이다 ; 이 계급의 행복과 불행, 이 계급의 삶과 죽음, 그 생존 전체는 노동에 대한 수요에, 호경기와 불경기의 변천에, 고삐 풀린 경쟁의 변동들에 달려 있다. 프롤레타리아트 혹은 프롤레타리아 계급은 한마디로 19세기의 노동 계급이다.

3. 문 : 그렇다면 프롤레타리아트가 항상 존재했던 것은 아니란 말인가?

답 : 그렇다. 빈민들과 노동 계급들은 언제나 존재했다 ; 또한 노동 계급들은 대개 가난했다. 그러나 위에서 지적한 상황들 속에서 생활했던 그러한 빈민, 그러한 노동자, 따라서 프롤레타리아는, 경쟁이 항상 자유롭고 고삐 풀린 것이 아니었던 것처럼 항상 존재했던 것은 아니다.

4. 문 : 프롤레타리아트는 어떻게 발생하였는가?

답 : 프롤레타리아트는, 이전 세기 후반에 영국에서 일어났고 그 후 세계

의 모든 문명국들에서 되풀이되었던 산업 혁명에 의해서 발생하였다. 이 산업 혁명은 증기 기관, 다양한 방적 기계들, 직조기들 그리고 일련의 여타 기계 장치들의 발명에 의해서 초래되었다. 그 값이 매우 비싸서 소수의 대자본가들만이 조달할 수 있었던 이 기계들은 지금까지의 생산 양식 전체를 변화시켰으며 종전의 노동자들을 몰아내었는바, 이는 노동자들이 자신들의 불완전한 물레나 베틀을 가지고 제작할 수 있었던 것보다 기계들이 더 질 좋고 더 값싸게 상품들을 공급할 수 있었기 때문이었다. 이를 통해서 이 기계들은 산업을 완전히 대자본가들의 손에 넘겨 주었으며, 노동자들의 보잘것없는 자산(도구, 베틀 등등)을 완전히 무가치한 것으로 만들었는데, 그 결과 자본가들은 곧 모든 것을 자신의 손아귀에 넣게 되었으며, 노동자들에게는 아무것도 남지 않게 되었다. 이렇게 하여 옷감의 제조에 공장 제도가 도입되었다.——일단 기계 장치와 공장 제도를 도입하는 데에 충격이 가해지자 이 제도는 곧 여타의 모든 산업 부문들, 특히 날염捺染, 인쇄, 요업, 금속 제품 공업 들에도 적용되었다. 노동은 점점 더 개별적 노동자들 사이에 분할되었고, 그 결과 이전에는 한 제품 전체를 만들었던 노동자가 지금은 이 제품의 일부분만을 만들게 되었다. 이 분업은 생산물들이 더 빨리, 따라서 더 싸게 공급될 수 있도록 만들었다. 분업은 각각의 노동자의 활동을 매우 단순하면서 끊임없이 반복되는 기계적인 조작으로 환원시켰던바, 기계는 이 기계적 조작을 인간만큼 잘 해낼 뿐 아니라 심지어는 더 잘 수행할 수 있었다. 이런 식으로 해서 이 모든 산업 부문들은 방적업 및 직조업과 마찬가지로 차례차례 증기력, 기계, 공장 제도의 지배 아래 빠져 들어갔다. 그런데 이와 동시에 모든 산업 부문들은 완전히 대자본가들의 손안에 들어갔으며, 노동자들은 여기서 또한 자신의 자립성의 마지막 한 조각까지도 빼앗기게 되었다. 점차적으로 본래의 매뉴팩처 외에 수공업까지도 점점 더 공장 제도의 지배 아래 들어가게 되었는데, 이는 여기서도 또한 막대한 비용을 절약시켜 주는 동시에 노동을 더욱 잘게 분할할 수 있는 대공장의 설치에 의해서 대자본가들이 소장인들을 점점 더 몰아냈기 때문이다. 이리하여 오늘날 모든 문명국들에서 거의 모든 노동 부문들이 공장식으로 운영되게 되었으며, 거의 모든 노동 부문들에서 수공업과 매뉴팩처가 대공업에 의해서 밀려나 버리게 되었다.——이리하여 종래의 중간 신분, 특히 소수공업적 장인들이 점점 더 파멸하게 되고, 노동자들의 이전의 처지는 완전히 변하여 새로운 두 계급, 다른 모든 계급들을 점차 삼켜 버리는 계급들이 창출되었다. 즉 :

I. 오늘날 모든 문명국들에서 모든 생활 수단과 생활 수단의 생산에 필요한 원료 및 도구들(기계들, 공장들)을 이미 거의 배타적으로 소유하고 있는 대자본가 계급. 이 계급이 부르주아 계급 혹은 부르주아지이다.

II. 자신의 생계 유지에 필요한 생활 수단을 얻기 위하여 자신의 노동을 부르주아에게 판매하는 것에 의존하는 완전한 무산 계급. 이 계급은 프롤레타리아 계급 혹은 프롤레타리아트라 불리운다.

5. 문 : 부르주아들에 대한 프롤레타리아의 이러한 노동 판매는 어떠한 조건들 하에서 일어나는가?

답 : 노동은 다른 모든 상품들과 마찬가지로 하나의 상품이므로 그 가격은 다른 모든 상품들이 가지고 있는 법칙들과 정확히 똑같은 법칙들에 의해서 결정된다. 그런데 어떤 상품의 가격은 − 우리가 보게 될 것처럼 하나로 귀착되는데 auf eins hinauskommt − 대공업 또는 자유 경쟁의 지배 아래에서는 평균적으로 늘 그 상품의 생산비와 같다. 따라서 노동의 가격 역시 노동의 생산비와 같다. 그런데 노동의 생산비는 바로 노동자를 노동 능력을 유지할 수 있는 상태에 두며 노동자 계급이 절멸하지 않도록 하는 데에 필요한 만큼의 생활 수단들로 이루어져 있다. 따라서 노동자는 자기 노동의 대가로 이런 목적에 필요한 만큼 이상은 받지 못한다 ; 노동의 가격 혹은 임금은 따라서 최저치, 생계 유지에 필요한 최소치가 될 것이다. 그러나 경기란 때로는 좋고 때로는 나쁘기 때문에 노동자는 때로는 많이 때로는 적게 받는데, 이는 공장주가 자기 상품에 대해 때로는 많이 때로는 적게 받는 것과 꼭 마찬가지이다. 그런데 호경기와 불경기를 평균해 보면 공장주가 자신의 상품에 대해서 자신의 생산비 이상도 이하도 받지 않는 것과 마찬가지로 노동자도 역시 평균적으로 바로 이 최소치 이상도 이하도 받지 않게 된다. 그리고 임금의 이러한 경제 법칙은 대공업이 모든 생산 부문들을 장악하면 할수록 더욱더 엄격하게 관철될 것이다.

6. 문 : 산업 혁명 이전에는 어떤 노동자 계급들이 있었는가?

답 : 노동 계급들은 사회의 각각 상이한 발전 단계들에 따라 상이한 상태 속에서 살았으며, 유산 지배 계급들에 대해 상이한 지위들을 가졌다. 고대에는 노동 계급들이, 아직도 많은 후진 국가들에 그리고 심지어는 합중국의 남부에 존재하고 있는 것과 같이 그 소유주의 **노예들**이었다. 중세에는 노동 계급들이, 오늘날 헝가리, 폴란드, 러시아 등지에 여전히 존재하고 있는 것과 같이 토지 소유 귀족의 **농노들**이었다. 그 밖에도 중세에는, 그리고 산업 혁명에 이르기까지는 도시들에 소부르주아적 장인들을 위해서 노동하는 수공업 직인들이 있었고, 매뉴팩처의 발전과 더불어 점차적으로, 이미 대자본가들에게 고용된 매뉴팩처 노동자들 또한 출현하였다.

7. 문 : **프롤레타리아는 어떤 점에서 노예와 구별되는가?**

답 : 노예는 한 번 팔리는 것을 끝으로 영원히 ein für allemal 팔린다 ; 프롤레타리아는 매일 매시 자신을 팔지 않으면 안 된다. 한 주인의 재산인 개별 노예는 이 주인의 이해에 의하여 아무리 빈곤할지라도 어쨌든 하나의 보장된 생존을 획득한다 ; 누군가가 자신의 노동을 필요로 할 때에만 자신의 노동을 파는, 말하자면 부르주아 **계급** 전체의 재산인 개별 프롤레타리아는 그 생존을 보장받지 못한다. 이와 같은 생존은 오직 프롤레타리아 **계급** 전체에게만 보장된다. 노예는 경쟁의 바깥에 서 있으나, 프롤레타리아는 경쟁 속에 서 있으며 경쟁의 모든 변동들을 느낀다. 노예는 하나의 물건으로 간주되고 시민 사회의 일원으로 간주되지 않는다 ; 프롤레타리아는 인격으로 인정되고 시민 사회의 일원으로 인정된다. 따라서 노예가 프롤레타리아보다 더 나은 생존을 영위할 수 있긴 하지만, 프롤레타리아가 사회의 더 높은 발전 단계에 속하는 것이며 그 자신 노예보다 더 높은 단계에 서 있는 것이다. 노예는 모든 사적 소유 관계들 중에서 오직 노예제라는 관계만을 폐지함으로써 자신을 해방시키며, 이를 통해서 비로소 스스로 프롤레타리아가 된다 ; 프롤레타리아는 사적 소유 일반을 폐지함에 의해서만 자신을 해방시킬 수 있다.

8. 문 : **프롤레타리아는 어떤 점에서 농노와 구별되는가?**

답 : 농노는 수확의 일부를 바치거나 노역을 부담하는 대신에 생산 도구,

한 조각의 땅을 점유하고 이용한다. 프롤레타리아트는 생산물의 일부를 받는 대신에 타인의 생산 도구들을 가지고 그 타인의 계정을 위해서 노동한다. 농노는 바치며 프롤레타리아는 받는다. 농노는 생존을 보장받고 있으나 프롤레타리아는 그렇지 못하다. 농노는 경쟁의 바깥에 서 있으나 프롤레타리아는 경쟁 속에 서 있다. 농노는 도시들로 도망가서 거기서 수공업자가 되든가 자신의 지주들에게 노동 및 생산물 대신에 화폐를 바쳐서 자유로운 임차인이 되든가 혹은 자신의 영주들을 내몰고 스스로 소유자가 되든가 함으로써, 요컨대 이런 저런 방식으로 유산 계급이 되고 경쟁 속으로 들어감으로써 자신을 해방시킨다. 프롤레타리아는 경쟁, 사적 소유 및 계급 차별들을 폐지함으로서 자신을 해방시킨다.

9. 문 : 프롤레타리아는 어떤 점에서 수공업자와 구별되는가?[75]

10. 문 : 프롤레타리아는 어떤 점에서 매뉴팩처 노동자와 구별되는가?

답 : 16세기에서 18세기까지의 매뉴팩처 노동자는 거의 어디서나 여전히 생산 도구를, 자신의 베틀, 그의 가족을 위한 물레, 그가 남는 시간에 경작하는 작은 농지를 가지고 있었다. 프롤레타리아는 아무것도 가지고 있지 않다. 매뉴팩처 노동자는 거의 언제나 농촌에서 생활하며 자신의 지주들 혹은 고용주와의 다소 가부장제적인 관계들 속에서 생활한다 ; 프롤레타리아는 대부분 대도시들에서 생활하며 자신의 고용주와 순전한 화폐 관계를 맺고 있다. 매뉴팩처 노동자는 대공업에 의해서 자신의 가부장제적인 관계들에서 뜯겨져 나오고 그가 여태까지 보유하고 있던 소유물을 상실하며, 이에 의해 그 자신 비로소 프롤레타리아가 된다.

11. 문 : 산업 혁명 및 부르주아와 프롤레타리아로의 사회의 분열에 잇따른 결과들은 무엇이었는가?

답 : **첫째로,** 기계 노동의 결과 공산품들의 가격이 점점 더 싸졌기 때문에 매뉴팩처 제도 및 손노동에 근거하고 있던 낡은 산업 제도는 세계 각국에서 완전히 파괴되었다. 지금까지 역사적 발전으로부터 많든 적든 동떨어져 있었고 자국의 산업이 지금까지 매뉴팩처에 근거하고 있었던 모든 반(半) 야만

적인 나라들은 이 때문에 쇄국 상태로부터 억지로 끌어내어졌다. 이 나라들은 더 값싼 영국인의 상품을 구매하고, 자국의 매뉴팩처 노동자들이 몰락하도록 방치하였다. 그리하여 예를 들면 인도처럼 수천 년 이래 단 한 걸음도 진보하지 못했던 나라들에서도 조금씩 혁명이 일어났으며, 심지어 중국까지도 이제는 혁명을 향하여 나아가고 있다. 그리하여 오늘 영국에서 발명된 새 기계가 일 년도 채 못되는 사이에 수백만의 중국 노동자들로부터 빵을 빼앗는 지경에 이르렀다. 이런 식으로 대공업은 지구상의 모든 민족들을 서로 연결시키고 모든 소규모의 지방적 시장들을 세계 시장으로 통합하고 도처에서 문명과 진보를 예비하였던바, 그 결과 문명국들에서 일어난 모든 일이 다른 나라들에 영향을 끼치지 않을 수 없게 되었다. 그 결과, 만약 지금 영국이나 프랑스에서 노동자들이 해방된다면 이것이 다른 모든 나라들에서 빠르든 느리든 간에 그곳의 노동자들의 해방을 야기할 혁명을 이끌어 내지 않을 수 없게 되었다.

둘째로 산업 혁명은 대공업이 매뉴팩처를 대체한 곳에서는 어디서나 부르주아지를, 부르주아지의 부와 힘을 최고도로 발전시켰으며, 그들을 국내 제 I 의 계급으로 만들었다. 이로부터 빚어진 결과는, 이러한 일들이 일어난 곳에서는 어디서나 부르주아지가 정치 권력을 손아귀에 넣었으며 종래의 지배 계급들인 귀족, 쭌프트 성원 및 이 양자를 대표하던 절대 왕정을 밀어냈다는 것이었다. 부르주아지는 장자 상속제나 토지 소유의 양도 금지 및 모든 귀족적 특권들을 폐지함으로써 귀족 정치의 힘을 절멸시켰다. 부르주아지는 모든 쭌프트들과 수공업적 특권들을 폐지함으로써 쭌프트 성원들의 힘을 파괴했다. 이들 양 세력의 자리에 부르주아지는 자유 경쟁을 가져다 놓았다. 즉 누구나 자기가 하고 싶은 산업 부문을 경영할 권리를 가지고 있고 필요한 자본의 결여 이외에는 각인이 그러한 경영을 하는 것을 방해할 수 없는 사회 상태를 가져다 놓았다. 따라서 자유 경쟁의 도입이란, 지금부터 사회의 성원들은 그들의 자본들이 동일하지 않은 한에서만 불평등하다는 사실, 자본이 결정적 힘이 되었으며 따라서 자본가들, 부르주아들이 사회의 제 I 의 계급이 되었다는 사실의 공공연한 선언이다. 그런데 대공업의 초기에는 자유 경쟁이 필수적인데, 왜냐하면 자유 경쟁은 대공업이 출현할 수 있는 유일한 사회 상태이기 때문이다. 부르주아지는 귀족과 쭌프트 성원들의 사회적 힘을 절멸시킨 후에 그들의 정치 권력도 절멸시켰다. 부르주아지는 사회 속에서 제I의 계급으로 올라섰듯이 자신들이 정치적 형태에 있어서도 제I의 계급이라고 선포하였다. 부르주아지는 대의제의 도입에 의해서 이를 실행하였는데, 이 대의제는 법률 앞에서의 부르주아적 평등과 자유 경쟁의 법률적 승인에 근거하고 있으며, 유럽 각국에서는 입헌 군주제의 형태로 도입되었다. 이러한 입헌 군주제 아래에서는 일정한 자본을 소유하고 있는 자들만이, 따라서 오직 부르주아들만이 선거인들이 된다 ; 이 부르주아 선거인들은 대의원을 선출하고 이 부르주아 대의원들은 납세 거부의 권리를 이용하여 부르주아 정부를 선출한다.

셋째로 산업 혁명은 부르주아지를 발전시키는 것과 같은 정도로 도처에서 프롤레타리아트를 발전시켰다. 부르주아들이 부유해지는 것과 같은 비율로 프롤레타리아들의 숫자가 늘어났다. 왜냐하면 프롤레타리아들은 오직 자본에 의해서만 고용될 수 있고 자본은 노동을 고용해야만 증식되므로, 프롤레타리아트의 증가는 자본의 증가와 정확히 보조를 맞추기 때문이다. 동시에 산업 혁명은 부르주아들과 프롤레타리아들을 산업 경영에 가장 유리한 대도시들로 집결시키며, 또한 산업 혁명은 한 장소에 거대한 대중을 이처럼 밀집시킴으로써 프롤레타리아들이 자신들의 힘을 의식하도록 만든다. 게다가 산업 혁명이 더 발전하면 할수록, 손노동을 몰아내는 새로운 기계들이 더 많이 발명되면 될수록 대공업은 임금을, 이미 앞에서 말한 것처럼, 더욱더 최소치로 떨어뜨리고 이리하여 프롤레타리아트의 처지를 더욱더 견딜 수 없는 것으로 만든다. 이처럼 산업 혁명은 한편으로는 불만을 증대시킴에 의하여, 다른 한편으로는 프롤레타리아트의 힘을 증대시킴에 의하여 프롤레타리아트에 의한 사회의 혁명을 준비한다.

12. **문** : 산업 혁명의 그 다음의 결과들은 무엇이었는가?

답 : 대공업은 증기 기관과 여타의 기계들을 사용하여 산업 생산을 짧은 시간에 적은 비용으로 무한히 증대시킬 수 있는 수단을 창조하였다. 생산이 이렇듯 용이해짐에 따라 이러한 대공업이 필연적으로 야기하는 자유 경쟁은 곧바로 극히 격렬한 성격을 띠게 되었다 ; 많은 자본가들이 공업에 투신하였으며 얼마 안 가서, 사용될 수 있는 것보다 더 많은 것이 생산되게 되었다.

이로부터 나타난 결과는 제조된 상품들이 팔릴 수 없게 된 것, 그리고 소위 상업 공황이 출현하게 된 것이다. 공장들은 휴업할 수밖에 없게 되었고, 공장주들은 파산하였으며, 노동자들은 빵을 잃게 되었다. 엄청난 빈곤이 곳곳에 닥쳐왔다. 얼마간 시간이 흐르자 과잉 생산물들이 팔리고, 공장들이 다시 가동되기 시작했으며, 임금이 올라갔고, 경기는 다시 점차 이전보다 호전되었다. 그러나 오래지 않아 다시 너무 많은 상품들이 생산되었고, 이전과 똑같은 경로를 다시 밟는 새로운 공황이 닥쳐왔다. 이와 같이 금세기 시작 이래 산업의 상태는 번영기와 공황기 사이에서 끊임없이 동요하여 왔고, 거의 규칙적으로 5-7년마다 한 번씩 이러한 공황이 닥쳐왔는데 이 공황은 매번 노동자들의 극심한 빈곤, 전반적인 혁명적 소요, 현존 상태 전체에 대한 커다란 위험과 연결되었다.

13. 문 : 규칙적으로 반복되는 이 상업 공황들로부터 어떠한 결론이 도출되는가?

답 : **첫째** : 대공업은 비록 그 최초의 발전 시기에는 스스로 자유 경쟁을 낳았지만 그럼에도 불구하고 오늘날에 와서 자유 경쟁이 감당할 수 없을 만큼 성장했다는 것 ; 경쟁, 그리고 일반적으로 개인에 의한 산업 생산의 경영은 대공업에 대해서 분쇄되어야 하고 또 분쇄되고야 말 족쇄로 되어 있다는 것 ; 대공업이 현재의 토대 위에서 경영되는 한, 그것은 매번 문명 전체를 위협하고 프롤레타리아들만을 빈곤 속에 몰아넣는 것이 아니라 다수의 부르주아들도 몰락시키는, 7년 주기로 반복되는 전반적 혼란을 통해서만 유지될 수 있다는 것 ; 따라서 절대로 불가능한 일이긴 하나 대공업 자체가 완전히 포기되어야만 한다는 것, 그렇지 않으면 대공업이 전혀 새로운 사회 조직, 즉 상호 경쟁하는 개별적 공장주들이 더 이상 공업 생산을 지도하지 않고 사회 전체가 확고한 계획에 의거해서 그리고 만인의 욕구들에 의거해서 공업 생산을 관리하는 새로운 사회 조직을 절대적으로 필요한 것으로 만들고 있다는 것 등.

둘째로 : 대공업과 또 그것에 의해 가능하게 된 생산의 무한한 확장은 모든 생활 필수품들이 아주 많이 생산되어 사회 성원 각자가 자신의 모든 능력과 소질을 완전히 자유롭게 발전시키고 또 실행할 수 있는 처지에 있게

되는 사회 상태를 가능하게 한다는 것. 그리하여 따라서 오늘날의 사회에서는 모든 빈곤과 상업 공황을 낳는 대공업의 바로 그 속성이 다른 사회 조직 아래에서는 바로 이러한 빈곤을 근절하고, 불행을 야기하는 이러한 변동들을 근절하게 되는 바로 그 속성이라는 것.

따라서 다음의 사실들이 아주 명확하게 증명된다는 것 :

1. 오늘날 이 모든 악이 생긴 데 대한 책임은 오로지, 더 이상 상황에 걸맞지 않는 사회 질서에 돌려져야 한다는 것, 그리고

2. 새로운 사회 질서를 통해서 이러한 악을 완전히 제거하기 위한 수단이 존재한다는 것.

14. 문 : 이 새로운 사회 질서는 어떠한 종류의 것이어야만 할 것인가?

답 : 이 새로운 사회 질서는 무엇보다도 우선 산업 및 모든 산업 부문들 일반의 경영을 상호 경쟁하는 개별적 개인들의 수중에서 탈취해야만 할 것이며, 그 대신 이 모든 산업 부문들이 사회 전체에 의하여, 즉 공동의 부담으로 공동의 계획에 의거하여 모든 사회 성원의 참가하에 경영되도록 해야만 할 것이다. 따라서 이 새로운 사회 질서는 경쟁을 폐지하고 그 자리에 연합 Assoziation 을 가져다 놓을 것이다. 그런데 개개인에 의한 산업 경영은 사적 소유를 그 필연적 결과로서 가져왔으며 경쟁은 개별적 사적 소유자에 의한 산업 경영의 방식에 지나지 않으므로, 사적 소유는 개개인에 의한 산업 경영 및 경쟁과 분리될 수 없다. 따라서 사적 소유도 마찬가지로 폐지되지 않으면 안 되며, 그 자리에 모든 생산 도구들의 공동 이용, 공동의 합의에 의한 모든 생산물들의 분배, 즉 이른바 재산 공유제가 나타나게 될 것이다. 더구나 사적 소유의 폐지는 산업의 발전으로부터 필연적으로 야기되는 사회 질서 전체의 변형을 가장 간결하고 가장 특징적으로 총괄하는 것이기도 하며, 따라서 사적 소유의 폐지는 정당하게도 공산주의자들에 의해서 주요 요구로서 강조되는 것이다.

15. 문 : 그렇다면 이전에는 사적 소유의 폐지가 불가능했다는 말인가?

답 : 그렇다. 사회 질서에서의 모든 변화, 소유 관계들에서의 모든 변혁은 낡은 소유 관계들에 더 이상 적응하지 않으려 하는 새로운 생산력들의

발생의 필연적 결과들이었다. 사적 소유 자체도 이렇게 발생한 것이다. 왜냐 하면 사적 소유는 언제나 존재했던 것이 아니고, 중세 말엽 당시의 봉건적 소유 및 쭌프트적 소유에 종속되지 않았던 매뉴팩처 속에 새로운 생산 방식 이 창출되었을 때에, 낡은 소유 관계들을 벗어나 있는 이 매뉴팩처가 사적 소유라는 새로운 소유 형태를 낳았기 때문이다. 그러나 매뉴팩처를 위해서 는, 또 대공업의 최초의 발전 단계를 위해서는 사적 소유 외에 다른 어떠한 소유 형태도, 사적 소유에 근거한 사회 질서 외에 다른 어떠한 사회 질서도 가능하지 않았다. 만인에게 충분할 만큼, 그뿐만 아니라 사회적 자본을 증대 시키고 생산력들을 계속적으로 만들어 내기 위한 잉여 생산물까지 남아 있 을 만큼 많이 생산될 수 없는 동안에는, 늘 사회의 생산력들을 좌우하는 지 배 계급과 가난하고 억압받는 계급이 존재할 수밖에 없다. 이 계급들의 상태 가 어떠한가는 생산의 발전 단계에 달려 있다. 농경에 의존하던 중세에는 영 주와 농노가 있었고, 중세 후기의 도시들에는 쭌프트 상인, 직인 및 날품팔 이가 있었으며, 17세기에는 매뉴팩처 기업주와 매뉴팩처 노동자가 있었고, 19세기에는 대공장주와 프롤레타리아가 있다. 지금까지는 아직 모든 사람에 게 충분할 만큼 생산될 수 있을 정도로, 또한 사적 소유가 이 생산력들에 대 해 족쇄, 제한이 될 정도로 생산력들이 발전하지 못했다는 것은 분명하다. 그러나 오늘날에는, 즉 **첫째** 대공업의 발전에 의해 자본들과 생산력들이 전 대 미문의 규모로 만들어지고 있으며 이 생산력들을 짧은 시간 안에 무한히 증대시킬 수 있는 수단이 존재하며 ; **둘째** 이 생산력들이 소수의 부르주아의 손에 몰려 있는 반면에 대다수 인민 대중은 점점 더 프롤레타리아들로 되어 가고 있고, 부르주아들의 부가 증대되는 것과 같은 정도로 프롤레타리아들 의 처지는 빈곤해지고 참을 수 없는 것으로 되어 가고 있으며 ; **셋째** 강력하 고도 쉽게 증대될 수 있는 이 생산력들이 사적 소유 및 부르주아들이 감당 할 수 없을 정도로 커져서 번번히 사회 질서 내에 강력하기 그지없는 교란 을 불러일으키게 된 오늘날, 사적 소유의 폐지는 이제 비로소 가능하게 되었 을 뿐만 아니라 심지어 전적으로 필연적인 것이 되었다.

16. 문 : 사적 소유의 폐지는 평화적인 방법으로 가능하게 될 것인가?

　답 : 그렇게 되면 좋을 것이며, 공산주의자들은 물론 그렇게 되는 것을

누구보다도 덜 반대할 것이다. 공산주의자들은 일체의 음모가 무익할 뿐만 아니라 해롭기까지 하다는 것을 매우 잘 알고 있다. 공산주의자들은 혁명들이 의도적으로 또 자의적으로 일으켜지는 것이 아니며, 혁명들이란 언제 어디서나 개별적인 당파들이나 계급 전체의 의지 및 지도에는 전혀 의존하지 않는 정세의 필연적인 결과들이었다는 것을 매우 잘 알고 있다. 그러나 또한 그들은, 거의 모든 문명국들에서 프롤레타리아트의 발전이 폭력적으로 억압되고 있으며 공산주의자의 반대자들이 그렇게 함으로써 혁명을 목표로 전력 투구하는 셈이라는 것도 잘 알고 있다. 만일 억압받는 프롤레타리아트가 이로 인해 마침내 혁명으로 내몰리게 된다면, 우리 공산주의자들은 지금 말로써 옹호하는 것 못지않게 행동으로써 프롤레타리아들의 과업을 옹호할 것이다.

17. 문 : 사적 소유의 폐지는 일거에 가능하게 될 것인가?

답 : 아니다. 그것은 공동체의 건설에 필요한 만큼 기존 생산력들을 일거에 배가할 수 없는 것과 마찬가지로 불가능하다. 따라서 모든 징조로 보아 다가오고 있는 프롤레타리아트의 혁명은 단지 점차적으로만 현 사회를 변형시킬 수 있을 것이며, 또한 사적 소유의 폐지에 필요한 만큼의 생산 수단들이 만들어져 있을 때에야 비로소 사적 소유를 폐지할 수 있게 될 것이다.

18. 문 : 이 혁명은 어떤 발전 과정을 밟을 것인가?

답 : 혁명은 무엇보다도 **민주주의적 국가 제도**를 건설하고, 그것을 통하여 직접 또는 간접적으로 프롤레타리아트의 정치적 지배를 확립하게 될 것이다. 이는 프롤레타리아트가 이미 인민의 대다수를 이루고 있는 영국에서는 직접적으로, 그리고 인민의 대다수가 프롤레타리아들뿐만 아니라 소농민들 및 소부르주아들로 이루어져 있는 프랑스와 독일에서는 간접적으로 이루어질 것인데, 이 두 나라의 소농민들과 소부르주아들은 이제 막 프롤레타리아트로 변하고 있으며 자신의 모든 정치적 이해 속에서 더욱더 프롤레타리아트에게 의존하게 되지 않을 수 없으며 따라서 머지 않아 프롤레타리아트의 요구들에 부응하지 않을 수 없다. 이를 위해서는 아마 제2의 투쟁이 필요하겠지만, 그러나 그 투쟁은 오직 프롤레타리아트의 승리로만 끝날 수 있을 것

이다.

만일 민주주의가 사적 소유를 직접 공격하고 프롤레타리아트의 생존을 보장해 주는 더 나아간 방책들의 관철을 위한 수단으로서 즉각 이용되지 않는다면, 민주주의는 프롤레타리아트에게 전혀 쓸모 없는 것이 될 것이다. 현존하는 관계들의 필연적 결과들로서 이미 오늘날 도출되는 이 방책들 중에서 가장 중요한 것들은 다음과 같다 :

1. 누진세, 고율의 상속세, 방계(형제, 조카 등등) 상속의 폐지, 강제 공채 등등을 통한 사적 소유의 제한.

2. 토지 소유자들, 공장주들, 철도 소유자들 및 선주船主 들의 재산을 부분적으로는 국유 산업과의 경쟁을 통하여, 부분적으로는 직접 보상을 통하여 점차적으로 수용收用 하는 것.

3. 대다수의 인민을 거역한 모든 망명자들과 반역자들의 재산의 몰수.

4. 국유 농장, 공장 및 작업장에서 노동을 조직하거나 프롤레타리아들을 고용하여 노동자들 사이의 경쟁을 제거하고, 공장주들이 - 이들이 아직 남아 있는 한 - 노동자들에게 국가가 지불하는 것만큼 높은 임금을 지불하도록 강요하는 것.

5. 사적 소유가 완전히 폐지될 때까지 모든 사회 성원에 대해 동등한 노동을 강제하는 것. 특히 농업을 위한 산업 군대를 육성하는 것.

6. 국가 자본을 가지고 있는 국립 은행을 통하여, 또 모든 민간 은행들과 은행가를 억압하는 것을 통하여 신용 제도와 금융업을 국가의 수중에 집중시키는 것.

7. 국유 공장, 작업장, 철도 및 선박 수를 늘리고 모든 미개간 토지를 개간하며, 그리고 이미 개간된 토지를 국민의 처분에 맡겨져 있는 자본들 및 노동자들이 증가하는 것과 같은 비율로 개량하는 것.

8. 어린이들이 어머니들의 최초의 양육 없이 지낼 수 있게 되는 순간부터, 모든 어린이들을 국가 시설에서 국가 비용으로 교육하는 것. 교육과 생산을 함께 하는 것.

9. 공업도 경영하고 농업도 경영하여, 공업적 생활 양식과 농업적 생활 양식의 일면성들과 약점들을 가지는 일 없이 양 생활 양식들의 이점들을 자신 속에 통합시키는 공민公民 들의 공동체를 위한 공동 주택으로서 국유지

에 대주택을 건설하는 것.

10. 비위생적이고 조잡하게 만들어진 모든 주택들과 시구 市區 를 파괴하는 것.

11. 사생아에게도 적자 適子 와 동등한 상속권을 주는 것.

12. 국민의 손에 모든 운수 기관을 집중시키는 것.

물론 이 모든 방책들이 단번에 실시될 수는 없다. 그러나 한 가지의 것이 항상 다른 것을 이끌 것이다. 일단 사적 소유에 대한 최초의 근본적인 공격이 일어나면 프롤레타리아트는, 더욱더 앞으로 나아가 모든 자본, 모든 농업, 모든 공업, 모든 운송, 모든 교환 들을 더욱더 국가의 수중에 집중시켜야 함을 알게 될 것이다. 그 모든 방책들은 이를 위해 행해지는 것이다 ; 이 방책들은 프롤레타리아트의 노동에 의하여 나라의 생산력이 배가되는 것에 정확히 비례하여 실현 가능하게 될 것이며, 또 그 집중화의 결과도 발전시킬 것이다. 끝으로 모든 자본, 모든 생산, 모든 교역이 국민의 손안에 집중된다면 사적 소유는 저절로 없어질 것이고, 화폐는 무용지물이 될 것이며, 또한 생산이 훨씬 증대되고 사람들도 많이 달라져서 낡은 사회의 마지막 교류 형태들이 없어질 수 있을 것이다.

19. 문 : 이 혁명은 어떤 한 나라에서만 일어날 수 있을 것인가?

답 : 아니다. 대공업은 세계 시장을 창출함으로써 이미 지구상의 모든 민족들, 특히 문명화된 민족들을 상호 연결시켜서 어느 한 민족도 다른 민족에게서 일어나는 일과 무관할 수 없도록 만들었다. 더욱이 대공업은 모든 문명국들에서의 사회적 발전을 고르게 만들어서, 이 모든 나라들에서 부르주아지와 프롤레타리아트가 사회의 결정적인 두 계급들이 되도록, 그들 사이의 투쟁이 당대의 주요한 투쟁이 되도록 하였다. 그렇기 때문에 공산주의 혁명은 결코 일국적인 혁명이 아니라 모든 문명국들에서, 즉 적어도 영국, 아메리카, 프랑스, 독일에서 동시에 일어나는 혁명이게 될 것이다. 이들 각 나라에서 공산주의 혁명은, 어느 나라가 다른 나라보다 더 발전된 공업, 더 큰 부, 더 큰 양의 생산력들을 가지고 있는가에 따라 혹은 급격하게 혹은 완만하게 전개될 것이다. 그렇기 때문에 독일에서는 그 혁명이 가장 서서히 가장 어렵게 수행될 것이고 영국에서는 가장 급속히 가장 쉽게 수행될 것이다. 그

334

혁명은 동시에 세계의 다른 여러 나라들에도 커다란 영향을 미칠 것이며, 그 나라들의 지금까지의 발전 양식을 완전히 변화시키고 매우 촉진시킬 것이다. 공산주의 혁명은 하나의 세계 혁명이며, 따라서 또한 세계적 지반을 가지게 될 것이다.

20. 문 : 사적 소유의 종국적 제거의 결과들은 무엇이게 되겠는가?

답 : 사회가 생산력들 및 교류 수단들 전체의 이용과 생산물들의 교환 및 분배를 자본가들의 손아귀에서 빼앗고 사회 전체의 현존 수단들 및 욕구들로부터 주어지는 계획에 따라 그 모든 것을 관리함으로써, 무엇보다도 현재 대공업 경영과 관련되어 있는 모든 해로운 결과들이 제거된다. 공황이 없어진다 ; 오늘날의 사회 질서에서는 과잉 생산으로 존재하는 그리고 빈곤의 유력한 원인으로 존재하는 확대된 생산도 그때가 되면 결코 충분하지 못하게 되고 훨씬 더 확대되지 않으면 안 될 것이다. 사회의 당면한 욕구를 넘어서는 과잉 생산은 빈곤을 가져오는 대신에 모든 사람들의 욕구를 충족시킬 것이며, 새로운 욕구와 동시에 그 욕구를 충족시킬 수단을 만들어 낼 것이다. 그것은 새로운 진보들의 조건 및 동기로서 존재하게 될 것이며, 종전과 같이 사회 질서를 혼란에 빠뜨리지 않고서도 이 진보를 이룩할 것이다. 사적 소유의 압박으로부터 해방된 대공업은 엄청난 규모로 발전하게 될 것이며, 그것에 비하면 오늘날 이룩된 대공업의 모습도 하찮아 보이는데, 이는 매뉴팩처가 오늘날의 대공업에 비하면 하찮아 보이는 것과 마찬가지이다. 공업의 이러한 발전은 모든 사람들의 욕구들을 충족시키기에 충분한 양의 생산물들을 사회가 쓸 수 있도록 할 것이다. 사적 소유와 토지 분할의 압박에 의하여 이미 만들어져 있는 개량들과 과학적 발견들을 전유하지 못하도록 방해받고 있는 농업도 대공업과 마찬가지로 완전히 새로운 비약을 이룩할 것이고, 아주 충분한 양의 생산물들을 사회가 쓸 수 있도록 할 것이다. 이런 방식으로 하여 사회는 모든 성원들의 욕구들이 충족되도록 분배를 조정할 수 있을 만큼 충분히 많은 생산물들을 만들어 내게 될 것이다. 이와 더불어 서로 대립적인 여러 계급들로의 사회의 분열은 없어도 되는 일이 될 것이다. 그리고 그러한 분열은 단지 없어도 되는 일이 될 뿐만 아니라, 심지어 새로운 사회 질서와는 양립할 수 없는 것이다. 계급들의 존재는 분업에 의하여 초래된 것

인데 지금까지와 같은 방식의 분업은 완전히 사라지는 것이다. 왜냐하면 공
업 생산 및 농업 생산을 서술된 수준까지 높이자면 기계적 화학적 보조 수
단만으로는 불충분하기 때문이다 ; 이러한 보조 수단을 움직이는 사람들의
능력들도 동시에 그에 상응하는 규모로 발전되어 있어야 한다. 지난 세기의
농민들과 매뉴팩처 노동자들이 대공업에 빨려 들어갔을 때, 그들이 자신들
의 생활 양식 전체를 바꾸고 스스로 전혀 다른 인간이 된 것과 마찬가지로,
사회 전체에 의한 생산의 공동 운영과 이로부터 비롯된 생산의 새로운 발전
은 완전히 새로운 인간을 요구하게 될 것이며 또 그러한 인간을 만들어 내
게 될 것이다. 각자가 어느 한 생산 부문에 종속되어 있고 그 부문에 얽매어
있으며 그 부문에 의해 착취당하고 있는, 다른 소질들을 희생시킨 채 자신의
소질 중에서 한 소질만을 발전시켜 왔으며 한 부문 또는 전체 생산의 한 부
문 중의 한 부문만 알고 있는, 오늘날과 같은 그러한 인간들에 의해서는 생
산의 공동 운영이 생겨날 수 없다. 이러한 인간들은 이미 오늘날의 공업에서
도 점점 쓸모 없게 되어가고 있다. 사회 전체에 의하여 공동으로 또 계획적
으로 운영되는 산업은 그 소질들이 모든 면에 걸쳐서 발전되어 있는 인간들,
생산의 체계 전체를 조망할 수 있는 인간들을 확실히 전제한다. 따라서, 한
사람은 농민으로 다른 사람은 구두공으로 또 다른 사람은 공장 노동자로 또
다른 사람은 증권 투기업자로 만드는, 오늘날 이미 기계에 의해 파괴되고 있
는 분업은 완전히 사라지게 될 것이다. 교육은 젊은이들로 하여금 생산의 체
계 전체를 신속히 다 배울 수 있도록 할 것이며, 젊은이들이 사회의 필요 또
는 그들 자신의 기호가 그들에게 동기 부여하는 것에 의거하여 생산 부문들
의 계열을 순차적으로 옮겨 갈 수 있도록 만들 것이다. 따라서 교육은 오늘
날의 분업이 각 개인에게 강요하고 있는 일면적 성격을 그들로부터 없앨 것
이다. 이런 방식으로 공산주의적으로 조직된 사회는 그 사회의 성원들에게
그들의 전면적으로 발전된 소질들을 전면적으로 발휘할 기회를 제공하게 된
다. 그리고 이렇게 됨으로써 서로 다른 계급들도 필연적으로 없어지게 된다.
그 결과, 공산주의적으로 조직된 사회는 한편으로는 계급들의 존속과 양립
할 수 없게 되며 다른 한편으로는 이 사회의 건설 자체가 계급 차별을 폐지
하는 수단을 제공하게 된다.

이로부터 또한 도시와 농촌간의 대립도 소멸하게 된다. 두 개의 서로

다른 계급들에 의해서가 아니라 동일한 사람들에 의한 농업 및 공업의 경영은 전적으로 물질적인 원인들 때문만으로도 공산주의적 연합체의 한 필요 조건이다. 대도시에는 공업 인구가 밀집되어 있는 반면에 농촌에는 농업 인구가 분산되어 있는 것은 아직 농업과 공업이 발전되어 있지 않은 단계에만 상응하는 상태이고 앞으로의 모든 발전을 가로막는 장애물인바, 이는 오늘날 이미 잘 감지할 수 있게 되어 있다.

생산력들을 공동으로 그리고 계획적으로 이용하기 위해서 모든 사회 구성원들이 보편적으로 연합하는 것, 모든 구성원들의 욕구를 충족시킬 정도로 생산을 확대시키는 것, 모든 사회 성원들의 욕구들의 희생 위에서 한 사람의 욕구들이 충족되는 상태를 중단시키는 것, 계급들 및 계급 대립의 완전한 파괴, 그리고 모든 사회 성원들의 능력들의 전면적인 발전, 즉 지금까지의 분업의 제거에 의한, 산업 교육에 의한, 활동의 교체에 의한, 모든 사람에 의하여 만들어진 향유에의 모든 사람의 참가에 의한, 도시와 농촌의 융합에 의한 모든 사회 성원들의 능력들의 발전——이런 것들이 사적 소유의 폐지가 가져올 주요한 결과들이다.

21. 문 : 공산주의적 사회 질서는 가족에 어떠한 영향을 미치게 될 것인가?

답 : 공산주의적 사회 질서는 남녀의 관계를 사회의 간섭이 필요 없는, 당사자들만이 관계하는 순전히 사적인 관계로 만들게 될 것이다. 공산주의적 사회 질서는 이렇게 하는 것이 가능한데, 왜냐하면 공산주의적 사회 질서는 사적 소유를 제거하고 자녀들을 공동으로 교육하고 이에 의해서 지금까지의 결혼의 두 기초, 사적 소유로 인해서 남편에게 아내가 종속되고 부모에게 자녀가 종속되는 일을 없애기 때문이다. 이 속에 또한 고결한 속물들의, 공산주의적인 여성 공유제에 반대하는 악다구니에 대한 대답이 놓여 있다. 여성 공유제는 전적으로 부르주아 사회에 속하는, 그리고 오늘날 매음이라는 형태로 완벽하게 존재하고 있는 관계이다. 그런데 매음은 사적 소유에 근거하고 있으며, 그것과 함께 없어진다. 따라서 공산주의적 조직은 여성 공유제를 도입하는 대신에, 오히려 그것을 폐지하는 것이다.

22. 문 : 공산주의적 조직은 현존의 민족들에 대해 어떤 태도를 취하게 될 것인

가?

　——그대로[76]

23. 문 : 공산주의적 조직은 현존의 종교들에 대해 어떤 태도를 취하게 될 것인가?

　——그대로

24. 문 : 공산주의자들은 사회주의자들과 어떻게 구별되는가?

답 : 소위 사회주의자들은 세 가지 부류로 구분된다.

첫번째 부류는 대공업 및 세계 무역에 의하여, 또 이들 양자에 의하여 창출된 부르주아 사회에 의하여 파괴되었으며 또 나날이 파괴되어 가고 있는 봉건적 가부장제적 사회의 지지자들로 이루어져 있다. 이 부류는 오늘날의 사회의 악을 보고서는, 봉건적 가부장제적 사회에서는 그러한 악으로부터 자유로웠기 때문에 봉건적 가부장제적 사회가 복구되어야 한다는 결론을 내린다. 그들의 모든 제안들은 단도직입적인 방식으로든 혹은 비비꼬는 방식으로든 이러한 목표를 향하여 있다. 프롤레타리아트의 빈곤에 대한 그들의 표면적인 동정과 뜨거운 눈물에도 불구하고 이러한 부류의 **반동적** 사회주의자들은 공산주의자들에 의해서 언제나 정력적인 공격을 받게 될 것인데, 왜냐하면 이런 부류의 사회주의자들은

1. 전혀 불가능한 것을 추구하고 있고 ;

2. 귀족, 쭌프트 장인 및 매뉴팩처 경영주의 지배를, 절대 군주 또는 봉건 군주, 관료, 병사, 성직자 등을 추종하면서 복구시키려 하며, 오늘날의 사회에서와 같은 악의 상태로부터는 자유로웠을지라도 그 대신 적어도 그만한 다른 악을 수반했으며, 억압받는 노동자들을 공산주의적 조직에 의하여 해방시킬 아무런 전망도 열어 놓지 않았던 사회를 복구시키려 하고 있으며 ;

3. 프롤레타리아트가 혁명적으로 되고 공산주의적으로 될 때에는, 언제나 자기들의 진짜 의도들을 드러내면서 즉시 프롤레타리아들에 맞서 부르주아지와 야합하기 때문이다.

두번째 부류는 오늘날의 사회의 지지자들, 이 사회로부터 필연적으로 야기되는 악을 보면서 이 사회의 존속 여부를 걱정해 온 자들로 이루어져 있다. 따라서 그들은 오늘날의 사회는 그대로 놓아둔 채, 오늘날의 사회와 관련된 악을 제거하려고 노력한다. 이러한 목적을 위하여 어떤 자들은 단순

한 자선 방책들을 제시하며, 또 어떤 자들은 사회를 재조직한다는 평계를 내세우면서 오늘날의 사회의 기초, 따라서 오늘날의 사회 전체를 유지하려는 거창한 개혁 체계들을 제시한다. 이러한 **부르주아 사회주의자**들도 마찬가지로 공산주의자들의 지속적인 투쟁을 맞지 않으면 안 될 것인데, 왜냐하면 그들은 공산주의자들의 적들을 위해서 활동하며, 공산주의자들이 확실히 타도하고자 하는 사회를 옹호하기 때문이다.

끝으로 세번째 부류는 민주주의적 사회주의자들, 즉 공산주의자와 같은 길 위에 서서 문 [18]에서 주어진 방책들 중의 일부를 원하기는 하지만 공산주의로의 이행 수단으로서 원하는 것이 아니라 빈곤을 폐지하고 오늘날의 사회의 악을 사라지게 하기 위한 충분한 방책들로서 그것을 원하는 자들로 이루어져 있다. **민주주의적 사회주의자**들은 자기 계급의 해방의 조건들에 대해서 아직 충분히 계몽되어 있지 않은 프롤레타리아들이든가, 그렇지 않으면 소부르주아들, 즉 민주주의를 쟁취하고 그로부터 야기되는 사회주의적 방책들을 쟁취할 때까지 많은 점에서 프롤레타리아들과 동일한 이해를 지니는 계급의 대표자들이든가 둘 중의 하나다. 그렇기 때문에 공산주의자들은, 이러한 사회주의자들이 지배적 부르주아지에게 봉사하여 공산주의자들을 공격하지 않는 한, 행동을 하는 순간들에는 이 민주주의적 사회주의자들과 협조하고 또 일반적으로 현 시기에는 그들과 함께 가능한 한 공동의 정책을 추구해야만 한다. 이러한 공동 행동 방식이 그들과의 차이들에 대한 논의를 배제하지 않는다는 것은 분명하다.

25. **문**：공산주의자들은 우리 시대의 다른 정당들에 대해 어떤 관계를 맺는가?

답：이 관계는 서로 다른 나라들에서 서로 다르다. —— 부르주아지가 지배하고 있는 영국, 프랑스, 벨기에에서는 공산주의자들이 아직 당분간은 다양한 민주주의적 정당들과 공통의 이해를 지니고 있으며, 더구나 민주주의자들이 오늘날 도처에서 자신들이 옹호하는 사회주의적 방책들을 통해서 공산주의자들의 목적에 접근하면 할수록, 즉 그들이 프롤레타리아트의 이해를 더욱더 명백히 그리고 더욱더 단호하게 옹호하면 할수록, 또 그들이 프롤레타리아트에게 더욱더 의지하면 할수록, 그러한 공통의 이해는 더욱더 커진다. 예컨대 **영국**에서는 노동자들로 구성된 챠티스트들[29]이 민주주의적 소부

르주아들이나 소위 급진파와는 비교가 안 될 만큼 공산주의자들과 가깝다.

민주주의적 헌법이 도입되어 있는 **아메리카**에서 공산주의자들은, 부르주아지에 반대하고 프롤레타리아트의 이익을 위하여 이 헌법을 이용하려는 정당, 즉 전국 농업 개혁 협회[77]와 제휴해야만 한다.

스위스에서는, 아직 그 자체 매우 잡다한 당이기는 하지만, 그럼에도 불구하고 급진파가 공산주의자들이 관계 맺을 수 있는 유일한 당이고 다시 이 급진파 중에서도 바틀란트 주 사람들과 제네바 사람들이 가장 진보적인 사람들이다.

끝으로 **독일**에서는 부르주아지와 절대 군주제간의 결정적 투쟁이 바야흐로 임박해 있다. 그러나 공산주의자들이 부르주아지가 지배권을 장악하기 이전에 그들 자신이 부르주아지와 결정적 투쟁을 하게 되리라고 예상할 수는 없으므로, 부르주아들이 될 수 있는 대로 빨리 지배권을 장악하도록 도와서 가능한 한 빨리 다시 그 부르주아들을 타도하는 것이 공산주의자들의 관심사이다. 따라서 공산주의자들은 정부에 맞서서 늘 자유주의 부르주아들의 편을 들어야 하나, 단 부르주아들의 자기 기만에 동조하거나 부르주아지의 승리의 결과가 프롤레타리아트에게도 유익하다는 그들의 유혹적인 보장을 믿지 않도록 조심해야 한다. 부르주아지의 승리가 공산주의자들에게 주게 될 유일한 이익은 다음과 같은 점들에 있을 것이다 ; 1. 공산주의자들이 자기들의 원칙들을 옹호하고 토론하고 보급하는 것을 용이하게 하는, 그리고 그렇게 함으로써 긴밀히 단결된, 투쟁할 준비를 갖춘 조직된 계급으로의 프롤레타리아트의 통일을 용이하게 하는 여러 가지 양보들 ; 그리고 2. 절대 정부가 와해되는 날 부르주아들과 프롤레타리아들간의 투쟁이 차례를 기다리고 있다는 확신. 이날부터는 [독일] 공산주의자들의 당 정책도 오늘날 이미 부르주아지가 지배하고 있는 나라들에서와 똑같아질 것이다.

<table>
<tr><td>1847년 10월 말부터 11월 사이에
씌어짐.
수고에 의거함.</td><td>맑스 · 엥겔스 저작집,
제 4 권, 363-380면.

최인호   번역</td></tr>
</table>

칼 맑스 / 프리드리히 엥겔스

폴란드에 대한 연설들

1847년 11월 29일에 런던에서의
국제 집회에서,
1830년의 폴란드 봉기[78] 17주년 기념일에 즈음하여

[칼 맑스의 연설]

각 국민들 사이의 단결과 우애는 모든 당파들이 오늘날 입에 담는 상투어인데, 특히 부르주아적 자유 무역론자들이 그러합니다. 물론 모든 국민들의 부르주아 계급들 사이에는 일종의 우애가 존재합니다. [그러나] 그것은 피억압자들에 대항한 억압자들의, 피착취자들에 대항한 착취자들의 우애입니다. 한 나라의 부르주아 계급이 부르주아지 구성원 자신들 사이에서의 경쟁과 투쟁에도 불구하고 같은 나라의 프롤레타리아들에 맞서 단결하고 우애를 맺듯이, 만국의 부르주아들은 세계 시장에서의 그들 상호간의 싸움과 경쟁에도 불구하고 만국의 프롤레타리아에 맞서 우애를 맺고 단결하고 있습니다. 민족들이 현실적으로 단결할 수 있기 위해서는 그들의 이해 利害 가 공통의 것이어야만 합니다. 그들의 이해가 공통적일 수 있기 위해서는 현재의 소유 관계들이 폐지되어야만 하는데, 왜냐하면 현재의 소유 관계들이 민족들 상호간의 착취를 조건짓고 있기 때문입니다 : 현재의 소유 관계들을 폐지하는 것, 그것은 오직 노동 계급만의 이해입니다. 그들만이 또한 그렇게 할 수 있는 수단을 가지고 있습니다. 부르주아지에 대한 프롤레타리아트의 승리는 동시에, 오늘날 다양한 민족들을 적대적으로 서로 대립시키는 국민적, 산업적 분쟁들에 대한 승리이기도 합니다. 따라서 부르주아지에 대한 프롤레타리아트의 승리는 동시에 모든 피억압 국민들의 해방의 신호이기도 한 것입니다.

과거의 폴란드는 물론 없어졌으며, 우리는 그 재건을 바라는 사람들이

결코 아닐 것입니다. 그러나 과거의 폴란드만이 몰락한 것은 아닙니다. 과거의 독일, 과거의 프랑스, 과거의 영국, 즉 과거의 사회 전체가 없어졌습니다. 그러나 과거의 사회의 상실이란, 과거의 사회 속에서는 상실할 어떤 것도 가지고 있지 못한 사람들에게는 결코 상실이 아닌바, 현재의 모든 나라들에서는 이것이 대다수의 사람들에게 해당되는 경우입니다. 그들은 오히려 과거 사회의 몰락을 통하여 모든 것을 얻을 수 있는데, 그 몰락이 더 이상 계급 대립에 의거하지 않는 새로운 사회의 형성을 조건짓습니다.

모든 나라들 가운데 영국이 프롤레타리아트와 부르주아지 사이의 대립이 가장 발전되어 있는 바로 그러한 나라입니다. 그러므로 영국 부르주아지에 대한 영국 프롤레타리아들의 승리는 억압자들에 대한 모든 피억압자들의 승리를 위해서 결정적입니다. 그러므로 폴란드는 폴란드에서가 아니라 영국에서 해방될 수 있는 것입니다. 따라서 여러분 차티스트들[29]은 각 국민들의 해방을 위한 어떤 경건한 소망도 가질 필요가 없습니다. 여러분 자신의 국내의 적들을 타도하십시오. 그러면 여러분은 과거 사회 전체를 타도했다는 자랑스러운 의식을 가져도 좋을 것입니다.

[프리드리히 엥겔스의 연설]

친구들, 오늘 한번은 예외적으로 저에게 독일인 자격으로 등단하는 것을 허락해 주십시오. 요컨대 우리 독일 민주주의자들은 폴란드의 해방에 특별한 이해 利害 를 지니고 있기 때문입니다. 폴란드의 분할로부터 이익을 끌어낸 자들은 독일의 제후들이었으며, 지금도 여전히 갈리치아 Galicia 와 포젠 Posen 을 제압하고 있는 자들은 독일 군인들입니다. 우리 독일인들에게는, 무엇보다도 우리 독일 민주주의자들에게는 우리 국민에게서 이러한 오점들을 씻어 내는 것이 중대한 문제가 아닐 수 없습니다. 한 국민이 자유롭게 되면서 동시에 다른 국민들을 계속해서 억압할 수는 없습니다. 그러므로 독일이 행하는 억압으로부터 폴란드의 해방이 이루어지지 않고서는 독일의 해방은 이루어질 수 없습니다. 그리고 그런 까닭에 폴란드와 독일은 공동의 이해를 지니고 있으며, 또 그런 까닭에 폴란드와 독일의 민주주의자들은 양 국민들의 해방에 공동으로 복무할 수 있습니다.──나는 또한 민주주의의 승리라는, 유럽의 모든 나라들의 해방이라는 결과를 가져올 최초의 결정적인 타격이 영국의 차티스트들로부터 나올 것이라는 견해를 가지고 있습니다 ;나는 수년 동안 영국에 있었으며, 이 기간 동안 공공연히 차티스트 운동에 가담하였습니다. 그리고 영국의 차티스트들이 가장 먼저 봉기할 것인데, 왜냐하면 바로 영국에서 부르주아지와 프롤레타리아트 사이의 투쟁이 가장 격렬하기 때문입니다. 그러면 왜 [영국에서의] 투쟁이 가장 격렬하겠습니까? 영국에서는 현대 공업에 의해, 기계에 의해 모든 피억압 계급들이 공동의 이해를 지닌 거대한 단일 계급으로, 프롤레타리아트라는 계급으로 뒤섞이고 있기 때문입니다 ;반대편에서도 마찬가지로, 현대 공업과 기계에 의해 모든 억압자 계급들이 단일한 한 계급, 부르주아지로 뭉쳐져 있기 때문입니다. 그리하여 투쟁은 단순화되어 있으며, 그리고 그것은 단 한 번의 거대한 타격으로써 결정날 수 있게 되었습니다. 그렇지 않습니까? 귀족은 영국에서 더 이상 권력을 가지고 있지 않으며, 부르주아지가 유일하게 지배하고 있고 귀족을 이끌고 갔습니다. 그러나 지배하고 있는 자본가들에 대한 승리를 향해서 차츰 차츰 접진 接進 하고 있는 인민의 거대한 무리 전체가 가공할 만한 밀집 대형 Phalanx 으로 결집하면서 부르주아지에 맞서고 있습니다. 그리고 예전에는 노동자들의 다양한 부분들을 구별시켰던 대립된 이해들의 이와 같은 파괴, 모든 노동자들의 생활 처지의 이러한 평준화는 기계제에 힘입은 것입니다 ;기계제 없이는 차티즘은 있을 수 없으며, 그리고 기계제는 여러분의 처지를 일시적으로 악화시킬 수도 있긴 하지만 바로 그 때문에 우리의 승리를 가능하게 만드는 것입니다. 그리고 영국에서뿐만 아니라 다른 모든 나라에서도 기계제는 노동자들에게 이러한 영향을 미쳤습니다. 벨기에에서, 아메리카에서, 프랑스에서, 독일에서 기계제는 모든 노동자들의 처지를 고르게 만들었으며, 나날이 더욱더 고르게 만들고 있습니다 ;이 모든 나라들에서 노동자들은 이제 요컨대 그들을 억압하는 바로 그 계급, 부르주아지를 전복한다는 동일한 이해를 지니고 있습니다. 모든 나라의 노동자들의 생활 처지의 이러한 평준화, 당파적 이해의 이러한 동일화는 기계제의 성과이며, 따라서 기계제는 엄청난 역사적 진보입니다. 이로부터 우리에게 어떤 결론이 도출됩니까? 모든 나라의 노동자들의 처지가 동일하므로, 그리고 그들의 이해와

그들의 적들이 동일하므로 그들은 또한 공동으로 투쟁해야만 하며, 따라서
모든 민족들의 부르주아들의 우애에 모든 민족들의 노동자들의 우애를 대치
시켜야만 합니다.

출전 :『브뤼셀 독일어 신문』제98호   맑스 · 엥겔스 저작집,
1847년 12월 9일자.   제 4권, 416-418면.

                                                        김태호   번역

칼 맑스

자유 무역 문제에 관한 연설

1848년 1월 9일

브뤼셀 민주주의 협회[79]에서 행해짐

5 　여러분!

영국에서의 곡물법의 폐지[16]는 19세기에 자유 무역이 획득한 최대의 승리입니다. 어느 나라에서나 공장주들이 자유 무역에 대해 운운하는 경우, 그들은 주로 곡물과 일반 원료의 자유 무역을 염두에 두고 있는 것입니다. 외국 곡물에 보호 관세를 부과하는 것은 비열한 짓이며 인민의 기아에 편승하

10 는 것입니다.

싼 빵, 높은 임금, cheap food, high wages, 이것이 바로 영국의 **자유 무역론자들** free-traders 이 거액의 돈을 지출하면서 얻고자 했던 유일한 목표로서, 그들의 열정은 이미 대륙에 있는 그들의 형제들에게까지 파급되었습니다. 일반적으로 사람들이 자유 무역을 원하는 것은 노동 계급의 처지를 개

15 선하기 위한 것입니다.

그러나 이 얼마나 놀라운 일입니까! 사람들은 어떤 값을 치르더라도 인민에게 싼 빵을 공급하려 하는데, 인민은 너무도 그 은혜를 모르고 있습니다. 영국에서 싼 빵은, 프랑스에서 값싼 정부가 그런 것만큼이나 평판이 나쁩니다. 인민은 헌신적인 사람들, 즉 보우링 같은 사람, 브라이트 같은 사람

20 과 그 일당을 자신의 최대의 적들로, 가장 파렴치한 위선자들로 간주하고 있는 것입니다.

자유주의자들과 민주주의자들간의 투쟁이 영국에서는 **자유 무역론자들과** 차티스트들[29]간의 투쟁으로 불리워지고 있다는 것은 누구나 알고 있습니다.

이제 영국의 **자유 무역론자들**이 자신들을 움직이게 하는 숭고한 감정을 인민에게 어떻게 증명했는지 살펴봅시다.

그들은 공장 노동자들에게 이렇게 말했습니다 : 곡물에 부과되는 관세는 임금에 대한 세금이며 당신들은 이 세금을 대지주들에게, 저 중세 귀족들에게 바치고 있다 ; 당신들의 상태가 비참한 것은 바로 가장 필요한 생활 수단이 고가이기 때문이다.

이번에는 노동자들쪽이 공장주들에게 묻습니다 : 우리 나라의 산업이 최대의 발전을 이루었던 최근 30년 동안 우리 임금이 곡물 가격이 상승한 것보다 훨씬 더 급속한 비율로 저하되었던 것은 어찌된 일인가?

우리가 토지 소유자들에게 내고 있다고 당신들이 주장하는 그 세금은 노동자 일인당 약 주 3 펜스에 달한다 ; 그러나 수직공의 임금은 1815년부터 1843년까지 주 28 실링에서 5 실링으로 저하되었고, 자동식 공장의 직조공의 임금은 1823년부터 1843년까지 주 20 실링에서 8 실링으로 인하되었다.

그리고 이 전 기간을 통하여 우리가 지불했던 조세분이 3 펜스 이상인 적은 없었다. 그런데 1834년, 빵이 매우 싸고 경기가 매우 좋던 당시에 당신들은 우리에게 뭐라고 말했던가? 당신들이 비참한 것은 당신들이 아이를 너무 많이 낳기 때문이고, 당신들의 결혼이 당신들의 생업보다 생산성이 더 높기 때문이다!

이것이 당시 당신들이 우리에게 했던 말이다. 그리고 당신들은 새로운 빈민법을 제정하고, **빈민 노역장** workhouses 을, 저 프롤레타리아의 감옥들을 세우기까지 하였다.

이에 대해 공장주들은 다음과 같이 응수하였습니다 :

노동자 여러분, 당신들이 옳다 ; 비단 밀 가격만이 아니라 공급된 일손들 사이의 경쟁 또한 임금을 결정한다.

그러나 이러한 사정 하나를 생각해 보라, 우리 나라의 토양은 암석과 사주砂洲 로만 되어 있다는 것을. 당신들은 혹시 화분에서 밀이 나오게 할 수 있다고 생각하는 건가? 그러므로 만약 우리가 우리의 자본과 노동을 완전한 불모의 땅 위에 낭비하는 대신 농업을 포기하고 오로지 공업에만 전념한다면, 전 유럽이 공장을 포기하게 될 것이고 영국은 여타 유럽 지방 전체를 농촌 지방으로 하는 유일한 대공업 도시를 형성하게 될 것이다.

공장주가 자기의 노동자들에게 이렇게 말하고 있는 중에 공장주에 대한 소상인의 질문이 끼어듭니다. 소상인은 그에게 이렇게 말합니다 :

그러나 곡물법이 폐지되면 농업은 황폐화될지 몰라도 다른 나라들이 우리의 공장들에서 [물품을] 조달하고 자신들의 공장을 포기하게 되지는 않을 것이다.

그 결과는 무엇이겠는가? 나는 현재 농촌 지방에 가지고 있는 고객들을 잃어버릴 것이고 국내 상업은 시장을 잃어버릴 것이다.

공장주는 노동자에게 등을 돌리면서 그 소상인에게 대답합니다 : 그것에 관해서는 우리에게 맡겨 두라. 밀에 대한 조세가 일단 폐지되기만 하면 우리는 외국에서 보다 싼 밀을 들여올 것이다. 그러면 우리는 임금을 인하할 것이다. 이와 동시에 우리에게 곡물을 공급하는 다른 나라들에서는 임금이 상승할 것이다.

그리하여 우리는 이미 얻고 있는 이익들 이외에 보다 낮은 임금이라는 이익을 더불어 얻게 될 것이고, 이 모든 이익들로 하여 우리는 대륙으로 하여금 우리 나라에서 구매하지 않을 수 없게 할 것이다.

그런데 이때 임차인과 농촌 노동자가 그 토론에 끼어듭니다.

그들은 말합니다. 그러면 우리는, 우리는 대체 어떻게 되는 건가?

우리를 먹여 살리는 농업에 사형 선고를 내리라는 말인가? 사람들이 우리 발 밑의 땅을 빼내가는 것을 꾹 참고 견뎌야 한단 말인가?

반곡물법 동맹 Anti-Corn Law League 은 일일이 대답하는 대신, 영국 농업에 끼친 곡물법 폐지의 유익한 영향을 논하는 뛰어난 저술 세 편에 상을 수여하는 것에 그쳤습니다.

이 상은 호프 씨, 모스 씨, 그레그 씨에게 수여되었으며 그들의 책은 농촌 지방에 수천 부씩 배포되었습니다.

수상자들 중 첫번째 사람은, 외국 곡물의 자유로운 수입으로 인해 손해를 보는 것은 임차인도 임금 노동자도 아니고 오직 토지 소유자뿐이라는 것을 증명하는 데 전념하고 있습니다. 그는 이렇게 외칩니다. 어떤 나라도 영국만큼 양질의 싼 밀을 생산할 수는 없으므로 영국의 임차인은 곡물법 폐지를 두려워할 필요가 없다.

따라서 밀 가격이 하락하더라도 그것이 당신들에게 손해를 줄 수는 없다. 그 까닭은 오직 지대만이 밀 가격 하락의 영향을 받아 감소될 것이고, 산업 이윤과 임금은 영향을 전혀 받지 않아 그대로일 것이기 때문이다.

제 2의 수상자 모스 씨는 반대로 곡물법 폐지의 결과 밀 가격은 등귀할 것이라고 주장합니다. 그는 보호 관세가 밀에 대해 수지맞는 가격을 결코 보장해 줄 수 없다는 것을 증명하기 위해 끝없는 노력을 기울입니다.

그는 영국에 외국산 밀이 수입되었을 때마다 밀 가격이 엄청나게 상승했으며 밀을 거의 수입하지 않았을 때에는 가격이 극도로 하락했다는 사실을 자신의 주장의 논거로 삼고 있습니다. 그 수상자는 수입이 높은 가격의 원인이 아니라 높은 가격이 수입의 원인이었다는 것을 망각하고 있습니다.

그리고 그는 그의 공동 수상자와는 정반대로 곡물 가격의 모든 상승은 토지 소유자에게 이로운 것이 아니라 임차인과 노동자에게 이로운 것이라고 주장합니다.

대공장주이며 대임차인 계급을 향해 글을 쓰는 제3의 수상자 그레그 씨는 이처럼 황당 무계한 논리에 만족할 수는 없었습니다. 그의 말은 보다 과학적입니다.

그는 곡물법이 지대를 상승시키는 것은 밀 가격을 상승시킴으로써만이라는 것, 그리고 곡물법이 밀 가격을 상승시키는 것은 자본으로 하여금 열등질의 토지에 투하되도록 강제함으로써만이라는 것 — 이것은 아주 쉽게 설명됩니다 — 을 인정했습니다.

인구가 증가하는 것과 같은 정도로 외국 곡물이 그 나라에 들어올 수 없다면 덜 비옥한 토지를 개발하지 않을 수 없는데 그 경작은 더 많은 비용을 요구하고 그 결과 그 생산물은 더욱 비싸질 것입니다.

곡물은 어쨌든 판매될 것이기 때문에, 그 가격은 필연적으로 비용이 가장 많이 드는 토지의 생산물 가격을 따르게 될 것입니다. 이 가격과 우등지의 생산 비용 사이의 차이가 지대를 형성합니다.

그러므로 곡물법 폐지의 결과 밀 가격이 하락하고 따라서 지대가 하락한다면, 그것은 열등지가 더 이상 경작되지 않기 때문입니다. 따라서 지대의 하락은 틀림없이 일부 임차인들의 파산을 초래할 것입니다.

이러한 고찰은 그레그 씨의 말을 이해하기 위해 필요한 것이었습니다.

그는 말합니다. 농업으로는 자신을 유지할 수 없는 소임차인들은 공업에서 활로를 찾을 것이다. 대임차인들에 관해 말하자면, 그들은 이 경우에도 득을 볼 것이 틀림없다. 토지 소유자들은 자기들의 토지를 대임차인들에게 아주 싸게 팔지 않을 수 없거나 대임차인들과 매우 장기간의 차지 계약을 맺게 될 것이다. 이것은 대임차인들로 하여금 토지에 보다 많은 자본을 투입하고 기계를 아주 대규모로 사용하도록 하고 그리하여 손노동을 절약하도록 할 것이다. 더욱이 손노동은 곡물법 폐지의 직접적 결과인 임금의 전반적 저하 때문에 값이 더욱 떨어질 것이다.

보우링 박사는 어느 공개 집회에서 다음과 같이 소리침으로써 이 모든 논의들에게 종교적 축성을 베풀었습니다 : 예수 그리스도, 그는 **자유 무역**이다 ; 자유 무역, 그것은 예수 그리스도이다!

이 모든 위선이 노동자들로 하여금 싼 빵을 맛보게 할 수 없었다는 것은 자명합니다.

게다가 공장주들의 갑작스런 박애를, 공장 노동자들의 노동일을 12 시간에서 10 시간으로 단축시키려고 했던 10 시간 노동법[33]에 대항하여 극력 투쟁하던 그 사람들의 갑작스런 박애를 어떻게 노동자들이 이해할 수 있었겠습니까!

여러분, 여러분들이 이 공장주들의 박애를 이해하도록 하기 위해, 저는 모든 공장에 확립되어 있는 규칙들을 상기시키고자 합니다.

어떤 공장주도 특별히 자신만이 사용하기 위한 정규 법전을 가지고 있는데, 여기에는 모든 고의적 혹은 비고의적 과실들에 대한 벌금이 정해져 있습니다 ; 예를 들어 불행하게도 노동자가 의자에 앉을 경우, 귀속말하거나 잡담하거나 웃을 경우, 몇 분이라도 지각할 경우, 기계의 일부가 파손될 경우, 노동자가 요구된 질의 제품을 넘겨주지 못할 경우 등등에, 노동자는 그에 상응하는 만큼을 지불합니다. 그 벌금들은 실제로 노동자들에 의해 발생하는 손해보다 항상 더 높습니다. 그리고 가능한 한 쉽게 노동자들에게 벌을 주기 위해, 공장의 시계추를 빠르게 해 놓고, 노동자에게 나쁜 원료를 주고는 좋은 제품을 만들어 내라고 합니다. 규칙 위반 건수를 증가시킬 정도로 충분히 능란하지 않은 직공장은 해고됩니다.

여러분, 보시는 바와 같이 이러한 내부 규칙은 위반을 낳기 위해 만들어진 것이며 사람들은 돈을 벌기 위해 위반을 하도록 만듭니다. 이와 같이 공장주는 명목 임금을 감소시키고 노동자로서는 제어할 수 없는 사고들까지 이용해 먹기 위하여 온갖 수단을 다 씁니다.

이 공장주들이야말로 오로지 노동자들의 운명을 개선시키기 위해서 막대한 비용도 지출할 수 있다는 것을 노동자들에게 납득시키려 했던 바로 그 박애주의자들입니다.

이와 같이 그들은 한편으로는 공장 규칙에 의해 가장 인색한 방식으로 노동자의 임금을 깎아 내리고 다른 한편으로는 **반곡물법 동맹**의 도움으로 임금을 인상하기 위해 최대의 희생을 무릅쓰기도 합니다.

그들은 거액의 비용을 들여 궁전을 세우고, **동맹**은 그 속에다 말하자면 자신의 관저를 설치하였습니다 ; 그들은 자유 무역이라는 종교를 포교하기 위해 선교사 군단을 영국 방방곡곡으로 파견합니다 ; 그들은 노동자들이 자신들의 이해에 눈뜨도록 하기 위해 수천 부의 팜플렛을 인쇄하여 무료로 배포하며, 신문이 그들의 주장에 호의를 갖도록 하기 위해 막대한 금액을 지출하고, 자유 무역 운동을 지도하기 위해 대규모의 관리 기관을 조직하며, 공개 집회들에서는 화려한 웅변을 펼쳐 보입니다. 그중의 한 집회에서 어느 노동자가 다음과 같이 외쳤습니다 :

만약 토지 소유자들이 우리의 뼈를 판다면 당신네 공장주들은 맨 먼저 그 뼈를 사서 증기 제분기에 던져 넣고 밀가루를 만들려 할 것이다.

영국 노동자들은 토지 소유자들과 산업 자본가들 사이의 투쟁의 의미를 아주 잘 알고 있었습니다. 사람들이 [산업 자본가들이] 빵 가격을 하락시키려 하는 것은 임금을 하락시키기 위함이라는 것, 그리고 지대가 감소하면 산업 이윤이 그만큼 증가하리라는 것을 노동자들은 너무도 잘 알고 있습니다.

영국 **자유 무역론자들**의 사도이며 금세기 가장 뛰어난 경제학자인 리카도도 이 점에 관해서는 노동자들과 완전히 일치합니다.

그는 정치 경제학에 관한 그의 유명한 저작에서 이렇게 말합니다 :

"만약 우리가 우리 나라에서 밀을 수확하는 대신 보다 싼 값으로 그것을 조달할 수 있는 새 시장을 발견한다면, 그 경우 임금은 하락하고 이윤은 증가할 것이 틀림없다 …… 농업 생산물의 가격 하락은 …… 단지 토지 경작에 고용된 노동자들의 임금뿐만 아니라 매뉴팩처에서 노동하거나 상업에 고용된 모든 노동자들의 임금을 저하시킨다."[80]

그리고 여러분, 전에는 5프랑을 받았었지만 밀 가격이 떨어져 이제는 4프랑밖에 받지 못하는 것이 노동자에게는 매일반이라고 생각하지 마십시오.

노동자의 임금은 이윤에 비해서는 한층 더 낮아진 것이 아니겠습니까? 그리고 노동자의 사회적 지위가 자본가의 그것에 비하여 악화되었다는 것은 명백하지 않습니까? 게다가 노동자는 사실 또다시 손해를 보고 있습니다.

밀 가격이 보다 높고 임금 역시 높았던 한은, 빵 소비에서의 약간의 절약도 노동자에게 다른 즐거움들을 가져다 주기에는 충분하였습니다. 그러나 빵 가격이, 따라서 임금이 대폭 떨어진 순간부터 노동자가 빵을 절약하여 다른 물건을 산다는 것은 불가능하게 됩니다.

영국 노동자들은 자신들이 **자유 무역론자들**의 현혹과 기만에 속지 않는다는 것을 그들에게 깨우쳐 주었습니다. 그럼에도 불구하고 노동자들이 토지 소유자들에 대항하여 자유 무역론자들과 연합했던 것은 봉건제의 마지막 잔재들을 일소하기 위해서, 그리고 이제는 오직 하나의 적만을 상대할 수 있기 위해서였습니다. 노동자들의 계산은 어긋나지 않았습니다. 왜냐하면 토지 소유자들은 공장주들에게 복수하기 위해 노동자들과 제휴를 맺고 10시간 노동법을 통과시켰기 때문입니다. 이 법안은 노동자들이 30년 동안이나 요구하였으나 소용없었던 것인데 곡물 관세 폐지 후에 즉각 통과되었습니다.

경제학자 회의[81]에서 보우링 박사가 자기의 호주머니에서 긴 리스트를 한 장 꺼내 그가 주장하듯 노동자들에 의해 소비될 목적으로 영국에 수입된 쇠고기, 햄, 베이컨, 닭고기 등등이 얼마나 되는지 보여 주려고 했을 때, 불행히도 그는 바로 그 순간 맨체스터와 여타의 공업 도시들의 노동자들이 막 시작된 공황에 의해 거리로 내던져지고 있다는 사실을 이야기하는 것을 망각하고 있었습니다.

정치 경제학에서는 원칙적으로 결코 단 한 해의 통계 자료들을 총괄하여 그로부터 일반적 법칙을 도출해서는 안 됩니다. 항상 6년 내지 7년 간 ──현대 산업이 호황, 과잉 생산, 불황, 공황의 여러 국면을 거치며 자신의 불가피한 순환을 완료하는 기간──의 평균치를 취해야 합니다.

모든 상품의 가격이 하락하고 그것이 자유 무역의 필연적 결과라면, 내가 1프랑으로 전보다 많은 것을 조달할 수 있으리라는 것은 의심할 여지가 없습니다. 그리고 노동자의 1 프랑도 다른 모든 1 프랑과 동일한 값어치를 가지고 있습니다. 따라서 자유 무역은 노동자에게 대단히 유리할 것입니다. 여기에는 단 한 가지 사소한 불리한 점이 있는데, 그것은 노동자가 자기의 프랑을 다른 상품과 교환하기 전에 먼저 자기의 노동[74]을 자본과 교환했다는 점입니다. 만약 이 교환에서 그가 언제나 동일한 노동에 대해 상술한 양의 프랑을 받는다면 그리고 여타의 모든 상품의 가격이 하락한다면, 그는 이 거래에서 언제나 득을 볼 것입니다. 난점은 모든 상품의 가격이 하락할 때 내가 동일한 화폐로 보다 많은 상품을 살 수 있다는 것을 증명하는 데 있는 것이 아닙니다.

경제학자들은 항상, 다른 상품과 교환될 때의 노동의 가격을 취합니다. 그러나 그들은 노동이 자본과의 교환을 수행하는 때는 완전히 옆으로 밀쳐 놓습니다.

상품을 생산하는 기계를 작동시키는 데 보다 적은 비용이 필요하게 되면 노동자라 불리는 이 기계를 유지하는 데 필요한 물건들도 똑같이 값이 떨어질 것입니다. 모든 상품의 값이 떨어진다면 역시 하나의 상품인 노동도 똑같이 가격이 하락할 것인데, 후에 보게 되듯 이 노동이라는 상품은 다른 상품들보다 훨씬 더 큰 비율로 [가격이] 하락할 것입니다. 경제학자들의 논의에 항상 기대를 거는 노동자는 그 프랑이 호주머니 속에서 녹아 버려 자기에게는 이제 단 5 수 sou 밖에 남지 않았다는 것을 발견하게 될 것입니다.

이에 대해 경제학자들은 여러분에게 다음과 같이 말할 것입니다 : 자유 무역의 지배하에서도 노동자들 사이의 경쟁은 분명히 감소하지 않을 것이므로 임금은 얼마 안 가서 낮은 상품 가격과 일치하게 될 것이라는 점은 우리도 인정한다. 그러나 다른 한편 낮은 상품 가격은 소비를 증대시킬 것이다 ; 증대된 소비는 증대된 생산을 요구할 것이며, 일손에 대한 수요의 증가가 이를 뒤따를 것이고, 임금의 상승이 이러한 수요의 증가를 뒤따를 것이다.

이 모든 논의는 다음으로 귀착됩니다 : 자유 무역은 생산력들을 증대시킵니다. 산업이 성장하면, 부, 생산력들, 한마디로 말해 생산적 자본이 노동에 대한 수요를 증대시키면, 노동의 가격 따라서 임금 또한 증가합니다. 노동자에게 있어 가장 유리한 조건이란 자본의 성장입니다. 그리고 그것은 인정해야 합니다. 자본이 정체된 채로 있다면 산업은 정체될 뿐만 아니라 쇠퇴할 것이며 이 경우 노동자는 그 최초의 희생자가 될 것입니다. 노동자는 자본가보다 먼저 사멸할 것입니다. 그러면, 위에서 말한 바와 같이 노동자에게 있어 가장 유리한 상태인 자본이 성장할 경우에 노동자들의 운명은 어떻게 되겠습니까? 마찬가지로 그는 사멸할 것입니다. 생산적 자본의 성장은 자본의 축적과 집적을 의미합니다. 자본의 집중은 분업의 증대와 기계 사용의 증대를 초래합니다. 분업의 증대는 노동의 특수 기능, 노동자의 특수 기능을 파괴하고, 이 특수 기능을 누구나 할 수 있는 노동으로 대체함으로써 노동자들 사이의 경쟁을 증대시킵니다.

분업이 노동자에게 혼자서 삼인분의 일을 할 수 있는 수단을 제공하는 만큼, 경쟁은 한층 더 격렬해집니다. 기계는 동일한 결과를 더욱더 큰 규모로 산출해 냅니다. 생산적 자본의 성장은 산업 자본가들로 하여금 수단들을 끊임없이 증가시키면서 일하도록 강요함으로써 소산업가들을 몰락시키고 그들을 프롤레타리아트 속으로 던져 버립니다. 또한 자본이 축적됨에 따라 이 자율은 저하되기 때문에 소금리 생활자들은 자기들이 받는 금리로는 더 이상 살아갈 수 없어 산업에 투신하지 않을 수 없게 되고 이는 결과적으로 프롤레타리아들의 수를 증대시킬 것입니다.

끝으로 생산적 자본이 증대하면 할수록 이 자본은 수요를 알지 못하는 시장을 위해 생산하지 않을 수 없게 되고, 생산이 소비를 상회하면 할수록 공급은 수요를 강제로 늘리려 하고 그 결과 공황이 격렬히 그리고 급속히 심화됩니다. 그러나 모든 공황은 이번에는 자기쪽에서 자본의 집중을 촉진시키고 프롤레타리아트를 증가시킵니다.

이와 같이 생산적 자본이 성장함에 따라 노동자들 사이의 경쟁은 더욱 큰 비율로 증가합니다. 모든 노동자들에에 있어 노동의 보수가 감소하고 일부 노동자들에게 있어 노동의 부담이 증가합니다.

1829년에 맨체스터에는 36개 공장에 1,088명의 방적공들이 고용되어 있었습니다. 1841년에는 448명뿐이었는데 이 노동자들이 1829년에 1,088명의 노동자들이 가지고 일했던 방추보다 53,353개나 더 많은 방추를 가지고 일했습니다. 만약 손노동이 생산력이 증가하는 것과 같은 비율로 증가했더라면 노동자의 수는 틀림없이 1,848이라는 숫자에 이르렀을 것인바, 따라서 기계에 가해진 개량들이 1,100명[82]의 노동자들에게서 일을 빼앗아 갔던 것입니다.

우리는 경제학자들의 대답을 이미 알고 있습니다. 일자리를 빼앗긴 그 사람들은 또 다른 일자리를 찾게 될 것이라고 경제학자들은 말합니다. 경제학자 회의에서 보우링 박사님은 이 논의를 다시 거론하는 것을 잊지 않았으며 스스로 자신을 논박하는 것 또한 잊지 않았습니다.

1835년 보우링 박사님은 하원에서, 자유 무역론자들이 약속한 새 일자리를 찾을 수 없어 오래 전부터 굶어 죽어 가고 있던 런던의 50,000명의 직조공들에 관해 연설을 했습니다.

보우링 박사님의 이 연설 중에서 가장 눈에 띄는 부분을 옮겨 보도록 하겠습니다.

그는 말합니다. "수직공들의 빈곤은, 배우기 쉽고 또 비용이 덜 드는 수단들에 의해 언제든지 대체될 수 있는 모든 종류의 노동에 불가피한 운명입니다. 이 경우 노동자들 사이의 경쟁은 매우 심하기 때문에 수요가 아주 조금 감소하기만 해도 위기를 초래합니다. 수직공들은 말하자면 인간 생존의 한계선에 서 있는 셈입니다. 한걸음이라도 더 나가면 그들의 생존은 불가능하게 됩니다. 아주 미세한 충격도 그들을 멸망의 길로 내던지기에는 충분합니다. 기계 공학의 진보는 손노동을 점차 몰아내기 때문에 과도기에는 반드시 일시적인 많은 고통을 초래하게 됩니다. 국민 복지는 얼마간의 개인적 재난들을 대가로 해서만 얻어질 수 있는 것입니다. 산업에서는 낙오자들을 희생시킴으로써만 전진이 이루어질 수 있습니다. 그리고 모든 발명 중에서 증기 직기는 최고의 중압으로 수직공들을 압박하는 것입니다. 수직공들은, 이전에 손으로 만들던 많은 제품들에서 이미 경쟁 능력을 상실했지만, 아직까지 손으로 만들고 있는 많은 물건들에서도 [앞으로는] 패배를 당하게 될 것입니다."

계속해서 그는 이렇게 말합니다. "나는 [동인도] 총독이 동인도 회사에 보낸 통신문을 가지고 있습니다. 이 통신문은 다카 지방의 직조공들에 관한 것입니다. 총독은 자신의 편지에서 다음과 같이 말하고 있습니다 : 몇 년 전에 동인도 회사는 이 지방의 수공업자들에 의해 제조된 육백만 내지 팔백만 필의 면포를 구입하였습니다. 그 면포의 수요는 점차 하락하여 약 백만 필로 감소되었습니다.

현재 그 수요는 거의 완전히 중단되었습니다. 이 밖에 1800년에는 북아메리카가 약 8십만 필의 면포를 인도로부터 구입하였습니다. 1830년에 북아메리

354

카는 4천 필도 구매하지 않았습니다. 마지막으로, 1800년에는 백만 필의 면포를 포르투갈로 운송하기 위해 선적했었습니다. 1830년에는 포르투갈도 2만 필밖에 구입하지 않았습니다.

인도 직조공들의 궁핍에 대한 보고들은 끔찍할 정도입니다. 그러면 이 궁핍의 원인은 무엇이었을까요?

영국산 생산물들의 시장에의 등장, 증기 직기에 의한 제품 생산. 엄청난 수의 직조공들이 굶어 죽었고, 남은 이들은 다른 직업으로, 주로 농업 노동으로 이전하였습니다. 직업을 옮길 수 없다는 것, 그것은 사형 선고였습니다. 현재 다카 지방은 영국제 실과 직물들로 넘쳐 나고 있습니다. 그 아름다움과 조직의 견고함으로 전세계에 평판이 자자하던 다카의 모슬린도 역시 영국 기계들과의 경쟁으로 말미암아 자취를 감추었습니다. 이렇게 동인도의 전 계급이 겪어야만 했던 그러한 고통은 전 상업사를 통해 아마 찾아보기 어려울 것입니다."[83]

보우링 박사님의 연설은 거기에 인용되어 있는 사실들이 정확한 만큼, 또 그가 사실을 얼버무리려고 사용하는 문구들이 자유 무역론자들의 모든 설교에 공통된 위선적 성격을 고스란히 가지고 있는 만큼, 한층 더 주목할 만합니다. 그는 노동자들을 비용이 덜 드는 생산 수단들에 의해 대체되어야 할 생산 수단들로 묘사하고 있습니다. 그는 자기가 이야기하고 있는 노동은 완전히 예외적인 노동으로, 직조공들을 짓밟아 버린 기계 역시 예외적인 기계로 간주하는 체합니다. 어느 날엔가 직물업의 운명을 받아들이지 않을 수 있는 손노동이란 존재하지 않는다는 것을 그는 망각하고 있습니다.

"기계 장치에서의 모든 개량 perfectionnement 의 변함없는 목적과 경향은 사실상 인간 노동을 완전히 불필요한 것으로 만드는 것, 또는 성인 남자 노동자의 노동을 여성들과 아동들의 그것으로 대체함으로써 혹은 숙련된 장인의 노동을 서투른 노동자의 그것으로 대체함으로써 인간 노동의 가격을 저하시키는 것입니다. 연속 방적기들에 의한 방적 공장들 — 영어로 하면 **스로슬 공장들** throstle-mills — 의 대부분에서 방적 작업은 전적으로 16세 이하의 소녀들에 의해 이루어지고 있습니다. 자동식 **뮬 제니 방적기**[59] la mule-jenny autonatigue 가 보통의 **뮬 제니 방적기** la mule-jenny ordinaire, Hand-Mule 를 대체하게 된 것은 방적공의 대부분을 해고하고 아동들과 청소년들을 남겨 두는 결과를 가져왔습니다."

가장 열렬한 자유 무역론자인 우어 박사님[84]의 이 말은 보우링 씨의 고백을 완성하는 데 유용합니다. 보우링 씨는 몇몇 개인적 재난들에 대해 이야기하면서 동시에 이 몇몇 개인적 재난들이 계급들 전체를 파멸시킨다고 말하고 있습니다 ; 그는 과도기의 일시적 고통들에 대해 이야기하면서 동시에 이러한 일시적 고통들이 대다수의 사람들에게는 삶으로부터 죽음으로의 이행이었고 나머지 사람들에게 있어서도 이전에 그들이 처해 있던 것보다 더 열악한 상태로의 전환 운동이었다는 것을 감추지 않습니다. 더 나아가 이 노동자들의 불행은 산업의 진보와는 불가분의 것이고 국민 복지를 위해서는 필수적인 것이라고 말할 때, 그는 부르주아 계급의 복지는 노동 계급의 불행을 필요 조건으로 하고 있다는 것을 말하고 있을 뿐입니다.

보우링 씨가 죽어 가는 노동자들에게 해대는 모든 위로, 그리고 **자유 무역론자들**이 확립해 놓은 모든 보상 학설은 일반적으로 다음과 같은 것으로 귀착됩니다 :

죽어 가는 수천의 노동자 여러분, 절망하지 말라. 당신들은 안심하고 죽을 수 있다. 당신들 계급은 소멸하지 않을 것이다. 당신들 계급의 숫자는 언제나 너무 많아서 자본은 그 일부를 죽이면서도 절멸시키지 않을까 두려워하지 않아도 될 정도이다. 더욱이 만약 자본이 착취 재료인 노동자들을 재차 착취하기 위해 그들을 항상 신경써서 준비해 두지 않는다면, 어떻게 자본이 유효한 사용법을 발견할 수 있겠는가?

그러면 도대체 왜 자유 무역의 실현이 노동자 계급의 상태에 미치는 영향이 해명되어야 할 문제로서 새삼스럽게 제기되는 걸까요? 께네로부터 리카도에 이르기까지 경제학자들이 개진했던 모든 법칙들은 지금까지 상업상의 자유를 구속해 왔던 질곡들이 더 이상 존재하지 않는다는 전제 위에 세워진 것입니다. 이 법칙들은 자유 무역이 실현되는 것과 같은 정도로 확증됩니다. 그중 제1의 법칙은 경쟁이 모든 상품의 가격을 그 생산비의 최소치로 인하시킨다는 것입니다. 그러므로 노동의 자연 가격은 임금의 최소치입니다. 그러면 임금의 최소치란 무엇일까요? 그것은 바로 노동자의 생계 유지에 필수 불가결한 물건들을 생산하기 위해, 노동자로 하여금 그럭저럭 생계를 꾸리고 자신의 종족을 얼마간 번식시킬 수 있게 하기 위해 필요한 만큼의 것입니다.

그렇다고 해서 노동자가 이 임금의 최소치만을 받을 것이라고 생각하지
는 맙시다 ; 또 그가 이 임금의 최소치를 언제나 받을 [수 있을] 것이라고도
생각하지 맙시다.

아니 이 법칙에 의해 노동자 계급은 때로는 보다 행복해지기도 할 것입
니다. 노동자 계급은 때때로 이 최소치 이상을 받을 것입니다 ; 그러나 이 초
과분은 산업 불황시에 최소치 이하로 받게 될 것의 보충일 뿐입니다. 이는
다음을 의미합니다. 주기적으로 반복되는 일정 기간에, 즉 산업이 호황, 과
잉 생산, 불황, 공황의 교체를 거치면서 형성하는 순환에서 노동자 계급이
받게 될 필요액 이상과 이하를 모두 계산해 보면 결국 노동자 계급은 최소
치 이상도 이하도 받지 않을 것이라는 점을 알게 됩니다 ; 이는 또 다음을 의
미합니다. 노동자 계급은 수많은 불행과 수많은 빈곤을 겪은 이후에만, 수많
은 시신들을 산업 전장에 남겨 둔 이후에만 자신을 계급으로서 보존할 것입
니다. 그러나 그것이 어떻단 말입니까? 그 계급은 계속 존속하며 오히려 자
신을 불려 나갈 것입니다.

그뿐만이 아닙니다. 산업의 진보는 비용이 덜 드는 생존 수단들을 생산
합니다. 요컨대 화주가 맥주를 대신하게 되었고 면이 양모와 아마를 대신하
게 되었으며 감자가 빵을 대신하게 되었습니다.

이와 같이 더 값싸고 보잘것없는 것들로 노동을 부양할 방법이 끊임없
이 발견되므로 임금의 최소치는 끊임없이 저하될 것입니다. 임금이 인간으
로 하여금 살기 위해 일하게 하는 것으로 시작됐다면, 그것은 인간으로 하여
금 기계의 삶을 살도록 하는 것으로 끝납니다. 그의 생존은 단순한 생산력으
로서의 가치 외에 다른 어떤 가치도 가지지 않으며 자본가는 그를 그 가치
에 따라 취급합니다.

노동이라는 상품에 관한, 임금의 최소치에 관한 이러한 법칙은 경제학
자들의 전제인 자유 무역이 하나의 진실로, 하나의 사실로 되어 가는 것과
같은 정도로 확증될 것입니다. 그러면 둘 중 하나 : 자유 무역이라는 전제에
근거하는 경제학 전체를 부인해야 하거나 그렇지 않으면 자유 무역하에서
노동자들은 경제 법칙들의 온갖 가혹함에 의해 타격을 입게 된다는 것을 시
인하거나.

요약해 보면 : 오늘날의 사회 상태하에서 자유 무역이란 도대체 무엇입니까? 그것은 자본의 자유입니다. 아직까지도 자본의 전진을 구속하고 있는 몇몇 국민적 질곡들을 제거하는 것은 자본의 활동을 완전히 해방시키는 것에 지나지 않습니다. 상품 상호간의 교환이 보다 유리한 조건에서 행해진다해도 자본과 임금 노동의 관계가 존속되는 한, 착취하는 계급과 착취당하는 계급은 여전히 존재할 것입니다. 보다 유리한 자본의 사용이 산업 자본가들과 임금 노동자들간의 적대를 사라지게 할 것이라고 상상하는 자유 무역론자들의 주장을 이해하기란 참으로 어렵습니다. 정반대로, 그로부터 야기될 결과는 이 두 계급간의 대립이 한층 더 뚜렷해지는 것이 될 것입니다.

곡물법도, 관세도, 입시세 入市稅 도 더 이상 존재하지 않는다고, 요컨대 노동자가 그의 비참한 상태의 원인이라고 하여 아직은 탓할 수 있는 모든 우연적 사정들이 완전히 사라졌다고 잠시 가정해 보십시오. 그러면 여러분은 노동자의 진정한 적을 가리고 있던 그만큼 많은 베일들을 찢어 버리는 것이 될 것입니다.

노동자는 자유롭게 된 자본도 관세의 구속을 받던 자본 못지않게 자신을 노예로 만든다는 것을 알게 될 것입니다.

여러분! 자유라는 추상적인 말에 속지 마십시오. 누구의 자유란 말입니까? 그것은 단순한 한 개인의 다른 한 개인에 대한 자유가 아닙니다. 그것은 노동자의 피땀을 눌러 짜내기 위해 자본이 누리는 자유입니다.

이러한 자유는 자유 경쟁에 근거한 상태의 산물에 불과한데도 어떻게 아직도 이 자유라는 관념으로 자유 경쟁을 신성화하길 원한단 말입니까?

자유 무역이 한 나라의 여러 계급들 사이에 낳게 한 우애가 어떤 것인지를 우리는 이미 보았습니다. 자유 무역이 지구상의 여러 나라들 사이에 맺게 할 우애도 이보다 더 깊지는 않을 것입니다. 전 세계적 규모의 착취에 보편적 우애라는 이름을 붙이는 것은 부르주아지의 태내에서만 나올 수 있었던 이념입니다. 자유 경쟁이 일국 내에 만들어 놓는 모든 파괴적 현상들은 세계 시장에서 더 거대한 규모로 재생산됩니다. 이 주제에 대해 자유 무역론자들이 떠들어대는 궤변들에 더 머물러 있을 필요는 없습니다. 그런데 이 궤변이란 말은 우리의 세 수상자, 호프 씨, 모스 씨, 그레그 씨의 논의들에 꼭 들어맞는 말입니다.

예를 들어 사람들은, 자유 무역은 국제 분업을 생기게 할 것이며 이 분업은 각국에 그 자연적 우위와 일치하는 생산을 할당할 것이라고 말합니다.

여러분, 여러분은 아마 커피와 설탕의 생산이 서인도의 자연적 운명이라고 생각할지도 모르겠습니다.

2세기 전, 상업에 거의 말려들지 않은 자연은 그 곳에 커피 나무도 사탕수수도 심지 않았었습니다.

그리고 아마 반세기도 채 못 가서 당신들은 그 곳에서 더 이상 커피도 설탕도 찾아보지 못하게 될 것입니다. 왜냐하면 동인도가 보다 값싼 생산을 통해 서인도의 이러한 소위 자연적 운명과 싸워 이미 승리를 거두었기 때문입니다. 그리고 서인도는 자신의 자연적 혜택에도 불구하고, 천지 개벽 때부터 손으로 직물을 짜도록 운명지어진 다카의 직조공들만큼, 영국인들에게는 이미 무거운 짐이 되어 있습니다.

간과해서는 결코 안 될 한 가지는, 모든 것이 독점이 되어 있는 것과 마찬가지로, 오늘날에는 여타의 모든 산업 부문들을 지배하는 몇몇 산업 부문들이 있어 이것들을 가장 잘 경영하는 국민들에게 세계 시장의 지배권을 보증해 준다는 것입니다. 요컨대 국제 무역에서는 면화 한 품목이 의복 제조에 사용되는 다른 모든 원료들을 합친 것보다도 훨씬 더 큰 상업적 가치를 가지고 있습니다. 그러므로 자유 무역론자들이 각각의 산업 부문에서 몇몇 특산품들을 끄집어내 산업이 가장 발전한 나라들에서 보다 싸게 생산되는 일용 생산물들과 비교하려고 하는 것을 보면 정말 우스워집니다.

어떻게 한 나라가 다른 나라를 희생시켜 부유해질 수 있는가를 자유 무역론자들이 이해하지 못한다 해도 이에 놀랄 필요는 없습니다. 왜냐하면 이 신사분들은 일국 내에서 어떻게 한 계급이 다른 계급을 희생시켜 부유해질 수 있는가 하는 것 역시 이해하려고 하지 않기 때문입니다.

여러분, 우리가 상업의 자유를 비판한다고 해서 보호 무역 제도를 변호할 의도를 가지고 있다고 생각지는 마십시오.

입헌 정체의 적이라고 자칭한다 해서 구체제의 동지라고 자칭하는 것이 되지는 않습니다.

게다가 보호 무역 제도는 한 국가 내에서 대공업을 확립하는 수단, 즉 그 국가로 하여금 세계 시장에 의존하게 하는 수단일 뿐이며 세계 시장에 의존하는 그 순간부터 이미 많든 적든 자유 무역에 의존하게 됩니다. 그 외에도 보호 무역 제도는 일국 내의 자유 경쟁을 발전시키는데 기여합니다. 그렇기 때문에 부르주아지가 계급으로서 스스로를 주장하기 시작하는 나라들, 예를 들어 독일에서 그들이 보호 관세 획득을 위해 많은 노력을 쏟는 모습을 볼 수 있는 것입니다. 그들에게 있어 보호 관세는 봉건제와 절대주의 정부에 대항하는 무기이며 그들의 힘을 결집시키고 자국 내에서 자유 무역을 실현하기 위한 수단입니다.

그러나 일반적으로 말하여 오늘날 보호 무역 제도는 보수적인 반면, 자유 무역 제도는 파괴적입니다. 자유 무역 제도는 오래된 국민성을 해소하고 부르주아지와 프롤레타리아트 사이의 적대를 극단까지 밀고 나가게 합니다. 한마디로 말해 상업 자유의 제도는 사회 혁명을 촉진시킵니다. 여러분, 오직 이러한 혁명적 의미에서만 저는 자유 무역에 찬성하는 것입니다.

출전 :「1848년 1월 9일   맑스 · 엥겔스 저작집, 제 4 권,
브뤼셀 민주주의 협회의   444-458면.
공개 회의에서 행해진
자유 무역 문제에 관한 연설」.
[브뤼셀, 1848년.]

프랑스 어 원문으로부터 번역

최병연   번역

공산주의자 동맹 규약[85]

제 I 장
동 맹

제 1조   동맹의 목적은 부르주아지의 타도, 프롤레타리아트의 지배, 계급 대립에 기반한 낡은 부르주아 사회의 폐지, 그리고 계급들도 없고 사적 소유도 없는 새로운 사회의 건설이다.

제 2조   회원의 자격 조건들은 다음과 같다 :

    A) 이러한 목적에 적합한 생활 방식과 활동 ;

    B) 선전에 대한 혁명적 정력과 열의 ;

    C) 공산주의 신봉의 공언 ;

    D) 모든 반공산주의적인 정치적 혹은 민족적 단체에의 참가의 포기, 그리고 어떤 단체에 참가하든 상급 기관에 보고할 것 ;

    E) 동맹의 결의들에 대한 복종 ;

    F) 동맹의 모든 업무들의 존재에 대한 비밀 엄수 ;

    G) 만장 일치에 의한 하나의 소조에의 가입.

이들 조건들에 더 이상 적합하지 않은 자는 제명된다(제 VIII 장을 보라).

제 3조   모든 회원은 평등하고 형제이며, 어떠한 경우에도 그러한 형제로서 서로 도울 의무가 있다.

제 4조   회원들은 동맹에서의 이름을 가진다.

제 5조   동맹은 소조, 지구, 지도 지구, 중앙 위원회, 총회로 조직된다.

제 II 장
소 조

제6조 소조는 최소 3인, 최대 20인의 회원들로 구성된다.

제7조 각 소조는 1인의 장長과 1인의 부장副長을 선출한다. 소조장은 회의를 주재하며, 부소조장은 회계를 담당하고 부재시 소조장을 대신한다.

제8조 새로운 회원의 가입은 소조의 사전 동의 아래, 소조장과 추천한 회원에 의해 수행된다.

제9조 다양한 종류의 소조들은 서로 모르도록 하고, 상호간 어떤 연계도 가지지 않는다.

제10조 소조들은 서로 다른 이름들을 가진다.

제11조 거주지를 옮기는 모든 회원은 사전에 자신의 소조장에게 알려야 한다.

제 Ⅲ 장
지 구

제12조 지구는 최소 2개, 최대 10개의 소조들을 포괄한다.

제13조 소조들의 장長들과 부장副長들이 지구 위원회를 이룬다. 지구 위원회는 그 구성원 중에서 1인의 대표를 선출한다. 지구 위원회는 산하 소조들 및 지도 지구와 연락한다.

제14조 지구 위원회는 지구 내 모든 소조들에 대한 집행 권력이다.

제15조 개별적으로 존재하는 소조들은 이미 존재하는 어떤 지구에 배속되거나, 다른 개별적 소조들과 함께 하나의 새로운 지구를 이루어야 한다.

제 Ⅳ 장
지도 지구

제16조 한 나라의 혹은 한 지방의 각 지구들은 하나의 지도 지구에 소속된다.

제17조 동맹의 지구들의 지방별 배정과 지도 지구들의 지명은 중앙 위원회의 제의에 따라 총회에서 수행된다.

제18조　지도 지구는 그 지방의 모든 지구들에 대한 집행 권력이다. 지도 지구는 중앙 위원회 및 지구들과 연락한다.

제19조　새로 결성되는 지구는 가장 가까운 지도 지구에 배속된다.

제20조　지도 지구는 잠정적으로는 중앙 위원회에, 최종적으로는 총회에 책임을 진다.

제 V 장
중앙 위원회

제21조　중앙 위원회는 동맹 전체의 집행 권력이며, 그러한 집행 권력으로서 총회에 책임을 진다.

제22조　중앙 위원회는 최소 5인의 위원들로 구성되며, 총회에 의해 중앙 위원회의 소재지로 지정된 장소의 지구 위원회에서 선출된다.

제23조　중앙 위원회는 지도 지구들과 연락한다. 중앙 위원회는 3개월마다 동맹 전체의 상태에 관한 보고를 행한다.

제 VI 장
공통 규정들

제24조　소조, 지구 위원회 및 중앙 위원회는 최소한 2주마다 1회씩 회합한다.

제25조　지구 위원회 및 중앙 위원회의 위원은 매년 선출되며, 재선출될 수 있고 언제라도 선거인에 의해 파면될 수 있다.

제26조　선거는 9월에 실시된다.

제27조　지구 위원회는 동맹의 목적에 따라 소조들의 토론을 지도해야 한다.

어떤 문제의 토론이 중앙 위원회에 의해 일반적이고 직접적인 이해가 있는 것으로 받아들여질 경우, 중앙 위원회는 동맹 전체에 그것을 토론할 것을 요청해야 한다.

제28조　개별 맹원은 최소한 3개월마다, 개별 소조는 최소한 1개월마

다 자신이 소속된 지구 위원회와 연락을 유지해야 한다.

각 지구는 최소한 2개월마다 지도 지구에, 모든 지도 지구는 최소한 3개월마다 중앙 위원회에 자기 지역에 관해 보고해야 한다.

제29조 동맹의 각 위원회는 동맹의 안전과 힘있는 활동을 위해서, 자신의 책임 아래, 그리고 상부 위원회들에 대한 즉각적인 보고를 조건으로 규약에 준하여 적절한 조치들을 취할 의무를 진다.

제 Ⅶ 장
총 회

제30조 총회는 동맹 전체의 입법 권력이다. 규약 개정과 관련한 모든 제안들은 지도 지구를 경유하여 중앙 위원회에 보내지며, 중앙 위원회에 의해 총회에 상정된다.

제31조 각 지구는 대표를 파견한다.

제32조 회원이 30명 이하인 지구는 1인, 60명 이하인 지구는 2인, 90명 이하인 지구는 3인 등등의 대표를 파견한다. 지구는 자기 지역에 속하지 않는 맹원들이 자신을 대표하게 할 수 있다.

그러나 이 경우에 지구는 그 대리인에게 전권을 부여해야 한다.

제33조 총회는 매년 8월에 소집된다. 중앙 위원회는 긴급을 요하는 경우에 임시 총회를 소집한다.

제34조 총회는 매번 다음 연도의 중앙 위원회가 소재지로 삼아야 할 장소와 다음에 총회가 소집될 장소를 결정한다.

제35조 중앙 위원회는 총회에서 의석은 가지나 의결권은 가지지 못한다.

제36조 총회는 매회기 후에 총회의 회람장 외에 당의 명의로 선언을 공포한다.

제 Ⅷ 장
동맹에 대한 위반

제37조 회원의 자격 조건들(제2조)을 위반하는 자는 정황에 따라서 동맹으로부터 격리되거나 제명된다.

제명은 재가입을 배제한다.

제38조 제명에 관해서는 오직 총회만이 결정한다.

제39조 지구 혹은 개별적으로 존재하는 소조는 상급 위원회들에 즉각적인 보고를 조건으로 개별 회원을 격리시킬 수 있다. 총회는 또한 이에 관해 최종적으로 결정한다.

제40조 격리된 회원의 재가입은 지구의 요청에 따라 중앙 위원회에 의해 처리된다.

제41조 동맹에 대한 위반에 관해 지구 위원회는 심의하고, 그 판결의 집행에 대해 유념한다.

제42조 격리되거나 제명된 개인들 및 일반적으로 의심스러운 인물들은 동맹의 이름으로 감시되고, 해를 끼치지 못하도록 만들어야 한다. 그런 개인들의 책동은 즉각 해당 소조에 통고되어야 한다.

제 IX 장
동맹의 자금

제43조 총회는 모든 회원이 납부해야 할 회비의 최소치를 각 나라에 대해 확정한다.

제44조 이 회비의 절반은 중앙 위원회로 가고, 나머지 반은 지구 혹은 소조의 회계로 남는다.

제45조 중앙 위원회의 자금은 다음에 사용된다 :

1. 통신비 및 관리비의 충족을 위하여 ;
2. 선전 소책자의 인쇄 및 배포를 위하여 ;
3. 특정한 목적을 위한 중앙 위원회의 밀사 파견을 위하여.

제46조 지역 위원회의 자금은 다음에 사용된다 :

1. 통신비의 충족을 위하여 ;
2. 선전 소책자의 인쇄 및 배포를 위하여 ;
3. 임시 특사의 파견을 위하여.

제 47 조　6 개월 동안 회비를 납부하지 않는 소조 및 지구는 중앙 위원 회에 의하여 동맹으로부터의 격리를 통고받는다.

　　제 48 조　지구 위원회는 최소한 3 개월마다 산하 소조에 수입과 지출에 관한 보고서를 제출해야 한다. 중앙 위원회는 총회에 동맹 자금의 집행과 동 맹 회계의 잔고에·관한 계산서를 제출한다. 동맹 자금 유용은 그것이 어떠한 것이든 엄중히 처벌된다.

　　제 49 조　임시비와 총회 비용은 특별 회비를 통해 조달된다.

제 X 장
가 입

　　제 50 조　소조장은 가입하려는 자에게 규약의 제 I 조부터 제 49 조까지를 낭독해 주고, 이를 설명해 주며, 간단한 훈시로써 특별한 강조를 주어 가입 자가 떠맡을 책임과 의무를 지적하고, 그 다음에 그에게 다음 질문을 제시한 다 : "그러면 당신은 이 동맹에 가입하고자 하는가 ?" 그가 "예!"라고 대답하 면, 위원장은 그에게서 한 명의 맹원으로서의 의무를 완수하겠다는 그의 선 서를 받아들여 그를 동맹의 회원으로 선언하고 다음 회의에서 소조에 편입 시킨다.

1847년 12월 8일, 런던.
1847년 가을의 제2차 총회의 이름으로.

서기　　　　　　　　　　　　　　　　　　　　　　　의장
서명. 엥겔스　　　　　　　　　　　　　　　　　　서명. 칼 샤퍼

출전 : 베르무트와 슈티버의　　　　　　　　　　맑스 · 엥겔스 저작집,
『19세기의 공산주의자들의 음모』.　　　　　　　　제 4 권, 596-601면.
제 I 부, 베를린 1853년.

　　　　　　　　　　　　　　　　　　　　　　　　김태호 · 번역

칼 맑스 / 프리드리히 엥겔스

공산주의당 선언[86]

[1872년 독일어판] 서문

당시의 상황하에서는 당연히 비밀적인 것일 수밖에 없었던 국제적 노동자 결사인 공산주의자 동맹은 1847년 11월 런던에서 열린 대회[73]에서 앞으로 공포할 상세한 이론적·실천적 당 강령의 작성을 아래 서명자들에게 위임하였다. 이렇게 하여 다음의 『선언』이 생겨나게 되었고, 그 원고는 2월 혁명[87] 몇 주일 전 인쇄를 위해 런던으로 보내졌다. 처음에 독일어로 출판된 이후 『선언』은 독일, 영국, 미국에서 독일어로 적어도 12종의 서로 다른 판으로 출판되었다. 영어로는 1850년 런던에서 헬렌 맥팔레인 양의 번역으로 『붉은 공화주의자』에 처음 발표되었으며, 1871년에는 미국에서 적어도 세 종의 서로 다른 번역본들이 출판되었다. 프랑스 어로는 1848년 6월 봉기[88] 직전에 빠리에서 처음 출판되었고, 최근 뉴욕의 『르 쏘씨알리스뜨』에 게재되었다. 새로운 번역이 준비되고 있다. 폴란드 어로는 최초의 독일어판이 나온 직후에 런던에서 출판되었다. 러시아 어로는 60년대에 제네바에서 출판되었다. 『선언』은 덴마크 어로도 역시 그 발표 직후에 번역되었다.

지난 25년 동안 상황이 아무리 많이 변했다 하더라도, 이 『선언』에 개진되어 있는 일반적 원칙들은 크게 보면 오늘날에도 여전히 완전히 정당성을 지니고 있다. 여기저기 몇몇 군데는 개선되어야 할 것이다. 『선언』 자체가 천명하고 있는 바와 같이, 이러한 원칙들의 실천적 적용은 언제 어디서나 당대의 역사적 상황들에 의존하게 될 것이고, 그러므로 Ⅱ절 끝에서 제시된 혁명적 방책들에 특별한 중요성이 있는 것은 결코 아니다. 오늘날 이 부분은 여러 가지 점에서 다르게 서술되어야 할 것이다. 지난 25년에 걸친 대공업의 엄청난 발전, 그리고 이와 함께 진전된 노동자 계급의 당 조직에 비추어 볼 때, 그리고 우선 2월 혁명의 실천적 경험 및 더 나아가 프롤레타리아트가 처음으로 2개월간 정치 권력을 장악했던 빠리 꼬뮌[89]의 실천적 경험에 비추어 볼 때, 이 강령은 몇몇 군데에서 오늘날 낡은 것이 되어 버렸다. 특히 꼬뮌은 "노동자 계급이 기존의 국가 기구를 단순히 장악하여 그것을 자기 자신의 목적을 위해 가동시킬 수는 없다"는 것을 증명해 주었다.(『프랑스 내전. 국제 노동자 협회 총평의회의 격문』, 독일어판, 19면을 보라. 거기서는 이 점이 보다 상세히 설명되어 있다.[90]) 또 사회주의 문헌에 대한 비판은 오늘날에 와서 볼 때 불충분한 것임은 자명한데, 그 까닭은 그 비판이 1847년까지의 것만을 다루고 있기 때문이다 ; 이와 마찬가지로 각종 반정부당들에 대한 공산주의자들의 입장에 대한 언급들(Ⅳ절)도 기본적인 점에서는 여전히 옳지만, 오늘날 그것을 실행하기에는 이미 낡아 버렸음이 분명한데, 그 까닭은 정치 정세가 완전히 달라졌고, 역사 발전이 거기에 열거된 당들의 대부분을 세상에서 소멸시켰기 때문이다.

그러나 『선언』은 역사적 문서이며, 우리는 그것을 더 이상 변경할 권리가 없다. 다음 판은 아마 1847년부터 오늘에 이르기까지의 시간적 간격을 메워 주는 서론을 첨부하여 출판될 것이다 ; 이 판은 예기치 않았던 것이어서 우리로서는 그렇게 할 시간이 없었다.

1872년 6월 24일, 런던   칼 맑스   프리드리히 엥겔스

출전 : 칼 맑스와
프리드리히 엥겔스.
『공산주의당 선언』.
저자들의 서문이 딸린 신판,
라이프찌히 1872년.

맑스·엥겔스 저작집,
제18권, 95/96면.

[1882년 러시아 어 제2판 서문]⁹¹

『공산주의당 선언』의 러시아 어 초판은 바꾸닌에 의해 번역되어 60년대 초에⁹² 『종소리』의 인쇄소에서 출판되었다. 당시 서유럽은 그것(『선언』의 러시아 어판)을 단지 문헌적 진품珍品으로밖에 간주할 수 없었다. 그러한 파악은 오늘날 불가능할 것이다.

당시(1847년 12월)의 프롤레타리아 운동이 그때까지 얼마나 제한된 영역을 차지하고 있었던가는 각 나라들의 각종 반정부당들에 대한 공산주의자들의 입장이라는 『선언』의 마지막 장이 극명하게 보여 주고 있다. 요컨대 여기에는 바로——러시아와 합중국이 빠져 있는 것이다. 그때는 러시아가 유럽의 반동 전체의 최후의 거대한 예비군을 이루고 있던 때였다 ; 합중국이 유럽 프롤레타리아의 여력 Überkraft 을 이민을 통해 흡수하던 때였다. 두 나라는 유럽에 원료품을 공급하고 있었고, 동시에 유럽의 공업 제품들의 판매 시장이었다. 따라서 당시에 두 나라는 이러저러한 방식으로 기존의 유럽 질서의 기둥들이었다.

오늘날은 얼마나 다른가! 바로 유럽으로부터의 이민은 북미로 하여금 거대한 농업 생산이 가능토록 해 주었으며, 그것과의 경쟁은 유럽의 토지 소유——대토지 소유건 소토지 소유건——를 그 뿌리에서부터 뒤흔들었다. 게다가 그 이민은 합중국으로 하여금 엄청난 공업 자원들을 정력적으로 그리고 지금까지의 유럽 특히 영국의 공업 독점을 머지않아 파괴할 수밖에 없게 될 정도로 개발할 수 있게 해 주었다. 두 가지 사정이 미국 자체에 혁명적 반작용을 가하고 있다. 전체 정치 제도의 토대인 농민들의 중소 규모의 토지 소유는 차츰 대농장과의 경쟁에서 패배하고 있다 ; 동시에 공업 지역들에서는 처음으로 대량의 프롤레타리아트와 자본들의 거짓말 같은 집적이 발전하고 있다.

그러면 이제 러시아는 어떠한가! 1848/49년의 혁명 동안에는 유럽의 군주들뿐만 아니라 유럽의 부르주아도 이제 막 깨어나고 있는 프롤레타리아트로부터의 유일한 구원을 러시아의 간섭 속에서 찾았다. 짜르는 유럽 반동의 우두머리로 선포되었다. 오늘날 그는 가취나 Gatschina 에 있는 혁명 포로이며,[93] 러시아는 유럽의 혁명적 행동의 전위를 이루고 있다.

『공산주의당 선언』은 불가피하게 닥쳐오고 있는, 현대 부르주아적 소유의 해체를 선포하는 것을 과제로 삼고 있었다. 그러나 러시아에서, 우리는 급속히 번창하는 자본주의로 인한 현기증과 이제 막 발전하고 있는 부르주아적 토지 소유의 맞은편에서 절반 이상의 토지가 농민들의 공동 점유로 이루어져 있음을 발견한다. 이제 다음과 같은 질문이 생긴다 : 비록 토지의 원시적 공동 점유의 심하게 붕괴된 형태이기는 하지만 러시아의 오브쉬치나 Obschtschina 는 공산주의적 공동 점유라는 보다 높은 형태로 직접 이행할 수 있겠는가? 아니면 이와는 반대로 서구의 역사 발전을 이루고 있는 동일한 해체 과정을 먼저 겪어야만 하는가?

오늘날 이에 대해 가능한 유일한 대답은 다음과 같다 : 러시아의 혁명이 서구의 프롤레타리아 혁명의 신호가 되어, 그리하여 양자가 서로를 보완한다면, 현재 러시아의 토지 공동 소유는 공산주의적 발전의 출발점이 될 수 있을 것이다.

1882년 1월 21일, 런던   칼 맑스   F. 엥겔스

수고에 의거함.   맑스 · 엥겔스 저작집, 제19권, 295/296면.

[1883년 독일어판 서문]

본판의 서문에는 유감스럽게도 나 혼자 서명할 수밖에 없다. 맑스, 유럽과 미국의 노동자 계급 전체가 다른 어느 누구에게보다도 더 큰 은혜를 입은 사람——맑스는 하이게이트 Highgate 묘지에 잠들어 있으며, 그의 무덤 위에는 벌써 첫 풀이 자라고 있다. 그가 죽은 이래로 『선언』의 수정이나 보충에 대해 더 이상 어떠한 말도 있을 수 없다. 나는 여기서 한 번 더 다음의 것을 명확하게 못박아 놓는 것이 더욱 필요하다고 생각한다.

『선언』을 관통하고 있는 기본 사상 : 각 역사적 시대들의 경제적 생산과 그로부터 필연적으로 귀결되는 사회 구조가 그 시대들의 정치사 및 지성사의 기초를 이룬다는 것 ; 그에 따라 (원시적인 토지 공동 점유의 해체 이래로) 역사 전체는 계급 투쟁의, 즉 사회 발전의 다양한 단계에서의 피착취 계급과 착취 계급, 피지배 계급과 지배 계급 사이의 투쟁의 역사였다는 것 ; 그러나 현재 이 투쟁은, 착취당하고 억압받는 계급(프롤레타리아트)이 동시에 사회 전체를 착취, 억압, 계급 투쟁으로부터 영원히 해방시키지 않고서는 자신을 착취하고 억압하는 계급(부르주아지)으로부터 자신을 해방시킬 수 없는 단계에 이르렀다는 것——이 기본 사상은 오로지 전적으로 맑스에 속한다.[1]

------

1) 나는 영어 번역본 서문[94]에서 다음과 같이 말하고 있다. "내 생각으로는 다윈의 이론이 자연 과학에서 정초했던 것과 동일한 진보를 역사 과학에서 정초할

374

나는 이미 그것을 여러 차례 말한 바 있다 ; 그러나 바로 지금 그것이
『선언』 자체의 앞머리에 놓여지는 것이 필요하다.

1883년 6월 28일, 런던

F. 엥겔스

출전 : 칼 맑스
프리드리히 엥겔스,
『공산주의당 선언』
저자들의 서문이 첨부된,
저자 인정 독일어 제 3 판
호팅엔 ─쮜리히 1883년.

맑스 · 엥겔스 저작집,
제21권, 3/4면.

사명을 부여받은 이 사상 ──이 사상에 우리 두 사람은 이미 1845년이 되기
몇 년 전부터 점차적으로 접근하고 있었다. 내가 독자적으로 이 방향으로 얼마
만큼 나아갔던가는 나의 『잉글랜드 노동 계급의 처지』가 보여 주고 있다. 그러
나 내가 1845년 봄 브뤼셀에서 그를 다시 만났을 때, 그는 이미 그것을 완성해
놓았으며 내가 위에서 요약해 놓은 것과 거의 비슷할 정도로 명료한 언어로 나
에게 제시하였다." [1890년 독일어 판에 붙인 엥겔스 주]

[1888년 영어판] 서문

『선언』은, 처음에는 전적으로 독일의 노동자 결사였으나 이후에는 국제적인 것으로 된 공산주의자 동맹의 강령으로서 출판되었는바, 이 동맹은 1848년 이전의 유럽 대륙의 정치 상황하에서는 불가피하게 비밀 조직일 수밖에 없었다. 1847년 런던에서 개최된 동맹의 대회[73]는 맑스와 엥겔스에게 완벽한 이론적·실천적 당 강령의 출판을 준비할 것을 위임하였다. 독일어로 작성된 원고는 2월 24일의 프랑스 혁명[87]이 발발하기 몇 주일 전인 1848년 1월에 인쇄를 위해 런던으로 보내졌다. 프랑스 어 번역은 1848년 6월 봉기[88] 직전에 빠리에서 출판되었다. 헬렌 맥팔레인 양의 손을 거친 최초의 영어 번역은 1850년에 런던에서 죠지 줄리언 하니의 『붉은 공화주의자』에 게재되었다. 또한 덴마크 어판과 폴란드 어판도 출판되었다.

1848년의 빠리 6월 봉기——프롤레타리아트와 부르주아지 사이의 최초의 대전투——의 패배 때문에 유럽 노동자 계급의 사회적 정치적 원망들은 잠시 동안 다시 뒷전으로 밀려나게 되었다. 2월 혁명 시기와 마찬가지로, 그 후 주도권을 둘러싼 투쟁은 오직 유산 계급 내부의 다양한 그룹들 사이에서만 일어났다 ; 노동자 계급은 정치적 활동의 자유를 둘러싼 투쟁만 하고 급진 부르주아지의 극좌파라는 지위에만 머물러 있도록 제한당했다. 독자적인 프롤레타리아 운동들이 계속해서 생명의 징후를 드러냈을 경우에 그 운동들은 무자비하게 진압되었다. 이리하여 프로이센 경찰은 당시 쾰른에 있던 공산주의자 동맹 중앙 위원회를 찾아냈다. 위원들은 체포되었고 18개월 동안

구금되어 있다가 1852년 10월 재판에 회부되었다. 이 유명한 '쾰른 공산주의자 소송'[95]은 10월 4일부터 11월 12일까지 계속되었다 ; [그리하여] 붙잡힌 위원들 중 일곱 명이 3년에서 6년의 요새 금고형이라는 선고를 받았다. 선고 직후에 동맹은 그때까지 남아 있던 동맹원들에 의해 정식으로 해체되었다. 『선언』에 관해서 말하자면, 그것은 그때부터 망각 속에 묻혀 있으라는 저주를 받은 것처럼 보였다.

유럽의 노동자 계급이 지배 계급에게 새로운 공격을 가하기에 충분한 힘을 다시 모았을 때, 국제 노동자 협회[96]가 발족하였다. 그러나 이 협회는 명확히, 유럽과 아메리카의 투쟁의 의지가 있는 프롤레타리아트 전체를 단 하나의 단체로 묶어 세운다는 목적을 위하여 창설되었기에 『선언』에서 서술된 원칙들을 즉각적으로 천명할 수 없었다. 인터내셔널은 영국의 노동 조합들 Trade-Unions, 프랑스 벨기에 이탈리아 스페인의 프루동주의자들 및 독일의 라쌀레 파[2]가 받아들일 수 있는 강령을 가져야만 했다. 맑스는 이러한 강령을 모든 당파들이 만족할 수 있도록 작성하였지만,[97] 통일된 행동과 공동 토론으로부터 필연적으로 발생할 것임에 틀림없는 노동자 계급의 지적 발전에 전폭적인 신뢰를 두고 있었다. 자본에 맞선 투쟁들 속에서의 사건들과 우여곡절들이, 승리뿐 아니라 오히려 패배가 사람들로 하여금 그들이 애용하는 갖가지 엉터리 약들의 불충분함을 깨닫도록 할 것이며 노동자 계급 해방의 현실적 전제들에 대한 완전한 통찰로 가는 길을 뚫어 줄 것임에 틀림없었다. 그리고 맑스가 그러한 신뢰를 두었던 것은 옳았다. 1874년 인터내셔널이 와해되었을 때, 인터내셔널은 1864년 그것이 창설될 당시의 노동자들과는 전혀 다른 상태에 있는 노동자들을 남겨 놓았다. 프랑스의 프루동주의, 독일의 라쌀레주의는 사멸하고 있었으며, 보수적인 영국의 노동 조합들 역시——비록 그 다수파는 인터내셔널과의 연계를 이미 오래 전에 끊어 버렸다 하더라도——그 의장이 작년에 스원시 Swansea 에서 노동 조합의 이름으로 다음과 같이 선언할 수 있는 지점에까지 점차로 근접해 갔다 : "대륙의

---

2) 라쌀레는 개인적으로 항상 우리들에게 자신이 맑스의 제자라고 토로하였고 그러한 제자로서 『선언』에 기반을 두고 있었다. 그럼에도 그는 1862-64년의 그의 공개 선동에서 국가 신용에 의한 협동 조합 공장의 요구를 넘어서지 못하였다.

PRICE TWOPENCE.

MANIFESTO

OF THE

COMMUNIST PARTY,

By KARL MARX, and FREDERICK ENGELS.

Authorized English Translation.

EDITED AND ANNOTATED BY FREDERICK ENGELS.
1888.

London:
WILLIAM REEVES, 185, FLEET STREET, E.C.

[1888년의 『공산주의당 선언』] 영어판 표제면

사회주의는 더 이상 우리에게 두려운 것이 아니다."[98] 사실상 :『선언』의 원칙들은 모든 나라의 노동자들 사이에 현저한 진보를 이루어 냈다.

이러한 방식으로 『선언』 자체가 다시 전면으로 나섰다. 독일어판은 1850년 이래 스위스, 영국, 아메리카에서 여러 번에 걸쳐 다시 인쇄되었다. 1872년에 『선언』은 영어로 번역되어 뉴욕의 『우드홀과 클로핀의 주간지』에 게재되었다. 이 영어판을 기초로 해서 프랑스 어판이 뉴욕의 『르 쏘씨알리스뜨』에 게재되었다. 그 후 아메리카에서는 다소의 오류를 안고 있는, 적어도 두 가지 종류의 영어 번역들이 출판되었고, 이것들의 번각본이 영국에서 출판되었다. 바꾸닌의 손을 거친 최초의 러시아 어 번역은 1863년경 제네바에서 헤르쩬이 발행하던 『종소리』의 인쇄소에서 출판되었으며,[92] 역시 제네바에서 1882년에, 용맹스런 여성 베라 자술리치에 의해 이루어진 두번째 러시아 어 번역이 출판되었다.[99] 새로운 덴마크 어판은 1885년 코펜하겐에서 『사회 민주주의 총서』로 간행되었다 ; 새로운 프랑스 어 번역은 1886년에 빠리에서 『르 쏘씨알리스뜨』에 게재되었다. 이 프랑스 어 번역에 따라 스페인 어 번역이 준비되어 1886년에 마드리드에서 출판되었다. 독일어 번각본들의 숫자는 정확하게 알려져 있지 않지만, 모두 합쳐서 적어도 12종은 되었다. 몇 달 전에 콘스탄티노플 Constantinople 에서 이루어졌다고 하는 아르메니아 어 번역은 빛을 보지 못했다. 왜냐하면, 내가 전해 들은 바에 따르면, 출판업자가 맑스의 이름이 박힌 책을 낼 만한 용기가 없었던 데다가 역자가 그 책을 그 자신의 이름으로 내는 것을 거절하였기 때문이다. 나는 그 밖의 다른 언어들로 된 번역들에 대해 듣긴 하였지만 알아보지는 못하였다. 이처럼 『선언』의 역사는 다분히 현대 노동자 운동의 역사를 반영하고 있다 ; 오늘날 『선언』은 의심할 여지없이 전체 사회주의적 문헌 중에서 가장 널리 보급되어 있는, 가장 국제적인 저작이며 시베리아에서 캘리포니아에 이르는 수백만의 노동자들에게 승인받고 있는 공통의 강령이다.

그런데 『선언』이 씌어졌을 당시에 우리는 그것을 **사회주의** 선언이라고 이름붙일 수 없었다. 1847년에 사회주의자들이라고 하면 한편으로는 다양한 공상적 체계들의 추종자들, 즉 이미 점차 사멸해 가는 종파들로 오그라들고 있었던 영국의 오웬주의자들, 프랑스의 푸리에주의자들을 의미했고, 다른 한편으로는 잡다한 졸서들을 통해서 자본과 이윤에 어떠한 위험도 주지 않고

사회적 폐해들을 제거하겠노라고 약속하는 잡다하기 그지없는 사회적 돌팔
이 의사들을 의미했다——두 경우 모두에 있어서 사회주의자들이란 노동자
운동의 바깥에 서 있으면서 오히려 '교양 있는' 계급의 후원을 구한 사람들
이었다. 노동자 중에서 단순한 정치적 변혁들의 불충분함을 깨닫고 사회의
총체적 개조의 필요성을 요구했던 바로 그러한 부분은 그 당시 자신을 공산
주의자라고 불렀다. 그렇지만 그것은 아직 거칠고, 다듬어지지 않은, 순전히
본능적인 종류의 공산주의였다 ; 그렇지만 이 공산주의는 중요한 지점을 포
착하고 있었고, 노동자들 안에서 매우 강력하여 프랑스에서는 까베의, 독일
에서는 바이틀링의 유토피아적 공산주의를 만들어 낼 정도였다. 이처럼
1847년에 사회주의는 중간 계급의 운동이었고 공산주의는 노동자 계급의 운
동이었다. 사회주의는 적어도 대륙에서는 '상류 사회적'이었고, 공산주의는
바로 그 반대의 것이었다. 그리고 우리는 처음부터 "노동자 계급의 해방은
노동자 계급 자신의 사업이어야 한다"는 견해를 가지고 있었기 때문에, 두
명칭들 중에 어떤 것을 선택해야 할 것인가에 대해서는 의문의 여지가 없었
다. 또한 그 이후로도 우리에게는 공산주의와는 관계를 끊었다고 선언할 생
각이 전혀 들지 않았다.

　　『선언』은 우리 두 사람의 공동 작품이지만, 그 정화를 이루는 기본 사
상은 맑스의 것이라는 것을 못박아 두는 것은 나의 의무라고 생각한다. 그
사상의 요체는 다음과 같다 : 개개의 모든 역사적 시기에 있어서 지배적인
경제적 생산 양식 및 교환 양식과 그로부터 필연적으로 생겨나는 사회 구조
가 기초를 이루어, 이 기초 위에서 그 시대의 정치사 및 지성사가 건조되고
오직 이 기초로부터만 이러한 역사들이 설명될 수 있다는 것 ; 그러므로 인
류의 전 역사(공동의 토지 소유를 갖고 있던 원시 부족 사회가 해체된 이후
의 역사)는 계급 투쟁들의 역사였다는 것. 착취 계급과 피착취 계급, 지배
계급과 피억압 계급 사이의 투쟁들 ; 이러한 계급 투쟁들의 역사는 하나의
발전 계열을 나타내고 있고, 현재는 착취받고 억압받는 계급——프롤레타리
아트——이, 동시에 사회 전체를 모든 착취 및 억압, 모든 계급 차별들과 계
급 투쟁들로부터 해방시키지 않고서는 착취하고 억압하는 계급——부르주아
지——의 멍에로부터의 자신의 해방을 달성할 수 없는 단계에 이르렀다는
것.

내 생각으로는 다윈의 이론이 자연 과학에서 정초했던 것과 동일한 진
보를 역사 과학에서 정초할 사명을 부여받은 이 사상——이 사상에 우리 두
사람은 이미 1845년이 되기 몇 년 전부터 점차적으로 접근하고 있었다. 내
가 독자적으로 이 방향으로 얼마만큼 나아갔던가는 나의 『잉글랜드 노동 계
급의 처지』[3]가 보여 주고 있다. 그러나 내가 1845년 봄 브뤼셀에서 그를 다
시 만났을 때, 그는 이미 그것을 완성해 놓았으며 내가 위에서 요약해 놓은
것과 거의 비슷할 정도로 명료한 언어로 나에게 제시하였다.

나는 1872년 독일어판에 붙인 우리의 공동 서문으로부터 다음과 같이
인용해 놓고자 한다 :

"지난 25년 동안 상황이 아무리 많이 변했다 하더라도, 이 『선언』에 개진
되어 있는 일반적 원칙들은 크게 보면 오늘날에도 여전히 완전히 정당성을 지
니고 있다. 여기저기 몇몇 군데는 개선되어야 할 것이다. 『선언』 자체가 천명
하고 있는 바와 같이, 이러한 원칙들의 실천적 적용은 언제 어디서나 당대의
역사적 상황들에 의존하게 될 것이고, 그러므로 II절 끝에서 제시된 혁명적
방책들에 특별한 중요성이 있는 것은 결코 아니다. 오늘날 이 부분은 여러 가
지 점에서 다르게 서술되어야 할 것이다. 1848년 이래 대공업의 엄청난 발전,
그리고 이러한 대공업의 발전을 수반하면서 개선되고 성장한 노동자 계급의
조직에 비추어 볼 때, 그리고 우선 2월 혁명의 실천적 경험 및 더 나아가 프롤
레타리아트가 처음으로 2개월 간 정치 권력을 장악했던 빠리 꼬뮌[89]의 실천적
경험에 비추어 볼 때, 이 강령은 몇몇 군데에서 오늘날 낡은 것이 되어 버렸
다. 특히 꼬뮌은 '노동자 계급이 기존의 국가 기구를 단순히 장악하여 그것을
자기 자신의 목적을 위해 운영할 수는 없다'는 것을 증명해 주었다. (『프랑스
내전. 국제 노동자 협회 총평의회의 격문』, 런던, 트루러브, 1871, 15면을 보
라. 거기서는 이 점이 보다 상세히 설명되어 있다.[90])또 사회주의 문헌에 대한
비판은 오늘날에 와서 볼 때 불충분한 것임은 자명한데, 그 까닭은 그 비판이
1847년까지의 것만을 다루고 있기 때문이다 ;이와 마찬가지로 각종 반정부당
들에 대한 공산주의자들의 입장에 대한 언급들(IV절)도 기본적인 점에서는 여
전히 옳지만, 오늘날 그것을 실행하기에는 이미 낡아 버렸음이 분명한데, 그
까닭은 정치 정세가 완전히 달라졌고, 역사 발전이 거기에 열거된 당들의 대

---

3) 『1844년의 잉글랜드 노동 계급의 처지』, 프리드리히 엥겔스 저, 플로렌스 K.
   비슈네베츠키 번역, 뉴욕, 로벨 ——런던, W. 리브즈, 1888년.

부분을 세상에서 소멸시켰기 때문이다.

그러나 『선언』은 역사적 문서이며, 우리는 그것을 더 이상 변경할 권리가 없다."

본 번역은 맑스의 『자본』의 대부분의 번역자인 사무엘 무어 씨에 의한 것이다. 우리는 그것을 함께 교정하였고, 또한 역사적 사실들을 설명하기 위한 몇 개의 각주들을 내가 붙였다.

1888년 1월 30일, 런던   프리드리히 엥겔스

출전 : 칼 맑스와 프리드리히 엥겔스   맑스 · 엥겔스저작집,
『공산주의당 선언』,   제21권, 352-359면.
런던, 1888.

[1890년 독일어판 서문]

앞의 독일어판 서문[100]이 씌어진 이래 『선언』의 새로운 독일어판이 다시 필요하게 되었고, 또한 『선언』과 관련하여 여러 가지 일들이 일어났는데, 여기서 그것들을 언급해 두어야 할 것이다.

두번째 러시아 어 번역 ——베라 자술리치에 의한—— 은 1882년 제네바에서 출판되었다[99] ; 그 서문은 맑스와 나에 의해 작성되었다. 유감스럽게도 나는 [그 서문의] 독일어 원고를 잃어버렸으므로, 작업이 잘 될 리는 만무하겠지만, 러시아 어 번역으로부터 다시 번역해야 한다.[101] 그 서문은 다음과 같다 :

"『공산주의당 선언』의 러시아 어 초판은 바꾸닌의 번역으로 60년대 초에 『종소리』의 인쇄소에서 출판되었다.[92] 당시 이 저술의 러시아 어판은 서유럽의 사람들에게 기껏해야 하나의 문헌적 진품 珍品 이라는 의미밖에 주지 못했다. 오늘날 그러한 파악은 더 이상 가능하지 않다. 『선언』이 처음 발간되던 시기에(1848년 1월) 프롤레타리아 운동이 보급된 지역의 범위가 얼마나 협소했던가는 「각종 반정부당들에 대한 공산주의자들의 입장」이라는 『선언』의 마지막 장이 극명하게 보여 주고 있다. 무엇보다도 여기에는 러시아와 합중국이 빠져 있는 것이다. 그때는 러시아가 유럽 반동의 최후의 거대한 예비군을 이루고 있던 때였으며 합중국으로의 이민이 유럽 프롤레타리아트의 잉여의 힘 überschüssigen Kräfte 을 흡수하던 때였다. 두 나라는 유럽에 원료를 공급하고 있었고, 동시에 유럽의 공업 생산물들의 판매 시장의 역할을 하였다. 따라서 두 나라는 이러저러한 방식으로 유럽의 사회 질서의 지주들로서 나타났다.

오늘날에는 모든 것이 얼마나 달라졌는가! 바로 유럽으로부터의 이민은 북아메리카 농업의 거대한 발전을 가능하게 하였으며, 그것과의 경쟁을 통해서 유럽의 크고 작은 토지 소유를 그 뿌리에서부터 뒤흔들고 있다. 동시에 그 이민은 합중국에, 그 나라의 풍부한 공업 자원들의 개발에 착수할 수 있는 가능성을 열어 주었는바, 게다가 이러한 개발은 비상한 정력과 규모로 이루어져서 조만간 서유럽의 공업 독점을 끝장낼 수밖에 없게 될 것이다. 그리고 이러한 두 가지 사정들이 또한 아메리카에 혁명적인 방향으로 반작용을 가하고 있다. 아메리카의 전체 정치 질서의 기초인 자영농의 중소 규모의 토지 소유는 점점 대농장들과의 경쟁에서 패배하고 있는데다가 동시에 공업 지역들에서는 처음으로 수많은 프롤레타리아트가 자본들의 거짓말 같은 집적과 나란히 형성되고 있다.

러시아로 가 보자. 1848/49년 혁명 시기에는 유럽의 군주들뿐만 아니라 유럽의 부르주아들도 그 당시 자신들의 힘을 이제 막 자각해 나가던 프롤레타리아트로부터의 유일한 구원을 러시아의 간섭 속에서 찾았다. 그들은 짜르를 유럽 반동의 우두머리로 선포하였다. 오늘날 그는 전쟁 포로로 가취나에 억류되어 있으며,[93] 러시아는 유럽 혁명 운동의 전위를 이루고 있다.

『공산주의당 선언』의 과제는 불가피하게 닥쳐오고 있는, 오늘날의 부르주아적 소유의 몰락을 선포하는 것이었다. 그러나 러시아에서, 우리는 열병이 날 정도로 발전하고 있는 자본주의적 질서 및 이제 막 형성되고 있는 부르주아적 토지 소유와 나란히 절반 이상의 토지가 농민들의 공동 소유로 이루어져 있음을 발견한다.

이제 다음과 같은 질문이 생긴다 : 러시아의 촌락 공동체는, 물론 이미 심하게 붕괴되어 버린 원시적 토지 공동 소유 형태이긴 하지만, 토지 소유의 보다 높은 공산주의적 형태로 직접 이행할 수 있는가? 아니면 서구의 역사 발전 속에서 나타나고 있는 것과 동일한 해체 과정을 먼저 겪어야만 하는가?

오늘날 이 질문에 대해 있을 수 있는 유일한 대답은 다음과 같다. 러시아의 혁명이 서구의 노동자 혁명의 신호가 되어, 그리하여 양자가 서로를 보

[『공산주의당 선언』 런던 1848년의] 초판 표지

완한다면, 현재의 러시아의 토지 공동 소유는 공산주의적 발전의 출발점으로서의 역할을 할 수 있을 것이다.

1882년 1월 21일, 런던."

같은 시기에 새로운 폴란드 어 번역이 제네바에서 출판되었다 :『Manifest komunistyczny』.

나아가 새로운 덴마크 어 번역이 1885년 코펜하겐에서『사회 민주주의 총서』로 출판되었다. 유감스럽게도 그것은 전혀 완전한 것이 아니다 ; 역자에게 애를 먹였을 것처럼 보이는 몇몇 중요한 곳들이 누락되어 있고, 게다가 또한 여기저기에서 날림의 흔적을 볼 수 있는데, 이는 그 번역을 보고 역자가 조금만 더 주의를 기울였다면 훌륭한 번역을 할 수 있었으리라고 느끼는 까닭에 훨씬 더 불쾌한 느낌을 준다.

1886년에 새로운 프랑스 어 번역이 파리의『르 쏘씨알리스뜨』에 게재되었다 ; 그것은 지금까지 출판된 것들 중에서 최고의 것이다.

그것에 의거하여 같은 해에 스페인 어 번역이 처음에는 마드리드의『엘 쏘씨알리스따』에 게재되었고, 그 다음에는 소책자로 출판되었다 :『Manifiesto del Partido Comunista』por Carlos Marx y F. Engels, Madrid, Administracion de『El Socialista』, Hernan Cortés 8.

한 가지 신기한 일로는, 1887년에 아르메니아 어 번역 원고가 콘스탄티노플의 한 출판업자에게 제공되었지만 ; 그 선량한 사람은 맑스라는 이름이 새겨진 것을 출판할 용기가 없어서, 차라리 역자 자신을 저자로 칭할 생각을 품었는데 그 역자가 이를 거절했다는 이야기를 들 수 있겠다.

다소 부정확한 이러저러한 미국의 번역들이 영국에서 여러 차례 번각 출판된 후 마침내 1888년에 확실한 번역이 나왔다. 그 번역은 나의 친구 사무엘 무어에 의한 것이고, 우리 두 사람은 인쇄 전에 다시 한 번 그것을 교정하였다. 그 표제는 다음과 같다 :『Manifesto of the Communist Party』, by Karl Marx and Frederick Engels. Authorized English Translation, edited and annotated by Frederick Engels, 1888, London, William Reeves, 185 Fleet St. E. C. 이 판의 몇 개의 주를 나는 본판에 옮겨 놓았다.

『선언』은 나름대로의 경력을 가지고 있었다. 그것은 출현하자마자 당시 아직 소수였던 과학적 사회주의의 전위에 의해 열광적으로 환영받았으나

(최초의 서문에 언급된 번역들[102]이 증명하듯이), 1848년 6월 파리 노동자들의 패배[88]와 함께 시작된 반동에 의해 곧 뒷전으로 밀려났으며, 마침내 1852년 11월 쾰른 공산주의자들에 대한 유죄 판결[95]에 의해 '법에 따라' 추방 선고를 받았다. 2월 혁명[87]에서 시작된 노동자 운동의 공식적인 무대로부터의 퇴장과 더불어 『선언』도 뒷전으로 물러났다.

유럽 노동자 계급이 지배 계급의 권력에 대항하여 새로운 돌격을 감행할 만큼 다시 충분히 강해졌을 때, 국제 노동자 협회[96]가 창립되었다. 이 협회는 유럽과 미국의 전투적 노동자층 Arbeitersschaft 전체를 하나의 대군단으로 융합시키는 것을 목적으로 하였다. 따라서 그것은 『선언』에 서술된 원칙들로부터 **출발할** 수는 없었다. 그것은 영국의 노동 조합들 Trades Unions, 프랑스, 벨기에, 이탈리아와 스페인의 프루동주의자들 및 독일의 라쌀레 파[4] 에게 문호를 닫아 두지 않는 강령을 가져야만 했다. 이 강령 —— 인터내셔널 규약 전문[97] ——은 맑스에 의해, 바꾸닌과 무정부주의자들조차 인정할 정도의 훌륭한 솜씨로 작성되었다. 『선언』에 개진되어 있는 명제들의 궁극적 승리에 대해서 맑스는, 통일된 행동과 토론으로부터 필연적으로 생겨날 수밖에 없는 노동자 계급의 지적 발전에 전적으로 기대를 걸었다. 자본에 대한 투쟁 속에서의 사건들과 부침이, 승리보다는 패배들이 투쟁하는 사람들에게 지금까지의 그들의 만병 통치약들의 불충분함을 명백히 보여 주지 않을 수 없었고, 그들의 머리를 노동자 계급의 진정한 조건들에 대한 근본적 통찰을 위해 보다 감수성 있게 만들지 않을 수 없었다. 그리고 맑스는 옳았다. 인터내셔널의 해체기인 1874년의 노동자 계급은 그 창립기인 1864년의 노동자 계급의 사태와는 완전히 달랐다. 라틴 계 나라들의 프루동주의, 독일 특유의 라쌀레주의는 사멸해 가고 있었으며, 당시에는 극히 보수적이었던 영국의 노동 조합들조차도 1887년 스원시 대회에서 의장이 조합의 이름으로 "대륙의 사회주의는 우리에게 두려운 것이 아니다"[98]라고 말할 수 있는 지점으로 점차 나아갔다. 그런데 대륙의 사회주의, 그것은 이미 1887년에는 거의, 『선

---

4) 라쌀레는 개인적으로 항상 우리들에게 자신이 맑스의 '제자'라고 토로하였고 그러한 제자로서 분명하게 『선언』에 기반을 두고 있었다. 그는, 국가 신용에 의한 협동 조합 공장의 요구를 넘어서지 못하고 노동자 계급 전체를 국가의 원조를 받는 자와 스스로 돕는 자로 나누었던 그의 추종자들과는 달랐던 셈이다.

언』에 공포되어 있는 이론뿐이었다. 그러므로 『선언』의 역사는 일정 정도까지는 1849년 이후의 현대 노동자 운동의 역사를 반영한다. 오늘날 그것은 의심할 여지없이 사회주의 문헌 전체 중에서 가장 널리 보급된, 가장 국제적인 산물이며, 시베리아에서 캘리포니아에 이르는 모든 나라들의 수백만 노동자들의 공동 강령이다.

   그러나 『선언』이 나왔을 때, 우리는 그것을 **사회주의** 선언이라고 부를 수 없었다. 1847년에는 사회주의자라고 하면, 두 종류의 사람들로 이해되었다. 그 하나는 다양한 공상적 체계들의 추종자들, 특히 영국의 오웬주의자들과 프랑스의 푸리에주의자들이었는데, 양자는 그 당시 이미, 점점 사멸해 가는 하찮은 종파로 쪼그라들어 있었다. 다른 하나는 극히 다양한 사회적 돌팔이 의사들로서, 이들은 자본과 이윤은 전혀 건드리지 않은 채, 그네들의 갖가지 만병 통치약과 온갖 종류의 미봉책으로 사회적 폐해들을 제거하려고 했었다. 어느 경우에나 : [그들은] 노동자 운동의 외부에 서 있으면서 오히려 '교양 있는' 계급들에게 후원을 구하는 사람들[이었다]. 이와는 반대로 노동자들 중에 단순한 정치적 변혁들의 불충분함을 확신하고 있었던, 사회의 근본적 개조를 요구한 그러한 부분, 그 부분은 그 당시 자신들을 **공산주의자라**고 불렀다. 그것은 거칠게 만들어졌을 뿐인, 본능적일 뿐인, 때로는 어느 정도 조야한 공산주의였다 ; 그러나 그것은 공상적 공산주의의 두 체계를, 즉 프랑스에서는 까베의 '이까리아' 공산주의를,[103] 독일에서는 바이틀링의 공산주의를 만들어 낼 만큼 충분히 힘있는 것이었다. 1847년에 사회주의는 부르주아 운동을, 공산주의는 노동자 운동을 의미했다. 사회주의는 적어도 대륙에서는 상류 사회적인 salonfähig 것이었고, 공산주의는 그 정반대였다. 그런데 우리는 이미 그 당시 "노동자들의 해방은 노동자 계급 자신의 사업이어야 한다"라는 견해를 매우 단호하게 견지하고 있었으므로, 두 가지 명칭 중에서 어느 것을 선택할 것인가에 대해서 한 순간도 의심할 수 없었다. 그 이후로도 우리는 그 명칭을 거부할 생각이 전혀 없었다.

   "만국의 프롤레타리아여, 단결하라!" 지금으로부터 42년 전, 프롤레타리아트가 자기 자신의 요구를 가지고 등장했던 최초의 빠리 혁명 전야에 우리가 세계에 대고 이 말을 외쳤을 때, 극히 적은 목소리만이 응답하였다. 그러나 1864년 9월 28일 대다수 서유럽 나라들의 프롤레타리아들이, 영광스럽게 회상되는 국제 노동자 협회로 단결하였다. 물론 인터내셔널은 단 9년간 존속하였다. 그러나 인터내셔널에 의해 정초된 만국의 프롤레타리아트의 영원한 동맹은 여전히 살아 있으며, 그것도 그 어느 때보다 더 힘있게 살아 있는바, 오늘날보다 그것을 더 잘 증명해 주는 때는 없다. 왜냐하면 내가 이 글을 쓰고 있는 지금, 유럽과 미국의 프롤레타리아트는 처음으로 동원된 그들의 전투력, 즉 **하나의** 군대로서, **하나의** 깃발 아래, 다음과 같은 **하나의** 당면 목표를 위해 동원된 전투력에 대한 열병 閱兵 을 행하고 있기 때문이다 : 즉 이미 1866년 인터내셔널 제네바 대회에 의해 그리고 1889년 빠리 노동자 대회[104]에 의해 다시 한 번 선언된 여덟 시간 표준 노동일을 법적으로 확립한다는 목표. 그리고 오늘날의 이 광경은 만국의 자본가들과 지주들로 하여금, 오늘날 만국의 프롤레타리아들이 실제로 단결되어 있다는 사실에 눈뜨게 할 것이다.

맑스가 지금 내 곁에 서서 이 광경을 자신의 눈으로 볼 수 있다면!

1890년, 5월 1일,   런던   F. 엥겔스

출전 : 칼 맑스와 프리드리히 엥겔스,
『공산주의당 선언』.
프리드리히 엥겔스의 서문을 첨부한,
저자 인정 독일어 제 4판. 1890년 런던.

맑스 · 엥겔스 저작집,
제22권, 52-59면.

[1892년 폴란드어 제2판] 서문[105]

『공산주의당 선언』의 새로운 폴란드 어판이 필요하게 되었다는 사실은 여러 가지 고찰들에 동기를 부여한다.

우선 주목할 만한 것은, 『선언』이 최근에 어느 정도는 유럽 대륙의 대공업의 발전에 대한 지표가 되었다는 것이다. 어떤 나라에서 대공업이 확대되는 것만큼, 그 나라의 노동자들 사이에서, 유산 계급에 맞서 있는 노동자 계급으로서의 그들의 지위의 해명에 대한 요구가 증대하고 있고 그들 사이에서 사회주의 운동이 보급되고 있으며 『선언』에 대한 수요가 상승하고 있다. 그러므로, 각 나라의 노동자 운동의 상태뿐만 아니라 대공업의 발전 정도까지도 각국어로 보급된 『선언』의 부수로 상당히 정확하게 측정할 수 있는 것이다.

따라서 새로운 폴란드 어판은 폴란드 공업의 결정적 진보의 지표이다.

그리고 10년 전에 출판된 이전의 판 이래로, 이러한 진보가 실제로 일어났다는 것에 대하여 어떠한 의심도 있을 수 없다. 러시아 령 폴란드, 회의-폴란드[106]는 러시아 제국의 대공업 지대가 되었다. 러시아의 대공업은 산만하게 흩어져 있는 반면에——한 부분은 핀란드 만 연안에, 한 부분은 중앙 지역(모스크바와 블라지미르)에, 또 한 부분은 흑해와 아조프 해 연안에, 그리고 그 밖의 것들은 다른 곳에 흩어져 있다——, 폴란드의 대공업은 비교적 작은 공간에 밀집되어 있고, 이러한 집중으로부터 나오는 이익과 불이익을 받고 있다. 경쟁 관계에 있는 러시아의 공장주들은 폴란드 인을 러시아 인으로 변화시키려는 그들의 애타는 바램에도 불구하고 폴란드에 대한 보호 관세를 요구했을 때, 그들은 그 이익을 인정하고 있었던 것이다. 불이익 —— 폴란드의 공장주들과 러시아 정부편에 있어서의 —— 은 폴란드 노동자들 사이에서 사회주의 이념이 급속도로 전파되고 있고 『선언』에 대한 수요가 늘어가고 있는 데에서 나타난다.

그러나 러시아 공업을 능가하는 폴란드 공업의 급속한 발전은 그들의 편에서는 폴란드 민족의 끈질긴 생명력의 새로운 증명이요, 다가오는 그들의 민족적 재건의 새로운 보증이다. 그런데 강력한 독립 폴란드의 재건은 단지 폴란드 인뿐만 아니라 우리 모두와 관계되는 일이다. 유럽 국민들의 진정한 국제 협력은 이들 각각의 국민이 자국에서 완전히 자주적일 때에만 가능하다. 또한 프롤레타리아의 깃발 아래에서 프롤레타리아 전사들로 하여금 결국 부르주아지의 과업만을 행하도록 했던 1848년의 혁명은, 그 유언 집행자들인 루이 보나빠르트와 비스마르크를 통해 이탈리아, 독일, 헝가리의 독립을 성취시켰다 ; 그러나 1792년 이래 이 세 나라를 모두 합친 것보다 혁명을 위해 더 많은 일을 수행했던 폴란드가 1863년에 10배나 되는 러시아의 우세함에 굴복했을 때에, 그 폴란드를 사람들은 내버려두었다.[107] 귀족은 폴란드의 독립을 유지할 수도 다시 쟁취할 수도 없었다 ; 오늘날 부르주아지에게 독립이란 최소한, 어떻게 되어도 상관없는 일이다. 그러나 그것은 유럽 국민들의 조화로운 협력을 위하여 필수적인 것이다. 폴란드의 독립은 폴란드의 젊은 프롤레타리아트에 의해서만 쟁취될 수 있고, 또 그것은 그들의 손에 의해서 안전하게 지켜질 수 있다. 왜냐하면 그 밖의 전 유럽의 노동자들은 폴란드 노동자 자신들과 마찬가지로 폴란드의 독립을 필요로 하기 때문이다.

1892년 2월 10일, 런던   F. 엥겔스

수고에 의거함.   맑스 · 엥겔스 저작집,
제22권, 282/283면.

이탈리아 독자에게
[1893년 이탈리아 어판 서문][108]

　『공산주의당 선언』은 밀라노 및 베를린의 혁명들과 때를 같이하여 정확
히 1848년 3월 18일에 출판되었다. 이 혁명들은 하나는 유럽 대륙의 중앙에,
또 하나는 지중해의 중앙에 위치해 있는 두 국민들이 일으킨 반란이었다 ;
이 두 국민들은 그때까지 분할과 내전들로 인해 약화되어 외국의 지배하에
놓여 있었다. 이탈리아가 오스트리아 황제의 예속하에 있었던 것에 반해, 독
일은 좀 더 간접적으로이기는 하지만 전 러시아 인들의 짜르가 덮어씌운 그
에 못지않은 무거운 멍에를 걸머지고 있었다. 1848년 3월 18일의 결과는 이
탈리아와 독일로 하여금 이러한 오욕에서 벗어나게 했다 ; 이 두 위대한 국
민들이 1848년부터 1871년의 기간 중 재건되고 어떤 관점에서 보면 자신을
회복했던 것은, 맑스가 말했듯이, 1848년의 혁명을 진압했던 사람들이 본의
아니게 이 혁명의 유언 집행인이 되었기 때문이다.[109]

　어디에서도 이 혁명은 노동자 계급의 일이었다 ; 바리케이드들을 쌓아
올린 것도 노동자 계급이었으며, 목숨을 내건 것도 노동자 계급이었다. 오직
빠리의 노동자들만이 정부를 타도하면서 부르주아지의 지배를 타도할 명확
한 의도를 가지고 있었다. 그러나 그들이 그들 자신의 계급과 부르주아지 사
이의 숙명적인 적대를 의식했다 해도, 이 나라의 경제적 진보도 프랑스 노동
자 대중들의 지적 발전도 사회 개조를 가능하게 하기에는 불충분한 것이었
다. 그리하여 혁명의 과실들은 결국 자본가 계급의 손안에 들어가고 말았다.

394

다른 나라들에서, 즉 이탈리아, 독일, 오스트리아에서,[5] 노동자들은 처음부터
부르주아지를 권좌에 앉혔을 뿐이다. 그러나 어떤 나라에서도 부르주아지의
지배는 민족적 독립 없이는 불가능하다. 따라서 1848년의 혁명은 그때까지
통일과 자립을 박탈당하고 있던 국가들, 이탈리아, 독일, 헝가리에 통일과
자립을 가져오지 않을 수 없었다. 폴란드도 그 뒤를 쫓을 것이다.

그러므로 1848년의 혁명은 사회주의 혁명은 아니었지만, 사회주의 혁명
으로의 길을 열었고 그 기반을 준비했다. 각국에서의 대공업의 비약적 발전
과 더불어 부르주아 지배는 지난 45년간 도처에서 다수의 집중된 강력한 프
롤레타리아트를 만들어 냈다 ; 이리하여 부르주아지의 지배는, 『선언』의 표
현을 빌린다면, 자기 자신의 매장인들을 만들어 낸 것이다. 각국민의 자립과
통일이 없다면 프롤레타리아트의 국제적 연합도, 공동의 목적을 위한 이 국
민들간의 평화적이고 현명한 협력도 있을 수 없을 것이다. 1848년 이전의
정치적 상황하에서 이탈리아, 헝가리, 독일, 폴란드, 러시아 노동자들의 공동
의 국제적 행동이 어떠했겠는가를 한번 상상해 보라!

그러므로 1848년의 전투들은 헛된 것이 아니었다 ; 우리를 저 혁명적 단
계로부터 떼어놓은 45년의 세월도 또한 헛된 것이 아니었다. 지금 그 과실
들은 익어 가고 있다. 그리고 내가 바라는 것은 단지 원본의 출판이 국제 혁
명의 전조가 되었던 것과 마찬가지로, 이 이탈리아 어 번역본의 출판이 이탈
리아 프롤레타리아트의 승리의 전조가 되는 것뿐이다.

『선언』은 자본주의가 과거에 행했던 혁명적 역할을 아주 정당하게 평가
하고 있다. 최초의 자본주의 국가는 이탈리아였다. 봉건적 중세의 종말과 현
대 자본주의 시대의 시작은 한 위대한 인물에 의해 고지된다 : 그는 중세 최
후의 시인이자 동시에 현대 최초의 시인인 이탈리아 인 단테이다. 오늘날,
1300년 당시와 마찬가지로 하나의 새로운 시대가 다가오고 있다. 이탈리아
는 이 프롤레타리아의 새 시대의 탄생을 고지할 새로운 단테를 우리에게 보
내 줄 것인가?

---

5) 독일어 선집에는 '헝가리'가 포함되어 있다. (역자)

런던, 1893년 2월 1일.

프리드리히 엥겔스

수고에 의거함.

프랑스 어로부터 번역.

맑스·엥겔스 저작집,
제22권, 365/366면.

CARLO MARX e FEDERICO ENGELS

—

IL MANIFESTO

DEL

PARTITO COMUNISTA

CON UN NUOVO PROEMIO AL LETTORE ITALIANO

FEDERICO ENGELS

—

Centesimi 25

—

MILANO
Uffici della CRITICA SOCIALE
Portici Galleria, N. 23
—
1893

[1893년 『공산주의당 선언』의] 이탈리아 어판 표제면

공산주의당 선언

하나의 유령이 유럽을 배회하고 있다 —— 공산주의라는 유령이. 옛 유럽의 모든 세력들이 이 유령의 성스러운 사냥을 위하여 동맹하였다. 교황과 짜르, 메테르니히와 기조, 프랑스의 급진파와 독일의 경찰들이.

정권을 잡고 있는 자신의 적들로부터 공산주의적이라고 비방을 받지 않았을 반대당이 어디 있는가? 더 진보적인 반대파 인사나 자신의 반동적인 적들에 대하여 공산주의적이라고 낙인을 찍으며 비난을 되돌리지 않았을 반대당이 어디 있는가?

이러한 사실로부터 두 가지 결론이 나온다.

공산주의는 이미 유럽의 모든 세력들로부터 하나의 세력으로 인정받고 있다.

지금이야말로 공산주의자들이 전세계 앞에 공공연하게 자신의 견해와 자신의 목적과 자신의 지향을 표명하여 공산주의의 유령이라는 소문에다 당 자체의 선언을 대치 對峙 시킬 절호의 시기이다.

이러한 목적으로 아주 다양한 국적의 공산주의자들이 런던에 모여 다음의 선언을 기초했고, 그것을 영어, 프랑스 어, 독일어, 이탈리아 어, 플랑드르 어 및 덴마크 어로 발간한다.

I

부르주아와 프롤레타리아[1]

지금까지의 모든 사회의 역사[2]는 계급 투쟁의 역사이다.

자유민과 노예, 귀족과 평민, 영주와 농노, 장인과 직인, 요컨대 억압자와 피억압자는 끊임없는 대립 속에서 서로 마주섰으며, 때로는 은밀하고 때로는 공공연한 끊임없는 투쟁을, 즉 매번 사회 전체가 혁명적으로 개조되는 것으로 혹은 투쟁하는 계급들이 함께 몰락하는 것으로 끝난 투쟁을 수행하

---

1) 부르주아지란 사회적 생산 수단의 소유자이면서 임금 노동을 사용하는 현대 자본가 계급을 말한다. 프롤레타리아트란 현대 임금 노동자 계급을 말하는 바, 그들은 자기의 생산 수단을 전혀 갖고 있지 않은 까닭에, 살기 위해서는 자신의 노동력을 파는 것에 의존해야만 한다. [1888년 영어판에 붙인 엥겔스의 주]

2) 이 말은 정확하게 말하자면 **글로 씌어져** 전해 오는 역사를 뜻한다. 1847년에는 사회의 전사前史, 즉 글로 기록된 모든 역사에 선행한 사회 조직은 아무 것도 알려져 있지 않은 것이나 다름없었다. 그후 학스타우젠이 러시아에서의 토지 공동 소유를 발견하였고, 마우러는 그것이 모든 독일 종족들이 역사적으로 출발했던 사회적 기초임을 증명하였다. 그리하여 인도에서부터 아일랜드에 이르기까지, 공동의 토지 소유를 가진 촌락 공동체들이 사회의 원시적 형태였다는 사실이 점차 알려지게 되었다. 이러한 원시 공산주의 사회의 내부 조직은 마침내, 씨족의 참된 본성과 종족 내에서의 그 지위에 대한 모건의 최종적 발견에 의해서 그 전형적인 형태로 밝혀졌다. 이 본원적 공동체의 해체와 더불어 특수한 계급들로의, 그리고 결국에는 상호 대립적인 계급들로의 사회의 분열이 시작된다. [1888년의 영어판 및 1890년의 독일어판에 붙인 엥겔스의 주] 나는 『가족, 사적 소유 및 국가의 기원』에서 이 해체 과정을 추적하려고 시도한 바 있다 ; 제2판, 슈투트가르트 Stuttgart, 1886. [1888년의 영어판에 붙인 엥겔스의 주]

였다.

이전의 역사 시기들에서 우리는 거의 어디서나 각종 신분들로의 사회의 완전한 분열, 즉 각종 사회적 지위들이 잡다한 등급으로 나뉘어진 것을 본다. 고대 로마에는 귀족, 기사, 평민, 노예가 있었다 ; 중세에는 봉건 영주, 가신 家臣, 장인, 직인, 농노가 있었으며, 게다가 거의 모든 이러한 계급들 안에는 특수한 등급들이 또 있었다.

봉건 사회의 몰락으로부터 생겨난 현대 부르주아 사회는 계급 대립을 폐기하지 못하였다. 부르주아 사회는 다만 새로운 계급들, 억압의 새로운 조건들, 투쟁의 새로운 형태들을 낡은 것들과 바꿔 놓았을 뿐이다.

그럼에도 불구하고 우리 시대, 부르주아지의 시대는 계급 대립을 단순화시켰다는 점에서 특이하다. 사회 전체가 두 개의 커다란 적대적 진영으로, 서로 직접 대립하는 두 개의 커다란 계급들로 더욱더 분열되고 있다 : 부르주아지와 프롤레타리아트로.

중세의 농노로부터 초기 도시의 성외 城外 시민이 생겨났다 ; 이 성외 시민층으로부터 부르주아지의 최초의 요소들이 발전하였다.

아메리카의 발견, 아프리카의 회항 回航 은 대두하는 부르주아지에게 신천지를 열어 주었다. 동인도 시장과 중국 시장, 아메리카의 식민지화, 식민지들과의 교역, 교환 수단 및 상품 일반의 증가는 상업, 해운, 공업에 전례 없는 활력을 안겨 주었으며, 그렇게 함으로써 붕괴하고 있던 봉건 사회 속의 혁명적 요소에 급격한 발전을 가져다 주었다.

지금까지의 봉건적, 즉 쭌프트적 공업 경영 방식은 새로운 시장과 함께 증대된 수요에는 더 이상 충분하지 않았다. 매뉴팩처가 그것을 대신하였다. 장인들은 공업 중간 신분에 의해 밀려났다 ; 여러 조합들 사이의 분업은 개별 작업장 자체 내의 분업 앞에서 사라져 버렸다.

그런데 시장은 계속 성장했고 수요는 계속 늘어났다. [이제] 매뉴팩처도 더 이상 충분하지 않았다. 그때 증기와 기계가 공업 생산에 혁명을 일으켰다. 매뉴팩처의 자리에 현대 대공업이 들어서고, 공업 중간 신분의 자리에 공업 백만 장자들, 전체 공업 군대의 우두머리들, 즉 현대 부르주아들이 들어섰다.

대공업은 아메리카의 발견이 준비해 놓은 세계 시장을 만들어 내었다.

세계 시장은 상업, 해운 및 육운에 헤아리기 어려운 발전을 가져다 주었다. 이러한 발전이 다시 공업의 신장에 거꾸로 영향을 미쳤으며, 공업·상업·해운·철도가 신장되는 것과 같은 정도로 부르주아지는 발전해 갔고, 그들의 자본들을 증식시켰으며 중세로부터 내려오던 모든 계급들을 뒷전으로 밀어내었다.

이리하여 우리는 현대 부르주아지 자체가 장구한 발전 과정의 산물이며, 생산 양식 및 교류 양식에 있어서의 일련의 변혁들의 산물임을 알게 되었다.

부르주아지의 이러한 발전 단계들의 각각에는 그에 상응하는 정치적 진보가 수반되었다. 봉건 영주들의 지배하에서는 피억압자 신분이었고, 꼬뮌[3]에서는 무장 자치 단체였으며, 어떤 곳에서는 독립적인 도시 공화국, 또 다른 곳에서는 군주 국가의 납세 의무를 지닌 제3신분이었고, 그 다음 매뉴팩처 시대에는 신분제 군주 국가 혹은 절대 군주 국가의 귀족에 대한 대항 세력이었으며, 대군주 국가 일반의 주요 기초였던 이들 부르주아지는 대공업과 세계 시장의 형성 이후에는 마침내 현대 대의제 국가에서 배타적인 정치적 지배권을 쟁취하였다. 현대의 국가 권력은 부르주아 계급 전체의 공동 업무를 처리하는 하나의 위원회일 뿐이다.

부르주아지는 역사에서 극히 혁명적인 역할을 수행하였다.

부르주아지는 자신들이 지배권을 얻은 곳에서는, 모든 봉건적, 가부장제적, 목가적 관계들을 파괴하였다. 부르주아지는 타고난 상전들에 사람을 묶어 놓고 있던 잡다한 색깔의 봉건적 끈들을 무자비하게 끊어 버렸으며, 사람과 사람 사이에 노골적인 이해 관계, 냉혹한 '현금 계산' 이외에 아무런

---

3) '꼬뮌'이란 프랑스에서 발생하고 있던 도시들이 자신들의 봉건 영주들 및 지배 자리들로부터 지방 자치와 '제3신분'으로서의 정치적 권리를 획득하기 이전부터 불려지던 이름이다. 대체로 여기에서 우리는 부르주아지의 경제적 발전의 전형적 나라로서 영국을, 그 정치적 발전의 전형적 나라로서 프랑스를 들었다. [1888년 영어판에 붙인 엥겔스의 주]

이탈리아와 프랑스의 도시 시민들은 그들의 봉건 영주들로부터 최초의 자치권을 사들이거나 혹은 강탈한 뒤에 자신들의 도시 공동체를 그렇게 불렀다. [1890년 독일어판에 붙인 엥겔스의 주]

끈도 남겨 놓지 않았다. 부르주아지는 신앙적 광신, 기사적 열광, 속물적 감상 등의 성스러운 외경 畏敬 을 이기적 타산이라는 차디찬 얼음물 속에 집어 넣어 버렸다. 부르주아지는 인격적 가치를 교환 가치로 용해시켜 버렸으며, 문서로 보장된 혹은 정당하게 얻어진 수많은 자유들을 단 하나의 파렴치한 상업 자유로 바꾸어 놓았다. 한마디로 그들은 종교적, 정치적 환상에 의하여 은폐되어 있던 착취를 공공연하고 파렴치하며 직접적이고 무미 건조한 착취로 바꾸어 놓았던 것이다.

부르주아지는 지금까지 존경받았던, 사람들이 외경을 갖고서 바라보았던 모든 직업으로부터 그 신성한 후광을 벗겨 버렸다. 부르주아지는 의사, 법률가, 성직자, 시인, 학자를 자신들의 유급 임금 노동자로 바꾸어 버렸다.

부르주아지는 가족 관계로부터 그 심금을 울리는 감상적 껍데기를 벗겨 버리고, 그것을 순전한 금전 관계로 되돌려 놓았다.

부르주아지는, 반동배가 중세에 그렇게도 찬미했던 야만적인 힘의 과시가 어떻게 그 알맞은 보완물을 태만하기 그지없는 게으름뱅이 생활에서 발견했는가를 폭로하였다. 부르주아지는 처음으로 인간의 활동이 무엇을 이룩할 수 있는가를 증명하였다. 부르주아지는 이집트의 피라미드, 로마의 수로 水路 및 고딕식 성당과는 완전히 다른 기적들을 성취하였으며, 민족 대이동과 십자군 원정과는 전혀 다른 원정들을 수행하였다.

부르주아지는 생산 도구들에, 따라서 생산 관계들에, 그러므로 사회적 관계들 전체에 끊임없이 혁명을 일으키지 않고서는 존립할 수 없다. 이와는 반대로, 이전의 다른 모든 산업 계급들에게는 낡은 생산 양식의 변함없는 유지가 그 제1의 존립 조건이었다. 생산의 끊임없는 변혁, 모든 사회 상태들의 부단한 동요, 항구적 불안과 격동이 부르주아 시대를 이전의 다른 모든 시대와 구별시켜 준다. 굳고 녹슨 모든 관계들은 오랫동안 신성시되어 온 관념들 및 견해들과 함께 해체되고, 새롭게 형성된 모든 것들은 정착되기도 전에 낡은 것이 되어 버린다. 모든 신분적인 것, 모든 정체적 停滯的 인 것은 증발되어 버리고, 모든 신성한 것은 모독당한다. 그리고 사람들은 마침내 자신의 생활상의 지위와 상호 연관들을 냉정한 눈으로 바라보지 않을 수 없게 된다.

자신의 생산물의 판로를 부단히 확장하려는 욕구는 부르주아지를 전 全 지구상으로 내몬다. 부르주아지는 도처에서 뿌리를 내려야 하며, 도처에서 정착하여야 하고, 도처에서 연계를 맺어야 한다.

　　부르주아지는 세계 시장의 개발을 통해서 모든 나라들의 생산과 소비를 범세계적인 것으로 탈바꿈시켰다. 반동배에게는 대단히 유감스럽게도, 부르주아지는 공업의 발 밑에서 그 민족적 기반을 빼내가 버렸다. 오래 된 민족적 공업들은 파멸되었고, 또 나날이 파멸되어 가고 있다. 이 공업들은, 그 도입이 모든 문명 국가들의 사활 문제가 되고 있는 새로운 공업들에 의해, 즉 더 이상 현지 원료를 가공하지 않고 아주 멀리 떨어진 지방의 원료를 가공하는, 그리고 그 제품이 자국 내에서뿐만 아니라 모든 대륙들에서 동시에 소비되는 공업들에 의해 밀려나고 있다. 국산품에 의해 충족되었던 낡은 욕구들 대신에 새로운 욕구들이 등장하는데, 이 새로운 욕구들은 그 충족을 위하여 아주 멀리 떨어진 나라들 및 풍토들의 생산물들을 요구한다. 낡은 지방적 및 민족적 자급 자족과 고립 대신에 민족들 상호간의 전면적 교류와 전면적 의존이 등장한다. 그리고 이는 물질적 생산에서나 정신적 생산에서나 마찬가지이다. 개별 민족들의 정신적 창작물은 공동 재산이 된다. 민족적 일면성과 제한성은 더욱더 불가능하게 되고, 많은 민족적, 지방적 문학들로부터 하나의 세계 문학이 형성된다.

　　부르주아지는 모든 생산 도구들의 급속한 개선과 한없이 편리해진 교통에 의하여 모든 민족들을, 가장 미개한 민족들까지도 문명 속으로 끌어넣는다. 부르주아지의 상품의 싼 가격은, 부르주아지가 모든 만리 장성을 쏘아 무너뜨리고, 외국인에 대한 야만인들의 완고하기 그지없는 증오심을 굴복시키는 중포 重砲 이다. 부르주아지는 모든 민족들에게 망하고 싶지 않거든 부르주아지의 생산 양식을 채용하라고 강요한다 ; 그들은 소위 문명을 도입하라고, 즉 부르주아가 되라고 강요한다. 한마디로 부르주아지는 자신의 모습대로 세계를 창조하고 있는 것이다.

　　부르주아지는 농촌을 도시의 지배 아래 복속시켰다. 부르주아지는 거대한 도시들을 만들고, 도시 인구의 수를 농촌 인구에 비해 크게 증가시켰으며, 그리하여 인구의 현저한 부분을 농촌 생활의 우매함으로부터 떼어 내었다. 부르주아지는 농촌을 도시에 의존하게 만든 것과 마찬가지로 야만적 및 반 半 야만적 나라들을 문명국들에, 농업 민족들을 부르주아 민족들에, 동양을 서양에 의존하게 만들었다.

　　부르주아지는 생산 수단, 소유 및 인구의 분산을 점점 더 폐기한다. 부르주아지는 인구를 밀집시키고, 생산 수단을 집중시키고, 소유를 소수의 손에 집적시켰다. 이로부터 나오는 필연적 결과는 정치적 중앙 집권이었다. 상이한 이해 관계들, [상이한] 법률들, [상이한] 정부들, [상이한] 관세들을 갖고 있던, 그리고 거의 동맹 관계에 의해서만 연결되어 있던 독립적 지방들이 **하나의** 국민, **하나의** 정부, **하나의** 법률, **하나의** 전국적 계급 이해, **하나의** 관세 구역으로 통합되었다.

　　부르주아지는 백 년도 채 못 되는 그들의 계급 지배 속에서 과거의 모든 세대들을 합친 것보다 더 많고 더 거대한 생산력들을 창조하였다. 자연력들의 정복, 기계, 공업 및 농업에의 화학의 응용, 기선 항해, 철도, 전신, 전 숱 대륙들의 개간, 하천의 운하화, 땅 밑에서 솟아난 듯한 전 주민들 —— 이와 같은 생산력들이 사회적 노동의 태내에서 잠자고 있었다는 것을 과거의 어느 세기가 예감했을까.

　　이리하여 우리는 다음의 사실을 알게 되었다 : 부르주아지가 형성되었던 기초로서의 생산 수단들과 교류 수단들은 봉건 사회 내에서 만들어졌다. 이 생산 수단들 및 교류 수단들의 특정 발전 단계에 이르러, 봉건 사회가 그 속에서 생산 활동을 하고 교환 활동을 했던 관계들, 농업 및 제조업의 봉건적 조직, 한마디로 봉건적 소유 관계들은 이미 발전한 생산력들에 더 이상 조응하지 않게 되었다. 이 봉건적 소유 관계들은 생산을 촉진하는 대신에 억제하였다. 그것들은 그만큼 많은 수의 질곡들로 변해 버렸다. 그것들은 분쇄되어야 했으며, 분쇄되었다.

　　그것들을 대신하여 자유 경쟁이 그에 적합한 사회적 및 정치적 제도와 함께, 즉 부르주아 계급의 경제적 및 정치적 지배와 함께 등장하였다.

　　우리 눈앞에 하나의 유사한 운동이 진행되고 있다. 부르주아적 생산 관계들 및 교류 관계들, 부르주아적 소유 관계들, 즉 그토록 강력한 생산 수단과 교류 수단을 마법을 써서 불러내었던 현대 부르주아 사회는, 주문을 외워 불러내었던 저승의 힘을 더 이상 감당할 수 없게 된 마법사와 같다. 지난 수십 년 이래의 공업 및 상업의 역사는 현대의 생산 관계들에 대한, 부르주아지와 그들의 지배의 존립 조건들인 그 소유 관계들에 대한 현대 생산력들의 반역의 역사일 뿐이다. [이에 대해서는] 그 주기적인 재발 속에서 점점 더 위협적으로 부르주아 사회 전체의 존립을 의문스럽게 만드는 상업 공황을 드는 것으로 충분하다. 상업 공황시에는 제조된 생산물들뿐만 아니라 기성의 생산력들까지도 으레 대부분 파괴당한다. 공황시에는, 이전의 모든 시기에는 어불성설로 보였을 하나의 사회적 전염병이 돌발한다 —— 과잉 생산이라는 전염병이. 사회는 갑자기 순간적인 야만의 상태로 돌아간 것처럼 보인다 ; 기아와 전면적인 섬멸전 殲滅戰 이 사회로부터 모든 생활 수단들을 박탈해간 것처럼 보인다 ; 공업, 상업이 파괴된 듯이 보인다. 왜 그런가? 그것은 사회가 너무 많은 문명, 너무 많은 생활 수단, 너무 많은 공업, 너무 많은 상업을 갖고 있기 때문이다. 사회의 뜻에 맡겨져 있는 생산력들은 더 이상 부르주아적 소유 관계들의 촉진에 봉사하지 않는다 ; 반대로 생산력들은 이 관계들에 대해서[즉 이 관계들이 감당하기에는] 너무 강력해져 있어서, 이 관계들에 의해서 방해받는다 ; 그리고 생산력들은 이 방해를 극복하자마자 부르주아 사회 전체를 혼란으로 끌고 가며, 부르주아적 소유의 존립을 위태롭게 한다. 부르주아적 관계들은 그 자신에 의해 만들어진 부 富 를 포용하기에는 너무 협소하게 되어 버렸다. —— 부르주아지는 어떻게 이 공황들을 극복하는가? 한편으로는 대량의 생산력들을 부득이 파괴함으로써 ; 다른 한편으로는 새로운 시장들을 획득하고 옛 시장을 더욱 철저히 착취함으로써. 따라서 무엇을 통해서? 더 전면적이고 더 강력한 공황들을 준비하고, 그 공황들을 예방할 수단을 감소시킴으로써.

부르주아지가 봉건주의를 타도할 때 쓴 무기들이 이제는 부르주아지 자신에게 겨눠지고 있다.

그런데 부르주아지는 자신에게 죽음을 가져올 무기들을 벼려 낸 것만이 아니다 ; 그들은 이 무기들을 쓸 사람들도 만들어 내었다 —— 현대 노동자들, 프롤레타리아들을.

부르주아지, 즉 자본이 발전하는 것과 같은 정도로 프롤레타리아트, 현대 노동자 계급은 발전하는데, 그들은 일자리를 찾아 놓고 있는 동안만 살 수 있고, 자신들의 노동이 자본을 증식시키는 동안만 일자리를 찾을 수 있다. 자신을 토막내어 팔지 않으면 안 되는 이 노동자들은 다른 모든 판매품과 마찬가지로 하나의 상품이며, 따라서 마찬가지로 경쟁의 모든 부침 浮沈 들, 시장의 모든 변동들에 내맡겨져 있다.

프롤레타리아의 노동은 기계제의 확장 및 분업으로 말미암아 모든 자립적 성격을, 따라서 노동자들에게 주는 모든 매력을 상실하였다. 프롤레타리아는 오직 가장 간단하고, 가장 단조롭고, 가장 쉽게 배울 수 있는 손동작만을 요구받는 단순한 기계 부속품이 된다. 그러므로 노동자가 [자본가에게] 쓰게 하는 비용은 거의, 그가 자신의 유지와 자신의 종족 번식에 필요로 하는 생활 수단에 국한될 뿐이다. 그런데 어떤 상품의 가격은, 따라서 노동의 가격[74] 또한 그것의 생산 비용과 같다. 그러므로 노동의 혐오스러움이 증대하는 것과 같은 정도로 임금은 하락한다. 그뿐 아니라 기계와 분업이 증대하는 것과 같은 정도로 노동의 양 또한 증대하는데, 이는 노동 시간의 증대 때문이거나, 주어진 시간 내에 요구되는 노동의 증대 혹은 기계의 빨라진 운전 속도 등등 때문이다.

현대 공업은 가부장제적 장인의 작은 작업장을 산업 자본가의 거대한 공장으로 바꾸어 놓았다. 공장에 집결된 노동자 대중은 군대식으로 조직된다. 그들은 산업군의 졸병으로서 하사관들과 장교들로 이루어진 완전한 위계제의 감시 아래 놓여진다. 그들은 부르주아 계급, 부르주아 국가의 노예일 뿐만 아니라 매일 매시 기계에 의해, 감독에 의해, 그리고 무엇보다도 개별 공장 부르주아 자체에 의해 노예화된다. 이 전제 정치는 영리가 그 목적이라고 노골적으로 선언하면 할수록, 더욱더 좀스럽고, 더욱더 증오스럽고, 더욱더 잔인한 것으로 된다.

손노동이 숙련과 힘쓰기를 덜 요구하면 할수록, 즉 현대 공업이 발전하면 할수록 남성 노동은 여성 노동에 의해 밀려난다. 성별과 연령의 차이는 노동자 계급에게 더 이상 어떠한 사회적 의의도 갖고 있지 않다. 기껏해야 연령과 성별에 따라 서로 다른 비용이 드는 노동 도구들이 존재할 뿐이다.

공장주에 의한 노동자의 착취가 끝나서 노동자가 자신의 임금을 현금으로 지불받게 되면, 부르주아지의 또 다른 부분들, 즉 집주인, 소매 상인, 전당포 영업자 등등이 그에게 달려든다.

지금까지의 소중간 신분들, 즉 소공업가들, 소상인들과 소금리 생활자들, 수공업자들과 농민들 등의 이 모든 계급들은 프롤레타리아트로 전락하는데, 이는 일부는 그들의 소자본이 대공업의 경영에 충분하지 않고, 더 큰 자본가들과의 경쟁을 이겨내지 못하기 때문이며, 일부는 그들의 숙련이 새로운 생산 양식들에 의해 무가치하게 되기 때문이다. 이리하여 프롤레타리 아트는 주민의 모든 계급들로부터 충원된다.

프롤레타리아트는 다양한 발전 단계들을 경과한다. 부르주아지에 대항하는 그들의 투쟁은 그들의 존립과 더불어 시작한다.

처음에는 개별적 노동자들이, 그 다음에는 한 공장의 노동자들이, 또 그 다음에는 한 지역의 한 노동 부문의 노동자들이 그들을 직접 착취하는 개별 부르주아에 대항하여 투쟁한다. 노동자들은 그들의 공격을 다만 부르주아적 생산 관계들에 가할 뿐만 아니라 생산 도구들 자체에도 가한다 ; 그들은 경쟁 하는 외국 상품들을 파괴하며, 기계를 파괴하고, 공장을 불사르며, [이미] 몰락한 중세 노동자의 지위를 다시 획득하려 한다.

이 단계에서 노동자들은 전국에 걸쳐서 산재해 있는, 그리고 경쟁에 의해 분열되어 있는 대중을 이룬다. 노동자들의 대중적 결속은 아직은 노동자 자신들의 단결의 결과가 아니라 부르주아지의 단결의 결과인데, 그 부르주아지는 자기 자신의 정치적 목적의 달성을 위하여 프롤레타리아트 전체를 운동시키지 않을 수 없으며, 또 아직 당분간은 그렇게 할 수 있는 것이다. 따라서 이 단계에서는 프롤레타리아들은 그들의 적들과 싸우는 것이 아니라, 그들의 적들의 적들, 즉 절대 군주제의 잔재들, 토지 소유자들, 비산업 부르주아들, 소부르주아들과 싸우는 것이다. 이리하여 역사적 운동 전체는 부르주아지의 손안에 집중된다 ; 그렇게 얻어진 각각의 모든 승리는 부르주아지의 승리인 것이다.

그러나 공업의 발전과 더불어 프롤레타리아트는 단지 수적으로만 증가하는 것이 아니다 ; 프롤레타리아트는 더 커다란 대중으로 집결되며, 그 세력이 증대하고, 자신의 힘을 점점 더 자각하게 된다. 기계가 점점 더 노동의 차이를 소멸시키며, 임금을 거의 모든 곳에서 동일하게 낮은 수준으로 떨어뜨리기 때문에 프롤레타리아트 내부의 이해 관계, 생활 처지는 더욱더 균등하게 된다. 부르주아들 상호간의 증대하는 경쟁과 그로 인해 야기되는 상업 공황들은 노동자들의 임금을 더욱더 유동적인 것으로 만든다 ; 더욱더 급속하게 발전되는, 그칠 줄 모르는 기계의 개선은 노동자들의 생활상의 지위 전체를 점점 더 불안하게 만든다 ; 개별 노동자와 개별 부르주아 사이의 충돌들은 점점 더 두 계급들의 충돌이라는 성격을 띤다. 노동자들은 부르주아에 대항하는 연합들을 형성하는 일부터 시작한다 ; 그들은 그들의 임금을 고수하기 위하여 함께 행동한다. 그들은 그때 그때의 폭동에 대비하기 위하여 상설적 결사들까지 설립한다. 곳에 따라서 투쟁은 봉기로 터져 나온다.

노동자들은 때때로 승리하나, 그것은 단지 일시적일 뿐이다. 그들의 투쟁들의 진정한 성과는 직접적인 전과戰果 가 아니라 노동자들의 더욱더 확대되는 단결이다. 노동자들의 단결은 대공업에 의해 만들어지는, 서로 다른 지방의 노동자들 상호간에 연계를 맺어 주는 교통 수단의 증대에 의해 촉진된다. 그런데, 이러한 연계만 맺어지면 어디서나 동일한 성격을 띠고 있는 허다한 지방적 투쟁들은 하나의 전국적 투쟁, 하나의 계급 투쟁으로 집중할 수 있다. 그리고 모든 계급 투쟁은 정치 투쟁이다. 지방 도로를 갖고 있던 중세의 시민들이 수세기를 필요로 했던 단결을, 철도를 갖고 있는 현대 프롤레타리아들은 몇 년도 안되어 달성한다.

프롤레타리아들의 계급에로의, 또 따라서 정당에로의 이 조직화는 노동자 자신들 사이의 경쟁에 의해서 매번 다시 파괴된다. 그러나 이 조직화는 매번 다시 더 강하게 더 견고하게 더 힘 있게 발생한다. 이 조직화는 부르주아지 자신들 사이의 분열을 이용하여 노동자들의 개별적 이익들을 법률적 형태로 승인하게끔 강제한다. 영국에서의 IO 시간 노동법[33]이 그러하다.

일반적으로 낡은 사회 내부의 충돌들은 프롤레타리아트의 발전 과정을 다양하게 촉진시킨다. 부르주아지는 지속적인 투쟁 속에 놓인다 : 즉 처음에는 귀족에 대항하는 투쟁 속에 ; 이후에는 공업의 진보와 모순되는 이해 관계를 가지고 있는 부르주아지의 부분들에 대항하는 투쟁 속에 ; 항상적으로 모든 외국의 부르주아지에 대항하는 투쟁 속에. 이 모든 투쟁들에서 부르주아지는 프롤레타리아트에게 호소하고, 그들의 도움을 청하고, 그리하여 그들을 정치 운동에 끌어들이지 않으면 안 된다고 생각한다. 따라서 부르주아지는 프롤레타리아트에게 부르주아지 자신의 교양 요소들, 즉 부르주아지 자신에게 대항하는 무기들을 스스로 제공한다.

더욱이 우리가 본 바와 같이 산업의 진보에 의하여 지배 계급의 거개의 구성 부분들은 프롤레타리아트로 내동댕이쳐지거나, 적어도 자신들의 생활 조건들에 있어서 위협당한다. 또한 그 구성 부분들은 프롤레타리아트에게 대량의 교양 요소들을 제공한다.

결국 계급 투쟁이 결전에 가까워지는 시기에는 지배 계급 내부, 낡은 사회 전체 내부에서의 해체 과정이 너무나 격렬하고 너무나 날카로운 성격을 띠게 됨에 따라, 지배 계급의 한 작은 부분이 지배 계급으로부터 떨어져 나와서는 혁명적 계급, 즉 그 손안에 미래를 움켜쥔 계급과 한편이 된다. 그런 까닭에 과거에 귀족의 일부가 부르주아지에게로 넘어갔던 것처럼, 현재 부르주아지의 일부, 그리고 특히 역사 운동 전체의 이론적 이해에 도달한 부르주아 이데올로그들 중의 일부가 프롤레타리아트에게로 넘어가고 있는 것이다.

오늘날 부르주아지에 대립하고 있는 모든 계급들 중에서 오직 프롤레타리아트만이 참으로 혁명적인 계급이다. 다른 계급들은 대공업의 발전과 더불어 쇠퇴하고 몰락한다. 프롤레타리아트는 대공업의 가장 고유한 산물이다.

중간 신분들, 즉 소공업가, 소상인, 수공업자 및 농민, 이들 모두는 중간 신분으로서의 자기의 존립을 몰락으로부터 지켜 내기 위하여 부르주아지와 투쟁한다. 따라서 그들은 혁명적이지 않고 보수적이다. 더군다나 그들은 반동적이다. 그들은 역사의 수레바퀴를 뒤로 돌리려고 한다. 그들이 혁명적이라면 그들이 그들에게 임박한 프롤레타리아트로의 이행을 목도하는 한에서인데, [이때] 그들은 그들의 현재의 이익이 아니라 그들의 미래의 이익을 옹호하며, 그리하여 그들은 프롤레타리아트의 입장에 서기 위하여 그들 자신의 입장을 포기한다.──

룸펜 프롤레타리아트, 즉 낡은 사회의 최하층의 이 수동적 부패물은 때때로 프롤레타리아 혁명에 의해 운동에 끌려들어오는 일도 있으나, 그들의 생활 처지 전체로 말미암아 반동적 음모에 매수되는 것을 더 마음내켜 하게 된다.

낡은 사회의 생활 조건들은 프롤레타리아트의 생활 조건들 속에서는 이미 완전히 파괴되어 있다. 프롤레타리아는 재산이 없다 ; 아내와 자식들에 대한 그의 관계는 부르주아적 가족 관계와의 공통점을 더 이상 갖고 있지 않다 ; 현대의 공업 노동, 즉 자본 아래로의 현대적인 예속은 프랑스에서처럼 영국에서도, 독일에서처럼 아메리카에서도, 프롤레타리아에게서 일체의 민족적 성격을 빼앗아 버렸다. 법률, 도덕, 종교 등은 프롤레타리아에게 있어서는, 그 뒤에 많은 수의 부르주아적 이해 관계들을 숨기고 있는 그만큼 많은 수의 부르주아적 편견들이다.

지배권을 획득한 이전의 모든 계급들은 그들의 영리의 조건들 아래에 사회 전체를 복속시킴에 의해서 그들이 이미 획득한 생활상의 지위를 보전 하고자 했다. 프롤레타리아들은 자기 자신의 지금까지의 전유 양식, 따라서 또 지금까지의 전유 양식 전체를 철폐함으로써만 사회적 생산력들을 장악할 수 있다. 프롤레타리아들에게는 지켜야 할 자신의 것이라고는 없다. 그들은 지금까지의 모든 사적 안녕과 사적 보장을 파괴해야만 한다.

지금까지의 모든 운동들은 소수의 운동들이었거나 혹은 소수의 이익을 위한 운동들이었다. 프롤레타리아의 운동은 압도적 다수의 이익을 위한 압 도적 다수의 자립적 운동이다. 오늘날의 사회의 최하층인 프롤레타리아트는 공적 사회를 형성하고 있는 계층들의 상부 구조물 전체를 허공으로 날려 버 리지 않고서는 일어날 수도 없고, 허리를 펼 수도 없는 것이다.

부르주아지에 대항한 프롤레타리아트의 투쟁은 내용상으로는 그렇지 않음에도 불구하고 형식상 처음에는 일국적이다. 각국의 프롤레타리아트는 당연히 맨 먼저 그들 나라의 부르주아지를 끝장내야 한다.

우리는 프롤레타리아트의 발전의 가장 일반적인 단계들을 묘사함에 의 해서 현존 사회 내부의 다소간 은폐된 내전을, 그것이 하나의 공개적 혁명으 로 터져 나와서 프롤레타리아트가 부르주아지를 폭력적으로 전복함으로써 자신의 지배권을 수립하게 되는 지점까지 고찰하였다.

우리가 본 바와 같이 지금까지의 모든 사회는 억압 계급과 피억압 계급 의 대립에 입각해 있었다. 그런데 어떤 계급을 억압할 수 있기 위해서는 그 억압받는 계급에게 적어도 노예적 생존을 이어갈 만한 조건들이 보장되어 있어야 한다. 농노는 농노 신분 속에서 꼬뮌의 성원에 애써 접근해 갔으며 소부르주아는 봉건적 절대주의의 멍에 아래에서 부르주아로 접근해 갔다. 이와는 반대로 현대 노동자는 공업의 진보와 함께 상승하는 대신에 자기 계 급의 [현존] 조건들 아래로 점점 더 깊이 침몰하고 있다. 노동자는 빈민으로 되고 있고, 빈궁은 인구와 부보다 더 급속히 창궐한다. 이로써 부르주아지가 더 이상 사회의 지배 계급으로 머물러 있을 수 없으며, 사회에 그들 계급의 생활 조건들을 규제적 법칙으로서 강요할 능력이 없다는 것이 명백해진다. 부르주아지는 자신의 노예들에게 노예 상태에서의 생존조차 보장해 줄 수 없기 때문에, 노예들에 의해 부르주아지가 부양되는 대신에 부르주아지가 노예를 부양해야 하는 그런 처지에 노예를 빠뜨리지 않을 수 없기 때문에 부르주아지는 지배할 능력이 없는 것이다. 사회는 더 이상 부르주아지 밑에서 살아갈 수 없다. 즉 부르주아지의 생활은 더 이상 사회와 양립할 수 없는 것이다.

부르주아 계급의 존립과 지배의 본질적 조건은 개인의 수중으로의 부의 누적, 즉 자본의 형성과 증식이다 ; 자본의 조건은 임금 노동이다. 임금 노동은 오로지 노동자들 상호간의 경쟁에 근거한다. 부르주아지를 그 무의지적 무저항적 담지자로서 가지고 있는 바의 공업의 진보는 경쟁으로 말미암은 노동자들의 고립화 대신에 연합에 의한 노동자들의 혁명적 단결을 가져온다. 이리하여 대공업의 발전과 더불어, 부르주아지가 생산하며 생산물들을 전유하는 그 기초 자체가 부르주아지의 발 밑에서 무너져 간다. 부르주아지는 무엇보다도 자기 자신의 매장인을 만들어 낸다. 부르주아지의 몰락과 프롤레타리아트의 승리는 다 같이 불가피하다.

II
프롤레타리아와 공산주의자들

공산주의자들은 프롤레타리아 일반에 대하여 어떠한 관계에 서 있는가?

공산주의자들은 다른 노동자 정당들에 대립되는 특수한 당이 결코 아니다.

그들은 프롤레타리아트 전체의 이해 관계로부터 분리된 이해 관계라고는 갖고 있지 않다.

그들은 프롤레타리아트의 운동을 거기에 짜 맞추고자 하는 바의 특수한 원리들이라고는 세우지 않는다.

공산주의자들은 그들이 한편으로 프롤레타리아의 다양한 일국적 투쟁들에 있어서 국적에 상관없는, 프롤레타리아트 전체의 공동 이해를 내세우고 주장한다는 점에서만, 다른 한편으로 프롤레타리아트와 부르주아지 사이의 투쟁이 경과하는 다양한 발전 단계들에 있어서 항상 운동 전체의 이해를 대변한다는 점에서만 다른 프롤레타리아 정당들과 구별된다.

따라서 공산주의자들은 실천적으로는 모든 나라의 노동자 정당들 중에서 가장 단호한 부분, 언제나 운동을 추동적으로 이끌어 나가는 부분이다 ; 그들은 이론적으로는 프롤레타리아 운동의 조건들, 진행 및 일반적 결과들에 대한 통찰을 여타 프롤레타리아트 대중에 앞서서 가진다.

공산주의자들의 당면 목적은 다른 모든 프롤레타리아 정당들의 그것과 동일하다 : 프롤레타리아트의 계급으로의 형성, 부르주아지 지배의 전복, 프롤레타리아트에 의한 정치 권력의 장악.

공산주의자들의 이론적 명제들은 결코 이러저러한 세계 개량가들에 의해 발명되거나 발견되어 있는 이념들에, 원리들에 근거하고 있지 않다.

그 이론적 명제들은 다만 실존하고 있는 계급 투쟁의, 우리 목전에서 전개되고 있는 역사적 운동의 사실적 관계들을 일반적으로 표현한 것일 뿐이다. 지금까지의 소유 관계들의 폐지는 공산주의를 독특하게 특징짓는 것이 아니다.

[그런데] 모든 소유 관계들은 하나의 지속적인 역사적 교체에, 하나의 지속적인 역사적 변화에 부닥쳐 왔다.

예컨대 프랑스 혁명은 부르주아적 소유를 위해 봉건적 소유를 폐지하였다.

공산주의를 특징짓는 것은 소유 일반의 폐지가 아니라 부르주아적 소유의 폐지이다.

그런데 현대의 부르주아적 사적 소유는 계급 대립에, 즉 한 계급에 의한 다른 계급들의 착취에 근거하는 생산물의 생산 및 전유의 최후의, 그리고 가장 완성된 표현이다.

이러한 의미에서 공산주의자들은 자신들의 이론을 단 하나의 표현으로 집약할 수 있다 : 사적 소유의 철폐.

사람들은 우리 공산주의자들이, 개인적으로 벌어들인, 스스로 노동하여 얻은 소유를 철폐하려 한다고 비난하여 왔다 ; 즉 모든 개인적 자유, 활동 및 자립성의 기초를 이룰 그러한 소유를.

노동하여 얻은, [스스로] 벌어들인, 스스로 얻은 소유라고! 당신들은 부르주아적 소유에 선행했던 소부르주아적, 소농민적 소유를 두고 말하는 것인가? 우리는 그러한 소유를 철폐할 필요가 전혀 없다. 공업의 발전이 그것을 철폐하였으며, 또 나날이 철폐하고 있다.

그렇지 않다면 당신들은 현대의 부르주아적 사적 소유를 두고 말하는 것인가?

그런데 임금 노동, 프롤레타리아의 노동은 프롤레타리아에게 소유를 만들어 주는가? 결코 그렇지 않다. 그 노동은 자본, 즉 임금 노동을 착취하는 소유, 새로운 자본에 의해 임금 노동을 착취하기 위하여 새로운 임금 노동을 만들어 낸다는 조건하에서만 증식할 수 있는 소유를 만들어 낸다. 소유는 그 오늘날의 형태에 있어서는 자본과 임금 노동의 대립 속에서 운동한다. 이 대립의 양 측면들을 고찰하기로 하자.

자본가라 함은 하나의 순전히 개인적인 지위뿐만 아니라 생산 속에서 하나의 사회적인 지위를 차지함을 의미한다. 자본은 공동의 생산물이며, 많은 성원들의 공동 활동에 의해서만, 사실 결국은 사회의 모든 성원들의 공동 활동에 의해서만 가동될 수 있다.

이와 같이 자본은 결코 개인적 힘이 아니라 하나의 사회적 힘인 것이다.

따라서 자본이 사회의 모든 성원들에 속하는 공동의 소유로 변한다고 해도 개인적 소유가 사회적 소유로 변하는 것은 아니다. 단지 소유의 사회적 성격만이 변할 뿐이다. 소유는 그 계급적 성격을 상실한다.

임금 노동으로 가 보자 :

임금 노동의 평균 가격은 임금의 최소치, 즉 노동자를 노동자로서 먹여 살리기 위하여 필요한 생활 수단의 총액이다. 따라서 임금 노동자가 자신의 활동을 통하여 전유하는 것이란 자신의 헐벗은 삶을 재산출하는 데에 족할 뿐이다. 우리는 직접적 생활의 재산출을 위한 노동 생산물들의 이와 같은 개인적 전유, 즉 타인의 노동에 대한 지배력을 가져다 줄 만한 순이익을 조금도 남기지 않는 전유는 결코 철폐하려고 하지 않는다. 우리는 다만, 노동자가 자본을 증식시키기 위해서만 생활하며, 지배 계급의 이해 관계가 필요로 하는 한에서만 그 속에서 생활하는 그러한 전유의 비참한 성격을 폐기하려고 할 뿐이다.

부르주아 사회에서 살아 있는 노동은 축적된 노동을 증식시키는 수단일 뿐이다. 공산주의 사회에서 축적된 노동은 노동자들의 생활 과정을 확장시키고 풍요롭게 하며 후원하는 수단일 뿐이다.

이와 같이 부르주아 사회에서는 과거가 현재를 지배하나, 공산주의 사회에서는 현재가 과거를 지배한다. 부르주아 사회에서는 자본이 자립적이며 개성적인 반면에, 활동하는 개인은 비자립적이며 비개성적이다.

그런데 부르주아지는 이러한 관계들의 폐기를 개성과 자유의 폐기라고 부른다! 그 말은 일리가 있다. 그렇지만 문제가 되는 것은 부르주아적 개성, 부르주아적 자립성, 부르주아적 자유의 폐기에 관한 것이다.

오늘날의 부르주아적 생산 관계들 내에서 사람들은 자유를 자유로운 상업, 자유로운 판매 및 구매라고 생각한다.

그러나 거래가 없어지면 자유로운 거래도 없어진다. 자유로운 거래에 관한 미사여구들은 자유에 관한 우리 부르주아지의 다른 모든 호언 장담과 마찬가지로, 다만 묶여 있던 거래나 중세의 예속된 시민에게는 어떤 의미를 가지지만 거래의 공산주의적 폐기, 부르주아적 생산 관계들 및 부르주아지 자체의 공산주의적 폐기에 대해서는 전혀 아무런 의미를 가지지 못한다.

당신들은 우리가 사적 소유를 폐기하려 한다고 해서 놀라고 있다. 그러나 당신들의 현존 사회에서 그 사회 성원의 10분의 9에게서는 [이미] 사적 소유가 폐기되어 있다 ; 사적 소유가 존재하는 것은 오로지 이들 10분의 9에게 사적 소유가 존재하지 않기 때문이다. 따라서 당신들은, 우리가 사회의 압도적 다수의 무소유를 필수 조건으로 전제하는 소유를 폐기하려 한다고 우리를 비난하고 있는 것이다.

한마디로 당신들은, 우리가 당신들의 소유를 폐기하려 한다고 우리를 비난하는 것이다. 물론 우리는 그렇게 하려고 한다.

당신들은, 노동이 더 이상 자본, 화폐, 지대로, 간단히 말해서 독점 가능한 사회적 힘으로 전화할 수 없게 되는 그 순간부터, 즉 개인적 소유가 더 이상 부르주아적 소유로 전화할 수 없게 되는 그 순간부터 개인은 폐기된다고 말한다.

따라서 당신들은 개인을 부르주아, 부르주아적 소유자 외에 그 누구로도 이해하지 않는다고 고백하고 있는 것이다. 그리고 그러한 개인은 마땅히 폐기되어야 한다.

공산주의는 사회적 생산물들을 전유할 힘을 그 누구로부터도 빼앗지 않는다. 공산주의는 다만 이러한 전유에 의하여 타인의 노동을 자신에게 예속시키는 힘을 빼앗을 따름이다.

사람들은 사적 소유의 폐기와 더불어 모든 활동이 정지되고, 전반적인 게으름이 만연하게 될 것이라고 항변하여 왔다.

그렇다고 한다면 부르주아 사회는 이미 오래 전에 게으름 때문에 멸망하지 않으면 안 되었을 것이다 ; 왜냐하면 부르주아 사회 속에서 노동하는 **사람들**은 벌지 못하고, 부르주아 사회 속에서 버는 **사람들**은 노동하지 않기 때문이다. 그러한 모든 의심은 자본이 더 이상 존재하지 않게 되자마자 임금 노동도 더 이상 존재하지 않게 된다고 하는 동어반복으로 귀착된다.

물질적 생산물들의 공산주의적 전유 양식 및 생산 양식에 반대하여 이루어지는 모든 반론은 정신적 생산물들의 전유 및 생산에까지 확대되어 있다. 부르주아에게는 계급적 소유의 중지가 생산 그 자체의 중지이듯이, 계급적 교양의 중지 또한 교양 일반의 중지와 동일하다.

그들이 그 상실을 유감으로 생각하는 그 교양이란 압도적 다수에게 있어서는 기계에 대한 [적응] 교양이다.

그러나 자유니 교양이니 법이니 뭐니 하는 당신들의 부르주아적 관념에 맞추어 부르주아적 소유의 철폐를 가늠하려거든 우리와 다투지 말라. 당신들의 법이란 것이 법률로 고양된 당신네 계급의 의지, 즉 그 내용이 당신네 계급의 물질적 생활 조건들 속에 존재하는 의지인 것과 마찬가지로, 당신들의 이념 자체는 부르주아적 생산 관계들 및 부르주아적 소유 관계들의 산물이다.

당신들의 생산 관계들 및 소유 관계들을 생산 발전 과정에서 나타나는 일시적이며 역사적인 관계들로부터 영원한 자연 법칙 및 이성 법칙으로 바꾸어 버리는 그 이기적 관념을 당신들은 모든 몰락한 지배 계급들과 공유하고 있다. 당신들은, 고대적 소유에 대하여 당신들이 납득하고 있는 것, 봉건적 소유에 대하여 당신들이 납득하고 있는 것을 부르주아적 소유에 대해서는 더 이상 납득하지 않으려 한다. ──

가족의 폐기! 공산주의자들의 이 수치스러운 계획에 대해서는 가장 극단적인 급진주의자들까지도 격분하고 있다.

현대의 가족, 부르주아적 가족은 무엇에 근거하고 있는가? 자본, 사적인 영리에. 그것은 오직 부르주아지에게 있어서만 완전히 발전된 형태로 존재한다 ; 그러나 그것은 프롤레타리아들의 부득이한 독신 생활과 공인된 매춘 속에서 그 보완물을 발견한다.

부르주아들의 가족은 당연히 이러한 자신의 보완물의 제거와 함께 제거되며, 또 양자는 자본의 소멸과 함께 소멸한다.

당신들은 우리가, 부모에 의한 어린이들의 착취를 폐기하려 한다고 우리를 비난하는가? [그것도 죄라면] 우리는 이 죄를 인정한다.

그런데 당신들은 우리가 가정 교육을 사회 교육으로 바꿔 놓음으로써 인간의 가장 고귀한 관계들을 폐기한다고 말한다.

그러면 당신들의 교육 또한 사회에 의해 규정되는 것이 아니란 말인가? 당신들의 교육은 당신들이 그 속에서 교육하는 바의 사회적 관계들에 의해, 학교 등등을 매개로 한 사회의 직접적이거나 간접적인 간섭에 의해 이루어지지 않는단 말인가? 공산주의자들은 교육에 대한 사회의 개입을 발명해 내는 것이 아니다 ; 다만 그 개입의 성격을 변화시켜 교육을 지배 계급의 영향으로부터 빼내 올 따름이다.

프롤레타리아들에게 있어서의 모든 가족적 유대가 대공업에 의하여 찢겨질수록, 어린이들이 단순한 상업적 품목이나 노동 도구들로 바뀌어 버릴수록, 가족, 교육, 그리고 부모와 자녀간의 화목한 관계 등에 대한 부르주아적 미사여구들은 더욱더 구역질나는 것으로 된다.

그런데, 당신들 공산주의자들은 부인 공유제를 도입하려 한다라고 부르주아지 전체가 입을 모아 외친다.

부르주아는 자신의 아내를 단순한 생산 도구로만 본다. 당연히 부르주아는 생산 도구들이 공동으로 사용되어져야 한다는 말을 듣고서는 여성들도 똑같이 이 공동성의 운명에 빠질 것이라고밖에는 생각할 수 없는 것이다.

부르주아는 단순한 생산 도구들로서의 여성들의 지위를 폐기하는 것, 바로 그것이 문제라는 것을 감지하지 못하고 있다.

더욱이 공산주의자들의 이른바 공식적인 부인 공유제에 대한 우리 부르주아들의 고결한 도덕적 공포만큼 웃기는 것은 없다. 공산주의자들은 부인 공유제를 도입할 필요가 없다. 부인 공유제는 거의 언제나 존재해 왔던 것이다.

우리 부르주아들은 공식적인 매춘은 말할 것도 없거니와, 그들의 프롤레타리아들의 아내들과 딸들을 자신들의 뜻대로 하는 것으로 만족하지 않고, 자신들의 아내들을 서로 유혹하는 것에서 주된 쾌락을 찾고 있다.

부르주아적 결혼은 사실상 부인들의 공유제이다. 그들은 기껏해야 공산주의자들이 위선적으로 은폐된 부인 공유제 대신에 공식적이고 숨김없는 부인 공유제를 도입하려 한다고 비난할 수 있을 뿐이다. 어쨌든 현재의 생산 관계들의 폐기와 더불어 그 생산 관계들에서 비롯된 부인 공유제, 즉 공식적, 비공식적 매춘 역시 소멸할 것임은 자명한 일이다.

다음으로 공산주의자들은 조국을, 국민성을 없애려 한다고 비난받고 있다.

노동자들은 조국이 없다. 그들에게 없는 것을 그들로부터 빼앗을 수는 없다. 프롤레타리아트는 우선 정치적 지배권을 장악해야만 하며, 국민적 계급으로 올라서야 하며, 스스로를 국민으로서 정립해야만 하기 때문에 비록 부르주아지가 생각하는 의미에서는 아닐지라도 아직은 그 자체 국민적이다.

민족들의 국민적 분리와 대립들은 이미 부르주아지의 발전과 더불어, 상업의 자유, 세계 시장, 공업 생산의 천편일률성 및 그에 상응하는 생활 상태의 천편일률성 등과 더불어 점점 사라져 가고 있다.

프롤레타리아트의 지배는 이러한 분리와 대립을 더욱더 사라지게 할 것이다. 적어도 문명국들 내에서의 단결된 행동은 프롤레타리아트 해방의 첫 번째 조건들 중의 하나이다.

한 개인에 의한 다른 개인의 착취가 폐기되는 것과 같은 정도로 한 국민에 의한 다른 국민의 착취도 폐기될 것이다.

한 국민 내에서의 계급들의 대립이 없어짐과 아울러 국민들 상호간의 적대적 자세도 없어질 것이다.

종교적, 철학적 및 이데올로기적 관점들 일반으로부터 제기되는 공산주의에 대한 비난은 더 이상 자세하게 논구할 가치가 없다.

사람들의 생활 상태, 그들의 사회적 연관들, 그들의 사회적 존재와 더불어 그들의 관념, 견해, 개념, 한마디로 그들의 의식 또한 변한다는 것을 이해하는 데에 더 이상의 깊은 통찰이 필요하단 말인가?

사상의 역사는 정신적 생산이 물질적 생산과 더불어 변화된다는 것 외에 달리 무엇을 증명하고 있단 말인가? 한 시대의 지배적 사상은 늘 지배 계급의 사상이었을 뿐이다.

사람들은 한 사회 전체에 혁명을 일으키는 사상에 대해 말들을 한다 ; 그로써 그들은 단지, 낡은 사회 내부에서 새로운 사회의 요소들이 형성되었다는 사실, 낡은 사상의 해체는 낡은 생활 관계들의 해체와 보조를 맞춘다는 사실을 표현하고 있을 뿐이다.

고대 세계가 몰락할 무렵, 고대 종교들은 기독교에 의해 정복되었다. 18세기에 기독교 사상이 계몽 사상에 굴복했을 때, 봉건 사회는 당시만해도 혁명적이었던 부르주아지와 목숨을 건 투쟁을 치렀다. 양심의 자유, 종교의 자유라는 사상은 다만 지식의 영역에서의 자유 경쟁의 지배를 표현하는 것이었을 뿐이다.

사람들은 말할 것이다. "물론 종교적, 도덕적, 철학적, 정치적, 법적 사상 등등은 역사 발전 과정 속에서 변화되어 왔다. 그러나 종교, 도덕, 철학, 정치, 법은 이러한 변천 속에서 늘 유지되었다.

뿐만 아니라 자유, 정의 등등과 같이 모든 사회 상태들에 공통되는 영원한 진리들이 있다. 그런데 공산주의는 이 영원한 진리들을 철폐한다. 공산주의는 종교를, 도덕을 새로이 조형 造型 하는 대신에 그것들을 철폐한다. 따라서 공산주의는 지금까지의 모든 역사 발전과 모순된다."

이러한 비난은 무엇으로 귀착되는가? 지금까지의 모든 사회의 역사는 계급 대립 속에서 운동하였는데, 이러한 대립들은 각 시대마다 각기 다른 모습을 띠었다.

그러나 그것이 어떤 형태를 취하든 간에, 사회의 일부에 의한 다른 일부의 착취는 지나간 모든 세기들에 공통된 사실이다. 그러므로 모든 세기들의 사회적 의식이 모든 잡다함과 다양성에도 불구하고 일정한 공통의 형태들 속에서, 계급 대립이 완전히 소멸해야만 완전히 해체되는 의식 형태들 속에서 운동한다는 것은 조금도 놀라운 일이 아니다.

공산주의 혁명은 과거로부터 전해 내려온 소유 관계들과의 가장 철저한 결별이다 ; 공산주의 혁명이 자신의 발전 과정에서, 과거로부터 전해 내려온 사상과 가장 철저하게 결별한다는 것은 놀랄 만한 일이 아니다.

그러나 공산주의에 대한 부르주아지의 반론은 [이만] 접어 두기로 하자.

우리는 이미 앞에서 노동자 혁명의 첫걸음은 프롤레타리아트의 지배 계급으로의 고양, 민주주의의 쟁취라는 것을 살펴보았다.

[그렇게 되면] 프롤레타리아트는 자신의 정치적 지배를 이용하여 부르주아지로부터 모든 자본을 차례차례 빼앗고, 모든 생산 도구들을 국가의 수중에, 즉 지배 계급으로 조직된 프롤레타리아트의 수중에 집중시키며, 가능한 한 신속히 생산력들의 양을 증대시키게 될 것이다.

이것은 물론 처음에는 소유권과 부르주아적 생산 관계들에 대한 전제적 침해를 통해서만, 따라서 경제적으로는 불충분하고 불안정한 것처럼 보일지도 모르지만 운동 과정 속에서 자기 자신을 뛰어넘으며 생산 양식 전체의 변혁을 위한 수단으로서 [그 채택이] 불가피한 방책들을 통해서만 이루어질 수 있는 것이다.

물론 이러한 방책들은 각 나라에 따라서 다양한 것이 될 것이다.

그럼에도 불구하고 가장 진보한 나라들에는 다음의 것들이 거의 전반적으로 적용될 수 있을 것이다 :

1. 토지 소유의 몰수와 지대의 국가 경비로의 전용 轉用.

2. 고율의 누진세.

3. 상속권의 폐지.

4. 모든 망명 분자들 및 반역자들의 재산의 압류.

5. 국가 자본과 배타적인 독점권을 가진 국립 은행을 통한 국가 수중으로의 신용의 집중.

6. 운송 수단의 국가 수중으로의 집중.

7. 국영 공장과 생산 도구들의 증가, 공동 계획에 의거한 토지의 개간 및 개량.

8. 모두에게 동등한 노동 강제, 산업 군대, 특히 농업을 위한 군대의 육성.

9. 농경과 공업 경영의 결합, 도시와 농촌간의 차이의 점차적 근절을 위한 노력.

10. 모든 어린이에 대한 공공 公共 무상 교육. 오늘날과 같은 형태의 어린이들의 공장 노동 폐지. 교육과 물질적 생산의 통일 등등.

발전 과정 속에서 계급적 차이들이 소멸되고 모든 생산이 연합된 개인들의 수중에 집중되면, 공권력은 그 정치적 성격을 상실하게 될 것이다. 본래의 의미에서의 정치 권력이란 다른 계급을 억압하기 위한 한 계급의 조직된 폭력이다. 만일 프롤레타리아트가 부르주아지에 대항하는 투쟁에서 필연적으로 계급으로 단결되고 혁명을 통해 스스로를 지배 계급으로 만들고, 또 지배 계급으로서 낡은 생산 관계들을 폭력적으로 폐기하게 된다면, 그들은 이 생산 관계들과 아울러 계급 대립의 존립 조건들과 계급 일반을 폐기하게 될 것이고, 또 이를 통해 계급으로서의 자기 자신의 지배도 폐기하게 될 것이다.

[그렇게 되면] 계급과 계급 대립이 있었던 낡은 부르주아 사회 대신에 각인의 자유로운 발전이 만인의 자유로운 발전의 조건이 되는 하나의 연합체가 나타난다.

Ⅲ
사회주의 및 공산주의 문헌

I. 반동적 사회주의

a) 봉건적 사회주의

프랑스와 영국의 귀족들은 자신들의 역사적 지위로 말미암아 현대 부르주아 사회에 대항하는 소책자를 쓸 소명을 지니고 있었다. 1830년의 프랑스 7월 혁명[24]에서, 영국의 [선거법] 개혁 운동[31]에서 그들은 가증스러운 졸부들에게 또 한 번 패배하였다. [그러나] 심각한 정치 투쟁은 더 이상 일어날 수 없게 되었다. 그들에게는 문필적 투쟁만이 남게 되었다. 그러나 문필의 영역에서도 왕정 복고 시대[4]의 낡은 미사여구들은 불가능하게 되었다. 귀족들은 공감을 사기 위하여, 짐짓 자신들의 이익은 안중에 두지 않고 오로지 착취받는 노동자 계급의 이익을 위해서만 부르주아지에 반대하는 고소장을 작성하는 체 해야만 했다. 그러한 방식으로 그들은 명예 회복을 준비하였고, 그들

---

4) 1660~1689년의 영국의 왕정 복고 시대가 아니라 1814~1830년의 프랑스의 왕정 복고 시대를 말하는 것이다. [**1888년 영어판에 붙인 엥겔스의 주**]

의 새로운 지배자에 대한 비방의 노래를 불렀으며, 다소 불길한 예언을 그 지배자의 귀에 속삭일 필요가 있었다.

봉건적 사회주의는 이렇게 성립하였다. 절반은 장송곡 절반은 비방문으로, 절반은 과거가 등뒤에서 외치는 소리 절반은 미래의 위협으로, 때로는 그 신랄한, 기지 있게 [사람들의 가슴을] 찢어 놓는 선고로써 부르주아지의 간담을 서늘하게 하지만 항상적으로는 현대 사회의 진로를 이해하는 데 있어서의 [그들의] 완전한 무능력 때문에 희극적 인상을 주면서.

귀족들은 인민을 자신의 뒤에 끌어 모으기 위하여 프롤레타리아의 동냥 주머니를 깃발 삼아 손에 들고 흔들었다. 그러나 인민은 그들의 뒤를 따라갈 때마다 그들의 등뒤에서 낡은 봉건적 문장紋章 들을 발견하고서 불손한 큰 웃음소리를 내면서 흩어졌다.

프랑스의 정통 왕조파[110] 일부와 청년 영국파[111]가 이러한 희극을 진탕 보여 주었다.

봉건 세력들이 그들의 착취 방법이 부르주아적 착취와는 다른 모습을 띠었다는 것을 증명할 적에, 그들은 단지 자신들이 이제는 시대에 뒤떨어진 전혀 다른 사정과 조건들 아래에서 착취했었다는 사실을 망각하고 있을 뿐이다. 그들이 자신들의 지배 아래에서는 현대 프롤레타리아트가 존재하지 않았다는 것을 증명할 적에, 그들은 현대 부르주아지야말로 자신들의 사회 질서의 필연적인 후손이었다는 사실을 망각하고 있을 뿐이다.

게다가 그들이 그들의 비판의 반동적 성격을 거의 은폐하지 않는 결과, 부르주아지에 대항하는 그들의 주요한 비난은 부르주아지의 통치 아래에서는 낡은 사회 질서 전체를 허공으로 날려 보낼 한 계급이 발전할 것이라는 점에 바로 그 주안점을 두고 있는 것이다.

봉건 세력들은 부르주아지가 일반적으로 프롤레타리아트를 만들어 낸다는 점에서보다는 그들이 혁명적 프롤레타리아트를 만들어 낸다는 점에서 더욱 부르주아지를 비난하고 있다.

그러므로 그들은 정치적 실천에서는 노동자 계급에 대한 모든 폭력적 방책들에 참여하고 있으며, 일상적 생활에서는 자신들의 모든 호언 장담들을 무시하면서 황금 사과를 주워 모으고, 신의, 사랑, 명예를 양모, 사탕무

그리고 화주 火酒 의 거래와 맞바꾸는 일에 순응하고 있다.[5]

성직자가 언제나 봉건 영주와 손을 맞잡았던 것처럼 성직자적 사회주의도 봉건주의적 사회주의와 손을 맞잡는다.

기독교적 금욕주의에 사회주의적 색채를 가하는 것보다 더 쉬운 일도 없다. 기독교 역시 사적 소유에, 결혼에, 국가에, 극구 반대하지 않았던가? 기독교는 그 대신에 자선과 구걸, 독신과 금욕, 독거 생활과 교회를 설교하지 않았던가. 기독교적 사회주의는 성직자가 귀족의 분노에 끼얹어 주는 성수 聖水 일 뿐이다.

b) 소부르주아적 사회주의

봉건 귀족은 부르주아지에 의하여 전복당하고 현대 부르주아 사회에서 그 생활 조건들이 악화되고 사멸되어 가는 유일한 계급이 아니다. 중세기의 성외 시민층과 소농민층은 현대 부르주아지의 선행자들이었다. 공업적, 상업적으로 발전이 뒤떨어진 나라들에서 이 계급은 아직도, 대두하는 부르주아지와 나란히 그럭저럭 살아가고 있다.

현대 문명이 발전한 나라들에서는 새로운 소부르주아층이 형성되었는바, 이들은 프롤레타리아트와 부르주아지 사이를 떠다니며 부르주아 사회의 보완적 부분으로서 부단히 새로 형성되고 있지만, 그 구성원들은 경쟁에 의해서 계속해서 프롤레타리아트로 내팽겨쳐지고 있으며, 그리하여 대공업이 발전해 나감에 따라 그들은 어떤 시점, 즉 자기들이 현대 사회의 독자적 부분으로서는 완전히 소멸되고 상업, 제조업, 농업에서 노동 감독들과 고용인들로 대체되는 시점이 다가오고 있음을 보게 되기까지 한다.

농민 계급이 주민의 반을 훨씬 넘는 프랑스와 같은 나라들에서는, 프롤

---

5) 이것은 토지 귀족과 지주[융커] 계급이 그 토지의 대부분을 자기 비용으로 관리인을 통해서 경작하고 있으며, 게다가 첨채당 甛菜糖 과 감자 화주의 대생산자로 존재하는 독일에 주로 해당된다. 더 부유한 영국의 귀족들은 아직 그 지경에까지 다다르지는 않았다 ; 그렇지만 그들도 또한 어떻게 해야 주식 회사의 다소 모호한 발기인들에게 자신들의 명의를 빌려 줌으로써 지대의 감소를 보상할 수 있는지를 알고 있다. [1888년 영어판에 붙인 엥겔스의 주]

424

레타리아트는 지지하고 부르주아지에는 반대하면서 나타난 저술가들이 부르
주아 통치에 대한 비판에다가 소부르주아적, 소농민적 척도를 갖다 대며, 소
부르주아 계급의 관점에 서서 노동자의 역성을 드는 것이 당연하였다. 소부
르주아적 사회주의는 이렇게 형성되었다. 시스몽디는 프랑스에서뿐만 아니
라 영국에서도 이러한 문헌들의 우두머리이다.

이 사회주의는 현대 생산 관계들 속의 모순들을 매우 날카롭게 해부하
였다. 이 사회주의는 경제학자들의 위선적 변명들을 폭로하였다. 이 사회주
의는 기계 및 분업의 파괴적 작용들, 자본과 토지 소유의 집적, 과잉 생산,
공황, 소부르주아와 소농민들의 필연적 몰락, 프롤레타리아트의 빈곤, 생산
에서의 무정부성, 부의 분배에서의 심한 불균형, 국가들 상호간의 산업상의
섬멸전, 낡은 예절과 낡은 가족 관계들과 낡은 국민성의 와해 등을 반박할
여지없이 증명하였다.

그럼에도 불구하고 그 적극적 내용으로 보면 이 사회주의는 낡은 생산
수단들과 낡은 교류 수단들을 그리고 그와 함께 낡은 소유 관계들과 낡은
사회를 재건하려고 하거나, 혹은 현대의 생산 수단들과 교류 수단들을 그것
들에 의해 산산조각났고 또 산산조각날 수 밖에 없었던 낡은 소유 관계들의
틀 속에 억지로 다시 밀어 넣으려 하고 있다. [이 둘 중의] 어느 경우에 있어
서나 소부르주아적 사회주의는 반동적이며 동시에 공상주의적이다.

제조업에서의 쭌프트 제도와 농촌에서의 가부장제적 경제, 이것이 이
사회주의의 유언이다.

이후의 발전 속에서 이 유파는 무기력한 만시지탄 晩時之嘆 으로 흘러
가 버렸다.

c) 독일 사회주의 혹은 '진정한' 사회주의

지배하는 부르주아의 억압 밑에서 발생하였고 그 지배에 대항한 투쟁의
문필적 표현인 프랑스의 사회주의 및 공산주의 문헌은 독일에는 부르주아지
가 봉건 절대주의에 대항한 투쟁을 막 시작하고 있었던 시기에 수입되었다.

독일의 철학자들, 설익은 철학자들, 문예 애호가들은 이 문헌에 열렬히
매달렸으며, 저 저술들이 프랑스에서 들어올 적에 프랑스의 생활 상태가 동

시에 독일로 들어온 것은 아니라는 것만을 잊고 있었다. 독일의 상태에 직면해서 프랑스의 문헌은 직접적으로 실천적인 의의를 모두 잃어버리고 완전히 문헌적인 외관[만]을 띠고 말았다. 그것은 인간적 본질의 실현에 관한 한가한 사변으로 나타날 수밖에 없었다. 이리하여 18세기의 독일 철학자들에게는 제1차 프랑스 혁명의 요구들이 실천 이성 일반의 요구들이라는 의미밖에 없었고, 혁명적인 프랑스 부르주아지의 의지 표명이 그들의 눈으로 보기에는 순수 의지, 있어야만 하는 의지, 진정으로 인간적인 의지의 법칙을 의미했다.

독일 문필가들의 한결같은 일은 새로운 프랑스 사상을 자신들의 낡은 철학적 양심과 조화시키거나, 혹은 오히려 자신들의 철학적 관점에서 프랑스 사상을 자기화하는 데에 있었다.

이러한 자기화는 일반적으로 사람들이 외국어를 습득하는 것과 같은 방법으로, 즉 번역에 의한 방법으로 행해졌다.

고대 다신교 시대의 고전들이 씌어져 있는 수고 手稿 에다가 어떻게 수도사들이 가톨릭 성도전 聖徒傳 이라는 무미 건조한 제목을 붙였는가는 주지의 사실이다. 독일의 문필가들은 거꾸로의 방식으로 세속적인 프랑스 원전을 다루었다. 그들은 프랑스 원전 뒤에다가 자신들의 철학적 허사 虛辭 를 써넣었다. 예를 들면 화폐 관계들에 대한 프랑스의 비판 뒤에 '인간적 본질의 외화'라고 썼고, 부르주아 국가에 대한 프랑스의 비판 뒤에다가는 '추상적 보편성의 지배의 지양' 등등이라고 써넣었다.

프랑스의 설명 전개 밑에 이러한 철학적 미사여구들을 슬쩍 끼워 넣는 일에 그들은 '행동의 철학', '진정한 사회주의', '사회주의의 독일적 과학', '사회주의의 철학적 정초' 등등의 세례명을 달았다.

프랑스의 사회주의·공산주의 문헌은 이리하여 말 그대로 거세되었다. 그리고 이 문헌이 독일인의 수중에서는 다른 계급에 대항하는 한 계급의 투쟁을 표현하지 않게 된 까닭에, 독일인들은 '프랑스의 일면성'을 극복하였다고, 즉 진짜 욕구들을 대변하는 대신에 진리의 욕구를, 프롤레타리아의 이해들을 대변하는 대신에 인간 본질, 인간 일반, 어떤 계급에도 속하지 않는, 도대체 현실에는 속하지 않으며 오로지 철학적 환상의 안개 낀 하늘에만 속하는 인간의 이해들을 대변하였다고 생각하고 있었다.

자신의 졸렬한 학생 실습을 그렇듯 진지하고 엄숙한 것으로 생각하고 그것을 그렇게 과대 광고를 하며 알리었던 이 독일 사회주의는, 그럼에도 불구하고 조금씩 그 소인배적 결백함마저 상실해 갔다.

봉건 세력들과 절대 왕정에 대항하는 독일의, 특히 프로이센 부르주아지의 투쟁, 한마디로 자유주의 운동은 더욱 심상치 않게 되어 갔다.

이리하여 '진정한' 사회주의에 바라고 바라던 기회, 즉 그 정치적 운동에 사회주의적 요구들을 대립시키며, 자유주의, 대의제 국가, 부르주아적 경쟁, 부르주아적 언론의 자유, 부르주아적 법, 부르주아적 자유 및 평등에 옛날부터 내려오던 저주를 던지며, 인민 대중을 향하여 이러한 부르주아 운동에서는 얻을 것이 아무것도 없고, 오히려 모든 것을 잃어버릴지도 모른다고 설교할 기회가 제공되었다. 독일 사회주의는, 프랑스의 비판 — 독일 사회주의는 이 프랑스의 비판의 얼빠진 메아리였다 — 이 [그에] 상응하는 물질적 생활 조건들 및 적합한 정치적 구조를 갖고 있었던 부르주아 사회를 전제하고 있었다는 것, 즉 독일에서는 이제 비로소 그것의 쟁취가 문제로 되고 있는 많은 전제들을 갖고 있었다는 것을 때맞추어 망각하였다.

독일 사회주의는 위협적으로 등장하고 있던 부르주아지에 대항하는 환영할 만한 허수아비로서 성직자, 교원, 시골 융커 및 관료를 거느리고 있었던 독일의 절대주의 정부들에게 봉사하였다.

독일 사회주의는 독일 절대주의 정부들이 독일의 노동자 봉기들을 다루는 데 썼던 독한 채찍과 총알에 대한 달콤한 보완물을 이루었던 것이다.

'진정한' 사회주의가 이와 같이 독일 부르주아지에 대항하는 [독일] 정부들의 수중에 있는 무기로 되었을 때, 이 사회주의는 또한 반동적 이해, 즉 성외 시민층의 이해를 직접적으로 대변하였다. 독일에서는, 16세기부터 지금까지 이어져 온, 그리고 그때부터 지금까지 다양한 형태로 새로이 재등장해 온 소부르주아 계급이 현존 상태의 본래의 사회적 기초를 이루고 있다.

소부르주아 계급의 유지는 현존하는 독일 상태의 유지이다. 부르주아지의 산업적, 정치적 지배로 인하여 소부르주아 계급은, 한편으로는 자본 집적의 결과로 생기며 다른 한편으로는 혁명적 프롤레타리아트의 등장에 의해서 생기는 자신들의 확실한 몰락을 두려워하고 있다. '진정한' 사회주의는 소부르주아 계급에게 일석이조격으로 비쳤다. [이리하여] '진정한' 사회주의는 하나의 전염병처럼 만연하게 되었다.

사변의 거미줄로 짠, 아름답기 그지없는 말의 꽃들로 수놓은, 사랑을 자극하는 감정의 이슬이 배인 예복, 독일 사회주의자들이 그들의 몇 안 되는 앙상한 '영원한 진리들'을 감싸고 있는 이 터무니없는 예복은 이 군중들 사이에서 독일 사회주의자들의 상품의 판매를 늘렸을 뿐이다.

독일 사회주의측에서도 이 성외 시민층의 희떠운 대표자로서의 자신의 사명을 점점 더 인식하게 되었다.

독일 사회주의는 독일 국민을 모범적인 국민이라고 선언하였고, 독일의 속물을 모범적인 인간이라고 선언하였다. 독일 사회주의는 이 속물의 하찮음에다가 그 반대의 것을 의미하는 내밀하고 고상한 사회주의적 의미를 부여하였다. 마침내 독일 사회주의는 공산주의의 '조야하고 파괴적인' 경향에 직접 반대하고, 모든 계급 투쟁을 초월한, 어느 편도 들지 않는 자신의 숭고함을 공포함으로써 최후의 결론을 이끌어 내었다. 몇몇의 예를 제외하고는, 독일에서 사회주의 및 공산주의 저술이라 하여 돌아다니고 있는 것들은 모두 이 추악한, 사람들의 기氣를 빼앗는 문헌에 속한다.[6]

2. 보수적 혹은 부르주아 사회주의

부르주아지의 어떤 부분은 부르주아 사회의 존립을 보장하기 위하여 사회적 폐해를 제거하고자 한다.

여기에는 다음과 같은 인물들이 속한다 : 경제주의자, 박애주의자, 인도주의자, 노동 계급 처지 개선론자, 자선 사업가, 동물 학대 철폐론자, 금주 협회 헌금자 등의 잡다하기 그지없는 좀스러운 개혁가들. 그리고 또한 이러한 부르주아 사회주의는 완전한 체계로 완성되어 있다.

그 예로 우리는 프루동의 『빈곤의 철학』을 든다.

사회주의적 부르주아들은 [현대 사회의 생활 조건들을 원하되], 그로부

---

6) 1848년의 혁명의 폭풍은 이 닳아 빠진 유파를 모조리 쓸어버렸고; 그 지지자들에게서 더 이상 사회주의를 내세우고 싶은 의욕을 빼앗아 버렸다. 이 유파의 주요 대표자이자 고전적 전형은 칼 그륀 씨이다. [1890년 독일어판에 붙인 엥겔스의 주]

터 필연적으로 야기되는 투쟁들과 위험들이 없는 현대 사회의 생활 조건들을 원한다. 그들은 [현존 사회를 원하되], 그 사회에 혁명을 일으키고 그 사회를 와해시키는 요소들을 제거한 현존 사회를 원한다. 그들은 프롤레타리아트 없는 부르주아지를 원한다. 부르주아지는 물론 자기가 지배하는 세계를 최상의 세계라고 생각한다. 부르주아 사회주의는, 위안이 되는 이러한 관념을 반쪽이든 완결적이든 하나의 체계로 완성시킨다. 부르주아 사회주의가 프롤레타리아트에게 자기[부르주아 사회주의]의 체계를 실현하고 새로운 예루살렘으로 들어갈 것을 요구할 때에, 사실상 그것은 프롤레타리아트가 오늘날의 사회에 머물러 있되 그 사회에 대한 원한에 가득 찬 그들의 생각은 버릴 것을 고대하고 있을 뿐이다.

이러한 d[ies]es 사회주의의 덜 체계적이면서 한층 더 실천적인 또 하나의 형태는, 이러저러한 정치적 변화가 아니라 오직 물질적 생활 상태, 경제적 상태의 변화만이 이로움을 줄 수 있다고 증명함에 의해서 노동자 계급이 모든 혁명적 운동을 배척하도록 만들려고 했다. 그러나 이 사회주의는 물질적 생활 상태의 변화를 오직 혁명적 방식으로만 가능한 부르주아적 생산 관계들의 철폐로서 이해하지 않고, 이 생산 관계들의 토양 위에서 행해지는, 따라서 자본과 임금 노동의 관계는 조금도 변화시키지 않으면서 기껏해야 부르주아지의 지배 비용을 감소시키고 그들의 국가 운영을 간소화시킬 뿐인 행정적 개선으로 이해한다.

부르주아 사회주의는 그것이 단순한 웅변적 모습을 띨 때에만 비로소 그 가장 적합한 표현을 얻는다.

자유 무역! [단] 노동 계급의 이익을 위해서 ; 보호 관세! [단] 노동 계급의 이익을 위해서; 독방 감옥! [단] 노동 계급의 이익을 위해서 : 이것이 부르주아 사회주의의 유언이며, 진심에서 우러나오는 유일한 말이다.

부르주아 사회주의의 본질은 바로, 부르주아는 부르주아라는——[단] 노동 계급의 이익을 위한——주장에 있다.

3. 비판적 · 공상주의적 사회주의 및 공산주의

우리는 여기서, 현대의 모든 대혁명들 속에서 프롤레타리아트의 요구들을 외쳤던 문헌에 대해 말하는 것이 아니다. (바뵈프의 저술들 등등.)

전반적 소요의 시대, 봉건 사회 전복의 시기에 자기 자신의 계급적 이해를 직접 관철시키려던 프롤레타리아트의 최초의 시도들은 프롤레타리아트 자체의 미발전 상태에 부딪혀, 또 프롤레타리아트 해방의 물질적 조건들 — 이제야 겨우 부르주아 시기의 산물로서 존재하는 — 의 결여에 부딪혀 불가 피하게 좌초하고 말았다. 이러한 최초의 프롤레타리아트 운동을 따라다녔던 혁명적 문헌은 그 내용상 필연적으로 반동적이다. 그 문헌은 전반적 금욕주의와 조잡한 평등주의를 설교하였다.

원래의 사회주의 및 공산주의 체계들, 즉 생시몽, 푸리에, 오웬 등등의 체계들은 앞에서 말한 적 있는 프롤레타리아트와 부르주아지 사이의 투쟁이 발전하지 못한 초기 시기에 출현하였다. (부르주아지와 프롤레타리아트를 보라 S[iehe].)

하긴 이러한 체계들의 발명자들도 계급들의 대립과 지배적 사회 자체 내부에서의 와해적 요소들의 작용을 보고 있기는 하다. 그러나 그들은 프롤레타리아트 쪽을 보고서 아무런 역사적 자발성도, 프롤레타리아트 고유의 정치 운동도 보지 못한다.

계급 대립의 발전은 공업의 발전과 보조를 맞추는 까닭에, 그들은 프롤레타리아트 해방의 물질적 조건들을 발견하지 못하며, 이러한 조건들을 창출하기 위하여 사회 과학을, 사회 법칙들을 찾아 나선다.

[그들에게는] 사회적 활동 대신에 그들의 개인적 발명 활동이, 해방의 역사적 조건들 대신에 환상적 조건들이, 점진적으로 이루어지고 있는 프롤레타리아트의 계급으로의 조직화 대신에 [그들에 의해] 특별히 고안된 사회 조직이 나타나지 않을 수 없다. 다가오는 세계사는 그들에게는 그들의 사회 계획의 선전과 실천적 실행으로 귀착된다.

하긴 그들은 자신들의 계획에서, 가장 고통받는 계급으로서의 노동 계급의 이익을 주로 대변하고 있다고 생각한다. 이처럼 그들에게는 프롤레타리아트란 가장 고통받는 계급이라는 관점 아래에서만 존재한다.

그러나 계급 투쟁의 발전되지 않은 형태와 그들 자신의 생활 처지로 말미암아 당연하게도 그들은 자신들이 저 계급 대립을 완전히 초월해 있다고 믿는다. 그들은 모든 사회 성원들의 생활 처지를, 또한 가장 좋은 처지에 있는 성원들의 생활 처지도 개선하려고 한다. 그러므로 그들은 아무런 차별도 두지 않고 사회 전체에, 아니 그중에서도 특히 지배 계급에게 호소한다. [그들의 의견에 따르면] 사람들이 그들의 체계를 이해하기만 하면, 그 체계를 있을 수 있는 가장 좋은 사회에 대한 있을 수 있는 가장 좋은 계획이라고 인정하게 될 것이다[라고 한다].

그러므로 그들은 모든 정치적 행동, 특히 모든 혁명적 행동을 거부한다. 그리고 그들은 평화적 방법으로 자신들의 목적을 달성하려고 하며, 당연히 실패하게 될 자그마한 실험들, 본보기가 가지는 힘으로써 새로운 사회적 복음으로 가는 길을 개척하려고 시도한다.

미래 사회에 대한 이러한 환상적 묘사는, 프롤레타리아트가 아직 많이 발전되어 있지는 못하고 따라서 자신들의 처지를 그들 자신이 아직 환상적으로 파악하고 있는 때에, 사회의 전반적 변혁에 대한 그들의 예감에 가득 찬 최초의 충동에서 생겨난다.

그러나 이러한 사회주의 sozial[istisch]en 및 공산주의 저술들은 비판적 요소들로 이루어져 있기도 하다. 그 저술들은 현존 사회의 모든 기초들을 공격한다. 그러므로 그 저술들은 노동자들의 계몽에 극히 가치 있는 자료를 제공한다. 미래 사회에 대한 그들의 적극적인 명제들, 예를 들면 도시와 농촌 간의 대립, 가족, 사적 영리, 임금 노동 등의 폐기, 사회적 조화의 선포, 국가의 단순한 생산 관리 기구로의 전화——그들의 이러한 모든 명제들은, 이제 막 발전하기 시작하고 있는 계급 대립, 그들 자신이 아직 그 최초의 추상적인 무규정성 속에서만 인식하고 있는 계급 대립의 제거를 표현하고 있을 뿐이다. 그러므로 이 명제들 자체도 아직은 완전히 공상주의적 의미를 갖고 있다.

비판적·공상주의적 사회주의 및 공산주의의 의의는 역사적 발전에 반비례한다. 계급 투쟁이 발전하여 형태를 갖춰 나가는 것과 같은 정도로, 계급 투쟁을 이렇게 환상적으로 초월하고, 계급 투쟁과 이렇게 환상적으로 싸우는 것은 모든 실천적 가치, 모든 이론적 정당성을 상실하게 된다. 그러므로 이 체계의 창시자들이 많은 점에서 혁명적이었다 할지라도, 그 제자들은 매번 반동적 종파를 형성한다. 그들은 프롤레타리아트의 계속적인 역사적 발전을 마주 보고서도 그 스승들의 낡은 견해를 고수한다. 그러므로 그들은

시종 일관 계급 투쟁을 다시 무디게 하려고 하며, [계급] 대립을 중재하려
한다. 그들은 언제나 그들의 사회적 유토피아의 실험적 실현, 즉 개개 팔랑
스테르 Phalanstere 의 건립, 홈-콜로니 Home-Kolonien 의 창설, 소小이까
리아 Ikarien——신 예루살렘의 축소판——의 설립[7] 등을 꿈꾸며, 이 모든
기묘한 성城들을 세우기 위하여 부르주아의 박애적 심성과 돈 주머니에 호
소하지 않을 수 없다. 점차 그들은 상술한 반동적 혹은 보수적 사회주의자들
의 부류로 전락하게 되어, 더 체계적인 현학에 의해서, 자신들의 사회 과학
의 기적적 효력에 대한 환상적 미신에 의해서만 겨우 그들과 구별되게 된다.

　　그렇기 때문에 이들은 [그들의 의견에 따르자면] 오직 새로운 복음에
대한 맹목적 불신 때문에서만 생길 수 있는, 노동자들의 모든 정치적 운동을
극력 반대하는 것이다.

　　[예를 들면] 영국의 오웬주의자들은 차티스트들[29]을, 프랑스의 푸리에주
의자들은 개혁주의자들[112]을 반대한다.

IV
각종 반정부당들에 대한 공산주의자들의 입장

　　제 II 장에 따르면 이미 구성된 노동자당들에 대한 공산주의자들의 관계
는 자명하며, 따라서 영국의 차티스트들과 북아메리카의 농업 개혁론자들[77]
에 대한 그들의 관계는 자명하다.

　　공산주의자들은 노동자 계급이 직접 당면한 목적들과 이익들의 달성을
위해 투쟁하지만, 동시에 현재의 운동 속에서 운동의 미래를 대변한다. 프랑
스에서는 공산주의자들이 보수적 및 급진적 부르주아지에 반대하여 사회주

---

7) 팔랑스테르는 샤를르 푸리에가 계획한 사회주의적 이민지의 이름이다 ; 이까
　리아는 까베가 그의 유토피아에, 이후에는 아메리카의 그의 공산주의적 이민
　지에 붙인 이름이다. [1888년 영어판에 붙인 엥겔스의 주]

　　홈-콜로니(국내 이민지)란 오웬이 자신의 공산주의적 모범 사회에 붙인
　이름이다. 팔랑스테르는 푸리에가 계획한 사회적 궁전의 명칭이었다. 이까리아
　는 까베가 그 공산주의적 제도를 묘사했던 유토피아적 환상의 땅을 부르는 말
　이다. [1890년 독일어판에 붙인 엥겔스의 주]

의·민주주의[8) 당과 협력하되, 그 일로 인해 [프랑스의] 혁명적 전통에서 오는 공문구와 환상들에 비판적 태도를 가질 권리를 포기해서는 안된다.

스위스에서 공산주의자들은 급진파를 지지하지만, 이 당이 모순적 요소들로, 즉 일부는 프랑스적 의미에서의 민주주의적 사회주의자들로, 일부는 급진 부르주아로 구성되어 있음을 간과하지 않는다.

폴란드 인들 사이에서 공산주의자들은 토지 혁명을 민족 해방의 조건으로 삼고 있는 당, 즉 1846년의 크라카우 Krakau 폭동[113]을 일으킨 바로 그 당을 지지한다.

독일에서 공산주의당은 부르주아지가 혁명적으로 행동하는 즉시 부르주아지와 함께 절대 군주제, 봉건적 토지 소유 및 소부르주아주의에 대항하여 투쟁하였다.

그러나 공산주의당은 부르주아지와 프롤레타리아트 사이의 적대적 대립에 관하여 가능한 한 가장 명확한 의식을 노동자들에게서 만들어 내는 일을 한시도 멈추지 않는바, 이는 노동자들이 부르주아지가 그들의 지배와 함께 도입할 것이 틀림없는 사회적, 정치적 조건들을 부르주아지에 대항하는 그만큼 많은 수의 무기들로 즉시 돌릴 수 있도록 하기 위해서이며, 독일에서 반동적 계급들을 전복한 후에 곧바로 부르주아지 자체에 대항하는 투쟁을 개시하기 위해서이다.

독일은 부르주아 혁명의 전야에 있기 때문에, 또 독일은 더 진보한 유럽 문명 일반의 조건들 밑에서 그리고 17세기의 영국이나 18세기의 프랑스보다 훨씬 더 발전한 프롤레타리아트를 갖고서 이 변혁을 수행할 것이기 때

---

8) 이 당은 그 당시 의회에서는 르드뤼-롤랭에 의해, 문헌에서는 루이 블랑에 의해, 그리고 일간 신문에서는 『레포름』에 의해 대표되었다. 사회 민주주의라는 이름은 이와 같은 그 이름의 고안자들에게 민주주의적 혹은 공화주의적 당의 다소 사회주의적 색채를 띠고 있던 분파를 암시하는 것이었다. [1888년의 영어판에 붙인 엥겔스의 주]

당시 자신을 사회주의·민주주의적이라고 불렀던 프랑스의 당은 정치적으로는 르드뤼-롤랭에 의해, 문헌적으로는 루이 블랑에 의해 대표되었던 당이었다 ; 이처럼 이 당은 오늘날의 독일 사회 민주당과는 천양지차가 있었다. [1890년의 독일어판에 붙인 엥겔스의 주]

문에, 공산주의자들은 자신들의 주의를 주로 독일에 돌린다. 따라서 독일의 부르주아 혁명은 단지 프롤레타리아 혁명의 직접적 서곡이 될 수 있을 뿐이다.

한마디로 공산주의자들은 어디서나, 현존의 사회 정치 상태를 반대하는 모든 혁명 운동을 지지한다.

이 모든 운동들 속에서 공산주의자들은, 그것이 더 발전한 형태를 띠고 있든 덜 발전한 형태를 띠고 있든 소유 문제를 운동의 기본 문제로 내세운다.

끝으로 공산주의자들은 어디서나 모든 나라의 민주주의 정당들간의 결합과 합의를 위해 노력한다.

공산주의자들은 자신들의 생각과 의도를 감추는 일을 부끄러워한다. 그들은 자신들의 목적이 지금까지의 모든 사회 질서의 무력적 전복에 의해서만 달성될 수 있다는 것을 공공연하게 선언한다. 지배 계급들로 하여금 공산주의 혁명 앞에 전율케 하라. 프롤레타리아들은 공산주의 혁명 속에서 족쇄 이외에 아무것도 잃을 것이 없다. 그들에게는 얻어야 할 세계가 있다.

만국의 프롤레타리아여, 단결하라!

1847년 12월에서 1848년 1월
사이에 씌어짐.
출전 : 칼 맑스와 프리드리히 엥겔스,
『공산주의당 선언』.
프리드리히 엥겔스가 쓴
새로운 서문이 딸린
저자 인정 독일어 제4판.

맑스 · 엥겔스 저작집,
제4권, 459-493면.

최인호   번역

프리드리히 엥겔스
1847년의 운동들

확실히 1847년은 우리가 오래간만에 맞이한 가장 운동적인 해였다. 프로이센에서는 헌법과 연합 지방 의회, 이탈리아에서는 정치적 생활의 예상 밖의 급속한 성장과 오스트리아에 대항한 전반적 무장, 스위스에서는 내전, 영국에서는 단호한 급진적 색채를 띤 새로운 의회, 프랑스에서는 추문들과 개혁 연회들,[1] 아메리카에서는 합중국의 멕시코 정복 — 이러한 것들이 근래 몇 년 동안 그 어느 해에도 볼 수 없었던 일련의 변화들이고 운동들이다.

1830년은 역사의 최후의 전환점이었다. 프랑스에서의 7월 혁명,[24] 영국에서의 개혁 법안[31]은 부르주아지의 종국적 승리를 보장하였으며, 게다가 영국에서의 개혁 법안은 산업 부르주아지, 즉 공장주들의 비산업 부르주아지, 즉 금리 생활자들에 대한 승리를 확실하게 보장하였다. 벨기에와 부분적으로는 스위스가 이를 따랐다 ; 이곳들에서도 부르주아지가 승리를 거두었다. 폴란드는 봉기를 일으켰고, 이탈리아는 메테르니히의 명에 밑에서 벗어나기 위한 몸부림을 쳤으며, 독일은 완전히 들끓는 상태에 있었다. 모든 나라들이 강력한 투쟁을 각오하고 있었다.

---

1) 반정부파 의원들이 주최한 이들은 약간의 회비를 내고 입장하는 사람들과 연설회 및 만찬회를 가지면서 반정부적 정치 선전을 행했다. 1847년 처음으로 이 운동이 시작되었을 때에는 주로 왕조 좌파만 참가했으나 곧 공화주의자들도 참가했고, 그 해 여름부터 연말까지는 거의 전국적으로 확대되어 70회에 걸쳐 3만 명에 가까운 인원이 참가했다. (역자)

그러나 1830년 이래 모든 것이 후퇴하고 말았다. 폴란드는 몰락하였고, 반란을 일으킨 루마니아 인들은 분쇄되었으며,[114] 독일에서의 운동은 억압되었다. 프랑스의 부르주아지는 자국의 공화주의자들을 탄압하였으며, 자신들이 봉기를 일으키도록 자극했던 타국의 자유주의자들을 배신하였다. 영국의 자유주의적 내각은 아무것도 관철시킬 수 없었다. 결국 1840년에는 반동이 완전히 만개하게 되었다. 폴란드, 이탈리아, 독일은 정치적으로 사망하고 말았고, 프로이센에서는 『베를린 정치 주보』가 최고의 권위를 누리게 되었으며, 하노버에서는 달만 씨의 기교를 부린 헌법이 파기되었고,[115] 1834년의 빈 회의 결의[116]가 완전히 효력을 발휘하였다. 스위스에서는 보수당과 제수이트 교도들이 거침없이 진군하였다. 벨기에에서는 카톨릭 교도가 정국의 주도권을 잡았다. 프랑스에서는 기조의 승리가, 영국에서는 필의 증대하는 힘의 압력 밑에 있는 휘그 정부의 최후의 몸부림이 있었다 ; 1839년의 대패배[117] 이후에 차티스트들의 소용없는 재조직 시도도 있었다. 도처에서 반동적 당들의 승리가 있었고, 도처에서 모든 진보적 당들의 완전한 해체와 분쇄가 있었다. 역사적 운동의 차단, 이것이 1830년의 강력한 투쟁들의 최후의 결과인 것으로 보인다.

그리고 또한 1830년이 부르주아지의 혁명적 운동의 정점이었듯이, 1840년은 반동의 정점이었다. 1840년부터 현존 상태에 맞서는 운동들이 새로이 시작되었다. 그 운동들은 종종 패퇴하기도 하면서 장기간 차츰차츰 전진해 나갔다. 영국에서는 차티스트들이 재조직되고 이전보다 더 강력해진 반면에, 필은 몇 번이고 자신의 당을 배반하였고, 곡물법의 폐지[16]로 자신의 당에 치명상을 입혔으며 그리하여 결국 자기 자신을 퇴장시켰다. 스위스에서는 급진파가 진출하였으며, 독일 그리고 특히 프로이센에서는 자유주의자들의 요구들이 해를 거듭할수록 더욱 거세어졌다. 벨기에에서도 자유주의자들이 1847년의 선거에서 승리를 거두었다. 오직 프랑스에서만 1846년의 선거에서 반동적 장관들이 미증유의 다수표를 획득하였다 ; 이탈리아만이 피우스 9세가 즉위하여 1846년 말에 매우 미심쩍은 개혁 시도를 하기 전까지 죽은 것이나 다름없는 상태에 머물러 있었다.

그리하여 작년에 들어와서 그리고 작년과 동시에 거의 모든 나라에서 진보적 당들이 일련의 승리를 거두었다. 그 당들이 패배한 경우조차 그들의

436

패배는 즉각적인 승리가 줄 수 있었던 도움 이상의 많은 도움을 그들에게
주었다.

　1847년은 아무것도 결정하지 못했지만, 도처에서 당파들을 서로 날카롭
고 확실하게 대치시켰다. 1847년은 어떤 문제도 최종적으로 해결하지는 못
했지만, 모든 문제들이 오늘날 해결되지 않을 수 없도록 만들어 놓았다.

　1847년의 운동들과 변화들 중에서도 프로이센, 이탈리아, 스위스에서의
운동들과 변화들이 가장 중요한 것들이었다.

　프로이센에서는 프리드리히 빌헬름 4세가 결국 어쩔 수 없이 헌법 제정
을 인정하게 되었다. 상수시 궁전2)의 이 불임의 돈 끼호떼는 오랜 투쟁과 비
명 끝에 헌법 하나를 낳았지만, 이 헌법은 봉건적·가부장적·절대주의적·
관료적·성직자적 반동의 승리를 영구히 보장하게 되어 있는 것이었다. 그
러나 그는 오산하고 있었다. 부르주아지는 이미 그러한 헌법 안에서도 그[프
리드리히 대왕]와 사회의 반동적 계급들 전체를 겨냥하는 무기를 발견할 수
있을 정도로 강력해져 있었다. 어디에서나 그렇듯이 프로이센에서도 부르주
아지는 왕에게 돈을 내는 것을 거부하는 것에서 시작하였다. 왕은 절망에 빠
졌다. 돈을 내는 것이 거부되는 최초의 날부터 프로이센에는 왕이 없는 것이
라고 말할 수 있다 ; 프로이센은 그것을 모르는 채 완전한 혁명 속에 있었다.
그때 천만다행으로 러시아의 1,500만 루블이 당도하였다 ; 그리하여 프리드
리히 빌헬름은 다시 왕이 되었고, 지방 의회의 부르주아들은 모두 허리가 부
러져 버릴 정도로 놀라 버렸으며, 혁명적 뇌운 雷雲 은 사라져 버렸다. 프로
이센의 부르주아지는 지금 당장은 패배하였다. 그러나 그들은 이미 커다란
발걸음을 내딛은 것이며, 토론 광장을 장악하였고, 왕에게 그들의 힘을 보여
주었으며, 전국을 들끓도록 만들었다. 프로이센에서 누가 지배해야 하는가,
왕을 선두로 한 귀족, 관료들, 성직자들 사이의 동맹인가 아니면 부르주아지
인가 하는 문제는 오늘날, 이쪽을 위해서든 아니면 저쪽을 위해서든 결정지
어져야만 하는 문제로서 제기되어 있다. 연합 지방 의회118에서는 아직 양 당
파들의 조정 調停 이 가능하였다 ; 오늘날 그것은 더 이상 가능하지 않다. 오

---

2) 프리드리히 대왕이 지은 포츠담의 궁전 이름. 상수시 Sanssouci 란 불어로 '근
　심 없는'이란 뜻이다. (역자)

늘날에는 양 당파들 사이의 생사를 건 투쟁이 문제이다. 게다가 지금 이 순간 위원회, 즉 베를린의 헌법 제조업자들의 이 불행한 발명품이 소집되어 있다.[119] 그 위원회는 이미 가뜩이나 엉크러져 있는 법 문제를 완전히 엉크러뜨려서 이제 누구도 더 이상 뭐가 뭔지 알지 못하도록 만들게 될 것이다. 그렇게 함으로써 위원회는, 검에 의해서 절단될 수밖에 없는 고르디우스의 매듭을 만들게 될 것이다 ; 위원회는 프로이센에서의 부르주아 혁명을 위한 최후의 준비를 완성시키게 될 것이다.

그러므로 우리는 이 프로이센 혁명을 숨죽여 기다릴 수 있다. 1849년에는 왕이 원튼 원하지 않튼 연합 지방 의회가 다시 소집되지 않으면 안 될 것이다. 그때까지 우리는 국왕 폐하께 유예를 주겠지만 그 이상은 안된다. 그때가 되면 국왕은 그의 왕위와 그의 유명한 '무기력함을 불허하는 왕권' Ungeschwächte[120]을 그의 왕국의 기독교적, 유대적 부르주아들에게 양도하지 않으면 안 되게 될 것이다.

그러므로 1847년은 일시적 패배에도 불구하고 프로이센 부르주아들의 정치적 사업을 위해서는 근사한 한 해였다. 독일의 그 밖의 국가들의 부르주아들과 소부르주아들 또한 이것을 알아채고서 프로이센의 부르주아들에게 강한 호의를 품고 있음을 보여주었다. 이들은 프로이센 부르주아들의 승리가 그들 자신의 승리임을 알고 있는 것이다.

이탈리아에서 우리는, 유럽 전체에서 가장 반동적인 지위를 점하고 있으며 중세의 화석화된 이데올로기를 대표하는 사람인 교황이 자유주의 운동의 선두에 서 있는 진기한 광경을 경험하였다. 그 운동은 하룻밤 만에 강력해졌고, 토스카나 Toskana 의 오스트리아 대공[121]과 사르디니아 Sardinia 의 배신자 칼 알베르도 끌어들여, 나폴리의 페르디난드의 왕좌를 위협하고 있고, 그 운동의 파도는 롬바르디아 Lombardia 를 넘어 티롤 Tirol 지방과 슈타이에르마르크 알프스 Steiermark Alpes 지방까지 강타하고 있다.

이탈리아에서의 현재의 운동은 1807년부터 1812년까지 프로이센에서 진행되었던 것과 동일하다. 당시 프로이센에서 그러하였던 것과 마찬가지로 다음 두 가지가 문제이다 : 대외적으로는 독립, 대내적으로는 개혁들. 우선 당분간은 헌법이 요구되지 않고 단순한 행정적 개혁들이 요구되고 있다. 외국의 우세한 힘에 대항해서 단결하기 위하여 당분간은 정부와의 어떠한 중

대한 충돌도 기피되고 있다. 그런데 이러한 개혁들은 어떤 성질의 것들인가? 이 개혁들은 누구에게 유리한 것인가? 무엇보다도 부르주아지에게 유리하다. 출판은 장려되고, 관료 제도는 부르주아지의 이익에 봉사하는 것으로 되며 (사르디니아의 개혁들, 로마의 자문 의회 Consulta,[122] 내각 제도의 재조직을 참조하라), 부르주아들은 지방 행정에 대한 더 큰 영향력을 확보하고, 귀족 과 관료의 폭정 bon plaisir 은 제한되며, 부르주아지는 시민군 guatdia civica 으로서 **무장된다**. 지금까지 모든 개혁들은 전적으로 부르주아지의 이익을 위 한 것이었으며, 또 그럴 수밖에 없었다. 나뽈레옹 시대의 프로이센의 개혁을 이것과 비교해 보라. 둘 다 정확히 똑같은데, 다만 전자가 여러 가지 점에서 좀 더 나아간 것이었다 : 행정은 부르주아지의 이익에 종속되었고, 귀족과 관 료의 전횡은 타파되었으며, 시 조례와 예비군 제도가 바뀌어졌으며 부역의 상각이 이루어졌다. 그 당시 프로이센에서 그러하였던 것처럼, 오늘날 이탈 리아에서도 부르주아지는 그들의 증대한 부에 힘입어 그리고 특히 전체 인 민의 생존에서 공업과 상업의 중요성이 증대함에 힘입어, 외국의 지배로부 터의 이 나라의 해방이 주로 의존하는 계급이 되었다.

그러므로 이탈리아에서의 운동은 확실한 부르주아 운동이다. 개혁열에 휩싸인 모든 계급들 – 제후들 및 귀족들에서 피페라리와 라짜로니[123]에 이르 기까지 –은 그 사이에 부르주아들로서 등장한다. 그리고 교황은 당분간은 이탈리아 제I의 부르주아이다. 그러나 이 모든 계급들은 오스트리아의 멍에 가 일단 벗겨지자마자 매우 실망하게 될 것이다. 부르주아들이 외국의 적들 을 끝장내게 되는 때, 그들은 자기 집 안에서 양들 사이에서 염소를 가려내 게 될 것이다 ; 그때가 되면 제후들과 귀족들은 오스트리아에 다시 도움을 요청하게 되겠지만, 그때는 이미 너무 늦을 것이다. 그리고 그때가 되면 밀 라노, 플로렌스, 나폴리의 노동자들은 **자신들의** 일이 비로소 진짜로 시작된다 는 사실을 발견하게 될 것이다.

마지막으로 **스위스**. 스위스는 그 존립 이후 처음으로 유럽 국가들의 체 제 속에서 일정한 역할을 하였고, 처음으로 결정적인 행동을 감행하였으며, 생면부지의 22 개의 주들의 집합체로서가 아니라 연방 공화국으로서 등장하 는 용기를 보여 주었다. 스위스는 내전을 아주 단호하게 진압함으로써 중앙 권력의 통치권을 확실한 것으로 만들었다. 한마디로 스위스는 중앙 집권화

되었다. 스위스는 사실상 존재하는 중앙 집권을 다가오는 연방 조약의 개혁
에 의해서 법률상 합법적인 것으로 만들 것이다.

　　다시 물어 보자. 전쟁의 결과들, 연방 개혁, 분리파 주들의 재조직 등은
누구에게 유리한 것인가? 승리한 당, 1830년에서 1834년 사이에 개별 주들
에서 승리를 거둔 당, 자유주의자들과 급진파, 즉 부르주아들과 농민들에게
유리하다. 이전의 제국 직할 도시들의 도시 귀족 지배는 7월 혁명의 결과 이
미 타도되었다. 베른과 제네바처럼 그러한 지배가 사실상 재건된 곳에서는
1846년에 혁명들이 일어났다. 바젤－슈타트 Basel-Stadt 처럼 그러한 지배가
아직 다치지 않고 유지되던 곳에서, 그 지배는 같은 해에 중대한 타격을 받
았다. 스위스에는 봉건 귀족이 적었으며, 또 아직 존속하는 곳에서도 봉건
귀족의 주요한 힘은 고지 알프스의 목동들과의 동맹에 있었다. 이 목동들은
부르주아들의 최후의, 가장 끈질긴, 가장 맹렬한 적이었다. 그들은 자유주의
적 주들 안의 반동적 요소들의 지주를 이루고 있었다. 그들은 제수이트 교도
들과 경건파 교도들(바트 Waadt 주 州 를 보라)에 의한 반동적 음모의 그물
로 스위스 전체를 얽어 매었다. 그들은 동맹 의회에서 부르주아지의 모든 계
획들에 훼방을 놓았다. 그들은 이전의 제국 직할 도시들에서의 속물적 도시
귀족의 종국적 패배를 방해하였다.

　　스위스 부르주아들의 이 마지막 적들은 1847년에 완전히 분쇄되었다.

　　스위스 부르주아들은 거의 모든 주들에서 지금까지, 자신들의 상업과
공업을 위해서 자유로이 활동할 수 있는 여지를 이미 꽤 가지고 있는 편이
었다. 쭌프트들이 아직 존재하고 있던 동안에도 그것들은 스위스 부르주아
들의 발전에 별로 방해가 되는 것은 아니었다. 국내 관세는 완전히 없는 것
과 마찬가지였다. 부르주아지가 어느 정도 발전해 있던 곳에서는 정치 권력
이 그들의 수중에 있었다. 그러나 그들은 개별 주들에서 진보를 이루고 지지
를 받았던 반면에, 바로 중앙 집권이라는 중요한 것은 가지고 있지 못하였
다. 봉건주의, 가부장제, 속물적 습속이 분리된 주들 및 개별 도시들에서 발
전하는 것처럼, 부르주아지는 자신들의 발전을 위해서 가능한 한 큰 활동 영
역을 요구한다. 부르주아지는 22 개의 작은 주들 대신에 하나의 큰 스위스를
필요로 했다. 과거의 스위스에 가장 알맞은 형태인 주 州 주권은 부르주아들
의 몸을 죄는 사슬로 변해 버렸다. 그들은 개별 주들의 입법에 일정한 궤도

를 제시해 줄 만큼 강력한, 그 우세한 힘에 의해서 헌법들 및 법률들의 잡다함을 조정할 만큼 강력한, 봉건적·가부장제적·속물적 입법의 잔존물들을 제거하고 대외적으로 스위스 부르주아들의 이익을 정력적으로 대변할 만큼 강력한 중앙 권력을 필요로 하였다.

이러한 중앙 권력을 부르주아지는 획득한 것이다.

그러나 농민들 또한 분리파 주의 타도에 협력하지 않았던가?——물론이다. 농민들에 관해 말하자면, 이들은 소부르주아들에게 오랫동안 행사한 것과 동일한 역할을 부르주아들에 대해서도 당분간 행사할 것이다. 그들은 계속해서 부르주아들에게 이용되는 팔로 남을 것인바, 부르주아들을 위해서 전투를 할 것이요, 부르주아의 면포와 띠를 짤 것이며 부르주아들에게 프롤레타리아트를 보충해 줄 것이다. 그 밖에 그들은 무엇을 하려 하는가? 그들은 부르주아들과 마찬가지로 소유자들인 까닭에 당분간은 그 모든 이해 利害가 부르주아들과 거의 똑같다. 그들이 충분히 관철시킬 수 있는 모든 정치적 방책들은 부르주아들에게도 이롭지만 그들 자신에게는 더욱더 이롭다. 그렇지만 그들은 부르주아들에 대항해서는 허약한데, 왜냐하면 그들보다 부르주아들이 더 부유하며, 우리 세기의 모든 정치 권력의 지렛대인 공업이 부르주아들의 수중에 있기 때문이다. 농민들은 부르주아와 함께라면 많은 것을 가질 수 있지만 부르주아에 대항해서는 아무것도 가질 수 없다.

하지만, 농민들 중에서 고혈을 빨릴 대로 빨려서 빈곤화된 부분이 그때까지 계속해서 발전한 프롤레타리아트와 연합하여 부르주아지에 맞선 전쟁을 선포하게 될 날이 올 것이다——그러나 이것은 여기에서 논할 문제가 아니다.

요컨대, 제수이트를, 부르주아들의 이 조직된 적을, 그 회원들과 함께 추방하는 것, 교회 교육 대신에 시민 교육을 전반적으로 도입하는 것, 교회 영지의 대부분을 국가가 점취하는 것 등이 누구보다도 부르주아들에게 이롭다는 것을 지적하는 것으로 충분하다.

이처럼 1847년의 세 개의 가장 두드러진 운동들은 그것들 모두가 무엇보다도 그리고 주로 부르주아지의 이익을 위한 것이었다는 점에서 공통성을 가지고 있다. 진보적 당은 어디에서나 부르주아들의 당이었다.

실제로 이러한 운동들의 특징적인 징후는, 바로 1830년에 뒤쪽에 머물렀던 나라들이 1830년의 높이에 다다르기 위한, 즉 부르주아지의 승리를 관철하기 위한 최초의 결정적인 발걸음을 작년에 내디뎠다는 점이다.

지금까지 우리들은 1847년이 부르주아지에게 있어 휘황찬란한 해였다는 것을 알게 되었다.

더 나아가 보자.

영국에서는 새로운 의회가 성립된바, 이 의회는 퀘이커 교인인 존 브라이트가 말하듯이 저간에 소집된 의회들 중에서 가장 확실한 부르주아 의회이다. 존 브라이트는 영국 전체에서 가장 확실한 부르주아이며 이 점에서 우리가 바랄 수 있는 최고의 권위이다. 그러나 부르주아 존 브라이트는 프랑스에서 지배하고 있는 부르주아도 아니고, 프리드리히 빌헬름 4세에 맞서서 비장한 반항적 언사를 우뢰치듯 퍼붓고 있는 부르주아도 아니다. 존 브라이트의 입에서 부르주아란 공장주이다. 영국에서는 1688년 이래 부르주아지의 개별 분파들이 지배권을 잡고 있다 ; 그러나 그들은 지배권의 장악을 용이하게 하기 위해서, 그들에게 기대고 있는 그들의 채무자인 귀족들에게 명목상의 지배권을 맡겼다. 그리하여 영국에서 투쟁은 실제로 부르주아지 자신의 개별 분파들 사이의 투쟁, 즉 금리 생활자들과 공장주들 사이의 투쟁인 데 반해, 공장주들은 그 투쟁을 귀족과 부르주아지 사이의 투쟁이라고, 또 물론 필요한 경우에는 귀족과 인민 사이의 투쟁이라고 부를 수가 있는 것이다. 공장주들에게는 귀족의 지배라는 외관을 유지하는 것이 하등의 이익도 가져다주지 않는데, 왜냐하면 경卿, 준 남작, 스콰이어[시골 귀족]는 그들에게 단 1 헬러도 빚지고 있지 않기 때문이다. 그런데 이 외관을 엎어버리는 것은 그들에게 큰 이익이 되는데, 왜냐하면 이 외관이 엎어지는 것과 함께 금리 생활자들의 최후의 닻이 유실되기 때문이다. 현재의 부르주아 의회 내지 공장주 의회는 이 일을 하게 될 것이다. 이 의회는 봉건적인 외관을 띤 과거의 영국을 많든 적든 현대적인, 부르주아적으로 조직된 나라로 바꾸어 놓을 것이다. 이 의회는 영국의 헌법을 프랑스 및 벨기에의 헌법과 유사한 것으로 만들어 놓을 것이다. 이 의회는 영국의 산업 부르주아지의 승리를 완성시킬 것이다.

이는 다시 부르주아지의 진보인데, 왜냐하면 부르주아지 내부의 진보는 또한 부르주아 지배의 확대이고 강화이기 때문이다.

442

프랑스만이 유일하게 예외를 만들고 있는 것처럼 보인다. 1830년에는 대부르주아지 전체의 것으로 되었던 지배권이 해가 갈수록 이 대부르주아지 중에서 가장 부유한 분파, 즉 금리 생활자들과 주식 투기업자들의 지배로 국한되고 있다. 그들은 대부르주아지 중의 다수파를 그들의 이해 利害 에 봉사하도록 만들었다. 공장주들 중의 일부와 선주들을 선두로 하는 소수파는 점점 미미한 존재로 되어가고 있다. 지금 이 소수파는 선거권에서 배제된 중소 부르주아들과 결합해 있고, 그들의 동맹을 개혁 연회에서 자축하고 있다. 그들은 종래의 선거인들을 갖고서 지배권을 획득하는 것을 체념하고 있다. 그래서 그들은 오랜 동요 끝에 우선 그들 밑에 있는 부르주아들에게 그리고 특히 가장 위험 없는 부류인 부르주아 이데올로그들, 즉 변호사, 의사 등등의 정치 권력 관여를 약속하기로 결심하였다. 물론 그들은 자신들의 약속을 지킬 수 있는 것과는 아주 거리가 먼 사람들이다.

이처럼 우리는 영국에서 이미 거의 종결된 부르주아지 내부의 투쟁이 프랑스에서도 임박하고 있음을 본다. 다만 여느 때와 마찬가지로 프랑스에서는 상황이 한층 날카로운 모습의 혁명적 성격을 띠고 있을 뿐이다. 두 진영으로의 이러한 결정적 분리는 또한 부르주아지의 진보이다.

벨기에에서 부르주아지는 1847년의 선거에서 결정적인 승리를 획득하였다 : 가톨릭 내각은 퇴진하지 않을 수 없게 되었고, 이곳에서도 지금 당장은 자유주의적 부르주아들이 지배하고 있다.

아메리카에서 우리는 멕시코의 정복을 지켜 보았고 그것을 반겼었다. 지금까지 오로지 자기 자신의 일에 몰두했던 나라, 끝없는 내전에 의해 분열되어 어떠한 발전이든 방해받던 나라, 기껏해야 영국의 산업적 가신 家臣 상태에 놓인 채 우리 앞에 마주 서 있던 나라 — 그러한 나라가 힘있게 역사적 운동에 끌려 들어오는 것 또한 하나의 진보이다. 이 나라가 장래에 합중국이라는 후견 아래에 있게 되는 것은 이 나라 자신의 발전에 이익이 된다. 합중국이 캘리포니아의 점령에 의해서 태평양의 지배권을 획득하는 것은 아메리카 전체의 발전에 이익이 된다. 그러나 재차 묻겠는데, 그 전쟁은 우선 누구에게 이로운 것인가? 오직 부르주아지에게 이로울 뿐이다. 북아메리카 인들이 캘리포니아와 뉴 멕시코에 새로운 지역을 획득하는 것은 그곳에 새로운 자본을 낳기 위함인바, 즉 새로운 부르주아들을 탄생시키고 이미 존재하는

부르주아들을 부유하게 하기 위함이다 ; 왜냐하면 오늘 태어난 모든 자본은
부르주아지의 수중에 들어가게 될 것이기 때문이다. 그리고 현재 추구되고
있는 테완테펙 Tehuantepec 지협[3]의 개착 開鑿 은 아메리카의 선주들 외에
누구를 이롭게 하겠는가? 태평양의 지배, 이것 역시도 바로 그 아메리카의
선주들 이외에 누구를 이롭게 하겠는가? 정복된 나라들에서 형성되는, 공업
생산물들의 새로운 고객들에게 제품을 공급하는 일을 아메리카의 공장주들
말고 누가 하겠는가?

　　따라서 아메리카에서도 또한 부르주아들은 큰 진보를 이룬 셈인데 그들
의 대표자들이 오늘날 전쟁에 반대하고 있다고 한다면 이는 단지 이 진보가
여러 가지 점들을 고려할 때 너무 비싼 값을 치르고 획득되는 것은 아닌가
하고 그 대표자들이 두려워하고 있음을 증명하는 것일 뿐이다.

　　완전히 미개한 나라들에서조차 부르주아지는 진보를 이룩하고 있다. 러
시아에서 공업은 힘찬 발걸음으로 발전하고 있으며, 보야르 Bojar[4]들로부터
도 부르주아들을 만들어 내고 있다. 러시아와 폴란드에서 농노제는 제한되
고 있으며, 이로써 부르주아들에게 이롭게도 귀족이 약해지고 있으며, 어디
에서든지 부르주아지가 필요로 하는 자유로운 농민 계급이 출현하고 있다.
유태인들은 박해받고 있다 —— 이는 이동 상인들 때문에 장사를 망치게 되는
기독교적 정착민들에게 전적으로 이익이 되는 것이다. —— 헝가리에서는 봉
건 영주들이 차츰차츰 곡물 도매 상인, 양모 도매 상인, 가축 도매 상인으로
되어가고 있으며, 수미 일관하게도 지방 의회에서 부르주아로서 등장하고
있다. —— 그리고 터어키, 이집트, 튀니스, 페르시아 그리고 그 밖의 미개한
나라들에서의 '문명'의 이 모든 찬란한 진보들의 본질은 장래의 부르주아지
의 번창을 위한 준비들이라는 점 이외에 달리 어디에 있겠는가? 이 나라들
에서는 오늘날 예언자의 말이 들어맞고 있다 : "주가 오실 길을 닦으라. 대
문을 넓히고 세상의 문들을 넓히어라, 영광의 왕께서 들어오실 수 있도록!
누가 바로 그 영광의 왕인가?"[124] 그는 부르주아이다.

　　어디를 봐도 부르주아들은 힘찬 진보를 이룩하고 있다. 그들은 머리를

---

3) 멕시코 만과 태평양 사이에 있는 멕시코의 지협. (역자)

4) 고대 러시아의 대귀족. (역자)

444

곧추세우고 그들의 적들에게 대담하게 싸움을 건다. 그들은 결정적 승리를 예기하고 있으며, 그들의 그 희망은 기만당하지 않을 것이다. 그들은 전세계를 그들의 척도에 맞추려 하고 있으며, 이는 지구의 대부분의 지역에서 성공을 거둘 것이다.

우리는 부르주아지의 친구들이 아니다. 이는 주지의 사실이다. 그러나 우리는 이번에는 그들의 승리를 빌어 준다. 우리는, 특히 독일에서 일견 하찮게 보이는 민주주의자들과 공산주의자들의 작은 무리를 내려다 보는 그들의 거만한 시선을 태연하게 웃어넘길 수 있다. 우리는 그들이 도처에서 그들의 의도들을 관철시키고 있는 것에 반대하지 않는다.

그뿐만이 아니다. 부르주아들이 거의 모든 곳에서 얼마나 가공할 만한 진지함을 갖고서, 얼마나 비장한 열광을 갖고서 자신들의 목적을 추구하고 있는가를 볼 적에 우리는 비웃지 않을 수 없다. 그 신사분들은 실제로 자신들이 자기 자신을 위해서 일하고 있다고 믿고 있다. 그들은 자신들의 승리와 함께 세계가 그 최종적 모습에 다다르게 될 것이라고 믿을 만큼 편협하다. 그러나 실은 그들은 단지 **우리들**, 민주주의자들과 공산주의자들을 위해서 도처에서 길을 닦고 있을 뿐이라는 것, 그들은 기껏해야 몇 년 동안 불안정한 향유, 이후에 즉각 다시 전복되고 말 향유를 장악하게 될 것이라는 것만큼 자명한 것도 없다. 어디서건 그들의 등뒤에는 프롤레타리아트가 서 있는바, 여기에서는 이탈리아와 스위스에서처럼 부르주아들의 계획을, 그리고 부분적으로 그들의 환상을 공유하면서, 저기에서는 프랑스와 독일에서처럼 과묵하면서도 신중하게 그러나 암암리에 부르주아지의 전복을 준비하면서 서 있으며, 마지막으로 저기 영국과 아메리카에서는 지배하는 부르주아지에 맞선 공공연한 폭동 속에 서 있다.

우리는 더 말해 둘 수 있다. 우리는 부르주아들에게 모든 것을 솔직히 말할 수 있다. 우리는 카드를 다 보여 주고 카드 놀이를 할 수 있다. 자신들이 단지 우리들을 위해서 노력하고 있을 뿐이라는 것을 그들이 예지해도 좋다. 그렇다고 해서 그들이 절대 군주제, 귀족, 성직자들에 대한 그들의 투쟁을 포기할 수는 없다. 그들은 승리해야만 하며, 그렇지 않다면 그들은 오늘날 벌써 몰락해야만 한다.

확실히, 머지않아 그들은 독일에서 우리들의 지원까지도 요청하지 않으면 안 되게 될 것이다.

　　그러면 용감하게 투쟁해 나가기만 하시오, 자본의 주인님들이여! 우리는 당분간 당신들을 필요로 하오. 우리는 심지어 종종 당신들의 지배까지도 필요로 하오. 당신들은 우리를 위해 중세의 잔존물들과 절대 군주제를 쓸어내 버려야만 하오. 당신들은 가부장제를 절멸시켜야만 하오. 중앙 집권화해야 하오. 많든 적든 무산 계급 전부를 진정한 프롤레타리아로, 우리를 위한 신병들로 바꾸어 놓아야 하오. 당신들의 공장과 통상 관계들을 통해서 프롤레타리아트가 자신의 해방을 위해 필요로 하는 물질적 수단의 기초를 우리에게 제공해야만 하오. 그 보수로서 당신들은 잠깐 동안 지배하게 될 것이오. 법률을 명령하는 것도 좋소. 당신들에 의해 만들어진 존엄의 빛으로 일광욕을 하는 것도 좋소. 왕궁의 광장에서 연회를 베풀고 아름다운 왕녀에게 구혼해도 좋소. 그러나 이것을 잊지 마시오——

　　"사형 집행인이 문 앞에 서 있다."[125]

출전 :『브뤼셀 독일어 신문』　　　　　　　　　맑스 · 엥겔스 저작집,
제 7호, 1848년 1월 23일자.　　　　　　　　　제 4권, 494-503면.

최인호　번역

칼 맑스/프리드리히 엥겔스

독일에서의 공산주의당의 요구들[126]

"만국의 프롤레타리아여, 단결하라!"

1. 독일 전체는 단일한 불가분의 공화국으로 선언된다.

2. 21살이 된 모든 독일인은 선거권자이며 피선거권을 가진다. 단, 형벌에 처해진 경우가 없었다는 전제하에.

3. 노동자들도 독일 인민의 의회에 의석을 가질 수 있게 하기 위하여 인민의 대표자는 급료를 받는다.

4. 전국민의 무장. 미래에는 군대가 동시에 노동자 군대이다. 그래서 군대가 단지 이전처럼 소비만 하는 것이 아니라, 자신의 유지비에 달하는 것 이상으로 생산하게 된다.

또한 그것은 노동의 조직을 위한 하나의 수단이다.

5. 소송은 무료로 한다.

6. 이제까지 농민을 억누르던 모든 봉건적 부담들, 즉 모든 공납, 부역, 십일조 등등은 어떤 배상도 없이 폐지된다.

7. 군주의 영지 그리고 여타의 봉건적 영지, 모든 광산, 탄갱 등등은 국가 소유로 전환된다. 이들 영지들에서 농업은 대규모로, 그리고 과학의 가장 현대적인 보조 수단들을 가지고서 전체의 이익을 위하여 경영된다.

8. 농민 소유지에 대한 저당권은 국가 소유로 선언된다. 이 저당권에 대한 이자는 농민에 의해 국가에 납부된다.

9. 소작세가 발전된 지역에서 지대 혹은 소작료는 조세로서 국가에 납부된다.

Forderungen
der
Kommunistischen Parthei
in
Deutschland.

———————

„Proletarier aller Länder vereinigt Euch!"

1. Ganz Deutschland wird zu einer einigen, untheilbaren Republik erklärt.

2. Jeder Deutsche, der 21 Jahre alt, ist Wähler und wählbar, vorausgesetzt daß er keine Kriminalstrafe erlitten hat.

3. Die Volksvertreter werden besoldet, damit auch der Arbeiter im Parlament des deutschen Volkes sitzen könne.

4. Allgemeine Volksbewaffnung. Die Armeen sind in Zukunft zugleich Arbeiter-Armeen, so daß das Heer nicht blos, wie früher, verzehrt, sondern noch mehr produzirt, als seine Unterhaltungskosten betragen.

Dieß ist außerdem ein Mittel zu Organisation der Arbeit.

5. Die Gerechtigkeitspflege ist unentgeltlich.

6. Alle Feudallasten, alle Abgaben, Frohnden, Zehnten, ꝛc. die bisher auf dem Landvolk lasteten, werden ohne irgend eine Entschädigung abgeschafft.

7. Die fürstlichen und andern feudalen Landgüter, alle Bergwerke, Gruben, u. s. w., werden in Staatseigenthum umgewandelt. Auf diesen Landgütern wird der Ackerbau im Großen und mit den modernsten Hilfsmitteln der Wissenschaft zum Vortheil der Gesammtheit betrieben.

8. Die Hypotheken auf den Bauerngütern werden für Staatseigenthum erklärt. Die Interessen für jene Hypotheken werden von den Bauern an den Staat gezahlt.

9. In den Gegenden, wo das Pachtwesen entwickelt ist, wird die Grundrente oder der Pachtschilling als Steuer an den Staat gezahlt.

Alle diese unter 6, 7, 8 und 9 angegebenen Maaßregeln werden gefaßt, um öffentliche und andere Lasten der Bauern und kleinen Pächter zu vermindern, ohne die zur Bestreitung der Staatskosten nöthigen Mittel zu schmälern und ohne die Produktion selbst zu gefährden.

Der eigentliche Grundeigenthümer, der weder Bauer noch

1848년 9월의 『독일에서의 공산주의당의 요구들』이 담긴 전단

Pächter ist, hat an der Produktion gar keinen Antheil. Seine Konsumtion ist daher ein bloßer Mißbrauch).

10. An die Stelle aller Privatbanken tritt eine Staatsbank, deren Papier gesetzlichen Kurs hat.

Diese Maßregel macht es möglich, das Kreditwesen im Interesse des ganzen Volkes zu regeln und untergräbt damit die Herrschaft der großen Geldmänner. Indem sie nach und nach Papiergeld an die Stelle von Gold und Silber setzt, verwohlfeilert sie das unentbehrliche Instrument des bürgerlichen Verkehrs das allgemeine Tauschmittel, und erlaubt, das Gold und Silber nach außen hin wirken zu lassen. Diese Maaßregel ist schließlich nothwendig, um die Interessen der konservativen Bourgeois an die Revolution zu knüpfen.

11 Alle Transportmittel: Eisenbahnen, Kanäle, Dampfschiffe, Wege, Posten, ꝛc, nimmt der Staat in seine Hand. Sie werden in Staatseigenthum umgewandelt und der unbemittelten Klasse zur unentgeltlichen Verfügung gestellt.

12. In der Besoldung sämmtlicher Staatsbeamten findet kein anderer Unterschied statt, als der, daß diejenigen mit Familie, also mit mehr Bedürfnissen, auch ein höheres Gehalt beziehen als die Uebrigen.

13. Völlige Trennung der Kirche vom Staate. Die Geistlichen aller Konfessionen werden lediglich von ihrer freiwilligen Gemeinde besoldet.

14. Beschränkung des Erbrechts.

15. Einführung von starken Progressivsteuer und Abschaffung der Konsumtionssteuern.

16. Errichtung von Nationalwerkstätten. Der Staat garantirt allen Arbeitern ihre Existenz und versorgt die zur Arbeit Unfähigen.

17. Allgemeine Unentgeltliche Volkserziehung.

Es liegt im Interesse des deutschen Proletariats, des kleinen Bürger- und Bauernstandes, mit aller Energie an der Durchsetzung obiger Maaßregeln zu arbeiten. Denn nur durch Verwirklichung derselben können die Millionen, die bisher in Deutschland von einer kleinen Zahl ausgebeutet wurden und die man weiter in der Unterdrückung zu erhalten suchen wird, zu ihrem Recht und zu derjenigen Macht gelangen, die ihnen, als den Hervorbringern alles Reichthums, gebührt.

Das Comite:

**Karl Marx. Karl Schapper H. Bauer. F. Engels.
J. Moll. W. Wolff.**

6, 7, 8, 9에서 제시한 모든 방책들은 농민과 소 小 임차인의 공적인 부담 및 여타의 부담을, 국가 비용의 충당에 필요한 수단을 삭감하지도 않고 생산 자체를 해치지도 않고서 경감시키기 위하여 작성된 것들이다.

농민도 임차인도 아닌 고유한 의미의 토지 소유자는 생산에 전혀 참여하지 않는다. 따라서 그러한 토지 소유자의 소비는 단순한 낭비일 뿐이다.

10. 그 지폐가 법률적 통용력을 가지는 하나의 국립 은행이 모든 개인 은행을 대신한다.

이 방책은 신용 제도를 **전체** 인민의 이익을 위해 규제하는 것을 가능케 하며, 이로써 대은행가의 지배권을 파탄시킨다. 이 방책은 점차 금과 은을 지폐로 대체함으로써 부르주아적 교류의 필수 불가결한 도구, 즉 일반적 교환 수단을 값싸게 하고 금과 은을 대외적으로 이용할 수 있게 한다. 끝으로 이 방책은 보수적 부르주아들의 이해 利害 를 혁명에 결부시키기 위해 필요하다.

11. 모든 운송 수단 : 철도, 운하, 증기선, 도로, 우편 등등은 국가가 장악한다. 이것들은 국가 소유로 전환되고, 무산 계급이 무료로 이용할 수 있게 한다.

12. 전체 국가 공무원들의 급료 지불에 대해서는, 가족이 있는, 따라서 남들보다 더 많은 필요를 가지고 있는 사람이 남들보다 더 높은 급료를 받는 것 이외에 어떠한 구별도 없다.

13. 국가로부터의 교회의 완전한 분리. 모든 교파의 성직자들은 다만 자신의 자발적 교구민들로부터 급료를 받는다.

14. 상속권의 제한.

15. 소비세의 폐지와 강력한 누진세의 시행.

16. 국립 작업장들의 건립. 국가는 모든 노동자들의 생존을 보장하고, 노동 능력 상실자를 부양한다.

17. 무상 보통 국민 교육.

상술한 방책들을 관철하기 위해 전력 투구하는 것은 독일의 프롤레타리아트, 소부르주아 신분, 농민 신분의 이해에 있어서 중요하다. 왜냐하면 오직 이러한 방책들의 실현을 통해서만, 이제까지 독일에서 소수에 의해 착취당해 왔고 앞으로도 계속 억압 속에 있게 될지도 모를 수백만의 사람들이 자신들의 권리를 획득할 수 있으며, 모든 부의 생산자로서 그들에게 응당 귀속되어야 할 권력을 획득할 수 있기 때문이다.

위원회 :

칼 맑스　　칼 샤퍼　　H. 바우어　　F. 엥겔스
J. 몰　　W. 볼프

1848년 3월 21일과 29일 사이에
씌어짐.
1848년 9월의 쾰른에서의 전단에
의거함.

맑스 · 엥겔스 저작집,
제5권, 3-5면.

최인호　번역

칼 맑스/프리드리히 엥겔스
1848 — 1849년의
『신 라인 신문』에 실린
기사들

프리드리히 엥겔스
프랑크푸르트 의회

쾰른, 5월 31일. 2주 전부터 독일에는 전 독일 인민의 선거에 의해서 생긴 제헌 국민 의회가 있다.[127]

독일 인민은 나라의 크고 작은 도시들의 거리에서, 그리고 특히 빈과 베를린의 바리케이드 위에서 자신들의 주권을 쟁취하였다. 그들은 이 주권을 국민 의회의 선거에서 행사하였다.

국민 의회의 첫번째 행동은 독일 인민의 이 주권을 공공연하게 소리 높여 선포하는 것이어야 했다.

그 두번째 행동은, 인민 주권의 기초 위에서 독일 헌법을 완성하고 독일의 실제의 현존 상태에서 인민 주권의 원리에 저촉되는 모든 것을 제거하는 것이어야 했다.

국민 의회는 자신의 전 회기에 걸쳐, 모든 반혁명적 기도들을 수포로 돌아가게 만들고 국민 의회가 서 있는 혁명적 기반을 고수하고 혁명의 획득물인 인민 주권을 모든 공격으로부터 보호하기 위해 필요한 방책들을 취해야 했다.

그런데 벌써 12차에 걸쳐 독일 국민 의회가 열렸지만 이 모든 것들 중에서 이루어진 것은 하나도 없다.

그러나 그 대신 독일 국민 의회는 다음과 같은 위대한 사업들을 통해서 독일의 행복을 보장하였다 :

국민 의회는 회의 규칙이 있어야만 한다는 것을 인정하였는바, 이는 두

세 명의 독일인들이 모여 있는 곳에서는 회의 규칙이 있어야 하며 그렇지 않으면 결상 다리들이 결딴나는 사태가 벌어진다는 것을 국민 의회가 알고 있었기 때문이다. 그런데 어떤 선생께서 이러한 경우를 미리 예견하시고 이 고귀한 의회를 위한 특별한 회의 규칙을 제안하였다. 학교의 연습 작문 같은 이 제안을 임시로 채택하자는 제의가 있었다 ; 대부분의 의원들은 그것에 대해 알지 못하지만 주저 없이 그것을 채택하였다. 그도 그럴 것이 회의 규칙이 없다면 독일의 대표들로부터 무엇이 나오겠는가? 어디서나 언제나 회의 규칙이 주재할지니 Fiat reglementum partout et toujours !

쾰른에서 온 라보 씨가 프랑크푸르트 의회와 베를린 의회 사이에서 충돌이 일어날 경우들에 관하여 전혀 악의 없는 제안을 내놓았다.[128] 그러나 의회는 확정적인 회의 규칙을 심의 중이었고, 라보의 제안이 긴급하다 하더라도 회의 규칙이 보다 더 긴급하였다. 세계여 멸망하거라, 회의 규칙이 주재할지니 Pereat mundus, fiat reglementum ! 그렇지만 선발된 보통 시민들의 현명함은 라보의 제안과 관련하여 몇 가지 소견이라도 밝히는 것을 단념할 수 없도록 만들었다. 그리하여 점차, 회의 규칙과 라보의 제안 중에서 어느 것이 선행해야 하는가에 관한 토론이 진행되는 동안, 벌써 이 제안에 대한 수정안이 두 다스나 양산되었다. 사람들은 이와 관련하여 토론하고, 연설하고, 아무 소리 없이 있고, 떠들고 하면서 시간을 헛되이 보내고서 표결을 5월 19일에서 22일로 연기하였다. 22일에 그 사태는 다시 벌어졌다 ; 새로운 수정안들, 새로운 지엽적 토론들이 비 오듯 쏟아졌고, 기나긴 연설과 여러 번의 혼란이 거듭된 후, 이미 의사 일정에 올라 있는 문제들은 분과 위원회에 되돌려 보내자고 결정되었다. 이렇게 해서 시간은 마침내 다 흘러가서, 의원 선생들은 식사를 하러 갔다.

5월 23일에 회의록에 관해서 처음으로 옥신각신하게 되었다 ; 뒤이어 다시 무수한 제안들을 받아들이고 그 다음으로 다시 의사 일정으로, 즉 애호해 마지않는 회의 규칙으로 넘어가려는데, 마인쯔에서 온 지츠 씨가 프로이센 군대의 잔학한 행위들과 마인쯔 주재 프로이센 사령관[129]의 전제적 찬탈 행위에 대해 보고하였다. 여기에서 논쟁의 여지가 없는 성공적인 반동적 기도가 문제가 된 것이었는데, 이것은 의회의 권한에 전적으로 특별히 속하는 사안이었다. 이는 거의 국민 의회의 눈앞에 있는 마인쯔를 포격하겠노라고 감

히 위협한 오만 방자한 군인에게 시말서를 쓰게 하는 것이고, 또한 자신들의
집에서 무장 해제당한 마인쯔 시민들을, 그들을 위협하고 있고 그들을 위협
하도록 부추김을 받은 병졸들의 폭행으로부터 보호하는 것이었다. 그러나
바덴의 물장수 Wassermann 인 바써만 씨는, 이 모든 것을 하찮은 일이라고
언명하였다 ; 마인쯔는 제 운명에 맡겨 두어야 하며, 전체가 우선하는바, 여
기는 국민 의회 토의장이고 독일 전체의 이익을 위하여 회의 규칙을 토의하
고 있다는 것이다——사실 이에 비하면 마인쯔의 포격이 무어란 말인가? 마
인쯔야 멸망할테면 하라, 회의 규칙이 주재할지니 ! Pereat Moguntia, fiat
reglementum ! 그러나 의회는 인자한 마음씨를 보여, 마인쯔에 가서 사태를
조사할 위원회를 구성하였다. 그런데——때마침 다시 폐회를 하고 식사하러
갈 시간이 되었다.

　　5월 24일에 마침내 우리는 회의의 가닥을 놓쳐 버렸다. 회의 규칙은 완
비된 듯 보이기도 하고 사라져 버린 것처럼 보이기도 한다. 어쨌든 우리는
그에 관한 이야기를 더 이상 들을 수가 없다. 그리고 그 대신 진짜 우박 소
나기 같은 선의의 제안들이 우리 머리 위로 쏟아졌고, 주권을 가진 인민의
수많은 대표자들은 그 우박 소나기 속에서, 그들의 제한된 신하적 이해력이
지닌 완고함을 폭로하였다. 그 다음으로 도착 서류들, 청원서들, 항의서들이
들이닥치고, 마침내 국민적 오수汚水 가 무수한 연설 속에서 수백 내지 수
천 개에 이르는 구멍을 가진 출구 Debouché 를 발견하였다. 그러나 어쨌든
4 개의 위원회가 임명되었다는 사실은 함구하지 않아도 되겠다.

　　끝으로 슐뢰펠 씨가 발언권을 요청하였다. 3 명의 독일 공민, 에쎌렌
씨, 펠쯔 씨, 뢰벤슈타인 씨가 당일 오후 4시까지 프랑크푸르트를 떠나라는
명령을 받았다. 현명하기 그지없는 경찰은 상기 인사들이 노동자 협회에서
의 연설에 의해서 시민들의 분노를 샀기 때문에 추방되어야 한다고 주장하
였다 ! 그런데 독일의 공민권이 예비 의회에 의해서 선언된 이후에,[130] 심지
어 17 명의 '위임 대표'[131](연방 의회의 위임 대표 hommes de confiance de
la diète)의 헌법 초안에서 인정된 이후에 경찰이 감히 그런 행동을 저지른
것이다 ! 사태는 절박하다. 슐뢰펠 씨는 이것에 대한 발언권을 요청하고 있
는 것이다 ; 그는 거절당하였다 ; [그러자] 그는 주제의 긴급성에 대한 발언권
을 요청하였는바, 이는 회의 규칙에 의하면 그의 권한에 속하는 것이었다.

그런데 이번에 나온 말인즉슨, 경찰의 공권력이 주재할지니 회의 규칙이야 망할테면 망하라 es fiat politia, pereat reglementum ! 그도 그럴 것이 이미 집으로 식사하러 갈 시간이 되었던 것이다.

25일에 사상이 가득한 대의원들의 머리는 소나기를 맞은 무르익은 곡식 이삭처럼, 무더기로 쏟아지는 제안들을 맞으며 수그러졌다. 2명의 대의원들이 또다시 추방 건에 대해서 발언을 시도하였지만 그들 또한 발언을 거부당했고, 안건의 긴급성에 대한 발언마저 거부당했다. 원외로부터의 몇 개의 건의들, 특히 폴란드 인의 그것이 대의원들의 제안들 전체보다 더 흥미진진한 것이었다. 다음으로 마침내 마인쯔에 파견된 위원회가 발언권을 얻었다. 그 위원회는 내일에야 비로소 보고할 수 있다고 언명하였다 ; 더욱이 이들은 당연하게도 너무 늦게 당도하였다 ; [이미] 8,000의 프로이센 총검이 1,200 명의 시민 자위대의 무장을 해제하고, 안정을 회복한 터라 당장은 의사 일정으로 넘어갈 수밖에 없었다. 바로 그렇게 되어 즉시 의사 일정으로, 즉 라보의 제안으로 넘어갔다. [그런데] 이 제안이 프랑크푸르트에서는 아직 해결되지 않았고 베를린에서는 아우어스발트의 훈령으로 말미암아 이미 오래 전에 무용하게 된지라, 국민 의회는 안건을 내일로 미루고 식사하러 가기로 결정하였다.

26일에 다시금 무수한 제안들이 올려졌다. 그리고 뒤이어 마인쯔 위원회는 최후의 그리고 매우 우유부단한 보고를 제출하였다. 보고자는 지난날에는 '인망가' 人望家 요, 지금은 pro tempore 장관인 헤르겐한 씨였다. 그는 지극히 온건한 결의안을 내놓았으나, 국민 의회는 장시간의 토론 끝에 이 온건한 제안마저 너무 과격한 것으로 보았다 ; 국민 의회는 마인쯔 시민들을 휘저라는 사람의 지휘를 받는 프로이센 인들의 은총에 맡겨 두고서, '정부들이 자신들의 직무를 수행하리라고 기대하면서' 의사 일정으로 넘어갔다 ! 이 의사 일정이란 또다시, 의원 선생들이 식사를 하러 가는 것이었다.

5월 27일에 회의록 때문에 생긴 장시간의 예비 토론이 있은 후, 마침내 라보의 제안이 토론에 부쳐졌다. 2시 반까지 오락가락 이야기를 하다가 식사를 하러 갔다 ; 그러나 이번에는 야간 회의까지 열리고 안건은 마침내 결말지어졌다. 국민 의회의 너무도 대단한 늑장부림 탓에 아우어스발트 씨가 이미 라보 씨의 제안을 해결해 버린 셈이기 때문에, 라보 씨는 인민 주권 문제를 긍정하지도 부정하지도 않는 베르너 씨의 수정안에 동의하고 말았다.

　국민 의회에 관해 우리에게 들어온 그 이후의 보고는 없다. 그러나 우리는 국민 의회가 이를 결정한 후에 식사를 하러 가기 위하여 휴회하였으리라고 믿을 만한 모든 근거를 가지고 있다. 국민 의회가 그처럼 일찍 식사를 하러 간 것은 순전히 로베르트 블룸의 다음과 같은 말 덕택이다 :

　　"여러분, 만약 여러분들이 오늘의 의사 일정을 타결짓는다면, 이 의회의 의사 일정 전체는 독특한 방식으로 단축될 수도 있을 것이다 !"

출전 :『신 라인 신문』, 제1호
1848년 6월 1일자.

맑스 · 엥겔스 저작집,
제5권, 14-17면.

최인호　번역

칼 맑스/프리드리히 엥겔스

프랑크푸르트
급진 민주주의당의 강령과
좌파의 강령

쾰른, 6월 6일. 우리는 어제 「프랑크푸르트 암 마인 제헌 국민 의회[127]의 급진 민주주의당의 취지 선언」을 우리 독자 여러분께 보도하였다. 프랑크푸르트 난에서 독자 여러분은 오늘 좌파의 선언[132]을 보게 될 것이다. 두 선언들은 첫눈에 형식적인 면 외에, 즉 급진 민주주의당은 서투른 편집자를 보유하고 있고, 좌파는 노련한 편집자를 보유하고 있다는 점 외에는 별로 다른 것이 없어 보인다. 그러나 더 면밀히 살펴보면 몇 가지의 본질적인 차이점들이 드러난다. 급진파의 선언은 '재산에 의한 자격 제한 없이 그리고 직접 선거에 의해', 그리고 좌파의 선언은 만인의 자유 선거에 의해 구성되는 국민 의회를 요구하고 있다. 만인의 자유 선거는 재산에 의한 자격 제한은 배제하고 있지만 간접적 방법은 배제하지 않는다. 그러면 도대체 무엇 때문에 이렇게 모호하고 다의적인 표현을 사용하는 것일까?

우리는 다시 한 번, 급진당의 요구들에 대비되는 좌파의 요구들에서 이와 같은 더 큰 폭과 융통성을 만난다. 좌파는 '국민 의회에 의해 임기가 한정되어 선발되는, 국민 의회에 대해 책임을 지는 중앙 집행 권력'을 요구한다. 이 중앙 권력이 국민 의회의 내부로부터 만들어져야 하는가 그렇지 않은가에 대해서 급진파의 선언은 분명하게 규정하고 있는 데 반해 좌파는 결론 내리지 않고서 그냥 놓아두고 있다.

마지막으로 좌파의 선언은 개별 정부들이 취할 수 있는 모든 침해들에 맞서서 독일 인민의 기본권들을 즉각적으로 확정하고, 공포하고, 보호할 것

을 요구하고 있다. 급진파의 선언은 그러한 것으로 만족하지 않는다. 급진파
의 선언은 다음과 같이 언명한다.

> "국민 의회는 지금도 전체 국가 Gesamtstaates 의 모든 국가 권력들을 자신
> 안에 통합해야 하고, 자신이 결정할 소명을 안고 있는 각종의 권력들과 정치적
> 생활 형태들을 또한 **즉각적으로** 작동시켜야 하며, 전체 국가의 대내외 정책을
> 취급하여야 한다."

두 선언들은, '독일 헌법의 제정을 오로지 국민 의회에' 맡기려고 하며,
정부들의 간섭을 배제한다는 점에서 일치한다. 두 개의 선언들은 '국민 의회
에 의해 포고될 인민의 권리들이 침해받지 않는다면', 입헌 군주제이건 공화
제이건 헌법 선택의 재량권을 개별 국가들에게 부여한다는 점에서 일치한
다. 마지막으로 두 개의 선언들은 독일을 연방 국가 혹은 동맹 국가로 바꾸
기를 희망한다는 점에서 일치한다.

급진파의 선언은 적어도 국민 의회의 **혁명적** 성격을 표명하고 있다. 이
선언은 적절한 혁명적 활동을 요청하고 있다. 제헌 국민 의회만이 존재한다
는 것, 이것은 더 이상 헌법이 **존재하지 않음**을 증명하는 것이 아닌가? 어떠
한 헌법도 더 이상 존재하지 않는다면, 정부도 더 이상 존재하지 않는다. 정
부가 더 이상 존재하지 않으면, 국민 의회 자신이 통치해야 한다. 국민 의회
의 최초의 생명의 징후는 다음 여섯 단어들의 포고이어야만 했다 : "**연방 의
회**[133]**는 영원히 해산된다.**" Der Bundestag ist für immer aufgelöst.

제헌 국민 의회는 무엇보다도 **행동적인**, 혁명적 · 행동적인 의회이어야
한다. 프랑크푸르트 의회는 의회 정치의 연습을 하고 있고, 행동은 정부들이
취하도록 하고 있다. 설령 이 박학한 공회의 公會議 가 무르익을 대로 무르
익은 심사 숙고 끝에 최선의 의사 일정과 최선의 헌법을 고안해 냈다고 하
더라도 그 사이에 정부들이 의사 일정에 총검을 들이댄다면, 최선의 의사 일
정과 최선의 헌법은 어디다 쓸 것인가?

독일 국민 의회는, 그것이 **간접** 선거로 구성되었다는 사실은 논외로 치
더라도 게르만 특유의 병에 시달리고 있다. 국민 의회는 프랑크푸르트 암 마
인에 주재하고 있고, 프랑크푸르트 암 마인은 단지 관념적인 중심지, 즉 지
금까지의 관념적인, 요컨대 공상 속에 있는 독일의 통일에 상응했던 관념적

중심지일 뿐이다. 또한 프랑크푸르트 암 마인은, 국민 의회의 뒤에 서서 때로는 국민 의회를 지켜 주고 때로는 앞으로 추동하는 거대한 혁명적 주민을 갖고 있는 대도시가 아니다. 세계 역사상 처음으로, 한 위대한 국민의 제헌 의회가 소도시에 자리잡고 있는 것이다. 지금까지의 독일의 발전이 이러한 결과를 가져왔다. 프랑스와 영국의 국민 의회들이 불을 내뿜는 지반——빠리와 런던——위에 서 있었던 반면에, 독일 국민 의회는 **중립적** 지반, 국민 의회가 아주 안락하고 조용한 기분으로 최선의 헌법과 최선의 의사 일정에 대해 사색할 수 있는 중립적 지반에 서 있음을 다행으로 여기고 있다. 그러나 독일의 당면 상태는 국민 의회에게 그 불행한 물질적 환경을 극복할 수 있는 기회를 주었다. 국민 의회는 노후한 정부들의 반혁명적 책동들에 대해서 독재자로 맞서기만 하면 되었다. 그랬으면 국민 의회는 모든 총검과 곤봉을 분쇄하는 힘을 인민의 여론 속에서 거머쥐었을 것이다. 이렇게 하는 대신에 국민 의회는 자신의 눈앞에서 마인쯔를 폭병들의 자의에, 독일의 외국인들을 프랑크푸르트의 성외 시민들[134]의 술책에 내맡겨 두었다. 국민 의회는 독일 인민을 열중시키거나 그렇지 않으면 그들에게 열중하거나 하는 대신에 그들을 지루하게 만들고 있다. 국민 의회에게는 **공중 公衆**, 즉 이따금씩 인자한 미소를 띠며, 다시 깨어난 신성 로마 독일 제국 의회의 망령[135]의 우스꽝스러운 동작들을 바라보는 **공중**은 존재할지 모르나, **인민**, 즉 국민 의회의 생명 속에서 자신들의 생명을 재발견할 **인민**은 결코 존재하지 않는다. 국민 의회는 혁명 운동의 중앙 기관이기는커녕, 지금까지 단 한 번도 혁명 운동의 메아리인 적도 없었다.

국민 의회가 자신의 태내로부터 중앙 권력을 만들어 낸다 해도, 현재와 같은 국민 의회의 구성에서는 그리고 유리한 순간을 활용도 하지 못한 채 흘려 보낸 이후에는 이 임시 정부로부터는 무언가 상쾌한 일을 거의 기대할 수 없다. 국민 의회가 어떠한 중앙 권력도 만들지 않는다면, 그것은 자신의 해산에 동의 서명하는 꼴이 될 것이며 약하디약한 혁명적 바람에도 사방으로 흩어져 날아가게 될 것이다.

좌파의 강령도 급진파의 강령도 이 필연성을 이해했다는 공훈을 세우고 있다. 양 강령은 하이네와 함께 이렇게 절규하고 있다 :

"잘 생각해 보면,
우리에게 황제는 전혀 필요하지 않다네."[136]

그런데 '누가 황제가 되어야 하는가'라는 난점, 선거 황제제를 변호하는 여러 가지 충분한 이유들, 마찬가지로 세습 황제제를 찬성하는 여러 가지 충분한 이유들이 의회의 보수적 다수파로 하여금, 그들이 **결코 황제를 뽑지 않음으로써** 고르디우스의 매듭을 자르도록 강요할 것이다.

이해하기 어려운 것은, 소위 급진 민주주의당이 입헌 군주국들, 소제후국들, 공화국들로 이루어진 **연방**, 이처럼 이질적인 요소들로 이루어진, 그러나 그 정점에는 공화주의적 정부──왜냐하면 좌파에 의해 받아들여지는 중앙 위원회란 이것 이외에 아무것도 아니기 때문이다──를 두고 있는 연방 국가를 어떻게 독일의 최종적인 통치 제도 Verfassung 로서 선포했을 수 있는가이다.

의문의 여지가 없다. 먼저 국민 의회에 의해 선출된 독일 중앙 정부가 사실상 존재하고 있는 정부들 **곁에** 높이 세워져야 한다. 그리고 중앙 정부의 존재와 더불어 이미 중앙 정부와 개별 정부들 사이의 투쟁이 시작되며, 이 투쟁 속에서 전체 정부가 독일 통일과 함께 몰락하든가 아니면 개별 정부들이 그의 입헌적 영주들 혹은 지방적 소공화국들과 함께 몰락한다.

우리는 하나의 **단일하고 불가분한 독일 공화국**을 선포하라는 식의 공상적 요구를 제기하지 않는다. 그러나 우리는 소위 급진 민주주의당에 대해서는 투쟁과 혁명적 운동의 출발점을 그 종착점과 혼동하지 말라고 요구한다. 독일 통일도 독일 헌법도 어떤 운동의 결과로서만 존재할 수 있는바, 이 운동 속에서는 국내의 갈등들과 마찬가지로 동구와의 전쟁이 결판으로 몰아갈 것이다. 종국적인 헌법 제정은 **포고될** 수 있는 것이 아니다 ; 종국적 헌법 제정은 우리가 거쳐 가야만 할 운동과 일치한다. 따라서 이러저러한 견해나 이러저러한 정치적 이념의 실현이 중요한 것이 아니다 ; 발전의 과정에 대한 통찰이 중요하다. 국민 의회는 단지 우선적으로 실행 가능한 걸음을 내딛어야만 한다.

민주파의 선언의 편집자가 아무리 "모든 인간은 자신의 혼란으로부터 벗어나는 것을 기뻐한다"고 우리를 확신시키려 해도, 독일 헌법의 척도를 북 **아메리카의 연방 국가**에서 구하려고 하는 그의 생각보다 더 혼란스러운 것은 없다 !

미합중국이 모두 동일한 통치 방식을 지니고 있다는 사실은 논외로
치더라도, 미합중국은 문명의 유럽만큼이나 드넓은 면적을 차지하고 있다.
미합중국이 그 유사물을 발견할 수 있는 곳은 오직 **유럽** 연방밖에 없을 것
이다. 그리고 독일이 다른 나라들과 연방을 결성하기 위해서는 무엇보다도
독일은 **하나의** 나라이어야 한다. 독일에서 중앙 집권화와 연방제 사이의 투
쟁은 현대 문화와 봉건주의 사이의 투쟁이다. 독일은 서구에 대군주정이 형
성되는 바로 그 순간 부르주아화된 봉건제로 전락했다. 그러나 독일은 세계
시장이 서유럽에 문을 열었던 바로 그 순간 또한 세계 시장으로부터 배제되
었다. 독일은 서유럽이 부유해지고 있는 동안 가난해졌다. 독일은 서유럽이
대도시화되는 동안에 농업국으로 되어 버렸다. 러시아가 독일의 현관문을
두드리지 않았을지라도, 국민 경제적 상태가 독일로 하여금 가장 엄격한 중
앙 집권화로 나아가도록 강요했을 것이다. 심지어 부르주아적 관점에서 본
다 하더라도 독일의 완전한 통일은 독일을 지금까지의 가난으로부터 구출하
고 국부를 창출하기 위한 제 I 조건이다. 그런데 하물며, 39 개의 소국들로 찢
겨져 있는 땅에서 현대의 사회적 과제들이 어떻게 해결될 것인가?

그 밖에 민주파의 강령의 편집자는 부차적인 물질적 · 경제적 관계들을
자세히 다룰 필요를 느끼지 못하고 있다. 그는 자신의 취지문 속에서 연방이
라는 개념에 집착하고 있다. **연방**은 **자유**와 **평등**의 **결합**이다. **그러므로** 독일은
연방 국가이어야 한다. 자유와 평등의 결합이라는 개념을 그르치는 죄를 범
하지 않고 독일인이 또한 **하나의** 대국으로 연합하는 것은 불가능하단 말인
가?

출전 : 『신 라인 신문』제7호
1848년 6월 7일자.

맑스 · 엥겔스 저작집,
제5권, 39-43면.

최인호　번역

칼 맑스
6월 혁명[88]

빠리 노동자들은 우세한 힘에 의해서 **진압되었다.** 그러나 그 힘에 **굴복한** 것은 아니다. 그들은 **격파되고** 말았지만, 그들의 적들은 **패배하였다.** 야만적 폭력의 순간적인 승리는 2월 혁명[87]의 모든 기만들과 공상들이 파괴된 대가로, 낡은 공화주의적 당파 전체가 해체된 대가로, 프랑스 국민이 소유자 국민과 노동자 국민이라는 두 개의 국민들로 나누어진 대가로 획득된 것이다. 삼색 공화국은 이제 **하나의 색깔,** 패배자들의 색깔, **피의 색깔**만을 띨 뿐이다. 삼색 공화국은 **붉은 공화국**으로 되었다.

『나씨오날』 파든 『레포름』 파든 간에 어떠한 공화파의 명사도 인민의 편에 서지 않았다! 폭동 그 자체 이외에는 어떠한 지도자, 어떠한 수단도 가지지 못한 상태에서 인민은, 온갖 군사 기구를 지니고 있는 저 프랑스 왕조가 인민과 연합한 부르주아지 분파에 저항한 것보다 더 오랫동안 부르주아지 연합 세력과 폭병 暴兵 에 저항하였다. 또한 인민의 마지막 환상이 사라지기 위해서는, 과거와 완전히 절연하기 위해서는 프랑스 폭동의 친숙한 시적 장식품인 열광적인 부르주아 청년들, 이공과 대학 école polytechnique 학생들, 삼각 모자들도 억압자들의 편에 서야 했다. 의학부 학생들은 부상당한 평민들에게 과학의 도움을 주기를 거절하였다. 과학은, 루이 ─ 필립이나 마라스뜨 씨를 위해서 목숨을 거는 대신에 딱 한 번 자기 자신의 생존을 위하여 목숨을 거는 이러한 이루 말할 수 없고 형언키 어려운 죄를 범한 평민을 위해서는 존재하지 않는다.

464

2월 혁명의 마지막 공식적 잔여물이었던 집행 위원회[137]는 사건들의 심각함 앞에서 안개 긴 풍경이 사라지는 것처럼 사라져 버렸다. 라마르띤느의 조명탄은 까베냑의 산탄霰彈으로 변해버렸다.

우애 Fraternité, 한편이 다른 편을 착취하는 대립적 계급들의 우애, 이 우애 Fraremité 는 2월에 선포되어 빠리의 건물 전면前面 에, 모든 감옥에, 모든 병영에 커다란 활자로 아로새겨졌다——이 우애의 진정한, 꾸밈없는, 산문적 표현, 그것은—— 내전, 가장 끔찍한 형상의 내전, 노동과 자본의 전쟁이다. 부르주아지의 빠리가 불꽃으로 하늘을 장식하고 반면에 프롤레타리아트의 빠리가 불길에 타고, 피를 흘리고, 신음하던 6월 25일 저녁에 이 우애는 빠리의 모든 창문들 앞에서 불타 버렸다.

우애는 부르주아지의 이해와 프롤레타리아트의 이해가 융화되고 있는 한에서만 지속되었다. 1793년의 낡은 혁명적 전설에 매달리는 소인배들, 부르주아지의 곁에 붙어 인민을 위해 구걸하며, 부르주아지에게 허락을 받아서, 프롤레타리아라는 사자를 잠들게 하지 않을 수 없을 만큼 긴 설교를 늘어놓으며, 그만큼 길게 자신의 명예를 더럽히는 사회주의적 공론가들, 다만 왕관을 쓴 우두머리가 없는 일체의 낡은 부르주아적 질서를 요구하고 있는 공화주의자들, 불의의 사건 때문에 내각의 교체 대신에 왕조의 전복을 맞이하게 된 왕조적 반대파[138], 하인의 제복 Livrée 을 벗어 던지지 않고 그 옷의 재단 모양을 바꾸고자 한 정통 왕조파[110], 이들이 2월을 함께 만들어 낸 인민의 동맹자들이었다. 루이－필립을 증오함으로써 인민들이 본능적으로 증오한 것은 루이－필립이 아니라, 왕관을 쓴 한 계급의 지배, 왕권을 거머쥔 자본이었다. 그러나 인민들은 언제나 그랬듯이 관대하게도, 자신들의 적의 적, **공동**의 적을 전복한 후에 자신의 적을 섬멸했다고 착각하였다.

2월 혁명은 **아름다운** 혁명, 일반적 공감을 얻는 혁명이었다. 왜냐하면 그 혁명 속에서 왕권을 반대하여 현저하게 나타난 대립들이 **발전되지 못한 채** 나란히 의좋게 졸고 있었기 때문이며, 또 그 대립들의 배경을 이룬 사회적 투쟁은 단지 허공에 뜬 존재였고, 문구의 존재, 말의 존재였기 때문이다. **6월 혁명**은 추한 혁명, 혐오스러운 혁명이다. 왜냐하면 사실이 문구를 대신해서 나타났으며, 공화국이 괴물의 머리에서 그것을 덮어 주고 가려 주던 왕관을 벗김으로써 괴물의 머리 자체를 드러내 놓았기 때문이다.

질서! 이것은 기조의 전투 구호였다! **질서!** 바르샤바가 러시아 령이 되었을 때, 기조 파의 세바스띠아니는 이렇게 외쳤다. **질서!** 프랑스 국민 의회와 공화주의적 부르주아지의 잔인한 메아리인 까베냑은 이렇게 외치고 있다.

질서!, 그의[까베냑의] 산탄은 프롤레타리아트의 몸뚱이를 갈기갈기 찢으면서 이렇게 울렸다.

1789년 이래의 프랑스 부르주아지의 무수한 혁명들 중에서 어떤 혁명도 **질서**의 암살 기도였던 적이 없다. 왜냐하면 그 혁명들은 계급 지배도 노동자들의 노예 상태도 그대로 존속시켜, 비록 이 지배와 이 노예 상태의 정치적 형태가 그렇게 많이 변했음에도, **부르주아적 질서**를 존속시켰기 때문이다. 6월 혁명은 이 **질서**를 침범하였다. 6월에 불행이 있으라!

임시 정부하에서는, 수천의 공식 전단들에 인쇄되어 있듯이, '빈곤의 3개월을 공화국을 위해 바친' 자애로운 노동자들에게, 2월 혁명은 **노동자들 자신의 이익**을 위해서 수행되었고, 2월 혁명에서 무엇보다 중요한 것은 **노동자들의 이익**이다라고 노동자들을 타이르는 것이 예의였으며, 나아가서는 **필요한 일**이었다. 그것은 정책이었고 동시에 몽상이었다. 국민 의회의 **개회** 이후에 —— 사람들은 산문적으로 되었다. 장관 트렐라가 말한 것처럼 **노동을 과거의 조건들로 되돌리는 것** ——이제 중요한 문제는 이것이었다. 이처럼 노동자들은 산업 공황 속에 던져지기 위하여 2월에 치고 받고 싸운 것이다.

국민 의회의 용무는 적어도 노동자들에게 있어서는 2월을 일어나지 않은 일로 만드는 데에, 그들을 과거의 관계들 속으로 도로 집어 던지는 데에 그 요체가 있다. 그러나 또 그렇게 되지도 않았는데, 왜냐하면 전반적 성격을 띤 산업 공황에게 다음과 같이 명령하는 것은 국민 의회의 힘으로도 왕의 힘으로도 되지 않는 일이기 때문이다 : **여기까지!** 국민 의회는 짜증나는 2월 혁명의 미사여구들을 끝내려는 잔학한 열망 속에서 과거의 관계들의 지반 위에서도 가능했던 그 방책들조차 취하지 않았다. 국민 의회는 17세에서 25세의 빠리 노동자들을 강제로 군대에 입대시키거나 그렇지 않으면 그들을 가두에 내던지고 있다 ; 빠리 교외의 노동자들에 대해서 국민 의회는 그들에게 해고장에 응당 첨부되어야 할 돈조차 지불하지 않고 빠리에서 쏠로뉴 Sologne 로 추방하고 있다 ; 성인 빠리 시민들에게는 어떠한 인민 집회에도 참가하지 않는다는 조건, 즉 공화주의자이기를 중지한다는 조건으로, 군대식으로 조직된 작업장에서 구휼의 빵을 줄 것을 임시 방편적으로 보증하고 있다. 그러나 2월 이후의 감상적인 수사학도 5월 15일[139] 이후의 잔인한 입법도 불충분하였다. 실제적, 실천적으로 결판을 내야 할 필요가 있었다. 너희 천민들은 2월 혁명을 **너희들**을 위해서 일으켰느냐 아니면 **우리**를 위해서 일으켰느냐? 부르주아지는 이렇게 질문을 던졌고 그리하여 천민들은 6월에 대답을 내놓지 않을 수 없었다 —— 산탄과 바리케이드로.

그럼에도 불구하고 6월 25일에 한 의원[140]이 말한 것처럼, 국민 의회 전체는 혼수 상태에 빠졌다. 질문과 대답이 빠리의 도로를 피 속에 담그었을 때, 국민 의회는 마취 상태가 되었다. 어떤 사람들은 그들의 환상이 포연 속에 산산이 흩어져 버린 까닭에 마취 상태에 빠졌으며, 또 다른 사람들은 어떻게 인민이 **전적으로** 자신들에 **고유한** 이익을 **독자적으로** 대변하기를 감행할 수 있었는지를 이해할 수 없어서 마취 상태에 빠졌다. **러시아의 돈, 영국의 돈, 보나빠르트의 독수리, 백합**[141] 등의 온갖 종류의 부적들이 이상한 사건을 맞닥뜨린 그들에게 간지를 빌려 주지 않을 수 없다. 그러나 국민 의회의 **양 부분**들은, 깊이를 잴 수 없는 심연이 그들을 인민으로부터 떼어놓고 있음을 느낀다. 누구도 감히 인민을 위해 일어서려 하지 않는다.

혼수 상태가 지나가자마자 광란이 시작된다. 그리고 당연하게도 다수파는, 시대 착오를 범하고 있으며 아직도 Fraternité, 우애를 입에 올리고 있는 저 가련한 공상가들과 위선자들을 비웃고 있다. 확실히 중요한 것은 바로, 이러한 공문구와 이 공문구의 다의적인 품 속에 숨겨져 있는 환상들을 제거하는 것이었다. 정통 왕조파인 **라로슈자끌렝**, 그 기사적 공상가가 "Vae victis! 패배자들에게 불행이 있으라!"라고 외치는 추잡한 행동을 비난하였을 때에, 의회의 다수파는 마치 무도 舞蹈 거미에 물리기라도 한 것처럼 무도병에 걸려 버렸다. 그들은 '패배자들'이 바로 자기 자신들이라는 사실을 숨기기 위하여 노동자들에게 **불행이 있으라!**라고 외친다. 이제는 그들이 몰락하느냐 공화국이 몰락하느냐이다. 그런 까닭에 그들은 발작적으로 울부짖는다 : 공화국 만세!

우리 앞에 입을 벌리고 있는 깊은 나락이 민주주의자들로 하여금 나쁜 길에 빠지도록 하고 우리로 하여금 권력 형태를 둘러싼 투쟁은 내용 없고 환상적이며 공허한 것이라는 망상을 품도록 할 것인가?

박약하고 겁 많은 심성의 사람들만이 이러한 질문을 던질 수 있다. 부르주아 사회의 조건들 자체로부터 생겨 나온 갈등들은 투쟁에 의해서 제거되어야 하며, 환상으로는 제거될 수 없다. 사회적 대립들이 모호해지지 않고, 폭력적으로 구속되지 않는, 따라서 인위적으로만, 따라서 외견상으로만 구속되는 국가 형태가 최선의 국가 형태이다. 사회적 대립들이 자유로운 투쟁에 이르게 되며 그리하여 해결에 이르게 되는 국가 형태가 최선의 국가 형태이다.

인민의 분노에 의해 희생된 사람들을 위하여, 국민 방위군, 기동 방위군, 공화국 방위군, 정규군 들을 위해서 흘릴 한 방울의 눈물도, 그들을 위한 한 가닥의 한숨도, 그들을 위한 한마디의 말도 없는가라는 질문을 사람들이 우리에게 할 것이다.

국가는 그들의 유가족을 돌볼 것이고, 훈령은 그들을 찬양할 것이며, 장엄한 장례 행진이 그들의 유해를 땅속에 묻을 것이며, 정부의 신문은 그들을 불후의 용사들로 선포할 것이고, 유럽의 반동은 동에서 서에 이르기까지 그들에게 경의를 표할 것이다.

그러나 평민들은 기아에 시달리고, 신문에 의해 모욕당하고, 의사들에 의해 버림받고, 품위 있는 사람들에 의해 도적이니 방화범이니 죄수니 갈레선을 젓는 노예니 하는 욕설을 듣고 있으며, 그들의 처자는 더한층 끝간데 모르는 빈곤에 빠져 들었고, 겨우 살아 남은 사람들은 바다 건너로 추방되었다 — 지독히 침울한 그들의 이마에 월계관을 씌워 주는 것 — 이것은 **민주주의적 신문의 권리이며 특권이다.**

출전 :『신 라인 신문』제29호   맑스·엥겔스 저작집,
1848년 6월 29일자.   제5권, 133-137면.

                                          최인호   번역

프리드리히 엥겔스
독일의 대외 정책

쾰른, 7월 2일. 민족들을 이간질하는 것, 어떤 민족을 억압하기 위하여 다른 민족을 이용하는 것, 그리하여 절대적 지배권의 유지를 도모하는 것 —— 이것이 지금까지의 권력자들과 그들의 외교관들의 기술이고 작업이었다. 독일은 이 점에서 특히 두드러졌다. 지난 70년 간만 보더라도 독일은 영국의 금을 대가로, 독립을 위해 투쟁하는 북아메리카 인들에 반대하여 자신의 용병들을 영국인들에게 제공하였다 ; 제1차 프랑스 혁명이 발발하였을 때, 마치 미친 개떼처럼 프랑스 인들에 맞서도록 부추김을 받은 것도, 브라운슈바이크 공작의 난폭한 선언문으로써 빠리를 통째로, 마지막 남은 한 개의 돌까지 부수어 버리겠노라 위협한 것도, 프랑스에서의 새로운 질서에 반대하여 망명 귀족들과 함께 음모를 꾸미고 그 대가로 영국으로부터 지원금 명목으로 돈을 받은 것도 역시 독일인들이었다. 네덜란드 인들이 최근 2세기 동안에 오라니엔 가家 의 미친 듯한 광란을 끝장내고 자신들의 나라를 공화국으로 만들겠다는 둘도 없는 합리적인 생각을 품었을 때, 자유의 사형 집행인으로 등장한 것도 역시 독일인들이었다.[142] 스위스 인들 역시 그들의 이웃인 독일에 대해 쓰라린 경험에서 우러나오는 이야기를 할 수 있을 것이며, 헝가리 인들은 독일 황제의 안마당인 오스트리아로부터 받은 피해를 오랜 시간이 지나야만 딛고 일어서게 될 것이다. 심지어 그리스에까지 친애하는 오토의 조그만 왕좌를 지켜 주기 위한 독일 용병대가 파견되었으며,[143] 포르투갈에까지 독일 경찰들이 파견되었다. 그리고 1815년 이후의 회의들, 나폴리

Neapel , 토리노 Torino , 루마니아로의 오스트리아의 출병, 입실란티의 감금, 스페인에 반대한 프랑스의 억압 전쟁 등이 독일에 의해 강요되었으며,[144] 돔 미겔, 돈 까를로스도 독일의 지원을 받았다——영국의 반동은 하노버 부대로 무장되었으며, 벨기에는 독일의 영향에 의해서 분열되고 테르미도르化 되었으며, 러시아 내부의 가장 깊숙한 지역에서도 독일인들은 한 전제 군주와 소小 전제 군주들의 주요 지주였다——유럽 전체가 코부르거 가家로 범람하고 있다!

독일 폭병의 원조에 의해 폴란드는 약탈되고 분열되었으며, 크라카우 Krakau 는 암살당했다.[113] 독일의 돈과 피의 원조에 의해 롬바르디아 Lombardia 와 베니스는 예속되고 피폐화되었으며, 이탈리아 전체의 모든 자유 운동은 직접적·간접적으로 총검, 교수대, 감옥, 갈레 선船 등에 의해 압살되었다.[145] 죄상 목록은 너무 길다 ; 여기서 그만 접어 두자.

원조에 의해 다른 나라들에서 자행된 추악한 행동들의 책임은 정부들뿐만 아니라 많은 부분이 독일 인민 자신에게도 부과된다. 독일 인민이 현혹되지 않았더라면, 노예 근성을 가지지 않았더라면, 용병으로서 또한 '신의 은총을 입은' 군주의 '순종적인' 형리와 도구로서 민첩함을 가지지 않았더라면, 독일인이라는 이름이 외국에서 그처럼 증오스럽고 저주스럽고 경멸적인 이름이 되지 않았을 것이며 독일의 억압을 받고 있는 민족들은 오래 전에 자유로운 발전의 정상적인 상태에 도달했을 것이다. 독일인들이 자기 자신에게 씌워져 있는 멍에를 벗어 던지고 있는 지금, 외국에 대한 그들의 정책 또한 변화되어야 하며, 그렇게 하지 않는다면 우리는 우리가 다른 민족들을 속박하는 데 썼던 그 굴레에 우리 자신의 약관弱冠 의, 이제 겨우 예감될 뿐인 자유를 묶어 두게 되는 것이다. 독일은 이웃 민족들을 자유롭게 하는 그만큼 그 자신 자유로워진다.

실제로 날이 드디어 점점 더 밝아오고 있다. 낡은 정부 기관들이 폴란드와 이탈리아에 반대하여 그토록 열심히 유포시킨 거짓말과 왜곡들, 인위적인 증오를 조장하려던 시도들, 독일의 명예가 중요하고 독일의 위세가 중요하다는 식의 과장된 미사여구들——이러한 주문들의 효력은 사라지고 있다. 이러한 화려한 애국적 언사 뒤에 물질적 이해 利害 가 숨어 있는 곳에서만, 이러한 공식적 애국주의를 가지고서 영업을 하고 있는 일부 대부르주아지에게 있어서만 공식적 애국주의는 아직도 영업을 하고 있다. 이를 반동적 당파는 알고 있으며 이용하고 있다. 그러나 독일의 중간 신분 및 노동자 계급의 거대한 대중은 인근 민족들의 자유 속에서 자신의 자유가 담보된다는 것을 이해하거나 혹은 감지하고 있다. 이탈리아의 독립을 반대하는 오스트리아의 전쟁, 폴란드의 부흥을 반대하는 프로이센의 전쟁——이런 것들이 인기가 있는가, 아니면 오히려 '애국적인' 십자군 원정에 대한 마지막 환상이 소멸하고 있지 않는가? 그러나 이러한 통찰도 이러한 감지도 충분한 것이 아니다. 독일의 피와 돈이 더 이상 독일 자신의 이익에 반하여 다른 민족들을 억압하는 데 낭비되지 않도록 하려면, 우리는 진정한 인민 정부를 쟁취해야만 하며, 낡은 건물은 그 주춧돌까지 뽑아 버려져야 한다. 그때에 가서야 비로소 낡은 체제, 다시 새로워진 체제의 피 어린 비열한 정책은 민주주의의 국제적 정책에 그 자리를 내주는 것이다. 민주주의가 국내에서는 묶여 있는데, 당신들은 어떻게 외국에 대해서 민주주의적 행동을 취하려 하는가? 그런 속에서도, 알프스의 이쪽 저쪽에서 민주주의적 제도를 모든 방식을 동원해서 예비하기 위한 모든 조치들이 취해져야 한다. **이탈리아 인**들은 독일에 대한 그들의 친근한 감정을 뚜렷하게 보여 주는 언명을 하는 일에 인색하지 않다. 우리는 여기서 독일 인민에게 보내는 밀라노 임시 정부의 선언문과 그와 동일한 정신으로 씌어진 이탈리아 신문들의 여러 기사들을 상기하고 있는 것이다. 우리는 눈앞에 저 친근한 감정을 보여 주는 새로운 증거를 두고 있으니, 그것은 플로렌스에서 발간되는 신문 『여명』의 관리 위원회에서 『신라인 신문』 편집부에 보내 온 사신 私信 이다. 이 편지는 6월 20일자의 것인데, 거기에는 특히 다음과 같이 씌어 있다 :

"……불행한 우리 이탈리아에 대하여 당신들이 품어 준 경의에 대해 충심으로 감사드립니다. 확언드리건대, 이탈리아 인들은 모두 바로 누가 그들의 자유를 침해하고 공격하는지를 잘 알고 있으며, 자신들의 천적이 위력적이고도 고귀한 독일 인민이 아니라 오히려 전제적이고, 부당하며, 가혹한 독일 정부라는 것 또한 잘 알고 있습니다 ; 덧붙여 확언하건대, 모든 진정한 이탈리아 인은 독일의 형제에게 자유롭게 손을 뻗을 수 있게 되는 그 순간을 학수고대하고 있습니다. 독일의 형제는 일단 자신의 불멸의 권리들이 확고해지기만 하면 그 권리들을 수호하고, 그 권리들 자체를 존중하며, 자신의 모든 형제들에

게 그러한 존중을 고취시킬 수 있게 될 것입니다. 우리들은 당신들이 자신의
과업으로 주도 면밀하게 발전시키려는 원리들에 대해 신뢰를 보내며, 존경하
는 마음으로 서명합니다.

당신들의 진정한 벗이며 형제인
(서명) L 알리나리 ”   5

『여명』은 민주주의의 원리를 단호하게 주장하는 몇 안 되는 이탈리아 신문
들 중의 하나이다.

출전:『신 라인 신문』제33호   맑스 · 엥겔스 저작집,
1848년 7월 3일자.   제5권, 154-156면.

최인호 번역

칼 맑스

봉건적 부담들의 폐지에 관한 법률 초안

쾰른, 7월 29일. 때때로 어떤 라인 주 사람이 '외국의 지배', 즉 '코르시카의 폭군의 억압'에 자신이 무엇을 신세졌나를 잊어 버리게 된다면, 한제만 씨가 축복의 해 1848년에 협정 의원들[146]에게 '설명을 위해서' 내놓은, 다양한 종류의 부담들 및 공납들의 무상 폐지에 관한 법률 초안을 읽어 보았으면 한다. Lehnsherrlichkeit, Allodifikationszins, Sterbefall, Besthaupt, Kurmede, Schutzgeld, Jurisdiktionszins, Dreidinggelder, Zuchtgelder, Siegelgelder, Blutzehnt, Bienenzehnt[1] 등등 —— 봉건제의 프랑스적·혁명적 파

---

1) Lehnsherrlichkeit : 봉토 영유권.

Allodifikationszins : 봉토가 자유 영지로 전화할 때 그 영주가 왕에게 매년 지불하는 지대.

Sterbefall : 영지 내의 주민이 사망할 때 그 상속인이 영주에게 내는 세금.

Besthaupt : 영지 내의 상속인이 상속 재산 중에서 그 영주에게 공납으로 바치는 가장 좋은 가축.

Kurmede : Besthaupt 와 같은 것이다.

Schutzgeld : 보호금. 영내 주민에게 일률적으로 거두는 주민세.

Jurisdiktionszins : 봉건 영주의 수중에 있는 재판권(영주 재판권)에 대해서 지불되는 공납.

Dreidinggelder : 부락 자체가 행사하는 재판권(이 재판권에 의한 재판은 매년 세 번 열렸기 때문에 Dreiding이라는 명칭이 붙었다)의 대가로 영주에게 매년

괴에 의해서 그리고 나뽈레옹 법전[147]에 의해서 문명화된 우리의 귀에 거슬리는 이 이름들은 얼마나 낯설고도 야만적으로 들리는가! 중세의 급부 給付들 및 공납들의 이 완전한 쓰레기들, 케케묵은 시대의 곰팡내 나는 잡동사니의 이 표본실은 우리에게 얼마나 불가해한 것들인가!

그렇지만, 독일의 애국자여, 너는 거룩한 땅 위에 서 있으니 신을 벗으라! 이러한 야만적 짓거리들, 이것들은 기독교적·게르만적 영광의 잔해들이다. 이것들은 역사에 의해 드리워진 사슬, 헤루스케 족의 삼림에까지 이르는 너의 선조들의 영광됨에 너를 연결시켜 주는 사슬의 마지막 고리들이다! 우리가 여기에서, 그 고전적 순수함 속에서 재발견하는 이 곰팡내 나는 공기, 이 봉건적 진창은 우리 조국의 아주 고유한 산물들이며, 진정한 독일인이라면 누구나 시인과 함께 다음과 같이 외쳐야 한다 :

> 그것은 정말로 내 고향의 공기!
> 불붙은 듯한 뺨에 느껴졌다네!
> 그리고 이 시골길의 진흙, 그것은
> 내 조국의 진창이라네![136]

이 법률 초안을 대충 훑어 보면, 얼핏 보기에는 우리의 농업 장관 기르케 씨가 한제만 씨의 명령에 따라 매우 '대담한 동작'을 취할 것처럼, 한 번의 붓날림으로 중세 전체를 폐지할 것처럼 보인다. 그리고 당연하게도 모든 것을 무상으로 폐지할 것처럼 보인다!

이에 반하여 초안의 제안 이유들을 살펴보면, 어떠한 봉건적 부담들도 실

바쳐지는 공납.

Zuchtgelder : 양봉세.

Siegelgelder : 인장 날인 수수료.

Blutzehnt : 봉건제하에서 십분의 일 세란 농민이 교회나 세속 영주에게 지불하는 공납으로서 대개 매년 수확고의 십분의 일(경지 십분의 일 세)이거나 또는 가축 및 그 가축에서 나오는 생산물(Blutzucht 또는 가축 십분의 일 세)이었다. 십분의 일 세는 현물 형태 또는 화폐 형태로 지불되었다.

Bienenzehnt : 양봉 십분의 일 세. (이상 역자)

474

제로 무상으로 폐지될 수 **없다**는 것을 증명하는 것으로 —— 따라서 '대담한 동작'에 직접적으로 모순 되는 대담한 주장으로 —— 시작되고 있음을 발견하게 된다.

이러한 두 대담성들 사이를 이제 그 장관님의 실제적인 소심함이 조심스럽고 신중하게 헤집고 나아간다. 왼쪽에는 '공공 복지'와 '시대 정신의 요청들', 오른쪽에는 '구츠헤르샤프트 Gutsherrschaft[2] 의 기득권들', 중앙에는 기르케 씨의 부끄럼 타면서 당혹스러워하는 모습 속에 구현된 '농촌 관계들의 더 자유로운 발전이라는 숭고한 사상' —— 이게 무슨 꼬락서니인가!

요약하면 이렇다. 기르케 씨는 봉건적 부담들 전체가 오직 배상에 반反해서만 폐지될 수 있다는 것을 전적으로 인정한다. 그렇기 때문에 가장 억압적이고 가장 광범위하고 가장 주요한 부담들은 **존속하게 되고** 혹은 그러한 부담들이 실제로 농민들에 의해 이미 제거되었을 경우에는 **부활된다**는 것이다.

그러나 기르케 씨는 다음과 같이 생각한다.

"비록 그 내적 기초가 부실하거나 그 존속이 시대 정신의 요청들과 공공 복지에 부합되지 않는 몇몇 관계들이 배상 **없이** 폐지된다 해도, 그 당사자들이 오해해서는 안 될 것은, 권리를 지닌 자와 의무를 진 자 사이의 관계를 평온하고 친밀한 관계로 만들 목적으로 그리고 이를 통해서 전체의 안녕을 위해서는 적어도 토지 소유에 귀속되어 마땅한 국가적 지위를 토지 소유에게 유지시켜 줄 목적으로 자신들이 공동 이익에게 뿐만 아니라 그들 자신의 명백한 이해 利害 에게 약간의 희생물을 바친다는 것이다."[148]

농촌에서의 혁명의 본질은 모든 봉건적 부담들을 실제로 제거하는 데 있었다. 이 혁명을 승인했던 행동 내각은 그것을 은밀히 파괴하는 것을 통해 농촌에서의 혁명을 승인했다. 완전한 옛날의 상태로 되돌아가는 것은 불가능하다 ; [그렇게 되면] 농민들은 곧바로 자신의 봉건 영주들을 살해하게 될

---

2) Gutsherrschaft : 농민 부역에 의한 직영 농장을 중심으로 한 영주제 혹은 영주. 독일에서는 15 – 16세기 이래 19세기 전반까지 그 동부에서 지배적인 영주제였다. (역자)

것이며, 이러한 사실을 기르케 씨 자신이 잘 알고 있다. 그렇기 때문에 이곳
저곳에 산재하고 있는 하찮은 봉건적 부담들의 겉치레용 목록들이 폐지된
것이고, 부역이라는 한마디 말로 포괄되는 주요한 봉건적 부담들은 부활된
것이다.

　　폐지될 권리 모두로써 귀족은 연간 5만 탈러가 안 되는 액수를 희생하
고, 이를 통해 수백만 탈러를 구하게 된다. 희망한 대로 그 장관은 이를 통
해 농민들을 무마시키게 되고, 게다가 장래에는 의회 선거에서 농민들의 표
를 획득하게 될 것이다. 기르케 씨가 오산하지만 않았다면 실제로 이 일은
괜찮은 장사이리라!

　　이로써 농민들의 이의는 제거될 것이고, 귀족들의 반대 역시 자신들이
처한 상황을 올바르게 인식하는 한에 있어서는 마찬가지로 제거될 것이다.
그래도 의회, 즉 법률적·급진적 일관성에 매달리는 사람들의 망설임은 여
전히 남아 있다. 거의 무가치한 부담들과 매우 가치 있는 부담들 사이의 차
이 이외에 아무것도 아닌 폐지될 부담들과 폐지되지 않을 부담들 사이의 차
이가 의회를 위해서는 외관상 법률적·경제적 근거를 지녀야만 한다. 기르
케 씨는 폐지될 부담들이 1. 빈약한 내적 근거를 가지고 있고, 2. 공공 복지
의, 그리고 3. 시대 정신의 요청들에 모순 되며, 4. 부담들의 폐지가 근본적
으로 결코 소유권에 대한 침해가 아니며, 결코 무상의 몰수가 아니라는 것을
증명해야만 한다.

　　이러한 공납들과 급부들의 근거가 빈약하다는 것을 입증하기 위해 기르
케 씨는 봉토권封土權의 가장 어두운 권역으로 침잠한다. "게르만 국가들
의 본래 매우 완만한 과거 1,000년간의 발전" 전체가 기르케 씨에 의하여
주문으로 불러내어진다. 그러나 그것이 기르케 씨에게 무슨 도움이 되는가?
그가 깊이 들어갈수록, 그가 봉토권의 곰팡내 나는 진창을 더 들추어낼수록,
봉토권은 문제가 되고 있는 부담들의 근거가 빈약하다는 것을 그에게 보여
주는 것이 아니라 오히려 봉건적 관점에서 볼 때 그 근거가 매우 확고한 것
임을 입증해 보인다 ; 그리고 이 불행한 장관이 봉토권에게 현대적·민법적
신탁神託을 뱉어 내게 만들려고 애쓰고, 12세기의 봉건 영주로 하여금 19
세기의 부르주아처럼 사고하고 판단하도록 만들려고 애쓸 때, 그는 자신을
만인의 홍소에 내맡기고 있을 뿐이다.

기르케 씨는 운좋게도 파토브 씨의 원칙을 상속받았다 : 봉토 영유권과 세습 농노제에서 유래한 모든 것은 무상으로 폐지되나, 여타의 모든 것은 단지 상각償却 될 수 있을 뿐이라는 [원칙]. 그러나 기르케 씨는 [상각에 의해서] 폐지될 부담들도 대체로 '봉토 영유권에서 유래하는 것'임을 그에게 입증해 주기 위하여 상당히 많은 통찰력의 소모가 필요하다고 믿고 있는 것일까?

우리는 기르케 씨가 일관성을 기할 목적으로 도처에서 현대적 법 개념들을 봉건적 법 규정들 사이에 몰래 끼워 넣고, 아주 곤란한 경우에는 언제나 현대적 법 개념들에 호소한다는 사실을 부언할 필요가 없다. 그리고 기르케 씨가 이러한 부담들 중 몇몇을 현대적 법의 관념들로 잰다면, 이런 식으로 모든 부담들을 재지 않는 이유가 이해될 수 없다. 그리고 그럴 경우[모든 부담들에 현대적 법 관념들을 들이댈 경우] 부역들은 인신 및 소유의 자유에 직면하여 분명 곤란한 지경에 처하게 될 것이다.

그런데 공공 복지 및 시대 정신의 요청들이라는 주장을 끌어낼 때에, 기르케 씨는 그의 구별들[폐지될 부담들과 폐지되지 않을 부담들, 혹은 중요하지 않은 부담들과 중요한 부담들의 구별]로 인해 더욱 곤란한 지경에 빠진다. 다음의 사실은 자명하다 : 이러한 사소한 부담들이 공공 복지에 걸림돌이 되고 시대 정신의 요청들과 모순 된다면 부역들, 고역들 Roboten, 토지 변경 공납 Laudemien[3] 등등은 훨씬 더 그렇다. 그렇지 않다면, 기르케 씨는 농민들에게서 거위를 빼앗을 수 있는 권리(제Ⅰ조. 제14항)는 시대에 부합하지 않고, 농민들 자신을 쥐어짤 권리는 시대에 부합하는 것으로 본다는 말인가?

문제가 되고 있는 폐지가 소유권을 결코 침해하지 않는다는 논증이 뒤따른다. 이 틀림없는 비진리의 증명은 물론 겉보기로만, 그것도 이러한 권리들이 기사들에게 무가치한 것임을 그들 앞에서 계산해 보임으로써만 수행될 수 있는데, 이 무가치함은 물론 근사적近似的 으로만 증명될 수 있다. 이제 기르케 씨는 제Ⅰ조의 18 개 항 모두를 매우 부지런히 검토하고 있는데, 그는

---

3) Roboten(Robot의 복수형) : 여기서는 부역의 별칭으로 사용되고 있음.
   Laudemien(Laudemium의 복수형) : 농민이 토지를 매각할 때 영주에게 지불하는 보유자 변경 공납. (역자)

문제 되고 있는 **부담들의** 무가치함을 증명하는 데 성공하는 것과 같은 정도로 **자신의 법률 초안의 무가치함을** 또한 증명하고 있다는 사실을 깨닫지 못하고 있다. 선량한 기르케 씨! 우리가 그의 달콤한 착각으로부터 그를 끌어내는 것은, 그리고 그의 아르키메데스적 · 봉건주의적 원 圓 을 분쇄하는 것은 얼마나 가혹한 일인가!

그러나 아직도 곤란한 점이 하나 남아 있다! 모든 상각이 그러했던 것처럼, 지금 폐지되어야 할 부담들이 예전에 상각될 때에도 매수된 [상각 업무를 담당하는] 위원들은 귀족에게 유리한 결과가 나타나도록 농민들을 엄청나게 속여 왔었다. 이제 농민들은 구정부 아래에서 체결된 모든 상각 계약들의 개정을 요구하고 있는데, 농민들의 이러한 요구는 완전히 정당한 것이다!

그러나 기르케 씨는 결코 그것을 허락할 수 없다. 그것을 허락하는 것은 "형식적인 법과 법률에 반한다"고 하여. [그런데] 일반적으로 개개의 모든 진보에 대립하는 것은 그러한 형식적인 법과 법률인바, 왜냐하면 모든 새로운 법률은 과거의 형식적인 법과 법률을 폐지하기 때문이다.

"그것을 허락한다면 그 결과들은 다음과 같은 것이 될 것이라고 확실하게 예언할 수 있다. 모든 시대의 법적 원칙들에 모순 되는 방식으로" (혁명들 또한 모든 시대의 법적 원칙들에 모순 된다) "의무 진 자들에게 이익을 가져다 주기 위해서는, 국가 내의 토지 소유의 매우 큰 부분에 대해, 따라서(!) 국가 자체에 대해 헤아릴 수 없을 정도의 해악을 끼칠 수밖에 없다!"

그리고 이제 기르케 씨는 놀랄 만큼 철저하게 다음의 사실을 논증한다. 즉, 그러한 행동은

"토지 소유의 법적 지위 전체를 위태롭게 하고 동요시키며, 그럼으로써 무수한 소송 및 비용을 수반하면서 국민 복지의 주요한 기초인 토지 소유에 치유하기 힘든 상처를 입히게 될 것이다"; 그러한 행동은 "계약의 유효성에 대한 법적 원칙들의 침해, 전혀 의심의 여지가 없는 계약 관계에 대한 침해인바, 이 침해는 결국 민법의 안정성에 대한 모든 신뢰를 뒤흔들고, 따라서 가장 위협적인 방식으로 상거래 전반을 위험에 빠뜨릴 것임에 틀림없다."!!!

이처럼 기르케 씨는 여기서 모든 법적 원칙들을 뒤흔들게 될 소유권에 대한 침해를 보고 있다. 그렇다면 문제로 되고 있는 부담들의 무상 폐지는 왜 침해가 아닌가? 여기에는 단순히 의심의 여지가 전혀 없는 계약 관계만 놓여 있는 것이 아니다. 여기에는 태고 이래 거부될 수 없는 것으로서 실행되어 온, 논란의 여지가 없는 권리가 놓여 있다. 반면에 개정 요구의 경우에 있어서 문제로 되고 있는 계약들은 결코 논란의 여지가 없는 것은 아니다. 왜냐하면 매수와 사기가 현저하고, 그것들은 많은 경우 증명될 수 있기 때문이다.

우리는 다음의 사실을 부인할 수 없다 : 폐지된 부담들이 아무리 사소한 것일지라도 기르케 씨는 그것을 폐지함으로써 "형식적 법 및 법률이" 그것에 "직접적으로 대립하는 방식, 즉 모든 시대의 법적 원칙들에 모순되는 방식으로, 의무 진 자들에게 이익을" 가져다 주고 있다 ; 그는 "토지 소유의 법적 지위 전체를 뒤흔들고" 있으며, "전혀 의심의 여지가 없는" 권리들을 그 뿌리에서부터 침해하고 있다.

기르케 씨여, 이처럼 빈약한 pauvre 성과를 얻기 위해 그렇게 무거운 죄를 범하는 것이 사실상 애쓸 만한 가치가 있겠습니까?

물론 기르케 씨는 소유를 침해하고 있다——이것은 부인할 수 없다. 그러나 현대적, 부르주아적 소유가 아니라 봉건적 소유를 침해하고 있다. 봉건적 소유를 이렇게 파괴함으로써 기르케 씨는 봉건적 소유의 폐허 위에서 자라나온 부르주아적 소유를 강화하고 있다. 그리고 그가 상각 계약들을 개정하지 않는 유일한 이유는 이 계약들을 통해서 봉건적 소유 관계들이 부르주아적 소유 관계들로 변화되었기 때문이고, 그러므로 동시에 부르주아적 소유에 형식적으로 손상을 입히지 않고서는 그 계약 관계들을 개정할 수 없기 때문이다. 그리고 부르주아적 소유가 신성하고 침해할 수 없는 것임은 봉건적 소유가 침해할 수 있는 것과, 그리고 장관님의 욕구와 용기에 따라 손상을 입는 것과 꼭 마찬가지이다.

그러면 이 긴 법률의 짧은 의미는 무엇인가?

1848년의 독일 혁명이 단지 1789년의 프랑스 혁명의 흉내내기라는 사실에 대한 가장 정확하고 확실한 증명[이라는 의미].

바스띠유 습격이 있은 지 3주 후인 1789년 8월 4일, 프랑스 인민은 단

하루 만에 봉건적 부담들을 끝장내게 되었다.[149]

　3월의 바리케이드 전이 있은 지 네 달 후인 1848년 7월 11일에 봉건적 부담들은 독일 인민들을 끝장내게 된다. 기르케와 한제만이 이를 증명하였다 teste Gierke cum Hansemanno.

　1789년의 프랑스 부르주아지는 그들의 동맹자들인 농민들을 한시도 그대로 내버려두지 않았다. 프랑스 부르주아지는 농촌에서 봉건주의를 파괴하는 것, 토지를 소유하는 자유로운 농민 계급을 창출하는 것이 그들의 지배의 기초임을 알고 있었다.

　1848년의 독일 부르주아지는 이러한 농민들, 즉 그들과 혈연 관계를 지닌 그들의 **가장 자연적인 동맹자**이며 또한 그들 없이는 귀족에 대항하여 스스로 무력할 수밖에 없는 이러한 농민들을 조금의 주저도 없이 배반한다.

　(기만적인) 상각이라는 형태 속에서의 봉건적 권리들의 온존과 재가, 이것이 따라서 1848년 독일 혁명의 결과이다. 그것은 소리는 요란했으나, 얻은 것은 별로 없는 소동이었다.

출전 :　　　　　　　　　　　　　　　　　　맑스·엥겔스 저작집,
『신 라인 신문』 제60호,　　　　　　　　　제5권, 278-283면.
1848년 7월 30일자.

　　　　　　　　　　　　　　　　　　　　　최인호　번역

칼 맑스

부르주아지와 반혁명

쾰른, 12월 9일. 우리는 그것을 결코 숨기지 않았다. 우리의 지반이 **법적 지반**이 아니라 **혁명적 지반**이라는 것을 이제는 정부쪽도 법적 지반이라는 위선을 포기하였다. 정부도 혁명적 지반 위에 섰다 ; 왜냐하면 **반혁명적** 지반 역시 **혁명적인** 것이므로.

1848년 4월 6일의 법률 제6조에는 다음과 같이 규정되어 있다 :

"장래의 인민 대표들에게 모든 **법률들** 및 국가 예산 확정에 대한 동의권과 조세 승인권이 항상적으로 귀속되어야 한다."

1848년 4월 8일의 법률 제13조에는 다음과 같이 씌어 있다 :

"본 법률에 의거해 구성되는 의회는 왕권과의 협정을 통해 **장래의 헌법을** 확정하고 지금까지 독일 제국 의회의 의원들에게 속했던 권한 — 특히 조세의 승인과 관련된 — 을 그 회기 동안 행사할 자격을 지닌다."

[그런데] 정부는 협정 의회를 악마에게로 쫓아 버리고서, 소위 soi-disant 헌법[146]을 친히 나라에 명하여, 국민 대표들이 정부에 대하여 거부의 뜻을 밝힌 조세를 자기 자신에게 승인하고 있다.

프로이센 정부는 일종의 장엄한 **법률적인 욥 기記**[150]인 캄프하우젠 기記에 눈부신 종지부를 찍어 주었다. 이 영웅 서사시의 고안자인 위대한 **캄프하**

우젠은 복수를 행하기 위해 프로이센 정부의 공사로서 프랑크푸르트에서 연
일 조용히 회의會議를 열고 있으며, 동일한 프로이센 정부에 봉사하던 바
써만 일당과 함께 끊임없이 음모를 꾸미고 있다. 법적 지반을 구출하기 위
해, 즉 무엇보다도 먼저, 혁명에 당연히 귀속되는 명예를 혁명으로부터 사취
하기 위해 협정 이론을 발명한 이 캄프하우젠은 그와 동시에, 후에 이 법적
지반을 협정 이론과 함께 공중으로 날려 버릴 지뢰를 발명하였던 것이다.

　　　이 사람은 **간접** 선거를 실시했으며 그 간접 선거는 하나의 의회를 만들
어 낸바, 그 의회가 일시적으로 분기한 순간에 정부는 그 의회에게 다음과
같은 호통을 칠 수 있었다 : 너 무 늦 었 다 Trop tard! 캄프하우젠은 반혁명
의 우두머리인 프로이센 황태자를 도로 불러들였으며, 공식적인 거짓말을
함으로써 황태자의 탈주를 견학 여행으로 탈바꿈시키는 일을 거절하지 않았
다. 그는 정치적 범죄에 대한 과거의 프로이센의 입법과 과거의 재판소들의
효력이 계속해서 발생하도록 놓아두었다. 과거의 관료와 과거의 군대는 캄
프하우젠 치하에서, 공포로부터 벗어나서 원기를 되찾고 스스로를 완전히
복원시킬 수 있는 시기를 다시 맞이하였다. 구체제의 모든 지도자들은 아무
런 손상도 입지 않은 채 그들의 지위를 지켰다. 캄프하우젠 치하에서 궁정당
宮廷黨 은 포젠 Posen 에서 전쟁[151]을 수행하였고, 한편 캄프하우젠 자신은 덴
마크에서 전쟁[152]을 수행하였다. 덴마크 전쟁은 독일 청년들 ─ 이 청년들 또
한 귀국 후 경찰에 의해 그에 상응하는 처분을 받았다 ─ 의 넘치는 애국적
힘의 배출구가 되는 것, 브랑엘 장군과 그의 악명 높은 친위대에 어느 정도
의 인기를 가져다 주고 프로이센의 포악한 병정들의 명예를 전반적으로 회
복시켜 주는 것을 의도한 것이었다. 이러한 목적이 달성되자마자 이 의사擬
似 전쟁은 어떤 대가를 치르고서라도 굴욕적인 휴전에 의해서 압살되지 않
을 수 없었던바, 이 휴전은 바로 그 캄프하우젠이 또다시 독일 국민 의회와
함께 프랑크푸르트 암 마인에서 협정한 것이다. 덴마크 전쟁의 결과는 '양
兩 마르크[백작령]의 총사령관'[153][의 탄생]이었으며, 3월에 쫓겨난 친위대의 베
를린으로의 귀환이었다.

　　　그러면 포츠담 Potsdam 의 궁정당이 캄프하우젠의 비호하에 **포젠**에서
수행한 전쟁은 어떠한 것이었나!

　　　포젠에서의 전쟁은 프로이센 혁명에 맞서는 전쟁 이상의 것이었다. 그

것은 빈의 몰락, 이탈리아의 몰락, 6월 영웅들의 패배[88]였다. 그것은 러시아의 짜르가 유럽 혁명에 대해서 거둔 최초의 결정적인 승리였다. 그리고 이 모든 것은 저 사려 깊은 역사의 벗, 위대한 토론의 전사戰士, 중재의 영웅인 위대한 **캄프하우젠**의 비호하에서 일어났다.

이처럼 **캄프하우젠** 치하에서 그리고 **캄프하우젠**에 의해서 반혁명은 모든 결정적인 거점들을 장악하였으며, 협정 의회가 토론하고 있는 동안 반혁명은 전투 능력이 있는 군대를 준비하였다. 행동 장관 **한제만－핀토** 밑에서 과거의 경찰은 장비를 새로이 갖추었고, 인민에 맞서는 부르주아지의 작은 전쟁, 그러나 그만큼 격렬한 전쟁을 수행하였다. **브란덴부르크** 치하에서 이러한 전제들로부터의 결론이 도출되었다. 거기에는 단 하나가 필요할 뿐이었다 ——콧수염과, 머리를 대신한 사벨 군도軍刀.

캄프하우젠이 퇴직했을 때, 우리는 그를 가리켜 다음과 같이 외쳤다 :

그는 부르주아지의 정신으로 반동의 씨앗을 뿌렸고, 귀족과 절대주의의 정신으로 그것을 수확하게 될 것이다.

우리는 프로이센의 공사 **캄프하우젠** 각하가 이 순간 자신을 봉건 귀족의 일원이라고 생각할 것이고, 자신의 '오해'와 매우 평화롭게 협정을 맺을 것임을 믿어 의심치 않는다.

그럼에도 불구하고 잘못 생각해서는 안 된다 ; 캄프하우젠이나 한제만 같은 극히 하찮은 인물들에게 세계사의 주도권을 넘길 수는 없다. 그들은 한 계급의 기관機關에 지나지 않았다. 그들의 언어, 그들의 행동들은 그들을 전면으로 내세운 한 계급의 공식적 메아리였을 뿐이다. 그들은 ——전면에 내세워진 ——대부르주아지였을 뿐이다.

편안히 영면하였다가 일순간 캄프하우젠에 의해 다시 소생한 **연합 지방 의회들**[118]에서 이 계급의 대표들은 **자유주의적 반정부파**를 형성하였다.

사람들은 이 자유주의적 반정부파 신사들이 3월 혁명 후 그들의 원칙들에 충실하지 않게 되어 버렸다고 비난하였다. 이것은 잘못된 생각이다.

연합 지방 의회들에서 배타적 대표권을 가졌던 대토지 소유자들과 자본가들, 한마디로 돈주머니들은 돈과 교양을 증대시켰다. 한편, 프로이센에서의 부르주아 사회의 발전과 더불어 —— 즉, 공업·상업·농업의 발전과 더불어 ——과거의 신분적 차별들은 그 물질적 기초를 상실하였다.

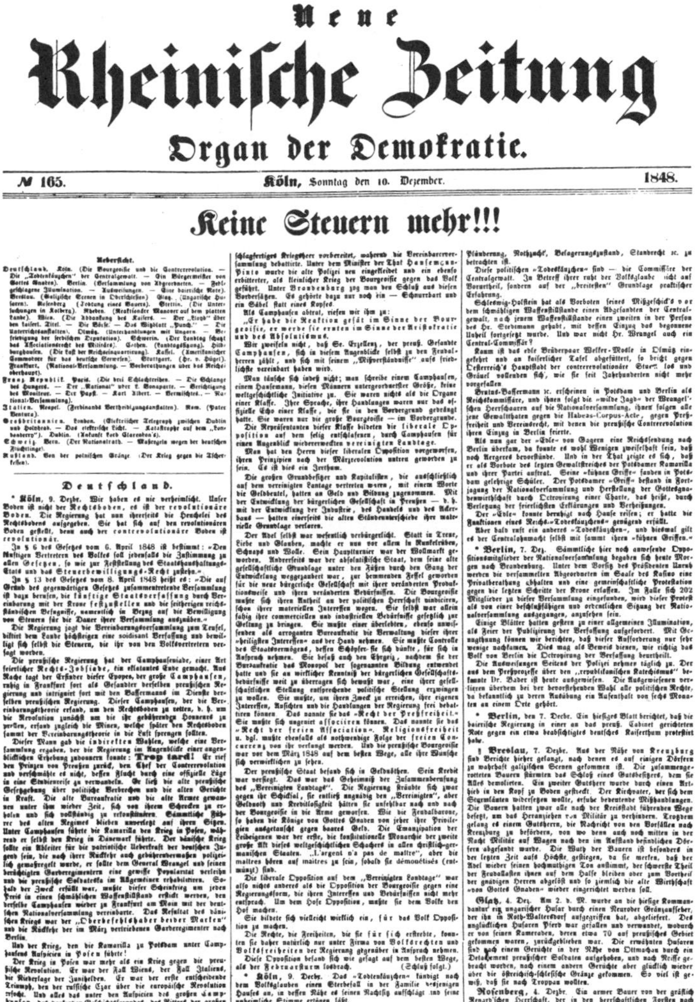

Neue
Rheinische Zeitung
Organ der Demokratie.

№ 165. Köln, Sonntag den 10. Dezember. 1848.

Keine Steuern mehr!!!

Uebersicht.

Deutschland.

맑스의 연재 논문 『부르주아지와 반혁명』의 앞 부분이 실린
『신 라인 신문』 1848년 12월 10일자의 표제면

　　귀족 자체가 본질적으로 부르주아화하였다. 귀족은 이제 성실, 사랑, 신앙 대신에 무엇보다도 사탕무, 화주, 양모를 취급하게 되었다. 그들이 서로 힘을 다투는 주요한 시합장은 양모 시장으로 되었다. 다른 한편, 발전이 진행됨에 따라 마치 마법에 의한 것처럼 발 밑의 낡은 사회적 기초를 상실해 버린 절대주의 국가는 [이제] 변화된 생산 양식과 변화된 욕구들을 지닌 새로운 부르주아 사회를 속박하는 족쇄로 되어 버렸다. 부르주아지는 그들의 물질적 이해 利害 때문에라도 정치적 지배권에 대한 그들의 몫을 청구하지 않을 수 없었다. 그들의 상업적 및 산업적 욕구들을 법률적으로 유효하게 만들 능력을 가지고 있는 것은 그들 자신뿐이었다. 그들은 자신들의 이러한 '가장 신성한 이익'에 대한 관리권을 시대에 뒤떨어지고, 건방지고, 무지한 관료의 손에서 빼앗아야만 했다. 그들은 국가 재산의 창조자가 자신들이라고 생각한바, 그러한 국가 재산의 관리권을 요구해야만 했다. 그들은, 관료로부터 소위 교양의 독점권을 가로챈 이후, 그리고 부르주아 사회의 욕구들에 대한 실제적 지식에 있어서 자신들이 [관료들보다] 훨씬 뛰어나다는 것을 자각한 이후에는, 자신들의 사회적 지위에 걸맞는 정치적 지위를 빼앗고자 하는 야심을 또한 갖고 있었다. 그들의 목적을 달성하기 위해 그들은 자신들의 고유한 이해 利害, 의도 및 정부의 행동 등을 자유로이 토론할 수 있어야만 했다. 이것을 그들은 '**출판 자유의 권리**'라고 명명하였다. 그들은 방해받음이 없이 **결사**할 수 있어야만 했다. 이것을 그들은 '**자유로운 결사의 권리**'라고 명명하였다. **종교의 자유** 등등도 마찬가지로, **자유 경쟁**의 필연적 결과로서 그들에 의해 요구되지 않으면 안 되었다. 그리고 프로이센의 부르주아지는 1848년 3월 직전에, 그들의 모든 소원들이 실현될 것처럼 보이는 최상의 도정 위에 서 있었다.

　　프로이센 국가는 재정난 財政難 에 처해 있었다. 국가의 신용은 고갈되어 있었다. 이것이 연합 지방 의회 소집의 비밀이었다. 정부가 자신의 운명을 거역하여 '연합 지방 의회'를 무자비하게 해산시켜 버리기는 했지만, 재정난과 신용 상실 상태 때문에 정부는 틀림없이 차츰 부르주아지의 품안에 안기게 될 것이다. 신의 은총을 받은 국왕 역시 봉건 영주들과 마찬가지로 예로부터 자신들의 특권을 현금과 교환하곤 하였다. 모든 기독교적·게르만적 국가들에서 농노 해방은 이 세계사적 거래의 최초의 위대한 행위였고, 입헌 군주제가 이 거래의 제2의 위대한 행위였다. '돈에는 주인이 따로 없다' L'argent n'a pas de maître 고 하지만, 주인이 déemonéetisés(돈을 잃게) 되자마자 주인 maîtres 은 주인 maîtres 이기를 그만두게 된다.

따라서 연합 지방 의회의 자유주의적 반정부파는, 부르주아지의 이해와 욕구들에 더 이상 조응하지 않게 된 정부 형태에 맞선 부르주아지의 반항 이외에 아무것도 아니었다. 부르주아지는 궁정 Hofe 에 반대하기 위하여 인민에게 아첨하지 den Hof machen 않으면 안 되었다.

아마도 그들은 실제로 인민을 위해 반대하고 있다고 상상했을 것이다.

따라서 그들은, **자신들을 위해** 얻고자 애썼던 권리들과 자유들을 당연하게도 **인민의 권리들** 및 **인민의 자유들**이라는 상호 商號 아래에서만 정부에 대해 요구할 수 있었다.

이 반정부파는 **2월의 폭풍**[87]이 불어 닥쳤을 때 이미 말한 것처럼 최상의 노정 위에 서 있었다.

쾰른, 12월 11일. 3월의 노아의 홍수 —— 축소판 en miniature 노아의 홍수 —— 가 지나갔을 때, 그 홍수가 베를린의 지표면 위에 남겨 놓은 것은 괴물도 아니요 혁명적 거인도 아니었으며, 다만 이전과 똑같은 모양의 생물들, 땅딸막한 부르주아의 모습들 —— 자각한 프로이센 부르주아지의 대표자들인 연합 지방 의회 내의 자유주의자들 —— 이었다. 가장 발전된 부르주아지를 갖고 있던 지방들인 **라인 지방**과 **슐레지엔 Schlesien** 이 새 내각에 주요 각료들을 공급하였다. 그들 뒤에는 어중이떠중이 라인 법률가들의 무리가 있었다. 부르주아지가 봉건 영주들에 의해 뒷전으로 밀려났던 것과 같은 정도로 내각에서는 라인 지방과 슐레지엔이 원原 프로이센의 지방들에 자리를 내주었다. 브란덴부르크 내각은 단지 엘버펠트 Elberfeld 의 한 보수당원[폰 데어 하이트]을 통해서만 라인 지방과 연관을 맺고 있다. **한제만과 폰 데어 하이트!** 이 두 이름들 속에 프로이센의 부르주아지에게 있어서 1848년 3월과 12월의 완전한 차이가 놓여 있다!

프로이센의 부르주아지는 국가의 높이에까지 이르렀으나, 이는 그들이 원했었던 것처럼 **왕권과의 평화적 협약**에 의한 것이 아니라 **혁명**에 의한 것이었다. 그들은 왕권에 대항해서, 즉 **자기 자신**에 대항해서 그들 자신의 이익이 아니라 **인민의 이익**을 대변하지 않을 수 없었는데, 왜냐하면 그들에게 길을 열어 주었던 것은 **인민 운동**이었기 때문이다. 그러나 부르주아지가 볼 때 왕권은 그 뒤에 부르주아지 자신의 세속적 이해 利害 를 숨기고 있는 막, 신의 은총을 쐰 막이었을 뿐이다. **그들** 자신의 이해와 그 이해에 상응하는 정치적 형태의 불가침성이란 입헌적 언어로 번역하면 다음과 같이 되어야 한다 : **왕권의 불가침성**. 그러므로 [그것은] 독일의, 특히 프로이센의 부르주아지의 **입헌 군주제에 대한 몽상**[일 뿐이다]. 그러므로 [프랑스의] 2월 혁명이 독일에서의 그 여파와 함께 프로이센 부르주아지에게 환영받은 까닭은 그것이 정권을 프로이센 부르주아지의 손아귀에 쥐어 주었기 때문이고, 마찬가지로 그것이 그들의 계획을 망쳐 놓게 된 까닭은 그들의 지배라는 것이 결코 그들이 채우고 싶어하지도 않고 채울 수도 없는 조건들과 연결되어 있었기 때문이다.

부르주아지는 손 하나 까딱하지 않았다. 그들은 인민이 그들을 위해서 싸우도록 윤허하였다. 그러므로 부르주아지에게 인도된 지배권은 적을 정복한 장군의 지배권이 아니라 승리한 인민으로부터 이 인민 자신의 이익의 보호를 위탁받은 치안 위원회의 지배권이었다.

캄프하우젠 역시 이러한 입장의 불편함을 완전히 느끼고 있었으며, 그의 내각의 일체의 허약함은 이러한 느낌과 이 느낌을 있게 하는 상황에 연원한다. 그러므로 그의 정부의 가장 후안무치한 행동들에서도 일종의 부끄러워하는 기미가 엿보이는 것이다. 노골적인 **후안무치함**과 **파렴치함**은 한제만의 특권이었다. 홍조의 **짙고 옅음의 차이**가 이 두 페인트 공 사이의 유일한 차이를 이룬다.

프로이센의 3월 혁명은 1648년의 **영국 혁명**과도, 1789년의 **프랑스 혁명**과도 혼동되어서는 안 된다.

1648년에 부르주아지는 근대적 귀족과 연합하여 왕권, 봉건적 귀족 및 지배적 교회에 대항하였다.

1789년에 부르주아지는 인민과 연합하여 왕권, 귀족 및 지배적 교회에 대항하였다.

1789년의 혁명은 그 본보기로서 (적어도 유럽에서는) 1648년의 혁명만을 가지고 있었고, 1648년의 혁명은 그 본보기로서 스페인에 대항한 네델란드 인의 봉기만을 가지고 있었다. 두 혁명들은 시간상으로뿐만 아니라 내용 상으로도 그 본보기들보다 I 세기 정도 앞서가는 것이었다.

두 혁명들에서 **실제로** 운동의 선두에 서 있던 계급은 바로 부르주아지 였다. **프롤레타리아트와, 부르주아지에 속하지 않았던 시민층**은 아직 부르주아지 와 구별되는 이해 利害 를 가지고 있지 않았거나 혹은 아직 독자적 발전을 이루지 못한 계급 또는 계급 부분들을 형성하고 있었다. 그러므로 예를 들어 I793년부터 I794년까지의 프랑스에서 보여지듯이, 그들이 부르주아지에 대 립했을 때에도, 그들은 비록 부르주아지의 **방식으로는** 아닐지라도 부르주아 지의 이해 利害 를 관철시키기 위해 투쟁한 것에 지나지 않았다. **프랑스의 테 러리즘** 전체는 **부르주아지의 적들**인 절대주의, 봉건주의, 속물적 시민층을 끝 장내기 위한 **평민적 방식**과 다름없었다.

I648년과 I789년의 혁명은 결코 **영국의 혁명, 프랑스의 혁명**이 아니었다. 그 혁명들은 **유럽적 규모의 혁명들**이었다. 그 혁명은 낡은 정치 질서에 대한 사회의 **특정한** 한 계급의 승리가 아니었다 ; 그 혁명들은 **새로운 유럽 사회를** 위한 정치 질서의 선언들이었다. 이 혁명들에서 승리한 것은 부르주아지였다 ; 그러나 그 당시 **부르주아지의 승리**는 새로운 사회 질서의 승리, 봉건적 소유에 대한 부르주아적 소유의 승리, 지방주의에 대한 국민주의의 승리, 쭌프트에 대한 경쟁의 승리, 장자 상속제에 대한 분할 상속제의 승리, 토지가 토지 소 유자를 지배하는 것에 대한 토지 소유자의 지배의 승리, 미신에 대한 계몽의 승리, 가문의 이름[姓]에 대한 가족의 승리, 영웅의 나태에 대한 근면의 승 리, 중세적 특권에 대한 부르주아 법의 승리였다. I648년의 혁명은 I6세기에 대한 I7세기의 승리였고, I789년의 혁명은 I7세기에 대한 I8세기의 승리였 다. 이 혁명들은 그것들이 일어난 당시의 세계의 부분들, 즉 영국과 프랑스 의 욕구를 표현했다기보다는 그 당시의 세계의 욕구를 표현하였다.

프로이센의 3월 혁명에는 이 모든 것들 중 아무것도 없었다.

2월 혁명은 현실적으로는 입헌 왕정을, 이념적으로는 부르주아 지배를 폐지하였다. 프로이센의 3월 혁명은 이념적으로는 입헌 왕정을, 현실적으로는 부르주아 지배를 **창출할** 것으로 기대되었다. 프로이센의 3월 혁명은 **유럽적 혁명**이기는커녕 유럽적 혁명이 소진되어 가면서 한 후진국에 미친 여파에 불 과했다. 그 혁명은 자신의 세기를 앞지르기는커녕, 약 반세기 이상이나 자신의 세기에 뒤처져 있었다. 그 혁명은 애시당초 **이차적**이었는데, 알다시피 이차적인 병은 본래의 병보다 치유하기 어려울 뿐만 아니라 동시에 신체도 더 파괴한다. [3월 혁명에서] 문제가 되었던 것은 새로운 사회를 건립하는 것이 아니라 파리에서 죽어 버린 사회를 베를린에서 재생시키는 것이었다. 프로이센의 3월 혁명은 결코 **국민적, 독일적**인 혁명이 아니었으며, 애시당초 **지방적·프로이센적** 혁명이었다. 빈의, 카셀 Kassel 의, 뮌헨의, 모든 종류의 지방적 봉기들이 프로이센의 3월 혁명과 나란히 진행하여, 그것과 순위를 다투었다.

　　1648년과 1789년은 창조의 선두에 서 있다는 끝없는 자부심을 가졌던 반면에, 1848년의 베를린 혁명의 야심은 하나의 시대 착오를 형성하는 데에 그 본질이 있었다. 프로이센의 3월 혁명의 빛은, 빛을 발산한 물체가 소멸한 지 10만 년이 지난 후에야 비로소 그 빛이 우리 지구인들에게 도착한다는 별의 빛과 닮았다. 프로이센의 3월 혁명은, 그 모든 것이 소형이었듯이, 유럽에 있어서 그러한 별이 소형화된 것이었다. 그 빛은 오래 전에 썩어 없어진 사회의 사체가 발한 빛이었다.

　　독일의 부르주아지는 너무도 굼뜨고, 무르고, 느리게 발전했기 때문에 그 결과, 그들이 봉건주의와 절대주의에 대해 위협적으로 대립한 순간에 프롤레타리아트 및, 그 이해 利害 와 이념에 있어서 프롤레타리아트와 유사한 시민층의 모든 분파들이 부르주아지 자신에게 위협적으로 대립하고 있음을 발견하게 되었다. 그리고 그들 뒤의 한 계급뿐만 아니라 유럽 전체가 그들 앞에서 자신들을 적대시하는 것을 보게 되었다. 프로이센의 부르주아지는 1789년의 프랑스 부르주아지와는 달리 낡은 사회의 대표자들인 왕권, 귀족에 대항해 현대 사회 **전체**를 대변한 계급이 아니었다. 그들은 왕권에 대해서도 인민에 대해서도 뚜렷하게 대립하는 일종의 **신분**으로 전락하였는데, 이 신분은 왕권과 인민 양자에 대해서 적의를 품고 있었지만, 항상 앞뒤에 이 양자를 두고 있었기 때문에 자신의 적들 중 어느 하나에 대해서도 단호하지 못하였다 ; 그들은 스스로가 이미 낡은 사회에 속해 있었기 때문에, 인민을 배신하는 성향, 낡은 사회의 대표자, 왕관을 쓴 대표자와 타협하려는 성향을 애초부터 가지고 있었다 ; 그들은 낡은 사회에 대항해서 새로운 사회의 이익을 대표한 것이 아니라 노쇠한 사회의 내부에서, 갱신된 이익을 대표하고 있었다 ; 그들이 혁명의 조타수였던 것은, 그들 뒤에 인민이 서 있었기 때문이 아니라 인민이 그들을 자신들 앞에 억지로 끼워 넣었기 때문이다 ; 그들이 선두에 섰던 것은, 그들이 새로운 사회적 시기의 창의를 대표했기 때문이 아니라 단지 과거의 사회적 시기의 원한을 대표했을 뿐이기 때문이다 ; [그들의 모습으로 말하면] 지표 地表 를 [스스로] 돌파하고 나오지 못한 낡은 국가의 지층이 지진에 의해서 새로운 국가의 표면으로 내팅겨진 것과 같다 ; 그들은 자기 자신에 대한 믿음도 없고, 인민에 대한 믿음도 없으며, 위쪽에 대해서는 투덜거리고, 아래쪽에 대해서는 벌벌 떨며, 양쪽에 대해서 이기적이고, 그러한 자신의 이기주의를 의식하고 있으며, 보수주의자들에 대해서는 혁명적이고, 혁명가들에 대해서는 보수적이며, 그들 자신의 표어를 신뢰하지 않고, 이념 대신 공문구를 외치며, 세계의 폭풍에 겁을 먹으면서도 그 폭풍을 이용한다──어떤 방향으로도 정력을 가지고 있지 않고, 모든 방향으로 표절하며, 독창적이지 않기 때문에 비천하고, 비천함에 있어서 독창적이다──자기 자신의 소망들과 거래하고, 창의도 없으며, 자기 자신에 대한 믿음도 없고, 인민에 대한 믿음도 없으며, 세계사적 소명도 없다──건강하기 이를 데 없는 인민의 최초의 청춘의 격류를 자신의 노쇠한 이해 관계 속에서 유도하고 이끄는 것이 자신의 숙명이라고 생각하는 저주스런 늙은이──눈도 없는! 귀도 없는! 이빨 빠진, 아무것도 없는 저주스런 늙은이──이것이 3월 혁명 이후 프로이센 국가의 키를 잡은 **프로이센 부르주아지**의 모습이었다.

　　　　쾰른, 12월 15일. **캄프하우젠** 내각의 형태로 정권을 잡은 부르주아지가 곧바로, 프로이센적 사회 계약 contrat social 의 '가장 광범한' 기초라고 선언한 **협정 이론**은 결코 공허한 이론이 아니었다 ; 오히려 그것은 '**황금빛**' 생명의 나무에서 자라난 것이었다.

　　　3월 혁명은 결코 신의 은총을 입은 주권자를 인민 주권자에 굴복시키지 않았다. 3월 혁명은 단지 왕권, 즉 절대주의 국가로 하여금 부르주아지와 화해하도록, 자신의 과거의 경쟁자와 **협정을 맺도록** 강제했을 뿐이다.

　　　왕권은 부르주아지에게 귀족을, 부르주아지는 왕권에게 인민을 제물로 바칠 것이다. 이러한 조건하에서 왕정은 부르주아적으로 되고 부르주아지는 근왕적 勤王的 으로 된다.

3월 이후에는 이 두 세력들만이 존재할 뿐이다. 이들은 혁명의 피뢰침으로서 서로 봉사한다. 물론 이 모든 것은 '지극히 광범한 민주주의적 기초' 위에서 행해진다.

이것이 협정 이론의 비밀이었다.

3월 혁명 이후에 최초의 내각을 구성했던 기름 상인들과 양모 상인들은 발가벗겨진 채로 있는 왕권에 그들의 평민적 옷을 덮어 주는 역할이 마음에 들었다. 그들은 궁정에 출입할 자격을 얻게 된 것에 따른, 그리고 순수한 아량으로 자신들의 난폭한 로마적 근성을 마지못해 버리면서 —— 연합 지방 의회의 로마적 근성을 버리면서 —— 왕권을 삼켜 버리겠다고 위협하는 간격을 자신들의 이전의 인기라는 시체로써 메꾸는 것에 따른, 지고의 쾌락에 탐닉하였다. 캄프하우젠 장관이 입헌적 왕권의 산파로서 얼마나 거드름을 피웠던가. 이 용감한 남자는 자기 자신에 대해, 자기 자신의 아량에 대해 드러내 놓고 감동하였다. 왕권과 그 패거리들은 이 자존심 상하게 하는 후견자의 짓거리를 마지못해 참고 있었고, 좋은 날이 오기를 기다리면서 싫은 일에 웃는 얼굴 bonne mine à mauvais jeu 을 하고 참았다.

반쯤은 해체된 군대, 지위와 봉급을 잃을까봐 전전긍긍하고 있는 관료, 자신들의 지도자[154]를 입헌 제도의 견학 여행을 보내 놓고 있던 자존심 상한 봉건 신분 등은 약간의 달콤한 말과 큰 절로 어렵지 않게 그 부르주아 귀족 Bourgeois gentilhomme[155]을 속여 넘겼다.

프로이센 부르주아지는 지배권의 명목상의 소유자였다. 낡은 국가의 세력들이 딴 마음 없이 그들의 명령을 따르게 되었고, 그 세력들이 부르주아지 자신의 전능한 권력의 헌신적 분자들로 바뀌어졌을 것이라고 프로이센 부르주아지는 한 순간도 의심하지 않았다.

내각 내부에서뿐만 아니라 이 군주제 전체에 걸쳐서 부르주아지는 이러한 착각에 취해 있었다.

3월 이후에 프로이센의 부르주아지가 행한 유일한 영웅적 행위, 비무장 프롤레타리아트에 대한 시민 방위군의 종종 피를 부르는 잔학 殘虐 행위들은 군대 속에서, 관료 속에서, 그리고 심지어 봉건 영주들 속에서 기꺼이 부르주아지를 위해 견마지로를 다하는 조력자들을 발견하지 않았던가? 부르주아지의 지방적 대표자들인 지방 단위 위원회들 —— 이 위원회들의 뻔뻔스럽도록 비굴하고 야비한 짓거리들은 이후 빈디슈그레츠, 옐라치치, 벨덴 등에 의해 그에 걸맞는 방식으로 유린당했다——이 기울인 유일한 노력, 3월 혁명 후 이 지방 단위 위원회들이 행한 유일한 영웅적 행위들, 인민에 대한 그들의 가부장적인 근엄한 경고들 따위는, 놀라서 말문이 막힌 주지사들과 깊은 생각에 잠긴 사단장들로부터 감탄의 눈길을 받지 않았던가? 그런데도 프로이센의 부르주아지는 군대, 관료, 봉건 영주들의 구원 舊怨 이, 스스로 자제하고 있다고, 또 무정부 상태를 제어하고 있는 관대한 승리자인 부르주아지에 대한 경외심 가득 찬 순종 속에서 소멸되었으리라고 여전히 의심해야만 할까?

사태는 명확했다. 프로이센 부르주아지에게는 단지 하나의 과제, 즉 자신들의 지배를 안락한 것으로 만들고, 성가신 무정부주의자들을 제거하며, '평온과 질서'를 회복시키고, 3월의 폭풍의 와중에 상실되었던 이자를 다시 거둬들이는 과제만이 남아 있었다. 그들의 지배 및 그 지배를 조건짓는 3월 혁명의 생산 비용들을 최소한으로 줄이는 것만이 문제가 될 수 있었다. 프로이센 부르주아지가 봉건 사회 및 봉건 사회의 왕권에 대항한 그들의 투쟁 속에서 인민의 이름으로 요청하도록 강요받고 있다고 생각했던 무기들, 즉 결사권, 출판 자유 등등의 무기들은 우롱당한 인민의 손에서, 더 이상 부르주아지를 위해 그것을 사용할 필요가 없는, 부르주아지에 대항하여 그것을 사용하려는 예사롭지 않은 욕망을 보이고 있는 인민의 손에서 파괴되어야만 하지 않을까?

부르주아지가 확신한 바대로, 부르주아지와 왕권과의 협정, 자신의 운명을 감수하고 있는 낡은 국가와 부르주아지의 거래의 도상에는 명백히 오직 하나의 방해물이 아직 놓여 있었으니, 그 유일한 방해물이란 인민——홉스가 말한 것처럼 강건하지만 성질 고약한 놈들 puer robustus sed malitiosus——이었다. 인민과 혁명!

혁명은 인민의 권원 權原 이었다 ; 인민은 혁명을 기반으로 해서 그들의 맹렬한 요구들을 내세웠다. 혁명은 인민이 부르주아지 앞으로 발행한 어음이었다. 혁명에 의해서 부르주아지는 지배권을 얻었다. 그들이 지배권을 얻은 그날 이 어음은 만기가 되었다. 부르주아지는 그 어음에 대해서 항의를 제기하지 않을 수 없었다.

혁명 — 인민이 그것을 입에 올릴 적에, 그것은 다음을 의미했다 : 너희 부르주아들은 공안 위원회 Comité du salut public 이다. 우리가 이 공안 위 원회에 지배권을 준 것은 너희들이 너희들의 이익에 관해서 왕권과 **타협**하라 고 준 것이 아니라 너희들이 왕권에 **대항**해서 우리의 이익, 인민의 이익을 관 철시키라고 준 것이다.

혁명은, 부르주아지의 왕권과의 협정에 대한 인민의 항의였다. 왕권과 협정을 맺은 부르주아지는 **따라서 항의하지 않을 수 없었다** — 즉 **혁명**에 대항 해.

그리고 이러한 일들은 위대한 **캄프하우젠** 치하에서 일어났다. 3월 혁명은 **승인받지 못했다**. 베를린의 국민 대표 기관은 3월 혁명의 승인 동의를 **부결시** 킴으로써 자신들을 **프로이센 부르주아지의 대표 기관**으로서, 협정 의회로서 구 성하였다.

그 의회는 일어난 일을 일어나지 않은 것으로 만들었다. 그 의회는 프 로이센 인민들에게 큰 소리로 다음과 같이 선언하였다. 왕권에 대항해 혁명 하기 위해 인민이 부르주아지와 협정한 것이 아니라 인민이 혁명을 일으켰 고, 따라서 인민 그 자신에 대항하여 왕권이 부르주아지와 협정을 맺은 것이 라고! 그리하여 혁명적 인민의 **권원**은 파괴되었고 보수적 부르주아지의 **법적** 지반이 획득되었다.

법적 지반!

브뤼게만이 그리고 그를 통해 『쾰른 신문』이 '법적 지반'에 대해 그토록 수다떨고 윤색하고 신음하였기 때문에, '법적 지반'을 상실했다가 다시 획득 하고 그것에 구멍을 냈다가 수선하고 베를린에서 프랑크푸르트로 내던졌다 가 프랑크푸르트에서 베를린으로 내던지고 좁혔다가 넓히고 단순한 마루에 서 널빤지를 댄 마루로 널빤지를 댄 마루에서 이중 마루 — 알다시피 이것 은 속임수를 쓰는 마술사의 주요한 도구이다 — 로 이중 마루에서 밑바닥이 없는 벼락닫이 문으로 변형시키는 짓을 너무 자주 했기 때문에, 그 결과 우 리 독자들이 보기에 법적 지반은 결국 『쾰른 신문』의 지반으로 바뀌어 버렸 고, 독자들이 프로이센 부르주아지의 표지와 요제프 뒤몽 씨의 사적인 표지 를, **프로이센적** 세계사의 필연적 착상과 『쾰른 신문』의 자의적 광상을 혼동할 수도 있게 되었으며, 법적 지반 속에서 단지 『쾰른 신문』이 성장하는 지반

494

밖에 볼 수 없게 되었다.

법적 지반, 그것도 프로이센적 법적 지반!

3월 이후 위대한 토론의 기사인 캄프하우젠, 다시 깨어난 유령인 연합 지방 의회, 그리고 협정 의회가 활동했던 그 **법적 지반**, 그것은 1815년의 헌법인가 아니면 1820년의 지방 의회법인가 아니면 1847년의 칙서인가 그것도 아니면 1848년 4월 8일의 선거법 및 협정법인가?

그 어느 것도 아니다.

'법적 지반'은 단순히, 혁명이 자신의 지반을 획득하지 못했고 낡은 사회가 자신의 지반을 상실하지 않았다는 사실, 3월 혁명은 다만 낡은 프로이센 국가의 내부에서 오래 전부터 준비되어 온 왕권과 부르주아지 사이의 '양해', 왕권조차도 이전의 칙령 속에서 이미 그 필요성을 표명했으며 단지 3월 이전에는 '**절박**'하지는 않은 것으로 간주됐던 '양해'에 '자극'을 제공한 하나의 '사건'일 뿐이었다는 사실을 의미했다. 한마디로 법적 지반은, 마치 혁명이 전혀 일어나지 않았고 연합 지방 의회가 혁명 없이 자신의 목표를 달성하기라도 한 것처럼, 3월 이후에도 3월 이전과 마찬가지의 입장에서 부르주아지가 왕권과 교섭하려 한다는 것을 의미했다. '법적 지반'은 인민의 권원인 **혁명**이 정부와 부르주아지 사이의 사회 계약 contrat social 속에는 존재하지 않는다는 것을 의미했다. **부르주아지는 인민으로 하여금 새로운 프로이센의 혁명으로부터 어떠한 요구도 끌어내지 못하도록 하기 위해, 낡은 프로이센의 입법으로부터 그들의 요구들을 끌어내고 있다.**

자명하게도, 부르주아지의 **이데올로기적 크레틴 병 환자**인 그들의 신문 기자들과 그와 비슷한 부류의 인간들은 부르주아지의 이익의 이러한 미화를 부르주아지 본래의 이익이라고 주장하고, 자신과 다른 사람들이 그러한 것으로서 생각하도록 만들어야만 했다. 브뤼게만 같은 사람의 머리 속에서는 법적 지반이라는 공문구가 현실적 실체로 변형되었다.

캄프하우젠 내각은 자신의 과제, 즉 **중재**와 **이행**이라는 과제를 해결하였다. 요컨대 캄프하우젠 내각은 인민의 어깨 위에 올라 탄 부르주아지와 인민의 어깨를 더 이상 필요로 하지 않게 된 부르주아지 사이에 ; 외관상 왕권에 대항해 인민을 대표했던 부르주아지와 실제로 인민에 대항해 왕권을 대표했던 부르주아지 사이에 ; 혁명의 껍질을 벗은 부르주아지와 혁명의 핵으로서

드러난 부르주아지 사이에 **중재 업무**를 개설했던 것이다.

자신의 역할에 걸맞게, 캄프하우젠 내각은 혁명에 대해서 처녀같이 수줍어하면서 **소극적인 저항**에 머물렀다.

이론적으로 캄프하우젠 내각은 혁명을 부인했지만, 실천적으로는 혁명의 부당한 행동들에 대해서만 **저항했으며** 낡은 국가 권력의 재확립만을 **용인하였다.**

그러는 동안 부르주아지는 **소극적 저항**으로부터 **적극적 공세**로 옮아가야 할 시점에 도달했다고 믿게 되었다. **캄프하우젠** 내각은 자신이 이런저런 실책을 범했기 때문이 아니라 자신이 3월 혁명 이후 **최초의** 내각이었다는, 자신이 **3월 혁명의** 내각이었다는, 그 기원에 걸맞게 부르주아지의 대표[라는 정체]를 아직 인민의 독재자[라는 가면] 아래에 숨겨야만 했다는 단순한 이유 때문에 퇴진하였다. 이러한 양면적 기원과 이중적 의미의 성격 때문에 그 내각은 주권자인 인민에 대해 아직 어느 정도의 예의와 겸양과 경의를 보이지 않을 수 없었고, 이것들이 부르주아지에게는 번거로운 것으로 되었으며, 협정 의회로부터 직접 생겨난 제2의 내각은 더 이상 그것에 유의하지 않아도 되었던 것이다.

따라서 이 내각의 퇴진은 선술집 정치가들에게는 하나의 수수께끼였다. **행동** 내각인 한제만 내각이 그 뒤를 이었는데, 이는 부르주아지가 인민을 왕권에 **소극적으로** 팔아 넘기는 시기로부터 인민을 왕권과 협정한 자신의 지배 아래로 **적극적으로** 복속시키는 시기로 옮아갈 생각을 했기 때문이었다. **행동** 내각은 3월 혁명 이후 **두번째의** 내각이었다. 이것이 그 내각의 비밀의 전부였다.

쾰른, 12월 29일.

"여러분! 금전 문제에 인정은 금물입니다!"

한제만은 이 여섯 단어로 연합·지방 의회[의]·자유주의 전체를 요약했다. 이 사람은 협정 의회 자체로부터 생겨난 내각, 인민에 대한 **소극적 저항**을 인민에 대한 **능동적 공세**로 전환시켜야 할 내각, 즉 **행동** 내각의 필연적인 우두머리였다.

　　프로이센의 어떤 내각 안에도 이처럼 많은 **부르주아의** 이름들이 있었던 적은 없었다! 한제만, 밀데, 메르커, 퀼베터, 기르케! 이 내각의 궁정 출입 자격이 있는 명찰인 **폰 아우어스발트**조차 자유주의척인, 즉 부르주아지에게 충성을 서약한 쾨니그스베르크 Königsberg 의 반정부파 귀족의 일원이었다. **로트 폰 슈레켄슈타인**만이 이 천민들 속에서, 관료화된 프로이센 구봉건 귀족을 대표하고 있었다. **로트 폰 슈레켄슈타인**! 고 故 힐데브란트가 쓴, 지금은 사라져 버린 도적·기사 이야기 한 편의 아직도 남아 있는 표제! 그러나 **로트 폰 슈레켄슈타인**은 부르주아적 보석이 박힌 봉건적 거미발일 뿐이었다. **로트 폰 쉬레켄시타인**은 부르주아 내각의 한 가운데에서 대문자로 다음의 것을 말하고 있다 : 프로이센의 봉건 제도, 군대, 관료는 새로이 떠오른, 프로이센의 부르주아 계급이라는 별을 뒤따른다. 이 권세가들은 부르주아 계급에게 자신들을 의탁하였으며, 부르주아지는, 마치 과거에 사람들이 문장 汶章 의 상징으로 인민의 지배자 앞에 곰을 세워 놓았던 것처럼, 자신의 왕좌 앞에 그들을 세워 놓는다. 로트 폰 슈레켄슈타인은 단지 부르주아 내각에서 그 곰의 역할만을 하도록 되어 있었다.

　　6월 26일에 한제만 내각은 국민 의회에 선을 보였다. 그 내각의 본격적인 현존은 7월이 되면서 시작된다. 2월 혁명이 중재 내각의 배경이었듯이, 6월 혁명은 행동 내각의 배경이었다.

　　프로이센 왕권이 빈에서의 크로아티아 인의 피로 물든 승리를 부르주아지에 대항하는 데에 이용했던 것처럼, 프로이센 부르주아지는 빠리 부르주아지의 빠리 프롤레타리아트에 대한 피로 물든 승리를 인민에 대항하는 데에 이용하였다. 오스트리아의 11월 이후의 프로이센 부르주아지의 비명은 프랑스의 6월 이후의 프로이센 인민의 비명에 대한 **복수**이다. 독일의 속물들은 그 근시안적 편협함 속에서 자신을 프랑스 부르주아지와 혼동하였다. 그들은 어떤 왕권도 거꾸러뜨리지 못했고, 봉건 사회를 제거하지도 못했으며, 더욱이 그 최후의 잔재를 근절하는 일은 엄두도 내지 못했고, 자신들 스스로가 만들어 내어 지켜야 할 만한 사회를 갖고 있지 못하였다. 그들은 6월 이후에도 2월 이후처럼, 16세기 초 이래처럼, 18세기에서처럼 조상 전래의 교활한 방식, 이윤에 열광하는 방식으로 타인의 노동으로부터 3/4의 이윤을 끌어낼 수 있다고 믿었다. 그들은 프랑스의 6월 뒤에 오스트리아의 11월이, 오스트리아의 11월 뒤에 프로이센의 12월이 매복하고 있었다는 사실을 알아채지 못했다. 프랑스에서는 왕권을 분쇄한 부르주아지가 자신 앞에 있는 유일한 적, 프롤레타리아트를 보게 되었을 뿐이라면 —— 왕권과 쟁투하고 있는 프로이센 부르주아지는 오직 유일한 맹우 —— 인민을 갖고 있을 뿐이라는 사실을 그들은 알아 차리지 못했다. 이렇게 말하는 것은 이들 양자가 적대적으로 대립하는 이해들을 전혀 갖고 있지 않았던 것으로 생각하기 때문이 아니다. 다만 이들 양자를 똑같이 억누르는 제3의 세력에 대항한다는 **동일한 이**해가 아직 양자를 묶어 놓고 있었기 때문이다.

한제만 내각은 자신을 **6월 혁명의 내각**으로 간주했다. 그리고 프로이센의 어떤 도시에서건 속물들은 '붉은 강도들'에 맞서서 '성실한 공화주의자'로 변신하였다 —— 그럴 때에 그들은 성실한 왕당파이기를 중단하지 않았던 것이고, 그들의 '붉은 무리들'이 —— 흑·백의[156] 모표를 달고 있었다는 것을 그때 그때마다 간과하였던 것이다.

한제만은 6월 26일에 그의 개원식 開院式 칙어 勅語 에서 캄프하우젠의 신비스럽고도 모호한 '지극히 광범한 민주주의적 기초 위에서의 군주제'를 간단하게 정리해 버렸다.

'**양원제적 기초 위에서의 입헌 군주제** 및 국왕과 양원에 의한 입법권의 공동 행사' —— 한제만은 감격스러워하던 자신의 전임자의 불길한 예감이 드는 금언을 이러한 무미건조한 정식으로 환원시켰다.

"새로운 국가 체제에 조응하지 않는 가장 필요한 관계들을 변경하는 것, 왕국의 거대한 부분에서 재산의 **유리한 이용**을 방해하고 있는 속박으로부터 재산을 해방시키는 것, 재판 제도를 개조하는 것, 조세 입법을 개혁하는 것, 특히 **면세 특권을 폐지하는 것** 등등." 그리고 무엇보다도 (시민에 의해) "획득된 **자유를 반동**" (자유를 봉건 영주의 이익을 위해 이용하는 것) "과 무정부 상태" (자유를 인민의 이익을 위해 이용하는 것) "로부터 보호하고, **실추된 신뢰를 회복시키는** 데 필요한 **국가 권력의 강화**를 행하는 것" ——

이것이 내각의 정강 政綱 이었다. 이것이 내각을 손에 넣은 프로이센 부르주아지, **한제만**을 그 전형적 대표자로 하는 프로이센 부르주아지의 정강이었다.

연합 지방 의회에서 한제만은 신뢰에 대한 가장 격렬하고도 가장 냉소적인 반대자였다. 왜냐하면 —— "여러분! 금전 문제에 인정은 금물입니다!" 내각에 자리잡은 한제만은 "실추된 신뢰의 회복"이 가장 필요하다고 선언했다. 왜냐하면 —— 당시에는 **왕권**을 향하여 말했던 것처럼 이번에는 **인민**을 향하여 ——, 왜냐하면

"여러분! 금전 문제에 인정은 금물입니다!"

그 당시에는 돈을 **내주는** 신뢰가 문제였다. 이번에는 돈을 **만드는** 신뢰가 문제였다 ; 거기서는 **봉건적** 신뢰, 신, 왕, 조국에 충성을 바치는 신뢰가 문제였다. 여기서는 **부르주아적** 신뢰, 상거래에 대한, 자본의 이자 지불에 대한, 거래자들의 지불 능력에 대한 신뢰, 즉 상업상의 신뢰가 문제였다 ; 믿음, 사랑, 희망이 문제가 아니라 **신용**이 문제이다.

"실추된 신뢰의 회복!" 이 말 속에서 한제만은 프로이센 부르주아지의 고정 관념을 진술하였다.

신용은 자본이 임금 노동을, 부르주아지가 프롤레타리아트를, 대부르주아지가 소부르주아지를 착취하는 것이 지금까지와 같은 방식으로 지속된다는 것을 보증하는 것에 근거한다. 따라서 프롤레타리아트의 모든 정치적 움직임은 그것이 부르주아지에 의해 직접 지휘받는 것이 아닌 한 어떤 것이라도 신뢰, 신용을 교란한다. 그러므로 한제만이 말할 때의 "실추된 신뢰의 회복!" 이란 다음을 의미했다 :

프롤레타리아트 및, 자신의 이해 利害 가 국정의 조타수라고 자임하는 계급[부르주아지]과 직접적으로 일치하지 않는 모든 사회 계층의 모든 정치적 움직임에 대한 탄압.

그런 까닭에 한제만은 "실추된 신뢰의 회복" 바로 옆에 **"국가 권력의 강화"**를 기입했던 것이다. 다만 그는 이러한 "국가 권력"의 본성을 오인했다. 그는 신용, 즉 부르주아적 신뢰에 봉사하는 국가 권력을 강화한다고 믿었으나, 그가 강화했던 것은 다만, 어떠한 신용도 가지고 있지 않기 때문에 신뢰를 요구하는, 필요한 경우에는 산탄을 써서라도 그것을 손에 넣는 그러한 국

가 권력일 뿐이다. 그는 부르주아 지배의 생산비를 아끼려 했으나, 프로이센의 봉건적 지배의 복고에 필요한 막대한 비용을 부르주아지에게 부담시키고 말았다.

노동자들을 향해서는 한제만은 아주 간결하게 설명했다: 나는 노동자들을 위한 위대한 약제를 주머니 속에 가지고 있다. 그러나 내가 그 약제를 주머니 속에서 끄집어내기 이전에 무엇보다도 "실추된 신뢰"가 회복되어야만 한다. 신뢰를 회복시키기 위해서 노동자 계급은 정치 활동 및 국사 간섭에 종지부를 찍고 과거의 관례로 돌아가야만 한다. 노동자들이 나의 충고를 따른다면 그리하여 신뢰가 회복된다면 이 비밀에 가득찬 위대한 약제는 분명 언제라도 효능을 발휘할 것인데, 왜냐하면 그런 경우에는 부르주아적 질서의 교란이라는 병이 확실히 제거되므로 그 약제가 더 이상 필요치 않게 되고 더 이상 사용될 수 없을 것이기 때문이다. 병이 없는데 약제가 무슨 소용이 있겠는가? 그러나 인민이 자신의 생각을 고집한다면 —— 그러면 좋다. 나는 '국가 권력을 **강화**'할 것이고, 경찰·군대·재판소·관료를 강화할 것이며, 나의 곰들로 하여금 인민의 목을 조르도록 부추길 것이다. 왜냐하면 '신뢰'가 '금전 문제'로 되어 있기 때문이다. 그리고 왜냐하면 :

"여러분! 금전 문제에 인정은 금물입니다!"

이에 대해 한제만이 아무리 웃을지라도, 그의 정강은 **진지한** 정강, 정직한 뜻을 품은 정강이었다.

그는 무정부 상태, 즉 인민에 대항해서만 국가 권력을 강화하려고 한 것이 아니라 반동, 즉 왕권 및 봉건적 이해들에 대항해서도 - 그것들이 부르주아지의 지갑과 부르주아지의 '**가장 필요한**', 즉 가장 겸손한 요구들을 정면으로 무시하려고 기도하는 한에서는 - 국가 권력을 강화하려고 하였다.

행동 내각은 그 전체 구성을 볼 때 이미 이러한 '반동'에 대한 항의였다.

행동 내각은 요컨대 **재무 장관**이 그 내각의 실제적 **수상**이었다는 점에서 이전의 모든 프로이센 내각들과 구별된다. 프로이센 국가는 군무 軍務, 내무, 외무, 교무 教務, 학무 學務 가 그리고 심지어 황실 내각, 신앙, 사랑, 희망 등도 세속적 **재정**에 종속되어 있다는 사실을 수백 년 동안 아주 조심스럽게 은폐시켜 왔다. [그런데] 행동 내각은 한제만 씨, 즉 그 각료로서의 정강도 그 반정부당 시절의 정강과 마찬가지로 :

> "여러분! 금전 문제에 인정은 금물입니다!"

로 요약되는 남자를 그 정점에 세움으로써, 이 껄끄러운 부르주아적 진실을 그 정점에 세웠던 것이다.

프로이센에서 군주제는 하나의 '금전 문제'로 되었다.

이제 행동 내각의 정강에서 이 내각의 행동으로 넘어가 보자.

'무정부 상태'를 억누르기 위해서, 즉 노동자 계급 및 한제만 씨의 정강에 만족하지 않는 시민층의 모든 분파들을 억누르기 위해서 **'국가 권력을 강화'** 하겠다는 위협은 진지하게 이루어졌다. 심지어 설탕세와 화주세의 인상을 제외한다면, 소위 **무정부 상태**, 즉 혁명 운동에 맞선 이러한 **반동**이 행동 내각의 유일하게 진지한 행동이었다고까지 말할 수 있다.

보통법[157]에 근거한, 혹은 그것이 없는 곳에서는 형법전 Code péenal[158]에 근거한 수많은 언론 소송들, 마찬가지로 '충분한 근거'(아우어스발트의 상투어) 위에서의 무수한 체포들, 베를린에서의 경찰관 배치 제도 Konstablerinstitut[159]의 실시 – 이에 따르면 두 집에 한 집꼴로 경찰관 한 명이 배치된다 – , 결사의 자유에 대한 경찰의 간섭, 들떠 날뛰는 시민들에 대한 포악한 병사들의 파견, 들떠 날뛰는 프롤레타리아들에 대한 시민 방위군의 파견, 본보기를 보여 주기 위한 계엄 상태, 한제만 올림피아드 기紀에 일어났던 이 모든 일들은 기억 속에 생생히 남아 있다. 이에 대한 상세한 설명은 필요치 않다.

퀼베터는 행동 내각의 노력들의 이러한 측면을 다음과 같은 말로 요약했다 :

> "진정 자유롭고자 하는 국가는 집행력으로서 진정 다수의 경찰 요원들을 가져야만 한다."

이에 대해 한제만 자신은 다음과 같은 그의 확고한 주석을 중얼거렸다 :

"이는 또한 신뢰의 회복과 위축된 상업 활동의 활성화에 크게 이바지하게
될 것이다."

따라서 행동 내각 치하에서 구프로이센의 경찰, 검찰청 Parquet, 관료,
군대가 '강화되었다'.──그들은 부르주아지로부터 **봉급**을 받기 때문에 부르
주아지에게 봉사할 것이라고 한제만은 공상하였다. 어쨌든 그들은 '강화되었
다'.

이와는 반대로 프롤레타리아트와 부르주아 민주주의파의 분위기는 하나
의 사실에 의해 특징지어진다. 샤를로텐부르크 Charlottenburg 에서 몇 명의
반동 분자들이 몇 명의 민주주의자들을 폭행했다는 이유로 인민은 베를린의
수상 관저를 습격하였다. 행동 내각은 이 정도로 인기 있게 되었던 것이다.
그 다음날 한제만은 폭도 및 공개 집회에 관한 법률을 제안하였다. 이처럼
교활한 방식으로 그는 반동에 대한 음모를 꾀했다.

행동 내각의 현실적이고 명료하며 인기 있는 활동은 따라서 순전히 **경
찰적인 활동**이었다. 프롤레타리아트와 **도시** 민주주의파의 눈에는 이 내각, 그
리고 이 내각을 통해 자신의 다수를 대표했던 협정 의회, 그리고 그 다수파
가 협정 의회 내에서 다수를 형성하고 있던 프로이센 부르주아지 들은 새롭
게 기운을 차린 **과거의 경찰 및 관료 국가** 이외의 어떤 것도 대표하지 않는 것
으로 보였다. 부르주아지에 대한 분노가 이에 덧붙여졌는데, 왜냐하면 부르
주아지가 지배하고 있었고 **시민 방위군**이라는 형태로 경찰의 구성 부분을 양
성하고 있었기 때문이다.

자유주의적인 부르주아 신사들이 또한──**경찰의** 직무를 떠맡았다는
것, 이것이 인민의 눈에 비친 '3월의 성과'였다. 즉 배가된 경찰!

구 舊 국가의 최후의 표현인 '경찰'을 행동 내각이 '강화하고' 행동하도
록 고무한 것이 부르주아지의 이익을 위해서였다는 것은, 행동 내각의 행동
들이 아니라 서로 유기적으로 결합되어 있는 그 내각의 입법 제안들 in sei-
nen organischen Gesetzvorschlägen 속에서 비로소 드러난다.

한제만 내각에 의해서 제출된 **지방 조례, 배심 재판 및 시민 방위군 법**에
관한 초안들에서 이 **법들이 적용되는** 주들과 **적용되지 않는** 주들의 경계가 되
는 것은 항상 이러저러한 형태의 **재산**이다. 이 모든 입법 제안들 속에서 왕
권에 대해서는 가장 굴욕적인 양보가 행해지고 있다. 왜냐하면 이 측면으로

봐서는 부르주아 내각은 자신에게 별로 해로울 것이 없게 된 동맹자를 가지고 있다고 믿었기 때문이다. 그렇지만 이에 대한 보상으로 노동에 대한 자본의 지배는 더욱더 무자비하게 등장하고 있다.

협정 의회가 승인한 시민 방위군 법[160]은 부르주아지 자신을 향해서 되돌려졌다. 그 법은 부르주아지를 무장 해제하기 위한 법률상의 구실을 제공하는 것이 될 수밖에 없었다. 물론 부르주아지의 공상 속에서는 이 법은 지방 조례가 포고되고 헌법이 공포된 후, 즉 부르주아지의 지배가 확립된 후 비로소 효력을 발생하는 것이어야 했다. 우리는 시민 방위군 법과 관련하여 프로이센 부르주아지가 경험했던 것들이 그들을 이러한 공상에서 깨어나게 하는 데 기여하기를 바란다 ; 그들이 인민에 맞서서 행하려고 마음먹고 있는 모든 것들을 그럭저럭하는 사이에 그들 자신에 맞서서 행하고 있을 뿐이라는 것을 그들은 이 경험으로부터 알게 될 것이다.

따라서 인민에게 있어서 한제만 내각은 **실천적으로는** 구舊 프로이센식의 경찰 폭압으로 요약되고, **이론적으로는** 벨기에식의, 부르주아와 비부르주아의 모욕적인 차별들[161]로 요약되었다.

이 내각의 정강의 또 다른 부분인 **반동에 대한 무정부 상태**로 넘어가자.

이 측면에서 보자면, 내각은 행동보다 더 천진 난만한 소망을 보여 주어야만 한다.

이러한 천진 난만한 **부르주아적** 소망에 속하는 것으로는 황실 소유지를 개인 소유자에게 분할 매각하는 것, 금융 기관을 자유 경쟁에 내맡기는 것, 해외 무역 회사[162]를 민간 기관으로 전환시키는 것 등등이 있다.

행동 내각은 봉건적 당파에 대한 그 내각의 경제적 공격이 모두 **강제 공채의** 비호 아래 등장한다는 불행, 또한 일반적으로 내각의 개혁 기도들이 인민의 눈에는 강화된 '국가 권력'의 금고를 채우기 위한 단순히 재정적인 응급 수단으로 비쳐진다는 불행을 안고 있었다. 이처럼 한제만은 한편의 미움을 사면서 다른 편의 승인은 얻지 못하고 있었다. 그리고 그가 봉건적 특권들에 대해서 진지한 공격을 감행했을 때는 재무 장관에게 우선적으로 놓여 있는 문제인 '금전 문제', 즉 **재무부적** 의미에서의 금전 문제가 그를 짓누를 때뿐이었다는 사실은 부인될 수 없다. 한제만은 이처럼 편협한 의미로 봉건 영주들에게 이렇게 외쳤던 것이다 :

"여러분! 금전 문제에 인정은 금물입니다!"

　　이처럼 봉건 영주들에 대항한 한제만의 적극적인 부르주아적 노력들조차 '상업 활동의 활성화'를 위한 그의 소극적인 방책들과 마찬가지로 경찰적 색채를 띠었다. 요컨대 경찰은 정치 경제학에서는 국고를 의미한다. 한제만이 국민 의회에서 관철시켜 법률로 끌어올린 설탕세 및 화주세의 인상은 슐레지엔 Schlesien, 양兩 마르크, 작센, 동 프로이센, 서 프로이센 등지의, 신의 가호 아래 국왕과 조국을 위하던 갑부들을 격분시켰다. 그런데 이러한 방책은 구프로이센 지방들의 산업적 토지 소유자들의 분노를 불러일으키는 한편으로 라인 주의 부르주아 화주 제조업자들 사이에도 이에 못지않은 불만을 야기하였다. 이들 제조업자들은 이 방책 때문에 구프로이센 지방들과의 경쟁에서 자신들이 더욱 불리한 조건에 처하게 된다는 것을 알게 되었던 것이다. 그리고 급기야 이 방책은 구 지방들의 노동자 계급을 분노케 하였으니, 그들에게 있어서 이 방책은 다음과 같은 것 이외의 다른 어떤 것도 의미하지 않았고 의미할 수도 없었다 : 필수 불가결한 생활 수단의 가격 인상. 그리하여 이 방책에는 '강화된 국가 권력'의 금고 채우기 이외의 다른 어떤 것도 남아 있지 않게 되었다! 그리고 이 예로 충분하다. 왜냐하면 — 이것이 봉건 영주들에 대항해서 행동 내각이 실제로 취한 유일한 행동이요, 이러한 방침에 따라서 실제로 법률로 된 유일한 법안이기 때문이다.

　　계급세 및 지조 地組 면제의 폐지에 대한 한제만의 '제안들'과 그의 소득세 징수 계획은 '신, 국왕, 조국'에 대해 열광하는 지주들을 미쳐 날뛰게 하였다.　그들은 그를 — 공산주의자라고 소리쳐 욕했으며, 아직까지도 프로이센의 십자군 여기사 女騎士[1]는 한제만이란 이름을 말할 때면 세 번 성호를 긋는다. 그들에게는 그 이름이 프라 디아폴로 Fra Diavolo[2] 처럼 들린다. 협정 의회가 주권을 가지고 있던 시기에 프로이센의 한 장관에 의해 제안된, 유일하게 의미 있는 방책인 지조 면제의 폐지, 이 방책은 좌파의 원칙론적 편협함에 부딪혀 좌초하였다. 그리고 한제만 스스로가 이러한 편협함을 정당화

1) '프로이센의 십자군 여기사'란 『십자 신문』 Kreuz-Zeitung 이라고 불리어지던 극히 반동적이었던 『신 프로이센 신문』을 가리킨다. (역자)

2) 이탈리아 산적 미헬레 폐짜의 별명이다. (역자)

504

하였다. 좌파는, 헌법이 만들어지고 그 헌법에 대한 선서가 있기도 전에, '강화된 국가 권력'의 내각에 새로운 재정적 지원의 원천을 만들어 주어야만 했단 말인가?

이 순수한 par excellence 부르주아 내각은 자신의 가장 급진적인 방책이 협정 의회의 급진파 의원에 의해 무력화되지 않을 수 없을 만큼 불행했다. 봉건제와 맞서 싸우기 위해 이 내각이 일으켰던 십자군 원정 전체가 모든 계급들에게 한결같은 원성을 불러일으킨 **세금 증액**으로 귀착되어 버리고, 또한 내각의 재정적인 명민함 전체가 **강제 공채** 속에서 유산되어 버릴 만큼 이 부르주아 내각은 옹색하였다. 이 두 가지 방책들은 결국은 **부르주아지 자신**에 대한 반혁명의 출정에 군자금을 조달해 준 데 불과했다. 그러나 **봉건 영주**들은 **부르주아 내각**이 '사악한' 의도들을 가지고 있다고 확신하였다. 이처럼 프로이센 부르주아지가 그 자신 인기 없고 무력한 탓에 **돈**을 거두어들여도 **자기 자신**에 반反해서 거두어들일 줄밖에 몰랐다는 사실은 심지어 봉건주의에 대항한 이들의 재정적 투쟁들에서조차 입증되고 있다. 그리고 —— **여러분!** **금전 문제에 인정은 금물입니다!**

이 부르주아 내각은 도시 프롤레타리아트, 부르주아 민주주의파 및 봉건 영주들이 한결같이 자신에 대해 분노하게 만드는 데 성공했던 것과 마찬가지로 봉건주의에 예속된 **농민 계급**을 자신으로부터 이반시켜 적으로 만들 줄도 알았으며, 이 점에서 내각은 **협정 의회**의 매우 열렬한 지원을 받았다. 결코 잊어서는 안 될 것은 협정 의회가 그 생애의 절반 동안 한제만 내각을 자신의 적절한 대표자로 삼았다는 사실, 오늘의 부르주아적 순교자들은 어제의 한제만 추종자들이었다는 사실이다.

한제만 치하에서 파토브에 의해 제출된 봉건적 부담들의 폐지에 관한 법률 초안(이에 대해서는 이전에 우리가 행한 비판을 참조하라)은 '새로운 국가 제도와 양립할 수 없는 관계들'인 봉건적 특권들을 폐지하고자 하는 부르주아지의 무력하기 그지없는 욕망과 어떠한 종류의 소유이든 소유가 혁명적으로 손상되는 것에 대한 부르주아지의 불안이 뒤섞인 한심하기 그지없는 졸작이었다. 이 한심한, 불안에 떠는, 편협한 이기주의는 프로이센 부르주아지로 하여금 그들의 **없으면 안 되는 동맹자** —— 농민 계급 —— 를 뿌리쳐 버릴 정도로 그들의 눈을 멀게 하였다.

6월 3일, 하노브 의원은 다음과 같은 동의 動議 를 제출하였다.

"영주 — 농민 관계의 조정 및 부역 상각에 관한 모든 미결의 교섭들은 이 건件 에 관해 공정한 원칙들에 입각하여 새로이 제정된 법률이 발표될 때까지는 [당사자 중] 어느 한 명의 신청에 의해서 즉각 정지할 수 있다."

그리고 넉 달 뒤인 9월 말에야 비로소, 푸엘 내각하에서 협정 의회는, 영주 — 농민간의 미결의 교섭들을 정지하는 건에 관한 법안을 채택했는데, 그것도 모든 자유주의적 수정 동의를 부결시키고 '현행의 급부를 잠정적으로 확인할 것이라는 유보 조건' 및 '소송중인 공납과 체납분을 징수할 것이라는 유보 조건'을 말미에 덧붙인 후에야 채택하였다.

8월에 — 혹시 우리가 잘못 생각한 것이 아니라면 — 협정 의회는 '부역을 즉각 폐지'하자는 넨슈틸의 동의를 긴급을 요하는 것으로 인정하지 않았다. —— 그랬는데, 3월 이후 농민들이 사실상 획득했던 상태 이전의 것으로 그들을 되던졌던 바로 이 협정 의회를 위해 투쟁하는 것을, 농민들이 긴급을 요하는 것으로 인정해야만 할까?

프랑스 부르주아지는 농민들의 해방과 더불어 시작했다. 농민들과 함께 그들은 유럽을 정복했다. 프로이센 부르주아지는 자신들의 눈앞에 놓여 있는 편협하기 그지없는 이해에 너무나 얽매여 있었던 까닭에 이러한 동맹자조차 놓쳐 버리고 말았으며 이들을 봉건적 반혁명의 수중에 있는 도구로 만들어 버렸다.

부르주아 내각 해체의 공식적 역사는 잘 알려져 있다.

이 부르주아 내각의 비호 아래에서 '국가 권력'이 크게 '강화되고' 인민의 에네르기가 심하게 억눌린 결과, 일찍이 7월 15일에 디오스쿠르 Dioskur[3]인 퀼베터 — 한제만은 왕국의 모든 행정구 장관들이 모인 자리에서 행정 관리들, 특히 관구 지도관들의 반혁명적 책동들에 관한 경고의 말씀을 하지 않을 수 없게 되었는데 이 경고의 말씀인즉슨 추후에 그들 특권들의 '보호를 위한 귀족과 대지주들의 의회가 협정 의회와 나란히 베를린에서 개최되

---

3) 희랍 신화에 나오는 이름으로 제우스와 스파르타의 왕비 레다 사이에서 태어난 쌍둥이 용사 카스토르 Kastor 와 폴룩스 Pollux 를 이른다. (역자)

며, 종국적으로 9월 4일에는 중세로부터 전해오는, '위협받는 토지 소유권 보전을 위한 지역 단위 연합 의회 Kommunallandtag'[4]가 소위 베를린 국민 의회에 대항하여 오베르라우지츠 Oberlausitz 에서 소집된다는 내용이었다.

정부와 소위 국민 의회가, 이처럼 점점 위협적으로 되어 가고 있는 반혁명적 징후들에 대항하여 자신들이 모은 에네르기를 종이 쪽지상의 경고들로 발산하였던 것은 참으로 그들에게 어울리는 짓이었다. 이 부르주아 내각은 '실추된 신뢰의 회복과 상업 활동의 활성화를 위하여' 오직 대 對 인민용으로만 총검과 탄환과 감옥과 간수를 가지고 있었다.

포악한 병사들이 시민 방위군 속의 부르주아지를 직접 학살한 슈바이드니츠 Schweidnitz 의 사건은 마침내 국민 의회를 그 무감각 상태로부터 깨어나게 하였다. 8월 9일에 국민 의회는 하나의 영웅적 행위, 즉 슈타인 – 슐츠의 군 명령 軍命令[163]을 위하여 분기하였는바, 이 군 명령의 최종적 강제 수단은 프로이센 장교들의 동정심이었다. 이 얼마나 훌륭한 강제 수단인가! 그리고 근왕파의 명예는 장교들에게 부르주아적 명예에 귀기울이는 것을 금지하지 않았던가?

협정 의회가 슈타인 – 슐츠의 군 명령을 작성한 지 한 달 후인 9월 7일에 협정 의회는, 의회의 의결은 진정한 의결이며 각료들은 이 의결을 수행하여야만 한다는 것을 재차 의결하였다. 한제만은 이를 거부했고, 미리 자신을 연봉 6,000 탈러의 은행장으로 임명한 후 9월 11일 사임하였다. 왜냐하면

——여러분! 금전 문제에 인정은 금물입니다!

결국 9월 25일에 협정 의회는 푸엘의 입으로부터 나온, 슈타인 – 슐츠의 군 명령을 아주 약화된 형태로 승인하는 상투어를 고맙게 받아들였는데, 그럼에도 불구하고 이 명령은 그것과 나란히 진행된 브랑엘의 군 명령[164]과 베를린 주위로 집결한 대군으로 인해 하나의 서투른 익살로 전락하고 말았다.

위에서 주어진 사실들과 슈타인 – 슐츠의 군 명령의 전말을 잠깐만이라도 살펴볼 필요가 있는데, 그러면 그 군 명령이 한제만의 사직의 진정한 이유가 아니었다는 것을 확신하게 된다. 혁명을 승인하는 것조차 겁내지 않았던 한제만이 그러한 종이 쪽지상의 선언을 겁낼 리가 있겠는가? 장관직이

---

4) 지방 의회를 본따서 소집되는 작은 행정 지역들의 연합 의회. (역자)

자신의 손에서 빠져 나갈 때마다 매번 다시 그것을 집어 들었던 한제만이 이번에 그저 화가 치민다고 해서 의회의 장관 자리를 내놓을 리가 있겠는가? 아니다. 우리의 한제만은 결코 몽상가가 아니다! 한제만은 그가 속아 넘어간 부르주아지 일반을 표현하였던 것과 마찬가지로 그저 속아 넘어갔을 뿐이다. 사람들은 그로 하여금 어떠한 경우에도 왕권이 그를 버리지 않을 것이라고 믿게 하였다. 사람들[왕권]은, 결국 한제만을 시골뜨기 융커들의 원한에 제물로 바칠 수 있기 위해서, 그리고 자신들이 부르주아지의 후견으로부터 자유로워질 수 있기 위해서 한제만이 그의 인기의 최후의 외관을 잃어버리도록 만들었다. 게다가 러시아 및 오스트리아와 타결한 작전 계획은 궁정당에 의해 협정 의회 외부에서 임명된 장군을 내각의 정점에 앉힐 것을 요구했다. 부르주아 내각하에서 과거의 '국가 권력'은 이러한 쿠데타를 감행할 수 있을 만큼 충분히 '강화되었던' 것이다.

푸엘은 사람들을 실망시켰다. 빈에서의 크로아티아 인의 승리는 브란덴부르크 같은 사람조차 쓸 만한 도구로 만들었다.

브란덴부르크 내각하에서 협정 의회는 창피스러운 모습으로 쫓겨났으며 우롱당하고 모욕당하고 자존심 상하고 능욕당했으며, 또한 인민은 결정적인 순간에 냉담하였다. 협정 의회의 패배는 **프로이센 부르주아지**, 즉 **입헌파의 패배**였고, 따라서 **민주주의파의 승리**였다. 비록 후자가 이 승리에 대해 비싼 대가를 치러야만 했다 하더라도.

그런데 **흠정 헌법**[146]은 어떠한가?

옛날에는 이렇게 말했다. 왕과 **그**의 인민 사이에 한 '조각의 종이'[165]가 비집고 들어오는 일은 결코 있을 수 없다고. 이제는 이렇게 말한다 : 왕과 **그**의 인민 사이를 비집고 들어올 수 있는 것은 **오직 한 조각의 종이**뿐이다. 프로이센의 **진정한** 헌법은——계엄 상태이다. 프랑스의 흠정 헌법은 단 하나의 제14조를 갖고 있었는데 이 제14조가 그 헌법을 정지시켰다.[166] 프로이센의 흠정 헌법은 모든 조항이 다 제14조이다.

왕권은 이 헌법을 통해 새로운 특권들을 흠정하고 있다.——즉 **자기 자신**을.

왕권은 의회들[즉 상원과 하원 모두]을 무기한 in indefinitum 해산할 권한을 제멋대로 자기 자신에게 부여하고 있다. 왕권은 의회의 휴회 중 임의

508

의 법률들(소유권 등등에 관한)을 발표할 권한을 제멋대로 각료들에게 부여하고 있다. 왕권은 이를 이유로 각료를 탄핵할 수 있는 권한을 제멋대로 대의원들에게 부여하고 있으나, 대의원들은 그렇게 하기 위해서는 계엄 상태하에서 '내부의 적'으로 선고될 위험을 무릅쓰지 않으면 안 된다. 마지막으로 왕권은, 봄에 반혁명의 주가株價가 올라가면, 이 공중에 떠다니는 '종이 조각들'을 중세의 신분 차별로부터 유기적으로 자라나온 기독교적·게르만적 대헌장 Magna Charta[167]으로 대체하거나 혹은 이 헌법 놀이를 전면적으로 중지시킬 수 있는 권한을 제멋대로 자기 자신에게 부여하고 있다. 후자의 경우에서조차 부르주아지의 보수적 부분은 다음과 같이 손 모아 기도할 것이다 :

주는 주시었나니, 주는 받사왔나니, 주의 이름은 찬미될지어다!

3월에서 12월까지의 프로이센 부르주아지, 일반적으로 독일 부르주아지의 역사는, 독일에서는 순수한 부르주아 혁명 및 입헌 군주제라는 형태하에서의 부르주아지 지배의 확립이란 불가능하다는 사실, 단지 봉건적·절대주의적 반혁명만이 가능하거나 혹은 사회적·공화주의적 혁명만이 가능하다는 사실을 증명하고 있다.

그러나 부르주아지 중의 생활력 있는 부분이 자신들의 무감각 상태로부터 다시 깨어나지 않으면 안 된다는 사실에 대해서는 무엇보다도 먼저, 다가올 봄에 반혁명파에 의해 제출되어 그들 부르주아지를 소스라치게 만들 어마어마한 계산서가 보증하고 있다.──우리의 한제만이 그토록 기지 있게 말하는 것처럼 :

여러분! 금전 문제에 인정은 금물입니다!

출전 :『신 라인 신문』
제165, 169, 170, 183호
1848년 12월 10, 15, 16, 31일자.

맑스·엥겔스 저작집,
제6권, 102_124면.

최인호 번역

칼 맑스
혁명 운동

쾰른, 12월 31일. 혁명 운동이 1848년의 혁명 운동처럼 그렇게 교화적인 서곡으로 시작된 적은 한 번도 없었다. 교황은 그 운동을 종규 宗規 에 따라 축복하였으며, 아이올로스의 하프는 부드러운 박애의 곡조로 울리기 시작했던바, 그 곡조의 가사는 사회 성원들과 국민들의 Fraternité, 우애였다.

　　　　　수백만의 동포들아

　　　　　서로 포옹하세,

　　　　　온 세상에 입맞춤을 보내세![168]

　[그러나] 지금 교황은 로마에서 쫓겨나 호랑이 닮은 백치, 페르디난트의 보호 아래 가에타 Gaeta 에 머물고 있다. 그리고 이 이탈리아의 '주도자' Iniciatore 는, 이탈리아의 조상 전래의 원수이며, 자신의 전성기에 파문으로 위협했던 그 오스트리아와 음모를 꾸며 이탈리아에 맞서고 있다. 최후의 프랑스 대통령 선거는 변절자 라마르띤느의 인기 없음을 통계 숫자로 보여 주었다. 2월과 3월의 혁명들보다 더 박애적이고 더 인간적이고 더 유약한 것은 없으며, 또 이 **유약한 인간적 모습**의 필연적 결과들보다 더 야만적이었던 것은 없다. 증인들 : 이탈리아, 폴란드, 독일 그리고 특히 6월의 패배자들[88].

　그런데 프랑스 노동자들의 6월의 패배와 함께 6월의 승리자들 자신도 정복당하였다. 르드뤼 ─ 롤랭과 산악파[169]의 그 밖의 일원들은 부르주아 공화파인 『나씨오날』파에 의해 진압되었다 ;『나씨오날』파는 왕조적 반정부파[138]인 띠에르 ─ 바로 파에게, 후자조차도 정통 왕조파[110]에게 굴복하지 않을 수

없을 것이다. [만약] 3월의 복고의 순환이 끝나지 않는다면, 그리고 루이 나
뽈레옹이 속이 빈 투표함—이 투표함 속에 프랑스 농민들은 혁명적·사회적
운동으로의 그들의 진입을 집어 넣은 것이며, 프랑스 노동자들은 지나온 시
기들의 모든 지도자들, 띠에르—바로 파, 라마르띠느와 까베냑—마라스뜨
파에 대한 반대표를 집어 넣은 것이다—이상의 인물이라면. 어쨌든 우리는,
혁명적인 프랑스 노동자 계급의 패배가 또한 이 계급을 굴복시킨 공화주의
적 프랑스 부르주아지의 패배를 그 불가피한 결과로서 가져왔다는 사실을
명기해 둔다.

프랑스 노동자 계급의 패배, 프랑스 부르주아지의 승리는 동시에 갈리
아 Gallia 의 수탉의 울음 소리에 영웅적인 해방의 시도들로 응답했던 민족들
의 새로운 속박이었다. 폴란드, 이탈리아 그리고 아일랜드는 다시 한번 프로
이센, 오스트리아, 영국의 경찰들에 의해 약탈당하고 능욕당하고 암살당했
다. 프랑스 노동자 계급의 패배, 프랑스 부르주아지의 승리는 동시에 모든
유럽 나라들의 중간 계급들의 패배였던바, 그 모든 유럽 나라들에서 중간 계
급들은 잠깐이나마 인민과 단결하여 봉건주의에 맞서는 유혈적 반란으로써
갈리아의 수탉의 울음 소리에 응답했다. 나폴리, 빈, 베를린! 프랑스 노동자
계급의 패배, 프랑스 부르주아지의 승리는 동시에 서구에 대한 동구의 승리,
야만에 대한 문명의 패배였다. 왈라키아 Walachei 에서는 러시아 인들과 그
들의 도구들인 터키 인들에 의한 로마 인들의 억압이 시작되었다 ; 빈에서는
크로아티아 Kroatien 병사, 헝가리 출신 보병, 체코 병사, 그리고 이들과 매
한가지의 룸펜 천민들이 게르만의 자유를 교살하였고, 지금 이 순간에는 짜
르가 유럽 전역에 편재 遍在 하고 있다. 프랑스 부르주아지의 몰락, 프랑스
노동자 계급의 승리, 노동자 계급 일반의 해방은 따라서 유럽 해방의 암호이
다.

그런데 전체 국민들을 자국의 프롤레타리아들로 변화시키고 있는 나라,
거대한 무기를 갖고서 전세계를 포위하고 있는 나라, 이미 한 번 자신의 돈
을 가지고서 유럽 복고의 비용을 댄 적이 있는 나라, 그 태내에서 계급 대립
들이 아주 뚜렷하고도 거리낄 것 없는 형태로 진행된 나라——즉 **영국**은 혁
명의 파도에 부딪혀서 산산조각나는 커다란 바위와 같아 보이는데, 이 나라
는 새로운 사회를 이미 그 태내에서 굶주리게 하고 있다. 영국은 세계 시장

을 지배하고 있다. 유럽 대륙의 어떤 나라에서의 국민 경제적 관계들의 변혁
도, 유럽 대륙 전체에서의 그러한 변혁도 영국에서의 변혁 없이는 찻잔 속의
폭풍이다. 각 국민 내부의 상공업의 관계들은 그 국민과 다른 국민들과의 교
류에 의해 지배되고 있고, 그 국민의 세계 시장에 대한 관계에 의해 조건지
어져 있다. 그런데 영국이 세계 시장을 지배하고 있고, 부르주아지가 그 영   5
국을 지배하고 있다.

　　따라서 유럽의 해방은, 그것이 독립의 획득을 위한 피억압 민족들의 봉
기이든 봉건적 절대주의의 전복이든 간에 프랑스 노동자 계급의, 승리를 거
두는 봉기에 의해 조건지어져 있다. 그러나 각각의 어떠한 프랑스 사회 변혁
도 필연적으로 영국의 부르주아지에, 대영제국의 공업적·상업적 세계 시장   10
지배에 부딪혀 좌초한다. 프랑스 및 유럽 대륙에서의 어떠한 부분적인 사회
개혁도 그것이 최종적이어야 하는 한, 껍데기만 있는 헛된 소망이며, 또 그
러한 소망으로 남고 말 것이다. 그리고 낡은 영국은 세계 전쟁에 의해서만 전
복되는바, 이 세계 전쟁만이 조직된 영국의 노동자당인 차티스트 당[29]에게
그들의 거대한 억압자들에 맞서는 성과 있는 봉기를 위한 조건들을 제공할   15
수 있다. 차티스트들이 영국 정부의 꼭대기에 서 있을 때——그 순간에야
비로소 사회 혁명은 공상의 영역에서 현실의 영역으로 옮아 간다. 그런데 영
국이 끼어든 유럽의 어떠한 전쟁도 세계 전쟁이다. 세계 전쟁은 이탈리아에
서처럼 캐나다에서도, 프로이센에서처럼 동인도에서도, 도나우 강변에서처럼
아프리카에서도 일어난다. 그리고 유럽의 전쟁은 프랑스에서의, 승리를 거두   20
는 노동자 혁명의 최초의 결과이다. [그때에] 영국은 나뽈레옹 시대 때처럼
반혁명군의 선두에 서겠지만, 그 전쟁 자체에 의해 혁명 운동의 선두와 맞부
딪히게 될 것이며, [그리하여] 18세기의 혁명에 진 빚을 갚게 될 것이다.

　　프 랑 스　노 동 자　계 급 의　혁 명 적　봉 기, 세 계　전 쟁
—— 이것이 1849년의 내용 목차이다.

출전 :『신 라인 신문』제184호　　　　　　　　　　　　맑스·엥겔스 저작집,
1849년 1월 1일자　　　　　　　　　　　　　　　　　　제6권, 148-150면.

　　　　　　　　　　　　　　　　　　　　　　　　　　　최인호　번역

칼 맑스

라인 지구 민주주의자 위원회에 대한 재판[170]
[변 론]

배심원 여러분! 계류 중인 본 소송이 12월 5일 이전에 제기되었더라면 저는 검찰의 공소를 이해하였을 것입니다. 그러나 12월 5일 이후인 현재, 검찰이 어떻게 왕권 자신이 짓밟아 버린 법률을 우리에게 발동하는 짓을 감행했는지 저로서는 이해할 수 없습니다.

검찰은 무엇에 근거해서 국민 의회를 비판하고 조세 거부 결의를 비판하였습니까? 1848년 4월 6일자 및 8일자 법률들[118]에 근거해서입니다. 그리고 정부가 12월 5일에 독단적으로 헌법을 흠정하고 나라에 새로운 선거법을 강요했을 때 정부는 무슨 짓을 했던 것입니까?[146] 정부는 1848년 4월 6일자 및 8일자 법률들을 갈기갈기 찢어버렸던 것입니다. 이 법률들이 정부의 지지자들에게는 더 이상 존재하지 않는데 정부의 반대자들에게는 여전히 존재해야 합니까? 정부는 12월 5일에 **혁명적** 지반 위에, 즉 **반혁명적** 지반 위에 섰습니다. [지금] 정부에 대항하고 있는 것은 혁명가들 혹은 그 공범자들밖에는 없습니다. 심지어 정부 스스로가, 기존의 법률의 지반 위에서 행동하고 법률의 침해에 반대하여 기존의 법률을 고수하던 대다수의 시민들을 폭도들로 변화시켰습니다. 12월 5일 이전에는 국민 의회의 이전, 국민 의회의 해산, 베를린의 계엄 상태에 대해 여러 가지 견해가 있을 수 있었습니다. 이러한 방책들이 반혁명을 야기할 의도를 가지고 있었다는 것, 따라서 자신이 **정부**일 수 있었던 조건들을 스스로 더 이상 승인하지 않는, 그러므로 또한 국민으로부터 더 이상 정부로 승인될 수 없는 일개 분파에게 모든 수단이 허용되었다는 것은 12월 5일 **이후에는** 확실한 사실이 되어 있습니다. 여러분! 왕권은 최소한 합법성의 외양이라도 구출할 수 있었으나 그것을 거부했습니다. 왕권은 국민 의회를 쫓아 버린 다음에 내각을 국민 앞에 세워 이렇게 말하게 할 수 있었습니다 : "우리는 쿠데타를 감행했다. 상황이 우리에게 그렇게 하도록 강요했다. 우리는 형식상으로는 법률을 무시하였지만 국가의 존립 자체가 위협받는 위기의 순간이라는 것이 있다. 그러한 순간에는 **하나의** 불가침의 법률, 국가의 존립만이 있을 뿐이다. 우리가 의회를 해산시켰을 때 헌법은 존재하지 않았다. 따라서 우리는 헌법을 [위반할래야] 위반할 수 없었다. 그 대신에 2개의 기본법, 즉 1848년 4월 6일자 및 8일자의 법률들이 존재한다. 아니 실제로는 단 **하나의** 기본법, 즉 **선거법**이 존재하고 있을 뿐이다. 우리는 이 법률에 따라 새로운 선거에 협력하기를 국민에게 요구한다. 이 예비 선거로 생겨나는 의회 앞에 우리가 출두할 것이다. 우리 **책임** 내각이. 이 의회가 쿠데타를 상황의 필연성에 의해 생겨난 **구국 행위**로서 승인할 것을 우리는 기대하고 있다. 의회는 이 쿠데타를 사후에 재가할 것이다. 의회는 우리가 조국을 구원하기 위해 법률적 형식을 침해한다는 것을 말해 줄 것이다. 의회가 우리가 한 일에 대해서 주사위를 던져 줄 것이다."

내각이 그렇게 행동했다면 내각은 우리를 여러분의 법정에 불러오면서도 어느 정도의 **외양**을 갖출 수 있었을 것입니다. 그랬다면 왕권은 합법성의 외양을 구출할 수 있었을 것입니다. 그러나 왕권은 그렇게 할 능력도 **의양**도 없었습니다.

왕권의 눈으로 보기에 3월 혁명은 하나의 폭거였습니다. 하나의 폭거는 또 다른 폭거에 의해서만 제거될 수 있습니다. 내각은 1848년 4월의 법률에 기초한 재선거를 거부함으로써 자신의 **책임을 부인하였고, 내각이 책임을 져야 하는 판결 자체를 무효화하였습니다.** 이처럼 내각은 애초부터 인민에 대한 국민 의회의 호소를 순수한 외양으로 허구로 기만으로 변화시켰습니다. 내각은 입법 의회의 불가결한 부분으로서 재산 평가에 기초한 상원을 만들어 냄으로써 기본법들을 파기하였고, 법적 지반을 포기하였으며, 인민 선거를 위조하였고, 왕권의 '구국 행위'에 대해 인민이 어떤 판단도 하지 못하도록 가로막았습니다.

그러므로 여러분, 다음의 사실은 부인될 수 없으며 후세의 어떤 역사가

514

도 그것을 부인하지 않을 것입니다 : 왕권이 혁명을 만들었다는, 왕권이 기존
의 법의 상태를 무너뜨렸다는, [그러므로] 왕권은 스스로가 그렇게 비열하게
파기해 버린 법률에 호소할 수 없다는 사실. 사람들이 마침내 혁명을 완수한
다면, 사람들은 그들의 적을 패배한 적으로서 교수형에 처할 수는 있어도 범
죄자로서 재판할 수는 없습니다. 사람들은 혁명 혹은 반혁명이 완수된 후에,
[혁명 혹은 반혁명에 의해] 파기된 법률들을 그 법률들의 **옹호자들**에 대해 적
용할 수 없습니다. 그것은 비열한 합법성의 위선입니다. 여러분, 여러분은
그것을 여러분의 판결에 의해 재가하지 않으실 것입니다.

　　여러분, 저는 여러분에게, 정부가 '왕권의 구국 행위'에 대한 인민의 판
단을 위조했다고 말했습니다. 그럼에도 불구하고 인민은 이미 왕권에 **대항하**
고 국민 의회를 **지지하기로** 결정했습니다. 하원 선거는 유일하게 1848년 4월
8일자 법률에 기초해서 실시된 것이기 때문에 유일한 합법 선거입니다. 그리
고 거의 모든 조세 거부 의원들이 하원에 재선출되었는데 그중 많은 의원들
이 재선, 삼선 의원들이었습니다. 저와 공동 피고인 슈나이더 2세조차 쾰른
의 대의원입니다. 따라서 국민 의회의 조세 거부 결의 권리에 관한 문제는
실제로 이미 인민에 의해 결정되어 있습니다.

　　여러분, 이 최고의 판결은 도외시하더라도, 여기에 통상적 의미에서의
어떠한 범죄도 존재하지 않는다는 것, 일반적으로 여기에 여러분의 관할에
속하는 법률과의 어떠한 충돌도 존재하지 않는다는 것을 여러분 모두는 인
정하실 것입니다. 통상적 상태에서 공권력은 기존 법률의 집행자입니다 ; 이
법률을 파괴하거나 혹은 이 법률을 집행하는 공권력에 폭력적으로 반항하는
사람이 범죄자입니다. 우리의 경우에는 하나의 공권력이 법률을 파괴하였고
또 다른 공권력, 어느 쪽이든 상관이 없겠지만 어쨌든 또 다른 공권력이 그
법률을 수호하였습니다. 두 국가 권력들 사이의 투쟁은 사법의 영역에도 속
하지 않으며 형법의 영역에도 속하지 않습니다. 누가 정당한가, 왕권인가 국
민 의회인가 하는 문제, 이것은 하나의 역사적인 문제입니다. 프로이센의 모
든 배심원들, 모든 재판소들이 다 모여도 그 문제를 결정할 수 없습니다. 이
문제를 해결하는 것은 단지 하나의 힘, 즉 역사밖에 없습니다. 따라서 사람
들이 어떻게 우리를 형법전 Code pénal[158]에 근거해서 피고석에 소환할 수
있었는지 저로서는 이해할 수 없습니다.

여기서 문제가 되는 것은 두 개의 권력 Gewalten 사이의 투쟁이었다는 것, 그리고 힘 Gewalt 만이 두 개의 권력 사이의 투쟁을 결정할 수 있다는 것은, 여러분, 혁명파 신문도 반혁명파 신문도 한결같이 언명하였던 것입니다. 정부의 기관지조차 투쟁을 결정하기 직전에 그것을 선언하였습니다. 현 내각의 기관지인 『신 프로이센 신문』이 그것을 분명히 인정했습니다. 위기가 있기 며칠 전에 그 신문은 대략 다음과 같이 말했습니다 : 지금 문제가 되고 있는 것은 더 이상 법이 아니라 힘이다. 그리고 오랫동안 신의 은총을 입은 왕권이 아직 힘을 가지고 있다는 것이 분명해질 것이다. 『신 프로이센 신문』은 사태를 올바르게 파악했습니다. 힘 대 힘. 승리가 양자의 투쟁을 결정해야만 했습니다. 반혁명이 승리를 거두었습니다. 그러나 드라마의 제1막이 끝났을 뿐입니다. 영국에서는 투쟁이 20년 이상 계속되었었습니다. 찰스 1세는 다시 승리자가 되었지만 마지막에는 처형대에 올라갔습니다. 그리고 여러분, 현 내각과 이 내각의 앞잡이로 이용되었고 이용되고 있는 이 관리들이 현재의 의회 혹은 그 후계자들로부터 대역 죄인이라는 판결을 받지 않을 것이라고 누가 보증하겠습니까?

여러분! 검찰은 자신의 기소의 근거를 4월 6일자 및 8일자 법률들에서 구하려 하였습니다. 그래서 저는 바로 이 법률들이 우리에게 무죄 판결을 내린다는 것을 여러분에게 증명하지 않을 수 없었습니다. 그러나 저는 이 법률들을 인정하지 않았으며 또 앞으로도 인정하지 않을 것이라는 것을 여러분에게 숨기지 않으렵니다. 이 법률들은 인민의 선거로 뽑힌 대의원들에게는 전혀 효력이 없었습니다 ; 하물며 그 법률들이 3월 혁명의 나아갈 길을 지시해 줄 수는 더더욱 없었습니다.

4월 6일자 및 8일자 법률들은 어떻게 생겨났습니까? 정부와 **연합 지방의회**[118]의 협정을 통해서입니다. 사람들은 이러한 방법으로 낡은 법 상태를 실마리로 삼으려 했으며, 바로 이 상태를 제거한 혁명의 마무리 회칠을 하려 하였습니다. 캄프하우젠 부류의 사람들은 합법적 진보의 외양을 구출하는 것이 중요하다고 생각했습니다. 그런데 그들은 어떻게 이 외양을 구출하려고 했었습니까? 일련의 명백한, 어리석은 모순들을 통해서입니다. 여러분, 여러분은 낡은 법의 관점에서 계속 보실 것입니까? 장관 캄프하우젠, 책임 내각의 장관, 관리 경력 없는 장관이 거기 있었다는 것만으로도 하나의 위법이 아니었습니까? **책임 내각의 수상인** 캄프하우젠의 지위가 하나의 위법이었습니다. **법률상** 존재하지 않는 이 관리가 연합 지방 의회를 소집하는 것은 법률을 의결하기 위해서이지만, 이 의회 자체가 **법률상** 그러한 **법률**을 의결할 권한을 가지고 있지 않았습니다. 그리고 이렇게 스스로를 폐지하고 스스로를 모욕하는 형식 유희를 사람들은 합법적 진보, 법적 지반의 수호라고 명명하였던 것입니다!

그러나 여러분, 형식은 도외시합시다! 연합 지방 의회란 무엇입니까? 낡고 부패한 사회 관계들의 대표자입니다. 혁명, 그것은 바로 이 관계들에 대항하여 일어났던 것입니다. 그런데 이 낡은 사회에 대항한 혁명을 승인하고 규제하고 조직화하기 위한 기본법들을 패배한 사회의 대표자들에게 제출한단 말입니까? 이 얼마나 어리석은 모순입니까! 지방 의회는 낡은 왕국과 함께 타도되었습니다.

여러분, 이 기회에 이른바 **법적 지반**을 정면으로 마주보도록 합시다. 우리가 정당하게도 법적 지반의 적으로 간주되고 있는 만큼, 그리고 4월 6일자 및 8일자 법률들은 자신의 현존재를 법적 지반의 형식적 승인에만 의존하고 있는 만큼 더욱더 저는 이 점을 언급하지 않을 수 없습니다.

지방 의회는 무엇보다도 대토지 소유를 대표하였습니다. 대토지 소유는 현실적으로 중세 **봉건 사회**의 기초였습니다. 이에 반해 **현대 부르주아 사회**, **우리의** 사회는 공업 및 상업에 입각해 있습니다. 토지 소유 자체는 자신이 가지고 있던 이전의 모든 존재 조건들을 잃어버렸으며 상업 및 공업에 의존하게 되었습니다. 따라서 오늘날 농업은 공업적으로 경영되고 있으며 과거의 봉건 영주들은 가축, 양모, 곡물, 사탕무, 화주 등등의 공장주들로, 다른 모든 상인들과 마찬가지로 공업 생산물 거래에 종사하는 사람들로 영락하였습니다! 그들이 아무리 낡은 편견을 고집하려 해도 실제 생활에서 그들은 가능한 한 적은 비용을 들여 가능한 한 많이 생산하는, 가장 싸게 살 수 있는 곳에서 사서 가장 비싸게 팔 수 있는 곳에서 파는 부르주아로 변하고 있습니다. 따라서 이 신사분들의 생활 양식, 생산 양식, 영리 양식이 이미, 그들이 물려받은 교만한 거짓 상상을 꾸짖고 있습니다. 지배적인 사회적 요소로서의 토지 소유는 **중세적 생산 양식 및 교류 양식**을 전제합니다. 연합 지방 의회는 오래 전에 존재하지 않게 된 이러한 중세의 생산 양식 및 교류 양식을 대

표하였으며, 이 중세의 생산 양식 및 교류 양식의 대표자들은 그들이 아무리
낡은 특권을 고집한다 해도 바로 그만큼 새로운 사회의 이점을 함께 향유하
고 이용하고 있습니다. 완전히 다른 기초와 달라진 생산 양식에 입각해 있는
새로운 부르주아 사회는 정치 권력도 탈취해야만 했습니다 ; 그 정치 권력을
이 새로운 사회는 몰락하는 사회의 이익을 대표하는 사람들의 손에서 탈취   5
해야만 했는바, 이 정치 권력의 조직 전체는 완전히 상이한 물질적 사회 관
계들에서 생겨났던 것입니다. 이 때문에 **혁명은 일어났습니다.** 따라서 혁명은
낡은 사회의 최고의 정치적 표현인 **절대 왕정**을, 그리고 **신분 대표제**를 겨냥
해서 일어났습니다. 그런데 이 **신분 대표제**는 오래 전에 현대 공업에 의해 파
괴된 사회 질서 혹은 기껏해야, 부르주아 사회에 의해 나날이 포위되고 있고   10
뒷전으로 밀려나고 있는, 해체된 **신분들**의 오만한 잔해를 대표하였을 뿐입니
다. 따라서 낡은 사회의 대표자인 연합 지방 의회가, 혁명에 의해 권리를 획
득해 가고 있는 새로운 사회에 대해 법률을 명할 수 있다고 어떻게 생각할
수 있겠습니까?

　　법적 지반을 수호하기 위해서라고 말들을 합니다. 그러나, 여러분, 여러   15
분은 법적 지반의 수호라는 말에서 무엇을 이해하십니까? [법적 지반의 수호
란] 과거의 사회적 시대에 속하는 법률들, 몰락한 혹은 몰락해 가는 사회적
이해들의 대표자들에 의해 만들어진 법률들, 따라서 또한 보편적 욕구와 모
순 되게 존재하는 이러한 이해들을 법률로 고양시킨 법률들의 수호[를 뜻합
니다]. 그러나 사회는 법률에 입각해 있지 않습니다. 그것[사회가 법률에 입   20
각해 있다는 것]은 하나의 법률가적 망상입니다. 오히려 법률이 사회에 입각
해야 하며, 법률은 각 개인의 자의에 반하여 그때 그때의 물질적 생산 양식
에서 생겨난, 사회의 공통의 이해와 욕구의 표현이지 않으면 안 됩니다. 여
기 저의 손에 있는 나뽈레옹 형법전 Code Napoléon,[147] 이것이 현대 부르주
아 사회를 만든 것이 아닙니다. 오히려 18세기에 생겨났고 19세기에 계속   25
발전해 온 부르주아 사회가 형법전에서 법률적 표현을 발견한 것일 뿐입니
다. 이 법전이 더 이상 사회 관계들에 조응하지 않게 되자마자 그것은 한낱
종이 뭉치에 불과하게 됩니다. 이 낡은 법률들이 낡은 사회 상태를 만들지
않았던 것과 꼭 마찬가지로 여러분은 낡은 법률을 새로운 사회적 발전의 기
초로 만들 수 없습니다.

이 낡은 상태로부터 이 낡은 법률들이 생겨났으므로 그 상태와 함께 그 법률들도 몰락할 수밖에 없습니다. 변화하는 생활 상태에 따라 이 법률들은 필연적으로 변화합니다. 사회 발전의 새로운 욕구와 요구에 반하는 낡은 법률의 수호는 기본적으로, 시대에 맞는 공동 이익에 반하는 시대 착오적인 특수 이익의 위선적 유지와 다름없습니다. **법적 지반의 이러한 유지**는 그러한 특수 이익을, 그것이 **더 이상 지배적이지 않게 되었는데도 지배적인 것으로서** 통용시키려 합니다 ; 그것은 이 사회의 생활 상태에 의해, 그 영리 양식, 그 교류, 그 물질적 생산 자체에 의해 유죄 판결을 받은 법을 사회에 강요하려고 하며, 특수 이익만을 추구하는 입법자들을 그 직무에 머물게 하려고 하며, 폭력적으로 소수의 이익을 다수의 이익 위에 놓기 위해 국가 권력을 남용하려 하는 것입니다. 따라서 그것은 현존의 욕구와 매번 모순을 일으키며 교류, 공업을 방해하고, **정치 혁명**으로 폭발할 **사회적 위기**를 준비합니다.

이것이 법적 지반을 고집한다는 것, 법적 지반을 수호한다는 것의 진정한 의미입니다. 그리고 사람들은 의식적인 기만 혹은 무의식적인 자기 기만에 입각하고 있는 이 법적 지반이라는 공문구에 근거하여 연합 지방 의회의 소집을 지지하였으며, 혁명에 의해 필요하게 되었고 혁명에 의해 생겨난 국민 의회 대신에 이 지방 의회로 하여금 기본법들을 만들어 내게 하였습니다. 그리고 이 법률들에 따라 국민 의회를 재판하려 하고 있습니다!

국민 의회는 연합 지방 의회로 대표되었던 봉건 사회에 대립하여 현대 부르주아 사회를 대표하였습니다. 이 의회는 지금까지의 정치 조직 및 지금까지의 법률들과 충돌하는 생활 상태에 조응하는 헌법을 독자적으로 정하기 위해 인민에 의해 선출된 것입니다. 따라서 국민 의회는 처음부터 주권을 가진 헌법 제정 의회였습니다. 그럼에도 국민 의회가 협정자의 입장으로 자신을 낮추었다면, 그것은 왕권에 대한 순전히 형식적인 예의 갖춤, 즉 순수한 의례 儀禮였습니다. 의회가 인민에 대립하여 협정이라는 관점에 입각할 권리를 가지고 있었는가는 여기에서 검토할 필요가 없습니다. 의회의 견해에 따르자면 쌍방의 선의에 의해 왕권과의 충돌이 모면된다는 것입니다.

그러나 다음의 것만은 분명합니다 : 연합 지방 의회와의 협정으로 만들어진 4월 6일자 및 8일자 법률들은 형식상 무효였다. 이 법률들은 실제적으로는, 국민 의회가 인민 주권의 참된 표현일 수 있는 조건들을 표명하고 결정하는 한에서만 의의를 가지고 있습니다. 연합 지방 의회의 입법은 왕권에게 다음과 같이 선언하는 것을 모면시켜 주는 형식일 뿐입니다 : 내가 졌다!

자, 배심원 여러분, 검찰의 논고에 대해 좀더 상세한 고찰을 해 봅시다.

검찰은 다음과 같이 말했습니다 :

> "왕권은 완전히 자기 손안에 있었던 권력의 일부를 양도하였다. 일상 생활에서조차 나의 권리 포기 증서는 내가 명백한 말로 포기하였던 것을 넘어서지 않는다. 그런데 1848년 4월 8일자 법률은 국민 의회에게 조세 거부권을 인정하지도 않았고 베를린을 국민 의회의 필수적인 소재지로 인정하지도 않았다."

여러분! 권력은 **부서진 채로** 왕권의 손에 놓여 있습니다 ; 왕권은 이 권력의 파편들을 지키기 위해 권력을 포기했습니다. 여러분, 국왕[7]이 즉위 직후에 쾨니그스베르크 Königsberg 와 베를린에서 입헌 제도를 승인하지 않겠다고 정식으로 선언한 것을 여러분은 기억하실 것입니다. 국왕이 1847년 연합 지방 의회 개원식에서 자신과 **자신의** 인민 사이에 한 조각의 문서도 비집고 들어오는 것을 허용하지 않겠다고 엄숙히 맹세했던 것을 여러분은 기억하실 것입니다. [그런데] 국왕은 1848년 3월 이후에는 흠정 헌법에서조차 자신을 **입헌적인** 왕으로 선언하였습니다. 국왕은 이 추상적인 교활한 농담, 즉 한 조각의 문서를 자신과 자신의 인민 사이에 밀어 넣었던 것입니다. 검찰은, 국왕이 자의적으로 자신의 엄숙한 약속들을 명백하게 부인했다는 것, 왕이 자의적으로 전 유럽 앞에서 협정 혹은 헌법에 동의하는 터무니없는 자가 당착을 범했다는 것을 감히 주장하려는 것입니까! 왕은 혁명이 그에게 **강요**했기 때문에 양보했던 것입니다. 더도 덜도 아니고 그렇습니다!

검찰의 통속적인 비유는 유감스럽게도 아무것도 증명하고 있지 않습니다. 확실히 그렇습니다! 내가 포기한다면 내가 **명시적으로** 포기한 것 이상을 포기하는 것이 아닙니다. 내가 여러분에게 어떤 것을 줄 경우에 나의 증여 증서를 근거로 그 이상의 것을 나에게서 빼앗으려고 한다면 그것은 실제로 뻔뻔스러운 일일 것입니다. 그러나 3월 이후에 선물을 주었던 것은 바로 인민이었고, 그것을 받았던 것은 왕권이었습니다. 선물은 받는 사람이 아니라 주는 사람의 생각으로, 왕권이 아니라 인민의 생각으로 해석되어야만 한다

520

는 것은 자명한 일입니다.

왕권의 절대 권력은 산산이 부서졌습니다. 인민은 승리했습니다. 양자는 휴전 협정을 맺었으며 인민은 기만당했습니다. 여러분, 인민이 기만당했다는 것을 검찰 스스로가 여러분에게 증명해 보이는 수고를 아끼지 않았습니다. 국민 의회의 조세 거부권을 부인하기 위해 검찰은 여러분에게, 1848년 4월 6일자 법률에는 그와 비슷한 어떤 것이 포함되어 있다 하더라도 1848년 4월 8일자 법률에서는 더 이상 그런 것을 볼 수 없다고 상세하게 설명하였습니다. 그런즉 사람들은 이틀 전에 인민 대표들에게 양도했던 권리를 이틀 후에 빼앗는 데 이 사이의 기간을 이용하였던 것입니다. 검찰이 왕권의 **성실함**에 대한 신용을 이 이상 훌륭하게 실추시킬 수 있었겠습니까? 사람들이 인민을 **현혹시키려 했다**는 것을 이 이상 반박의 여지 없이 증명할 수 있었겠습니까?

게다가 검찰은 다음과 같이 말하고 있습니다 :

"국민 의회의 **이전** 및 **정회**의 권리는 행정 권력의 발현이며 모든 입헌 국가들에서 승인되고 있다."

입법 의회들을 **이전시킬** 수 있는 **행정 권력**의 권리에 대해서 말해 보자면, 저는 검찰에게 이 주장에 대한 단 하나의 법률이나 실례라도 들어 보라고 요구합니다. 예를 들면, 영국에서 국왕은 고래의 역사적 권리에 따라 의회 Parlament 를 그의 마음에 드는 임의의 어떤 장소에서라도 소집할 수 있었습니다. 런던을 의회의 법정 소재지로 규정한 법은 결코 없었습니다. 여러분, 여러분은 영국에서 일반적으로 가장 중요한 정치적 자유들은 성문법에 의해서가 아니라 관습법에 의해서 승인된다는 것을 알고 계실 것입니다. 출판의 자유가 그 예입니다. 그러나 영국의 어떤 내각이 의회를 런던에서 윈저 Windsor 나 리치먼드 Richmond 로 이전하겠다는 생각을 한다면 ──그것이 불가능하다는 것을 이해하기 위해서는 그 생각을 입 밖으로 내는 것으로 충분합니다.

확실히 그렇습니다! 입헌 국가들에서 왕권은 의회들을 **정회시킬** 권리를 가지고 있습니다. 그러나, 다른 한편으로 **어느 정도의 기간 동안** 의회들이 정회될 수 있는가, 어느 정도의 기간이 경과한 후에 그 의회들이 다시 소집되어야만 하는가가 어떤 헌법에든 규정되어 있다는 것을 여러분은 잊지 말아 주십시오. 프로이센에는 어떤 헌법도 존재하지 않으며 그것은 이제 만들어 져만 합니다 ; 정회된 의회를 소집해야 하는 법정 기일은 전혀 존재하지 않 았으며, 따라서 왕권의 의회 정회권도 존재하지 않았습니다. 그렇지 않다면 왕권은 의회들을 10일 간 정회시킬 수도, 10년 간 정회시킬 수도, 영원히 정회시킬 수도 있었을 것입니다. 의회들이 언젠가는 소집된다거나 또는 의 회들이 존속한다는 보증이 어디에 있었습니까? 왕권과 나란히 의회들을 존 속시키는 것은 왕권의 재량에 맡겨졌으며 입법 권력은 − 여기에서도 입법 권력이라고 말할 수 있다면 − 허구가 되어 버렸습니다.

여러분! 여러분은 여기에서, 프로이센 왕권과 프로이센 국민 의회 사이 의 갈등을 입헌 국가들의 관계들에 비추어 재단하려고 하면 어떻게 되는가 에 대한 하나의 실례를 보고 계십니다. 그렇게 하면, **절대 왕정을 옹호하는 것** 으로 됩니다. 한편으로는 왕권에게 입헌적 행정 권력의 권리의 반환을 청구 하고 다른 한편으로는 왕권이 입헌적 행정 권력을 제한하도록 만드는 법률, 관습, 기관은 어디에도 존재하지 않습니다. [결국] 인민 대의 기관에게 다음 과 같은 요구가 제출되는 것입니다 : **절대 왕권**에 대해 너는 **입헌 의회의 역** 할을 수행하라!

이번 경우에 있어서 **행정 권력**이 **입법 권력**과 대립하고 있지 않았다는 것을, 입헌적 권력 분립이 **프로이센 국민 의회**와 프로이센 왕권에는 적용될 수 없다는 것을 더 상론할 필요가 있겠습니까? [잠깐 동안] 혁명을 도외시하 고 관제 **협정 이론**만을 생각해 보십시오. 이 이론에 따르더라도 두 개의 주권 권력들이 대립하였습니다. 의문의 여지가 없습니다! 이 두 개의 권력들 중에 서 하나가 다른 하나를 쫓아 버려야 했습니다. 두 개의 주권 권력들은 **한 국** 가 안에서 동시에 기능할 수 없으며, 나란히 서서 기능할 수 없습니다. 이것 은 원의 구적법 求積法 과 같은 넌센스입니다. 물질적 힘이 양 주권 사이를 결딴내야 합니다. 그러나 우리, 우리는 여기에서 협정의 가능성 혹은 불가능 성을 검토할 필요가 없습니다. 이것으로 충분합니다. 두 개의 권력들이 협약 을 맺기 위해 서로 교섭하였습니다. 캄프하우젠 자신도 협약이 성공하지 않 을 가능성을 배제하지 않았습니다. 연단에서 그는 이 타협이 성공하지 못할 경우에 나라에 닥칠 위험에 대해 협정 의원들에게 지적하였습니다. 협정 국민 의회와 왕권과의 애초의 관계에 위험이 놓여 있었는데, 사람들은 이 애초의 관계를 부인함으로써, 이 의회를 **입헌 의회**로 전환시킴으로써 국민 의회에 이 위험에 대한 책임을 지우려 하고 있습니다! 곤란을 무시함으로써 곤란을 해결하려 합니다!

여러분, 저는 [이상에서] 왕권이 협정 의회를 이전시킬 권리도 또 그것을 정회시킬 권리도 가지고 있지 않다는 것을 증명했다고 믿습니다.

그러나 검찰은 왕권이 국민 의회의 이전[171]에 대한 **권리**를 가지고 있는지 아닌지를 검토하는 데 그치지 않았습니다 ; 검찰은 이 이전 移轉 의 **합목적성**을 증명하고자 합니다. 검찰은 이렇게 외칩니다. "국민 의회가 왕권에 복종하여 브란덴부르크 Brandenburg 로 옮겨 갔다면, 그것은 합목적적인 것이 아니었던가?" 검찰은 이 합목적성을 의회 자체의 처지로부터 설명하고 있습니다. 의회는 베를린 같은 곳에서는 자유롭지 않았던 것입니다.

그럼에도 불구하고 이 이전을 행할 적에 왕권의 의도는 명백하지 않습니까? 왕권은 이 이전 移轉 에 갖다 붙인 모든 공식적인 이유들의 모든 외관을 스스로 벗겨 버리지 않았습니까? 심의의 자유가 문제였던 것이 아니라, 의회를 집으로 돌려보내고 헌법을 흠정하는 것 혹은 온순한 보결 의원들을 소집하여 사이비 대의 기관을 만들어 내는 것이 문제였습니다. 그런데 기대했던 것과는 달리 정족수의 대의원들이 브란덴부르크에 도착했을 때, 사람들은 위선을 포기하고 국민 의회의 해산을 선언하였습니다.

덧붙여 말하면 왕권이 국민 의회가 자유로운지 자유롭지 않은지를 선언할 권리를 가지고 있지 않았다는 것은 자명합니다. 의회가 필요한 심의의 자유를 가지는지 가지지 않는지에 대해서는 의회 이외에 누구도 결정할 수 없었습니다. 국민 의회의 결정이 자신의 마음에 들지 않을 때 국민 의회가 자유롭지 못하다고, 책임 능력이 없다고 선언하여 그 직권을 정지시키는 것만큼 왕권의 마음에 드는 것은 없습니다!

또한 검찰은 베를린 주민의 테러리즘으로부터 국민 의회의 존엄을 지킬 정부의 의무에 대해서 말했습니다.

이 논거는 정부에 대한 풍자 같이 들립니다. 저는 개인들이 어떻게 취급받았는가에 대해서 언급하지는 않겠습니다. 이 개인들은 어쨌든 인민의 선출 대표였습니다. 사람들은 어떻게 해서든지 그들을 굴복시키려 했고 아주 비열한 방법으로 그들을 박해했으며, 그들에게 흡사 맹수 사냥 같은 짓을 했습니다. 개인에 대해서는 놔 둡시다. 국민 의회의 존엄은 국민 의회의 [문서상의] **성과들**에서 어떻게 지켜졌습니까? 국민 의회의 문서실은 포악한 병사들의 손에 내맡겨졌고, 병사들은 각 분과들의 기록들, 국왕의 k[önig-lichen] 교서, 법안, 준비 서류를 불쏘시개로 삼아 난로를 지피고 그것들을 발로 짓밟아 버렸습니다.

사람들은 재판소의 강제 집행의 형식을 전혀 준수하지 않았으며, 재산 목록도 작성하지 않고서 문서실을 접수했습니다.

국민 의회를 더 쉽게 비방하기 위해, 정부와 귀족이 증오하는 개혁 계획들을 말살하기 위해, 인민이 그렇게 값비싼 희생을 치르고 얻어낸 이 [문서적] 성과물들을 파기하는 것이 계획 속에 있었습니다. 그런데 이와 같은 모든 짓들을 해 놓고서, 정부가 국민 의회를 베를린에서 브란덴부르크로 이전한 것이 이 의회의 존엄에 대한 상냥하고 세심한 마음씀씀이 때문이었다고 주장하는 것은 그야말로 우스운 일이 아닙니까?

이제 저는 조세 거부 결의의 **형식상의 효력**에 대한 검찰의 논술로 옮아 가겠습니다.

검찰은 다음과 같이 말합니다. 조세 거부 결의를 형식상 유효한 결의로 하기 위해서 의회는 자신의 결의를 **국왕의 재가**에 맡겨야 했다.

그러나 여러분, 국왕은 몸소 의회와 대립해 있었던 것이 아니라 브란덴부르크 내각으로 현신하여 의회와 대립해 있었습니다. 따라서 의회가 이 내각을 대역 죄인으로 선언하기 위해서는, 내각에 대한 납세를 거부하기 위해서는 브란덴부르크 내각과 협정을 맺었어야 한다는 그러한 넌센스를 검찰은 요구하고 있는 것입니다! 그것은 브란덴부르크 내각의 어떠한 요구에 대해서도 국민 의회가 무조건 굴종할 것을 결심해야 한다는 것과 다름없는 그러한 터무니없는 요구가 아닙니까?

검찰은 이렇게 말하고 있습니다. 조세 거부 결의는 형식상으로도 무효였다. 왜냐하면 동의는 **두번째로 읽혀질** 때에야 비로소 법률이 될 수 있기 때문이다.

사람들은 한편으로는 국민 의회를 상대로 할 적에 당연히 지켜야 하는 **본질적** 형식들은 제쳐놓고, 다른 한편으로는 가장 비본질적인 수속의 준수를

524

국민 의회에 요구하고 있는 것입니다. 이 일만큼 간단한 일은 없습니다! 국
왕의 마음에 들지 않는 동의가 첫번째로 읽혀질 때에는 통과됩니다. 두번째
로 읽혀지는 과정은 무력에 의해 방해받습니다. 이 법률은 두번째로 읽혀지
는 과정을 빼먹었기 때문에 무효이며 앞으로도 무효입니다. 검찰은, 인민 대
표들이 자신들의 회의장에서 총검의 위협을 받으면서 저 결의를 수행했었던
당시에 존재하던 비상 상태를 간과하고 있습니다. 정부는 쿠데타 위에 또 쿠
데타를 저지르고 있습니다. 정부는 가장 중요한 법률들, 즉 인신 보호법[172]과
시민 방위군법[160]을 무자비하게 침해하였습니다. 정부는 무제한적인 군사적
전제 專制 를 계엄령의 이름 아래 자의적으로 끌어들이고 있습니다. 정부는
인민 대표들까지도 추방해 버리고 있습니다. 그런데 한편으로 [이렇게] **모든
법률들**을 수치심도 느끼지 않고 침해하면서, 다른 한편으로 **의사 규칙**에 대한
가장 순종적인 준수를 요구하고 있단 말입니까?

　　　여러분, 저는 검찰이 다음과 같이 말할 때 그것이 고의적인 위조인지
──저는 검찰이 위조했다고 전제하고서 이야기하는 것은 아닙니다──무식
해서 하는 말인지 알지 못합니다 : "국민 의회는 **화해할 의양**이 없었다." 국
민 의회는 "어떠한 화해도 시도하지 않았다."

　　　인민이 베를린 국민 의회에 어떤 종류의 비난을 한다면, 그것은 이 의
회의 화해 욕망에 대한 비난입니다. 이 의회의 의원들 자신이 어떤 후회를
한다면 그것은 그들의 협정벽 協定癖 에 대한 후회입니다. 바로 이 협정벽
때문에 의회와 인민 사이는 점점 소원해졌고, 의회는 모든 지위를 잃었으며,
결국 국민의 후원을 받지 못한 채 왕권의 공격에 내맡겨지게 되었습니다. 의
회는 적절한 시기에 어떤 의지를 가질 수도 없었고 주장할 수도 없었기 때
문에, 마지막에 가서 어떤 의지를 주장하려 했을 때 고립되어 무력하게 서
있었던 것입니다. 의회가 혁명을 부인하고 **협정 이론**을 재가했을 때, 자신의
지위를 혁명적인 국민 의회에서 애매한 협정자들의 모임으로 떨어뜨렸을
때, 의회는 이 협정벽을 처음으로 드러냈습니다. 푸엘이 슈타인의 군 명령[163]
을 거짓 승인한 것을 의회가 유효한 것으로 받아들였을 때, 의회는 그 화해
벽을 극단으로 몰아 갔습니다. 이 군 명령이 브랑엘의 군 명령[164]보다 더 희
극적인 반항일 수밖에 없었을 때, 이 군 명령의 공포 자체는 웃음거리가 되
고 말았습니다. 그럼에도 불구하고 의회는 그 군 명령을 넘어서는 대신에,

푸엘 내각이 이 군 명령을 약화시켜 완전히 무내용적인 것으로 축소시켜 해석한 것을 향해 두 손을 뻗었습니다. 왕권과의 심각한 충돌은 어떤 것이든 피하기 위해 의회는 반동적인 구舊 군대에 대항한 실제적인 시위보다 시위의 그림자를 받아들였습니다. 의회는 진지하게, 충돌의 가상적인 해결조차 아닌 것을 충돌의 진정한 해결이라고 생각하고 있는 체했습니다. 이 의회는 전혀 호전적이지 않고 화해하기를 매우 좋아했던 것입니다. 그런데 이러한 의회를 검찰은 경솔한 싸움꾼으로 묘사하고 있습니다.

제가 이 의회의 화해벽적 본성의 징후를 또 언급해야 하겠습니까? 여러분, 상각 정지법과 관련하여 국민 의회가 푸엘과 맺은 협정을 상기하십시오. 의회가 군대 내의 적을 괴멸시킬 수 없었다고 한다면, 무엇보다도 농민층 내에서 우군을 획득하는 것이 필요했습니다. 의회는 이것 또한 포기하였습니다. 의회에게 무엇보다 필요했던 것, 자기 보존의 이해에 우선하여 필요했던 것은 화해하는 것, 왕권과의 충돌을 피하는 것, 어떤 조건하에서라도 피하는 것이었습니다. 그런데 사람들은 이 의회를 화해할 의양이 없었다고, 화해를 시도하지 않았다고 비난하고 있는 것이 아닙니까?

의회는, 이미 충돌이 일어났는데도 화해를 시도하였습니다. 여러분, 여러분은 중도파의 한 사람인 운루의 소책자를 알고 계십니다. 여러분은 그것을 통해, 사람들이 결렬을 피하기 위해 모든 시도를 해 봤다는 것을, 국왕에게 대표를 보냈지만 알현이 허락되지 않았다는 것을, 대의원들 개개인이 장관들을 설득하려 했지만 장관들은 고상하고 교만한 태도로 그들을 기피했다는 것을, 사람들은 양보하려 했지만 웃음거리가 되고 말았다는 것을 알게 되었습니다. 전쟁을 준비하는 것이 문제로 될 수밖에 없었던 순간에서조차 의회는 평화를 체결하기를 원했습니다. 이러한 의회를, 검찰은, 화해할 의향이 없었다고, 화해를 시도하지 않았다고 비난하고 있습니다!

베를린 국민 의회가 충돌 전에, 충돌 중에도 왕권과의 우호적인 이해와 화해가 가능하다고 생각했을 때, 이 의회는 명백히 크나큰 환상에 빠져 있었으며 자신의 지위와 존재 조건들을 이해하지 못하고 있었습니다.

왕권은 화해를 원하지 않았고, 화해를 원할 수도 없었습니다. 배심원 여러분, 3월에 발발하여 그 후 국민 의회와 왕권 사이에 전개된 투쟁의 본질에 대해 잘못 생각하지 맙시다. 여기에서 문제가 되는 것은 내각과 의회 내

반대파의 통상적인 충돌이 아닙니다. 여기에서 문제가 되는 것은 장관인 사람과 장관이 되려고 하는 사람의 충돌이 아닙니다. 여기에서 문제가 되는 것은 입법 의회 내의 두 개의 정치적 분파들의 당파 투쟁이 아닙니다. 소수파이건 다수파이건 국민 의회 의원들이 모든 것을 이렇게 믿어 버리는 것은 있을 수 있는 일입니다. 협정 의원들의 의견이 아니라, 유럽 혁명 및 이 유럽 혁명에 의해 조건지어진 3월 혁명으로부터 출현한 국민 의회의 현실적 역사적 지위, 그것만이 [모든 것을] 결정합니다. 여기에 문제로서 놓여 있었던 것은 **하나**의 사회를 지반으로 하는 두 개의 분파들의 정치적 충돌이 아니라 **두 사회 자체의 충돌**, 정치적 형태를 띤 **사회적 충돌**이었습니다. 그것은 낡은 봉건·관료 사회와 현대 부르주아 사회의 **투쟁**, 자유 경쟁 사회와 쭌프트제 사회의 투쟁, 토지 소유의 사회와 공업 사회의 투쟁, 신앙의 사회와 지식의 사회의 투쟁이었습니다. 낡은 사회에 조응하는 **정치적** 표현, 그것은 신의 은총을 받은 왕권, 후견인짓을 하는 관료, 독자적인 군대였습니다. 이 낡은 정치 권력에 조응하는 **사회적** 기초, 그것은 농노적 혹은 반농노적 농민들을 가진 특권적 귀족적 토지 소유, 가부장제적 또는 쭌프트적 소공업, 상호 폐쇄적인 신분들, 도시와 농촌의 험악한 대립, 그리고 무엇보다도 도시에 대한 농촌의 지배였습니다. 낡은 정치 권력 —— 신의 은총을 받은 왕권, 후견인짓을 하는 관료, 독자적인 군대 —— 은 낡은 사회의 기초, 즉 특권적 귀족적 토지 소유, 귀족 그 자체, 도시에 대한 농촌의 지배, 농촌 인민의 예속 그리고 이 모든 생활 조건에 조응하는 입법, 예를 들어 지방 단체의 조례, 형법 따위가 공격 당하자마자 자신의 고유한 물질적 기초가 발 밑에서 허물어져 가고 있음을 느꼈습니다. 국민 의회가 이러한 암살 기도를 했습니다. 다른 한편, 저 낡은 사회는, 왕권, 관료, 군대가 그 봉건적 특권들을 상실하자마자 정치 권력이 자신의 손에서 빠져 나감을 느꼈습니다. 그리고 국민 의회가 이 특권들을 파기하려 했습니다. 따라서 군대, 관료, 귀족이 연합하여 왕으로 하여금 쿠데타를 일으키도록 부추긴 것은 결코 놀랄 만한 일이 아닙니다. 자신의 이해와 낡은 봉건·귀족 사회의 이해가 아주 긴밀하게 연관 되어 있다는 것을 알고 있는 왕권이 쿠데타를 일으키라는 부추김을 받아들인 것은 결코 놀랄 만한 일이 아닙니다. **국민 의회**가 현대 부르주아 사회의 **대표자**인 것과 꼭 마찬가지로 **왕권**은 봉건·귀족 사회의 **대표자**였습니다. 관료와 군대가 상업 및 공업의 지배자에서 그것들의 도구들로 전락하여 한낱 부르주아적 교류의 기관들로 **되어** 버린 것은 현대 부르주아 사회의 생활 조건들에 기인합니다. 이 사회는 농업이 봉건적 특권들에 의해 제한되고 공업이 관료적 감독에 의해 제한되는 것을 용납할 수 없습니다. 이것은 자유 경쟁이라는 이 사회의 생활 원리에 반하는 것입니다. 이 사회는 대외 교역 관계들이 국민 생산의 이해들에 의해서가 아니라 오히려 국제적 궁정 정치의 고려들에 의해서 규제되는 것을 용납할 수 없습니다. 낡은 국가가 신의 은총을 받은 왕권의 욕구들과 이 왕권의 사회적 지주인 왕궁의 성벽들의 수선에 생산을 종속시켜야만 하는 반면에, 현대 부르주아 사회는 재무 행정을 생산의 욕구들에 종속시켜야만 합니다. 현대 공업이 사실상 평균화 작용을 하듯이, 현대 사회는 도시와 농촌 사이에 존재하는 모든 법률적 정치적 장벽들을 무너뜨려야만 합니다. 이 사회에는 여전히 **계급들**이 존재하지만, **신분들**은 더 이상 존재하지 않습니다. 이 사회의 발전은 이 계급들의 투쟁 속에 그 본질이 있지만, 이 계급들은 신분들 및 신의 은총을 받은, 이 신분들의 왕정에 대항할 때는 단결되어 있습니다.

따라서 낡은 봉건 관료 사회의 최고의 정치적 표현이자 최고의 정치적 대표자인 신의 은총을 받은 왕정은 현대 부르주아 사회에 어떠한 **본심으로부터 우러나오는** 양보도 할 수 없습니다. 왕권의 자기 보존 본능, 그리고 왕권의 배후에 서 있으며 왕권이 지주로 삼고 있는 사회는 항상 또다시 왕권으로 하여금 이미 한 양보를 철회하게 하고 봉건적 성격을 고수하게 하며 반혁명을 감행하게 합니다! 혁명이 일어난 후에 반혁명은, 왕권의 항상 새로이 생기는 생존 조건입니다.

다른 한편 현대 사회 또한 낡은 사회가 자신을 여전히 폭력적으로 유지하는 데 쓰이는 전래의 공적 권력, 즉 낡은 사회의 국가 권력을 파괴하고 제거하기 전까지는 휴식을 취할 수 없습니다. 신의 은총을 받은 왕권의 지배는 바로 시대에 뒤떨어진 사회적 요소들의 지배입니다.

따라서 이 두 사회들 사이에는 어떠한 평화도 있을 수 없습니다. 이 두 사회들의 물질적 이해들과 욕구들이 생사가 걸린 투쟁을 조건지으며, [이 투쟁에서] 한 쪽은 승리해야 하며 다른 한 쪽은 패배해야 합니다. 이것이 양자 사이의 유일하게 가능한 화해입니다. 따라서 이 두 사회들의 최고의 정치적 대표자들, 즉 왕권과 인민 대의 기관 사이에는 어떠한 평화도 있을 수 없습니다. 따라서 국민 의회에게는 낡은 사회에 굴복할 것인지 아니면 독자적인 권력으로서 왕권에 대립할 것인지에 대한 선택만이 남아 있습니다.

여러분! 검찰은 **조세 거부**를 '**사회의 기초를 뒤흔드는**' 방책이라고 말하였습니다. [하지만] 조세 거부는 사회의 기초와 아무런 관계도 없습니다.

여러분, 도대체 조세, 조세의 승인 및 거부가 입헌주의의 역사에서 그렇게도 커다란 역할을 하는 것은 어떤 연유에서입니까? 이것은 매우 간단하게 설명됩니다. 농노들이 현금을 지불하고 봉건 영주들로부터 그들의 특권들을 사들인 것처럼 전체 인민은 봉건적 국왕들로부터 자신들의 특권을 사들인 것입니다. 국왕들은 외국 민족들과의 전쟁들을 위해, 특히 봉건 영주들과의 투쟁들을 위해 돈을 필요로 했습니다. 상업과 공업이 발전하면 할수록 그들은 더욱더 돈을 필요로 했습니다. 그러나 이에 따라 제3신분, 즉 시민 신분도 발전하였으며, 이에 따라 점점 더 많은 자금을 마음대로 할 수 있게 되었습니다. 이에 따라 시민 신분은 조세를 수단으로 하여 점점 더 많은 자유들을 국왕들로부터 사들였습니다. 이러한 자유를 보장하기 위해 그들은 화폐 급부를 일정 기간을 두고 갱신할 수 있는 권리를 유지하였습니다 — 즉 조세의 승인권 및 거부권을. 특히 영국 역사에서, 여러분은 이러한 발전을 상세하게 추적할 수 있습니다.

따라서 중세 사회에서 조세는 대두하는 부르주아 사회와 지배적인 봉건 국가 사이의 유일한 유대였으며, 이 유대는 봉건 국가로 하여금 부르주아 사회에 저 양보들을 하도록, 부르주아 사회의 발전에 굴복하도록, 부르주아 사회의 욕구들에 적응하도록 강요했습니다. 현대 국가들에서 이 조세 승인권 및 거부권은 부르주아 사회의 일반적 이해들의 관리 위원회인 정부에 대한 부르주아 사회의 통제[수단으]로 변화하였습니다.

따라서 여러분은 **부분적 조세 거부**가 모든 입헌적 메카니즘의 불가결한 구성 부분이라는 사실을 알아차리실 것입니다. 이러한 종류의 조세 거부는 **예산안**이 부결될 때마다 일어납니다. 경상 예산안은 일정 기간을 두고서만 승인됩니다 ; 게다가 의회들은 정회되는 일이 생기자마자 매우 짧은 시일 내에 다시 소집되어야만 합니다. 따라서 왕권이 독자적으로 되는 것은 불가능합니다. 새로운 의회가 내각에 다수표를 던져 주지 않거나 왕권이 새로운 의회의 뜻에 따라 내각을 임명하지 않는 일이 생기면 그 즉시 조세는 예산안의 부결에 의해 단호히 **거부됩니다.** 따라서 예산안의 부결은 **의회적 형식의 조세 거부입니다.** 목하의 충돌에 있어서 이러한 형식은 이용될 수 없는데, 왜냐하면 헌법이 아직 존재하지 않으며 이것부터 먼저 만들어 내야 하기 때문입니다.

  그러나 또한 여기 우리 앞에 놓여 있는 조세 거부, 즉 새로운 예산안을 부결할 뿐 아니라 현행 조세의 납입까지도 금하는 조세 거부는 결코 전대미문의 것이 아닙니다. 중세 때에 그것은 매우 빈번한 일이었습니다. 옛 독일 제국 의회와 옛 브란덴부르크 봉건 신분제 의회조차 조세 거부 결의를 채택했습니다. 그리고 현대 입헌 국가들에서도 그 예가 없지 않습니다. 1832년에 영국에서 조세 거부는 웰링턴 내각의 전복을 가져왔습니다. 그리고 여러분, 잘 생각해 보십시오! 영국에서는 의회가 조세 거부를 결의한 것이 아니라 인민이 그 자신의 절대적 권력에 의해서 그것을 선언하고 실행하였습니다. 그러나 영국은 입헌주의의 역사적 국가입니다.

  저는 결코 다음의 사실을 부인하지 않겠습니다: 찰스 1세를 교수대로 보낸 영국 혁명이 조세 거부로부터 시작되었다는 사실을. 북아메리카가 영국으로부터 독립을 선언하는 것으로 끝난 북아메리카 혁명도 조세 거부로 시작되었습니다. 프로이센에서도 조세 거부는 매우 불미스러운 사건들의 전조일 수 있습니다. 그러나 찰스 1세를 교수대로 보낸 것은 존 햄든이 아니라 찰스 1세의 고집, 봉건적 신분들에 대한 그의 의존, 새로운 사회의 불가피한 요구들을 폭력적으로 억누르려고 한 그의 오만이었을 뿐입니다. 조세 거부는 왕권과 인민 사이의 분열의 한 징후에 불과하며, 정부와 인민 사이의 충돌이 이미 위험한 지경에 이르렀다는 것에 대한 하나의 증거에 불과합니다. 조세 거부가 분열, 충돌을 야기하는 것이 아닙니다. 그것은 이러한 사실들이 우리 앞에 존재한다는 것을 표현할 뿐입니다. 최악의 경우에 현 정부, 즉 현존 국가 형식의 전복이 그 뒤를 따라 나옵니다. [그러나] 사회의 기초는 그것에 영향을 받지 않습니다. 게다가 이번 경우에 조세 거부는 바로, 자신의 기초를 위협하는 정부에 대항한 사회의 정당 방위였습니다.

  끝으로 검찰은, 기소된 저 격문에서 우리가 국민 의회 자체보다 더 나아갔다고 우리를 비난하고 있습니다 : "첫째 국민 의회는 결의를 공표하지 않았다." 여러분, 조세 거부 결의가 **법령집**으로조차 공표되지 않았다는 사실에 대해 제가 성실하게 대답해야 한단 말입니까?

[검찰은] 그 다음으로, 국민 의회는 우리처럼 폭력에 호소하지 않았고, 일반적으로 우리처럼 혁명적 지반 위에 서 있지 않았으며, 합법적 지반을 지키려 했다[고 하면서 우리를 비난합니다].

검찰은 우리를 범죄자로 묘사하기 위해, 앞에서는 국민 의회를 위법적이라고 말하고 지금은 합법적이라고 말하는 짓을 걸핏하면 하고 있습니다. 조세의 징수가 일단 위법이라고 선언되면, 저는 이 위법의 폭력적 실행을 폭력적으로 거부해야 하지 않겠습니까? 따라서 이러한 관점으로 보아도 우리는 폭력을 폭력에 의해서 몰아낼 권리를 부여받은 것입니다. 그 밖에 국민 의회가 순수한 합법적 지반, 수동적 저항의 지반을 지키려 했다는 것은 완전히 옳습니다. 국민 의회에는 두 개의 길이 열려 있었습니다 : 혁명적인 길 —— 의회는 이 길로 나아가지 않았는바, 이 신사분들은 자신들의 목숨을 위험에 빠뜨리려 하지 않았던 것입니다 —— 혹은 수동적 저항에 머무르는 조세 거부가 그것입니다. 국민 의회는 후자의 길로 나아갔습니다. 그러나 인민은 조세 거부를 실행에 옮기기 위해 혁명적 지반 위에 서야만 했습니다. 국민 의회의 행동은 인민에게 결코 규범적인 것이 아니었습니다. 국민 의회는 그러한 것으로서는 아무런 권리들을 가지고 있지 않았으며, 단지 인민이 자신의 권리들의 옹호를 국민 의회에 위탁했을 뿐입니다. 의회가 그 위임을 실현하지 않을 때, 그 위임은 소멸하였습니다. 그러자 인민 스스로가 몸소 무대에 올라가 자신의 절대적 권력에 입각하여 행동하였습니다. 만약 예를 들어 국민 의회가 반역적인 정부에 매수된다면, 인민은 정부와 국민 의회 모두를 추방하지 않을 수 없을 것입니다. 만약 왕권이 반혁명을 감행한다면 인민은 정당하게도 혁명으로 답할 것입니다. 그것은 국민 의회의 비준을 필요로 하지 않습니다. 그러나 프로이센 정부가 대역적인 공격을 기도했다는 것, 그것은 국민 의회 자신이 언명했던 것입니다.

배심원 여러분, 간단히 요약해 보겠습니다. 검찰은, 왕권 자신이 1848년 4월 6일자 및 8일자 법률들을 파기한 이후에는 그 법률들을 우리에게 적용할 수 없습니다. 이 법률들은 연합 지방 의회의 졸렬한 작품들이므로, 그것들은 그 자체로는 아무것도 결정하지 않았습니다. 국민 의회의 조세 거부 결

의는 형식적으로도 실제적으로도 유효하였습니다. 우리는 우리의 격문에서
국민 의회보다 더 나아갔습니다. 이것은 우리의 권리이며 우리의 의무였습
니다.

　　결론적으로 반복해서 말하자면, 이제 드라마의 제1막이 끝났습니다. 두
사회들, 즉 중세 사회와 부르주아 사회의 투쟁은 새롭게 정치적 형식으로 수
행될 것입니다. 이후 의회가 소집되자마자, 바로 그 충돌들은 다시 시작될
것입니다. 이미 내각의 기관지『신 프로이센 신문』은 다음과 같이 예언하고
있습니다 : 똑같은 사람들이 다시 선출되었다. 의회는 한 번 더 해산될 필요
가 있다.

　　그러나 새로운 국민 의회가 어떤 새로운 길로 나아간다 하더라도, 필연
적인 결과는 다음과 같을 수밖에 없습니다 : **반혁명의 완전한 승리** 아니면 **새롭
게 승리하는 혁명**. 아마도 혁명의 승리는 반혁명의 완결 이후에야 가능할 것
입니다.

출전 :『신 라인 신문』
제231, 232호
1849년 2월 25일자 및 27일자.

맑스 · 엥겔스 저작집,
제6권, 240-257면.

최인호　번역

칼 맑스
임금 노동과 자본[173]

칼 맑스

임금 노동과 자본[173]

[1891년 독일어판에 부친 엥겔스의] 서설

다음의 노작은 1849년 4월 5일부터 『신 라인 신문』에 일련의 논설들로 게재되었던 것이다. 맑스가 1847년에 브뤼셀 독일 노동자 협회[174]에서 행했던 강연이 이 노작의 기초를 이루고 있다. 그것은 인쇄물로는 미완성으로 남아 있다 ; 269호의 말미에 씌어져 있는 "다음 호에 계속"이라는 말은, 그 당시에 잇달아 터진 사건들, 즉 러시아의 헝가리 침공, 신문 자체에 대한 탄압 (1849년 5월 19일)을 야기했던 드레스덴 Dresden, 이제르론 Iserlohn, 엘버펠트 Elberfeld, 팔츠 Pfalz 및 바덴 Baden 등지에서의 봉기들로 말미암아 지켜지지 못한 채로 있다. 그 속편의 원고는 맑스의 유고 속에서 발견되지 않았다.[175]

『임금 노동과 자본』은 단행본 소책자의 형태로 여러 판에 걸쳐 출판되었으며, 최근에는 1844년 호팅엔—쮜리히 Hottingen-Zürich 의 스위스 협동 조합 인쇄소에서 출판되었다. 지금까지의 판들은 원본 꼭 그대로의 원문을 싣고 있었다. 그러나 이 신판은 선전 책자로서 10,000 부는 보급되어야 하며, 또 그렇기 때문에, 이러한 사정 아래에서 맑스 자신이 원문을 조금도 변화시키지 않은 복판 復版 에 동의할 것인가에 대한 의문이 나를 엄습하지 않을 수 없었다.

4O년대에 맑스는 정치 경제학에 대한 자신의 비판을 완결짓지 못하고 있었다. 이것은 5O년대 말경에야 비로소 이루어졌다. 따라서 『정치 경제학

비판을 위하여』의 제1분책(1859) 이전에 나온 그의 저술들은 몇 가지 점에서 1859년 이후에 저술된 것들과 차이가 있고 그 이후의 저술들의 관점에서 보면 빗나가 보이며, 심지어는 부당한 것으로 보이는 표현들과 문장 전체를 포함하고 있다. 그런데 전체 독자용의 보통판에는 저자의 정신적 발전 속에 포함되어 있는 이러한 초기 입장도 자신의 자리를 차지하고 있는 것이 당연한 일이며, 저자도 독자도 이러한 과거의 저술들의 수정 없는 발간에 대한 권리를 가지고 있다는 것은 당연하다. 그리고 나는 그것을 한 단어라도 고칠 생각을 꿈에도 하지 않았을 것이다.

새로운 판이 전적으로 노동자들 사이에서의 선전용인 것과 마찬가지라면 이야기는 달라진다. 그런 경우라면, 맑스는 1849년에 씌어진 낡은 서술을 자신의 새로운 입장에 무조건적으로 일치시켰을 것이다. 그리고 내가 중요한 모든 점에서 이 목적을 이루는 데 요구되는 약간의 수정과 보충을 이 판에 가할 적에, 맑스의 뜻에 따라 행동하였음을 나는 확신한다. 따라서 나는 독자에게 다음과 같은 점을 미리 이야기해 둔다 : 이것은 맑스가 1849년에 썼던 것과 같은 것이 아니라, 그가 1891년에 썼다면 썼을 것과 유사한 소책자이다. 게다가 진짜 원문은 수많은 부수가 보급되어 있으므로, 내가 수정하지 않은 채 그것을 후일의 전집 속에 넣어 다시 출판할 수 있게 될 때까지는 그것으로 충분하다.

나의 수정들은 모두 한 가지 점과 관련되어 있다. 원본에 따르면 노동자는 임금을 받고 자본가에게 자신의 **노동**을 판다 ; 이번의 텍스트에 따르면 자신의 **노동력**을 판다. 그리고 이러한 수정으로 인하여 내게는 설명의 책임이 있다 : 여기서 단순한 자구 해석이 아니라 오히려 정치 경제학 전체의 가장 중요한 점 중의 하나가 문제 되고 있음을 노동자들이 알도록 하기 위한 설명. 가장 어려운 경제학상의 설명도 쉽게 알아들을 수 있는, 못 배운 노동자들이 그와 같은 얽히고설킨 문제들을 평생 해결 못 하는 우리의 거만한 '배웠다는 사람들'보다 얼마나 뛰어난가를 부르주아들이 납득할 수 있도록 만들기 위한 설명.

고전 정치 경제학은, 공장주는 자신의 노동자들의 **노동**을 사고서 그 대가를 지불한다는 공장주의 통상적인 관념을 산업상의 실천으로부터 넘겨받았다. 이러한 관념은 공장주의 상거래 관습, 부기, 가격 계산을 위해서는 아주 충분한 것이었다. 그 관념은 정치 경제학으로 소박하게 옮겨지면서 매우 놀랄 만한 오류들과 혼란들을 빚어 내게 되었다.

경제학은 자신[경제학]이 '노동'이라고 부르는 상품의 가격을 포함하는 모든 상품의 가격들이 끊임없이 변한다는, 그 가격들은 종종 상품 그 자체의 생산과는 전혀 관계가 없는 매우 다양한 사정들에 의해 상승하고 하락한다는, 그리하여 가격들이란 보통 순전한 우연을 통해 결정되는 것처럼 보인다는 사실을 발견한다. 그런데 경제학이 과학으로 등장하자마자 그것의 첫번째 과제들 중의 하나는 겉보기에 상품 가격을 지배하는 듯이 보이는 이러한 우연의 뒤에 숨어 있는, 실제로는 이러한 우연 자체를 지배하는 법칙을 찾아 내는 것이었다. 경제학은 때로는 위로 때로는 아래로 끊임없이 변동하고 진동하는 상품 가격의 내부에서 이러한 변동들과 진동의 축을 이루는 확고한 중심점을 찾으려 하였다. 한마디로 : 경제학은 상품 가격을 규정하는 법칙으로서의 상품 가치를 찾아내기 위해 상품 가격으로부터 출발하였던바, 그 상품 가치로부터 모든 가격 변동들이 설명될 수밖에 없으며 가격 변동들은 결국 모두 다시 상품 가치로 되돌아갈 수밖에 없었다.

고전 경제학은 이제 한 상품의 가치는 그것 속에 들어 있는, 그것의 생산에 필요한 노동에 의해 규정된다는 것을 발견했다. 고전 경제학은 이러한 설명으로 만족했다. 그리고 우리 또한 당분간은 여기에 머물 수 있다. 다만 오해를 피하기 위해 나는, 이러한 설명은 오늘날 완전히 불충분한 것으로 되었다는 것을 상기시켜 두도록 하겠다. 맑스는 최초로 노동의 가치 형성적 속성을 근본적으로 연구하였으며, 그렇게 함으로써 하나의 상품의 생산에 필요하다고 보여지거나 혹은 실제로 필요한 노동이라고 해서 모두 어떠한 상황하에서든지 그것에 지출된 노동량에 상응하는 가치 크기를 이 상품에 덧붙이는 것은 아니라는 것을 발견하였다. 따라서 만약 우리가 오늘날 리카도 같은 경제학자와 나란히 한 상품의 가치는 그것의 생산에 필요한 노동에 의해 규정된다고 간단히 말할 때, 그때 우리는 언제나 맑스가 제시했던 유보 조건을 염두에 두고 있는 것이다. 여기서는 이 정도면 충분하다; 그 이상의 것은 맑스의 『정치 경제학 비판을 위하여』, 1859와 『자본』 제1권에 나와 있다.

그러나 경제학자들이 이와 같은, 노동에 의한 가치 규정을 '노동'이라

538

는 상품에 적용하자마자 하나의 모순에서 또 다른 모순에 빠져 들어갔다. '노동'의 가치는 어떻게 규정되는가? 그것 속에 들어 있는 필요 노동에 의하여. 그러면 하루, 한 주, 한 달, 일 년 동안의 노동에는 얼마만큼의 노동이 들어 있는가? 하루의, 한 주의, 한 달의, 일 년의 노동이. 만약 노동이 모든 가치의 척도라면 우리는 '노동의 가치'도 다름아니라 노동으로만 표현할 수 있을 뿐이다. 그러나 만약 우리가 한 시간 노동의 가치가 한 시간 노동과 똑같다는 것을 안다면 우리는 한 시간 노동의 가치에 대해 전혀 모르는 셈이다. 따라서 그것을 가지고는 우리는 목표에 가까워지지 않는다 ; 우리는 원안에서 끊임없이 돌고 있는 것이다.

그래서 고전 경제학은 다른 표현 방법으로 그것을 시도하였다 ; 고전 경제학은 말한다: 하나의 상품의 가치는 그것의 생산비와 똑같다. 그런데 노동의 생산비란 무엇인가? 이 질문에 답하기 위해서는 경제학자들은 논리에 약간의 무리를 가하지 않을 수 없다. 확인하는 것이 불가능한 노동 자체의 생산비 대신에 이제 그들은 **노동자**의 생산비가 무엇인지를 연구한다. 그리고 이것은 확인될 수 있다. 그것은 시기와 사정에 따라 변하기는 하지만 주어진 사회 상태, 주어진 장소, 주어진 생산 분야에 있어서는 그것 또한 주어져 있는데, 적어도 상당히 좁은 한계 내에서는 그렇다. 우리는 오늘날 자본주의적 생산의 지배하에서 살고 있는데 여기서는 거대하고 지속적으로 증가하는 주민 계급은 생산 수단의 ── 작업 도구, 기계, 원료, 그리고 생활 수단의 ── 소유자를 위해, 임금을 대가로 노동함으로써만 살아갈 수 있다. 이러한 생산 양식의 기초 위에서 노동자의 생산비란, 그로 하여금 노동 능력이 있게 만들며 노동 능력이 있도록 유지하는 데에, 그리고 연로 年老 , 질병 혹은 죽음으로 인한 그의 퇴직시 그를 새로운 노동자로 바꾸는 데에, 따라서 노동자 계급을 필요한 수만큼 번식시키는 데에 평균적으로 필요한 바로 그만큼의 생활 수단의 총합 ──또는 그 화폐 가격 ──에 그 본질이 놓여 있다. 이러한 생활 수단의 화폐 가격이 하루에 평균 3 마르크라고 가정하자.

따라서 우리의 노동자는 자신을 고용하고 있는 자본가로부터 하루에 3 마르크의 임금을 받는다. 자본가는 그 대신 그로 하여금 말하자면 하루에 12 시간 노동하도록 만든다. 뿐만 아니라 이 자본가는 대략 다음과 같이 계산한다 :

우리의 노동자——기계공——는 어떤 기계의 부품을 만들어 내야 하며 그것을 하루에 끝낸다고 가정하자. 원료——필요한 형태로 미리 가공되어 있는 철과 놋쇠——는 20M.[마르크]라 하자. 증기 기관의 석탄 소비, 이 증기 기관 자체의 그리고 우리의 노동자가 가지고 일하는 선반과 기타의 작업 도구의 마멸은 하루 1인당으로 계산해서 1M.의 가치를 이룬다고 하자. 하루 임금은 우리의 가정에 따르면 3M.이다. 우리의 기계 부품에는 모두 24M.가 든다. 그러나 자본가는 자신의 고객들로부터 27M.의 가격을, 따라서 그가 들인 비용보다 3M.를 더 많이 받는다고 계산한다.

자본가가 챙겨 넣는 이 3M.는 어디서 나오는가? 고전 경제학의 주장에 따르면 상품들은 평균적으로 그 가치대로, 즉 그 상품들에 들어 있는 필요 노동량에 상응하는 가격으로 팔린다. 따라서 우리의 기계 부품의 평균 가격 ——27M.——은 그 가치와 같을 것이며 그 속에 들어가 있는 노동과 같을 것이다. 그런데 이 27M. 중에서 21M.는 우리의 기계공이 노동을 시작하기 전부터 이미 존재하고 있던 가치이다. 20M.는 원료 속에 들어 있었으며, 1M.는 노동하는 동안에 타 버린 석탄 속에, 혹은 그 동안에 사용되어 그 성능에 있어서 이 액수의 가치만큼 줄어든 기계들 및 도구들 속에 들어 있었다. 원료의 가치에 덧붙여진 6M.가 남는다. 그런데 우리 경제학자 자신들의 가정에 따르면 이 6마르크는 우리 노동자에 의해서 원료에 덧붙여진 노동으로부터 생겨날 뿐이다. 이렇듯이 그의 12시간 노동이 6마르크의 새로운 가치를 창조하는 것이다. 따라서 그의 12시간 노동의 가치는 6마르크와 같을 것이다. 그리고 이것으로써 우리는 마침내 '노동의 가치'가 무엇인가를 밝혀 낸 것이다.

"잠깐만!"하고 우리의 기계공이 외친다. "6마르크라고? 하지만 나는 3마르크밖에 못 받았다! 나의 자본가는 나의 12시간 노동의 가치가 3마르크밖에 안 된다는 것을 엄숙히 맹세하며, 내가 6마르크를 요구한다면 나를 비웃을 것이다. 그게 어디 말이나 되는 소린가?"

전에는 우리가 우리의 노동의 가치를 갖고서 헤어날 길 없는 원 안에 들어갔었다면, 이제 우리는 풀 길 없는 모순에 진짜 빠져든 것이다. 우리는 노동의 가치를 찾아 헤매었고, 우리가 필요로 할 수 있는 것 이상을 찾아내었다. 노동자에게는 12시간의 노동의 가치가 3마르크이며 자본가에게는 6

마르크인데, 자본가는 그 중에서 3마르크를 노동자에게 임금으로 지불하고 3마르크는 자신의 주머니 속으로 집어 넣는다. 따라서 노동은 하나의 가치가 아니라 두 개의 가치, 그것도 전혀 다른 가치를 갖고 있는 셈이다!

화폐로 표현된 가치를 우리가 노동 시간으로 환원시키자마자 모순은 더욱 부조리한 것이 된다. 12시간의 노동 동안에 6마르크의 새로운 가치가 창조된다. 따라서 6시간 동안에 3마르크——노동자가 12시간 노동의 대가로 받는 액수——가 새로이 창조되는 것이다. 노동자는 12시간의 노동에 대해서 6시간 노동의 생산물을 그것과 동일한 가치의 보상물이랍시고 받는 것이다. 따라서 노동이, 그중 어느 하나가 다른 하나의 두 배인 두 개의 가치를 가지든가 혹은 12가 6과 같든가 둘 중의 하나이다! 두 경우 모두 완전히 말도 안 된다.

아무리 이리저리 돌려서 생각해 봐도, 우리가 노동의 판매와 구매 및 노동의 가치에 대해서 말하는 한 우리는 이러한 모순으로부터 헤어나오지 못한다. 그리고 경제학자들의 경우에도 사태는 마찬가지였다. 고전 경제학의 마지막 갈래였던 리카도 학파는 대부분 이 모순의 해결 불가능함으로 말미암아 몰락하고 말았다. 고전 경제학은 막다른 골목에 부딪혔다. 이 막다른 골목으로부터 벗어나는 길을 찾아낸 사람이 칼 맑스였다.

경제학자들이 '노동의' 생산비라고 생각했던 것은 노동의 생산비가 아니라 살아 있는 노동자 자신의 생산비이다. 그리고 이 노동자가 자본가에게 판 것은 자신의 노동이 아니었다. 맑스는 "그의 노동이 실제로 시작되자마자 노동은 이미 그에게 속하지 않으며, 따라서 그의 노동은 더 이상 그에 의해서 판매될 수 없다"[176]라고 말하고 있다. 따라서 그는 기껏해야 자신의 미래의 노동을 팔 수 있을 뿐인바, 즉 일정한 시간에 일정한 작업 수행을 할 의무를 떠맡고 있을 뿐이다. 그러나 그는 그렇게 함으로써 노동(비록 이것이 먼저 수행되어져야만 할지라도)을 파는 것이 아니라, 일정 시간 동안(일급제일 때) 혹은 일정한 작업 수행을 목적으로(성과급제일 때) 일정한 대가를 받고 자신의 **노동력**을 자본가의 처분에 맡기는 것이다 : 그는 자신의 **노동력**을 임대 내지 판매한다. 그러나 이 노동력은 그의 몸에 붙어 있으며 거기서 떼어 낼 수 없다. 따라서 노동력의 생산비는 노동자의 생산비와 일치한다 ; 경제학자들이 노동의 생산비라고 부르는 것은 바로 노동자의 생산비이고, 따라서 노동력의 생산비인 것이다. 그리하여 우리는 또한 노동력의 생산비로부터 노동력의 **가치**로 거슬러 올라갈 수 있으며, 일정한 질의 노동력을 만들어 내는 데에 요구되는 사회적 필요 노동의 양을 결정할 수 있는바, 이는 맑스가 노동력의 구매와 판매에 관한 장에서 논한 바와 같다(『자본』, 제I권, 제4장, 제3절)[177].

그런데 노동자가 자본가에게 자신의 노동력을 판 뒤에는, 즉 미리 약정된 임금——일급제이든 성과급제이든——을 받고 자신의 노동력을 자본가의 처분에 맡긴 뒤에는 어떤 일이 벌어지는가? 자본가는 노동자를 자신의 작업장 혹은 공장으로 데려가는데, 그 곳에는 이미, 노동에 필요한 모든 대상들, 즉 원료, 보조 재료(석탄, 염료 등등), 도구, 기계 등이 마련되어 있다. 여기서 노동자는 고생을 하기 시작한다. 그의 일당은 앞에서 말한 바와 같이 3 마르크이다——이때 그가 임금을 일급제로 버는가 성과급제로 버는가는 전혀 중요하지 않다. 여기서도 다시, 노동자가 12 시간 동안 노동을 하여 소비된 원료에 6 마르크의 새로운 가치를 덧붙이며, 자본가는 완제품을 판매함으로써 이 새로운 가치를 실현시킨다고 가정해 보자. 그는 이 중에서 3 마르크를 노동자에게 지불하고 나머지 3 마르크는 자기 자신의 몫으로 챙겨 둔다. 그런데 노동자가 12 시간 동안에 6 마르크의 가치를 창조해 낸다면, 6 시간 동안에는 3 마르크의 가치를 창조할 것이다. 따라서 그가 자본가를 위해 6 시간을 일하고 나면, 그는 자본가에게 임금 속에 들어 있는 3 마르크의 대가를 이미 보상해 준 셈이다. 6 시간의 노동 뒤에는 양쪽 모두가 갚을 것을 다 갚고, 어느 누구도 다른 쪽에 대해서 I 헬러 Heller 도 빚진 것이 없는 셈이다.

"잠깐만!"하고 이번에는 자본가가 외친다. "나는 노동자를 하루 종일, 즉 12 시간 동안 임차하였다. 그런데 6 시간은 반나절밖에 안 된다. 따라서 나머지 6 시간마저 다 채울 때까지 편안한 마음으로 계속 수고를 하라——그래야 비로소 우리는 서로 갚을 것을 다 갚게 된다!" 그리고 노동자는 사실상 '자유 의지에 따라' 체결한 계약을 이행해야만 하며, 그 계약에 따라 그는 6 시간을 필요로 하는 노동 생산물을 받고 12 시간 동안 꼬박 노동해야 할 의무를 지고 있다.

성과급제의 경우에도 사정은 똑같다. 우리의 노동자가 12 시간 동안 12

개의 상품을 만든다고 가정해 보자. 그에 따라 상품 하나 하나에는 원료와 마모 때문에 2M.가 들고 그것들은 각각 2 1/2M.에 팔린다. 그러면 나머지 전제들이 위와 똑같은 경우에, 자본가는 노동자에게 1 개당 25 페니히 Pf.를 줄 것이다 ; 12 개에 3M.이고, 노동자가 그것을 벌려면 12 시간을 필요로 한다. 자본가는 12 개의 대가로 30M.를 얻는다 ; 원료와 마모에 대한 값으로 24M.를 빼고 나면 6M.가 남는데, 그중에서 그는 3M.를 임금으로 지불하고 3M.를 챙겨 넣는다. 위에서와 완전히 똑같다. 여기서도 노동자는 자기 자신을 위하여, 즉 자신의 임금을 보상하기 위하여 6 시간(12 시간 중 매시간마다 1/2 시간씩) 일하고, 자본가를 위하여 6 시간 일한다.

'노동'의 가치에서 출발했던 한, 가장 뛰어난 경제학자들조차 부딪혀서 실패했던 난관은 우리가 그 대신 **'노동력'**의 가치에서 출발하자마자 사라진다. 오늘날 우리의 자본주의 사회에서 노동력은 다른 모든 상품과 마찬가지로 하나의 상품이지만, 아주 특수한 상품이다. 즉 그것은 특수한 속성을, 가치의 원천이 되는 가치 창조의 힘을 갖고 있으며, 더욱이 적절히 다루면 그것 자체가 가지고 있는 것보다 더 많은 가치의 원천이 되는 힘을 갖고 있다. 오늘날의 생산의 수준에서, 인간의 노동력은 하루에 자기 자신이 가지고 있고 자기 자신이 필요로 하는 것보다 더 많은 가치를 생산할 뿐만이 아니다 ; 새로운 과학적 발견과 새로운 기술적 발명이 있을 때마다 자신의 하루 생산물 중 자신의 하루 비용을 초과하는 이 잉여분은 더 많아진다. 따라서 노동일 중에서 노동자가 자신의 하루 임금의 보상을 달성하는 부분은 더 적어지며, 따라서 다른 한편 노동일 중에서 그가 자본가에게 어떠한 지불도 받지 않고 **선사해야** 하는 부분은 더 늘어난다.

그리고 오늘날의 우리 사회 전체의 경제 제도는 바로 이것이다 : 모든 가치를 생산하는 것은 바로 노동자 계급이다. 왜냐하면 가치란 노동에 대한 또 다른 표현일 뿐이며, 오늘날 우리의 자본주의 사회에서 특정 상품에 들어 있는 사회적 필요 노동량을 가리키는 표현이기 때문이다. 그러나 노동자들에 의해 생산되는 이 가치는 노동자들에게 속하지 않는다. 그것은 원료, 기계 및 도구, 그리고 이 소유자들이 노동자 계급의 노동력을 구매할 수 있도록 해 주는 선대 수단의 소유자들에게 속한다. 따라서 노동자 계급은 자신들이 만들어 낸 전체 생산물 덩어리 중에서 일부만을 되돌려 받는다. 그리고 우리가 앞에서 보았듯이, 자본가 계급이 자기 몫으로 챙겨 넣는, 기껏해야 지주 계급하고나 나누어 가질 수밖에 없는 다른 부분은 새로운 발견과 발명이 이루어질 때마다 더 커지는 반면에 노동자 계급에게 떨어지는 부분(1 인당으로 계산할 때)은 아주 천천히 그리고 눈에 띄지 않을 정도로 늘어나거나 전혀 늘어나지 않으며, 사정에 따라서는 심지어 더 감소할 수도 있다.

그러나 점점 더 급속히 서로를 촉진하는 이와 같은 발명과 발견, 지금까지 들어본 적이 없을 정도로 나날이 늘어나는 인간 노동의 생산성은 마침내 충돌을 만들어 내며, 그 충돌 속에서 오늘날의 자본주의 경제는 붕괴하지 않을 수 없다. 한쪽에는 헤아릴 수 없는 부와, 구매자들이 주체할 수 없을 정도의 생산물들의 과잉이 존재한다. 다른 한쪽에는 사회의 다수 대중이 프롤레타리아화되고, 임금 노동자로 전화되며, 그리고 바로 그 때문에 생산물들의 저 과잉분을 전유할 수 없게 된다. 가능할 수 없을 정도로 부유한 소수의 계급과 재산 없는 다수의 임금 노동자 계급으로의 사회의 분열은, 이 사회가 그 자신의 [생산물의] 과잉 속에서 질식사하는 반면 그 성원의 대다수는 극도의 곤궁으로부터 별로 보호받지 못하거나 혹은 전혀 보호받지 못하게 되는 상황을 초래한다. 이러한 상태는 날이 갈수록 더욱더 부조리한 것으로 그리고——더욱더 불필요한 것으로 된다. 이 상태는 제거**되어야 하며**, 제거될 **수 있다**. 하나의 새로운 사회 질서가 가능한바, 거기에서는 오늘날과 같은 계급 구별이 사라지고——아마도 약간 쪼들리기는 하겠지만 어떻든 도덕적으로 매우 유익한 짧은 이행기를 거친 후에——모든 사회 성원이 엄청난 기존 생산력들을 계획적으로 이용하고 확대함으로써, 동등한 노동 의무 속에서 생활 수단, 향락 수단, 모든 육체적 및 정신적 능력의 개발과 발휘를 위한 수단을 동등하게, 또 점점 더 충분하게 가지게 된다. 그리고 노동자들이 이 새로운 사회 질서를 쟁취하려는 결의를 더욱더 다지고 있다는 점에 대해서는 대양大洋의 양쪽에서, 내일로 다가온 5월 1일과 일요일인 5월 3일[104]이 증명해 줄 것이다.

1891년 4월 30일, 런던   프리드리히 엥겔스

출전 : 칼 맑스,　　　　　　　　　　　　　　　맑스 · 엥겔스 저작집,
『임금 노동과 자본』.　　　　　　　　　　　　제22권, 202-209면.
1849년의 『신 라인 신문』으로부터의
단행본.
프리드리히 엥겔스의 서문이 딸림,
베를린, 1891년.

임금 노동과 자본

　사람들은, 우리가 목하의 계급 투쟁들과 민족 투쟁들의 물질적 기초를 형성하는 **경제적 관계들**을 보여 주지 않았다고 여러 측면에서 질책하였다. 우리는 경제적 관계들이 정치적 분쟁 속에 직접 떠오를 때에만, 계획적으로 이를 언급했던 것이다.

　매일 매일의 역사 속에서 계급 투쟁을 추적하는 일, 또 기존의 역사적 재료 및 매일 매일 새로 만들어지는 역사적 재료를 가지고서, 2월 및 3월[178] [의 혁명들]을 일으킨 노동자 계급이 진압됨과 동시에 그들의 적들——프랑스의 부르주아 공화파, 유럽 대륙 전체에서 봉건적 절대주의에 맞서 투쟁했던 부르주아 계급 및 농민 계급——도 패배했다는 사실 ; 프랑스에서의 '점잖은 공화제'의 승리는 동시에, 영웅적인 독립 전쟁으로 2월 혁명[87]에 응답했던 국민들의 몰락이었다는 사실 ; 끝으로 혁명적 노동자들의 패배와 함께 유럽은 그 옛날의 이중 노예제, 즉 **영국·러시아적** 노예제로 도로 떨어지고 말았다는 사실 등을 증명하는 일이 무엇보다도 중요했다. 파리의 6월 투쟁,[88] 빈의 함락, 1848년 11월에 벌어진 베를린의 희비극,[171] 폴란드, 이탈리아 및 헝가리에서의 필사적인 분투, 아일랜드에서의 기근——이러한 것들이 유럽에서 벌어진 부르주아지와 노동자 계급 사이의 계급 투쟁이 집약되어 있는 주요 계기들이었으며, 이러한 계기들을 갖고서 우리는, 모든 혁명적 봉기는 비록 그 목표가 계급 투쟁과는 동떨어진 것처럼 보일지라도 혁명적 노동자 계급이 승리하기 전에는 좌초할 수밖에 없다는 사실, 모든 사회 개혁은 프롤레타리아 혁명과 봉건적 반혁명이 무기를 들고 하나의 세계 대전 속에서 서로 승패를 다투기 전까지는 하나의 공상에 그친다는 것을 증명하였던 것이다. 실제로도 그렇지만 우리들의 서술에서는 벨기에와 스위스가 거대한 역사적 정경 情景 속에 있는 희비극적이고 희화적인 풍속화였는데, 전자는 부르주아 군주제의 전형적 국가이고 후자는 부르주아 공화제의 전형적 국가로서 이 두 국가는 자신들이 계급 투쟁과 무관하고 유럽의 혁명과도 무관하다고 생각한다.

1848년의 계급 투쟁이 엄청난 정치적 형태로 전개되는 것을 우리 독자들이 본 이상, 이제 부르주아지의 존립과 그들의 계급 지배를 기초지을 뿐 아니라 노동자 노예제를 기초짓기도 하는 경제적 관계들 자체를 좀더 상세히 파고들 때가 되었다.

우리는 세 개의 커다란 부분들로 나누어 서술하려고 한다 : I. 임금 노동과 자본의 관계, 노동자의 노예 상태, 자본가의 지배, 2. 현체제하에서는 불가피한, 중간 부르주아 계급들과 소위 시민층의 몰락, 3. 세계 시장의 전제 군주 ——영국——에 의한 유럽 여러 민족의 부르주아 계급들의 상업적 예속과 착취.

우리는 가능한 한 간단하고 평이하게 서술하고자 하며 정치 경제학의 가장 기초적인 개념들조차 전제하지 않을 것이다. 우리는 노동자들이 잘 이해하기를 바란다. 게다가 독일에서는 특허를 받고 현존 상태를 옹호하는 자들로부터, 분열된 독일의 군주들보다도 더 많은 사회주의적 사기꾼들 및 진가를 인정받지 못하는 정치적 천재들에 이르기까지, 가장 간단한 경제적 관계들에 관해서도 정말 놀랄 만한 무지와 개념적 혼란이 지배하고 있다.

따라서 우선 첫번째 문제로 가 보자 :

임 금 이 란   무 엇 인 가 ?

그 것 은   어 떻 게   결 정 되 는 가 ?

사람들이 노동자에게 다음과 같이 묻는다면 : 당신의 임금은 얼마나 되느냐?, 그들 중에 어떤 사람은 다음과 같이 대답할 것이고 : "나는 나의 부르주아로부터 일당으로 I 마르크를 받는다", 또 어떤 사람은 다음과 같이 대답할 것이다 : "나는 2 마르크를 받는다" 등등. 그들이 속해 있는 다양한 노동 부문에 따라 그들은 일정한 노동의 대가로, 예를 들면 I 엘레 Elle 의 아마포를 짜거나 혹은 인쇄 전지 I 장을 조판하는 데 대한 보수로 그때 그때마다의 부르주아로부터 받는 다양한 금액을 제시할 것이다. 그들이 제시하는 금액의 다양함에도 불구하고 그것들은 모두 한 점에서 일치한다 : 임금이란 자본가가 일정한 노동 시간 혹은 일정한 노동의 제공에 대하여 지불하는 금액이라는 점에서 일치한다.

따라서 마치 자본가가 돈으로 노동자들의 노동을 **사는** 것처럼 보인다. 노동자들은 자본가에게 돈을 받고 자신들의 노동을 **판다.** 그러나 이것은 단지 가상일 뿐이다. 그들이 자본가에게 돈을 받고 파는 것은 자신들의 노동력이다. 자본가는 이 노동력을 하루, 한 주, 한 달 등등의 단위로 산다. 그리고 노동력을 산 뒤에는 그는 계약 기간 동안 노동자들을 노동하게 함으로써 그것을 사용한다. 자본가는 자신이 노동자의 노동을 산 바로 그 금액, 예를 들면 2마르크로 2파운드의 설탕이나 일정량의 어떤 다른 상품을 살 수 있을 것이다. 그가 2파운드의 설탕을 사는 데 썼던 그 2마르크는 2파운드의 설탕의 **가격**이다. 그가 노동력의 12시간 사용을 사는 데 썼던 그 2마르크는 12시간 노동의 가격이다. 따라서 노동력은 설탕보다 나을 것도 못할 것도 없는 하나의 상품이다. 전자는 시계로 후자는 저울로 측정된다.

노동자들은 자신들의 상품, 노동력을 자본가의 상품, 화폐와 교환하며 게다가 이 교환은 일정한 비율에 따라 이루어진다. 그리하여 일정 시간 동안의 노동력의 사용이 그만큼의 화폐와 교환된다. 12시간의 직조 작업은 2마르크와 교환된다. 그런데 이 2마르크가 내가 2마르크로 살 수 있는 다른 모든 상품을 나의 앞에 갖다 놓는 것이 아니겠는가? 따라서 사실상 노동자는 자신의 상품, 노동력을 모든 종류의 상품들과, 그것도 일정한 비율로 교환해 왔던 것이다. 자본가는 노동자에게 그만큼의 고기, 그만큼의 옷, 그만큼의 땔감, 양초 등등을 그의 노동일과 교환하여 준 셈이다. 따라서 이 2마르크는 노동력이 다른 상품들과 교환되는 비율, 그의 노동력의 **교환 가치**를 표현한다. **화폐**로 평가된 상품의 교환 가치가 바로 상품의 **가격**이라고 불리는 것이다. 따라서 **임금**이란 사람들이 통상 **노동의 가격**이라고 부르는 노동력의 가격을 가리키는, 인간의 살과 피 이외에는 머무를 곳이 없는 이 독특한 상품의 가격을 가리키는 특수한 이름일 뿐이다.

임의의 한 노동자, 예를 들어 한 명의 직조공을 생각해 보자. 자본가는 그에게 직조기와 실을 제공한다. 직조공은 노동에 착수하고 아마포가 실로부터 생겨난다. 자본가는 그 아마포를 자기 것으로 하고, 그것을 예를 들면 20마르크에 판매한다. 그런데 직조공의 임금은 아마포 중의 한 **부분**, 20마르크 중의 한 **부분**, 그의 노동 생산물 중의 한 **부분**인가? 결코 그렇지 않다. 아마포가 팔리기 훨씬 전에, 어쩌면 그것이 완성되기 훨씬 전에 직조공은 자신의 임금을 받았다. 이처럼 자본가는 그가 아마포로부터 끌어내게 될 돈으로 이 임금을 지불하는 것이 아니라 미리 준비된 돈으로 지불한다. 부르주아로부터 제공받은 직조기와 실이 직조공의 생산물이 아니듯이, 그가 자신의 상품, 자신의 노동력과 교환하여 받는 상품들도 그의 생산물이 아니다. 부르주아는 자신의 아마포의 구매자를 전혀 발견하지 못할 수 있었다. 부르주아는 자신의 판매로부터 임금조차 뽑아 내지 못할 수 있었다. 부르주아는 직조공의 임금에 비해 아주 많은 이득을 남기고 아마포를 팔 수 있다. 이 모든 것은 직조공과 아무 상관이 없다. 자본가는 기존 재산의 일부분, 그의 자본의 일부분으로 직조공의 노동력을 사는바, 이는 그가 자기 재산의 다른 부분으로 원료 — 실 — 와 노동 도구 — 직조기 — 를 사들이는 것과 마찬가지이다. 아마포의 생산에 필요한 노동력의 구입을 포함하는 이러한 구입들을 행한 후에 자본가는 그에게 속하는 **원료와 노동 도구들을** 가지고서 생산한다. 그리하여 물론 우리의 착한 직조공도 후자에 속하는데, 그는 직조기와 마찬가지로 생산물 혹은 생산물의 가격 속에 자기 몫을 가지고 있지 않다.

그러므로 임금은 노동자에 의하여 생산된 상품에서 노동자가 차지하는 몫이 아니다. 임금은 자본가가 일정한 양의 생산적 노동력을 사들이는 데 사용하는 기존 상품의 일부이다.

따라서 노동력은 그 소유자, 즉 임금 노동자가 자본에게 파는 하나의 상품이다. 그는 왜 그것을 파는가? 살기 위해서이다.

그러나 노동력의 실행, 즉 노동은 노동자 자신의 생명 활동이며, 그 자신의 생명의 발현이다. 그리고 그는 필요한 **생활 수단을** 확보하기 위하여 이 **생명 활동을** 제3자에게 판매한다. 따라서 그의 생명 활동은 그에게는 생존할 수 있기 위한 하나의 수단일 뿐이다. 그는 살기 위해서 노동하는 것이다. 그는 노동을 자기 삶으로까지 생각하는 일이 없으며, 오히려 노동은 그의 삶의 희생일 뿐이다. 노동은 그가 제3자에게 넘겨 버린 하나의 상품이다. 따라서 그의 활동의 산물 또한 그의 활동의 목적이 아니다. 그가 자기 자신을 위해서 생산하는 것은 그가 짜는 비단도 아니고 그가 광산의 갱도에서 캐내는 금도 아니며 그가 짓는 궁전도 아니다. 그가 자기 자신을 위해서 생산하는 것은 **임금**이며, 비단, 궁전, 금 등은 그에게 있어서는 일정량의 생활 수단, 아마도 면 자켓, 동전, 지하실 주택 등으로 격하된다. 그런데 12 시간 동안 천을 짜고 실을 뽑고 구멍을 뚫고 선반을 돌리고 집을 짓고 땅을 파고 돌을 깨고 짐을 나르는 등등의 일을 하는 노동자 —— 이 노동자에게 이 12 시간 동안의 옷감 짜기, 실 뽑기, 구멍 뚫기, 선반 작업, 집 짓기, 삽질, 돌 깨기 등이 자기 삶의 발현으로, 삶으로 여겨지겠는가? 그와 정반대이다. 그에게 있어서 삶이란 이러한 활동이 멈출 때, 즉 식탁에서 선술집 의자에서 침대에서 시작된다. 이와는 반대로 그에게 있어서 12 시간의 노동은 옷감 짜기, 실 뽑기, 구멍 뚫기 등등으로서의 의미는 전혀 없고 그를 식탁으로 선술집 의자로 침대로 데려다 주는 **벌이**로서의 의미를 갖고 있다. 만일 누에가 애벌레로서의 자신의 목숨을 이어 가기 위하여 실을 뽑는다면 그 누에는 영락없는 임금 노동자일 것이다. 노동력이 늘 **상품**이었던 것은 아니다. 노동이 늘 임금 노동, 즉 **자유로운** 노동이었던 것은 아니다. 황소가 자신의 능력을 농부에게 팔지 않듯이, 노예는 자신의 노동력을 노예 소유자에게 팔지 않았다. 노예는 자신의 노동력과 더불어 통째로 그 소유자에게 영원히 팔려 버린다. 그는 한 소유자의 손에서 다른 소유자의 손으로 넘어갈 수 있는 상품이다. 그 **자신**이 상품이지 노동력이 **그의** 상품인 것은 아니다. **농노**는 자기 노동력의 일부분을 판다. 그가 지주들에게서 임금을 받는 것이 아니다 : 오히려 지주들이 그에게서 공물 貢物 을 받는다.

농노는 토지에 속해 있으며 지주에게 수확물들을 갖다 바친다. 이와는 반대로 **자유로운 노동자**는 자기 자신을 판매하며 그것도 토막으로 나누어서 판다. 그는 매일같이 자기 삶 중의 8, 10, 12, 15 시간을 다른 사람, 가장 비싼 값을 주는 사람, 원료, 노동 도구 및 생활 수단의 소유자, 즉 자본가들에게 경매한다. 노동자는 소유자에게도 속하지 않고 토지에도 속하지 않지만, 그의 하루 하루의 삶 중에서 8, 10, 12, 15 시간은 그것을 산 사람에게 속한다. 노동자는 그가 원하는 즉시 그가 자기 자신을 빌려 주었던 그 자본가를 떠난다. 그리고 자본가는 자신이 노동자로부터 어떠한 이득도 보지 못하거나 의도했던 만큼의 이득을 보지 못하게 되는 즉시, 자기가 좋다고 생각할 때면 언제나 노동자를 해고한다. 그러나 노동력의 판매가 유일한 수입원인 노동자는 자신의 생존을 포기하지 않고서는 **구매자 계급 전체, 즉 자본가 계급**을 떠날 수 없다. 그는 이 자본가 혹은 저 자본가에게 속하지는 않지만 **자본가 계급에게 속한다** ; 더구나 자신을 주인에게 데려가는 것, 즉 이 자본가 계급 속에서 구매자를 찾는 것이 그의 책무이다.

이제 우리는 자본과 임금 노동 사이의 관계로 좀더 깊숙이 들어가기 전에, 임금을 결정할 때에 문제가 되는 가장 일반적인 관계들을 간략히 서술할 것이다.

우리가 본 바와 같이 **임금**이란 특정 상품, 즉 노동력의 **가격**이다. 따라서 임금은 다른 모든 상품들의 가격을 결정하는 바로 그 법칙들에 의해 결정된다.

따라서 **상품의 가격은 어떻게 결정되는가**라는 물음이 나온다.

한 상 품 의 가 격 은 무 엇 에 의 해 결 정 되 는 가 ?

구매자들과 판매자들 사이의 경쟁에 의해, 공급에 대한 수요의 관계에 의해, 제공에 대한 욕망의 관계에 의해. 상품의 가격을 결정하는 경쟁은 세 **측면**을 갖는다.

똑같은 상품이 서로 다른 판매자들에 의하여 공급된다. 똑같은 품질의 상품을 가장 싸게 파는 사람이 나머지 판매자들을 격퇴하고 최대의 판로를 확보한다는 것은 분명하다. 이처럼 판매자들은 판로, 즉 시장에 대한 권리를 서로서로 인정하지 않는다. 그들 모두는 팔고자 하고, 가능한 한 많이 팔고자 하며, 될 수만 있다면 나머지 판매자들을 밀어내고 혼자서 팔기를 원한다. 따라서 제각기 다른 사람보다 싸게 판다. 그래서 **판매자들 사이의 경쟁**이 일어나고, 그 경쟁은 그들이 공급하는 **상품들의 가격을 떨어뜨린다.**

그러나 **구매자들 사이에서의 경쟁**도 일어나며, 이것은 이것대로 공급되는 상품들의 가격을 **상승시킨다.**

끝으로 **구매자들과 판매자들 사이에서의 경쟁**이 일어난다 ; **전자**는 가능한 한 싸게 사려고 하고 **후자**는 가능한 한 비싸게 팔려고 한다. 구매자들과 판매자들 사이의 이러한 경쟁의 결과는 앞에서 제시된 경쟁의 두 측면이 어떤 관계를 맺고 있는가, 즉 경쟁이 구매자들의 군대에서 더 심한가 혹은 판매자들의 군대에서 더 심한가에 달려 있다. 산업은 두 군대 무리들을 싸움터에서 마주서도록 만들며, 그들 각각은 자기 부대들끼리 자기 대열 속에서 다시 전투를 일으킨다. 난투극이 가장 적은 군대가 상대 군대를 누르고 승리를 획득한다.

시장에 100 발레 Balle 의 면화가 나와 있고 동시에 1,000 발레의 면화에 대한 구매자가 있다고 가정해 보자. 따라서 이 경우에는 수요가 공급의 열 배가 된다. 따라서 구매자들 사이의 경쟁은 아주 치열해지며, 그들 각각은 한 발레라도, 가능하면 100 발레 모두를 독점하고자 한다. 이 예는 결코 자의적 가정이 아니다. 우리는 상업의 역사 속에서 서로 동맹을 맺은 몇몇 자본가들이 100 발레가 아니라 지구상의 면화 재고 전부를 사들이려고 했던 면화 흉작의 시기를 발견한다. 따라서 이런 경우에는 어떤 한 구매자가 면화 발레를 비교적 더 비싼 가격으로 사들임으로써 다른 구매자들을 격퇴하려고 할 것이다. 서로 치열하기 그지없는 투쟁을 하고 있는 적군의 부대들을 목격한, 그리고 자신들의 100 발레 전부의 판매를 보장받고 있는 판매자들은 적들이 앞다투어 가격을 올리고 있는 순간에 서로 머리채를 거머쥐고 싸우는 일이 없도록 조심하게 된다. 따라서 판매자들의 군대 내에는 갑자기 평화가 찾아든다. 그들은 마치 한 사람처럼 구매자들에 맞서고, 사색하듯이 팔장을 낀다. 그들의 요구들은, 무슨 일이 있어도 꼭 사야겠다는 사람들조차 [그 이상은 더 못 내겠다는] 매우 확고한 한도를 제시하지 않는다면 끝간데를 모를 것이다.

따라서 어떤 한 상품의 공급이 이 상품에 대한 수요보다 적을 때에는, 판매자들 사이의 경쟁이 아주 미약하거나 전혀 일어나지 않는다. 이 경쟁이 줄어드는 것과 비례하여 구매자들 사이의 경쟁은 증가한다. 결과 : 상품 가격의 다소 뚜렷한 상승.

주지하다시피 정반대의 결과를 가지고 오는 정반대의 경우가 더 자주 일어난다. 수요를 훨씬 더 초과하는 공급 : 판매자들 사이의 필사적인 경쟁 ; 구매자들의 부족 : 상품을 헐값으로 처분함.

그런데 가격의 오름과 내림이란 무엇을 뜻하며, 높은 가격과 낮은 가격은 무엇을 뜻하는가? 모래알도 현미경으로 보면 크게 보이고 탑도 산과 비교하면 낮은 것이다. 그리고 가격이 수요와 공급의 관계에 의하여 결정된다면, 수요와 공급의 관계는 무엇에 의하여 결정되는가?

길 가는 부르주아 중에서 아무나 붙잡고 물어 보자. 그는 잠시도 주저하지 않고, 마치 또 하나의 알렉산더 대왕처럼 이 형이상학적 매듭을 구구단으로 끊어 버릴 것이다. 그는 우리에게 이렇게 말할 것이다. 만일 내가 파는 상품을 생산하는 데 100마르크가 들었고 내가 이 상품을 팔아서, 물론 일년이 지난 뒤에, 110마르크를 받는다면 —— 그렇다면 그것은 시민적이고, 정직하며 정당한 이득이다. 그런데 만일 내가 교환을 통해서 120, 130마르크를 받는다면 그것은 높은 이득이다 ; 그리고 만일 내가 200마르크씩이나 받는다면 그것은 엄청나고도 굉장한 이득이다. 그러면 무엇이 부르주아에게 이득의 **척도**로서 봉사하는가? 그의 상품의 **생산비**이다. 그가 이 상품을 일정한 양의 다른 상품들, 생산하는 데 더 적은 비용이 들어간 상품들과 교환했다면 그는 손해를 본 셈이다. 자기 상품을 일정한 양의 다른 상품들, 생산하는 데 더 많은 비용이 들어간 상품들과 교환했다면, 그는 이득을 본 셈이다. 그리고 그는 자기 상품의 교환 가치가 영 **零** ——**생산비**——보다 낮은가 높은가 그 등급에 따라 이득의 오르내림을 계산한다.

이리하여 우리는 어떻게 수요와 공급 사이의 변동하는 관계가 때로는 가격의 상승을 때로는 가격의 하락을 때로는 높은 가격을 때로는 낮은 가격을 초래하는가를 보았다. 만약에 모자라는 공급 혹은 지나치게 늘어난 수요 때문에 어떤 상품의 가격이 현저하게 올라간다면, 어떤 다른 상품의 가격이 필연적으로 그만큼 떨어진다 ; 왜냐하면 상품의 가격이란 그것이 다른 상품들과 교환되는 비율을 화폐로 표현한 것에 지나지 않기 때문이다. 예를 들어 1엘레의 명주의 가격이 5마르크에서 6마르크로 오른다면 은銀의 가격은 명주에 비해 떨어지며, 또 그와 마찬가지로 예전의 가격에 머물러 있는 다른 모든 상품들의 가격도 명주에 비해 떨어진다. 그에 따라 사람들은 똑같은 양의 견絹 제품을 얻기 위해서 더 많은 양의 다른 상품을 주어야 한다. 한 상품의 가격 상승의 결과는 무엇이 되겠는가? 대량의 자본이 번창하는 산업 부문으로 몰릴 것이며, 우대받는 산업 영역으로의 자본들의 이와 같은 이주는 그 산업이 통상적인 이득을 주게 될 때까지 아니 오히려 그 생산물의 가격이 과잉 생산 때문에 생산비 이하로 떨어질 때까지 계속될 것이다.

반대로. 한 상품의 가격이 그 생산비 이하로 떨어지면, 자본들은 이 상품의 생산에서 손을 뗄 것이다. 한 산업 부문이 더 이상 시대에 맞지 않아서 몰락할 수밖에 없는 경우를 제외하면, 자본들의 이같은 도피는 그 상품의 공급이 수요에 상응하게 될 때까지 따라서 그 가격이 생산비 수준으로 다시 오를 때까지 아니 오히려 그 공급이 수요 이하로 떨어질 때까지, 즉 그 가격이 다시 생산비 이상으로 올라갈 때까지 그 상품의 생산, 즉 공급을 떨어뜨릴 것이다. 왜냐하면 한 상품의 시가**時價** 는 언제나 생산비보다 높거나 낮기 때문이다.

우리는 자본들이 어떻게 한 산업 영역으로부터 다른 산업 영역으로 끊임없이 유출되고 유입되는가를 본다. 높은 가격은 심한 유입을 초래하고 낮은 가격은 심한 유출을 초래한다.

또 다른 관점에 의해서 우리는 공급뿐만 아니라 수요도 생산비에 의해 결정된다는 사실을 보여 줄 수 있다. 그러나 그것은 우리의 [서술] 대상들로부터 너무 멀어지게 될 것이다.

우리는 방금 위에서 수요와 공급의 변동들이 한 상품의 가격을 늘 다시 생산비로 되돌려 보낸다는 사실을 보았다. **한 상품의 실제 가격이 언제나 생산비보다 높거나 낮긴 하나,** 일정한 시기 동안의 산업의 썰물과 밀물을 합산해 보면 **오르내림은 서로 상쇄되므로** 상품들은 그 생산비에 따라 교환되며, 따라서 그 가격은 그 생산비에 의해 결정되게 된다.

이와 같은, 생산비에 의한 가격 결정은 경제학자들이 말하는 의미에서 이해되어져서는 안 된다. 경제학자들은 상품들의 **평균** 가격이 생산비와 같다고 말한다 ; 이것은 법칙이라는 것이다. 오름은 내림에 의하여, 또 내림은 오름에 의하여 서로 상쇄되는 이 무정부적인 운동을 그들은 우연으로 여긴다. 다른 경제학자들이 그렇게 하고 있듯이, 똑같은 권리로 [가격의] 변동들을 법칙으로 여기고 생산비에 의한 [가격] 결정을 우연으로 여길 수도 있을 것이다. 하지만 이러한 변동들, 즉 자세히 살펴보면 끔찍하기 짝이 없는 황폐화를 수반하며 마치 지진처럼 부르주아 사회를 그 기초로부터 흔드는 이 변동들만이, 그 경과 속에서 생산비에 의해 가격을 결정한다. 이러한 무질서의 운동 전체가 부르주아 사회의 질서이다. 이같은 산업의 무정부 상태의 과정 속에서, 이같은 순환 운동 속에서 경쟁은 말하자면 한 극단을 다른 극단으로써 상쇄시킨다.

따라서 우리는 다음의 사실을 보고 있다 : 어떤 상품의 가격은 그 생산비에 의해 결정되는바, 이 결정은 그 상품의 가격이 생산비 이상으로 오르는 시기가 생산비 이하로 떨어지는 시기에 의하여 상쇄되는 방식으로, 또 그 반대의 방식으로 이루어진다. 물론 이것은 주어진 개별적 공산품 하나에 해당되는 것이 아니라 산업 부문 전체에만 해당된다. 따라서 이것은 개별적 산업가에게 해당되는 것이 아니라 산업가 계급 전체에만 해당된다.

생산비에 의한 가격 결정은 한 상품의 생산에 요구되는 노동 시간에 의한 가격 결정과 똑같다. 왜냐하면 생산비는 I. 원료 및 도구의 마모분으로, 즉 일정한 양의 노동일을 들여 생산된 따라서 일정한 양의 노동 시간을 표현하는 공산품으로 구성되며, 2. 다름아니라 시간을 척도로 삼는 직접적 노동으로 구성되기 때문이다.

상품들의 가격을 일반적으로 규제하는 바로 그 일반 법칙들이 당연히 임금, 즉 노동의 가격도 규제한다.

임금은 수요와 공급간의 관계에 따라, 노동력의 구매자들인 자본가들과 판매자들인 노동자들간의 경쟁이 어떤 모습을 띠는가에 따라 때로는 오르게 되고 때로는 내리게 된다. 임금의 변동들은 대체로 상품 가격들의 변동들에 조응한다. 그러나 이러한 변동들 내에서 노동의 가격은 그 생산비에 의하여, 이 상품, 즉 노동력을 만들어 내는 데 요구되는 노동 시간에 의하여 결정된다.

그런데 노동력의 생산비란 무엇인가?

그것은 노동자를 노동자로서 유지시키고 그를 노동자로서 훈련시키는 데 요구되는 비용이다.

따라서 어떤 노동이 훈련 기간을 짧게 필요로 하면 할수록, 노동자의 생산비도 적어지게 되어서 그의 노동의 가격, 즉 그의 임금도 적어진다. 수습 기간을 거의 필요로 하지 않고 단지 노동자의 육체적 존재만으로 충분한 산업 부문들에서는 노동자를 만들어 내는 데 필요로 되는 생산비가 거의, 노동자가 노동 능력을 가지고 살도록 하는 데 필요로 되는 상품들에만 국한된다. 그러므로 그의 노동의 가격은 필요한 생활 수단의 가격에 의해 결정된다.

그런데 아직 또 한 가지 고려해야 할 점이 있다. 자신의 생산비 및 이에 의거하여 생산물의 가격을 계산하는 공장주는 노동 도구들의 마멸을 계산에 넣는다. 예를 들어 어떤 기계가 그에게 I,000 마르크를 들이게 했고 또 이 기계는 IO년 동안에 걸쳐 마멸된다면, 그는 IO년 뒤에 닳아 없어진 기

계를 새로운 기계로 대체할 수 있기 위하여 해마다 100 마르크를 상품 가격
에 산입시킬 것이다. 마찬가지의 방식으로 단순 노동력의 생산비 속에는 노
동자 종족 種族 이 번식하고 또 닳아 없어진 노동자들을 새로운 노동자들로
교체할 수 있기 위한 번식 비용이 산입되어져야만 한다. 따라서 기계의 마모
와 마찬가지로 노동자들의 마모 또한 계산에 포함된다.

따라서 단순 노동력의 생산비는 **노동자의 생존 및 번식 비용**에 달한다.
이러한 생존 및 번식 비용이 임금을 형성한다. 이렇게 결정된 임금을 **임금의
최소치**라고 한다. 생산비에 의한 상품의 가격 결정 일반과 마찬가지로 임금
의 이러한 최소치는 **개별적 개인**에 해당되는 것이 아니라 유 類 에 해당되는
것이다. 개별적 노동자들, 수백만의 노동자들은 생존하고 번식할 수 있을 만
큼 충분히 벌지 못하고 있다 ; 그러나 **노동자 계급 전체의 임금**은 그 변동 속에
서 이러한 최소치에 일치한다.

임금 및 다른 모든 상품의 가격을 규제하는 가장 일반적인 법칙에 대해
서 납득한 지금, 이제 우리는 우리의 [서술] 대상으로 좀더 상세하게 들어갈
수 있다.

자본은, 새로운 원료들, 새로운 노동 도구들 및 새로운 생활 수단들을
만들어 내는 데 사용되는 온갖 종류의 원료들, 노동 도구들, 생활 수단들로
구성된다. 자본의 이 모든 구성 부분들은 노동의 창조물들이고 노동의 산물
들이며 **축적된 노동**이다. 새로운 생산의 수단으로 봉사하는 축적된 노동이 자
본이다.

경제학자들이 위와 같이 말한다.

흑인 노예란 무엇인가? 흑인종에 속하는 한 인간이다. 위의 설명은 이
러한 설명이나 마찬가지이다.

흑인은 흑인이다. 일정한 관계들 속에서 그는 비로소 노예가 된다. 면
방적기는 면방적을 하는 기계이다. 일정한 관계들 속에서만 그것은 **자본이**
된다. 이러한 관계들로부터 떼어 내어졌을 때 그것은 자본이 아닌데, 이는
마치 금이 그 자체로서는 **화폐**가 아니거나 혹은 설탕이 설탕 가격이 아닌 것
과 마찬가지이다.

생산 속에서 인간들은 자연에 대해서뿐만 아니라 서로서로에 대해서도
영향을 미친다. 인간들은 일정한 방식으로 협력하고 자신들의 활동들을 서

556

로 교환하는 속에서만 생산한다. 생산하기 위하여 인간들은 서로 일정한 연관들 및 관계들을 맺으며, 또 이러한 사회적 연관들과 관계들 속에서만 자연에 대한 인간의 작용이, 생산이 존재하는 것이다.

생산자들 서로간에 맺어지는 이러한 사회적 관계들, 즉 생산자들이 자신들의 활동들을 교환하고 생산이라는 공동 행위에 참여하는 조건들은 당연히 생산 수단의 성격에 따라 달라진다. 화기라는 새로운 전쟁 도구의 발명과 더불어 군대의 내부 조직 전체가 필연적으로 변화하였고, 개인들이 군대를 형성하고 군대로서 작용할 수 있게 되는 관계들이 변화하였으며, 각 군대의 상호 관계도 변하였다.

개인들이 그 속에서 생산을 행하는 사회적 관계들, 즉 **사회적 생산 관계**들은 따라서 물질적 생산 수단들, 생산력들의 변화 및 발전과 더불어 변화하고 변모한다. 그 전체성 속에 있는 생산 관계들은 사람들이 사회적 관계들, 사회라고 칭하는 것을 형성하며, 보다 정확히 말하면 일정한 역사적 발전 단계에 있는 어떤 사회, 특유한, [다른 것들과] 구별되는 성격을 갖고 있는 사회를 형성한다. 고대 사회, **봉건** 사회, **부르주아** 사회는 그러한 생산 관계들의 총체들이며, 이 생산 관계들 각각은 동시에 인류 역사에서의 특수한 발전 단계를 가리킨다.

자본 또한 하나의 사회적 생산 관계이다. 그것은 **부르주아적** 생산 관계, 즉 부르주아 사회의 생산 관계이다. 자본을 구성하는 생활 수단들, 노동 도구들, 원료들 이런 것들은 주어진 사회적 조건들 아래에서, 일정한 사회적 관계들 속에서 만들어지고 축적된 것들이 아니겠는가? 그것들은 주어진 사회적 조건들 아래에서 일정한 사회적 관계들 속에서 새로운 생산에 사용되는 것이 아니겠는가? 그리고 바로 이 특정한 사회적 성격이 새로운 생산을 위해 봉사하는 생산물들을 **자본으로** 만드는 것이 아니겠는가?

자본은 생활 수단들, 노동 도구들 및 원료들로, 즉 물질적 생산물들로만 구성되는 것은 아니다 ; 그것은 마찬가지로 **교환 가치**들로 구성된다. 자본을 구성하는 모든 생산물들은 **상품들**이다. 따라서 자본은 일정한 양의 물질적 생산물들일 뿐만 아니라, 일정한 양의 상품들, 일정한 양의 교환 가치들, 일정한 양의 **사회적 크기**들이기도 하다.

우리가 양모를 면화로 밀을 쌀로 철도를 기선으로 바꿔 놓는다고 하더라도, 면화, 쌀, 기선 ——자본의 육체 ——이, 이전에 자본이 육화되어 있던

양모, 밀, 철도와 동일한 교환 가치, 동일한 가격을 갖고 있다고 전제되기만
하면, 그 자본은 똑같은 것으로 남는다. 자본은 조금치의 변화도 겪지 않고
서 자본의 육체는 끊임없이 변할 수 있는 것이다.

그러나 모든 자본이 일정한 양의 상품들, 즉 일정한 양의 교환 가치들
이라고 하더라도 아직은 일정한 양의 상품들 모두가, 일정한 양의 교환 가치
들 모두가 자본인 것은 아니다.

일정한 양의 교환 가치는 모두 하나의 교환 가치이다. 개별적인 교환
가치 모두는 일정한 양의 교환 가치이다. 예를 들어 1,000 마르크 가치의 집
은 1,000 마르크의 교환 가치이다. I 페니히 가치의 종이 한 장은 100/100 페
니히라는 일정한 양의 교환 가치이다. 다른 생산물들과 교환 가능한 생산물
들은 **상품들**이다. 생산물들이 교환되는 일정한 비율이 그것들의 **교환 가치**를
이루며, 그것이 화폐로 표현될 때는 그것들의 가격을 이룬다. 이 생산물들의
양은 **상품**이라는 혹은 **교환 가치**를 표현한다는 혹은 일정한 **가격**을 가진다는
생산물들의 규정을 변화시킬 수 없다. 나무는 그것이 크든 작든 여전히 나무
이다. 우리가 철을 다른 생산물들과 로트 Lot 로 교환하든 쩬트너 Zentner 로
교환하든 이것이 철의 성격, 교환 가치를 가진 상품이라는 성격을 바꿀 것인
가? 양에 따라서 철은 보다 많거나 보다 적은 가치를 가진 상품, 보다 높거
나 보다 낮은 가격의 상품이 된다.

그러면 어떻게 해서 일정한 양의 상품들, 일정한 양의 교환 가치들이
자본으로 되는가?

그것이 자립적인 사회적 **힘**으로서, 즉 **사회의 일부가 갖는 힘**으로서 자신
을 유지하고 또 **직접적인 산 노동력과의 교환**을 통해서 증식되는 것에 의해서
이다. 노동 능력 이외에는 아무것도 가지고 있지 않은 계급의 존재가 자본의
필수적 전제이다.

직접적인 산 노동에 대한 축적된 과거의 대상화된 노동의 지배가 축적
된 노동을 비로소 자본으로 만든다.

자본의 본질은 축적된 노동이 새로운 생산을 위한 수단으로서 산 노동
에 봉사하는 데 있는 것이 아니다. 그것의 본질은 산 노동이 축적된 노동의
교환 가치를 유지하고 증식시키는 수단으로서 축적된 노동에게 봉사하는 데
있는 것이다.

자본가와 임금 노동자 사이의 교환 속에서 무슨 일이 일어나는가?

노동자는 자신의 노동력과 교환하여 생활 수단을 얻는다. 그러나 자본가는 자신의 생활 수단과 교환하여 노동, 즉 노동자의 생산적 활동, 창조적 능력, 즉 노동자가 그가 소비한 것을 보상할 뿐만 아니라 **축적된 노동에 그것이 전에 가지고 있었던 것보다 더 큰 가치를 부여하는** 능력을 얻는다. 노동자는 자본가로부터 현존 생활 수단의 일부를 받는다. 이 생활 수단은 노동자의 무엇을 위해 봉사하는가? 직접적 소비를 위해서이다. 그러나 내가 생활 수단을 소비하자마자 나는 이 생활 수단을 돌이킬 수 없는 형태로 상실하게 되는바, 이 수단이 나의 생명을 유지시켜 주는 시간을 이용하여 새로운 생활 수단을 창조하지 않는 한, 소비 속에서 없어져 버린 가치 대신에 소비하는 동안에 나의 노동으로써 새로운 가치를 창조하지 않는 한 [정말로] 그렇게 될 것이다. 그러나 노동자는 바로 이 귀중한 재생산의 능력을 [그가] 받은 생활 수단과 교환하여 자본가에게 양도한다. 따라서 그는 그 자신의 입장으로 보면 이 힘을 상실한 것이다.

한 가지 예를 들어 보자: 어떤 임차인이 자신의 날품팔이꾼에게 일당으로 5 그로쉔 Groschen 의 은화를 준다. 5 그로쉔의 은화를 받고 이 날품팔이꾼은 임차인의 경작지에서 하루 종일 일을 하여, 그 임차인에게 10 그로쉔의 수입을 확보시켜 준다. 임차인은 그가 날품팔이꾼에게 건네주어야 했던 가치를 보충할 뿐 아니라, 그 가치를 두 배로 늘리는 셈이다. 따라서 그 임차인은 그가 날품팔이꾼에게 준 5 그로쉔의 은화를 성과 있는 생산적 방식으로 사용하고 소비한 셈이다. 5 그로쉔의 은화를 갖고서 그 임차인은, 두 배의 가치를 갖는 농산물을 생산하고 5 그로쉔의 은화를 10 그로쉔의 은화로 만드는 그러한 날품팔이꾼의 노동과 능력을 샀던 것이다. 이에 반해 그 날품팔이꾼은 그 성과를 바로 그 임차인에게 양도해 버린 자신의 생산력 대신에 그가 조만간에 소비해 버릴 생활 수단과 교환되는 5 그로쉔의 은화를 얻는다. 따라서 이 5 그로쉔의 은화는 이중적으로 소비된 셈인데, 즉 자본을 위해서는 **재생산적으로** — 왜냐하면 그것이 10 그로쉔의 은화를 산출한 노동력과 교환되기 때문이다 — , 노동자를 위해서는 **비생산적으로** — 왜냐하면 [한번 사용되면] 영원히 사라져 버리며 노동자가 임차인과의 동일한 교환을 반복함에 의해서만 그 가치를 다시 얻을 수 있는 생활 수단과 교환되기 때문이다

- 소비되는 것이다. 따라서 자본은 임금 노동을 전제하고, 임금 노동은 자본을 전제한다. 그것들은 서로 조건지으며, 서로를 산출해 낸다.

면방직 공장의 노동자가 면포만을 생산하는가? 아니다. 그는 자본을 생산한다. 자신의 노동을 지휘하고 이를 매개로 새로운 가치를 창조하는 데 새로이 봉사하는 가치를 생산한다.

자본은 노동력과 교환됨으로써만, 임금 노동을 살려 둠으로써만 증식될 수 있다. 임금 노동자의 노동력은 자본을 증식시킴으로써만, 자신이 노예로 있는 그 힘을 강화시킴으로써만 자본과 교환될 수 있다. **그러므로 자본의 증식은 프롤레타리아트, 즉 노동자 계급의 증식이다.**

따라서 자본가의 이해 관계와 노동자의 이해 관계가 **똑같다**고 부르주아들과 그들의 경제학자들은 주장한다. 사실 그렇다! 노동자는 자본이 그를 고용하지 않으면 파멸하게 된다. 자본은 노동력을 착취하지 않으면 파멸하게 되며 착취하기 위해서는 그것을 사야만 한다. 생산하기로 예정된 자본, 즉 생산 자본이 급속히 증대될수록, 따라서 산업이 번창할수록, 부르주아지가 부유해질수록, 사업이 잘되면 될수록, 자본가는 더욱더 노동자를 필요로 하게 되며 노동자는 더욱더 비싼 값에 팔리게 된다.

따라서 그럭저럭 살 만한 노동자의 처지를 위해 필수 불가결한 조건은 **생산 자본의 가능한 한의 급속한 성장이다.**

그런데 생산 자본의 급속한 성장이란 무엇인가? 산 노동 위에 군림하는 축적된 노동의 힘의 성장이다. 노동자 계급에 대한 부르주아지의 지배의 성장이다. 만약 임금 노동이 자신을 지배하는 타인의 부富, 자신에 적대적인 힘, 즉 자본을 생산한다면, 임금 노동이 새로이 자본의 일부가 된다는 조건, 임금 노동이 자본을 가속화된 성장 운동 속에 새로이 투입하는 지렛대로 된다는 조건 아래에서 임금 노동의 취업 및 생활 수단이 그 적대적인 힘으로부터 되흘러 온다.

자본의 이해 관계와 노동자의 이해 관계가 똑같다 함은 다음을 이를 뿐이다 : 자본과 임금 노동은 하나의 동일한 관계의 두 측면이다. 마치 고리 대금업자와 낭비하는 사람이 서로서로 제약하는 것처럼 한쪽이 다른 한쪽을 제약한다.

임금 노동자가 임금 노동자인 한, 그의 운명은 자본에 달려 있다. 이것이 그토록 칭송받고 있는 노동자와 자본가의 이해 관계의 공통성이다.

자본이 성장하면 임금 노동의 양도 그만큼 성장하며, 임금 노동자의 수도 그만큼 성장하는바, 한마디로 : 자본의 지배가 더 많은 개인들의 무리에까지 확장된다. 최상의 경우를 생각해 보자 : 생산 자본이 성장하면 노동에 대한 수요가 성장한다. 따라서 노동의 가격, 임금이 올라간다.

집은 클 수도 작을 수도 있다. 주위의 집들이 한결같이 작다면, 그 집은 주택에 대한 사회적 요구를 충족시켜 준다. 그러나 작은 집 옆에 궁전이 하나 솟아 있다면, 그 집은 오두막으로 오그라들 것이다. 이제 그 작은 집은 그 임자가 [주택에 대한] 요구를 전혀 하지 않을 수밖에 없다는 것을, 혹은 아주 작은 요구만을 할 수밖에 없다는 것을 증명한다 ; 그리고 문명의 행로 속에서 그 작은 집이 아무리 커진다 하더라도, 옆에 있는 그 궁전이 동일한 정도로 혹은 더 큰 정도로 높이 치솟는다면, 상대적으로 작은 집의 거주자는 자신의 사면 울타리 안에서 자신이 더욱더 불쾌하고, 불만스럽고, 짓눌린 기분을 느끼고 있는 것을 발견하게 된다.

현저한 임금의 증대는 생산 자본의 급속한 성장을 전제한다. 생산 자본의 급속한 성장은 마찬가지로 부, 사치, 사회적 욕구 및 사회적 향유의 급속한 성장을 야기한다. 따라서 비록 노동자의 향유가 증대된다고 하더라도 그것이 주는 사회적 만족은 노동자가 넘볼 수 없는 자본가의 증대된 향유에 비하면, 사회의 발전 상태 일반에 비하면, 감소된 셈이다. 우리의 욕구와 향유는 사회로부터 나온다 ; 그러므로 우리는 사회를 기준으로 그것들을 재는 것이지 그것들의 충족 대상들을 기준으로 재는 것이 아니다. 욕구와 향유는 사회적 본성이기 때문에 상대적인 본성이다.

임금은 일반적으로 그것과 교환될 수 있는 상품들의 양에 의해 결정되는 것만은 아니다. 그것은 다양한 연관들을 포함하고 있다.

우선 노동자들이 자신들의 노동력의 대가로 받는 것은 일정한 양의 화폐이다. 임금이 이러한 화폐 가격에 의해서만 결정되는 것일까?

16세기에 아메리카에서 더 풍부하고 더 쉽게 가공할 수 있는 광산들이 발견된 결과, 유럽에서 유통되는 금과 은이 증가하였다. 그리하여 금과 은의 가치가 나머지 상품들에 비하여 떨어졌다. 노동자들은 자신들의 노동력의 대가로 예전과 똑같은 양의 은화를 받았다. 그들의 노동의 화폐 가격은 여전히 그대로였지만, 그럼에도 불구하고 그들의 임금은 떨어졌는데, 왜냐하면 그들은 똑같은 양의 은과 교환하여 보다 적은 양의 다른 상품들을 얻게 되었기 때문이다. 이것이 바로 16세기에 자본의 성장, 부르주아지의 대두를 촉진시킨 사정 중의 하나였던 것이다.

또 다른 경우를 들어 보자. 1847년 겨울에 흉작으로 말미암아 가장 필수 불가결한 생활 수단들, 즉 곡물, 고기, 버터, 치즈 등등의 가격이 눈에 띄게 올랐다. 노동자들이 자신들의 노동력의 대가로 예전과 같은 양의 화폐를 받았다고 해 보자. 그들의 임금은 떨어지지 않았는가? 물론 떨어졌다. 교환을 할 때 그들은 똑같은 돈을 주고도 더 적은 빵, 고기 등등을 얻었다. 그들의 임금이 떨어진 것은 은의 가치가 줄어들었기 때문이 아니라 생활 수단의 가치가 늘어났기 때문이다.

끝으로, 노동의 화폐 가격은 그대로인 반면에 모든 농산물과 공산품의 가격은 새로운 기계의 사용, 좋은 계절 등등으로 말미암아 떨어졌다고 해 보자. 이제 노동자들은 똑같은 돈을 주고 모든 종류의 상품을 더 많이 살 수 있다. 따라서 그들의 임금은 그 화폐 가치가 변하지 않았다는 바로 그 이유 때문에 오른 셈이다.

따라서 노동의 화폐 가격, 명목 임금은 실질 임금, 즉 임금과 교환하여 실제로 받는 상품의 양과 일치하지 않는다. 따라서 우리는 임금의 오르내림에 대해 논할 때 노동의 화폐 가격, 명목 임금만을 주시해서는 안된다.

그러나 명목 임금, 즉 노동자가 자기 자신을 자본가에게 파는 대가인 화폐 액수도, 실질 임금, 즉 이 화폐를 가지고 그가 살 수 있는 상품의 양도, 임금 속에 포함된 연관들을 남김없이 다 설명하지는 못한다.

임금은 또한 무엇보다도 자본가의 이득, 즉 이윤과 임금과의 관계에 의해서 결정된다 —— 비교적·상대적 임금.

실질 임금이 노동의 가격을 나머지 상품들의 가격과의 관계 속에서 표현하는 반면에, 상대적 임금은 직접적 노동에 의해 새로 만들어진 가치 중에서 직접적인 노동이 받는 몫을 축적된 노동, 즉 자본이 차지하는 몫과의 관계 속에서 표현한다.

우리는 위 548면에서 이렇게 말한 바 있다 : "임금은 노동자에 의하여 생산된 상품에서 노동자가 차지하는 몫이 아니다. 임금은 자본가가 일정한 양의 생산적 노동력을 사들이는 데 사용하는 기존 상품의 일부이다." 그러나 자본가는 노동자가 만든 생산물을 팔아서 얻은 가격에서 다시 이 임금을 보상해 주어야 한다 ; 그는 이 임금을 보상하되, 자신이 지출한 생산비를 초과하는 잉여분, 즉 이윤이 그에게 남을 수 있도록 보상해야 한다. 노동자에 의해 만들어진 상품들의 판매 가격은 자본가쪽에서 보면 세 부분으로 나눠진다 : **첫째로** 그가 선대한 원료 가격에 대한, 이어서 역시 그가 선대한 도구들, 기계들 및 다른 노동 수단들의 마모분에 대한 보상 ; **둘째로** 그가 선대한 임금에 대한 보상, 그리고 **셋째로** 이것을 초과하는 잉여분, 즉 자본가의 이윤. 첫째 부분이 **예전부터 존재하고 있던 가치**만을 보상하는 반면에, 임금에 대한 보상이나 자본가의 잉여 이윤은 대체로 **노동자의 노동에 의해 창조된 새로운 가치, 원료에 덧붙여진 새로운 가치**에서 나오는 것임이 분명하다. 그리고 이런 의미에서 우리는 임금과 이윤을 서로 비교하기 위해 양자 모두를 노동자의 생산물 중의 몫들로 파악할 수 있을 것이다.

실질 임금이 그대로라 할지라도, 심지어 오른다고 하더라도, 그럼에도 불구하고 상대적 임금은 떨어질 수 있다. 예를 들어 모든 생활 수단의 가격이 2/3씩 내린 반면에 일당은 단지 1/3만, 따라서 예를 들자면 3 마르크에서 2 마르크로 내린다고 가정하자. 비록 노동자가 이 2 마르크를 가지고 예전에 3 마르크를 주고 살 수 있었던 것보다 더 많은 양의 상품을 살 수 있다고 하더라도, 그의 임금은 자본가의 이득에 비해 줄어든 셈이다. 자본가의 (예를 들어 공장주의) 이윤은 1 마르크 늘어났는데, 말하자면 노동자는 자본가로부터 더 적은 액수의 교환 가치를 받고 전보다 더 많은 액수의 교환 가치를 생산해야만 하는 것이다. 자본의 몫은 노동의 몫에 비하여 증가하였다. 자본과 노동 사이에서의 사회적 부의 분배가 더욱더 불균등하게 되었다. 자본가는 똑같은 자본으로 더 많은 양의 노동을 지휘한다. 노동자 계급을 지배하는 자본가 계급의 힘은 더 커졌고, 노동자의 사회적 지위는 더욱 악화되었으며 자본가의 지위 아래로 한 단계 더 떨어진 것이다.

그러면 임금과 이윤의 상호 연관에서 그것들의 오르내림을 결정하는 일반적 법칙은 무엇인가?

그것들은 반비례 관계에 있다. 자본의 몫, 이윤은 노동의 몫, 일당이 떨어지는 것과 같은 비율로 올라가고, 그 반대의 경우도 마찬가지이다. 이윤은 임금이 떨어지는 것과 같은 정도로 올라가며 임금이 올라가는 것과 같은 정도로 떨어진다.

    [그런데] 아마 다음과 같은 이론이 제기될 지도 모른다 : 자본가는 유리한 조건으로 그의 생산물들을 다른 자본가들과 교환함으로써, 새로운 시장의 개척으로 말미암은 것일 수도 있고 예전 시장에서의 순간적으로 늘어난 욕구 등등으로 말미암은 것일 수도 있는 그의 상품에 대한 수요의 증대로써, 이득을 얻을 수 있다는 이론 ; 따라서 자본가의 이윤은 임금, 즉 노동력의 교환 가치의 오르내림과는 상관없이, 제3의 자본가들을 속임으로써 늘어난다는 이론 ; 혹은 노동 도구들의 개선, 자연력들의 새로운 이용 등등에 의해서도 늘어날 수 있을 지 모른다는 이론 異論.

    먼저 사람들은, 비록 정반대의 경로를 거쳐서 초래된 것이라고 하더라도 결과는 똑같다는 사실을 인정해야 할 것이다. 임금이 떨어졌기 때문에 이윤이 증대한 것은 아니지만, 이윤이 증대했기 때문에 임금은 떨어진 것이다. 자본가는 똑같은 양의 타인의 노동으로 더 많은 양의 교환 가치를 얻었으되, 노동에게 더 많이 지불하지 않고 얻은 것이다 ; 즉 따라서 노동이 자본가에게 가져다 주는 순이익에 비하여 노동은 더 적게 지불받는다.

    게다가 상품 가격의 변동들에도 불구하고 개개 상품들의 평균 가격, 즉 각각의 상품들이 다른 상품들과 교환되는 비율은 그 생산비에 의해서 결정된다는 것을 상기하자. 따라서 자본가 계급 내에서 자기들끼리 속이고 속는 것은 필연적으로 상쇄된다. 기계의 개량, 생산을 위한 자연력들의 새로운 이용은 주어진 노동 시간 내에 같은 양의 노동과 자본을 가지고 더 많은 양의 생산물들을 창조할 수 있게 하지만 더 많은 양의 교환 가치를 창조할 수 있게 해 주는 것은 결코 아니다. 만일 내가 방적기를 사용하여 1시간 동안에 방적기 발명 이전보다 더 많은 방사를, 예를 들어 50파운드 대신에 100파운드의 방사를 산출할 수 있게 될 때에, 장기적으로 보면 나는 이 100파운드와 교환하여 예전에 50파운드를 주고 얻었던 것보다 더 많은 상품을 다시 얻지는 못하는데, 왜냐하면 생산비가 절반으로 떨어졌기 때문이며 혹은 같은 비용으로 2배의 생산물이 산출될 수 있기 때문이다.

    끝으로, 한 나라 안에서든 세계 시장 전체에서든 자본가 계급, 부르주아지가 생산의 순이익을 어떤 비율로 나누든 간에, 이 순이익의 총액은 언제나 대체로 직접적인 노동에 의해 증가된 축적된 노동의 양일 뿐이다. 따라서 이 총액은 노동이 자본을 증가시키는 것과 같은 비율로, 즉 이윤이 임금에 비해 높아지는 것과 같은 비율로 늘어난다.

따라서 우리는 **자본과 임금 노동의 관계** 내에 머물러 있을 때조차 **자본의** 이해 관계와 임금 노동의 이해 관계가 정면으로 **대립한다는** 것을 발견한다.

자본의 급속한 증대는 이윤의 급속한 증대와 똑같다. 이윤은 노동의 가격, 즉 상대적 임금이 그만큼 급속히 감소할 때에만 급속히 증대될 수 있다. 명목 임금, 즉 노동의 화폐 가치와 더불어 실질 임금이 동시에 상승함에도 불구하고 실질 임금이 이윤과 같은 비율로 오르지 않는 한, 상대적 임금은 떨어질 수 있다. 예를 들어 호경기에 임금이 5% 오르고 이에 반해 이윤은 30% 오른다면, 비교적 · 상대적 임금은 증가하는 것이 아니라 **감소한다.**

이처럼 자본의 급속한 성장과 더불어 노동자의 수입도 늘어나지만, 동시에 노동자와 자본가를 갈라놓는 사회적 심연도 커지며, 또 노동을 지배하는 자본의 힘, 자본에 대한 노동의 예속도 커진다.

노동자가 자본의 급속한 성장과 이해 관계를 같이한다는 이야기는 단지 다음과 같은 의미일 뿐이다 : 노동자가 타인의 부를 급속히 증대시킬수록 더 큰 빵이 그에게 떨어진다는 것, 그만큼 더 많은 노동자들이 일자리를 얻고 생명을 유지할 수 있다는 것, 자본에 예속된 노예들의 무리가 더 늘어난다는 것.

따라서 우리는 다음과 같은 사실을 알게 되었다 :

노동자 계급에게 **가장 좋은 상황, 가능한 한 급속한 자본의 성장조차**, 그것이 아무리 노동자의 물질적 삶을 개선시켜 준다 하더라도, 노동자의 이해 관계와 부르주아의 이해 관계, 자본가의 이해 관계 사이의 대립을 폐기하지는 못한다. **이윤과 임금**은 예나 지금이나 **반비례 관계**에 있는 것이다.

만일 자본이 급속히 성장한다면 임금이 오를 수도 있을 것이다 ; [그러나] 자본의 이윤은 비교가 안 될 정도로 더 빨리 올라간다. 노동자의 물질적 처지는 개선되었으나 자신의 사회적 처지의 희생 위에서 개선되었다. 그를 자본가로부터 갈라놓는 사회적 심연은 더욱 넓어졌다.

결국 :

임금 노동에 가장 좋은 조건이 생산 자본의 가능한 한 급속한 성장이라는 이야기는 다음과 같은 의미일 뿐이다 : 노동자 계급이 자신의 적대 세력, 자신에게 명령하는 타인의 부를 더욱더 급속히 증대시키고 증가시킬수록,

부르주아지가 자신들을 묶어 끌고 가는 황금 사슬을 자신들 스스로 벼려 내는 것에 만족해하면서 그들은 더 나아진 조건 아래에서, 또 다시 부르주아의 부를 증가시키고 자본의 힘을 강화시키기 위해 노동하도록 허용받는다.

생산 자본의 성장과 임금의 상승, 이것들은 부르주아 경제학자들이 주장하는 것처럼 정말 불가분하게 결합되어 있는가? 우리는 그들의 말을 그대로 믿어서는 안 된다. 또 자본이 살찔수록 그 노예도 살찌게 된다는 말도 믿어서는 안 된다. 부르주아지는 너무 개화되어 있고 너무 계산에 밝아서 자신의 하인들의 화려함을 가지고 뽐을 내는 봉건 영주들의 편견을 가지지 않는다. 부르주아지의 존립 조건이 그들로 하여금 계산하지 않을 수 없게 한다.

따라서 우리는 다음의 문제를 좀 더 자세히 탐구해야 할 것이다 :

생산 자본의 성장은 임금에 어떤 영향을 미치는가?

부르주아 사회의 생산 자본이 전체적으로 성장하면 **더욱 다면적인 노동**의 축적이 생기게 된다. 자본들은 그 수효와 규모에 있어 증대한다. 자본의 증가는 자본가들 사이의 경쟁을 증가시킨다. 자본 **규모의 증대**는, 좀더 거대한 무기를 지닌 좀더 강력한 노동자 군대를 산업의 싸움터로 끌어내는 수단을 제공한다.

한 자본가는 더 싸게 판매함에 의해서 다른 자본가들을 물리치고 그들의 자본을 약탈할 수 있다. 파산하지 않고 더 싸게 판매할 수 있으려면 더 싸게 생산해야만 한다. 즉 노동의 생산력을 가능한 한 제고해야만 한다. 그러나 노동의 생산력은 무엇보다도 먼저 **확대된 분업**에 의해, **기계의 전면적인 도입과 지속적 개선**에 의해 제고된다. 분업을 수행하는 노동자 군대가 커지면 커질수록, 기계의 도입 규모가 거대해질수록, 생산비는 이에 비례해서 줄어들며 노동은 더욱더 생산적이게 된다. 따라서 자본가들 사이에서 더 전면적인 다툼, 분업과 기계를 증대시키고 그것들을 가능한 한 대규모로 이용하려는 다툼이 일어난다.

그런데 어떤 자본가가 확대된 분업, 즉 새로운 기계의 이용 및 개선에 의해서 그리고 자연력들의 더 값싸고 더 대규모적인 이용에 의해서 같은 양의 노동 혹은 같은 양의 축적된 노동으로 그의 경쟁자들보다 더 많은 양의 생산물들, 더 많은 양의 상품들을 창조할 수 있는 수단을 발견한다면, 예를 들면 그가 그의 경쟁자들이 아마포 반 쭈 엘레를 짜는 데 걸리는 시간과 동

566

일한 노동 시간에 한 엘레의 아마포를 생산할 수 있다면, 이 자본가는 어떤 행동을 취할 것인가?

그는 계속해서 아마포 반 엘레를 지금까지의 시장 가격대로 팔 수도 있을 것이다. 하지만 이는 자신의 적들을 물리치고 자기만의 판로를 확대하는 수단은 못 될 것이다. 그런데 그의 생산이 확장된 것과 같은 정도로 판로에 대한 그의 욕구도 증폭되었다. 그가 살려 놓은 더 강력하고 더 값비싼 생산 수단이 그로 하여금 자신의 상품을 더 싸게 팔 수 있도록 해 주기는 하지만, 동시에 그것은 그로 하여금 더 많은 상품을 팔고 또 그의 상품을 위하여 훨씬 더 큰 시장을 정복하지 않을 수 없게 만든다 ; 따라서 우리의 자본가는 반 엘레의 아마포를 그의 경쟁자들보다 싸게 팔 것이다.

그러나 이 자본가에게 한 엘레의 아마포의 생산이 부담시키는 비용이 반 엘레의 아마포의 생산이 다른 자본가들에게 부담시키는 비용보다 더 많지 않다고 하더라도, 그는 자신의 경쟁자들이 반 엘레를 파는 것만큼 싼 값에 팔지는 않을 것이다. 그런 식으로 판다면 그는 아무런 특별한 이득도 얻지 못한 채, 단지 교환을 통하여 생산비를 되찾게 될 뿐일 것이다. 그러므로 혹시 생길지도 모르는 그의 수입의 증대는 그가 더 많은 자본을 가동시키는 데 기인하는 것이지 그의 자본이 다른 자본보다 더 많은 가치 증식을 하는 데서 기인하는 것은 아닐 것이다. 게다가 그는 자기 상품의 가격을 자신의 경쟁자들보다 몇 퍼센트 낮게 정하기만 해도 이루려는 목적을 이루게 된다. 가격을 내려 판매함으로써, 그는 경쟁자들을 물리치거나 적어도 그들의 판로의 일부를 빼앗는다. 그리고 끝으로 한 생산물의 판매가 호경기에 이루어지느냐 불경기에 이루어지느냐에 따라 시가 時價 는 늘 생산비 이상이거나 이하라는 사실을 기억하자. 아마포 한 엘레의 시장 가격이 지금까지의 통례의 생산비보다 낮으냐 높으냐에 따라서 생산력이 더 높은 새 생산 수단을 사용한 자본가가 실제 생산비 이상으로 판매하는 퍼센트도 변동하게 된다.

그러나 우리 자본가의 특권은 오래 가지 못한다 ; 경쟁하고 있는 다른 자본가들도 똑같은 기계, 똑같은 분업을 도입하며 동일한 규모 또는 더 큰 규모로 도입한다. 그리고 이러한 도입은 아마포 가격이 예전의 생산비 이하로 뿐만 아니라 새로운 생산비 이하로 떨어질 때까지 일반화될 것이다.

따라서 자본가들은 피차 새로운 생산 수단들이 도입되기 전과 똑같은 처지에 놓이게 된다. 그리고 그들이 이 수단들을 이용하여 똑같은 가격으로 2배의 생산물을 제공할 때, 이제 예전보다 **낮은** 가격으로 2배의 생산물을 제공하지 않을 수 없게 된 셈이다. 분업이 더욱더 진전되고 기계가 늘어나며 분업 및 기계의 이용 규모가 더욱더 커진다. 그리고 경쟁은 이 결과에 대하여 다시 똑같은 반작용을 가하게 된다.

우리는 생산 양식, 생산 수단이 어떻게 계속 변혁되고 혁명을 겪는가, 어떻게 해서 분업이 더 큰 분업을 가져오고, 기계의 사용이 확대된 기계의 사용을 가져오며, 대규모의 노동이 더욱더 큰 규모의 노동을 필연적으로 가져오는가를 보고 있다.

이것이 부르주아적 생산을 낡은 궤도에서 계속 벗어나게 하고 자본으로 하여금 노동의 생산력을 계속 긴장시키지 않을 수 없게 하는 — **왜냐하면 자본**이 노동의 생산력을 긴장시켰으므로 — 객관적 법칙이며, 자본에게 잠시도 쉴 틈을 주지 않으며 다음과 같이 계속 속삭이는 법칙이다 : 뛰어가! 뛰어가!

이것은 상업 경기의 변동 내에서 한 상품의 가격을 필연적으로 그 **생산비**와 **일치시키는** 법칙 이외에 다른 어떤 법칙도 아니다.

자본가가 아무리 강력한 생산 수단을 싸움터에 도입한다 하더라도 경쟁은 이 생산 수단을 일반화시킬 것이며, 또 경쟁이 생산 수단을 일반화시키는 그 순간부터 그의 자본의 보다 큰 생산성의 유일한 결과는 그가 이제 **똑같은 가격으로** 예전보다 10배, 20배, 100배나 많이 공급해야 한다는 사실뿐이다. 그러나 그가 판매품의 양을 늘림에 의해서 낮아진 판매 가격을 보충하려면 아마 1,000배 정도를 더 팔아야 할 것이기 때문에, 더 많은 이득을 올리기 위해서뿐만 아니라 생산비를 보상받기 위해서라도 —— 우리가 보았듯이 생산 도구 자체가 점점 비싸진다 —— 이제 대량 판매가 필요하기 때문에, 그리고 이 대량 판매는 그에게뿐만 아니라 그의 적수들에게도 사활 문제가 되었기 때문에, 예전의 투쟁은 이미 발명된 생산 수단이 좀 더 생산적일수록 점점 더 격화되기 시작한다. 따라서 분업과 기계의 사용은 훨씬 더 큰 규모로 또 다시 진행될 것이다.

사용되는 생산 수단의 힘이 어떻든 간에 경쟁은 상품 가격을 생산비 수준으로 되돌림으로써, 따라서 얼마나 더 싸게 생산할 수 있느냐, 즉 같은 양의 노동으로 얼마나 더 많이 생산할 수 있느냐 하는 정도에 따라 값싼 생산

을, 똑같은 가격 액수로의 더욱더 많은 양의 생산물 공급을 강제 법칙이 되
게 함으로써, 이 힘이 낳은 황금의 열매들을 자본으로부터 빼앗으려고 한다.
그리하여 자본가가 그 자신의 노력을 통해 얻는 것이라고는 똑같은 노동 시
간에 더 많이 생산해야 할 의무, 한마디로 **그의 자본의 증식 조건들이 더 악화**
되는 것 외에는 전혀 없을 것이다. 따라서 경쟁이 그 생산비의 법칙으로 자
본가를 계속해서 추격하고 또 자본가가 자신의 라이벌을 향해서 벼려 놓은
모든 무기들이 그 자신을 향한 무기로서 되돌아오는 반면에, 자본가는 낡은
기계들과 분업들 대신에 비용은 많이 들지만 더 싸게 생산해 내는 새로운
기계들과 분업들을 쉬지 않고 도입하고 경쟁이 새로운 기계들과 분업들을
낡은 것들로 만들 때까지 기다리지 않음으로써 경쟁을 계속 속여 보려 한다.

이제 이 열병 같은 소란이 세계 **시장 전체**를 동시에 휩쓸었다고 가정한
다면, 자본의 성장, 축적 및 집적 등이 어떻게 하여 끊임없이 이루어지고 허
둥거리면서 진행되며 또 점점 더 큰 규모로 수행되는 분업, 새 기계의 사용,
낡은 기계의 개량을 초래하는지가 이해된다.

그러면 생산 자본의 성장과 분리시킬 수 없는 이러한 사정들은 임금의 결정에
어떠한 영향을 미치는가?

더 확대된 **분업**은 한 노동자로 하여금 5, 10, 20명분의 노동을 할 수 있
게 만든다 : 따라서 노동자들 사이의 경쟁도 5, 10, 20배만큼 늘어나게 만든
다. 한 노동자가 다른 노동자들보다 더 싸게 자신을 판매함으로써 노동자들
은 경쟁을 자초할 뿐 아니라, 한 **노동자**가 5, 10, 20명분의 노동을 함으로써
도 경쟁을 자초한다 ; 그리고 자본에 의해 도입되어 점점 더 확대되는 **분업**
은 노동자들로 하여금 이런 종류의 경쟁을 자초하지 않을 수 없게 만든다.

더욱이 : 분업이 증대되는 것과 같은 정도로 노동은 **단순화된다.** 노동자
의 특수한 숙련은 가치 없는 것이 된다. 그는 육체적 기력이나 정신적 기력
을 활용할 필요가 없는 간단하고 단조로운 생산력으로 변화된다. 그의 노동
은 누구나 할 수 있는 노동이 된다. 따라서 경쟁자들이 사방으로부터 그에게
육박해 오며, 게다가 우리가 기억해야 할 것은 노동이 단순할수록, 그것을
배우기 쉬울수록 이를 습득하는 데 필요한 생산비는 더욱 적어지며, 임금은
더욱 아래로 내려간다는 것인데, 왜냐하면 다른 모든 상품들의 가격과 마찬
가지로 임금도 생산비에 의해 결정되기 때문이다.

따라서 노동이 불만스럽고 지긋지긋해지는 것과 같은 정도로 경쟁은 커지고 임금은 내려간다. 더 많은 시간을 일하는 식이든 같은 시간에 더 많이 생산하는 식이든 간에 노동자는, 더 많이 일함으로써 자기 임금의 양을 고수하려고 한다. 이처럼 그는 가난에 못 이겨 분업의 해로운 효과들을 더욱 증대시킨다. 그 결과는 다음과 같다 : 그가 많이 일하면 할수록 그는 더 적은 임금을 받게 되는데, 그것도 다음과 같은 간단한 이유, 즉 그는 그만큼 자신의 동료들에게 경쟁을 유발시키고 따라서 그만큼 자신의 동료들을 경쟁자, 자신과 마찬가지로 똑같이 나쁜 조건에 처해 있는 경쟁자로 만들며, 그러므로 결국 그는 자기 스스로 노동자 계급의 일원이면서도 자기 자신에 대해 경쟁을 유발시킨다는 이유 때문이다.

기계도 이와 똑같은 효과를 훨씬 대규모로 불러일으키는바, 이는 숙련 노동자를 미숙련 노동자로, 남자를 여자로, 성인을 아이들로 밀어냄으로써 이루어지며, 기계가 새로 도입되는 경우에는 손 노동자들을 무더기로 해고시키고, 기계가 완성되고 개량되고 더 생산성 높은 기계로 대체되는 경우에는 노동자들이 작은 무리로 줄어듦에 의해서 이루어진다. 이상으로 우리는 자본가들 사이에서 벌어지는 산업 전쟁의 윤곽을 대략 묘사한 셈이다 ; 이 전쟁은 노동자 군대의 징집을 통해서가 아니라 감축을 통해서 전투를 승리로 이끌게 된다는 특징을 가지고 있다. 사령관인 자본가들은 누가 가장 많은 산업 전사戰士를 내쫓을 수 있는가를 놓고 서로 경쟁한다.

물론 경제학자들은 기계 때문에 남아돌게 된 노동자들이 새로운 취업 부문들을 발견한다고 우리에게 설명하고 있다.

그들도, 쫓겨난 바로 그 노동자들이 새로운 노동 부문들에 취직한다고 감히 직접적으로 주장하지는 않는다. 사실들이 외치는 소리는 이러한 거짓말을 너무나도 우렁차게 반박하고 있다. 실제로는 그들은 단지, 노동자 계급의 다른 구성 부분, 예를 들면 몰락한 산업 부문에 들어가려고 대기하고 있던 젊은 세대의 노동자들에게 새로운 취업의 길이 열린다는 것을 주장하는 것일 뿐이다. 이것은 물론 몰락한 노동자들에 대한 큰 보상이다. 자본가 선생들은 착취하기 좋은 싱싱한 살과 피에 부족을 느끼지 않게 될 것이고 죽은 자들로 하여금 자신들의 시체를 파묻게 할 것이다. 이것은 부르주아들이 노동자들에게 주는 위안이라기보다는 부르주아들이 자기 자신에게 주는 위안이다. 만일 임금 노동자 계급 전체가 기계에 의해 절멸된다면, 그것은 임금 노동 없이는 자본이기를 중지하는 그 자본에게 얼마나 무시무시한 일이겠는가!

그러나 기계에 의하여 직접 쫓겨난 노동자들과 전부터 이 자리에서 일하기를 기다리고 있던 새로운 세대 전체가 **새로운 일자리를 찾는다고** 가정해 보자. 그 사람들이 잃어버린 과거의 자리만큼 높은 보수를 받게 되리라고 사람들이 믿겠는가? 이것은 **경제의 모든 법칙과 모순될 것이다.** 우리는 현대 산업이 어떻게 해서 더 복잡하고 더 고차적인 일을 더 간단하고 더 저차적인 일로 계속 바꿔 놓는가를 살펴본 바 있다.

따라서 기계에 의하여 한 산업 부문에서 쫓겨난 노동자 대중이 **더 낮은, 더 나쁜 보수를 받지** 않고서야 어떻게 다른 산업 부문에서 안식처를 찾을 수 있겠는가?

사람들은 기계 자체의 제작에 종사하는 노동자들을 예외로서 거론해 왔다. 산업에서 기계가 더 많이 요구되고 소비되자마자 기계는 필연적으로 증가하지 않을 수 없고, 따라서 기계 제작과 동시에 기계 제작 노동자들의 일자리도 증가하지 않을 수 없으며, 또 이 산업 부문에 사용되는 노동자들은 숙련 노동자일 뿐만 아니라 교양 있는 노동자이기까지 하다는 것이다.

예전에도 절반만 옳았던 이 주장은 1840년 이래 [진리처럼 들리는] 모든 가상假像을 상실해 버렸다. 왜냐하면 기계 제작에서도 면사의 제조에서와 꼭 마찬가지로 기계가 점점 더 다면적으로 사용되었으며, 이리하여 기계 제작에 종사하는 노동자들은 극히 정교한 기계에 비하면 극히 투박한 기계 노릇밖에 할 수 없었기 때문이다.

그러나 기계 때문에 해고된 한 명의 남자 대신에 아마 **세 명의** 아이들과 **한 명의 여자가** 공장에 취직할 것이다! 그런데 한 명의 남자의 임금은 세 명의 아이들과 한 명의 여자를 먹여 살릴 만큼 충분했어야 하지 않겠는가? 최저 임금은 종족을 유지시키고 번식시킬 만큼 충분했어야 하지 않겠는가? 따라서 부르주아들이 선호하는 이 미사여구는 무엇을 증명하는가? 이제는 노동자 가족의 생활비를 벌기 위하여 전보다 4배나 많은 노동자들의 생활이 사용되고 있다는 것 외에는 아무것도 증명하지 않는다.

요약해 보자: 생산 자본이 성장할수록 분업과 기계 사용은 더욱더 확대된다.

분업과 기계의 사용이 확대될수록 노동자들 사이의 경쟁은 더욱더 확대되며, 그들의 임금은 더욱더 줄어든다.

게다가 또 노동자 계급은 더 높은 사회 계층으로부터도 충원된다 ; 즉 소산업가들과 소금리 생활자들의 무리가 노동자 계급으로 전락하는데, 그들에게는 노동자들의 팔과 나란히 자신들의 팔을 쳐드는 것보다 더 시급한 일이 없다. 이리하여 일거리를 요구하며 높이 치켜 올린 팔들의 숲은 점점 더 울창해지지만, 팔들 그 자체는 점점 더 야위어 간다.

더욱더 대규모로 생산하는 것, 즉 다름아닌 대산업가가 되고 소산업가가 되지 않는 것이 그 제1차적 조건들 중의 하나인 투쟁에서 소산업가가 견더 낼 수 없다는 것은 자명한 일이다.

자본이 성장하고 자본의 양과 수가 늘어나는 만큼 자본의 이자는 줄어든다는 사실, 따라서 소금리 생활자는 더 이상 자신의 금리로 살 수 없게 되므로 산업에 투신하지 않을 수 없다는 사실, 즉 소산업가의 대열을 증가시키고 그럼으로써 프롤레타리아트 후보를 증가시키지 않을 수 없다는 사실, 이 모든 것은 정말이지 더 이상 논의할 필요조차 없다.

끝으로, 위에서 묘사된 운동 때문에 자본가들은 어쩔 수 없이 거대한 생산 수단을 더욱더 대규모로 이용하고 또 이런 목적으로 신용의 모든 용수철을 작동시키게 되는데, 그럴수록 그만큼 산업 지진 — 이 지진 속에서 상업 세계는 부의 일부, 생산물들의 일부, 심지어는 생산력들의 일부까지도 지하 세계의 신들에게 제물로 바침으로써만 살아 남을 수 있다 — 이 증가한다 ―― 한마디로 공황이 증가한다. 공황이 더욱더 빈번해지고 더욱더 격렬해지는 까닭은, 생산물들의 양이 많아지고 따라서 확대된 시장들에 대한 욕구가 커지는 것과 같은 정도로 세계 시장은 축소되어 이용할 여지가 있는 새 시장이 점점 더 적어진다는 바로 그 점에 있다. 그리고 이용할 여지가 있는 새 시장이 그렇게 줄어드는 이유는 앞서 지나간 모든 공황이, 정복되지 않았던 새 시장이나 지금까지 상업에 의해 표면적으로만 착취당했던 시장을 이미 세계 시장에 예속시켰기 때문이다. 그러나 자본은 노동으로 살기만 하는 것이 아니다. 고상하면서도 동시에 야만적인 그 주인은 자기 노예들의 시체를, 공황시에 몰락하는 노동자 제물들 전체를 무덤 속으로 함께 끌고 간다. 따라서 우리는 다음과 같은 사실을 알 수 있다 : **자본이 급속히 성장하면 노동자들**

사이의 경쟁은 훨씬 더 급속히 증대된다. 즉, [노동자 계급의] 취업 수단, 노동자 계급을 위한 생활 수단은 이에 비례해서 그만큼 더 줄어든다. 그러나 그럼에도 불구하고 자본의 급속한 성장이 임금 노동에 가장 유리한 조건인 것이다.

1847년 12월 후반의 기록에
의거하여
1849년 3월 말부터 4월 초까지 씌어짐.
출전 : 칼 맑스,
『임금 노동과 자본』.
1849년도 『신 라인 신문』으로부터의
단행본. 프리드리히 엥겔스의 서문이 딸림
베를린, 1891년.

맑스·엥겔스 저작집,
제6권, 397-423면.

최인호   번역

칼 맑스

[전시 법규에 의한 『신 라인 신문』의 폐간]

쾰른, 5월 18일. 얼마 전에 베를린으로부터 이곳 관청으로, 다시 한 번 쾰른에 계엄령을 실시하라는 요구가 있었다. 사람들은 『신 라인 신문』을 전시 법규에 의거하여 폐간하려고 하였지만, 이는 뜻하지 않은 저항에 부딪혔다. 그 후 쾰른 정부는 이곳 검찰청 Parquet 에 의뢰하여, 자의적인 체포에 의하여 이 목적을 달성하려 하였다. 쾰른 정부는 검찰청의 법률상의 숙고에 부딪혀 실패하였다 : 이미 두 번이나 라인 주 배심원들의 건전한 상식에 부딪혀서 실패하였던 것처럼. 결국 **경찰의 술책**을 취하는 것밖에 별 도리가 없게 되었고, 이번에는 그 목적을 달성하였다. 『신 라인 신문』은 당분간 발행을 **중지한다**. 5월 16일에 이 신문의 편집장인 **칼 맑스**에게 다음과 같은 정부의 쪽지가 전달되었다 :

"『신 라인 신문』은 그 최근 호들(!)에서 현정부의 경멸, 폭력적 전복, 사회 공화국의 실시 등의 선동을 점점 더 두드러지게 하고 있다. 그러므로 이 신문의 편집장 칼 맑스 박사가 파렴치하게 위반하고 있는 외국인 체재권(!)을 그에게서 박탈하여야 한다. 그리고 그는 본국에서 계속 체재할 허가를 받지 못하였으므로 24시간 이내에 본국을 떠나도록 해야 한다. 그가 자신에게 제기된 이 권고에 자진해서 응하지 않을 경우에는 국경 밖으로 압송되어야 한다.

쾰른, 1849년 5월 11일.   쾰른 정부

                         묄러

쾰른 경찰서장 **가이거 앞**"

이 어리석은 관용구, 이 공식적 날조는 무엇을 위해서인가!

『신 라인 신문』의 최근 호들은 그 경향과 용어에 있어서 제1호의 '견본 호'와 조금도 차이가 없다. 그 '제1호'에는 다음과 같이 씌어 있었다 :

"(마인쯔의) 휘저 씨의 계획은 …… 우리를 무방비 상태로 …… 군대의 손아귀에 넘겨주려는 …… 베를린 반동의 거대한 계획의 일부일 뿐이다."[179]

자, 우리 신사분들, 이제 이에 대해 무어라고 말할 것인가? Eh bien, messieurs, qu'en dites vous maintenant?

우리의 경향에 대해 말해 보자면, 정부가 그것을 몰랐던가? 우리가 배심원들 앞에서, 오늘날 **"신문의 임무는 현존하는 것들의 모든 기초들을 파헤치는 것"**[180]이라고 말하지 않았단 말인가? 특별히 호엔쫄레른 제후에 대해 말하자면, 1848년 10월 19일 호를 읽어 보길 바란다. 거기에는 이렇게 씌어 있다 :

"국왕은 수미 일관하다. 유감스럽게도 3월의 날들이 국왕 폐하와 인민 사이에 저 숙명적인 종이 조각[165]을 끼워 넣지 않았더라면, 그는 언제나 수미 일관하였을 것이다. 국왕 폐하는 지금 이 순간에도 또다시 3월의 날들 이전처럼 슬라브 인의 **'철의 다리'**를 믿고 있는 것 같다. 빈의 인민은 아마도 철을 진흙으로 바꾸는 마법사가 될 것이다."[181]

우리의 신사분들, 확실해졌는가? Est-ce clair, messieurs?

그리고 **'사회 공화국'**이라고? 우리가 그것을 『신 라인 신문』의 '최근 호들'에서야 비로소 선언했단 말인가?

유럽의 운동에 대한 우리의 평가 방식과 서술 방식 전체를 꿰고 있는 **'붉은'** 실 ——그것을 보지 못한 둔감한 사람들을 위하여, 그 사람들을 위하여 우리는 솔직하고 확실한 언어로 말하지 않았던가?

"가령," 『신 라인 신문』의 11월 7일 호에는 이렇게 씌어 있다. "가령 유럽 전체에서 반혁명이 **무기**에 의하여 생명을 유지했다고 한다면, 반혁명은 유럽 전체에서 **화폐**에 의하여 죽게 될 것이다. [반혁명의] 승리를 취소시킬 숙명이란 유럽의——**파산, 국가 파산**일 것이다. 총검의 끝은 '경제[학]적' 요점에 부딪히면, 부싯깃처럼 부스러진다. 그리고 [사태의] 발전은 유럽 국가들이 새로운 유럽 사회에 대하여 발행한 저 수표의 만기일을 기다리지 않는다.

빠리에서 6월 혁명[88]이 섬멸적 반격을 가할 것이다. 빠리에서의 **'붉은'**

공화국의 승리와 더불어 **군대들**은 나라들의 내부로부터 국경으로 또 국경 너머로 출동하게 될 것이며, 격투하는 당파들의 **실제적 힘**이 순수하게 드러날 것이다. 그때면 우리도 6월, 10월을 회상하며 이렇게 부르짖을 것이다 :

패 배 자 들 에 게   불 행 이 있 으 라 ! Vae Victis!

6월과 10월의 사건 이후의 무익한 학살들, 2월과 3월 이후의 지루한 봉납제, 반혁명의 잔학성 자체는 낡은 사회라는 살인마의 비명과 새로운 사회의 피어린 진통을 **짧게 하고**, 간단하게 하고, 집중시키는 단 하나의 수단만이 존재한다는 것을 인민에게 납득시킬 것이다. 단 **하나의 수단──혁명적 테러리즘**."[182]

우리의 신사분들, 확실해졌는가?

우리는 애초부터 우리의 견해를 숨기는 것을 쓸데없는 일이라고 간주했었다. 이곳의 검찰청과 논쟁할 때, 우리는 다음과 같이 외친 적이 있다 :

"『신 라인 신문』의 본래적 반대는 3색 공화국에서 비로소 시작된다."[183]

그런데 우리는 그 당시 검찰청을 상대로 말하였다. 작년 1848년을 우리는 (1848년 12월 Dez[ember] 31일 호를 참조하라) 다음과 같은 말로써 요약하였다 :

"3월부터 12월까지의 프로이센 부르주아지의, 일반적으로 독일 부르주아지의 역사는, 독일에서는 순수한 **부르주아 혁명** 및 **입헌 군주제** 형태하에서의 **부르주아 지배**의 수립이 불가능하다는 것, 오직 봉건적·절대주의적 반혁명 아니면 **사회적·공화주의적 혁명**만이 가능하다는 것을 증명하고 있다."[184]

그런즉 우리가 『신 라인 신문』의 '최근 호들'에서 처음으로 사회적·공화주의적 경향을 명백히 보여 줄 필요가 있었겠는가? 당신들은 **6월 혁명**에 관한 우리의 기사를 읽지 않았던가? 그리고 **6월 혁명의 정신**이야말로 우리 신문의 정신이 아니었던가?

그런즉, 있을 수 없는 구실을 잡으려 하는 당신들의 위선적인 공문구들은 무엇을 위해서인가?

우리는 가차없다. 우리는 당신들의 어떠한 선처도 요구하지 않는다. 우리 차례가 오면, 우리는 테러리즘으로 걸치레하지 않을 것이다. 그러나 **왕당파의 테러주의자들**, 하느님과 법의 은총을 입은 테러주의자들은 실천에서는 잔인하고 경멸할 만하고 천하며, 이론에서는 비겁하고 음흉하고 표리 부동한바, 어느 점에서나 파렴치하다.

　프로이센 정부의 쪽지는 너무나 어리석게도 『신 라인 신문』의 편집장 칼 맑스가 "외국인 체재권을 파렴치하게 위반하였다"고 말하고 있다.

　뻔뻔스러운 불청객인, 앞에 있는 러시아 인(Borussen)이 우리 라인 주 사람들의 영토에서 우리에게 흠정한 외국인 체재권은 『신 라인 신문』에 의하여 물론 '파렴치하게' 위반되었다. 우리는 이렇게 함으로써 라인 지방의 감사를 받을 만하다고 믿는다. 우리는 우리 향토의 혁명적 명예를 지킨 것이다. 장래에는 『신 프로이센 신문』만이 라인 지방에서 완전한 시민권을 향유하게 될 것이다.

　이별에 즈음하여 우리는 독자 여러분에게 우리의 신년 호의 말을 회상시키고자 한다 :

　"프 랑 스　노 동 자　계 급 의　혁 명 적　봉 기, 세 계　전 쟁 —— 이것이 1849년의 내용 목차이다."[185]

　그리고 이미 모든 민족들의 투사들로 구성된 혁명군이 동쪽에서, 러시아 군으로 대표되는 연합한 낡은 유럽에 대립하고 있다. 이미 빠리로부터 '붉은 공화국'이 들이닥치려 하고 있다 !

출전 :『신 라인 신문』제301호　　　　　　　　　　맑스 · 엥겔스 저작집,
1849년 5월 19일자.　　　　　　　　　　　　　　제6권, 503-506면.

　　　　　　　　　　　　　　　　　　　　　　　최인호　번역

칼 맑스/프리드리히 엥겔스
서한들과 서한들로부터의 발췌들

I

엥겔스가
브뤼셀 공산주의자 연락 위원회[186]에게

위원회 서신 제3호

이곳의 유랑 직인들[187]의 이야기들에 대해서는 별로 할 말이 없습니다. 요점은 내가 그 젊은이들과 싸워서 해결해야 될 것으로 이제껏 가지고 있었던 여러 쟁점들이 이제는 결말이 났다는 것입니다 : 그륀의 제자들 중 제일의 추종자인 두목 Papa 아이저만은 쫓겨나고, 나머지 사람들은 대중에 대한 영향력을 완전히 상실해 버렸습니다. 그리고 나는 그들에 맞서서 결의 하나를 만장 일치로 통과시켰습니다.

그 대강의 경과는 다음과 같습니다 :

프루동적 Proudh[on]schen 조합 계획에 대해서 사흘 밤 동안 토론이 진행되었습니다. 처음에는 거의 모두가 한패가 되어 나에게 반대했지만, 마지막에는 아이저만 Eis[ermann] 과 나머지 3명의 그륀 파만이 나에게 반대했습니다. 당시의 요점은 폭력 혁명의 필연성을 논증하는 것, 그리고 프루동의 만병 통치약에서 새로운 생명력들을 발견한 그륀의 진정한 사회주의[69]를 통틀어 반反 프롤레타리아적이고 소부르주아적이며 유랑 직인적인 것이라고 하여 퇴짜놓는 것이었습니다. 마지막에 나는 상대방측의 동일한 주장의 끝없는 반복에 격노하여 그 유랑 직인들을 정면으로 공격하였는데, 이는 그륀 파에게 커다란 분노를 불러일으켰습니다. 그러나 나는 이를 통해 그 고상한 아이저만 Eiserm[ann] 에게서 공산주의에 대한 **공공연한 공격**을 끌어낼 수 있었습니다. 그러한 공격에 대해서 내가 그를 아주 무자비하게 반박하였으므로 그는 [나가서] 끝내 되돌아오지 않았습니다.

그때부터 나는 아이저만 Eis[ermann]이 쥐어 준 칼자루 ──공산주의에 대한 공격──를 놓지 않았습니다. 그륀이 끊임없이 음모를 꾸미며 작업장들 Ateliers 주위를 돌아다니고 일요일마다 사람들을 자기 주위로 모으는 등등의 짓거리를 하며, 상술한 회의가 있고 난 다음의 일요일에조차 8-10명의 유랑 직인들 앞에서 공산주의를 공격하는 어리석기 짝이 없는 짓을 범하기 시작했으니만큼 나는 더욱더 이 칼자루를 이용하였습니다. 따라서 나는, 내가 이후의 토론에 참가하기 전에 우리가 공산주의자들로서 여기에 모인 것인지 아닌지에 대해서 표결해야 한다고 말했습니다. 첫번째 경우라면 아이저만 Eis[ermann]의 공격과 같은 공산주의에 대한 공격들이 다시는 발생하지 않도록 주의를 기울여야 할 것이며, 다른 경우라면, 즉 당신들이 여기에서 이런 저런 임의의 문제에 대해 토론하는 임의의 개인들일 뿐이라면 당신들이 무슨 짓을 하든 내게는 상관없는 일이며 나는 다시는 오지 않을 것이라고. 이는 그륀 파에게 대단한 반발을 불러일으켰습니다. 즉 자기들은 '인류의 복지를 위해', 스스로를 계몽시키기 위해 여기에 모여 있는 것이며, 자기들은 진보를 사랑하는 사람들이며 일면적이지도 않고 체계를 잡으려 하는 사람들 Systemfänger 따위도 아니라는, 그리고 그런 성실한 사람들을 '임의의 인간들'이라고 부를 수는 없다는 반발을. 게다가 **자기들은** 공산주의란 게 무엇인지부터 **먼저 알아야만 하겠다는** 반발을(이 망나니 놈들, 그 놈들은 수년 전부터 공산주의라 자칭해 왔으면서도, 그륀과 아이저만 Eiserm[ann]이 공산주의를 내세워 그들 사이에 잠입한 이후에는 단지 두사람에 대한 두려움 때문에 [공산주의에게서] 등을 돌려 버렸습니다!). 물론 나는 그들의 애원에, 즉 자기들에게, 그 무식한 자들에게 공산주의란 무엇인가를 두세 마디 말로 말해 달라는 애원에 걸려들지는 않았습니다. 나는 그들에게 극히 간단하게 정의해 주었는데, 그것은 현재의 쟁점들의 범위에 해당하는 [ging] 것이었습니다. 그 정의란 부르주아 개인들, 유랑 직인층에 대한 그리고 마지막으로 개인적 **점유의** 보전을 수반하는 프루동의 주식 회사 및 그와 관련된 것들에 대한 우호와 온화함과 배려를 재산 공유라는 주장을 통해 배제하는 것이었으며, 그 외에 주제에서 벗어나거나 이미 제안된 표결을 회피할 동기를 재공할 만한 것은 하나도 포함하고 있지 않았습니다. 요컨대 나는 공산주의자들의 의도를 다음과 같이 정의하였습니다 : I. 부르주아들의 이익에 대립하여 프롤레타리아들의 이익을 관철시키는 것 ; 2. 사적 소유의 폐기 및 재산 공유에 의한 사적 소유의 대체를 통해 이를 수행하는 것 ; 3. 이러한 의도들의 수행에는 폭력적인, 민주주의적인 혁명 이외의 어떤 수단도 없다는 것을 승인하는 것.——이것에 관해서 이틀 저녁 동안 토론이 있었습니다. 두번째 날 저녁에는 세 명의 그륀 파 중에서 가장 나은 사람 한 명이 다수의 분위기를 알아채고 내쪽으로 완전히 넘어왔습니다. 나머지 두 사람은 이것을 모르고서 계속해서 번갈아 가면서 서로 모순되는 이야기를 하였습니다. 그때까지 한 번도 입을 열지 않았던 다수의 사람들이 한꺼번에 입을 열어 단호하게 나의 입장에 대한 지지를 천명하였습니다. 그때까지 나에게 찬성한 것은 융에 한 사람뿐이었습니다. 이 새로운 사람들 homines novi 의 몇몇은 [그때까지는] 단말마적 공포에 떨면서 아무 말도 못하고 있었음에도 불구하고, 아주 명료하게 발언했는데, 그들은 대체로 매우 건전한 상식을 가지고 있는 듯합니다. 간략히 말씀드려서, 마침내 표결에 부쳐지게 되었을 때, 회합은, 두 명만 남은 충실한 그륀 파——이 중의 한 명도 뒤늦게, 전향하고 싶은 강렬한 열망을 가지고 있다고 밝혔습니다——에 반대하는 13 명의 찬성표에 의해서 위에서 정의한 의미에서의 공산주의 회합이라고 언명하였습니다.

　　이로써 결국 문제는 깨끗이 처리되었고, 이제 가능한 대로 이 사람들과 무언가를 착수할 수 있게 되었습니다. 자신의 채권자들이 바로 자신의 추종자들인 그륀 파였기 때문에 돈 이야기로부터 쉽게 벗어날 수 있었던 그륀도 이제는 다수파 사이에서 그리고 심지어 그의 추종자들 중의 일부 사이에서조차 인기를 잃어버리고 말아서, [그가 시도한] 온갖 음모와 실험들(예를 들면 모자를 쓰고 교외 집회에 나가는 등등)에도 불구하고, 자신의 프루동적 조합과 함께 보기좋게 나자빠지고 말았습니다. 내가 그 자리에 없었다면 물론 우리의 친구 에버베크 E[werbec]k 는 아무 생각 없이 téte baissée 거기에 말려들어 갔을 것입니다.

　　그륀은 얼마나 훌륭한 전략을 가지고 있었던 것입니까! 그륀은 그를 따르는 이들의 지력에 의심이 간 나머지 그들이 완전히 암기할 때까지 몇 번이고 자신의 이야기를 반복하였습니다. 어떤 회의건 끝나기만 하면——물론 반대파를 침묵시키는 것보다 더 쉬운 일도 없었습니다——패퇴한 무리들은 그륀에게로 달려가서 내가 말한 것을 이야기하였습니다——물론 그 모두를 왜곡해서. 그리고 다시 재무장하였습니다. 그 다음에 그들이 입을 떼어 두번째 말을 할 때면 사람들은 언제든지 [그들이 말하고자 하는] 전체 문장을 미리 알 수 있습니다. 물론 나는 이러한 고자질 때문에 이 사나이들에게 무언가 일반적인 것을 말하는 것을 경계하였는데, 그러한 일반적인 이야기는 그륀 씨에게 그의 진정한 사회주의를 위한 새로운 윤색으로 봉사할 우려가 있는 것입니다 ; 그럼에도 불구하고 이 망나니 같은 인간은 제네바 혁명[188]이 일어났을 때에 내가 유랑 직인들에게 말한 것을 다양하게 왜곡하여 『쾰른 신문』[Zeitung]에 이용해 먹었습니다. 더구나 그는 여기서 **그 반대의 것을** 그 직인들에게 주입시키듯 설교하였습니다. 그는 지금 국민 경제학을 공부하고 있습니다. 용감한 사람입니다.

여러분은 프루동의 책[189]을 광고를 통해서 보았을 것입니다. 나는 가까운 시일 내에 그 책을 입수하게 될 것입니다 ; 그 책은 15 프랑으로, 사기에는 너무 비쌉니다.

앞서 말한, 그 이야기를 들었던 청중은 약 20 명 정도의 가구장이들로 이루어져 있습니다. 게다가 그들은 온갖 잡다한 인민과 함께 시의 외곽 지대에 모여 있을 뿐이고 가수 클럽 Sängerklub 하나 이외에는 자기들끼리만 모이는 고유한 결사를 가지고 있지 않습니다. 그렇다고는 해도 그들 중 일부는 정의 동맹[190]의 잔당들 Rudera 입니다만. 공개적으로 모이는 것이 가능하기만 하다면 우리는 곧장 가구장이들로만도 100 명이 넘는 사람들을 모을 수 있을 것입니다. 재단사들 중에서는 나는 가구장이들의 집회에 참가하는 몇 명밖에 알지 못합니다. 대장장이들과 무두장이들에 대한 이야기는 빠리 어디에서도 들어 볼 수가 없습니다. 아무도 그들에 대해서 알지 못합니다.

크리게는 근래에 정의의 인간으로서 그의 보고를 '할레' Halle (중앙 관청)에 제출하였습니다. 물론 나는 그 회장 回章 을 읽었습니다 ; 그러나 이것은 사형, 비수, 교살, 독살에 상당하는 약속 위반이기 때문에, 당신들은 이 이야기를 어디에다 써서 보내는 일을 결코 해서는 안됩니다. 우리의 공격[191]에 대한 그의 답변과 마찬가지로 그 편지는 우리의 공격이 그에게 매우 유익했다는 것을 보여 주고 있으며, 또한 그도 이제 이 세계의 일들에 대해 더 많이 고민하고 있다는 것을 보여 주고 있습니다. 그는 자신의 난점들에 대해 긴 설명을 늘어놓았습니다. 이 아메리카 유랑 직인들의 이야기의 제1절은 그

들의 고난을 담고 있습니다.──명백히 크리게가 선두에 서 있었고 그는 세
계를 포괄하는 애정의 관점에서 돈 이야기를 하고 있었습니다. 『트리뷴』은
기증되었지 팔리지는 않았습니다. 선물이 기금을 형성하고 있었습니다. 요컨
대, 사람들은 사도행전의 제 III-IV장을 재연하려 하였고 아나니아와 삽비라[1]
또한 빼놓지 않았습니다. 그리하여 결국 사람들은 완전한 빚더미에 빠진 자
신을 발견하게 되었습니다. 제 2기에는 크리게가 단순한 '기록계원'이 되고
다른 사람들은 금전 사무의 관리를 맡고 있는 것처럼 보이는데, 이 시기는
회복의 시기였습니다. 인간들의 [사랑으로] 충만한 가슴에 호소하는 대신에
이제는 그들의 춤추기 좋아하는 다리와 일반적으로 다소 ± 비공산주의적
측면에 호소하고 있습니다. 그리고 사람들은 무도회와 야외 파티 등등에 의
해서 필요한 돈이 충분히 모아진다는 사실, 인간들의 나쁜 성질도 공산주의
를 위해서 이용될 수 있다는 사실을 경악의 눈으로 발견하게 됩니다. 이제
그들은 금전적으로는 완전히 사정이 좋아진 것 같습니다. 그들이 극복해야
만 했던 '장애물들' 사이에서 이 용감한 테클렌부르거[192] Tecklenburger 는
비방과 의심을 사방에서 하나씩 받아 나가고 있지만, 이러한 비방과 무고를
특히 "마지막으로 브뤼셀의 '공산주의적' 철학자들로부터도" 받는 것을 감
수하지 않으면 안 될 것입니다. 그 밖에 그는 이주민들을 향하여 몇 가지의
쓸데없는 말을 지껄이고서 그들에게(즉 그의 숙적들에게) '형제 바이틀링'을
천거하고 있습니다. 그러나 이야기가 무언가 엄숙하게 이루어진다 하더라도
전반적으로는 대개 속세적으로 이루어지며, 다만 때때로 우애 등등에 대한
약간의 탄식이 보일 뿐입니다.

　　　거기서 『레포름』을 받아 보고 있습니까? 만약 당신들이 『레포름』을 읽
고 있지 않다면, 저에게 연락 주십시오. 그러면 거기에 무언가 특별한 것이
게재될 때 보고드리겠습니다. 선거 개혁을 위해 여기에서 돌고 있는 청원서
에 무조건적으로 동의하는 것을 『나씨오날』이 거절한 때문에 『레포름』은 지
난 4일 동안 끈질기게 『나씨오날』을 물고 늘어지고 있습니다. 이러한 거절
은 띠에르에로의 단순한 경도에 기인한 것이라고 『레포름』은 주장하고 있습

---

1) 사도행전 5장 1절-10절에 나오는 인물들로, 이들은 베드로에게 차례로 거짓말
　　을 한 결과 차례로 죽음의 벌을 받았다. (역자)

니다. 얼마 전부터 이곳에는, 바스띠드와 토마가 『나씨오날』을 떠났으며 마라스뜨만이 남아서 띠에르와 제휴했다는 소문이 돌고 있습니다. 『나씨오날』은 이를 부인하였습니다. 『나씨오날』의 편집부 내에 변동이 있었다는 것은 확실하지만 그 이상 자세한 것은 저로서도 알지 못하고 있습니다 ; 『나씨오날』이 일 년 전부터 띠에르에게 특히 호의적이었다는 것은 주지의 사실입니다 ; 그래서 지금 『레포름』은 『나씨오날』이 이렇게 [띠에르에게] 경도됨으로 인해서 얼마나 수치스러운 짓을 범하였는지를 설명하고 있습니다. —— 게다가 『나씨오날』은 『레포름』에 대한 단순한 반대로부터 최근에 몇 가지 우행을 범하였습니다. 그리하여 『레포름』에 의해 제일 먼저 보도된 포루투갈 반혁명[193]을, 단순한 심술 때문에 그 이상은 불가능할 정도로 심하게 부인하였던 것입니다 등등. 지금 『레포름』은 『나씨오날』과 마찬가지로 눈부신 논전을 하느라고 고생하고 있지만, 잘되지 않고 있습니다.

　　지금까지 써 온 것이지만 다시 한 번 유랑 직인들에 대해서 말하거니와 다음과 같은 점이 판명되었습니다 : 어떠한 방법으로도 나에게 해를 입힐 만한 역량을 가지고 있지 않은 그륀은 이제는 교외 집회에서 나를 비난하고 있습니다. 아이저만 Eis[ermann] 은 스파이 Mouchards 가 들어와 있는 교외 집회에서 공산주의를 공격하고 있는데, 물론 쫓겨날 위험에 처해지지 않고서 그러한 공격에 답변할 수 있는 사람은 아무도 없습니다 ; 융에는 크게 분노하여 그에게 답변하였지만 어제 우리에게 훈계를 들었습니다. 이에 대해서 아이저만 Eis[ermann] 은 융에 J[unge] 를 갑자기 폭탄처럼 사람들 사이를 비집고 들어온, 제 3 자(이 사람은 물론 저입니다)의 메가폰이라고 말하였고, 또한 자신은 사람들이 교외 토론을 위해서 어떻게 해야 한다고 배웠는지를 잘 알고 있다고 말하였습니다 등등. 요컨대, 그는 거기에서 경찰에 **밀고하는** 것과 **완전히** 똑같은 말을 내뱉었던 것입니다 ; 왜냐하면 이 일을 밀고한 집주인은 4 주일도 더 전에 너희들 사이에는 항상 스파이가 있다 il y a toujours des mouchards parmi vous 고 말했었던 바 있고 또 당시 거기에는 경감이 와 있었던 적이 있기 때문입니다. 그는 융에 J[unge] 를 '혁명가'라고 노골적으로 공격하였습니다. 그륀 씨는 처음부터 끝까지 그 자리에 있었고, 아이저만 E[isermann] 에게 무엇을 말해야 할 것인가를 가르쳤습니다. 헌데 이런 비열한 짓은 도처에서 흘러 넘칩니다. 내가 알고 있는 한, 그륀 씨는 아이저만

Eis[ermann]이 말한 모든 것에 대한 전적인 책임이 있습니다. 그런데 이에 대해서는 어떻게 할 수가 없습니다. 멍청이 아이저만 Eis[ermann]을 교외 집회에서 공격하는 것은 할 일이 못 됩니다. 왜냐하면 주간 집회가 또다시 밀고될 수 있기 때문입니다. 그륀은 자신의 이름으로 **스스로** 무언가를 하는 데 있어서는 너무나 비겁합니다. 다만 할 수 있는 유일한 것은 사람들에게 다음과 같이 선언하도록 하는 것입니다. 공산주의에 대해서는 토론하지 않는다. 왜냐하면 집회 전체가 이 때문에 경찰로부터의 위험에 처할 수 있기 때문에.
　　일간 편지 주십시오.

당신의
E.

1846년 10월 23일, 빠리

수고에 의거함.

맑스 · 엥겔스 저작집,
제27권, 60-64면.

김태호　번역

2

맑스가
빠리의 파벨 바실리예비치 안녠코프에게

브뤼셀, 1846년, 12월 28일
오를레앙 가 42번지, 나무르 Namur

친애하는 안녠코프 씨,

저의 서적상이 프루동 씨의 저서 『**빈곤의 철학**』을 보내 주는 것을 지난 주까지 미루지 않았다면, 당신은 벌써 오래 전에 당신의 11월 1일자 편지에 대한 저의 답장을 받았을 것입니다. 저는 당신에게 저의 견해를 즉시 알려 드리기 위해 그 책을 이틀 만에 통독하였습니다. 너무 서둘러서 읽었기 때문에 저는 그 책에 관해 상세히 논할 수는 없고 다만 그 책에서 받은 일반적 인상에 대해서만 말씀드릴 수 있습니다. 당신이 원하신다면 두번째 편지에서 상세히 살펴볼 수 있을 것입니다.

저는 그 책이 대체로 졸작이라고, 그것도 아주 형편없는 졸작이라고 생각하고 있음을 솔직히 고백하는 바입니다. 당신 자신은 편지에서, 프루동 씨가 그 조잡하고 잘난 체하는 저작에서 과시하고 있는 '약간의 독일 철학'은 조롱하면서도, 경제학적 서술은 철학적 독소에 감염되지 않았다고 생각하고 계십니다. 저 또한 경제학적 서술의 결함들을 프루동 씨의 철학의 탓으로 돌릴 의향은 전혀 없습니다. 프루동 씨가 정치 경제학에 대한 그릇된 비판을 내놓는 것은 그가 우스꽝스러운 철학의 소유자이기 때문이 아닙니다. 그가 우스꽝스러운 철학을 내놓는 것은 오히려 현재의 사회 상태를 — 많은 여타의 것들과 마찬가지로 프루동 씨가 푸리에에게서 빌려 온 단어를 사용하자면 —그 연쇄 engrénement 속에서 파악하지 못했기 때문입니다.

왜 프루동 씨는, 결코 오류를 범하지 않으며 언제나 자기 동일적인 것이었고 진리를 알기 위해서는 오직 그것을 올바르게 의식하기만 하면 되는 신, 보편 이성, 인류의 비인격적 이성 따위를 논하는 것일까요? 왜 그는 강력한 사상가로서 자기를 정립하기 위해 허약한 헤겔주의를 좇는 것일까요?

그 자신이 이 수수께끼의 열쇠를 제공합니다. 프루동 씨는 역사 속에서 사회 발전의 일정한 계열을 보고 있습니다 ; 그는 역사 속에서 진보가 실현되고 있음을 보고 있습니다 ; 끝으로 그는 인간들이 개인들로서는 자신들이 무엇을 하는지를 알지 못했으며 자신들의 운동에 대해 잘못 생각했다는 것, 즉 인간의 사회적 발전은 언뜻 보기에는 그들의 개인적 발전과는 구별되고 분리되고 독립적인 것으로 나타난다는 것을 보고 있습니다. 그는 이 사실들을 설명할 수 없습니다. 그리하여 자기를 발현하는 보편 이성이라는 가설이 나타납니다. 신비적 원인들을, 즉 아무런 의미도 없는 문구들을 발명해 내는 것보다 더 쉬운 일은 없을 것입니다.

그런데 프루동 씨는 인류의 역사적 발전에 관해 아무것도 이해하지 못하고 있다고 고백함으로써 ── 보편 이성, 신 등등의 요란스러운 단어들을 사용할 때에 그는 이것을 고백하고 있습니다 ── 은연중에 그리고 불가피하게 자신이 **경제적 발전**을 이해할 수 없다고 고백하는 것이 아니겠습니까?

그 형태가 어떠하든지 간에, 사회란 무엇입니까? [그것은] 인간들의 상호 행위의 산물[입니다]. 인간들은 이러저러한 사회 형태를 자유로이 선택할 수 있습니까? 결코 그렇지 않습니다. 인간의 생산력들의 특정한 발전 상태를 상정해 보십시오. 그러면 당신은 그에 상응하는 교류 commerce 형태 및 소비 형태를 얻게 될 것입니다. 생산, 교류, 소비의 특정한 발전 단계들을 상정해 보십시오. 그러면 당신은 그에 상응하는 사회 질서, 그에 상응하는 가족, 신분들 혹은 계급들의 조직, 한마디로 그에 상응하는 시민 사회 société civile를 얻게 될 것입니다. 그러한 시민 사회를 상정해 보십시오. 그러면 당신은 그에 상응하는 정치 질서 état politique를 얻게 될 것인데, 이 정치 질서란 시민 사회의 공적 표현에 지나지 않는 것입니다. 바로 이것을 프루동 씨는 결코 이해하지 못할 것입니다. 왜냐하면 그는 국가 Etat에 호소하는 것으로부터 시민 사회에 호소하는 것으로, 즉 사회의 공적 요약에 호소하는 것으로부터 공적 사회에 호소하는 것으로 넘어가면서 무슨 큰일이나 하는 것처럼 생각하고 있기 때문입니다.

인간이 **그들의 생산력들**——인간의 전 역사의 기초——을 자유로이 선택할 수 없다는 사실은 부언할 필요도 없습니다. 왜냐하면 개개의 모든 생산력은 이미 획득된 힘이며 이전 활동의 산물이기 때문입니다. 따라서 생산력들은 인간의 에너지가 사용된 결과이지만, 이 에너지 자체는 인간들이 처해 있는 상황들에 의해서, 이미 획득된 생산력들에 의해서, 그들이 창조한 것이 아니라 이전 세대의 산물로서 그들 앞에 존재하고 있는 사회 형태에 의해서 제한되어 있습니다. 모든 새로운 세대는 생산력들을 과거의 세대에 의해 획득된 것으로서 발견하며 이 생산력들이 새로운 세대에게 새로운 생산의 원료로 된다는 단순한 사실로 말미암아 인간의 역사 속에는 하나의 연관이 성립하고 인류의 역사가 성립하는데, 이 역사는 인간의 생산력들이, 따라서 그들의 사회적 관계들이 성장하면 할수록 더욱더 인류의 역사가 되는 그러한 역사입니다. 필연적인 결론은 다음과 같습니다 : 인간의 사회사는 인간이 의식하든 의식하지 않든 항상 인간의 개인적 발전의 역사에 지나지 않습니다. 인간들의 물질적 관계들이 그들의 모든 관계들의 기초를 형성합니다. 이 물질적 관계들은 인간들의 물질적, 개인적 활동이 실현되는 필연적 형태들에 지나지 않습니다.

프루동 씨는 이념과 사물을 혼동하고 있습니다. 인간들은 자신들이 획득한 것을 결코 포기하지 않습니다. 그러나 이 말은 인간들이 그들에게 특정한 생산력들을 획득하게 한 그 사회 형태를 결코 포기하지 않는다는 것을 의미하지는 않습니다. 정반대입니다. 획득된 성과들을 빼앗기지 않기 위해서는, 문명의 결실들을 잃어버리지 않기 위해서는 인간들은 그들의 교류 commerce 양식이 더 이상 기존의 생산력들에 조응하지 않는 순간부터 그들의 모든 전통적 사회 형태들을 변화시키지 않으면 안 됩니다. (여기서 저는 commerce 라는 단어를, 독일어로 Verkehr 라고 할 때와 같은 아주 넓은 의미로 사용하고 있습니다.) 예를 들면 : 특권, 길드 제도 및 동업 조합 제도, 중세의 규제들은 기존의 생산력들 및 이 제도들을 낳은 선재하는 사회 상태에만 조응했던 사회적 관계들이었습니다. 동업 조합적 그리고 규제적 체제의 보호 아래에서 자본이 축적되었으며 해상 무역이 발전했고 식민지들이 건설되었습니다.——만약 사람들이 이러한 결실들이 성숙하도록 보호해 준 그 형태들을 보존하려고 했다면 그들은 이와 같은 결실들을 잃어버리고 말

았을 것입니다. 이 때문에 1640년 혁명과 1688년 혁명이라는 두 번의 돌발
적인 사건이 일어났던 것입니다. 모든 낡은 경제 형태들, 이 경제 형태들에
조응하는 사회 관계들, 낡은 시민 사회의 공적 표현이었던 정치 질서가 영국
에서 파괴되었습니다. 이와 같이 인간이 생산하고 소비하고 교환을 수행하
는 경제 형태들은 **과도적이며 역사적입니다.** 새로운 생산력들의 획득과 함께
인간은 그들의 생산 양식을 변화시킵니다 ; 그리고 생산 양식과 함께 그들은
오직 특정한 생산 양식의 필연적 관계들일 뿐이었던 모든 경제 관계들을 변
화시킵니다.

　　바로 이것이 프루동 씨가 이해하지 못했던 것, 증명은 더더욱 하지 못
했던 것입니다. 역사의 현실적 운동을 구명할 능력이 없는 프루동 씨는 하나
의 환영을 제시하면서 그것이 변증법적이라고 우쭐대고 있습니다. 그는 17
세기, 18세기, 19세기에 관해 말할 필요를 느끼지 못합니다. 왜냐하면 그의
역사는 상상의 안개낀 영역 안에서 진행되고 있으며 시간과 공간을 초월해
있기 때문입니다. 한마디로 말하면 그것은 헤겔식 폐물이지 결코 역사가 아
닙니다 ; 그것은 세속의 역사——인간의 역사——가 아니라 신성한 역사
——이념의 역사——입니다. 그의 관점으로 보면 인간이란 이념 혹은 영원한
이성이 자신의 발전을 위해 사용하는 도구에 지나지 않습니다. 프루동 씨가
말하는 **진화는** 절대 이념의 신비로운 품속에서 일어나는 진화입니다. 이 신
비적인 언어의 장막을 찢어 버린다면, 프루동 씨가 자기의 머리 속에 있는
경제적 범주들의 배열 순서를 제시하고 있다는 것을 알게 될 것입니다. 이러
한 배열이 극히 혼란한 머리의 배열이라는 것을 증명하기는 그리 어렵지 않
습니다.

　　프루동 씨는 자기의 저서를 자신의 장난감 목마[애용하는 주제]인 가치
를 논하는 것으로 시작했습니다. 저는 이번에는 이러한 논의에 대해서는 검
토하지 않기로 하겠습니다.

　　영원한 이성의 경제적 진화의 계열은 **분업으로** 시작됩니다. 프루동 씨
에게 있어서 분업이란 아주 단순한 것입니다. 그러나 카스트 제도는 일종의
분업이 아니었습니까? 그리고 동업 조합 제도는 또 다른 분업이 아니었습니
까? 그리고 영국에서 17세기 중반에 시작되어 18세기 후반에 끝나는 매뉴팩
처 제도의 분업은 대공업의 분업, 현대 공업의 분업과는 완전히 구별되는 것

이 아닙니까?

프루동 씨는 진리로부터 너무 멀리 떨어져 있어 속류 경제학자들이 행하는 것조차 소홀히하고 있습니다. 그는 분업에 관해 논하기 위해 세계 **시장**에 관해 논해야 할 필요를 조금도 느끼지 못하고 있습니다. 그런데 말입니다! 아직 식민지도 없었으며 아메리카가 유럽을 위해 존재하지도 않았고 동아시아는 콘스탄티노플의 중개를 통해서만 존재하던 14세기 및 15세기의 분업은, 이미 발전된 식민지들을 가지고 있던 17세기의 분업과는 완전히 구별되어야 하는 것이 아니겠습니까?

그뿐만이 아닙니다. 국민들의 모든 국내 조직, 국민들의 모든 국제 관계들은 특정한 분업의 표현 이외에 다른 무엇이란 말입니까? 그것들은 분업의 변화와 함께 변화하는 것이 아닙니까?

프루동 씨는 분업 문제를 별로 이해하지 못했기 때문에, 예를 들어 독일에서 9세기에서 12세기까지 진행되었던 도시와 농촌의 분리에 관해 한마디도 하지 못합니다. 그리하여 프루동 씨에게 있어 이 분리는 영원한 법칙으로 되지 않을 수 없습니다. 왜냐하면 그는 분리의 기원도 발전도 알지 못하기 때문입니다. 그는 자기의 저서 전체에서 특정한 생산 양식의 이 산물이 최후 심판의 날까지 존속될 것처럼 말하고 있습니다. 분업에 관해 프루동 씨가 말하는 모든 것은 단지 하나의 요약, 그것도 아담 스미스와 다른 많은 사람들이 그보다 앞서 말한 것의 매우 피상적이고 매우 불완전한 요약일 뿐입니다.

두번째 진화는 **기계**입니다. 프루동 씨에게 있어서 분업과 기계 사이의 연관은 완전히 신비적입니다. 각각의 분업 방식은 특유한 생산 도구들을 가지고 있었습니다. 예를 들어 17세기 중반부터 18세기 중반에 이르기까지는 사람들은 모든 것을 손으로 만들지는 않았습니다. 그들은 도구들을, 더구나 작업대, 베틀 북, 지렛대 등등과 같은 아주 복잡한 도구들도 보유하고 있었습니다.

따라서 기계가 분업 일반의 결과로서 생겨난다고 하는 것보다 더 웃기는 말은 없습니다.

말이 나온 김에, 프루동 씨는 기계의 역사적 기원을 이해하지 못했기 때문에 기계의 발전을 더더욱 이해하지 못했다는 것을 말해 두겠습니다.

1825년——최초의 전반적 공황의 시기——까지는 소비 일반의 욕구들이 생산보다 더 빨리 증가했고 기계의 발전은 시장의 욕구들에 의해 강요된 결과였다고 말할 수 있습니다. 1825년부터는 기계의 발명과 사용은 오직 고용주들과 노동자들 사이의 전쟁의 결과일 뿐입니다. 아직 이것은 영국에서만 진실일 뿐입니다. 유럽 국민들에 대해서 말하자면 그들은 세계 시장에서나 국내 시장에서나 영국인들과의 경쟁 때문에 기계를 사용하지 않을 수 없었습니다. 끝으로 북아메리카에 대해 말하자면 기계의 도입은 타국과의 경쟁과 일손의 부족에 의해서, 즉 북아메리카의 공업상의 욕구들과 인구 사이의 불균형에 의해서 초래된 것이었습니다. 이러한 사실들로부터 당신은, 프루동 씨가 경쟁이라는 유령을 제3의 진화로서, 기계의 안티테제로서 주문을 외어 불러내 올 때 참으로 비상한 명민함을 발휘하고 있다고 결론지을 수 있을 것입니다!

결국 요컨대, 기계를 분업, 경쟁, 신용 등등과 나란히 경제적 범주로 만드는 것은 참으로 불합리한 일입니다.

기계는 쟁기를 끄는 소와 마찬가지로 경제적 범주가 아닙니다. 오늘날의 기계 사용은 우리의 현재 경제 제도의 관계들 중의 하나이지만 기계를 이용하는 방식은 기계 자체와는 전혀 다른 것입니다. 화약이 사람에게 부상을 입히기 위해 사용되든 부상자의 상처를 치료하기 위해 사용되든 화약인 것은 변함이 없습니다.

프루동 씨가 자기 머리 속에서 경쟁, 독점, 조세 혹은 경찰, 무역 차액, 신용, 소유를 여기에서 제가 인용하는 순서에 따라 창조해 낼 때, 그는 자기 자신의 능력 이상을 보여 주고 있는 것입니다. 영국에서는 거의 모든 신용 제도들이 기계가 발명되기 전인 18세기 초에 발전하였습니다. 국채는 세금을 증가시키고 부르주아 계급의 통치에 의해 생긴 새로운 욕구들을 충족시키기 위한 새로운 방법이었을 뿐입니다. 끝으로 소유는 프루동 씨의 체계에서 마지막 범주를 이루고 있습니다. 그러나 현실 세계에서는 반대로 분업 및 프루동 씨의 여타의 모든 범주들은 총체적으로 오늘날 소유라고 하는 것을 형성하고 있는 사회적 관계들입니다. 이 관계들 밖에서의 부르주아적 소유란 형이상학적 혹은 법률적 환상 이외에 아무것도 아닙니다. 다른 시대의 소유, 봉건적 소유는 전혀 다른 일련의 사회적 관계들 속에서 발전합니다. 소유를 하나의 독립적인 관계로 설정함으로써 프루동 씨는 방법상의 오류 이상의 잘못을 저지르고 있습니다 : 그는 자신이 **부르주아적** 생산의 모든 형태들을 연결하고 있는 끈을 파악하지 못했다는 것, 그리고 특정한 시대의 생산 형태들의 **역사적**이고 **과도적인** 성격을 이해하지 못했다는 것을 명백히 보여주고 있습니다. 우리의 사회 제도들이 역사적 산물임을 알지 못하고 그 사회 제도들의 기원도 발전도 이해하지 못하는 프루동 씨는 오직 그것들을 독단적으로 비판할 수 있을 따름입니다.

그리하여 발전을 설명하기 위해 프루동 씨는 **허구**에 의존하지 않을 수 없습니다. 그는 분업, 신용, 기계 등등의 모든 것이 그의 고정된 이념, 평등의 이념에 복무하도록 발명되었다고 상상하고 있습니다. 그의 설명은 유치하기 이를 데 없습니다. 그것들은 평등을 위해 발명되었으나 불행하게도 평등에 등을 돌리고 말았다는 것입니다. 이것이 그의 추론의 전부입니다. 즉, 그는 아무 근거도 없는 가정을 만들어 내고 있으나, 현실의 발전과 그의 허구가 매걸음마다 모순을 일으키자 이로부터 그는 모순이 존재한다는 결론을 내립니다. 그는, 모순은 그의 고정된 이념들과 현실의 운동 사이에 존재할 뿐이라는 것을 감추고 있습니다.

이와 같이 프루동 씨는 무엇보다도 역사적 인식이 부족한 까닭에 인간은 자신들의 생산력들을 발전시킴으로써 즉 생활함으로써 특정한 상호 관계들을 발전시킨다는 것, 그리고 이 관계 양식은 생산력들의 변화 및 성장과 함께 필연적으로 변화한다는 것을 알지 못했습니다. 그는 **경제학적 범주들**이란 이러한 현실적 관계들의 **추상들**에 지나지 않는다는 것, 그 범주들은 이관계들이 존속하는 한에 있어서만 진리라는 것을 알지 못했습니다. 그리하여 그는 이 경제적 범주들을 특정한 역사적 발전에 대해서만, 생산력들의 일정한 발전 [단계]에 대해서만 유효한 역사적 법칙들로 보지 않고 영원한 법칙들로 간주하는 부르주아 경제학자들의 오류에 빠지고 맙니다. 따라서 프루동 씨는 정치 경제학적 범주들을 현실적, 과도적, 역사적 사회 관계들의 추상으로 보는 대신에 신비스럽게 전도시킨 결과, 현실적 관계들을 이러한 추상의 화신들에 지나지 않는 것으로 보게 됩니다. 이 추상들 자체는 태초이래 하느님 아버지의 품속에서 잠들어 있던 공식들입니다.

그러나 여기서 이 선량한 프루동 씨는 엄청난 정신적 경련을 일으키게 됩니다. 만약 이 모든 범주들이 신의 가슴으로부터 발산된 것이라면, 인간의 숨어 있는 영원한 생명이라면, 첫째 어떻게 발전이 존재할 수 있겠으며, 둘째 어떻게 프루동 씨가 보수주의자가 아닐 수 있습니까? 그는 이 명백한 모순들을 적대 관계의 체계 전체로 설명하고 있습니다.

이 적대 관계의 체계를 밝히기 위해 예를 하나 들어 봅시다.

독점은 좋은 것이다. 왜냐하면 그것은 경제적 범주, 따라서 신의 발산이기 때문이다. 경쟁은 좋은 것이다. 왜냐하면 그것 또한 경제적 범주이기 때문이다. 그런데 좋지 않은 것은 독점의 현실과 경쟁의 현실이다. 더욱더 나쁜 것은 독점과 경쟁이 서로를 잠식한다는 것이다. 어떻게 해야 되겠습니까? 신의 이 두 영원한 관념은 서로 모순되기 때문에 이 두 관념들의 진테제도 신의 품속에 존재하고 그 진테제 속에서 독점의 폐해들은 경쟁에 의해 상쇄되고 그 역 또한 성립한다는 것이 프루동 씨에게는 자명한 것으로 보입니다. 두 이념들 사이의 투쟁은 좋은 면만이 부상하는 결과를 가져올 것이다. 신에게서 이 은밀한 관념을 탈취하여 그것을 응용해야 한다. 그러면 만사 형통일 것이다 ; 인류의 비인격적 이성의 암흑 속에 감추어져 있는 진테제의 정식을 드러내야 한다. 프루동 씨는 스스로를 계시자로 만드는 데 조금도 주저하지 않습니다.

그러나 잠시 현실적 삶에 눈길을 던져 보십시오. 오늘날의 경제 생활에서는 경쟁과 독점 뿐만 아니라 이것들의 진테제도 발견하게 되는데, 이 진테제는 **공식**이 아니라 하나의 **운동**입니다. 독점은 경쟁을 생산하고 경쟁은 독점을 생산합니다. 그러나 이와 같은 방정식은 부르주아 경제학자들이 생각하는 것처럼 현 상태의 난점들을 제거해 주기는커녕, 결과적으로 훨씬 더 어렵고 훨씬 더 혼란한 상태를 초래하게 됩니다. 따라서 당신이 현재의 경제 관계들이 기초해 있는 토대를 변화시키고 현재의 생산 **양식**을 파괴한다면, 이는 경쟁과 독점 및 이것들의 적대 관계를 파괴할 뿐만 아니라 이것들의 통일, 이것들의 진테제, 즉 경쟁과 독점을 현실적으로 균형화 하는 운동도 또한 파괴하는 것입니다.

이제 프루동 씨의 변증법에 관한 한 예를 들어 보겠습니다.

자유와 노예제는 적대 관계를 형성하고 있습니다. 자유의 좋은 측면들에 관해서도 나쁜 측면들에 관해서도 제가 말할 필요는 없습니다. 노예제에 관해서 말하자면 그 나쁜 측면들에 대해서는 말할 필요도 없습니다. 설명되어야 할 단 한 가지는 노예제의 좋은 측면입니다. 문제로 되는 것은 간접적 노예제, 즉 프롤레타리아의 노예 상태가 아닙니다 ; 문제는 직접적 노예제, 즉 수리남, 브라질, 북아메리카의 남부 주들에서의 흑인 노예제입니다.

직접적 노예제는 기계, 신용 등등과 마찬가지로 오늘날의 우리의 산업주의 industrialisme 의 주축입니다. 노예제가 없다면 면화도 없고, 면화가 없다면 현대 공업도 존재하지 않습니다. 바로 노예제가 식민지들에게 가치를 부여했고, 식민지들이 세계 무역을 창조했으며, 세계 무역은 기계제 대공업의 필수 조건입니다. 또한 흑인 매매 이전에 식민지들은 구세계에 극히 적은 생산물을 공급했을 뿐이며 세계의 모양을 눈에 띄게 변화시키지도 못했습니다. 이처럼 노예제는 극히 중요한 경제적 범주입니다. 노예제가 없다면 가장 진보적인 나라인 북아메리카도 가부장제적인 나라로 변할 것입니다. 세계 지도에서 북아메리카만을 지워 보십시오. 그러면 무정부 상태, 상업과 현대 문명의 완전한 몰락을 보게 될 것입니다. 그런데 노예제를 소멸시키는 것은 세계 지도에서 아메리카를 지워 버리는 것과 같습니다. 이와 같이 노예제는 하나의 경제적 범주인 까닭에 태초 이래 모든 민족들에게 있어 온 것입니다. 현대 민족들이 자국에서는 노예제를 은폐할 수 있었고 신세계에서는 그것을 공공연히 도입할 수 있었던 것일 뿐입니다. 노예제에 관한 이러한 성찰 끝에 이제 그 선량한 프루동 씨는 어떤 일을 시작하겠습니까? 그는 자유와 노예제의 진테제, 참된 중용, 달리 말하면 노예제와 자유의 평형을 찾으려 할 것입니다.

프루동 씨는 인간들이 모직물, 아마포, 견직물을 만들어 낸다는 것은 아주 잘 이해하였는데, 이러한 사소한 것을 이해했다는 것은 큰 공적입니다! 프루동 씨가 이해하지 못했던 것은 바로 인간이 자신들의 생산력들에 따라 **사회적 관계들** 또한 생산하며 이 사회적 관계들 속에서 모직물과 아마포를 생산한다는 것입니다. 프루동 씨가 더더욱 이해하지 못했던 것은 자신들의 물질적 생산성에 조응하여 사회적 관계들을 생산하는 바로 그 인간들이 또한 **이념들, 범주들**, 즉 바로 그러한 사회적 관계들의 추상적, 이념적 표현을 생산해 낸다는 것입니다. 그러므로 범주들은 그것들이 표현하는 관계들과 마찬가지로 영원한 것이 아닙니다. 그것들은 역사적이고 과도적인 산물입니다. 프루동 씨에게 있어서는 이와는 정반대로 추상들, 범주들이 제1의 원인입니다. 그의 견해에 의하면 역사를 만드는 것은 인간이 아니라 추상들, 범주들입니다. 인간들과 그들의 물질적 활동으로부터 분리된 **추상, 범주 그 자체**는 물론 불멸 불변 부동의 것입니다. 그것은 순수 이성의 본질 être 일 뿐이며, 이는 추상 그 자체는 추상적이라는 것을 말하는 데 지나지 않습니다 ―― 놀랄 만한 **동어 반복!**

그러므로 범주의 형태로 고찰되는 경제적 관계들은 프루동 씨에게는 기원도 진보도 없는 영원한 공식들입니다.

다른 식으로 말해 봅시다 : 프루동 씨는 **부르주아적 생활**이 그에게 있어서 **영원한 진리**라고 직접 주장하지는 않습니다 ; 그는 관념의 형태로 부르주아적 관계들을 표현하는 범주들을 신격화함으로써 간접적으로 이것을 말하고 있습니다. 부르주아 사회의 산물들이 그에게 범주 및 관념의 형태로 나타나자마자 그는 그것들을 저절로 생겨난, 고유의 생명을 부여받은 영원한 존재들로 여기게 됩니다. 이와 같이 그는 부르주아적 지평을 넘어서지 못하고 있습니다. 그는 부르주아적 관념들을 영원히 진리인 것으로 가정하면서 취급하기 때문에 이 관념들의 진테제, 이 관념들의 평형을 추구하나, 평형을 이루고 있는 현재의 양식이 있을 수 있는 유일한 양식이라는 것을 알지 못합니다.

사실 그는 모든 선량한 부르주아들이 행하고 있는 것을 하고 있습니다. 그들 모두가 경쟁, 독점 등등이 원리상으로는, 즉 추상적 관념들로서는 삶의 유일한 기초들이지만 실제로는 아직 개선할 점을 많이 가지고 있다고 말합니다. 그들 모두가 해로운 결과를 수반하지 않는 경쟁을 원합니다. 그들 모두가 불가능한 것, 즉 부르주아적 생활 조건들의 필연적 결과가 없는 부르주아적 생활 조건들을 원합니다. 그들 모두는 봉건적 형태가 그랬던 것과 꼭 마찬가지로 부르주아적 생산 형태 또한 역사적이며 과도적인 형태라는 것을 이해하지 못합니다. 이러한 오류는, 그들에게는 부르주아적 인간이 모든 사회의 있을 수 있는 유일한 기초라는 것, 인간이 부르주아이기를 그만둔 사회 상태를 그들이 상상할 수 없다는 것으로부터 나옵니다.

따라서 프루동 씨는 필연적으로 **공리 공론적**입니다. 오늘날의 세계를 전복하는 역사적 운동은 그에게서는 두 가지 부르주아적 관념들의 진정한 평형, 진테제를 발견하는 문제로 해소되어 버립니다. 이렇게 하여 이 재간꾼은 명민한 머리로 신의 감추어진 관념, 고립된 두 관념들의 통일을 발견해 냅니다 ; 이것들이 고립된 두 관념들인 까닭은, 단지 프루동 씨가 이 관념들을 실제의 생활로부터, 즉 이 관념들에 의해 표현되는 현실의 결합물인 현재의 생산으로부터 고립시켰다는 점에 있습니다. 이미 획득된 인간의 생산력들과 이 생산력들에 더 이상 조응하지 않는 그들의 사회적 관계들 사이의 충돌로부터 생기는 거대한 역사적 운동 대신에, 한 국민의 각이한 계급들 사이에서 그리고 여러 국민들 사이에서 준비되고 있는 가공할 만한 전쟁들 대신에, 이 충돌을 해결할 수 있는 유일한 힘인 대중의 실천적, 폭력적 행동 대신에, 이 광범위하고 지속적이고 복잡한 운동 대신에, 프루동 씨는 그의 두뇌의 배설 운동 le movement capricieux 을 제시합니다. 이리하여 역사를 만드는 것은 학자들, 신의 내면의 관념을 빼낼 줄 아는 사람들로 됩니다. 보잘것없는 인민은 그들의 계시를 실행하기만 하면 되는 것입니다.——이제 당신은 프루동 씨가 왜 모든 정치 운동을 공공연히 적대시하는가를 이해하실 것입니다. 현재의 문제의 해결은 그에게 있어서는 공적 publique 행동 속에 있는 것이 아니라 그의 머리 속에서 수행되는 변증법적 원환 운동 속에 있습니다. 그에게는 범주들이 원동력이기 때문에 범주들을 변화시키기 위해 실제의 생활을 변화시킬 필요는 없는 것입니다. 정반대로 범주들을 변화시켜야 하는 것이고 현실 사회의 변화는 그 결과가 될 것입니다.

모순들을 화해시키려는 열망에 들떠 있는 프루동 씨는 이 모순들의 기초 자체가 전복되어야 할 것이 아닌가라는 물음은 한 번도 떠올리지 않습니다. 그는 국왕, 하원, 상원을 사회 생활의 구성 부분들로서 영원한 범주들로서 보려고 하는 정치 공론가와 모든 점에서 유사합니다. 그는 다만 이 세력들의 평형을 이루어 내기 위해 새로운 공식을 추구할 따름인데, 그 평형은 이 세력들 중의 어느 하나가 때로는 승리자가 되고 때로는 다른 세력의 노예가 되는 현재의 운동에 있습니다. 예컨대 18세기에 범용한 두뇌의 무리가 사회적 신분들, 즉 귀족, 국왕, 의회 등등의 평형을 이루어 내기 위해 진정한 정식을 발견하려고 전력을 기울였습니다. 그러나 그 이튿날 왕도 의회도 귀족도 더 이상 존재하지 않게 되었습니다. 이러한 적대 관계들 사이의 진정한 평형은, 봉건적 조직들 및 봉건적 조직들의 적대 관계의 기초로서 기능하던 모든 사회 관계들을 전복하는 것이었습니다.

　　프루동 씨는 한편에는 영원한 이념들, 즉 순수 이성의 범주들을 놓고 다른 한편에는 인간들 및 프루동 씨에 따르자면 이 범주들의 적용인 인간들의 실제 생활을 놓고 있기 때문에, 당신은 그에게서 처음부터 생활과 이념들 사이의, 영혼과 육체 사이의 **이원론**을 —— 각종 형태로 반복되는 이원론을 —— 발견하게 됩니다. 이제 당신은, 이러한 적대 관계란 그 자신이 신격화한 범주들의 세속적 기원과 역사를 이해할 수 없는 프루동 씨의 무능력에 지나지 않음을 알게 되었을 것입니다.

　　프루동 씨가 공산주의에 대해 제기하는 가소로운 소송에 대해 더 말씀드리기에는 저의 편지가 이미 너무 길어졌습니다. 이제 당신은, 현재의 사회 질서를 이해하지 못한 사람은 그 상태의 전복을 목적으로 하는 운동 및 그 혁명 운동의 문필상의 표현을 더더욱 이해할 수 없다는 저의 말에 동의하실 것입니다.

　　제가 프루동 씨와 완전히 일치하고 있는 **단 한 가지**는 사회주의적 감상벽[69]에 대한 그의 혐오입니다. 프루동 씨보다 앞서 저는 맹목적, 감상적, 공상적 사회주의에 대해 야유를 보냄으로써 많은 반감들을 불러일으켰었습니다. 그러나 프루동 씨가 자신의 소부르주아적 감상 － 저는 가정 생활, 부부애 그리고 이 모든 평범한 것들에 대해 그가 중얼거린 말들을 가리키고 있습니다 － 을, 우리 선량한 프루동의 잘난체 하는 진부한 말보다 훨씬 더 심오한, 예를 들어 푸리에에게서 볼 수 있는 사회주의적 감상에 대립시키는 것은 기괴한 망상을 빚어 내는 것이 아니겠습니까? 프루동 씨 자신은 자기 논거들의 효력 없음을, 그리고 이러한 것들에 대해 말할 수 없는 자신의 완전한 무능함을 너무나 잘 알고 있으므로 자기도 모르게 격노와 비명과 **의분** irae hommis probi 속으로 빠지기도 하고 입에 거품을 물며 분노하기도 하고 욕설을 해대기도 하고 고발하기도 하고 비열한 놈, 사람 죽일 놈이라고 소리치기도 하고 가슴을 치며 신과 인간들 앞에서 자신은 사회주의적 파렴치와는 전혀 관계가 없는 사람이라고 허풍을 떨기도 하는 것입니다! 그는 사회주의적 감상들, 혹은 그가 그런 것으로 간주하는 것을 비판하지 않습니다. 그는 성자나 교황처럼 불쌍한 죄인들을 파문하고, 소부르주아지에 대한 찬양의 노래를, 가정에 대한 비참한 가부장제적 사랑의 환상들에 대한 찬양의 노래를 부릅니다. 그런데 이것은 결코 우연한 일이 아닙니다. 프루동 씨는 머리 끝에서 발끝까지 소부르주아지의 철학자, 경제학자입니다. **소부르주아는** 발전된 사회에서는 자기 자신의 지위로 말미암아 부득이하게 한편으로는 사회주의자가 되고 다른 한편으로는 경제학자가 됩니다. 즉 소부르주아는 대부르주아지의 화려함에 현혹되고 인민의 고통에 공감합니다. 소부르주아는 부르주아인 동시에 인민입니다. 그는 중용과는 구별된다고 자부하는 진정한 평형을 발견했다고, 편파적이지 않다고 내심 우쭐댑니다. 이와 같은 소부르주아는 **모순**을 신격화합니다. 왜냐하면 모순이 그의 존재의 핵심이기 때문입니다. 그 자신은 실행에 옮겨진 사회적 모순에 지나지 않습니다. 그는 실천 속에서의 자신의 존재를 이론을 통해 정당화해야 합니다. 그리하여 프루동 씨는 프랑스 소부르주아지의 과학적 해명자라는 공적을 세웠는데, 이는 진짜 하나의 공적입니다. 왜냐하면 소부르주아지는 준비 중에 있는 모든 사회 혁명들의 구성 부분이 될 것이기 때문입니다.

저는 당신에게 이 편지와 함께 정치 경제학에 관한 저의 책을 보내 드리고 싶었으나,[194] 아직 그 책도, 또 브뤼셀에서 제가 말씀드렸던 독일 철학자들 및 사회주의자들에 대한 비판도 인쇄할 수 없었습니다. 이러한 출판이 독일에서 어떠한 난관에 부딪히는가를 당신은 전혀 상상할 수 없을 것입니다. 한편으로는 경찰에 의해, 다른 한편으로는 제가 공격하는 모든 유파들의 이해를 대변하는 출판업자들에 의해. 그리고 우리 자신의 당에 관하여 말하자면 우리 당은 가난할 뿐만 아니라, 독일 공산주의 당의 강력한 그룹이 제가 그들의 공상과 미사여구에 반대한다는 이유로 저에게 악의를 품고 있습니다.

충실한 당신의
칼 맑스

추신 ——당신은 제가 왜 능숙한 독일어 대신에 서투른 불어로 편지를 쓰는가에 대해서 의문을 가지실 것입니다. 그 이유는 제가 프랑스 인 저자를 다루고 있기 때문입니다.

야만인들이 쓰는 것 같은 불어로 된 이 편지로 저의 말을 이해하셨는지 제가 알 수 있도록, 답장을 너무 오래 미루지 말아 주셨으면 대단히 감사하겠습니다.

출전 :『M. M. 스따슐례비치와 그 동시대인들과의 왕복 서한』, 제 3 권, 성 뻬쩨르부르그, 1912년

프랑스 어로부터 번역.

맑스·엥겔스 저작집, 제27권, 451-463면.

최병연　번역

3

엥겔스가
런던의 에밀 블랑크에게

[⋯]이곳의 당파들에 관해 말하자면, 작은 당파들(정통 왕조파[110]와 보나빠르트파, 이들은 단지 음모를 꾸밀 뿐이며 종파에 지나지 않으며 인민 속에서 어떠한 영향력도 가지고 있지 못하고 부분적으로 부유하기도 하나 승리의 희망은 전혀 가지고 있지 못하다네)을 제외하면 실제로는 세 개의 큰 당파들이 존재한다네. 이 세 개의 당파는 첫째로 2월 24일[87]의 패배자들, 즉 대부르주아들, 증권업자들, 은행가들, 공장주들 및 대상인들, 구보수주의자들과 자유주의자들이라네. 둘째로는 소부르주아들, 중간 신분, 2월 23일과 24일에 인민의 편에 섰던 국민군의 무리, '양식 있는 급진주의자들', 라마르띤느와 『나씨오날』의 일파라네. 셋째로는 현재 파리를 무장 권력으로 점령하고 있는 빠리의 노동자들이라네.

대부르주아들과 노동자들은 직접 대치하고 있네. 소부르주아들은 중개적인, 그러나 매우 초라한 역할을 하고 있네. 그렇지만 이 후자가 임시 정부에서 다수를 차지하고 있네(라마르띤느, 마라스뜨, 뒤뽕 드 뢰르, 마리, 가르니에 ─빠제, 그리고 때로는 크레미유도). 그들은, 그리고 그들과 함께 임시 정부는 대단히 동요하고 있다네. 모든 것이 잠잠하면 할수록 정부와 소부르주아당은 더욱더 대부르주아지쪽으로 기울고, 모든 것이 불안하면 할수록 그들은 다시금 노동자들의 편을 든다네. 그리하여 최근에, 즉 부르주아들이 다시 무섭게 뻔뻔스러워지고 더욱이 임시 정부의 명령에 대해, 특히 르드뤼 롤랭의 정력적인 방책들에 대해서 항의하기 위해서 8,000 명의 국민 방위군

을 시청으로 행진시켰을 때, 그들은 정부의 다수파와 특히 칠칠치 못한 라마
르띤느를 위협하는 데 실제로 성공하여, 라마르띤느는 르드뤼를 공식적으로
부인했다네. 그러나 바로 그 다음날인 3월 17일에는 20만의 노동자들이 시
청으로 행진하여 르드뤼 롤랭에 대한 그들의 무조건적인 신뢰를 표명하고
정부의 다수파와 라마르띤느에게 [어제의 결정을] 철회하도록 강요했다네.
그리하여 지금은 『레포름』일파(르드뤼 - 롤랭, 플로꽁, L. 블랑, 알베르, 아
라고)가 다시 우위를 점하고 있다네. 그들은 정부 전체 중에서 그래도 가장
노동자들을 옹호하고 있으며, 자각하지 못하고 있는 공산주의자들이네. 유감
스럽게도, 천박한 루이 블랑은 허영심과 터무니없는 계획들로 인하여 자신
을 아주 웃음거리로 만들고 있다네. 그렇지만 르드뤼 롤랭은 아주 잘 처신하
고 있지.

　　가장 큰 곤경이란 정부가 한편으로는 노동자들에게 약속들을 해야만 하
며 다른 한편으로는 그들에 대한 약속들을 아무것도 지킬 수 없다는 것인데,
왜냐하면 정부는 부르주아들에 대한 혁명적 방책들, 즉 강력한 누진세, 상속
세, 모든 해외 이주민 재산의 몰수, 화폐의 국외 유출 금지, 국립 은행 등등
을 통하여 약속 이행에 필요한 자금을 확보할 용기가 없기 때문이라네. 사람
들은 『레포름』일파로 하여금 약속하도록 하고, 그런 다음엔 그들이 가장
식상하고 보수적인 결의를 통하여 그들이 약속한 것을 지킬 수 없도록 만든
다네.

　　그런데 국민 의회에서는 더욱이 새로운 요소가 덧붙여지고 있다네 : 프
랑스 국민의 5/7를 이루고 있으며, 『나씨오날』, 즉 소부르주아들 당파의 편
에 서 있는 농민들. 이 당파가 승리하게 되는 것, 『레포름』일파가 몰락하게
되는 것, 그리고 나서 다시 혁명이 발발하는 것 등은 매우 있을 법한 일들이
라네. 대의원들이 언젠가는 빠리에서, 이곳의 사태들이 어떠한가를 들여다
보게 되는 것, 그리고 『레포름』일파들이 오랫동안 버틸 수 있다는 것도 가
능하긴 하네. 그러나 이것은 있을 법하지 않네.

　　14일 간의 선거의 연기도 역시 부르주아 당파에 대한 빠리 노동자들의
승리라네.

　　『나씨오날』일파, 마라스뜨와 그 일파는 평소에도 극히 좋지 않은 행동
을 하고 있다네. 그들은 방종하게 생활하고, 친구들과 함께 궁전과 좋은 지

위를 염려하고 있다네. 『레포름』파 사람들은 전혀 다르네. 나는 두어 번 늙은 플로꽁과 함께 있었는데, 그 사나이는 예전처럼 5층에 있는 열악한 주거에서 살고 있었으며, 오래 된 도기 파이프로 보통의 안연초를 피웠고, 또 침실 가운 한 벌을 새로 샀을 뿐이라네. 게다가 그는 생활 방식에 있어서 『레포름』의 편집장이었을 때와 완전히 똑같이 공화주의적이었으며, 마찬가지로 똑같이 친절하고 매력적이며 솔직했다네. 그는 내가 알고 있는 가장 용감한 사나이들 중에 하나라네.

최근에 나는 뛸르리 궁에 있는 주엥빌 공 Pr[inzen] 의 방에서, 브뤼셀에서는 망명자 réfugié 였다가 현재는 뛸르리의 사령관으로 있는 늙은 앵베르와 점심 식사를 함께 했었네. 루이 필립 Louis-Phil[ippes] 의 거실에는 지금 부상병들이 융단 위에 누워서 파이프 담배를 피우고 있다네. 알현실에서는 술 Soult 과 뷔조의 초상들이 떼어져서 갈기갈기 찢겨져 있고, 그루쉬의 초상은 칼날로 죽죽 그어져 있다네.

지금 막 마르세에즈가 울려 퍼지는 가운데 부상으로 죽은 한 노동자의 장례 행렬이 지나가고 있네. 최소한 10,000 명의 국민군과 무장한 인민이 그 노동자를 뒤따르고 있으며, 앙땡 거리의 젊은 멋장이들이 국민군 기마병으로서 행렬을 수행하도록 되어 있다네. 사람들이 한 노동자에게 그렇게 최후의 경의를 표한다는 데 대해 부르주아들은 격노하고 있다네.

자네의

F. E.

1848년 3월 28일, 빠리

수고에 의거함.

맑스·엥겔스 저작집,
제27권, 476-478면.

김태호 번역

후 주

1. 논문 「헤겔 법철학의 비판을 위하여. 서설」은 1844년 2월 『독불 연보』에 발표되었다. 이 노작 속에는 맑스의, 관념론에서 유물론으로의 이행과 혁명적 민주주의에서 공산주의로의 이행이 반영되어 있다. [이 노작 속에서] 맑스는 독일에서의 혁명의 가능성을 연구하고 근거지었으며 공공연히 프롤레타리아트를 지지하였다. 그는 헤겔 관념론에 대한 비판을 완성하였고 부르주아 사회에 대한 이론적 비판이 프롤레타리아트의 사회적 정치적 투쟁들과 결합되어야만 한다는 견해에 도달하였다. 맑스는 노동자 계급의 역사적 사명에 대한 인식에 이르렀으며 혁명적 이론과 혁명적 실천의 통일의 원리를 정식화하였다. 1

2. 맑스의 미완성 원고인 『헤겔 법철학의 비판을 위하여』를 말하고 있다(맑스·엥겔스 저작집, 제1권, 201-333면을 보라). 2

3. 역사학 및 법학에 있어서 반동적인 한 당파인 역사 법학파는 18세기 말 독일에서 성립하였다. 역사 법학파의 대표자 구스타프 후고와 프리드리히 칼 폰 사비니는 영원한 역사적 전통을 들어 귀족의 특권들과 봉건적 제도들의 존재를 정당화하고자 하였다. 3

4. 프리드리히 리스트의 보호 관세 선동에 대한 풍자. 6

5. 철학자 아나카르시스를 말한다. 6

6. 1835년 9월에 프랑스 정부는 국왕 루이—필립에 대한 7월 28일의 암살 기도를 구실로 삼아 일련의 반동적 법률들을 공포하였다. 이 법률들은 배심 재판소들의 활동을 제한하고 언론에 대하여 강력한 제재들을 가하는 것이었다.

11

604

7. 프로이센 국왕 프리드리히 빌헬름 4세를 말한다. 11 519

8. 이 기사에서 맑스는 '한 프로이센 인'이라는 필명으로 『전진』에 글을 썼던 아르놀트 루게의 소부르주아적인 견해에 맞서고 있다. 이 기사의 제1부는 1844년 8월 7일자 『전진』 제63호에 게재되었다. 본 발췌에서는 기사의 제2부가 중요한데, 이 제2부에서 맑스는 1844년 6월의 슐레지엔 직조공 봉기에 대한 평가로부터 출발하여, 이미 『독불 연보』에서 정식화된 바 있는 노동자 계급의 역사적 사명 및 프롤레타리아 혁명의 필연성에 대한 사상을 구체화하고 있다. 16

9. 1844년 6월 4일에서 6일에 걸쳐 슐레지엔의 마을들, 랑엔빌라우 Langenbielau (비엘라바 Bielawa)와 페테르스발다우 Peterswaldau (피에스찌세 Pieszyce)에서 잔혹한 착취 방법과 임금 삭감에 반대하는 직조공들의 봉기가 일어났다.

   같은 해 프라하와 뵈멘 Böhmen 의 다른 공업 중심지들에서 방직 노동자들이 공장들을 습격하고 기계들을 파괴하였다. 17 129 156

10. 맑스는 슐레지엔의 방직 공업 지역들에서 직조공의 봉기 전야에 널리 퍼졌던 노래 '형사 재판'을 가리키고 있다. 17

11. 본서 1-15면을 보라. 18

12. 1831년과 1834년 리용의 견직물 직조공들의 봉기들은 부르주아지에 맞선 노동자 계급 최초의 독자적인 정치적 봉기들이었다 ; 그것들은 현대 노동자 운동의 시작을 선도하는 것이었다. 20 168

13. 『경제학 철학 초고』에서 맑스는 유물론적 역사 파악을 완성하고 프롤레타리아트의 역사적 사명을 과학적으로 근거지우는 작업을 완성하는 데에 착수하였다. 그는 자본주의적 착취의 조건들 아래에서의 노동자 계급의 처지를 분석하였고, 사적 소유를 자본주의 사회의 역사적이고 물질적인 관계로서 연구하였으며, 동시에 최초로 소외된 노동이라는 범주를 전개하였다. 본 선집판을 위해 발췌된 초고 부분에서 맑스는 사적 소유와 소외된 노동의 합법칙적 연관을 증명하였고, 소외된 노동을 자본주의의 규정적인 사회적 관계로서, 즉 자본주의 사회의 다른 모든 관계들과 현상들이 그것으로부터 파생되는 관계로서 근거지었다. 25

14. 맑스는 아담 스미스의 주저 『국민들의 부의 본성과 원인들에 관한 연구』 런던, 1776년을 가리키고 있다. 이 면과 그 이하의 면들에서 맑스는 1802년에 『Recherches sur la nature et les causes de la richesse des nations』라는 제목으로 빠리에서 출판된 프랑스 어 번역을 이용하였다. 27

15. 맑스는 아담 스미스의 저서 『국민들의 부의 본성과 원인들에 관한 연구』, 제
    I권, 제IO장, 제I부에서의 다음과 같은 고찰을 말하고 있다 : "절대적으로 공
    정하게 진행되는 복권 추첨에서 당첨 복권을 뽑은 사람들은 공수표를 뽑은
    나머지 사람들이 잃은 것을 모두 차지하지 않을 수 없다. 성공한 한 사람 때
    문에 스무 명의 사람들이 몰락하게 된 직업이 있다면, 그 한 사람이 성공하
    지 못한 스무 명이 차지하지 못한 모든 것을 차지하지 않을 수 없다." 57

16. 자유 무역론자들의 단체인 반곡물법 동맹은 I838년 공장주 리챠드 콥든과 존
    브라이트에 의해 맨체스터에서 창립되었다. 곡물 수입의 제한 또는 금지를
    목표로 한 곡물법 Corn Laws(Getreidegesetze)은 I8I5년에 영국의 대토지
    소유자들의 이익을 위해 공포되었다. 이 곡물법은 I846년에 폐지되었다 ; 그
    러나 동맹은 I849년까지 계속 존속하였다. 63 I50 I73 232 29I 344 435

17. 여기서 미완성으로 남아 있는 제I노트의 초고는 끊겨져 있다. 85

18. 노작 『신성 가족 혹은 비판적 비판에 대한 비판. 브루노 바우어와 그 일파에
    반대하여』는 칼 맑스와 프리드리히 엥겔스의 최초의 공동 저작이다. 그들은
    변증법적 유물론과 사적 유물론의 기초들을 이 저작에서 전개하기 시작하였
    으며 그 외에 청년 헤겔주의의 천박한, 주관적 관념론적이고 비민주주의적인
    견해들과 맞섰다. 동시에 그들은 더 나아가 헤겔 철학에 대한 비판을 더욱
    진전시켰으며 그로써 무엇보다도 헤겔 철학의 인식론적 뿌리와 사변적 성격
    을 폭로하였다. 맑스와 엥겔스는 역사에서의 인민 대중의 창조적인 역할을
    증명하였으며, 물질적 생활의 생산 양식이 개개의 모든 역사의 기초라는 견
    해에 접근하였다. 그들은 노동자 계급의 역사적 사명에 관한 교의의 가장 중
    요한 요강을 완성하였다. 그들은 프랑스 및 영국 유물론의 역사에 의거하여,
    유물론에는 공산주의로의 경향이 내재하며 유물론이 공산주의의 논리적 토대
    라는 점을 피력하였다. 본 선집판을 위해 발췌된 부분들 ——제4장 '비판적
    평주 제I번', '비판적 평주 제2번', '특징을 보여 주는 번역 제2번' 등의 절들
    과 제6장 '프랑스 혁명에 맞서는 비판적 전투', '프랑스 유물론에 맞서는 비
    판적 전투' 등의 절들 ——은 이러한 인식에 대한 중요한 언명을 전하고 있다.
    93

19. 중농주의자들은 I8세기 후반 프랑스에서 성립된 부르주아 정치 경제학파의
    대표자들이었다. 중상주의자들과는 달리 중농주의자들은 잉여 가치를 유통으
    로부터 추론하지 않고 생산으로부터 추론하였으며 이로써 경제적 합법칙성의
    인식에 기여하였다. 그들의 견해에 따르면 잉여 가치는 농업에서만 발생하는
    것인 까닭에 그들은 토지 소유의 단독적인 과세를 제안하였고 국가의 경제

관여에 반대하였으며 자유 경쟁을 지향하였다. 97

20. 중상주의 ——16세기와 17세기의 부르주아 경제학 이론 ——는 잉여 가치가 상업으로부터 발원하며 초과 수출의 해외 무역만이 한 나라의 부를 증대시킨다는 학설을 폈다. 97

21. 이 부분과 그 이하의 부분들은 『종합 문예 신문』, 제5호, 1844년 4월에 익명으로 발표된 에드가 바우어의 논문 「프루동」에서 인용한 것이다. 그 논문은 프루동의 저술 『소유란 무엇인가? 혹은 법 및 정부의 원리에 관한 연구』, 빠리, 1840년을 다루고 있다. 100

22. 이 부분과 그 이하의 부분들은 『종합 문예 신문』, 제8호, 1844년 7월에 익명으로 발표된 브루노 바우어의 논문 「이제 비판의 대상은 무엇인가?」에서 인용한 것이다. 107

23. 사회 써클 Cercle social은 빠리에서 민주주의적 지식인들의 대표자들에 의해 창립되어 평민·소부르주아층의 이익을 위한 급진적인 사회적, 정치적 요구들을 대변하였다. 108

24. 1830년 7월 27일에서 29일에 걸친 프랑스 혁명에서 빠리의 노동자, 소부르주아, 대학생들은 샤를르 10세하의 부르봉 왕가 지배를 전복하였다. 그러나 금융 부르주아지는 이 혁명의 혼란 상태를 자신들이 권력을 장악하는 데 이용하였으며 오를레앙 공 루이-필립을 소위 시민 왕으로 추대하였다. 7월 혁명은 만국의 진보적인 여론에 강한 반향을 불러일으켰고 벨기에, 독일, 폴란드 및 이탈리아에서의 혁명적 민족적 봉기들에 동인을 제공하였다. 108 148 421 434

25. 프랑스에서의 부르주아 반혁명의 과정은 브뤼메르 월 18일(1799년 11월 9일)의 쿠데타와 더불어 종료되었다. 이 날 나뽈레옹 보나빠르트는 집정 내각(후주 26을 보라)을 전복하고 제1집정이라는 이름 아래 독재자가 되었다. 112

26. 집정 내각은 혁명적 쟈코뱅 독재의 전복 이후 채택된 헌법에 기초하여 1795년에 세워졌으며 보나빠르트의 쿠데타(후주 25를 보라)가 있기 전까지 프랑스에서 최고 정부 기관으로 존재하였다. 112

27. 17·18세기 프랑스에서, 네델란드 인 비숍 얀센(1585-1638)이 확립한 가톨릭 개혁 운동의 추종자들을 얀센 파라고 불렀다. 116

28. 프리드리히 엥겔스는 그의 저작 『잉글랜드 노동 계급의 처지』를 거의 2년에 걸친 영국에서의 체류 이후에 저술하였다. 그는 영국의 산업 혁명, 생산 수단에 대한 사적 소유의 집중, 공업 대부르주아지와 공업 프롤레타리아트의 발생 및 발전을 분석하고 있다. 이로써 엥겔스는 생산력들의 발전의 규정적인

역할, 그에 의존하는 사회적 관계들의 변화들, 그로부터 결과된 부르주아지와 프롤레타리아트 사이의 계급 투쟁들 및 프롤레타리아 혁명의 필연성을 논증하고 있다. 엥겔스는 영국 노동자 운동의 경험들을 일반화하고 노동자 계급이 조직된다는 것의 의의와 파업 투쟁들의 의의를 강조하였다. 그러나 엥겔스는 동시에 차티스트들에 의해 선전된 목표들이 충분하지 못하다는 것을 지적하면서 사회주의의 노동자 운동과의 결합을 요구하였다.

본서의 출판을 위해 우리는 다음 부분들을 발췌하였다 ;「서문」,「서설」,「공업 프롤레타리아트」및「노동자 운동들」. 125

29. 차티즘은 혁명적이긴 하나 사회주의적이지는 않았던, 영국 노동자들의 운동으로서 1836년에서 1848년까지의 기간에 그 정점에 도달하여 거의 4만 명의 회원들을 보유하고 있었다. 차티스트들은 인민 헌장 Volkscharte 의 실현을 위해 투쟁하였던바, 그들의 요구들은 영국의 국가 질서의 민주주의화를 목표하였다. 15세기 후반의 경제 호황 및 점차 강력해진 노동 조합 운동과 더불어 차티즘은 점차적으로 지반을 잃게 되었다(또한 본서 176_180면을 보라). 129 168 294 338 341 344 431 511

30. 제임스 하그리브스에 의해 발명된 방적기는 그의 딸 이름을 따서 '제니'라 불리어졌다. 136 204

31. 개혁 법안(선거 개혁에 대한 법률)은 1831년 하원에 의해 채택되어 1832년 6월에 국왕에 의해 확정되었다. 그 개혁은 지방 귀족 및 금융 귀족의 정치적 독점에 반대하였으며 공업 부르주아지의 대변자들이 의회로 입장하는 길을 열어 놓았다. [이 법안에서] 프롤레타리아트와 소부르주아층은 선거권을 전혀 가지지 못했다. 149 156 421 434

32. 구전에 의하면 로마의 귀족 메네니우스 아그립빠는 기원전 494년 반란을 일으킨 평민들을 설득으로 굴복시키는 데 성공하였다. 그는 그 평민들에게, 영양의 섭취자로서의 위에게 봉사하기를 거절하여 그 스스로 큰 해를 입은 인간 신체의 팔 다리에 대한 우화를 들려 주었다. 165

33. 10시간 법안(10시간 노동일에 대한 법률)은 아동과 여성 노동자에게만 유효한 것으로, 1847년 6월 8일 영국 의회에 의해 채택되었다. 173 348 409

34. 스파이 폭동 spy outbreak 이란 영국의 여러 도시들에서 교사자에 의해 야기된 차티스트들과 경찰 사이의 충돌을 말한다. 173

35. 로버트 오웬은 자신의 공산주의적 모범 사회를 홈 콜로니(Home Colonies)라고 불렀다. 179

36. 기술 수련소들(야학)에서 노동자들은 몇몇 일반 교양 과목과 기술 과목의 수

업을 받았다. 182

37. 「포이에르바하에 관한 테제들」은 'I. 포이에르바하에 대하여'라는 표제 아래 1844-1847년의 맑스의 비망록에 들어 있다. 이 메모는 1888년에 엥겔스에 의해 처음으로 출판되었고, 게다가 엥겔스의 저서 『루드비히 포이에르바하와 독일 고전 철학의 종말』의 교정 단행본의 부록으로 출판되었다(본 선집[독일어판], 제6권, 259-314면을 보라). 185

38. 맑스와 엥겔스는 『독일 이데올로기』를 1845년 가을부터 1846년 5월경까지 공동 집필하였다. 이 두 권으로 된 저서에서 그들은 자신들의 유물론적 역사 파악을 설명하였고 포이에르바하, 바우어, 슈티르너 및 '진정한' 사회주의자들의 관념론적 역사 철학과 대결하였다. 출판은 그 당시 검열 상황에 부딪혀 좌절된 것이기도 하지만, 또한 맑스와 엥겔스에 의해 비판된 철학적 경향들과 그 경향들의 대표자들에 대한 출판업자들의 호의 때문에 좌절된 것이기도 하다. 『독일 이데올로기』는 1932년에 모스크바의 맑스—엥겔스—레닌—연구소에 의해 처음으로 출간되었다.

본판에는 제I권의 제I장이 실려 있다. 미완성으로 남아 있음에도 불구하고 이 부분은 『독일 이데올로기』의 가장 중요한 부분이다. 이 부분은 유물론적 역사 파악의 비교적 완결된 서술을 담고 있다. 가장 중요한 새로운 인식들은 생산 관계들이라는 범주의 발견, 생산력들과 생산 관계들간의 합법칙적 연관의 증명, 사회 구성체 범주를 다듬기 시작한 것 등이다. 맑스와 엥겔스는 최초로 노동자 계급의 정치적 지배권 장악의 필연성을 밝혔고 과학적으로 정초된 공산주의 사회에 대한 사상을 전개하였다. 노동자 계급의 역사적 사명에 관한 그들의 학설은 이로써 질적으로 새로운 입증을 하게 되었다. 맑스와 엥겔스는 사회적 의식이 사회적 존재에 의존함을 증명하였고 혁명적 의식의 필연성 및 유효성을 입증하였다. 그들은 처음으로 관념론 철학의 사회 경제적 뿌리들을 폭로하였다. 191

39. 디아도코스들이란 알렉산더 대왕이 죽은 뒤, 권력을 둘러싸고 서로간에 치열하게 투쟁한 알렉산더 대왕의 군사령관들을 이르는 말이다. 견고하지 못한 군사적·행정적 통일체였던 알렉산더 제국은 이 투쟁의 와중에 일련의 개별 국가들로 분열되었다. 193

40. 1840년대의 역사학은 부족 Stamm 의 의미를, 하나의 동일한 선조를 가진 인간의 공동체로서 이해하고 있었다. 루이스 헨리 모건은 그의 저서 『고대 사회, 혹은 미개로부터 야만을 거쳐 문명에 이르는 인류 진보 경향의 연구』, 런던, 1877년에서 부족 Stamm 과 씨족 Gens 의 개념을 엄밀하게 규정하였다.

엥겔스는 그의 저서 『가족, 사적 소유 및 국가의 기원』,(본 선집[독일어판], 제6권, 15-197면을 보라)에서 모건의 연구의 결론들을 서술하고 그 결론들을 유물론적 역사 파악의 기초 위에서 일반화하였으며, 모건의 발견들과 더불어 태고사 전체에 대한 새로운 기초가 밝혀졌음을 증명하였다. 198

41. 리키니우스 농지법은 기원전 367년 로마의 호민관 리키니우스와 젝스티우스에 의하여 실시되었다. 이 법은 개인적인 이용을 위한 공유지의 점유의 일정한 제한 및 채무자들을 위한 일련의 방책들을 규정한 것이었다. 199

42. 여기에는 수고의 다섯 면이 빠져 있다. 204

43. 괴테의 『파우스트』, 제1부 '천상에서의 서곡'을 변형시켜 인용하였다. 206

44. 브루노 바우어, 「루드비히 포이에르바하의 특성 서술」, 수록 :『비간트의 계간지』, 1845년, 제3권. 206 208 223

45. 브루노 바우어, 『18세기의 정치, 문화 및 계몽의 역사』, 1-2권, 샤를로텐부르크, 1843-1845년. 224

46. 루드비히 포이에르바하,『「유일자와 그의 소유」와 관련하여 「기독교의 본질」에 관하여』, 수록 :『비간트의 계간지』, 1845년, 제2권. 224

47. 여기에는 수고의 네 면이 빠져 있다. 230

48. 노동 대상을 자연에서 발견하는 원료 생산 공업을 말한다. 231

49. 1651년 크롬웰 치하의 영국 의회는 모든 수입 상품은 오직 영국 선박으로만 수송되어질 수 있다는 항해 조례(항해법)를 공포하였다. 그 밖에 항해 조례는 영국 식민지들 상호간의 무역을 금지하였고 영국 식민제국 안에서의 상품 수송을 영국 선박에 독점시켰다. 이 조례는 여러 번에 걸쳐 보완되었고, 1820년대에는 현저하게 국한되었으며, 1849년에서 1854년까지는 그럭저럭 유지되다가 1854년에 와서 폐지되었다. 239

50. 차등 관세는 그 생산국에 따라 동일한 종류의 상품에 상이하게 과세되었다 ; 이는 자기 나라의 항해, 공업 및 무역을 비호하는 데 기여하였다. 239

51. 존 에이킨, 『맨체스터 주변 30-40 마일 안의 지방에 대한 묘사』, 런던, 1795년, 181-188면. 240

52. 이삭 핀토, 「무역의 질투 嫉妬에 관한 편지」, 수록 :『유통과 신용의 성질』, 암스테르담, 1771년, 234면과 238면. 240

53. 아담 스미스, 『국민들의 부의 본성 및 원인들에 관한 연구』, 런던, 1776년. 240

54. 장-자끄 루쏘, 『사회 계약에 대하여 ; 혹은 정치적 권리의 원리들』, 암스테르담, 1762년. 250

55. 막스 슈티르너, 『유일자와 그의 소유』, 라이프찌히, 1845년, 443면을 보라. 251

56. 『철학의 빈곤』은 맑스주의의 가장 중요한 이론적 저작들에 속한다. 맑스는 이 저작에서 노동자 운동과 과학적 사회주의의 융합에 중대한 저해가 되었던 프루동의 공상적 사회주의적, 소부르주아적 반동적 견해를 비판하고 있다. 맑스는 [이 저작에서] 노동자 계급의 역사적 사명의 과학적 근거를 심화시켰고 자본주의적 생산 관계들의 역사적 성격의 분석으로부터 노동자 계급의 정치 투쟁의 필연성과 부르주아지의 정치적 지배의 타도 및 경제적인 계급 투쟁과 정치적인 계급 투쟁의 통일을 증명하였다. 무엇보다도 맑스는 자본주의적 생산 관계들로부터 주어지는 본질적인 경제적 범주들의 연구를 통하여 그의 경제 이론과 유물론적 역사 파악을 더욱더 발전시켰다. 헤겔 변증법을 궤변적으로 왜곡한 프루동과의 논쟁에서 맑스는 유물론적 변증법의 본질적인 징표들을 특징지었다.

   『철학의 빈곤』은 1847년 7월초에 브뤼셀과 빠리에서 프랑스 어로 출판되었다. 1885년에 최초의 독일어판이 출판되었다. 번역은 서문(맑스 · 엥겔스 저작집, 제21권, 175-187면을 보라)과 독일어판에 붙이는 일련의 주를 작성한 엥겔스에 의하여 교정되었다. 번역의 교정을 위하여 엥겔스는 초판의 견본에서 맑스가 가한 수정을 이용하였다. 책은 두 장으로 나뉘어져 있으며 우리는 제2장에서 「1. 방법」과 「5. 파업과 노동자들의 단결」을 내놓았다. 265

57. 1776년 출판된, 프랑스와 께네의 동시대인인 니꼴라 보도의 『경제표 해설』에 대한 암시. 268

58. "불사의 사" mors immortalis(der unsterbliche Tod) 라는 말은 루크레티우스의 교훈시 「만물의 본성에 관하여」에서 유래한다. 273

59. 1735년에서 1825년에 걸쳐 영국에서는 자본주의의 발전에 지대한 의미를 지니는 방적의 기계화를 위한 많은 중요한 발명들이 있었다. 1735년 : 존 와트의 방적기 ; 1764년 : 1769년-1771년에 리차드 아크라이트에 의하여 개량된 제임스 하그리브스의 제니 방적기(후주 30을 보라) ; 1779년 : 사무엘 크롬튼의 수동 뮬 혹은 뮬 기계 ; 1825년 : 리차드 로버트의 자동 방적기인 자동 뮬 혹은 자동기(Selbsttätige). (또한 본서 138/139면을 보라.) 290 354

60. 그 당시 프랑스에서 시행된 법률들 ——프랑스 대혁명기에 헌법 제정 의회에 의해 채택된 1791년의 이른바 르 샤페르 법과 나뽈레옹 제국에서 1810년에 완성된 형법전(Code pénal) (후주 158을 보라)——에 따라 노동자들의 동맹 및 파업 조직이 금지되었다. 293

61. 1845년 영국에서 창설된 노동 조합 조직인 전국 노동 조합 연합은 1860년 초
까지 존속했다. 294

62. 엥겔스는 페르디난트 라쌀레를, 특히 1862년 4월 12일 베를린 수공업자 협회
에서 있었던 강연 '노동자 신분의 이념과 현 역사 시기의 특수한 연관에 대
하여'를 염두에 두고 말하고 있다. 296

63. 게오르그 잔트의 역사 소설 『쟝 지스까』, 브뤼셀, 1843년의 서설로부터. 296

64. 『브뤼셀 독일어 신문』의 「논쟁」란에 실린 다음의 두 편의 기사들에서 엥겔스
는 1847년 9월 26일 동지 77호에 공산주의자들에 맞선 논전을 선포했던 소
부르주아적 민주주의자 칼 하인쩬과 논쟁을 벌였다. 엥겔스에 의하여 인용된
부분들은 하인쩬의 이 기사에서 취한 것들이다. 298

65. 칼 하인쩬의 저술 『프로이센의 관료제』, 다름슈타트, 1845년과 야콥 베네디
의 저술 『프로이센과 프로이센 정신』, 만하임, 1839년을 말한다. 299

66. 1845/1846년의 칼 하인쩬의 전단들과 소책자들은 그의 『독일 혁명. 격문집』,
베른, 1847년에 실려 있다. 301

67. 엥겔스는 중세의 몇몇 중요한 농민 봉기들을 들고 있다 : 영국에서 있었던 와
트 타일러가 이끈 봉기(1381년)와 잭 케이드가 이끈 봉기(1450년), 프랑스의
농민 봉기(1358년)와 독일 농민 전쟁(1524/1525년). 그 이후 엥겔스는 특히
1848/49년 혁명기에 봉건주의에 맞선 농민 봉기들의 역사를 연구하고 그 봉
기들의 진보적, 혁명적 성격을 인정하였다. 302

68. 율리우스 프뢰벨, 『사회적 정치의 체계』, 제2판, 제1-2부, 만하임, 1847년.
『새로운 정치』라는 제목으로 발간된 초판은 1846년 '유니우스'라는 필명으로
발간되었다. 306

69. 1844년 이래 독일에서 선전되었던 '진정한' 사회주의는 독일 소부르주아 계
급의 반동적 이데올로기의 한 표현이었다. '진정한' 사회주의자들은 민주주의
를 위한 정치적 활동과 투쟁을 기피하였다. 그들의 사이비 사회주의 이념들
은 한편으로 '사랑의 몽상'과 추상적인 '인간주의'로, 다른 한편으로는 속물
근성과 정치적 비겁으로 치장되어 있었던바, 봉건제에 맞선 투쟁에서 민주주
의적 세력들의 단결과 독자적인 혁명적 프롤레타리아 운동의 창출이 [사회주
의자들의] 주요 임무였던 1840년대 독일에 있어서 이들은 특히 유해한 자들
이었다. 309 579 597

70. 1776년 바이에른에서 프리메이슨과 유사한 비밀 결사가 만들어진바, 그 결사
의 성원들 —— 친반대파적인 시민적 내지 귀족적 분자들 —— 은 계명 결사라
고 스스로를 칭하였다. 1784년까지 존속된 이 결사는 또한 어떠한 민주주의

운동에도 반대하였다. 312

71. 하인리히 하이네, 『아타 트롤』, 제24장. 316

72. 이 소책자의 저자는 슈테판 보른이었다. 316

73. 엥겔스의 『공산주의의 원칙들』은 공산주의자 동맹의 최초의 과학적 강령 초안이자 『공산주의당 선언』(본서 399-433면을 보라)을 위한 하나의 중요한 전단계이다. 공산주의자 동맹의 런던 중앙 위원회는 1847년 8월 말 이러한 문서에 따라야 할 필요 조건에 부합하는 것은 못 되는, 입장 표명을 위한 강령 초안을 대륙에 있는 모든 동맹 지부에 띄웠다. 빠리 동맹 지부에서의 강령에 대한 논의에서 엥겔스의 강령 초안이 채택되었다.

　　공산주의자 동맹은 독일 및 국제 노동자 계급의 최초의 혁명적 정당이었다. 맑스와 엥겔스는 동맹의 설립과 지도에 결정적으로 관여하였다. 공산주의자 동맹은 의인 동맹(후주 190을 보라) 및 맑스와 엥겔스에 의해 지도된 브뤼셀 공산주의자 연락 위원회(후주 186을 보라)로부터 유래하였다. 동맹의 창립은 1847년 6월 초 런던 제1차 대회에서 착수되어 제2차 대회――1847년 11월 말/12월 초 런던――에서 완결지어졌다. 1848/1849년 혁명기에 동맹의 회원들은 독일 프롤레타리아트의 정치적 대중 운동이 형성되기 시작하는 데 큰 역할을 담당하였다. 1849년 말/1850년 초에 동맹은 재조직되었다 ; 1850년 9월 빌리히, 샤퍼 등의 소부르주아 분파와의 논쟁 이후 비합법적 중앙 위원회는 쾰른으로 이전하였다. 1851년 봄 독일에서의 동맹의 활동의 새로운 부흥은 1851년 5월 개시된 체포의 물결로 인해 중단되었다. 공산주의자 동맹의 활동은 1852년 말 쾰른 공산주의자 소송과 함께 사실상 끝이 났다. 319 369 375

74. 본서 536-544면을 참조하라. 321 351 407

75. 엥겔스의 초고에는 누락된 대답에 해당하는 반 페이지가 떨어져 나가 있다. 아마도 엥겔스는 공산주의자 동맹 제1차 대회(후주 73을 보라)에 의해 1847년 6월 9일 채택된 「공산주의자 신조 표명 초안」에서 대답을 인용할 생각이었을 것이다(거기에는 문 12로 되어 있다).

12. 프롤레타리아트는 어떤 점에서 수공업자와 구별되는가?

――프롤레타리아와 구별되는 소위 수공업자는 전세기에는 거의 도처에 존재하였었고, 지금도 이곳 저곳에 존재하고 있는바, 기껏해야 잠시 동안만 프롤레타리아이다. 그의 목표는 스스로 자본을 취득하여 그렇게 함으로써 다른 노동자들을 착취하는 것이다. 그는 쭌프트들이 아직 존재하고 있던 때, 영업의 자유가 아직 공장제 수공업 경영으로, 격렬한 경쟁으로 나아가지 않았던

때에는 종종 이 목표에 도달할 수 있었다. 그러나 공장 제도가 수공업에 도입되자마자 그리고 경쟁이 활성화되자마자, 이러한 전망은 사라지며 수공업자는 점점 더 프롤레타리아로 된다. 그리하여 수공업자는, 부르주아가 되거나 혹은 대개는 중간 신분으로 이행함으로써, **그렇지 않으면** 경쟁으로 인해 프롤레타리아로 되어 (이러한 일은 이제 빈번히 발생하고 있다) 프롤레타리아트의 운동, 즉 많든 적든 의식적인 공산주의 운동에 합류함으로써 자신을 해방시킨다. 325

76. 문 22와 23의 "그대로"라는 엥겔스의 언급은 「공산주의자 신조 표명 초안」 과 십중팔구 연관이 있다(거기에는 문 21과 22로 되어 있다).

21. **공산주의에서 국적** Nationalität**은 존속하게 될 것인가?**

—— 국적의 기초인 사적 소유가 지양됨으로써 다양한 신분 차별과 계급 차별이 제거되는 것과 마찬가지로, 공동체의 원리에 입각해서 결합한 민족들의 국적은 이러한 연합체에 의해서 융합되지 않을 수 없고 이로써 지양되지 않을 수 없다.

22. **공산주의자들은 현존하는 종교들을 배척하는가?**

—— 지금까지의 모든 종교들은 개개 인민들 혹은 인민 대중의 역사 발전 단계들의 표현이었다. 그러나 공산주의는 모든 기존 종교들을 불필요한 것으로 만들고 지양하는 그러한 역사 발전 단계이다. 337

77. 전국 농업 개혁론자들은 1845년 아메리카에서 창립된 전국 개혁 협회의 성원들로서 그 핵심은 아메리카의 수공업자와 노동자들의 조직이었던 젊은 아메리카 das Junge Amerika 였다. 그들은 무엇보다도, 국유지로부터의 160 에이커(약 65 헥커) 분배를 목적으로 하는 토지 개혁의 실시를 요구하였다. 10시간 노동일의 실시 및 노예제와 상비군의 폐지가 이후 계획에서 주안점이 놓여진 것들이다. 이민 간 많은 독일 수공업자들이 이 운동에 참가하였다. 339 431

78. 1830년 11월에 폴란드에서 짜르의 외국 지배에 대항하는 봉기가 시작되었다. 봉기의 지도는 주로 폴란드 귀족의 수중에 놓여 있었는데, 이들은 농노제를 유지하려 하였고 단지 자신의 권리들을 짜르에 대항하여 주장하려 했을 뿐이었다. 그러므로 귀족은 농민들을 획득할 수 없었다 ; 봉기는 진압되었다. 340

79. 민주주의 협회(Association démocratique)는 주로 독일 망명자 집단으로 이루어진 프롤레타리아 혁명가들과 진보적 소부르주아적 민주주의자들을 그 대열 안에 규합하고 있었다. 맑스와 엥겔스는 민주주의 협회의 설립에 적극적으로 참여하였다. 1847년 11월 15일 맑스가 민주주의 협회의 부의장으로 선출되는

614

한편으로 벨기에의 민주주의자 뤼씨엥 조트랑이 의장으로 임명되었다. 2월
혁명(후주 87을 보라) 시기에 민주주의 협회의 프롤레타리아 파는 벨기에 노
동자들의 무장을 위해 진력하였고 민주주의 공화국을 위한 투쟁을 지지하였
다. 1848년 3월초 브뤼셀에서 맑스가 추방된 이후 민주주의 협회는 제한적이
고 순전히 지엽적인 활동만을 수행하다가 1849년에 가서 활동을 중지하였다.
344

'80. 데이비드 리카도, 『정치 경제학과 과세의 원리』, 제2판, 빠리, 1835년,
      178/179면. 349

81. 1847년 9월 16일에서 18일에 걸쳐 브뤼셀에서 개최된 국제 경제학자 회의(자
     유 무역 회의)를 말한다. 이 회의는 영국의 반곡물법 동맹(후주 16을 보라)에
     의해 시작된 여러 나라들 사이의, 그리고 유럽 대륙에 대한 경제적인 제한을
     철폐하기 위한 운동을 어떻게 진전시키고 완성시킬 수 있을 것인가에 대하여
     논의하기로 되어 있었다. 이 회의에는 칼 맑스와 게오르그 베에르트도 참석
     하였다. 350

82. 여기에는 명백히 인쇄의 잘못이 있다 ; 아마도 1848년이 아니라 1548년이고
     1,100명의 노동자가 아니라 1,400명의 노동자여야 할 것이다. 352

83. 존 보우링은 1835년 7월 28일에 영국 하원에서 연설하였다. 354

84. 앤드류 우어, 『공장 철학 또는 공장 경제』, 제1권, 브뤼셀, 1836년. 355

85. 「공산주의자 동맹 규약」은 1847년 12월 8일 공산주의자 동맹 제2차 대회(후
     주 73을 보라)에서 채택되었다. 맑스와 엥겔스는 이미 공산주의자 동맹의 제
     1차 대회 석상에서 그리고 대회 후에도 규약 초안의 토론에 폭넓은 영향을
     끼쳤었다. 엥겔스는 제2차 대회의 서기로서 규약의 최종적 정식화에 결정적
     으로 기여하였다. 이 규약과 더불어 최초로, 맑스와 엥겔스에 의해 주장되던
     민주주의적 집중제의 원리가 프롤레타리아 당의 조직적 기초가 되었다. 이
     규약의 원본의 행방은 알려져 있지 않다. 360

86. 『공산주의당 선언』은 국제 노동자 운동의 최초의 과학적 강령이다.
          공산주의자 동맹(후주 73을 보라)의 강령으로서 작성된 『공산주의당 선
     언』은 처음에 1848년 2월 런던에서 23 면의 판으로 발행되었다. 1848년 3월
     에서 7월에 걸쳐 독일 망명자들의 민주주의적 기관지였던 『런던 독일어 신
     문』에 전재되었다. 더욱이 같은 해 런던에서 초판의 몇몇 인쇄의 오류가 제
     거되고 구두법이 더 나아진 30 면짜리 소책자로 『선언』의 중쇄본이 나왔다.
     맑스와 엥겔스는 이 판을 이후의 저자 인정 판으로 삼았다. 367

87. 2월 혁명(1848년 2월 22일에서 25일까지)에서 빠리의 노동자들, 수공업자들

및 대학생들은 루이—필립의 부르주아적 입헌 군주제를 타도하고 프랑스 공화정의 선포를 강제하였다. 369 375 388 463 486 545 600

88.   1848년 6월 23일에서 26일에 걸친 빠리 프롤레타리아트의 봉기인 6월 폭동 Juni-Insurrektion 은 부르주아지와 프롤레타리아트간의 최초의 대 大 대결이었다. 빠리의 프롤레타리아트는 소부르주아 및 농민 동맹자들로부터 고립되고 결집되지 못한 채 유혈적으로 진압당하였다. 이 폭동은 유럽 전체에서 혁명의 전환점이 되었다. [이 폭동과 더불어] 반혁명의 대오 정렬이 종결적으로 이루어졌으며 반혁명은 반격에 착수하였다(또한 본서 463-467면을 보라). 369 375 388 463 482 509 545 574

89.   빠리 꼬뮌(1871년 3월 18일에서 5월28일)은 노동자 계급의 정치적 지배를 수립하려는 프롤레타리아트 최초의 시도였다. 빠리 꼬뮌은 낡은 국가 기구의 분쇄, 모든 국가 공무원의 피선거권 및 파면권, 입법부 및 행정부의 분리 및 보통 인민 무장에 의한 기존 군대의 대체 등과 같은 매우 중요한 정치적 조처들을 취하였다. 투쟁에 대한 명백한 정치적 구상이 없고 지도적인 혁명당이 없었으므로 빠리 꼬뮌은 반혁명의 압도적으로 우세한 힘에 부딪혀 좌초하였다. 370 381

90.   본 선집 제4권, 71면을 보라. 370 381

91.   이 서문은 『선언』의 1882년 러시아 어 제2판을 위해 씌어졌다. 이 서문은 『선언』을 위하여 맑스와 엥겔스가 공동 집필한 마지막 서문이었으며, 저자 인정 독일어 원문은 2개가 있는데 그 중 하나로는 1882년 1월 21일 맑스와 엥겔스가 작성한 원본이 있으며 다른 하나로는 1890년 5월 1일 엥겔스의 자문을 얻어서 이루어진 러시아 어로부터의 역 逆 번역본이 있다. 본 선집에서는 [맑스와 엥겔스가 작성한] 원본이 그대로 실려있다. 371

92.   『공산주의당 선언』의 최초의 러시아 어 번역은 1869년 제네바에서 출판되었다. 371 379 383

93.   인민주의자들의 비밀 조직인 '인민의 의지'의 조직원에 의해 짜르 알렉산드르 2세가 살해된 이후 그의 후계자 알렉산드르 3세는 인민주의자들의 새로운 테러 행위가 두려웠던 까닭에 1881년 3월 성 뻬쩨르스부르그에서 얼마 떨어지지 않은 가취나 성으로 은신하였다. 372 384

94.   본서 375-382면을 보라. 373

95.   1852년 쾰른 공산주의자 소송에서 11명의 공산주의자 동맹(후주 73을 보라) 맹원들이 소위 대역죄로 법정에 서게 되었다. 기소는 프로이센 비밀 경찰에 의해 날조된 동맹 중앙 위원회 '회의록'과 여타의 위조 문서들에 근거하고

있었다. 맑스는 「쾰른 공산주의자 소송의 폭로」(맑스·엥겔스 저작집, 제8권, 405-470면을 보라)에서 소송의 정치적 배경과 프로이센 경찰 국가가 국제 노동자 운동에 대항해 사용한 비열한 범법들을 폭로하였다. 376 388

96. 국제 노동자 협회(제1인터내셔널)는 1864년 9월 28일 런던의 국제 노동자 집회에서 창립되었다. 맑스와 1870년부터의 엥겔스는 인터내셔널의 상설 지도 기관인 총평의회의 일원이었다. 제1인터내셔널은 유럽에 있는 대부분의 나라들과 미합중국에 영향력을 가진 최초의 프롤레타리아트 국제 대중 조직이었으며 다양한 형태로 프롤레타리아 국제주의를 실현하였다. 1872년 헤이그 대회는 총평의회를 뉴욕으로 이전할 것을 결의하였다. 1876년 필라델피아 회의에서 제1인터내셔널의 해체가 공식적으로 선언되었다. 376 388

97. 맑스에 의하여 작성된 「국제 노동자 협회 창립 선언」 및 「국제 노동자 협회 잠정 규약」(본 선집[독일어판], 제3권, 7-21면을 보라)을 말한다. 376 388

98. 엥겔스는 1887년의 노동 조합 연례 총회에서 스원시 Swansea 시 노동 조합 평의회 의장 베번이 행한 연설을 가리키고 있다. 379 388

99. 엥겔스는 논문 「러시아의 사회 상태」의 1894년 서문에서 이 번역의 역자로서 게오르기 쁠레하노프의 이름을 들고 있다(맑스·엥겔스 저작집, 제22권, 429면을 보라). 쁠레하노프도 1900년의 『선언』의 이후 판에서 앞서 이야기한 번역이 자신의 것이라고 지적하고 있다. 379 383

100. 본서 373/374면을 보라. 383

101. 엥겔스가 분실했다고 여겼던 『공산주의당 선언』의 러시아 어 제2판 서문의 독일어 원본은 보존되어 있었으며 본서 371/372면에 게재되어 있다. 383

102. 본서 369면을 보라. 388

103. 프랑스의 공상적 사회주의자 에띠엔느 까베가 그의 소설 『이까리아 여행』 Voyage en Icarie에서 표명한 사회주의적 사회 질서에 관한 생각을 말한다. 389

104. 국제 노동자 협회(후주 96을 보라) 제1차 대회는 1866년 9월 3일에서 9월 8일에 걸쳐 제네바에서 개최되었다. 대회의 가장 중요한 결의들은 맑스에 의해 작성된 「개개의 문제들에 대해 중앙 평의회 대의원들에게 보내는 지시들」(본 선집[독일어판], 제3권, 141-152면을 보라)에 근거한다. 그리하여 대회는 맑스에 의해 작성된 「지시들」에 있는 9항목들 중에 6항목을 결의로서 채택한바, 특히 노동일 제한에 관한 결의를 채택하였다.

제2인터내셔널의 창립 총회가 되었던 빠리 국제 사회주의 노동자 대회는 1889년 7월 14일에서 20일에 걸쳐서 열렸다. 대회는 국제 노동자 보호 입법의 기초를 만들어 내었다. 1890년 5월 1일에 모든 나라에서 8시간 노동일을 위한 시위와 국제적 연대를 조직한다라는 대회의 결의는 노동자 계급의 이 투쟁일[메이데이]의 출생 시각이 되었다. 몇몇 나라들(영국, 독일)에서 5월 1일 다음 첫째 일요일에 5월 축제가 실시되어 1890년에는 런던 하이드 파크에서 5월 4일에 열렸는데 여기에는 엥겔스도 참가하였다. 1891년에는 5월 3일에 열렸다. 390 543

105.   1892년 런던에서 출판된 『선언』의 폴란드 어 판은 폴란드 이주민들에 의해 이루어져 잡지 『프레즈비트』 Predswit 의 출판사에서 간행되었다. 앞서 나온 판이 1883년 제네바에서 같은 출판사에서 출판된 적이 있기 때문에 출판업자는 이를 제2판으로 하였다. 그러나 맑스와 엥겔스가 1872년 『선언』의 독일어 판 서문에서 언급한 최초의 폴란드 어 번역은 이미 1848년에 런던에서 출판되었었다. 391

106.   1814/1815년 빈 회의의 결의에 의거하여 폴란드 왕국이라는 공식 명칭으로 러시아로 넘어간 폴란드 지역을 회의會議 폴란드라고 불렀다. 391

107.   러시아, 프로이센, 오스트리아에 의한 폴란드의 최초의 분할 이후 폴란드 민족 통일을 위한 폴란드 최초의 봉기가 1772년에 일어났으며, 이러한 봉기는 19세기에도 잇따라 일어났다. 이 봉기들은 모두 유혈 진압되었다. 회의 폴란드(후주 106을 보라)에서 1863년 1월 22일에 발발한 봉기는 폴란드 민족의 민족 해방 운동에 있어서의 중요한 한 단계였을 뿐 아니라 국제적 의의를 또한 가지는 것이었다 ; 이 봉기는 유럽의 가장 진보적인 세력들의 지지를 받았다. 짜르 전제에 의해 이루어진 폴란드에 대한 잔인한 진압에 대항한, 그리고 이에 대해 여타의 정부들이 보여 준 무관심에 대항한 국제 프롤레타리아트의 저항 행동들은 국제 노동자 협회(후주 96을 보라)의 창립에 중요한 역할을 하였다. 392

108.   엥겔스는 이탈리아의 사회주의자 필리포 투라티의 요청에 따라 이 서문을 썼는데, 이 사람이 [이 서문의] 프랑스 어 원고를 이탈리아 어로 번역하였다. 393

109.   칼 맑스, 『1859년에 에르푸르트에서 벌어진 짓거리』. 수록 : 맑스 · 엥겔스 저작집, 제13권, 414-416면. 393

110.   프랑스에서 1589년부터 1793년까지, 그리고 1814년에서 1830년까지 왕정 복고기 동안 통치했던 부르봉 왕조의 추종자들을 정통 왕조파라고 불렀다. 422 464 509 600

111.   1840년대 초, 토리 당에 속한 영국의 정치가와 문인들은 청년 영국파로 모여

들었다. 422

112. 빠리의 신문 『레포름』의 추종자들인 개혁주의자들은 공화정의 수립과 민주주의적 사회적 개혁들의 실시를 지지하고 있었다. 431

113. 폴란드 민족 해방 투쟁 시기에 봉기자들은 1846년 2월 22일 크라카우에 민족 정부를 수립하는 데 성공하였다. 크라카우 봉기는 1846년 3월 초에 오스트리아, 프로이센, 러시아 군대에 의해 진압되었다. 432 469

114. 1831년 2월 5일 모데나 Modena 와 로마그나 Romagna(교황령의 북동부)에서 봉기가 발발하여 1831년 3월 말에 진압되었다. 435

115. 하노버의 국왕은 괴팅엔 Göttingen 의 역사학자 프리드리히 크리스토프 달만이 완성에 결정적으로 관여했던 1833년의 헌법을, 1837년에 폐기하였다. 435

116. 더 많은 독일 국가의 장관들이 참여했던 1834년의 빈 회의의 결의들은 다음과 같다 ; 대의 기관들의 권리 제한, 검열의 강화, 대학에 대한 사찰의 강화, 반정부적 학생 조직 구성원에 대한 보복 조치. 435

117. 1839년 차티스트들(후주 29를 보라)에 의해 준비되었던 웨일즈 광산 노동자 봉기는 유혈 진압되었다. 이는 [일부 성원의] 배신 때문에 노동자들이 시기상조의 공격 개시를 할 수밖에 없었기 때문이다(본서 172/173면을 보라). 435

118. 1847년 처음으로 소집된 연합 지방 의회에는 8개 주의회 모두가 집합하였다. 연합 지방 의회의 권한은 평화 시기에 새로운 공채를 승인하고, 조세 인상과 조세 신설에 찬성하는 데 제한되었다. 제2차 연합 지방 의회는 1848년 4월 6일에 캄프하우젠 내각의 제안에 따라 「장래의 프로이센 헌법의 몇몇 기초들에 관한 법령」을 채택하였고, 1848년 4월 8일에는 「프로이센 헌법의 협정을 위해 소집될 의회를 위한 선거법」을 채택하였다. 436 482 512 515

119. 1848년 1월, 새로운 형법전을 토의하기 위하여 지방 의회 대표로 구성되는 연합 의회 위원회가 베를린에서 소집되었다. 이 위원회의 활동은 혁명적인 3월 사건에 의해 중단되었다. 437

120. 1847년 4월 11일 프로이센의 국왕 프리드리히 빌헬름 4세가 연합 지방 의회 개회식 칙어에서 행한 발언에 대한 풍자 : "무기력함을 불허하는 왕권의 계승자로서 짐은 짐의 후계자들에게 이 왕권을 무기력해지지 않도록 보존해 주어야만 하고 또 그렇게 할 것이오." 437

121. 토스카나의 대공, 레오폴드 2세를 말한다. 437

122. 1847년 말 교황 피우스 9세는 자문 기관인 로마의 콘줄타(Consulta di Stato)를 설치하였는데, 여기에는 자유주의적 토지 소유자와 공업 및 상업 부르주아지의 대표자들도 속해 있었다. 438

123. 이탈리아 아페니엔 Appenien 지방의 목동들을 피퍼라리 Pifferari 라고 불렀다. 또한 피퍼라리는 이탈리아의 거리 악사에 대한 통칭이기도 했다.

　　　이탈리아, 특히 나폴리 왕국에서 몰락 계급 분자들을 라짜로니 Lazzaroni 라고 불렀다. 438

124. 『성경. 구약』, 이사야 서, 40장, 3절 및 시편, 24장, 7-8절. 443

125. 하인리히 하이네의 설화시 「기사 올라트」로부터 인용. 445

126. 「독일 공산주의당의 요구들」은 독일에서의 부르주아 민주주의 혁명의 완전한 승리를 위한, 혁명에서의 독일 노동자 계급의 독자적인 민족적 정책을 위한 공산주의자 동맹(후주 73을 보라)의 정치 강령이었다. 「요구들」은 소책자로서 그리고 독일의 신문들에 실림으로써 널리 유포되었다. 446

127. 프랑크프루트 국민 의회에는 독일의 여러 지방에서 상이한 규정들에 의거하여 589명의 대의원들이 선출되었다. 1848년 5월 18일 384명의 대의원들이 [국민 의회의] 개회를 위해 바오로 성당에 집결하였다. 대의원들 중에는 122명의 행정관, 95명의 사법관, 103명의 학자, 81명의 변호사, 21명의 성직자, 17명의 공업 및 상업 종사자, 15명의 의사, 12명의 장교 및 40명의 토지 소유자들이 속해 있었다. 그러나 노동자와 소농은 전혀 없었다. 453 458

128. 라보는 1848년 5월 19일 프랑크프루트 국민 의회의 회의에서 베를린 의회와 프랑크프루트 의회에서 동시에 선출된 프로이센의 대의원들에게 양쪽의 의석을 가질 권리를 주자는 제안을 내놓았다. 454

129. 프로이센의 장군 한스 구스타프 하인리히 폰 휘저를 말한다. 454

130. 예비 의회는 1848년 3월 31일에서 4월 4일에 걸쳐 프랑크프루트(마인)에서 소집되었다. 예비 의회는 전 독일 국민 의회의 소집 결의문을 작성하였으며 '독일 국민의 기본 권리들과 요구들'에 관한 초안을 작성하였다. 이 문서는 물론 몇몇 부르주아적 자유들을 공표하였지만, 당시 독일의 반半 봉건적 절대주의적 국가 질서의 기초들을 공격하지는 않았다. 455

131. 17명의 '연방 의회의 위임 대표들'은 독일 정부들을 대표하고 있었고 독일 연방(후주 133을 보라)의 중심 기관인 연방 의회에 의해서 소집되었다. 그들은 1848년 3월 30일에서 5월 8일에 걸쳐 프랑크푸르트(마인)에서 회의를 열었으며 입헌 군주제적인 정신으로 만들어진 독일 제국 헌법의 초안을 작성하였다. 455

132. 로베르트 블룸이라는 유명한 지도자를 두고 있었던, 프랑크푸르트 국민 의회 내의 소부르주아 민주주의파 소속원들을 좌파라고 하였다. 특히 대의원 루게, 슐레펠, 지몬, 폰 트뤼츠슐러 및 찌츠는 소위 급진 민주주의당의 극좌파에 속

하였다. 458

133. 독일 연방의 중앙 기관으로서 연방 의회는 1815년 빈 의회에 의해서 생겨났다. 연방 의회는 독일 내의 모든 국가들의 전권 대표로 구성되었으며 오스트리아를 상임 의장국으로 하여 프랑크푸르트(마인)에서 회의를 가졌다. 459

134. 본서 453-457면을 보라. 460

135. 1806년까지 중세와 근대 초의 독일 제국에 대한 통용 표현인 '독일 국민의 신성 로마 제국'에 대한 풍자. 460

136. 하인리히 하이네, 『독일. 겨울 이야기』, 제16장. 461 473

137. 프랑스 공화국 정부로서의 집행 위원회는 1848년 5월 10일 제헌 국민 의회에 의해 만들어져 2월 혁명(후주 87을 보라) 이후 형성된 임시 정부를 해체시켰다. 집행 위원회는 1848년 6월 24일 까베냑의 군사 독재 수립 전까지 존속하였다. 464

138. 왕조적 반대파는 7월 왕정기에 프랑스 하원에서 자유주의적 공업 및 상업 부르주아지의 자유주의적 서클의 정치적 견해들을 대변하였고 온건한 선거 개혁을 위해 진력하였다. 464 509

139. 1848년 5월 15일 빠리 노동자들의 혁명적 활동이 국민 방위군의 도움으로 진압된 이후, 정부는 집회 금지 및 민주주의적 클럽의 폐쇄에 관한 법률들을 공포하였다. 466

140. 국민 의회의 대의원 프랑스와 죠세프 뒤꾸를 말한다. 466

141. 백합은 부르봉 왕조의 문장이었다. 466

142. 이것은 1787년에 있은 프로이센의 무장 침략을 말한다. 이는 1784년에 귀족과 상업 과두정에 반대하는 혁명 운동에 의해 네델란드에서 추방되었던 태수 오라니엔 공 빌헬름 5세의 권력을 부활시킨다는 목적을 가지고 있었다. 468

143. 젊은 나이의 바이에른 공 오토는 1832년에 영국, 프랑스, 러시아 사이의 협정에 의거하여 그리스의 왕위에 올랐다. 그는 바이에른 군대의 호위를 받고서 그리스로 갔으며 1862년까지 오토 I세라는 이름 아래 그 곳을 지배하였다. 468

144. 엥겔스는 1820년 10월에 트로파우 Troppau 에서, 1821년 5월에 라이바하 Laibach 에서 그리고 1822년 10월에서 11월에 걸쳐 베로나 Verona 에서 개최되었던 신성 동맹의 회의들을 가리키고 있다.

   트로파우 회의의 결의에 의거하여 1821년 2월에 60,000 명의 오스트리아 군이 국경을 넘어, 1820년 7월에 타도된 절대주의 질서를 나폴리에 회복시켰다. 오스트리아는 1821년 3월에 토리노에서, 그리고 1831년 3월에 모데나와 로마그나에서 동일한 역할을 수행하였다.

베로나 회의에서는, 오스트리아의 재촉에 따라, 타도된 절대 왕정을 회복시키기 위해 스페인에 대한 간섭이 결의되었다. 그에 의거하여 1823년에 프랑스 부대가 스페인에 진입하였다. 469

145. 1848년 초 이탈리아에서 발발한 부르주아 민주주의 혁명은 오스트리아의 도움으로 진압되었다. 469

146. 1848년 5월 베를린에서 '왕권 Krone 과의 협정에 의한' 헌법을 만들어 내기 위하여 프로이센 국민 의회가 소집되었다. 1848년 12월 5일 이 국민 의회는 해체되었고 흠정 헌법이 발효되었다. 472 480 507 512

147. 1804년 나뽈레옹 1세의 권유로 오늘날까지도 유효한 프랑스 민법전인 나뽈레옹 법전이 도입되었는바, 이 나뽈레옹 법전은 1900년까지는 라인 지방의 일부 지역에도 유효하였다. 473 517

148. 이후 나올 인용문들과 마찬가지로 이 인용문은 1848년 7월 18일 프로이센 국민 의회의 회의에서 프로이센의 농업 장관 기르케에 의한 '각종의 부담들 및 공납들의 무상 폐지에 관한 법률 초안'의 이유문에서 뽑은 것이다. 474

149. 프랑스 국민 의회는 1789년 8월 4일에 일련의 봉건적 부담들의 폐지를 공표하였다. 모든 봉건적 부담들의 무상 폐지는 쟈코뱅 독재 시기 동안 1793년 7월 17일의 법률에 의해 실현되었다. 479

150. 1784년의 칼 아르놀트 코르툼의 풍자시 「욥 기, 희극적 영웅 시가」에 대한 풍자. 480

151. 포젠 대공국에서는 1848년의 3월 혁명 뒤에 프로이센의 억압에 반항하는 민족적 봉기가 일어났다. 처음으로 농민 대중 및 수공업자 대중이 참여하였던 이 봉기의 지도는 하급 귀족의 수중에 놓여 있었다. 481

152. 독일에서의 1848년의 3월 혁명 이후에 슐레스비히 -홀슈타인 Schleswig-Hol-stein 에는 임시 정부와 지방 의회가 수립되었다. 이 임시 정부와 지방 의회는 진보적인 정책으로 말미암아 덴마크 정부와 공공연한 충돌을 일으키게 되었다. 슐레스비히 -홀슈타인 주민들은 독일로의 합병을 요구하였다. 독일 연방으로부터 대 對 덴마크 전쟁의 수행을 위임받은 프로이센은 단지 겉치레만의 전쟁을 수행하여 슐레스비히 -홀슈타인 혁명군과 그들에 대한 도움을 서두른 독일 의용군이 패배하도록 내버려두었다. 481

153. 프로이센의 장군 프리드리히 하인리히 에른스트 폰 브랑엘을 말한다. 그는 1848년 9월 15일 양 마르크[백작령]의 총사령관으로 임명되었다. 브란덴부르크 백작령은 19세기 중반경 쿠어마르크 Kurmark 와 노이마르크 Neumark 로

구성되어 있었다. 481

154. 프로이센의 왕자이며 이후 프로이센 국왕이 된 빌헬름 I세를 말한다. 491

155. 장-밥띠스뜨 몰리에르의 희극 『부르주아 귀족』의 동명 同名 주인공인 부르주아 귀족은 귀족의 칭호를 얻는 것을 생애의 최고의 목적으로 보는, 허영심 많고, 어리석고 부유한 시민을 체현하고 있다. 491

156. 프로이센 국기의 색은 검은 색과 흰 색이었다. 497

157. 1794년의 '프로이센 제국 諸國 보통법'은 판결에 있어서 프로이센의 시대에 뒤떨어진 봉건적 성격을 고정시켰고, 그 본질적인 부분들은 1900년의 민법전의 도입 이전까지 유효하였다. 500

158. 프랑스 형법전인 Code pénal은 1810년에 채택되어 나뽈레옹 I세하에 정복되어 있던 남서부 독일의 지역들에서도 시행되었다. 라인 지방에서는 1815년에 프로이센에 편입된 이후에도 효력을 발휘하였다. 500 514

159. 아우어스발트-한제만 내각하에서 베를린에는 정규 경찰 이외에도 대중 시위와 가두 집회에서의 스파이 활동 및 도발을 위해 배치된 사복 무장 부대가 설치되었다. 맑스와 엥겔스는 1848년 4월에 차티스트들의 대규모 시위의 해산을 선동했던 영국의 특별 경찰관들 Spezialkonstablern 을 본따서 이 밀정들을 경찰관 Konstabler 이라고 불렀다. 500

160. 1848년 10월 17일의 '시민 방위군의 설치에 관한 법률'은 시민 방위군을 정부로부터 완전히 독립적이도록 만들었다. 1848년 11월 11일 반혁명군이 베를린에 입성한 후 베를린 시민 방위군은 해체되었다. 502 524

161. 1831년 부르주아 혁명의 승리 이후 채택된 벨기에 헌법은 재산 평가 기준을 높임으로써 주민의 대부분에게서 선거권을 박탈하였다. 502

162. 프로이센의 해상 무역 회사는 1772년에 중요한 국가적 특권을 부여받은 상업 금융 회사로서 설립되어 1820년에는 프로이센 국가의 화폐 상업 기관으로 전환되었다. 502

163. 프로이센 군대의 반혁명적 태도에 자극을 받은 프로이센 국민 의회는 1848년 8월 9일과 9월 7일에 대의원 슈타인의 동의에 따라, 육군 장관은 장교들이 모든 반동적인 기도를 멀리 하도록, 그렇지 않으면 군에서 물러나도록 명령을 내려야 한다고 결의하였다. 그러한 명령은 약화된 형태로 내려져 종이 쪽지에 불과한 것으로 되었다. 506 524

164. 브란덴부르크 군사 지역의 사령관인 브랑엘은 1848년 9월 17일에, 반혁명이 혁명의 성과물에 대한 공공연한 공격으로 옮아갔음을 보여주는 군 명령을 하달하였다. 506 524

165. 1847년 4월 11일 제1차 연합 지방 의회(후주 118을 보라)가 프로이센 국왕에 의해 개회되었을 때 프리드리히 빌헬름 4세는 그의 칙어에서 "수세기 동안 이어져 온 역사와 지혜"는 프로이센의 헌법을 "유례 없는 것, 그러나 결코 문서상으로는 있지 않은 것"으로 만들었던바, 자신은 "하늘에 계신 우리 주 하느님과 이 땅 사이에 글로 씌어진 쪽지가, 말하자면 제2의 섭리로서 비집 고 들어오는 것"을 용납하지 않을 것이라고 선언하였다. 507 574

166. 1814년에 흠정된 '헌장' Chart constitutionelle 의 제14조에서 루이 18세는 다 음과 같이 공표하였다 : "국왕은 국가의 수반이다 국왕은 법률 집행을 위해 그리고 국가의 안녕을 위해 필요한 법령들과 법규들을 공포한다." 507

167. 1215년에 영국의 국왕 존 1세는 자유 대헌장 Magna Charta Liberatatum 에 서명하였지만, 이것은 봉건 귀족들의 권리들을 확대한 반면에 하급 귀족과 도시들에 대한 양보는 거의 없는 것이었다. 508

168. 실러의 송가 [환희에 부쳐]로부터. 509

169. 산악파 Montagne(Berg) 란 르드뤼―롤랭이 이끌던 소부르주아적 민주주의자 들과 공화주의자들의 정치 그룹으로서, 루이 블랑의 지도 아래에 있던 소부 르주아적 사회주의자들도 여기에 가담하였다. 509

170. 라인 지구 민주주의자 위원회에 대한 소송은 1849년 2월 8일에 있었다. 칼 맑스, 칼 샤퍼, 변호사 슈나이더 2세가 쾰른 배심 재판소에 출정하였다. 그들 은 1848년 11월 18일의 조세 거부 결의 격문(맑스·엥겔스 저작집, 제6권, 33면)과 관련하여 봉기 교사 혐의로 기소되었다. 배심 재판소는 피고인들에게 무죄 판결을 내렸다. 512

171. 1848년 11월 2일 프리드리히 빌헬름 4세는 반동적 브란덴부르크 내각의 설치 를 명하였고 11월 9일에 프로이센 국민 의회는 정회되어 베를린에서 브란덴 부르크의 이전을 명령받았으며 11월 12일 베를린에 계엄 상태가 선포되었다. 522 545

172. 1848년 8월 28일 프로이센 국민 의회에 의해 채택된 '인신 자유 보호법'은 법원의 명령 없는 체포를 금지한 1679년의 영국 기본법과 비슷하게 인신 보 호법 Habeas-Corpus-Act 이라 칭해졌다. 524

173. 저작 『임금 노동과 자본』은 1849년 4월 5일에서 11일에 걸쳐 『신 라인 신 문』에 일련의 논설들로 게재되었다. 1847년 12월 후반경에 브뤼셀 독일인 노 동자 협회(후주 174를 보라)에서 맑스가 행했던 강연들이 이 저작의 기초가 되었다. 본서는 엥겔스가 손을 본 1891년의 단행본에 의거하여 이 노작을 싣 는다. 서설에서 엥겔스는 이 판을 위해서 초판에 가한 본문의 변화에 대해서

말하고 있다. 535

174. 브뤼셀 독일인 노동자 협회는 1847년 8월 말 맑스와 엥겔스의 지도 아래 공산주의자 동맹(후주 73을 보라) 브뤼셀 지구에 의해 설립되었다. 1848년 프랑스 2월 혁명(후주 87을 보라) 직후 벨기에 경찰이 협회의 많은 회원들을 체포하고 추방했을 때, 노동자 협회는 그 활동을 정지하였다. 535

175. 그 후 맑스의 수고에서 『임금 노동과 자본』을 주제로 한 강의의 최후의 1회분, 혹은 수회분의 초안 수고가 발견되었다. 여기에는 「임금」이라는 제목이 붙어 있었고, 그 면지에는 다음과 같은 메모가 적혀 있었다 : "브뤼셀, 1847년 12월"(맑스·엥겔스 저작집, 제6권, 535-556면을 보라). 535

176. 칼 맑스, 『자본. 제1권』(맑스·엥겔스 저작집, 제23권, 559면)을 보라. 540

177. 같은 책, 181-191면을 보라. 541

178. 맑스는 1848년 2월 23/24일 빠리 혁명과 1848년 3월 13일 빈의 혁명, 3월 18일 베를린의 혁명을 말하고 있다. 545

179. 칼 맑스/프리드리히 엥겔스, 「휘저」 Hüser (맑스·엥겔스 저작집, 제5권, 18면). 574

180. 칼 맑스/프리드리히 엥겔스, 『「신 라인 신문」의 최초의 언론 소송 「칼 맑스의 변론」』(맑스·엥겔스 저작집, 제6권, 234면). 574

181. 칼 맑스, 「국민 의회 대표단에 대한 프로이센 국왕의 답변」(맑스·엥겔스 저작집, 제5권, 43면). 성경, 다니엘 서, 2장, 33절에 대한 풍자 : "그 종아리는 철이요 그 발은 얼마는 철이요 얼마는 진흙이었나이다." 574

182. 칼 맑스, 「빈에서의 반혁명의 승리」(맑스·엥겔스 저작집, 제5권, 457면). 575

183. 칼 맑스, 『초심 재판소 검사 '헥커'와 「신 라인 신문」』(맑스·엥겔스 저작집, 제5권, 443면). 575

184. 본서 508면을 보라. 575

185. 본서 511면을 보라. 576

186. 1846년에 맑스와 엥겔스가 브뤼셀에 설립한 공산주의자 연락 위원회는 대부분 독일인이었던 공산주의자 그룹으로 이루어져 있었다. 공산주의자 연락 위원회에 의해 과학적 공산주의의 의인 동맹(후주 190을 보라)과의 융합 및 노동자 계급의 최초의 혁명적 당인 공산주의자 동맹(후주 73을 보라)의 창립이 준비되었다. 맑스와 엥겔스는 국제적 노동자 운동의 결합을 확립하고 선전 작업을 조직하기 위하여 브뤼셀 위원회로부터 각국의 사회주의 그룹과 연락을 취했다. 공산주의자 연락 위원회는 사회주의 운동의 이데올로기적 조직적

중심으로 발전하였다. 579

187. 독일에서는 떠돌아다니는 수공업 직인들을 유랑 직인 Straubinger 이라고 불렀다. 맑스와 엥겔스는 자본주의적 대공업으로부터 소수공업적 경영으로 되돌아갈 수 있으리라는 반동적 소부르주아적 견해를 대변했던 이 독일 수공업자들에 대해 이러한 표현을 사용하였다. 579

188. 1846년 10월 제네바에서 봉기가 발발하였다. 이 봉기에 의해서 급진 부르주아지의 대변자들이 권력을 장악했다. 582

189. 삐에르-조세프 프루동, 『경제적 모순의 체계, 혹은 빈곤의 철학』, 빠리, 1846년. 582

190. 의인 동맹은 독일인 노동자들과 수공업자들의 최초의 비밀 정치 조직이었다. 이 동맹은 추방자들로 이루어진 부르주아 민주주의적 비밀 결사로부터 가장 과격한, 대개는 프롤레타리아인 분자들이 분리됨으로써 1836년에서 1838년에 걸쳐 성립되었다. 빌헬름 바이틀링의 공상적 평등 공산주의, 이후에는 '진정한' 사회주의(후주 69를 보라) 및 소부르주아적 공상가 삐에르-조세프 프루동이 이 동맹의 성원들의 정치적 견해에 큰 영향을 미쳤다. 동맹의 지부들은 프랑스, 독일, 영국 그리고 스위스에 있었다. 40년대에 동맹의 중심은 영국으로 이전하였다. 이 동맹의 과학적 공산주의로의 접근은 맑스, 엥겔스의 동맹 가입과 [의인 동맹의] 공산주의자 동맹(후주 73을 보라)으로의 전화를 결과하였다. 582

191. 칼 맑스/프리드리히 엥겔스, 「크리게에 반대하는 회람」(맑스·엥겔스 저작집, 제4권, 3-17면). 582

192. 헤르만 크리게를 말한다. 583

193. 포르투갈의 반동적 통치에 맞서서 일어난 1846/1847년의 인민 봉기는, 영국과 스페인의 간섭의 도움을 받아 포르투갈을 지배하고 있는 코브루거 왕조의 분지에 의해서 진압되었다. 584

194. 맑스는 여기서 그가 계획하고 있던 노작 『정치학 및 국민 경제학 비판』을 가리키고 있다. 1843년 말 이래 맑스는 정치 경제학 연구에 몰두하고 있었고 이미 1844년 봄에는 유물론과 공산주의의 관점에서의 부르주아 정치 경제학의 비판을 발표한다는 과제를 설정해 놓고 있었다. 당시 집필된 초고들은 그 일부만이 보존되어 있는바, 이것은 『1844년의 경제학 철학 초고』라는 제목으로 알려져 있다(본서, 25-92면을 보라). 598

문헌 찾아보기

I. 맑스와 엥겔스에 의해 인용되고 언급된 저술들의 목록

1. 기명 저자 및 익명 저자들의 저작들과 논문들

ㄱ

괴테, 요한 볼프강 폰 : 『파우스트』, 제 I 장의 비극. 〔Goethe, Johann Wolfgang von : Faust. Der Tragödie erster Teil.〕 86-87 206 490

까바니, 삐에르 –쟝 –조르쥬 : 『인간의 육체와 정신의 관계』, 제 I-2 권, 빠리, 1843 년. 〔Cabanis, Pierre-Jean-Georges : Rapports du physique et du moral de l'homme. T. 1~2. Paris 1843.〕 116

께네, 프랑스와 : 「경제표 분석」, 수록 : 으젠느 데르 편, 『경제학자들의 원리 모음집. 제 2 권 : 중농주의자. 께네, 뒤뽕 드 느무르, 메르시에 드 라 리비에르, 보도 사제, 르 트론느. 중농주의 학설의 소개와 해설 및 역사적 주해 첨부』, 제 I 부, 빠리, 1846. 〔Quesnay, François : Analyse du Tableau économique. In : Collection des principaux économistes. T. 2 : Physiocrates. Quesnay, Dupont de Nemours, Mercier de la Rivière, l'Abbé Baudeau, Le Trosne, avec une introd. sur la doctrine des Physiocrates, des commentraires et des notices historiques, par Eugène Daire. Pt. 1. Paris 1846.〕 267

께네, 프랑스와 : 『경제표』, 베르사이유, 1758. 〔[Quesnay, François :] Tableau économique. Versailles 1758.〕 267

꽁디약, 에띠엔느 보노 드 : 『인지 人知 의 기원에 관한 시론』, 암스테르담, 1746년. 〔Condillac, Etienne Bonnot de : Essai sur l'origine des connaissances humaines. Amsterdam 1746.〕 120

ㄷ

「대헌장」 1814년 6월 4일의. 수록 :『세계 신보』, 제156호, 1814년 6월 5일. 〔Charte constitutionelle. Vom 4. Juni 1814. In : Le Moniteur universal, Nr. 156 vom 5. Juni 1814.〕 508

ㄹ

라 메트리, 줄리앙 오프레 드 : 『인간 기계』, 런던 1751. 〔La Mettrie, Julien Offroy de : L'homme machine. London 1751.〕 121

로베스삐에르, 막시밀리앙 : 「[공화국의 국내 행정에 있어서 국민 공회를 지도할] 정치 도덕의 원리들에 관한 보고. 공안 위원회의 명의로 1794년 2월 5일(빨뤼브 아즈 월 17일)의 의회에서 가결」, 수록 : P. J. B. 뷔셰, P. C. 루 :『프랑스 혁명 국회의 역사 혹은 1789년부터 1815년까지의 국민 의회 의사록』, 제31권, 빠리, 1837. 〔Robespierre, Maximilien : Rapport sur les principes de morale politique… á la séance du 5 février(17 pluviöse) 1794. In : P. —J. —B. Buchez et P. —C. Roux : Histoire parlementaire de la Révolution française, ou Journal des Assemblées Nationales depuis 1789 jusqu'en 1815. T. 31. Paris. 1837.〕 110-111

로베트, 윌리엄 프란시스 플레이스 : 『인민 헌장』; 의회의 하원에 대영제국 인민의 정당한 대표를 보내기 위한 법안의 개요. 보통 선거, 재산 자격의 폐지, 의회의 매년 소집, 평등 대표제, 의원 세비 지급, 비밀 투표의 원칙을 포괄함. 6인의 의원, 6인의 런던 노동자 협회 회원으로 이루어진 12인의 위원회에 의해서 작성되어, 연합 왕국의 인민에게 청원한다. 런던, 1838. 〔Lovett, William, and Francis Place : The People's Charter ; being the outline of an act to provide for the just representation of the People of Great Britain in the Commons' Hause of Parliament. Embracing the principles of universal suffrage, no property qualification, annual parliaments, equal representation, Payment of

Member, and vote by Ballot. Prepared by a committee of twelve persons, six members of Parliament and six members of the London Working Men's Association, and addressed to the People of the United Kingdom. London 1838.] 171

로비네, 장-밥띠스뜨 : 『자연에 대하여』, 신판, 제 1~4권, 암스테르담, 1763~1766. 〔Robinet, Jean-Baptiste : De la nature. Nouv. éd. T. 1~4. Amsterdam 1763~1766.〕 121

로크, 존 : 『인간 오성론』, 런던, 1690. 〔Locke, John : An essay concerning humane understanding. London 1690.〕 118

루게, 아르놀트 : 「프로이센 왕과 사회 개혁」, 수록 : 『전진!』, 1844년 7월 27일. 〔[Ruge, Arnold :] Der König von Preußen und die Socialreform. In: Vorwärts!, vom 27. Juli 1844.〕 16-23

루동, 챨스 : 「인구 및 양식 문제의 해결」, 수록 : 『어느 의사에게 보내는 편지 모음』, 빠리, 1842. 〔Loudon, Charles : Solution du problème de la population et de la subsistance, soumise à un médecin dans une série de lettres. Paris 1842.〕 38

루쏘, 장-자끄 : 『사회 계약 혹은 정치적 권리의 원리』, 암스테르담, 1762. 〔Rousseau, Jean-Jacques : Du contrat social : ou, principes du droit politique. Amsterdam 1762.〕 250

루크레티우스 카루스, 티투스 : 『만물의 본성에 관하여』. 〔Lucretius Carus, Titus : De rerum natura.〕 273

루키아노스 : 『신들의 대화. 해신들의 대화』. 〔Lucian : Gottergespräche. Meergöttergespräche〕 5

리스트, 프리드리히 : 『정치 경제학의 국민적 체계』. 제 1권. 슈투트가르트, 튀빙엔, 1842. 〔List, Friedrich : Das nationale System der Politischen Oekonomie. Bd. 1. Stuttgart, Tübingen 1842.〕 6

리카도, 데이비드 : 『정치 경제학 및 과세의 원리들』, F.-S.꽁스땅씨오가 영어로부터 번역, …… J.-B.세이의 설명적 비판적 주들을 첨부, 제 1~2권, 제 2판, 빠리, 1835. 〔Ricardo, David : Des principes de l'économie politique et de l'impôt. Trad. de l'anglais par F.-S. Constancio … avec des notes explicatives et critiques par J.-B. Say. T. 1~2. 2. éd. Paris 1835.〕 54 349

──『정치 경제학 및 과세의 원리들에 관하여』, 런던 1817. 〔On the principles of

political economy, and taxation. London 1817.] 54

□

맑스, 칼 : 『1844년의 경제학 철학 초고』(맑스·엥겔스 저작집, 제40권, 465~588면). [Marx, Karl : Ökonomisch-philosophische Manuskripte aus dem Jahre 1844(MEW, Bd. 40, S. 465~588).] 598

──「1859년에 에르푸르트에서 벌어진 짓거리」. 수록 : 『인민』, 1859년 7월 9일(맑스·엥겔스 저작집, 제13권, 414~416면). [Die Erfurterei im Jahre 1859. In : Das Volk, vom 9. Juli 1859(MEW, Bd. 13, S. 414~416).] 393

──「국민 의회의 의원 대표에 대한 프로이센 국왕의 회답」. 수록 : 『신 라인 신문』, 1848년 10월 19일(맑스·엥겔스 저작집, 제5권, 430면). [Antwort des Königs von Preußen an die Deputation der Nationalversammlung. In : Neue Rheinische Zeitung, Vom 19. Oktober 1848(MEW, Bd. 5, S. 430).] 574

──「국제 노동자 협회 잠정 규약」. 수록 : 『국제 노동자 협회의 선언과 잠정 규약』, 1864년 9월 28일, 런던, 롱 에커, 성 마틴 홀에서 개최된 공개 집회에서 창립, 런던 1864(맑스·엥겔스 저작집, 제16권, 14~16면) [Provisional rules of the Association. In : Address and provisional rules of the Working Men's International Association, established September 28, 1864, at a public meeting held at St, Martin's Hall, Long Acre, London 1864(MEW, Bd. 16, S. 14~16).] 388

──「부르주아지와 반혁명」. 수록 : 『신 라인 신문』, 1848년 12월 10, 15, 16 및 31일(맑스·엥겔스 저작집, 제6권, 102~124면). [Die Bourgeoisie und die Kontrerevolution. In : Neue Rheinische Zeitung, vom 10., 15., 16. und 31. Dezember 1848(MEW, Bd. 6, S. 102~124).] 575

──「빈에서의 반혁명의 승리」. 수록 : 『신 라인 신문』, 1848년 11월 7일(맑스·엥겔스 저작집, 제5권, 455~457면). [Sieg der Kontrerevolution zu Wien. In : Neue Rheinische Zeitung, vom 7. November 1848(MEW, Bd. 5, S. 455~457).] 574 575

──『자본. 정치 경제학 비판』. 제1권. 제1부 : 자본의 생산 과정(맑스·엥겔스 저작집, 제23권). [Das Kapital. Kritik der politischen Ökonomie. Erster Band. Buch Ⅰ : Der Produktionsprozeß des Kapitals(MEW, Bd. 23).]

——『자본 : 자본주의적 생산의 비판적 분석』. 독일어 제 3 판으로부터 사무엘 무어, 에드워드 애블링, 프리드리히 엥겔스에 의해 번역, 제 1 권, 런던, 1887년. 〔Capital : a critical analysis of capitalist production. Transl. from the 3rd German ed. by Samuel Moore and Edward Aveling and by Frederick Engels. Vol. 1. London 1887.〕 382

——『자본. 정치 경제학 비판』. 제 1 권, 제 1 부 : 자본의 생산 과정. 제 3 판, 함부르크, 1883. 〔Das Kapital. Kritik der politischen Oekonomie. Erster Band. Buch Ⅰ : Der Produktionsprocess des Kapitals. 3., verm. Aufl. Hamburg 1883.〕 382

——『자본. 정치 경제학 비판』. 제 1 권, 재 1 부 : 자본의 생산 과정. 제 4 판, 함부르크 1890. 〔Das Kapital. Kritik der politischen Oekonomie. Erster Band. Buch Ⅰ : Der Produktionsprocess des Kapitals. 4., durchges. Aufl. Hamburg 1890.〕 537 540 541

——『정치 경제학 비판을 위하여』. 제 1 분책. 베를린 1859(맑스 · 엥겔스 저작집, 제 13권, 3~160면). 〔Zur Kritik der Politischen Oekonomie. Erstes Heft. Berlin 1859(MEW, Bd. 13, S. 3~160).〕 536-537

——『철학의 빈곤. 프루동의 「빈곤의 철학」에 대한 응답』(맑스 · 엥겔스 저작집, 제 4권, 63~182면). 〔Das Elend der Philosophie. Antwort auf Proudhons "Philosophie des Elends"(MEW, Bd. 4, S. 63~182).

——『철학의 빈곤. 프루동의 빈곤의 철학에 대한 응답』. 빠리, 브뤼셀, 1847. 〔Misère de la philosophie. Réponse à la philosophie de la misère de M. Proudhon. Paris, Bruxelles 1847.〕 306

——「초심 재판소 검사 '헥커'와 『신 라인 신문』」. 수록 : 『신 라인 신문』, 1848년 10월 29일(맑스 · 엥겔스 저작집, 제 5권, 440~444면). 〔Der Staatsprokurator "Hecker" und die "Neue Rheinische Zeitung". In : Neue Rheinische Zeitung, vom 29. Oktober 1848(MEW, Bd. 5, S. 440~444).〕 575

——『프랑스에서의 내전. 국제 노동자 협회 총평의회의 격문』. (맑스 · 엥겔스 저작집, 제17권, 313~365면) 〔Der Bürgerkrieg in Frankreich. Adresse des Generalrats der Internationalen Arbeiter-Assoziation.(MEW, Bd. 17, S. 313~365).〕

——『프랑스에서의 내전. 국제 노동자 협회 총평의회의 격문』. 라이프찌히, 1871. 〔Der Bürgerkrieg in Frankreich. Adresse des Generalrats der

Internationalen Arbeiter-Assoziation. Leipzig 1871.] 370

──『프랑스에서의 내전. 국제 노동자 협회 총평의회의 격문』. 런던 1871.
[The civil war in France. Address of the General Council of the Inter-
national Working-Men's Association. [London] 1871.] 381

──『헤겔 법철학의 비판을 위하여』(맑스 · 엥겔스 저작집, 제 1 권, 201~333면).
[Zur Kritik der Hegelschen Rechtsphilosophie (MEW, Bd. 1, S. 201~
333).] 2

──「헤겔 법철학의 비판을 위하여. 서설」. 수록 :『독불 연보』. Lfg. 1/2. 빠리
1844(맑스 · 엥겔스 저작집, 제 1 권, 378~391면). [Zur Kritik der Hegel'sch-
en Rechts-Philosophie. Einleitung. In : Deutsch-Französische Jahrbücher. Lfg.
1/2. Paris 1844(MEW, Bd. 1, S. 378~391).] 18

──「혁명 운동」. 수록 :『신 라인 신문』, 1849년 1월 1일(맑스 · 엥겔스 저작집, 제 6
권, 148~150면). [Die revolutionäre Bewegung. In : Neue Rheinische Zei-
tung, vom 1. Januar 1849(MEW, Bd. 6, S. 148~150).] 576

맑스, 칼/ 프리드리히 엥겔스 :『공산주의당 선언』(맑스 · 엥겔스 저작집, 제 4 권,
459~493면). [Marx, Karl, und Friedrich Engels : Manifest der Kom-
munistischen Partei(MEW, Bd. 4, S. 459~493)]

── 『공산주의당 선언[독일어판]』. 런던, 1848. [Manifest der Kom-
munistischen Partei. London 1848.] 369 371-376 379-384 387-395

── 『공산주의당 선언[독일어판]』. 저자의 서문이 딸린 신판. 라이프찌히,
1872. [Das Kommunistische Manifest. Neue Ausg. mit einem Vor-
wort der Verfasser. Leipzig 1872.] 369

──『공산주의당 선언[독일어판]』. 저자 인정 독일어 제 3 판. 저자들의 서문들
이 딸림. 호팅엔 – 쮜리히, 1883. [Das Kommunistische Manifest. 3.,
autor. deutsche Ausg. Mit Vorworten der Verfasser. Hottingen-Zürich
1883.] 373

──『공산주의당 선언[독일어판]』. 저자 인정 독일어 제 4 판. 프리드리히 엥겔
스의 새로운 서문이 딸림. 런던, 1890. [Das Kommunistische Manifest.
4., autor. deutsche Ausg. Mit einem neuen Vorwort von Friedrich
Engels. London 1890.] 383

──『독일 공산주의당 선언[영어판]』. (1848년 2월 출판) 수록 :『붉은 공화주의
자』, 1850년 11월 9, 16, 23 및 30일. [Manifesto of the German Com-

munist Party. (Published in February 1848.) In : The Red Republican, vom 9., 16., 23. und 30. November 1850.] 369 375

——『독일 공산주의 —— 독일 공산주의당 선언[영어판]』. (1848년 2월, 첫 출판). 수록 : 『우드홀과 클로핀의 주간지』, 1871년 12월 30일. [German Communism——Manifesto of the German Communist Party. (First published in Februay, 1848.) In : Woodhull & Claflin's Weekly, vom 30. Dezember 1871.] 379

——『공산주의당 선언[영어판]』. 저자 인정 영어판. 프리드리히 엥겔스가 편집하고 주를 붙임. 런던, 1888. [Manifesto of the Communist Party. Authorized English translation. Edited and annotated by Frederick Engels. London 1888.] 387

——『공산주의당 선언[프랑스 어판]』. 빠리, 1848. [Manifeste du Parti Communiste. Paris 1848.] 369 375

——『공산주의당 선언[프랑스 어판]』. 수록 : 『르 쏘씨알리스뜨』(빠리), 1885년 8월 29일, 9월 5, 19 및 26일, 10월 3, 10, 17, 24 및 31일, 11월 7일. [Manifeste du parti communiste. In : Le Socialiste (Paris), vom 29. August, 5., 19. und 26. September, 3., 10., 17., 24. und 31. Oktober und 7. November 1885.] 379 387

——「칼 맑스의 선언[프랑스 어판]」. 수록 : 『르 쏘씨알리스뜨』(뉴욕), 1872년 1월 20, 27일, 2월 10, 17 및 24일, 3월 2, 9, 16 및 30일. [Manifeste de Karl Marx. In : Le Socialiste(New York), vom 20. und 27. Januar, 10., 17. und 24. Februar, 2., 9., 16. und 30. März 1872.] 369 379

——『공산주의당 선언[이탈리아 어판]』. 이탈리아 독자에게 보내는 프리드리히 엥겔스의 서문이 딸림. 밀라노, 1893. [Il manifesto del partito comunista con un nuovo proemio al lettore italiano di Federico Engels. Milano 1893.] 393

——『공산주의당 선언[러시아 어판]』. 제네바, 1869. [Манифестъ коммунистической партіи. [Женева 1869.]] 369 371 379 383

——『공산주의당 선언[러시아 어판]』. 1872년의 독일어판으로부터의 번역, 저자의 서문이 딸림. 제네바, 1882. [Манифестъ коммунистической партіи. Переводь съ нѣмецкаго изданія 1872г. Съ предусловиемь авторовь. Женева 1882.] 379 383

——『공산주의당 선언 1847년[폴란드 어판]』, 제네바, 1883. 〔Manifest Komunístyczny 1847г. Genewa 1883.〕375 387 391

——『공산주의당 선언[폴란드 어판]』, 제2판. 런던, 1892. 〔Manifest Komunístyczny. Wydanie drugie. Londyn 1892.〕391

——『공산주의당 선언[덴마크 어판]』, 코펜하겐, 1885. 〔Det Kommunistiske Manifest. Kφbenhavn 1885.〕375 379 387

——『공산주의당 선언[스페인 어판]』, 수록 :『엘 쏘씨알리스따』, 1886년 6월 11, 18 및 25일, 7월 2, 16, 23 및 30일, 8월 6일. 〔Manifiesto del Partido Comunista. In : El Socialista, Vom 11, 18. und 25. Juni, 2, 16, 23. und 30. Juli und 6. August 1886.〕387

——『공산주의당 선언[스페인 어판]』. 마드리드, 1886. 〔Manifiesto del Partido Comunista. Madrid 1886.〕379 387

——「서문」. 수록 :『공산주의당 선언』. 저자의 서문이 딸린 신판. 라이프찌히 1872 (맑스·엥겔스 저작집, 제18권, 95/96면). 〔Vorwort. In : Das Kommunistische Manifest. Neue Ausg. mit einem Vorwort der Verfasser. Leipzig 1872(MEW, Bd. 18, S. 95/96).〕379 380 388

——「서문」. 수록 :『공산주의당 선언』, 1872년의 독일어판으로부터의 번역, 저자의 서문이 딸림. 제네바, 1882(맑스·엥겔스 저작집, 제19권, 295/296면). 〔предуслов. In : Манифестъ коммунистической партіи. Переводь съ немецкаго изданія 1872г. Съ предусловиемь авторовь. Женева 1882. (MEW, Bd. 19, s. 295/296).〕383-387

——「신 라인 신문의 첫번째 언론 소송」. 수록 :『신 라인 신문』, 1849년 2월 14일 (맑스·엥겔스 저작집, 제6권, 223~239면). 〔Der erste Preßprozeß der "Neuen Rheinischen Zeitung". In : Neue Rheinische Zeitung, vom 14. Februar 1849 (MEW, Bd. 6, S. 223~239).〕376

——『크리게에 반대하는 회람』(맑스·엥겔스 저작집, 제4권, 3~17면). 〔Zirkular gegen Kriege (MEW, Bd. 4, S. 3~17)〕582

——「휘저」. 수록 :『신 라인 신문』, 1848년 6월 1일(맑스·엥겔스 저작집, 제5권, 18면). 〔Hüser. In : Neue Rheinische Zeitung, vom 1. Juni 1848 (MEW, Bd. 5, S. 18).〕574

맥컬로크, 존 램지 :『대영제국의 통계 계산. 그 면적, 물리적 능력, 인구 산업 및 민간 종교 제도』. 제1~2권, 런던, 1837년. 〔Maculloch, John Ramsay : A statistical account of the British Empire, exhibiting its extent, physical capacities, population, industry and civil an religious institutions. Vol. 1~2. London 1837.] 140

몰리에르, 장 —밥띠스뜨 : 『부르주아 귀족』. [Molière, Jean-Baptiste: Le Bourgeois gentilhomme.] 491

ㅂ

바우어, 브루노 : 「루드비히 포이에르바하의 특성 서술」. 수록 :『비간트의 계간지』. 1845년. 제 3권. [Bauer, Bruno : Charakteristik Ludwig Feuerbachs. In : Wigand's Vierteljahrsschrift. 1845. Bd. 3.]. 206 208 223

——『18세기의 정치, 문화 및 계몽의 역사』. 제 1~2권, 샤를로텐부르크, 1843~ 1845. [Geschichte der Politik, Cultur und Aufklärung des achtzehnten Jahrhunderts. Bd. 1~2. Charlottenburg 1843~1845.] 224

[바우어, 브루노]:「이제 비판의 대상은 무엇인가?」 수록 :『종합 문예 신문』(샤를로텐부르크), 제 8호, 1844년 7월. [[Bauer, Bruno :] Was ist jetzt der Gegenstand der Kritik? In : Allgemeine Literatur-Zeitung (Charlottenburg), H. 8, Juli 1844.] 107-114

바우어, 에드가 : 「프루동」. 수록 :『종합 문예 신문』(샤를로텐부르크), 제 5호, 1844년 4월. [[Bauer Edgar :] Proudhon. In : Allgemeine Literatur-Zeitung (Charlottenburg), H. 5, April 1844.] 100-102 105-106

바이틀링, 빌헬름 : 『조화와 자유의 보장』, 비비스, 1842. [Weitling, Wilhelm : Garantien der Harmonie und Freiheit. Vivis 1842.] 17

「버밍검과 월버햄튼 사이의 광산 지역, 특별히 철광석의 채굴을 참조하여」. 수록 :『독일의 계간지』 1838년, 제 3호. [Der bergmännische Distrikt zwischen Birmingham und Wolverhampton, mit besonderer Bezugnahme auf die Gewinnung des Eisens. In : Deutsche Vierteljahrsschrift. 1838. H. 3.] 56

베네디, 야콥 : 『프로이센과 프로이센 정신』, 만하임, 1839. [Venedey, Jakob: Preussen und Preussenthum. Mannheim 1839.] 299

보도, 니꼴라 : 『마담***을 위한 경제표 설명』, 빠리, 1776년. [Baudeau [, Nicolas] : Explication du Tableau économique, à Madame de***. Paris 1776.] 267

보른, 슈테판 : 『하인쎈 식 국가, 슈테판의 비판』, 베른, 1847년. [[Born,] Stephan

: Der Heinzen'sche Staat. Eine Kritik von Stephan. Bern 1847.] 316

보우링, 존 : 「1835년 7월 8일의 하원에서의 연설」. 수록 :『한사드의 의회 토의 보
고서』. 제 3 집. 제29권. 런던 1835년. 〔Bowring, John : [Rede im Unterhaus
vom 28. Juli 1835.] In : Hansard's parliamentary debates. 3rd series. Vol. 29.
London 1835.] 353-354

뷔레, 으젠느 : 『영국과 프랑스에 있어서 노동자 계급의 빈곤에 대하여 ; 그 성질, 빈
곤, 그 존재, 그 영향, 그 원인, 지금까지 그것에 향해진 구제책들의 불충분함
에 대하여 : 사회를 해방하는 데 적합한 수단들의 제시와 함께』, 제 I 권, 빠리,
1840년. 〔Buret, Eugène : De la misère des classes laborieuses en Angleterre
et en France : de la nature, de la misère, de son existence, de ses effets, de
ses causes, et de l'insuffisance des remèdes qu'on lui a opposés jusqu'ici ;
avec l'indication des moyens propres a en affranchir les sociétés. T. I. Paris
1840.] 38-40 54

빌뇌브 –바르쥬몽, 알방 드 : 『정치 경제학의 역사』, 브뤼셀, 1839년. 〔Villenue
[– Bargemont], Alban de : Histoire de l'économie politique. Bruxelles
1839.] 283

베꾀르, 꽁스땅땡 : 『사회·정치 경제학의 신이론 혹은 사회 조직의 연구』, 빠리,
1842. 〔Pecquer, Constantin : Théorie nouvelle d'économie sociale et po-
litique, ou études sur l'organisation des sociétés. Paris 1842.] 37-38 52-54

ㅅ

상드, 조르쥬 : 『장 지스까. 후스 전쟁의 에피소드』, 브뤼셀, 1843. 〔Sand, George
: Jean Ziska. Episode de la guerre des Hussites. Bruxelles 1843.] 297

생 –쥐스뜨, 루이 : 「공안 위원회 및 보안 위원회의 이름으로. 국민 공회. 1794년 3
월 31일(제르미날 월 11일)의 의회」, 수록 : P. J. B 뷔셰, P. C. 루 : 『프랑스 혁명
국회의 역사……』, 제32권, 빠리 1837. 〔Saint-Just, Louis : au nom des
comités de salut public et de sûreté générale. Convention nationale. Séance
du 31 mars (11 germinal) 1794. In : P. –J. –B. Buchez et P. –C. Roux :
Histoire parlementaire de la Révolution Française… T. 32. Paris 1837.] 110
111

——「일반 경찰에 관한 보고.——2년 제르미날 월 26일(1794년 4월 15일)」. 수록 :

P. J. B 뷔세, P. C. 루, 『프랑스 혁명 국회의 역사 ……』, 제32권, 빠리, 1837. [Rapport sur la police générale. ——Du 26 germinal an 2 (15 avril 1794). In : P. —J. —B. Buchez et P. —C. Roux : Histoire parlementaire de la Révolution Française… T. 32. Paris 1837.] 110~111

『성경』. [Die Bibel.]
——『구약』 [Das Alte Testament.]
「다니엘 서」. [Daniel.] 574
「이사야 서」. [Jesaja.] 443
「시편 24장」. [Psalm 24.] 443

세이, 장 —밥띠스뜨 : 『정치 경제학 개론 혹은 부의 형성, 분배 및 소비의 양식에 관한 간단한 해명』, 제 1~2권, 제 3판, 빠리, 1817. [Say, Jean-Baptiste : Traité d'économie politique, ou simple exposition de la manière dont se forment, se distribuent, et se consomment les richesses. T. 1~2. 3. d. Paris 1817.] 41 46 59-60

세익스피어, 윌리엄 : 『아테네의 타이몬』. [Shakespeare, William : Timon von Athen.] 87

슈발리에, 미셸 : 『프랑스에서의 물질적 이해에 관하여. 공개 토론들. 도로들. 운하들. 철도들. 제 4판, 빠리, 1839년. [Chevalier, Michel : Des intérêts matériels en France. Travaux publics. Routes. Canaux. Chemins de fer. 4. d. Paris 1839.] 19-20

슈트라우스, 다비트 프리드리히 : 『예수의 생애』. 제 4판. 제 1~2권. 튀빙엔, 1840. [Strauß, David Friedrich : Das Leben Jesu. 4. Aufl. Bd. 1~2. Tübingen 1840.] 183

슈티르너, 막스 : 『유일자와 그의 소유』. 라이프찌히, 1845. [Stirner, Max : Der Einzige und sein Eigenthum. Leipzig 1845.] 251

슐쯔, 빌헬름 : 『생산의 운동. 국가 및 사회의 새로운 과학의 기초를 위한 역사적 · 통계적 논급』. 쮜리히, 빈터투르, 1843. [Schulz, Wilhelm : Die Bewegung der Production. Eine geschichtlich-statistische Abhandlung zur Grundlegung einer neuen Wissenschaft des Staats und der Gesellschaft. Zürich, Winterthur 1843.] 34-37 51-52 56

스미스, 아담 : 『국민들의 부의 본성 및 원인들에 대한 일 연구』. 런던, 1776. [Smith, Adam : An inquiry into the nature and causes of the wealth of nations. London 1776.] 240

——국민들의 부의 본성 및 원인들에 대한 일 연구, 제르맹 가르니에 신역, 주해와 고찰들 첨부, 제 1〜2권, 빠리, 1802. [Recherches sur la nature et les causes de la richesse des nations. Trad nouv., avec des notes et observation ; par Germain Garnier. T. 1〜2. Paris 1802.] 27 31 41-50 54-55 57-65

시몬스, 젤링어 쿡슨 : 『국내 및 국외의 기술과 기능공 ; 외국의 제조업의 진보에 관한 개요를 덧붙여』, 에딘버러, 1839. [Symons, Jelinger Cookson : Arts and artisans at home and abroad ; with sketches of the progress of foreign manufactures. Edinburgh 1839.] 157

시스몽디, 장−샤를르−레오나르 시몽드 드 : 『정치 경제학의 새로운 원리들 혹은 인구와의 관계에 있어서의 부에 관하여』. 제 1〜2권, 제 2판, 빠리, 1827. [Sismondi, Jean-Charles-Léonard Simonde de : Nouveaux principes d'économie politique, ou de la richesses dans ses rapports avec la population. T. 1〜2. 2. éd, Paris 1827.] 54

시예스, 엠마뉘엘−조세프 : 『제 3 신분이란 무엇인가?, 제 2판, 빠리, 1789. [[Sieyès, Emmanuel-Joseph :] Qu'est-ce que le tiers-tat? 2. éd., corr. [Paris] 1789.] 98

실러, 프리드리히 폰 : 『환희에 부쳐』. [Schiller, Friedrich von : An die Freude.] 509

ㅇ

아이스킬로스 : 『묶여 있는 프로메테우스』. [Aischylos : Der gefesselte Prometheus.] 5

에이킨, 존 : 『맨체스터 주변 30〜40 마일 안의 지방에 대한 묘사』. 런던 1795. [Akin John : A description of the country from thirty to forty miles round Manchester. London 1795.] 240

엘베시우스, 끌로드−아드리앵 : 『인간에 대하여, 그 지적 능력 및 그 교육에 관하여』, 제 1〜2권, 런던, 1775. [Helvétius, Claude-Adrien : De l'homme, de ses facultés intellectuelles et de son éducation. T. 1〜2. Londres 1775.] 121

엥겔스, 프리드리히 : 『잉글랜드 노동 계급의 처지(맑스 · 엥겔스 저작집, 제 2권, 225〜506면). [Die Lage der arbeitenden Klasse in England(MEW, Bd. 2, S. 225〜506).]

──『잉글랜드 노동 계급의 처지. 개인적 관찰과 확실한 출전들에 의거하여』, 라이프찌히, 1845년. [Die Lage der arbeitenden Klasse in England. Nach eigner Anschauung und authentische Quellen. Leipzig 1845.] 374 381

──『1844년의 잉글랜드 노동 계급의 처지. 1886년에 쓰여진 부록과 1887년의 서문을 첨부하여』. 플로렌스 켈리─비슈네베츠키 번역. 뉴욕, 1887년. [The condition of the working class in England in 1844. With appendix written 1886, and preface 1887. Transl. by Florence Kelly-Wischnewetzky. New-York[1887].] 381

──「서문」. 수록 :『공산주의당 선언』. 저자 인정 영어 번역본. 프리드리히 엥겔스가 편집하고 주를 붙임. 런던, 1888년(맑스 · 엥겔스 저작집, 제21권, 352〜359 면). [Praface. In : Manifesto of the Communist Party. Authorized English translation. Edited and annotated by Frederick Engels. London 1888(MEW, Bd. 21, S. 352〜359).] 374

──「국민 경제학 비판 개요」. 수록 :『독불 연보』 Lfg. 1/2. 빠리, 1844(맑스 · 엥겔스 저작집, 제1권, 499〜524면). [Umrisse zu einer Kritik der Nationaloekonomie. In : Deutsch-Französische Jahrbücher. Lfg. 1/2. Paris 1844 (MEW, Bd. 1, S. 499〜524).] 98 152

──『가족, 사적 소유 및 국가의 기원. 루이스 H. 모건의 연구와 관련하여』 제2판, 슈투트가르트, 1886(맑스 · 엥겔스 저작집, 제21권, 25-173면). [Der Ursprung der Familie, des privateigenthums und des staats. Im Anschluß an Lewis H. Morgan's Forschungen. 2. Aufl. Stuttgart 1886 (MEW, Bd. 21, S. 25〜173).] 400

──「『공산주의당 선언』(1888년 영어판)」 서문 …… 를 보라. [Vorrede Zum "Manifest der Kommunistischen Partei"(englische Ausgabe von 1888)siehe Preface…]

──「공산주의당 선언 서문(1883년의 독일어판)」. 수록 : 칼 맑스와 프리드리히 엥겔스 :『공산주의당 선언』. 저자 인정 독일어 제3판. 저자들의 서문들이 딸림. 호팅엔─쮜리히, 1883(맑스 · 엥겔스 저작집, 제21권, 3/4면). [[Vorwort zum "Manifest der Kommunistischen Partei"(deutsche Ausgabe von 1883)]. In : Karl Marx und Friedrich Engels : Das Kommunistische Manifest. 3., autor. deutsche Ausg. Mit Vorworten der Verfasser. Hottingen-Zürich 1883

(MEW, Bd. 21, S. 3/4).] 383

엥겔스, 프리드리히/ 칼 맑스 : 『신성 가족, 혹은 비판적 비판의 비판. 브루노 바우어
와 그 일파에 반대하여』, 프랑크푸르트 암 마인, 1845(맑스·엥겔스 저작집, 제
2권, 6～223면). [Engels, Friedrich, und Karl Marx : Die heilige Familie,
oder Kritik der kritischen Kritik. Gegen Bruno Bauer & Consorten.
Frankfurt a. M. 1845 (MEW, Bd. 2, S. 6～223).] 213

올바끄, 뽈－앙리－디트리슈 : 『M. 미라보 저, 자연의 체계, 혹은 물질 세계와 정신
세계의 법칙들』, 제 1～2부, 런던, 1770. [[d'Holbach, Paul-Henri-Dietrich
:] Système de la nature, ou des loix du monde physique et du monde mo-
ral par M.Mirabaud. Partie 1～2. Londres 1770.] 121

우어, 앤드류 : 『공장 철학 혹은 면, 양모, 아마, 견 제조의 공업 경제학, 영국 공장
들에 도입되어 있는 다양한 기계들의 묘사와 함께』, 제 1～2권, 브뤼셀, 1836.
[Ure, Andrew : Philosophie des manufactures, ou économie industrielle de
la fabrication du coton, de la laine, du lin et de la soie, avec description des
diverses machines employées dans les ateliers anglais…. T. 1～2. Bruxelles
1836.] 354 355

——『공장 철학 : 혹은, 대영제국의 공장 제도의 과학적, 도덕적 및 상업적 경제의 설
명』, 런던, 1835. [The philosophy of manufactures : or, an exposition of
the scientific, moral, and commercial economy of the factory system of
Great Britain. London. 1835.] 166

운루 한스 빅토르 폰 : 『프로이센의 최근 역사의 스케치』, 마그데부르크, 1849.
[Unruh [Hans Victor] von : Skizzen aus Preußens neuester Geschichte. Mag-
deburg 1849.] 525

ㅋ

칼라일, 토마스 : 『차티즘』, 런던, 1840년. [Carlyle, Thomas : Chartism. London
1840.] 164

코르툼, 칼 아르놀트 : 『욥 기. 희극적 영웅 시가』 [Kortum, Karl Arnold : Die
Jobsiade. Ein Komisches Heldengedicht.] 480

ㅍ

포세, 레옹 : 「영국 노동자들에게 비난받는 단결들」. 수록 :『경제학자 신문』, 빠리, 1845. 〔Faucher, Léon : Les coalitions condamnées par les ouvriers anglais. In : Journal des Economistes. Paris 1845. T. 2.〕 290

포이에르바하, 루드비히 : 『미래 철학의 원칙들』, 쮜리히, 빈터투르, 1843. 〔Feuerbach, Ludwig : Grundsätze der Philosophie der Zukunft. Zürich, Winterthur 1843.〕 225 226

——「『유일자와 그의 소유』와 관련하여 『기독교의 본질에』 관하여」. 수록 :『비간트의 계간지』, 1845. 제 2권. 〔Ueber das "Wesen des Christenthums" in Beziehung auf den "Einzigen und sein Eigenthum". In : Wigand's Vierteljahrsschrift. 1845. Bd. 2.〕 185 224 225

포터, 조지 리차드슨 : 『19세기부터 현재의 시기에까지 이르는 다양한 사회적 및 경제적 관계들에 있어서의 국민의 진보』 제 1~3권. 런던, 1836~1843. 〔Porter, George Richardson : The progress of the nation, in its various social and economical relations, from the beginning of the nineteenth century to the present time. Vol. 1~3. London 1836~1843.〕 139

프뢰벨, 율리우스 : 『사회적 정치의 체계』. 제 2판, 제 1~2장. 만하임, 1847. 〔Fröbel, Julius : System der socialen Politik. 2. Aufl. Th. 1~2. Mannheim 1847.〕 306

프루동, 삐에르-조세프 : 『빈곤의 철학』;프루동, 삐에르 조세프『……모순들의 체계』를 보라. 〔Proudhon, Pierre-Joseph : Philosophie de la misère siehe Proudhon, Pierre-Joseph : Système des contradictions……〕

——『경제적 모순들의 체계 혹은 빈곤의 철학』, 제 1~2권, 빠리, 1846. 〔Système des contradictions économiques, ou phliosophie de la misère. T. 1~2. Paris 1846.〕 265~297 427 582 586~599

——『소유란 무엇인가? 혹은 권리와 통치의 원리에 관한 연구』, 제 1논문, 빠리, 1841. 〔Qu'est-ce que la propriété? Ou recherches sur le principe du droit et du gouvernement. Premier mémoire. Paris 1841.〕 97~99 183

핀토, 이작 : 「상업의 질투에 관한 편지」, 수록 :『유통 및 신용론』, 암스테르담, 1771. 〔Pinto, Isaac : Lettre sur la jalousie du commerce. In : Traité de la circulation et du crédit. Amsterdam 1771.] 240

ㅎ

하이네, 하인리히 : 『아타 트롤』. 〔Heine, Heinrich : Atta Troll〕 316

——『독일. 겨울 이야기』. 〔Deutschland. Ein Wintermärchen.〕 461 473

——『기사 올라프』. 〔Ritter Olaf〕 445

하인쩬, 칼 : 「칼 하인쩬과 공산주의자들」. 수록 :『브뤼셀 독일어 신문』, 제77호,
1847년 9월 26일자. 〔Heinzen, Karl : Karl Heinzen und die Kommunisten.
In : Deutsche-Brüsseler-Zeitung, Nr. 77, vom 26. September 1847.〕 298 299
304 305 307 308 310 311 313-315

——『독일 혁명. 격문집』, 베른, 1847. 〔Deutsche Revolution. Gesammelte Flug-
schriften. Bern 1847.〕 301

——『프로이센의 관료제』, 다름슈타트, 1845. 〔Die Preußische Bureaukratie. Darm-
stadt 1845.〕 299

헤겔, 게오르그 빌헬름 프리드리히 :『정신 현상학』. 요한 슐쩨 편. 수록 :『저작집』.
제 2권, 베를린, 1832. 〔Hegel, Georg Wilhelm Friedrich : Phänomenologie
des Geistes. Hrsg. von Johann Schulze. In : Werke. Bd. 2. Berlin 1832.〕 123

——『논리학』. 레오폴드 폰 헤닝 편. 수록 :『저작집』. 제 3∼5권. 베틀린, 1833∼
1834. 〔Wissenschaft der Logik. Hrsg. von Leopold von Henning. In :
Werke. Bd. 3∼5. Berlin 1833∼1834.〕 271

——『역사 철학 강의』. 에두아르트 간스 편. 수록 :『저작집』. 제 9권. 베를린, 1837.
〔Vorlesungen über die Philosophie der Geschichte. Hrsg. von Eduard Gans.
In : Werke. Bd. 9. Berlin 1837.〕 229

——『철학사 강의』. 칼 루드비히 미헬레트 편. 수록 :『저작집』. 제 13∼15권. 베를린,
1833∼1836. 〔Vorlesungen über die Geschichte der Philosophie. Hrsg. Karl
Ludwig Michelet. In : Werke. Bd. 13∼15. Berlin 1833∼1836.〕 123

『형법전』. 〔Code pénal.〕 293 500 514

『형사 재판』. 〔Das Blutgericht.〕 17

홉스, 토마스 :『철학 요강. 시민』, 바실레아에[바젤], 1782. 〔Hobbes, Thomas :
Elementa philosophica. De cive. Basileae 1782.〕 492

힐데브란트, 칼 :『쿠노 폰 슈레켄슈타인, 혹은 예언적 환영』. 제 2판. 제 1∼3권, 쾌

들린부르크, 라이프찌히, 1840. [Hildebrandt, Carl : Kuno von Schreckenstein, oder die weissagende Traumgestalt. 2. Aufl. Bd. 1~3, Quedlinburg, Leipzig 1840.] 496

II. 정기 간행물

II. 언급된 잡지들과 신문들 찾아보기

관찰자 The Examiner──부르주아 자유주의적 주간지. 1808년부터 1881년까지 런던에서 발행. 177

더햄 크로니클 Durham Chronicle──영국의 부르주아 자유주의적 주간지, 1820년에 설립. 145

독불 연보 Deutsch-Französische Jahrbücher──칼 맑스와 아르놀트 루게의 공동 편집으로 빠리에서 독일어로 발행되었다 ; 1844년 2월에 두 번 발행되는 것에 그쳤다 ; 독불 연보에는 맑스와 엥겔스의 중요한 논문들이 게재되었다 ; 맑스와 루게 사이의 기본적 견해 차이로 인하여 신문의 발행이 중단되었다. 18 98 152 213

독일 연보 Deutsche Jahrbücher──할레 연보를 보라.

독일의 계간지 Deutsche Vierteljahrs Schrift──슈투트가르트와 튀빙엔에서 1838년부터 1870년까지 발행. 발행인은 요한 프리드리히 코타. 56

독일의 학문과 예술을 위한 할레 연보 Hallische Jahrbücher für deutsche Wissenschaft und Kunst──이 제목으로 1838년부터 1841년 7월까지 발행된 잡지이다 ; 1841년 7월부터 1843년 1월에 폐간되기 전까지는 『학문과 예술을 위한

독일 연보』라는 제목으로 라이프찌히에서 발행되었다 ; 청년 헤겔파의 문학적 철학적 기관지. 123 223

라 레포름 La Réforme——1843년 7월부터 1850년 1월까지 빠리에서 발행된 일간지 ; 소부르주아 민주주의자, 공화주의자 및 사회주의자들의 기관지 ; 1847년 10월부터 1848년 1월에 걸쳐 엥겔스의 논문이 게재되었다. 432 463 583-584 601 602

르 나씨오날 Le National——1830년부터 1851년까지 빠리에서 발행된 일간지 ; 40년대에 온건 부르주아 공화파의 기관지였다. 463 509 583-584 600-601

르 쏘씨알리스뜨 Le Socialiste——주간지, 1871년 10월부터 1873년 5월까지 뉴욕에서 프랑스 어로 발행 ; 1871년 12월부터 1872년 10월까지 국제 노동자 협회 프랑스 지부의 기관지. 369 379

르 쏘씨알리스뜨. 노동자당의 중앙 기관지 Le Socialiste. Organe Central du Parti Ouvrier——주간지, 1885년부터 1914년까지 빠리에서 발행, 1922년부터 1923년까지 재발행 ; 80년대와 90년대에 엥겔스는 이 신문의 기고자로 있었다. 379 387

베를린 정치 주보 Berliner politisches Wochenblatt——1831년부터 1841년까지 발행됨 ; 역사 법학파의 기관지, 반동적·군주주의적 견해들을 대변했다 ; 프로이센의 내정 발전에 중대한 영향을 미쳤으며, 황태자 프리드리히 빌헬름의 지원을 받았다. 435

북극성, 국민 생업 저널 The Northern Star, and national trades' Journal——주간지, 1837년부터 1852년까지 처음에는 리즈에서 나중에는 런던에서 발행 ; 피거스 에드워드 오코너에 의해 설립 ; 40년대에 조지 줄리언 하니의 편집 하에서 차티스트의 기관지 ; 1844년부터 1848년까지 엥겔스는 이 신문의 통신원으로 있었다. 167

붉은 공화주의자 The Red Republican——주간지, 1850년 6월부터 11월까지 발행 ; 조지 줄리언 하니가 편집을 맡았다 ; 차티스트 좌파의 기관지. 369 375

브뤼셀 독일어 신문 Deutsche-Brüsseler-Zeitung——브뤼셀에 있는 독일인 정치 망명자들에 의해 설립, 1847년 1월 3일부터 1848년 2월 27일까지 격주로 발행 ; 처음에는 소부르주아 민주주의적 성격을 가지고 있었으나, 맑스와 엥겔스의 영향 아래에서 혁명적 민주주의 및 공산주의 이념의 대변자가 되었다 ; 1847년 9월부터 맑스와 엥겔스가 고정 기고자로 있었다 ; 맑스와 엥겔스의 영향 아래 이 신문은 공산주의자 동맹의 기관지로 발전하였다. 298 306

비간트의 계간지 Wigand's Vierteljahrsschrift——1844년부터 1845년까지 라이프찌히에서 발행 ; 청년 헤겔 파의 철학 잡지. 224

신 라인 신문, 민주주의의 기관지 Neue Rheinische Zeitung. Organ der Demokratie——독일 프롤레타리아트의 최초의 독자적이고 국제적인 일간지, 맑스의 편집하에 1848년 6월 1일부터 1849년 5월 19일까지 쾰른에서 발행 ; 이 신문은 민주주의 운동의 좌파의 투쟁적 기관지였으며 실제로 1848/49년 혁명기에 공산주의자 동맹의 정치적 이데올로기적 중앙이었다. 470 535 573-576

신 프로이센 신문 Neue Preußische Zeitung——일간지, 1848년부터 1939년까지 베를린에서 발행 ; 프로이센 융커 계급과 상층 귀족의 기관지로서 극히 반동적이었다 ;『십자 신문』이라고도 불리었다. 503 515

엘 쏘씨알리스따 El Socialista——일간지, 나중에는 주간지. 1885년 이래 마드리드에서 발행 ; 스페인 사회주의 노동자당 중앙 기관지. 387

여명. 정치·문학 신문 L'Alba. Giornale politico-letterario——이탈리아의 민주주의적 일간지 ; 플로렌스에서 1847년부터 1849년까지 발행. 470-471

우드홀과 클로핀의 주간지 Woodhull & Claflin's Weekly——1870년부터 1876년까지 뉴욕에서 발행 ; 아메리카의 부르주아 여권론자 여성들의 기관지. 379

위클리 디스패치 The Weekly Dispatch——일요 신문, 1801년부터 1928년까지 런던에서 발행 ; 1840년대와 1880년대에 급진적 관점을 대변했다. 177

위클리 크로니클 The Weekly Chronicle——1836년부터 1865년까지 런던에서 발행 ; 1840년대 초에 급진 부르주아적 관점을 대변했다. 177

전진! 빠리 독일어 신문 Vorwärts! Pariser deutsche Zeitschrift——1844년 1월부터 12월까지 독일어로 격주 발행 ; 1844년 여름부터 신문의 편집에 참가한 맑스의 영향 아래에서 이 신문은 반프로이센적 경향, 공산주의적 견해들에 접근한 급진 민주주의적 경향을 띠게 되었다 ; 맑스와 엥겔스는 이 신문에 많은 기고문들을 썼다. 16

종소리 kolokol——혁명적 민주주의적 잡지, 알렉산드르 헤르쎈과 니꼴라이 오가르요프가 그 발행인이었다 ; 1857년부터 1865년까지 런던에서 러시아 어로 부정기적으로 발행되었으며, 1867년까지는 제네바에서, 1868/69년에는 러시아 어 부록을 붙여서 프랑스 어로 제네바에서 발행되었다. 371 379 383

쾰른 신문 Kölner Zeitung——쾰른 신문 Kölnische Zeitung 을 보라.

쾰른 신문 Kölnische Zeitung——일간지, 1802년부터 1945년까지 발행 ; 라인 지방의 대부르주아지와 국민 자유당의 기관지 ; 70년대에 비스마르크의 대변자. 493

582

트리뷴 Tribun ── 폴크스 트리뷴 Der Volks-Tribun 을 보라.

트리에르 신문 Trier'sche Zeitung ── 일간지, 1757년 설립, 이 제목으로 1815년부터 1919년까지 발행 ; 4O년대초에 부르주아 민주주의의 기관지 ; 4O년대 중반 이래 '진정한' 사회주의자들의 영향 아래에 있었다. 308, 311

폴크스 트리뷴 Der Volks-Tribun ── 주간지, 1846년 1월 5일부터 12월 31일까지 뉴욕에서 헤르만 크리게의 편집하에 발행 ; 독일의 '진정한' 사회주의자들의 기관지. 583

인명 찾아보기

ㄱ

기르케 Gierke 슈테틴 시 법률 고문, 자유주의자 ; 1848년 프로이센 국민 의회의
　　대의원(중도 좌파), 프로이센의 농업 장관(1848년. 3~9월). 473-479 496

기조, 프랑스와 François Guizot (1787~1874) 프랑스 역사학자, 정치가, 오를레앙
　　파 ; 외무 장관(1840~1848) 및 수상(1847/1848), 금융 부르주아지의 이해를 대
　　변하였다. 399 435 465

까를로스, 돈(까를로스 마리아 이시드로 데 보르본) Don Carlos (Carlos Maria Isidro
　　de Borbón) (1788~1855) 스페인의 왕위 계승 요구자 ; 제 1차 까를로스 전쟁
　　(1833~1840)에서 권력을 장악하려는 헛된 시도를 하였다. 469

까바니, 조르쥬 George Cabanis (1757~1808) 프랑스의 의사 ; 유물론 철학자. 116

까베, 에띠엔느 Etienne Cabet (1788~1856) 프랑스의 법률가, 저널리스트 ; 프랑스
　　의 노동자 공산주의 조류의 창시자 ; 소설 『이까리아 여행』에서 전개된 자신의
　　이론들을 1848년에서 1856년에 걸쳐 미국에서 공산주의적 이상 식민지의 건립
　　을 통해 실현하고자 하였다. 122 380 389 431

까베냑, 루이－으젠느 Louis-Eugène Cavaignac (1802~1857) 프랑스의 장군 및 정
　　치가, 온건 부르주아 공화주의자 ; 1830/40년대에 알제리 정복에 참가하였다 ;
　　1848년 2월 혁명 후 알제리의 총사령관 ; 1848년 빠리 6월 봉기를 잔혹하게 진
　　압하였다 ; 수상(1848년. 6~12월). 464 465 510

께네, 프랑스와 François Quesnay (1694~1774) 프랑스의 의사 및 경제학자, 중농
　　주의 학설의 창시자. 267 355

꽁디약, 에띠엔느 보노 드 Etienne Bonnot de Condillac (1715~1780) 프랑스의 경
　　제학자, 이신론 理神論 철학자, 감각주의자. 117 120

ㄴ

나뽈레옹 1세, 보나빠르트 Bonaparte Napoleon I. (1769~1821) 프랑스 황제
　　(1804~1814년 및 1815년). 112-114 218 274 473 511 517

나뽈레옹 3세(샤를르－루이－나뽈레옹 보나빠르트) Napoleon III. (1808~1873) 제2
　　공화정의 대통령(1848~1852), 프랑스 황제(1852~1870) ; 나뽈레옹 1세의 조
　　카. 392 510

넨슈틸, 요한 Johann Nenstiel 슐레지엔의 상인, 자유주의자 ; 1848년 프로이센 국

ㄹ

146

데자미, 떼오도르 Théodore Dézamy (1803~1850)   프랑스의 저널리스트, 프랑스의 공상적 노동자 공산주의의 혁명적 경향의 대표자. 122

도드웰, 헨리(아들) Henry Dodwell (1784 사망)   영국 유물론 철학자, 이신론자. 120

뒤꾸, 프랑스와-죠세프 François-Joseph Ducoux (1808~1873)   프랑스의 의사 및 정치가, 부르주아 공화주의자 ; 1848년 헌법 제정 국민 의회의 대의원, 1848년 6월 봉기 이후 빠리의 경시 총감. 466

뒤몽(뒤 몽), 요제프 Joseph Dumont(Du Mont) (1811~1861)   부르주아 저널리스트, 온건 자유주의자 ; 1831년 이래 『쾰른 신문』 발행인. 493

뒤뽕 드 뢰르, 쟈끄-샤를르 Jacques-Charles Dupont de l'Eure (1767~1855)   프랑스의 자유주의적 정치가 ; 1848년 임시 정부 대통령. 600

뒤쀠, 샤를르-프랑스와 Charles-François Dupuis (1742~1809) 프랑스의 철학자, 계몽주의자. 121

디드로, 드니 Denis Diderot (1713~1784)   프랑스의 철학자, 기계적 유물론의 대표자, 무신론자 ; 프랑스의 혁명적 부르주아지의 이데올로그 ; 계몽주의자, 백과 전서파의 우두머리. 121 183

띠에르, 아돌프 Adolphe Thiers (1797~1877)   프랑스의 역사학자 및 정치가 ; 수상 (1836년과 1840년), 1848년 헌법 제정 국민 의회 대의원 ; 1848년 이후 오를레앙 파의 지도자로 빠리 꼬뮌의 진압을 지휘하였다 ; 제3공화국 대통령(1871~1873). 509 510 583 584

ㄹ

라로슈자끌렝(라 로슈자끌렝) 후작, 앙리-오귀스뜨-조르쥬 Henri-Auguste-Georges Larochejaquelein(La Rochejaquelein) (1805~1867)   프랑스의 정치가, 정통 왕조파의 지도자 ; 제2공화국 당시 헌법 제정 및 입법 국민 의회의 대의원, 제2제국 원로원 의원. 466

라마르띤느, 알퐁스 드 Alphonse de Lamartine (1790~1869)   프랑스의 시인, 역사학자 및 정치가 ; 7월 왕정기에 온건 공화주의자의 지도자 ; 1848년 임시 정부의

중농주의자. 268

보른, 슈테판(본명 지몬 부터밀히) Stephan Born(Simon Buttermilch) (1824~1898) 식자공, 편집자 ; 공산주의자 동맹의 일원 ; 1848/1849년 혁명 가담자, 노동 조합 의 조직가 및 지도자, 1850년 공산주의자 동맹으로부터 제명되었다. 316

보우링 경, 존 John Bowring (1792~1872) 영국의 작가, 정치가 ; 자유 무역의 추 종자 ; 칸톤 영사(1849~1852), 홍콩의 총독, 최고 사령관 및 해군 중장(1845~ 1859) ; 중국과의 2차 아편 전쟁의 해결에 참여하였다. 344 348 350 353-355

볼네 백작, 꽁스땅땡 ─프랑스와 드 샤스뵈프 Constantin-François de Chasseboeuf Volney (1757~1820) 프랑스의 철학자 및 탐험가 ; 프랑소 부르주아 계몽주의· 의 대표자. 121

볼떼르(본명 프랑스와─마리 아루에) Voltaire(François-Marie Arouet) (1694~1778) 프랑스의 이신론 철학자, 역사학자 및 작가 ; 계몽주의의 주요 대표자. 116

볼프, 빌헬름 Wilhelm Wolff (1809~1864) 교사 및 저널리스트, 프롤레타리아 혁 명가 ; 1846년 브뤼셀 공산주의자 연락 위원회에서 활동, 공산주의자 동맹의 공 동 창립자, 1848년 3월 이후로 공산주의자 동맹 중앙 위원회 위원 ; 1848/1849 년 『신 라인 신문』의 편집자 ; 1848/1849년 프랑크푸르트 국민 의회 대의원(극 좌파) ; 1849년 스위스로, 1851년 중반 영국으로 망명하였다 ; 맑스, 엥겔스의 친 구이자 전우. 450

뵈메, 야콥 Jakob Böhme (1575~1624) 제화공, 독학 獨學 철학자 ; 뚜렷한 변증법 적 특색을 지닌 신비주의적 · 범신론적 세계관의 대표자 ; 교회로부터 박해받았 다. 119

뷔레, 으젠느 Eugène Buret (1811~1842) 프랑스의 경제학자 및 사회학자, 시스몽 디의 추종자, 공상적 사회주의적 견해의 대표자. 38 39 54

뷔세, 필립 Philippe Buchez (1796~1865) 프랑스의 역사학자, 정치가, 부르주아 공화파 ; 기독교 사회주의의 이데올로그, 생 시몽의 제자. 108

뷔오나로띠, 필립뽀 Filippo Buonarroti (1761~1837) 이탈리아 출신의 프랑스 저 널리스트, 역사학자, 바뵈프의 전우 ; 신 바뵈프주의의 창시자. 108

뷔조, 또마, 라 빠꼬네리 후작, (1844년 이후) 이즐리 공작 Thomas Bugeaud (1784~ 1849) 프랑스 장군, 프랑스의 원수(1843~1849) ; 알제리 및 모로코 침략 전쟁 의 조직자 ; 6월 왕정기에 하원 의원, 1848년 2월 혁명 이후 헌법 제정 국민 의

ㅅ

프랑스의 신학자 및 저널리스트 ; 프랑스 혁명기의 정치가, 대부르주아지의 대
표자. 98

ㅇ

아나카르시스 Anacharsis (기원전 6세기) 스키타이 출신의 그리스 철학자 ; 그리스
인들이 현인으로 꼽는다. 6

아낙사고라스 Anaxagoras (기원전 약 500~428) 소 아시아의 클라쪼메나이 출신
의 그리스 철학자, 유물론자. 118

아라고, 프랑스와 François Arago (1786~1853) 프랑스의 천문학자, 물리학자 및
수학자 ; 부르주아 정치가, 7월 왕정기 동안 공화파 ; 1848년 임시 정부 일원으
로 빠리 프롤레타리아트의 6월 봉기의 진압에 참가하였다. 601

아르놀, 앙뜨완느 Antoine Arnauld (1612~1694) 프랑스의 철학자, 데까르트의 관
념론적 인식론의 추종자 ; 형이상학자. 117

아리스티데스 Aristides (기원전 550~약 467) 아테네 귀족, 데미스토클레스의 반대
자 ; 아테네 해상 연합의 조직자. 111

아우구스투스(가이우스 이울리우스 케사르 옥타비아누스) Augustus(Gaius Iulius Cae-
sar Octavianus) (기원전 63~기원후 14) 로마의 황제(기원전 27-기원후 14).
206

아우어스발트, 루돌프 폰 Rudolf von Auerswald (1795~1866) 프로이센의 정치
가, 부르주아화한 자유주의적 귀족의 대표자 ; 수상 및 외무 장관(1848. 6~9),
무임소 장관(1858~1862). 456 496 500

아이스킬로스(애쉴루스) Aischylos(Äschylus) (기원전 525-456) 그리스 고전 극작
가. 5

아이저만 Eisermann 가구공, 1840년대 빠리 의인 동맹의 일원, 칼 그륀의 추종자.
579 580 584 585

아크라이트경, 리차드 Richard Arkwright (1732~1792) 영국의 기업가, 다양한 직
기의 고안자 및 건조자. 138 156

안넨코프, 파벨 바실리예비치 Pawel Wassiljewitsch Annenkow (1812~1887) 러시
아의 지주 ; 잦은 외국 여행 중의 맑스와 알게 된 자유주의적 비평가, 저널리스

ㅈ

발명자. 142

지츠, 프란쯔 하인리히 Franz Heinrich Zitz (1803~1877) 변호사, 소부르주아 민주
주의자 ; 1848년 프랑크푸르트 국민 의회 대의원(좌파) ; 1849년 바덴─팔츠 봉
기 가담자 ; 미국으로 망명하였다. 454

ㅊ

찰스 I세 Charles I.(1600~1649) 영국 국왕(1625~1649) ; 영국 부르주아 혁명
때에 사형당했다. 515 529

ㅋ

카시우스(가이우스 카시우스 롱기우스) Cassius(Gaius Cassius Longinus) (기원전 42
년 사망) 로마의 정치가, 집정관 ; 율리우스 케사르에 맞선 귀족적─공화주의
적 반란의 주도자. 111

카토(마르쿠스 포르키우스 카토) Cato(Marcus Porcius Cato) (기원전 95~46) 로
마의 호민관, 율리우스 케사르의 정적. 111

카트라이트, 에드먼드 Edmund Cartwright (1743~1823) 영국의 성직자 및 기계학
자 ; 역직기의 발명가. 139

카틸리나(루키우스 세르기우스 카틸리나) Catilina(Lucius Sergius Catilina) (기원전
108~682) 로마의 정치가, 집정관 ; 소위 카틸리나 반란의 조직자. 111

칼라일, 토마스 Thomas Carlyle (1795~1881) 영국의 작가, 역사학자 및 관념론
철학자 ; 봉건적 사회주의의 관점에서 영국의 부르주아지를 비판하였다 ; 토리
당원 ; 1848년 이후 노동자 운동의 적. 164

칼 빌헬름 페르디난트 Karl Wilhelm Ferdinand (1735~1806) 브라운슈바이크의
공작(1770~1806) ; 혁명적 프랑스에 맞선 대불 동맹 전쟁의 사령관. 468

칼 알베르 Karl Albert (1798~1849) 사르디니아 및 피몬트의 국왕(1831~1849).
437

캄프하우젠, 루돌프 Ludolf Camphausen (1803~1890) 쾰른의 은행가, 라인 주의
자유주의적 부르주아지의 지도적 대표자 ; 프로이센 수상(1848. 3~6), 반혁명

ㅌ

테일러, 존 John Taylor (1804~1841) 영국의 의사 ; 차티스트 운동 좌파의 일원. 173

토마, 끌레망 Clément Thomas (1809~1871) 프랑스의 정치가 및 장군 ; 온건 부르주아 공화파 ;『나씨오날』의 발행인 ; 1848년 헌법 제정 국민 의회 대의원, 1848년 빠리 6월 봉기의 진압에 가담하였다 ; 빠리 국민 방위군의 최고 사령관 (1870. 11~1871. 2), 1871년 3월 18일 방어를 거부했다 하여 봉기한 군인들에 의해 사살되었다. 584

트렐라, 윌리스 Ulysse Trélat (1795~1879) 프랑스의 의사 및 정치가, 부르주아 공화파 ; 1848년 헌법 제정 국민 의회의 부의장, 공공 사업국 장관(1848. 5~6). 465

ㅍ

파우허, 율리우스 Julius Faucher (1820~1878) 저널리스트 및 경제학자 ; 청년 헤겔파, 자유 무역의 대변자 ; 진보당원, 1866년 이래 국민 자유당원, 프로이센 하원 의원. 105

파토브 남작, 에라스무스 로베르트 Erasmus Robert Patow (1804~1890) 프로이센의 정치가 ; 상업 장관(1848. 4~6) 및 재무 장관(1858~1862). 476 504

패진 Padgin 셰필드의 톱 제조업자. 162

페르디난트 1세 Ferdinand I. (1793~1875) 오스트리아의 황제(1835~1848). 393

페르디난트 2세 Ferdinand II. (1810~1859) 시칠리 및 나폴리의 국왕(1830~1859) ; 1848년 9월 메시나에서의 총격으로 인하여 '폭탄 왕'이라 불리었다. 437 509

페인, 토마스 Thomas Paine (1737~1809) 영국-아메리카의 혁명적 저널리스트 ; 공화파 ; 미국 독립 전쟁 가담자 ; 1792년 프랑스 시민이 되어 국민 의회에 선출되었고 1802년 미국으로 귀환. 144

페짜, 미헬레 Michele Pezza (1771~1806) 이탈리아의 상인 ; 나폴레옹 전쟁 때에 남부 이탈리아에서 프랑스에 대항한 투쟁의 지도자 ; 프라 디아폴로 Fra Dia-

<h1 style="text-align:center">ㅎ</h1>

(좌파) ; 여러 차티스트 출판 기관들의 편집자 ; 브뤼셀 공산주의자 연락 위원회 위원 및 의인 동맹, 공산주의자 동맹 맹원 ; 우애 민주주의 협회의 공동 창립자 ; 1863～1888년 미국에서 거주하였다 ; IAA [국제 노동자 협회]의 회원 ; 맑스와 엥겔스의 친우. 375

하이네, 하인리히 Heinrich Heine (1792～1856) 혁명적 시인 ; 혁명적 민주주의의 선구자 ; 맑스 가족의 절친한 친구. 460

하이트 남작, 아우구스트 August Heydt (1801～1874) 프로이센 은행가 및 정치가 ; 프로이센 상업-공업 및 공공 사업 장관(1848. 12～1862) 및 재무 장관(1862～, 1866～1869). 486

하인리히 8세 Heinrich VIII. (1491～1547) 영국의 국왕(1509～1547). 237

하인쩬, 칼 Karl Heinzen (1809～1880) 급진적 저널리스트, 소부르주아 민주주의자 ; 1849년 바덴－팔츠 봉기에 잠시 동안 가담한 후 스위스로 망명하였다. 이후 영국으로 망명, 1850년 가을 미국으로 망명하였다. 298-316

하틀리, 데이비드 David Hartley (1705～1757) 영국의 의사 및 유물론 철학자. 120

학스타우젠 남작, 아우구스트 August Haxthausen (1792～1866) 관리 및 작가 ; 프로이센과 러시아의 농업 상황에 관하여 글을 썼다. 농노제의 신봉자. 400

한제만, 다비트 유스투스 David Justus Hansemann (1790～1864) 프로이센의 정치가 및 은행가, 라인 주의 자유주의적 부르주아지의 지도적 대변자 ; 1848년 3월부터 9월까지 프로이센 재무 장관 ; 반혁명 세력들과의 배신적 협정 정책을 추진하였다. 472 473 479 482 486 487 495-508

햄든, 존 John Hampden (1595～1643) 영국의 정치가, 영국 부르주아 혁명의 지도자. 529

허스키슨, 윌리엄 William Huskisson (1770～1830) 대영제국의 정치가 및 경제학자, 토리 당원 ; 상업 장관(1823～1827). 292

헌츠맨, 벤자민 Benjamin Huntsman (1704～1776) 영국 발명가 및 제강 공장주. 144

헤겔, 게오르그 빌헬름 프리드리히 Georg Wilhelm Friedrich Hegel (1770～1831) 독일 부르주아 고전 철학의 주요 대표자 ; 객관적 관념론자. 8 18 103 115 121 123 128 193-196 208 222 223 229 267-269 271 272 274 276 277 299 589

문학 작품과 신화에 나오는 인명 찾아보기

이 책은 각각의 글 뒤에 밝힌 것처럼
김보영, 김태호, 최인호, 최병연이 번역하고,
최인호와 김태호가 교열했다.

편집에는 권혁주의 책임 아래
김보영, 김양란, 김태호, 최병연이 참여했다.

칼 맑스/프리드리히 엥겔스 저작 선집 제1권

발행처	박종철출판사
주소	(10497) 경기도 고양시 덕양구 화중로104번길 28 704호(화정동)
전화	031-968-7635(편집), 969-7635(영업), 964-7635(팩스)
신고번호	제 2013-000045호 (구: 제12-406호)
신고연월일	1990년 7월 12일
초판 1쇄 발행일	1991년 4월 30일
초판 18쇄 발행일	2016년 12월 9일

값 35,000원

ISBN   978-89-85022-02-6   04300
          978-89-85022-01-9   (전6권)